Alexander von Humboldt

Kritische Untersuchungen über die historische Entwicklung der geografischen Erkenntnisse von der neuen Welt

Verlag
der
Wissenschaften

Alexander von Humboldt

Kritische Untersuchungen über die historische Entwicklung der geografischen Erkenntnisse von der neuen Welt

ISBN/EAN: 9783957001085

Auflage: 1

Erscheinungsjahr: 2014

Erscheinungsort: Norderstedt, Deutschland

Hergestellt in Europa, USA, Kanada, Australien, Japan
Verlag der Wissenschaften in Hansebooks GmbH, Norderstedt

Cover: Foto ©Jörg Kleinschmidt / pixelio.de

Kritische
Untersuchungen

über die

historische Entwickelung der geographischen Kenntnisse

von der Neuen Welt

und die

Fortschritte der nautischen Astronomie in dem 15ten und 16ten Jahrhundert

von

Alexander v. Humboldt.

Aus dem Französischen übersetzt

von

Dr. *Jul. Ludw. Ideler*

Privatdocenten an der Berliner Universität.

BERLIN, 1836.
In der Nicolai'schen Buchhandlung.

An

Dominique François Arago

dessen

Scharfsinn das Gebiet der physischen Astronomie der Optik

und

der Theorie des Elektro-Magnetismus

erweitert hat

als einen Beweis

unabänderlicher Freundschaft und Anhänglichkeit

Alexander v. Humboldt.

Vorrede des Verfassers.

Diejenigen Jahrhunderte, in denen sich die Merkmale lebendigen geistigen Strebens offenbaren, bieten dem Beobachter den entscheidenden Charakter einer unabänderlichen Bewegung nach einem vorgesteckten Ziele dar. Es ist die handelnde Thatkraft dieses Strebens, welche ihnen einen Eindruck von Grofsartigkeit und Glanz verleiht. Eine ununterbrochene Folge geographischer Entdeckungen, Wirkung edler gemeinschaftlicher Hingebungen und Bestrebungen der portugiesischen und kastilianischen Nationen, ein fortgesetzter blutiger Kampf, den religiöse Zwistigkeiten veranlafsten, politische Bewegungen, deren Endziel eine Umschmelzung der gesellschaftlichen Verhältnisse ist, haben nach und nach die Beschäftigung der Geister in Anspruch genommen, und einzelnen Zeitabschnitten eine eigenthümliche bezeichnende Aufsenseite verliehen.

Das funfzehnte Jahrhundert, mit welchem ich mich vorzugsweise in diesem Werke beschäftigen werde, bietet ein Interesse dar, welches nur ein Höhenpunkt in der Skala des Zeitenfortschrittes der menschlichen Vernunft in Anspruch zu nehmen im Stande ist. In der Mitte zwischen zwei gänzlich von einander verschiedenen Bildungsstufen sehen wir in ihm gleichsam eine Zwischenwelt, die zugleich dem Mittelalter und der neuern Zeit angehört. Das funfzehnte Jahrhundert ist das Zeitalter hervorstechender Entdeckungen in dem Raume, neuer Wege, die den Verbindungen der Völker dargeboten wurden, frühere Wahrnehmungen einer natürlichen Erdbeschreibung, welche alle Breiten- und Höhengrade umfaßte. Wenn für die Bewohner unseres *alten* Europa dieses Jahrhundert einerseits „*die Werke der Schöpfung verdoppelt hat*," so läfst sich von der anderen Seite nicht leugnen, dafs die nähere Berührung mit einer so grofsen Masse von neuen Gegenständen mächtige Triebfedern den Verstandeskräften darbot, und fast unmerklich Meinungen, Gesetze und staatsrechtliche Verhältnisse der Völker durchgreifenderen Veränderungen unterwarf. Niemals hat eine rein die Körperwelt betreffende Entdeckung, durch Erweiterung des Gesichtskreises, eine aufserordentlichere und dauerndere Veränderung in geistiger Beziehung hervorzurufen vermocht: damals endlich wurde der Schleier gehoben, hinter welchem Jahrtausende hindurch die andere Hälfte der Erdkugel verborgen gelegen hatte, ähnlich jener Hälfte des Mondkörpers, die, trotz der unbedeutenden, durch die Oscillationen der

Schwankung hervorgerufenen Bewegungen, so
lange den Bewohnern unserer Erde unbekannt
bleiben wird, als der gegenwärtige Zustand unseres Planetensystemes nicht wesentlichen Veränderungen unterworfen sein dürfte. Auch die
neueren Zeiten haben zweifelsohne reiche Ergebnisse in Bezug auf geographische Entdeckungen geliefert, zumal im Bereiche der südwestlichen Gegenden des stillen Meeres und der Po-
larregionen — die Unternehmungen dorthin
haben sich durch Kühnheit und Ausbeute einen
Anspruch auf wahre Bewunderung erworben
— aber keine, so viele ihrer auch sein mögen,
hat, da sie alle an nur rein wissenschaftliche
Bestrebungen und Forschungen geknüpft waren, den herschenden Charakter des Zeitalters, das vorwaltende Streben desselben in dem
Maaße darzuthun vermocht, als es mit denjenigen der Fall war, die in der zweiten Hälfte
des funfzebnten und im Anfange des sechzehnten Jahrhunderts Statt gefunden haben.

Die geschichtlichen Untersuchungen, welche ich in diesem Augenblick der Oeffentlich-
keit übergebe, sind nur Auszüge aus Arbeiten, denen ich, während dreißig Jahre meines Lebens, alle Stunden der Muße, die ich
erübrigen konnte, mit besonderer Vorliebe
widmete. Im Verfolge meiner ersten Reisen
besuchte ich den südlichen Theil der Insel
Kuba, die Ost- und Westenden der *Tierra
firma* und die Küsten von *Guyaquil* und *Peru,*
welche in der Geschichte jener ersten Entdek-
kungen so berühmt geworden sind: und stets

fand ich einen eigenthümlichen Reiz bei der
Lesung derjenigen Werke, welche uns Erzählungen von den *Conquistadores* [den ersten
Eroberern der neuen Welt] darbieten. Nachforschungen, welche ich in einigen Urkunden-
sammlungen Amerika's und in Bibliotheken verschiedener Orte Europa's anstellte, haben mir
bedeutend die Untersuchungen erleichtert, welche ich über einen gänzlich vernachlässigten
Zweig der spanischen Literatur angestellt habe.
Ich schmeichelte mich mit der Hoffnung, dafs
ein längerer Aufenthalt in jenen, am wenigsten
von gebildeten Europäern besuchten Gegenden
der Neuen Welt; die örtliche Kenntnifs der
Wärme-, Lagen- und Sittenverhältnisse; die Gewohnheit, die astronomische Position der Oerter
zu bestimmen, den Lauf der Flüsse und der
Bergketten zu verzeichnen; endlich die fast bis
in das Kleinliche getriebene Sorgfalt, Benennungen zu sammeln, welche die Eingeborenen, in
der wunderbaren Mannigfaltigkeit ihrer Sprach-
verschiedenheiten, einem und demselben Punkte
verleihen, in den Erzählungen der frühesten
Reisenden mich gewisse Verbindungen von
Thatsachen erkennen lassen würden, welche
dem Scharfsinne der neuesten Geographen
und Geschichtschreiber Amerika's vielleicht entschlüpft sein könnten. Diese Hoffnung hat
meinen Muth aufrecht erhalten: denn, indem
ich zu den Quellen hinanstieg, mufste ich eine
Reihe von Büchern vergleichen, von denen die
einen durch die offenherzige Einfachheit der
alten Redeweise und die bewunderungswerthe

Genauigkeit der Beschreibungen sich auszeich-
neten, die anderen durch eine hochtrabende
Weitschweifigkeit und jenen falschen Geschmack, den sich alle Klostergelehrte zu
eigen gemacht hatten, hervorstrahlen wollten.
Ich habe mich nicht auf Untersuchungen über
die Geographie Amerika's beschränkt, nicht auf
die Urgeschichte der Völker, wie sie uns durch
bildliche Darstellungen, mündliche Ueberlieferungen und Sagen in Peru, den Andes von
Quito und Cundinamarca erhalten worden ist:
im Gegentheile habe ich meine Arbeit auf die
kosmographischen Ansichten des funfzehnten
Jahrhunderts und die astronomischen Methoden ausgedehnt, deren Anwendung die Schiffer von dem Augenblicke an versuchten, als
die päbstliche Bulle über die *Demarkationsli-*
nie den Eifer gesteigert hatte, mit welchem
man das *Geheimnifs der Längen* aufzuklären
versuchte. Bei der fortwährenden Rücksichts-
nahme auf Urkunden, welche in den neueren
Zeiten häufiger angeführt, als ernstlich untersucht worden sind, waren meine Nachforschungen nicht immer unfruchtbar, und das Publikum, welches bei meinen Arbeiten von gröfserer Ausdehnung mir Muth und Kraft in der
Ausführung verlieh, hat mit einigem Beifalle
die Resultate dieser Arbeit aufgenommen, die
in dem *Politischen Versuche über Neu-Spa-*
nien, der Beschreibung meiner Reise nach den
Aequinoktialgegenden, und den *Denkmälern*
der eingeborenen Völker Amerika's verzeichnet worden sind.

Vor meiner Abreise nach der Küste von Paria, dem ersten Landpunkte, welchen Columbus gesehen, hatte ich den Vortheil gehabt, mich zu Madrid der Rathschläge des gelehrten Historiographen Don Juan Baptista Muñoz zu erfreuen und die kostbaren Materialien zu bewundern, welche er auf Befehl König Karl's des IV. in den Archiven von Simancas, Sevilla und Torre do Tombo gesammelt hatte. Diese rechtfertigenden Urkunden sollten am Schlusse der *Historia del Nuevo Mundo,* von welcher unglücklicher Weise nur der erste Theil erschienen ist, der nur einen unvollständigen Begriff von dem ausgedehnten Plane dieser geschichtlichen Unternehmung zu geben vermag, mitgetheilt werden. Erst seit dem Jahre 1825 ist die gelehrte Welt wegen dieses Verlustes reichlich durch die Veröffentlichung der drei Bände der *Collection de los viages y descubrimientos que hicieron por mar los Españoles desde fines del siglo XV.* entschädigt worden.

Dieses Werk des *Don Martin Fernandez de Navarete,* nach einem weiten Maaßstabe entworfen, und durchgängig in allen seinen einzelnen Theilen mit einem Geiste aufgeklärter Kritik bearbeitet, ist eines der wichtigsten geschichtlichen Denkmäler der neuern Zeiten. Nur die *diplomatische Sammlung* allein bietet nahe an vierhundert Urkunden dar, welche sich auf die merkwürdige Periode von 1487 bis 1515 beziehen, von denen jedoch einige durch den *Codice Colombo - ameri-*

cano bekannt waren, welcher im Jahre 1823 auf Kosten des Genueser Dekurionates veröffentlicht worden ist. Wenn man sie unter sich und mit den frühesten Erzählungen der *Conquistadores* vergleicht, sobald dies von Personen geschieht, welche eine genaue Kenntnifs der Ortsverhältnisse der neuen Welt besitzen, und mit dem Geiste des Jahrhunderts, in welchem Christoph Columbus und Leo X. lebten, sich hinreichend vertraut gemacht haben, so können diese geschichtlichen Anhaltspunkte noch lange Zeit hindurch allmählig zu köstlichen Ergebnissen über die Folge der Entdeckung von Amerika und dessen älteren Zustand führen. Frankreich besitzt eine Uebersetzung von dem gröfseren Theile des Werks von Navarete, welche die Herren *Verneuil* und *Roquette* besorgt haben, und dasselbe Werk hat den Stoff zu der *Geschichte des Columbus* dargeboten, welche wir einem Schriftsteller verdanken, der sein Vaterland durch litterärische Erzeugnisse erfreut hat, in denen gleichzeitig dichterische Begeisterung und die Fähigkeit obwalten, das Gemälde eines rohen, unbewohnten Landes zu entwerfen, welches durch eine neu entstandene Civilisation gleichsam befruchtet wurde. *Washington Irving* hat dargethan, dafs in einem Geiste höherer Art die Macht der Imagination nicht immer die Fähigkeit, sich mit Erfolg den ernsteren Studien des Geschichtsforschers hinzugeben, ausschliefst: aber, dem Endzwecke und der litterärischen Gestaltung gemäfs, wel-

che er seiner Arbeit zu geben für zweckmä-
fsig befunden, hat der amerikanische Schriftsteller die kleinlichen Einzelnheiten der Erdbeschreibung und nautischen Astronomie vermeiden müssen, zu denen mich die Trockenheit meiner gewohnten Studien seit längerer
Zeit fesselte.

Indem ich Untersuchungen über die Ereignisse anstellte, welche zu der Entdeckung
einer anderen Halbkugel geführt haben, be-
mühte ich mich vor allen Dingen, jene Ge-
dankeneinheit und Meinungsverbindung her-
vorblicken zu lassen, die den Schlufs des
funfzehnten Jahrhunderts, trotz aller angeblichen Barbarei des Mittelalters, an die Zeiten
des Aristoteles, Eratosthenes und Strabo anknüpften: ich wollte nachweisen, dafs in jedem
einzelnen Zeitpunkte des Volkslebens dasjenige, was zum Fortschritte der menschlichen
Vernunft einen Beitrag zu liefern im Stande
ist, tiefe Wurzeln in vorhergehenden Jahrhunderten habe. Die Entwickelung der Ein-
sichtsfähigkeiten oder deren Anwendung auf
die wesentlich nothwendigen Bedürfnisse der
Gesellschaft erscheinen nur dann als nich-
tig, wenn die Langsamkeit oder die Vereinzelung der Fortschritte ihren Gang unbemerkbar
oder mindestens weniger hervortretend machen. Ich glaube nicht, dafs es in der Bestimmung des menschlichen Geschlechtes liege, Ab-
wechselungen von Licht und Finsternifs zu
erleiden, die das gesammte Geschlecht beträ-
fen. Ein erhaltendes Princip nährt den Le-

bensprocefs sowohl bei den einzelnen Individuen, als bei den Gesammtmassen. Das Jahrhundert des Columbus konnte nur deshalb so
schnell zu der Erfüllung seiner Bestimmungen
gelangen, weil die Keime zu dieser Entwickelung durch jene Reihe von ausgezeichneten
Männern gelegt worden waren, welche durch
das ganze Mittelalter hindurchgeht: durch *Roger Baco*, *Albertus Magnus*, *Duns Scotus*, *Vincentius de Bellovaco*. Als *Diego Ribero* im
Jahre 1525 von dem Kongresse zurückkam,
welcher auf der *Puente de Caya*, nahe bei
Yelves, gehalten worden, waren schon die Umrisse der neuen Welt von dem Feuerlande bis
nach Labrador hin verzeichnet. Auf den Westküsten waren natürlicher Weise die Fortschritte
langsamer; indessen war im Jahre 1543 *Rodriguez Cabrillo* schon nordwärts über Monterey
vorgedrungen, und sein Steuermann *Bartholomäus Ferrelo* führte die Kenntnifs des Landes
bis über den 43sten Breitengrad nahe bis zum
Vorgebirge *Orford*, wie es *Vancouver* benannt
hat, hinaus, nachdem jener wahrhaft grofse,
unerschrockene Seefahrer in der Nähe des Kanals der heiligen Barbara bei Neu-Kalifornien
sein Leben eingebüfst hatte. So weit gingen
damals der Eifer und die Nebenbuhlerschaft
der handeltreibenden Völker, der Spanier, Engländer und Portugiesen, dafs funfzig Jahre hin-
reichten, die äufsere Gestaltung der Ländermassen der anderen Hemisphäre, im Norden und
im Süden des Aequators, zu verzeichnen: und
so wahr ist es, was ein urtheilsvoller Gelehrter

bemerkt hat, daſs, *wenn ein Jahrhundert be-*
gonnen hat, irgend einer groſsen Hoffnung
Raum zu geben, es nicht eher ruhe, als bis sie
erfüllt ist.

Das ausgedehnte Werk, welches ich über
die Geschichte der beiden Hälften von Amerika
und die allmählige Berichtigung der astronomischen Ortsbestimmungen vorbereitete, habe ich
seit meiner Reise nach Nord-Asien und dem
kaspischen Meere gänzlich aufgeben müssen.
Eine neue Reihe von Gedankenverbindungen
hat sich meinem Geiste dargeboten, und bedeutend die Vorliebe vermindert, welche ich
für diese Art von geistiger Thätigkeit seit dem
Augenblicke meiner Rückkehr nach Europa gehegt hatte. Auch hat mich dieser Entschluſs
um so geringeres Bedauern gekostet, als einer
der unterrichtetsten Reisenden, welche die
neuere Zeit gesehen hat, Herr *Boussingault*,
nach zwölf Jahren mühevoller und mit den
gröſsesten Gefahren verbundener Wanderung
endlich seinem Vaterlande zurückgegeben, ein
neues Licht über die magnetischen und meteorologischen Erscheinungen, die Geologie,
die Höhenbeschaffenheit des Bodens und die
chemischen Bestandtheile der Naturerzeugnisse
der Neuen Welt verbreiten wird. Ich hoffe
bald den vierten und letzten Theil meiner
Reisebeschreibung *(Relation historique)* her-
ausgeben zu können, dem einzigen unter allen
den Werken, die ich über Amerika habe erscheinen lassen, dessen Vollendung noch übrig
ist. Zwei Atlasse begleiten diese Reisebeschrei-

bung: der eine, malerische Darstellungen mannigfacher Art enthaltend *(Atlas pittoresque)*,
bietet zugleich eine Erklärung der Tafeln dar,
welche sich in dem Werke vorfinden, das unter dem Titel: *Ansichten von den Cordilleren*
oder *Denkmäler der eingeborenen Völker Amerika's* herausgegeben worden ist. Das Werk,
welches ich in diesem Augenblicke dem Publikum vorführe, bietet den erklärenden Text zu
dem zweiten Atlas dar, welcher die geographischen und physischen Karten umfafst. Es enthält eine kritische Untersuchung über die Geschichte der Geographie des neuen Kontinentes, eine von Auseinandersetzungen begleitete Entwickelung der Materialien, welche mir
bei Zeichnung der Karten und Höhendurchschnitte zu Gebote standen. Um nicht gänzlich die Frucht der Untersuchungen zu verlieren, von denen oben die Rede gewesen ist,
habe ich in dieser kritischen Untersuchung
diejenigen Ergebnisse zu vereinigen gesucht,
welche mir das gröfste und allgemeinste Interesse darzubieten schienen. Neben einige neue
Thatsachen habe ich ältere gestellt, welche —
ich gestehe es gern zu — ziemlich allgemein
bekannt sind, aber in der Verbindung, in die
ich sie zu setzen gewufst habe, zu neuen
Wahrnehmungen führen.

Ich werde einige Einzelnheiten über die
geheimnifsvolle Persönlichkeit des *Martin Hylacomilus* und über seine *Einleitung in die Kosmographie* darbieten, in welcher er schon im
Jahre 1507 (mithin ein Jahr vor dem Erschei

nen der im Ganzen nur Bruchstücke darbietenden Karte der neuen Welt, welche ohne Namen des Landes in einer Ausgabe des Ptolemäus erschien) die Benennung *Amerika* vorschlug. Man trifft auf die Anwendung dieses Namens nicht in einer Karte, aber auch in einem, ebenfalls ohne Angabe des Verfassers in dem Jahr 1509 gedruckten Buche (*Globus mundi*), welches man fälschlich dem *Loritus Glareanus* zugeschrieben hat, drei Jahre vor dem Briefe des Vadianus an Rudolph Agricola und dreizehn Jahre vor dem Erscheinen der Karte im Ptolemäus, welche den Namen von Amerika darbietet. Auch eine, im Jahr 1520 gestochene Welttafel des *Appianus*, welche sich in der Ausgabe des *Pomponius Mela* von *Vadianus* findet, enthält diesen Namen, zwei Jahre mithin früher, als die Charte des Ptolemäus von 1522. Ich würde die Pflichten liebevoller Dankbarkeit verabsäumen, wenn ich nicht hier am Schlusse der Vorrede dem *Baron von Walkenaer*, meinem Collegen im französischen Institute, eine öffentliche Anerkennung wollte zu Theil werden lassen, dessen edler Eifer für die Ausbildung der Wissenschaften sich nicht darauf beschränkt, sie durch eigene Arbeiten zu bereichern, sondern auch mit seinen Rathschlägen und den Schätzen seiner reichen Bibliothek, deren freie Benutzung er gestattet, mit Vergnügen alle diejenigen unterstützt, welche dieselbe Laufbahn, als er, zu durchmessen versuchen. Immitten der Reichthümer dieser Bibliothek hatte ich im Frühlinge des Jahres 1832, wäh-

während meines letzten Aufenthaltes zu Paris, das Vergnügen, gemeinschaftlich mit Herrn von *Walkenaer*, den Urheber und das Datum einer Weltkarte zu erkennen, die zu äußerst belehrenden Beobachtungen Veranlassung gegeben hat. Auf derselben ist der neue Kontinent im Jahre 1500 von *Juan de la Cosa*, dem Begleiter von *Christoph Columbus* auf seiner zweiten Reise, und Steuermanne auf der Expedition des *Alonzo de Hoyeda* im Jahr 1499, an welcher auch *Amerigo Vespucci* Theil nahm, abgebildet. Um die Wichtigkeit dieses geographischen Denkmals einzusehen, genügt es, sich den Umstand in das Gedächtnis zurückzurufen, daß diese Karte sechs Jahre vor dem Tode des *Columbus* angefertigt worden ist, und daß die ältesten, bisher bekannten Karten von Amerika, welche sich nicht in Ausgaben des *Ptolemaeus* oder in Weltbeschreibungen des funfzehnten und sechzehnten Jahrhunderts vorfinden, die aus den Jahren 1527 und 1529 sind, welche sich in den Bibliotheken des Großherzogs von Sachsen-Weimar befinden. Die letztere ist die bekanntere, da sie den berühmten Namen des *Diego Ribero* führt.

Ich schließe diese Vorrede mit dem Ausdrucke des tiefsten Schmerzes. Die lebhafte, unter peinlichen Gefühlen so lange Zeit hindurch ersehnte Freude, welche mir die Befreiung meines Freundes und Reisebegleiters *Aimé Bonpland* verursacht hatte, ist durch einen bitteren Verlust getrübt worden. *Jabbo*

Oltmanns, Mitglied der Berliner Akademie, welcher mir einen liebevollen Beweis seiner Anhänglichkeit durch die Redaktion der astronomischen Beobachtungen gegeben, die ich auf dem amerikanischen Festlande angestellt hatte, ist vor einigen Tagen einer langen und schmerzhaften Krankheit erlegen. Ich weifs nichts Besseres zu seinem Lobe zu sagen, als was ein berühmter Gelehrter Frankreichs, *Delambre,* in der Analyse der mathematischen, dem Institut vorgelegten Arbeiten ausgesprochen hat: „*Oltmanns,*" sagte derselbe, „hat durch seine Arbeiten in der astronomischen Geographie dargethan, dafs er, mit ausgezeichneten Kenntnissen ausgestattet, und mit der Geduld, die unumgänglich erforderlich ist, um lange und gleichförmige Rechnungen zu verfolgen, den Scharfsinn vereinigt, welcher fortwährend auf die Entdeckung neuer Methoden leitet und die Umformung der bekannten hervorruft." Das interessante Jahrbuch des Längenbureau's (*Annuaire du bureau des longitudes*) theilt Jahr für Jahr die Tafeln von Oltmanns zur Höhenmessung aus korrespondirenden Barometerbeobachtungen mit, welche sich durch ihre Genauigkeit und sinnreiche Kürze vor allen übrigen auszeichnen, und so viel dazu beigetragen haben, unsere Kenntnisse von den Unebenheiten der Erdoberfläche zu vermehren. Wenige Tage vor seinem Tode hatte *Oltmanns* die Untersuchung und Berechnung der von mir in Siberien angestellten astronomischen Beobachtungen vollendet, von denen ich nur einen

geringen Theil während des Laufes meiner
schnellen und mühevollen Reise selbst hatte
berechnen können. Dieses Andenken meiner
unwandelbaren Dankbarkeit wird in einem
Werke, welches einer Reihe von Untersuchungen über die Geschichte der Geographie bestimmt ist, nicht am unrechten Orte stehen.

Berlin, im November 1833.

Alexander v. Humboldt.

Vorrede des Uebersetzers.

Die genaue Bekanntschaft, welche ich mit dem
vorliegenden Werke unseres berühmten Lands-
mannes, auf den das deutsche Volk als auf
einen seiner gröfsten und umfassendsten Geister mit gerechtem Stolze hinblickt, mir zu verschaffen im Stande war, als mir am Schlusse
des vergangenen Sommers, unmittelbar nach
dem Erscheinen der ersten Lieferung des französischen Originals, eine Anzeige desselben von
der hiesigen Gesellschaft *für wissenschaftliche*
Kritik aufgetragen wurde (vergl. ihre *Jahrbü-*
cher, Septbr. 1834, No. 54 und 55.), hatte in
mir den Wunsch erregt, dieses Werk durch
eine Uebertragung zu einem Eigenthume der
deutschen Nationallitteratur zu machen. Die
besondere Güte und Nachsicht, mit welcher
der berühmte Verfasser dieses Werkes seit einigen Jahren meine unbedeutenden litterarischen
Leistungen aufgenommen hatte, veranlafste
mich, bei ihm um die Erlaubnifs zu dieser
Arbeit anzufragen, die er mir in Ausdrücken ertheilte, welche ich hier, ohne eitel zu erscheinen, nicht anführen darf.

Ohne das, was ich in dem angeführten Artikel über das vorliegende Werk gesagt habe,

hier wiederholen zu wollen, bemerke ich nur
dasjenige, was ich über den Zusammenhang desselben Werkes mit den übrigen, die Reise des
Herren *Alexander v. Humboldt* mit *Aimé Bonpland* in den Tropengegenden Amerika's betreffenden Werkes dort mitgetheilt habe. Noch
immer walten in Deutschland ganz falsche oder
wenigstens unklare Begriffe über dieses Reisewerk ob, welches in der grofsen Ausgabe 17
Bände in Fol. und 11 Bände in 4. umfafst, deren Titel ich hier aufführen will:

Essai sur la Géographie des Plantes. 1 Bd. in 4.
Weiter ausgeführt in dem lateinischen Werke: *Pro-
legomena de distributione geographica plantarum
secundum caeli temperiem et altitudinem montium*
und in mehreren einzelnen Abhandlungen.
Plantes équinoxiales. 2 Bde. Fol., herausgegeben von
Humboldt und *Bonpland.*
Monographie des Rhexia et des Mélastomes. 2 Bde.
Fol., von letzterem bearbeitet.
Famille des Mimosacées et autres plantes légumineuses.
1 Bd. Fol.
Graminées rares de l'Amérique équinoxiale. 1 Bd. Fol.
Nova genera et species plantarum. 7 Bde. Fol., bestehend aus 700 Kupfertafeln nebst Text, und mit einer
synoptischen Uebersicht, in Art eines Auszuges, in
4 Oktavbänden. (Die drei letzgenannten Werke sind
von dem Herrn Prof. *Kunth* bearbeitet worden.)
Observations de Zoologie et d'Anatomie comparée.
2 Bde. 4.
*Recueil d'observations astronomiques, avec un nivelle-
ment barométrique, trigonométrique, géognostique
de la Cordillère des Andes, publié par MM. de
Humboldt et Oltmanns.* 2 Bde. 4. Der geognostische
Theil ist näher entwickelt in dem *Essai sur le gi-
sement des roches dans les deux hémisphères.*
Tableau physique des régions équinoxiales, ein Quart-
band. Die Klimatologie ist besonders behandelt in
der Abhandlung: *Sur les lignes isothermes (Mémoires de la société d'Arcueil.* Vol. III.*)*

*Vues des Cordillères et des monumens des peuples
indigènes de l'Amérique.* 2 Bde. Fol.

Essai politique sur le royaume de la Nouvelle Espagne.
2 Bde. in 4. mit einem *Atlas géographique et physique.* Eine zweite Ausgabe erschien 1825 in 4 Oktavbänden.

Essai politique sur l'île de Cuba. 2 Bde. 8.

Relation historique du voyage aux régions équinoxiales du Nouveau Continent. 4 Bde. in 4., von denen
der vierte noch nicht erschienen ist *).

Gleichwie das Werk: *Vues des Cordillères
et des Monumens des peuples indigènes de l'Amérique* den Text zu dem *Atlas pittoresque* darbot, so giebt das vorliegende *Examen critique de l'histoire de la géographie du Nouveau
Continent et des progrès de l'Astronomie nautique dans le XV. et XVI. siècles,* verbunden
mit einer *Analyse raisonnée* der von dem Verfasser zur Abfassung desselben benutzten Materialien, den Text zu dem *Atlas géographique
et physique,* welcher schon 1814 zu Paris in 7
Lieferungen erschienen ist.

Die Uebersetzung, um auch von dieser
einige Worte zu sagen, darf auf Treue Anspruch machen. Wenn hier und dort ein tropischer, ein figürlicher Ausdruck nicht mit
denselben Worten wiedergegeben worden ist,
welche sich in dem französischen Originale
vorfinden, so möge der deutsche Leser be

---

*) Die meisten dieser Werke sind auch in wohlfeileren Oktavausgaben erschienen, dergleichen die *Gide*sche Buchhandlung zu Paris nach Erscheinen der Folioausgabe auch von diesem Werke angekündigt hat. Ein Exemplar der ganzen Sammlung in der grofsen
Ausgabe mit illuminirten Kupfern kostet jetzt über 10,000 Franken,
also fast doppelt so viel, als die *Description de l'Egypte,* zu der
die französische Regierung 3 Millionen Franken hat vorschiefsen
müssen, während das Reisewerk von *Humboldt* blofs durch die Gunst
des Publikums zur Vollendung geführt worden ist. Kupfertafeln
(1300 in Folio), Druck und Papier haben allein 840,000 Franken
gekostet (42,000 Louisd'or).

denken, wie viel dazu gehört, die Redeweise, welche in dem Werke eines klassischen französischen Schriftstellers vorherrschen muß, in deutscher Sprache wiederzugeben. Hätte der Herr Verfasser das Werk in seiner Muttersprache zu schreiben vorgezogen, was ihm die enge Verbindung, in der es zu den übrigen Theilen seines großen Reisewerks steht, zu thun nicht erlaubte, so dürfte das deutsche Gewand, in welchem diese *Kritischen Untersuchungen über die geschichtliche Entwickelung der Kenntnisse von dem Festlande der Neuen Welt* erscheinen, ein gänzlich verschiedenes von demjenigen sein, in welchem sie jetzt vor die Augen des Publikums treten.

Der Uebersetzer hat sich, mit Bewilligung des Herrn Verfassers, dem er seit mehreren Jahren den innigsten Dank für die mannigfachsten Beweise von Wohlwollen schuldig ist, erlaubt, einige unbedeutende Aenderungen in den Anmerkungen und selbst hier und dort im Texte vorzunehmen. Auch findet der deutsche Leser, welcher das Original zu vergleichen Gelegenheit haben sollte, einige in der That unerhebliche Zusätze, welche auf der verschiedenen Art und Weise beruhen, wie man in Frankreich und in Deutschland philologische Gegenstände, der äußeren Anordnung und Darstellung nach, zu behandeln pflegt. Es würde Unrecht gewesen sein, wenn der Uebersetzer auch nur bei der geringsten Veränderung, welche er geflissentlich sich erlaubt hat, nicht sich selbst hätte in den Vordergrund stellen und die Verantwortlichkeit für solche Abänderungen und jeden, selbst noch so unbedeutenden Zusatz, den er stets durch eckige Klammern [ ] angedeutet wissen will, übernehmen wollen.

Die deutsche Uebersetzung wird in Liefe-

rungen von zehn bis zwölf Bogen, und zwar,
so weit es möglich ist, gleichzeitig mit dem
französischen Original erscheinen.

Der Uebersetzer schmeichelt sich, ein wahrhaft volksthümliches Werk durch diese Arbeit
unternommen zu haben. Wer jemals einen Begriff von der Kunst erlangt hat, mit der *Al.
von Humboldt* die entferntesten Punkte des
menschlichen Wissens zu vereinigen und einen Gesammtüberblick über den ganzen Kreis
unserer wissenschaftlichen Leistungen herbeizuführen weiss, und das Band genauer zu erkennen im Stande gewesen ist, welches alle
Zweige menschlicher Erkenntniss umfassen
muss: der wird auch aus diesem Werke, welches ihm den Geist jener Tendenz unseres
Zeitalters, die Resultate der Erfahrung, Speculation und Combination fortwährend zu sichten, zu ordnen und durch passende Anknüpfungspunkte zu einem harmonischen Ganzen
in übersichtlicher Klarheit zu vereinigen, in den
mannigfachsten Gestaltungen vorführen wird,
vielfachen Genuss zu schöpfen nicht verfehlen.
Der Uebersetzer würde sich glücklich schätzen,
wenn der geringe Theil des Verdienstes, den
er bei dieser Arbeit in Anspruch nehmen darf,
anerkannt werden sollte.

Berlin, am 1. November 1834.

Jul. Ludw. Ideler.

Kritische
Untersuchungen

über die

historische Entwickelung der geographischen
Kenntnisse

von der Neuen Welt

und die

Fortschritte der nautischen Astronomie in
dem 15ten und 16ten Jahrhundert

von

Alexander v. Humboldt.

Die Entdeckung der Neuen Welt und die Arbeiten,
welche zur Erweiterung der Kenntnisse von ihrer Geographie unternommen worden sind, haben nicht blofs den
Schleier gehoben, der seit Jahrhunderten einen bedeutenden Theil der Erdoberfläche den Augen der Bewohner
des anderen Theiles entzogen hatte, sondern auch den
entschiedensten Einflufs auf die Verbesserung der Karten
und der graphischen Darstellungsweise im Allgemeinen,
so wie auf die zur Ortsbestimmung am meisten geeigne-
ten astronomischen Mittel ausgeübt. Verfolgt man mit
einiger Aufmerksamkeit die Fortschritte der menschlichen
Bildung, so erkennt man leicht, wie der Scharfsinn des
Menschen mit Erweiterung des Feldes wuchs, das seinen
Untersuchungen dargeboten wurde. Die nautische Astronomie, die physische Geographie — ich bediene mich dieses Namens in einem umfassenderen Sinne, als gemeinhin
üblich ist, indem ich darunter auch die Kenntnifs von den
verschiedenen Menschenracen und der geographischen Vertheilung der Thiere und Pflanzen begreife — die Geologie der Vulkane, die beschreibende Naturgeschichte haben seit dem Ende des funfzehnten und dem Anfange des
sechszehnten Jahrhunderts durchaus ihre Gestalt verändert.
Ein neues Festland bot den Seefahrern eine Küstenaus-
dehnung von 120 Breitengraden dar: den Naturforschern
neue Pflanzen- und Vierfüfserfamilien, deren Klassifika-
tion nach den bis dahin angewendeten, auf die Gestaltungen des organischen Lebens in der Alten Welt be-
rechneten Methoden nicht ohne bedeutende Schwierigkei-

ten bewerkstelligt werden konnte: dem Philosophen eine
gemeinsame Menschenrace, die jedoch durch den langen
Einfluſs der Nahrungsmittel, der Temperatur und der Sitten — ohne den Mittelzustand des nomadischen Hirtenle-
bens zu durchlaufen, gingen sie von dem Jägerleben zur
Bestreitung des Ackerbaues über — die verschiedenartig-
sten Modifikationen erlitten und durch eine fast unendliche Anzahl von Sprachen gespalten war, deren wunderli-
cher grammatischer Bau bei einem Gesammtüberblick den
gemeinsamen Grundtypus nicht verkennen läſst: dem Physiker und Geologen eine unermeſsliche Gebirgskette, die,
durch unterirdische Feuer emporgehoben, reich an kostbaren Metallen, an ihrem jähen Abhange und auf ihren
terrassenförmigen Hochebenen, in einem verhältnifsmäfsig
unbedeutenden Raume, die Klimate und Erzeugnisse der
entferntesten Zonen neben einander vereinigte. In keinem
Zeitpunkte, seit dem Entstehen des gesellschaftlichen Zustandes, war der Ideenkreis in Bezug auf die Aufsenwelt
auf eine so wunderbare Weise erweitert worden; nie hatte
der Mensch das Bedürfnifs lebendiger gefühlt, die Natur
zu beobachten, und die Mittel zu vervielfältigen, durch
welche sie mit Erfolg zu befragen ist.

Man möchte sich vielleicht zu der Annahme verleiten lassen, daſs diese erstaunenswerthen Entdeckungen,
welche gegenseitig in einander übergreifen, diese zwiefachen
Eroberungen in der physischen und in der intellektuellen Welt, erst in unseren Tagen ihrem ganzen Werthe
nach anerkannt worden seien, in einem Jahrhundert, in
welchem die Kulturgeschichte des Menschengeschlechts
von Philosophen geschrieben worden ist, die mit Einem
Blicke die Fortschritte der astronomischen und physischen
Geographie, der Schiffahrtkunde und der beschreibenden
Zoologie und Botanik zu übersehen vermochten. Aber
mit Unrecht würde man eine solche Meinung hegen, da
man aus den Schriften der Zeitgenossen des Christoph
Columbus ersieht, daſs schon in jenem Zeitalter einzelne

Geister höheren Ranges den Werth, welchen der Schluſs des funfzehnten Jahrhunderts für die Menschheit haben muſste, in seinem ganzen Umfange erkannten. „Jeder Tag," schreibt *Peter Martin von Anghiera* in seinen Briefen aus den Jahren 1493 und 1494 *), „jeder Tag bringt uns neue Wunder aus jener Neuen Welt, von jenen Antipoden des Westen, die ein *gewisser* Genueser (*Christophorus quidam, vir Ligur*) aufgefunden hat. Unser Freund *Pomponius Laetus* (derselbe, welcher in Rom seiner religiösen Ansichten halber verfolgt wurde: bekannt als einer der ausgezeichnetsten Beförderer der klassischen römischen Literatur) hat sich kaum der Freudenthränen enthalten können, als ich ihm die erste Nachricht von diesem unverhofften Ereignisse ertheilte." Anghiera fügt, im Schwunge wahrhaft dichterischer Begeisterung, die Worte hinzu: „Wer von uns mag nun noch heut zu Tage über die Entdeckungen staunen, welche man dem Saturn, dem Triptolemus und der Ceres zugeschrieben hat?"

---

*) *Prae laetitia prosiluisse te vixque a lacrymis prae gaudio temperasse, quando litteras adspexisti meas, quibus de antipodum orbe latenti hactenus te certiorem feci, mi suavissime Pomponi, insinuasti. Ex tuis ipsis litteris colligo, quid senseris. Sensisti autem, tantique rem fecisti, quanti virum summa doctrina insignitum decuit. Quis namque cibus sublimibus praestari potest ingeniis, isto suavior? quod condimentum gratius? ex me facio conjecturam. Beari sentio spiritus meos, quando accitos alloquor prudentes aliquos ex his qui ab ea redeunt provincia* (Hispaniolae insula). *Implicent animos pecuniarum cumulis augendis misere avari: nostras nos mentes, postquam Dei aliquando fuerimus, contemplando, huiuscemodi rerum notitia demulceamus.* Dieser Brief, welcher so gut die höheren Freuden der menschlichen Vernunft schildert, ist nach der gewöhnlichen Meinung zu Ende des Monats Dezember 1493 geschrieben. (*Opus Epistolarum Petri Martyris Anglerii Mediolanensis, Protonotarii Apostolici, Prioris Archiepiscopatus Gratanensis atque a Consiliis rerum Indicarum Hispanicis.* Amstelodami 1670. ep. CLII. p. 84.) Man vergleiche die Anmerkung *A* am Ende des ersten Abschnittes.

Wenn man sich dem Studium der frühesten Geschichtschreiber über die Eroberung Amerika's mit Eifer hingiebt, und ihre Werke — besonders die von *Acosta*, *Oviedo* und *Garcia* — mit den Untersuchungen neuerer Reisenden vergleicht, so erstaunt man, häufig den Keim der wichtigsten physischen Wahrheiten in den spanischen Schriftstellern des sechzehnten Jahrhunderts schon vorzufinden. Bei dem Anblicke eines neuen Festlandes, welches in den weiten Einöden des Oceans gleichsam von allen übrigen Gegenständen der Schöpfung getrennt erschien, bot sich sowohl der thätigen Neugierde der ersten Reisenden, als derer, welche ihren Erzählungen weiter nachdachten, der gröfste Theil jener wichtigen Fragen dar, welche uns noch heutiges Tages beschäftigen: über die Einheit des Menschengeschlechts und dessen Abweichungen von einer gemeinsamen Urgestaltung; über die Wanderungen der Völker, die Verschwisterung der Sprachen, die in ihren Wurzelworten oft gröfsere Verschiedenheiten darbieten, als in den Flexionen oder grammatikalischen Formen; über die Wanderung der Pflanzen- und Thier-Arten; über die Ursache der Passatwinde und Meeresströmungen; über die Wärmeabnahme an dem jähen Abhange der Kordilleren, und mit der Tiefe im Ocean; über die gegenseitige Einwirkung der Vulkane auf einander und den Einflufs, welchen sie auf die Erdbeben ausüben. Die vollendetere Gestaltung der Geographie und nautischen Astronomie, derjenigen beiden Wissenschaften, mit denen wir uns vorzugsweise in diesem Werke beschäftigen werden, beginnt in demselben Zeitpunkte, als die beschreibende Naturgeschichte und die Physik des Erdkörpers im Allgemeinen einer gröfseren Vervollkommnung entgegen gingen.

Man ersieht aus dem *Fenix de las maravillas del Mundo*, der im Jahr 1286 von *Raymundo Lulio* *),

----

*) Ueber die wissenschaftlichen Arbeiten dieses ausgezeichneten Man-

von Majorka, abgefaßt worden ist, daß der Gebrauch
wahrer Seekarten bis zum Schlusse des funfzehnten Jahrhunderts hinanreicht: aber man muß (wenn man die spä-
tern Karten des *Andrea Bianco*, des *Benincasa*, des *Giacomo de Giroldis*, des *Fra Mauro* und des *Martin Behaim* mit einer Weltkarte vergleicht, welche der Baron
Walkenaer und ich neuerdings als aus dem Jahre 1500
herrührend erkannten, von der Hand des *Juan de la Cosa*,
des schon oben erwähnten Begleiters von *Columbus*), im
höchsten Grade staunen, wie der Verlauf eines halben Jahrhunderts hinzureichen im Stande war, eine so mächtige Veränderung in der Aufreißung und der Uebereinstimmung der
Positionslinien hervorzubringen, um der noch mächtigeren
Umwälzung in den kosmographischen Ideen gar nicht zu gedenken. Man darf nicht vergessen, daß *Behaim, Columbus,
Vespucci, Gama* und *Magellan* Zeitgenossen von *Regiomontanus, Paolo Toscanelli, Roderigo Faleiro* und anderen berühmten Astronomen waren, welche ihre tieferen Einsichten den Schiffahrern und Geographen ihrer Zeit mit-
theilten. Die großen Entdeckungen auf der westlichen
Halbkugel waren kein Werk des Zufalls. Es würde ungerecht sein, den ersten Keim dazu in jenen instinktmäßigen
Dispositionen der Seele suchen zu wollen, denen die Nachwelt so oft das zuzuschreiben geneigt ist, was eine Frucht
des Genies und langen Nachdenkens war. *Columbus, Cabrillo, Gali* und so viele andere Seefahrer bis auf *Sebastian Viscayno*, welche sich in den Annalen der spanischen Marine ausgezeichnet haben, waren für das Zeitalter, in welchem sie lebten, Männer von bewunderungs-
würdiger Bildung. Die Ursache, weshalb sie so denk-
würdige Entdeckungen gemacht haben, ist die, weil sie
richtige Begriffe von der Gestalt der Erde und von der
Länge der Entfernungen hatten, welche zu durchlaufen

---

nes vergleiche man *Capmani Memorias historicas del commercio de
Barcelona. Quaest.* II. p. 68.

waren; weil sie verstanden, die Arbeiten ihrer Vorgänger zu benutzen und anzuwenden; die in den verschiedenen Zonen herrschenden Winde zu beobachten; die Variationen der Magnetnadel zu messen, um nach ihnen die Richtung des Weges zu bestimmen und zu verbessern; praktisch stets die am wenigsten unvollkommenen Methoden anzuwenden, welche die Mathematiker damaliger Zeit angegeben hatten, um ein Schiff durch die Einöde des Meeres zu steuern. Die nautische Astronomie mußte nothwendiger Weise so lange in der Kindheit bleiben, als der Gebrauch der Spiegelsextanten und der Seeuhren unbekannt war. Die Schiffahrtkunde ist in so hohem Grade von der Ausbildung der mathematischen Wissenschaften und der Vervollkommnung der optischen Instrumente abhängig, daß wegen dieser nahen Verbindung ihre Fortschritte nur langsam sein können und häufigen Stillstand erleiden müssen. Die Kunstgriffe der Steuerkunde, welche auf den großen Seefahrten des Columbus, Gama und Magellan angewendet worden sind, und die uns so überaus unsicher erscheinen müssen, hätten die Bewunderung nicht bloß der phönizischen, karthagischen oder griechischen Seefahrer, die in dieser Beziehung kaum in Betracht kommen dürften, sondern selbst der geschickten Piloten erregt, welche Kastilien, die baskischen Provinzen, Dieppe und Venedig im dreizehnten und vierzehnten Jahrhundert aufzuweisen hatten. Von diesem Zeitpunkte an findet man Spuren verschiedener Methoden zur Längenbestimmung, welche mit den heutigen fast identisch sind, und deren Anwendung mit der äußersten Mühe und Sorgfalt versucht wurde: aber, wegen der Unvollkommenheit der zur Messung der Zeit und der Winkelabstände erforderlichen Instrumente, mußten sie in der Ausübung völlig unbrauchbar erscheinen.

Ich werde in diesen *Kritischen Untersuchungen* in vier verschiedenen Abschnitten sprechen:

1) Von den Ursachen, welche die Entdeckung der Neuen Welt vorbereitet und herbeigeführt haben.

2) Von einigen Thatsachen, welche sich auf Christoph Columbus und Amerigo Vespucci, so wie auf die Data der geographischen Entdeckungen beziehen.

3) Von den ersten Karten der Neuen Welt und von der Epoche, in welcher man den Namen *Amerika* vorgeschlagen hat.

4) Von den Fortschritten der nautischen Astronomie und Kartenzeichnenkunst in dem funfzehnten und sechzehnten Jahrhundert.

So eng ist die Verbindung zwischen den Materialien, welche in den verschiedenen Abschnitten dieses Werkes verarbeitet worden sind, dafs man häufig zu denselben Quellen wieder hinansteigen mufs, um Licht über die Geschichte einer Entdeckung zu verbreiten, die bis auf unsere Tage den gröfsten Einflufs auf das Geschick der Völker, die Vervollkommnung der Wissenschaften und die Theorie von Institutionen ausgeübt hat, welche für die Fortschritte der bürgerlichen Freiheit mehr oder minder vortheilhaft gewesen sind.

Erster Abschnitt.

Ueber die Ursachen, welche die Entdeckung der Neuen Welt vorbereitet und herbeigeführt haben.

D'Anville hat die geistreiche Bemerkung gemacht, daß der gröfste aller Irrthümer, welche sich in der Geographie des Ptolemäus vorfinden *), die Menschen zu der gröfsten Entdeckung in Bezug auf neue Erdstriche geführt habe. Es verhält sich hiermit gerade eben so, wie mit der fabelhaften Ueberlieferung, oder vielmehr dem nestorianischen Mythus von dem Priester Johannes, welcher von dem elften bis zu dem funfzehnten Jahrhundert allmählig aus dem Osten Asiens nach dem Abyssinischen Hochlande sich verbreitete; denn auch dieser hat einen wunderbaren Einfluſs auf die geographischen Kenntnisse des Mittelalters ausgeübt. Alles was zur Bewegung anregt, möge die bewegende Kraft sein welche sie wolle, Irrthümer, unbestimmte Muthmaſsungen, instinktmäſsige Divinationen, auf Thatsachen gegründete Schluſsfolgen, führt zur Erweiterung des Ideenkreises, zur Auffindung neuer Wege für die Macht der Intelligenz.

Vergleicht man unter einander die Dokumente aus verschiedenen Epochen, so bemerkt man, daß Christoph Columbus vor und nach Erreichung seines Endzieles, in demselben Maaſse, als er älter und älter wurde, Meinungen ausgesprochen hat, welche gänzlich den wirklichen Beweggründen zu seiner ersten und glücklichen Expedi-

---

*) Die Meinung von der Ausdehnung Asiens nach Osten. Vergl. auch *Rennell's Geography of Herodotus.* p. 655.

tion zuwider lauten. Es ist neuerdings nachgewiesen worden *), dafs Columbus erst in Portugal, um das Jahr
1470, also drei Jahre, nachdem er von Paolo Toscanelli
Rathschläge erhalten hatte, den ersten Gedanken zu seinem
Unternehmen gefafst hat. Die Hoffnungen dieses grofsen
Mannes gründeten sich damals, wie man weifs, auf das,
was er „vernünftige kosmographische Grundsätze" nannte;
auf die geringe Entfernung der Westküsten von Europa
und Afrika zu denen von Cathay und Zipangu; auf
Meinungen des Aristoteles und Seneca, so wie auf einige
Vermuthungen von gegen Westen belegenen Ländern,
die man zu Porto Santo, auf Madera und den azorischen
Inseln nach verschiedenen Anzeichen gegründet hatte. Ferdinand Columbus hat in der *Vida del Almirante* in fünf
Kapiteln **), nach authentischen Handschriften seines Vaters, einen Gesammtüberblick über die Gründe gegeben,
auf denen ein Plan beruhte, dessen Ausführung zwei
und zwanzig Jahre hindurch, bis zum Greisesalter des
Columbus, aufgeschoben wurde. Newton hatte in seinem vier und zwanzigsten Jahre Alles entdeckt, wodurch
sein Name unsterblich geworden ist, die Differenzialrech-
nung, die Gravitationsgesetze und das, was er Analyse
des Lichtes nannte, während Columbus schon acht und

*) *Navarrete, Viages de los Españoles.* Tom. I. p. LXXIX.

**) Cap. 5—9. Man hat bis jetzt das spanische Original dieser
Lebensbeschreibung nicht auffinden können, von der die Handschrift im
Jahre 1568 von dem Enkel des Christoph Columbus, Don Luis Herzog von Veragua, einem Genuesischen Patrizier, Namens Fornari, übergeben wurde. Sie ist im Jahre 1570, ohne Zweifel nach einem mit
vielen Fehlern angefüllten Texte, von Alfonso de Ulloa in das Italiänische übersetzt, und im Jahre 1749 aus dem Italiänischen in das Spanische übertragen worden, um in die Sammlung der *Historiadores primitivos* von *Andr. Gonzalez Barcia* (Tom. I. p. 128) eingerückt
zu werden. Man vergleiche noch *Antonio de Leon Epitome de la
Biblioteca oriental y occidental nautica y geografica* (1629) p. 62
und *Spotorno Codice diplomatico Colombo-Americano* (1823) p.
LXIII.

funfzig Jahre alt war, als er aus der Barre von Rio de
Saltes am 3. August 1492 abreiste und mit diesem Schritte
in die Laufbahn der grofsen Entdeckungen eintrat: acht
und sechzig Jahre zählte er, als er die letzte gefahrvolle Reise nach den Küsten von Veragua und den Mos-
quitos unternahm. Vor seiner ersten Fahrt, im Jahre
1492, legte Columbus, um seine Ansicht, dafs man auf
einem sehr kurzen Wege „zu dem Lande der Spezereien
gen Westen" gelangen könne, zu unterstützen, auf unbedeutende Umstände und Ereignisse Gewicht, aus denen seine Feinde nach seinem Tode in dem berüchtigten Prozesse Nutzen zogen, welchen der königliche
Fiskal gegen Diego Columbus führte, um die Behauptung zu unterstützen, dafs die Entdeckung von Amerika
lange Zeit vorhergesehen worden und deshalb leicht und
keinesweges neu gewesen sei. Alle diese geringfügigen
Ereignisse, diese Beweggründe, geschöpft aus den Meinungen der Alten, aus den Anzeichen eines Festlandes
und aus allgemeinen kosmographischen Begriffen, liefs
Christoph Columbus um so mehr unberücksichtigt, je
näher er seinem Lebensende kam. Die *Lettera rarissima* *) an den König Ferdinand und die Königin Isabelle, von der Insel Jamaika am 7. Julius 1503 datirt,
und, noch mehr als dieses, der Abrifs der *Profecias*,
die zum Theil alle Schranken der menschlichen Vernunft überschreiten, und von der Hand des Admirals
nach dem Jahre 1504, etwa 18 Monate vor seinem
Tode, geschrieben sind, beweisen, mit welcher Ueberre-

---

*) Dieser überaus seltene, unter dem obengedachten Titel bekannte
Brief ist dem Publikum durch die italiänische Auflage genauer bekannt
geworden, welche Morelli, Bibliothekar der Marcusbibliothek zu Venedig, im Jahre 1810 zu Bassano erscheinen liefs. Spanisch war er schon
in den ersten Jahren des sechzehnten Jahrhunderts gedruckt worden (man
vergleiche *Antonio de Leon Pinelo Biblioteca occidental* (1738)
Tom. II. p. 566), und wenn *Bossi* Glauben beizumessen ist, italiänisch
im Jahre 1505 zu Venedig.

dungskraft und Ueberzeugung eine mystische, Theologie sich allmählig seines grofsen Geistes bemeistert haben müsse *). „Zur Ausführung einer Fahrt nach Indien," sagt Christoph Columbus (fol IV. der *Profecias*), „haben Vernunftschlüsse, Mathematik und Weltkarten mir zu nichts verholfen **); es ist ganz einfach in Erfüllung

---

*) *Documentos diplomaticos* n. CXL. *Libro de las Profecias que juntó el Almirante Don Christobal Colon de la recuperacion de la santa ciudad de Hierusalem, y del descubrimiento de las Indias* (*Navarrete* T. II. p. 260, 265, 272). Im September des Jahres 1504 schickte Columbus dieses theologische Manuskript, welches, trotz aller Verschiedenheit der Völker und Jahrhunderte, unwillkürlich an die ernst gemeinten Untersuchungen des unsterblichen *Newton* über das elfte Horn am vierten Thiere des Daniel (*Brewster Life of Newton* 1831 p. 279) erinnert, an einen Carthäusermönch, *Pater Gaspar Gorricio*, um es zu vollenden und mit gelehrten Citationen zu versehen. Ich setze dieses Faktum achtzehn Monate vor dem Tode des Admirals, welcher am 20. Mai 1506 erfolgte, weil am Schlusse der Handschrift der *Profecias* von einer Mondfinsternifs die Rede ist, welche Columbus am 14. September 1504 in der Nähe des östlichen Vorgebirges der Insel Haiti beobachtete. Aber andere Abschnitte der *Profecias*, zum Beispiel der, welcher von den Gefahren des nahen Endes der Welt handelt, sind vor dem Jahre 1501 geschrieben. „Der heilige Augustinus lehrt uns," sagt Columbus, „dafs dieses Ende im siebenten Jahrtausend nach der Schöpfung der Welt Statt finden werde. Dies ist auch die Meinung der heiligen Theologen und des Kardinals Pedro de Aliaco (Pierre d'Ailly, geboren zu Compiegne im Jahre 1350). Ew. Hoheit wissen, dafs man von Adam bis zu Christi Geburt 5343 Jahre und 318 Tage zählt, nach der genauen Berechnung des Königs Alphons von Portugal. Nun sind seit der Geburt des *Herrn* bis auf den heutigen Tag noch nicht ganz 1501 Jahre verflossen: die Welt steht also schon 6845 Jahre. Es bleiben mithin nur noch 155 Jahre bis zum Untergange der Welt."

**) *Ya dije que para la ejecucion de la impresa de las Indias no me aprovechó razon, ni matematica, ni mapamundos.* Indessen erklärte sich Columbus, kurze Zeit zuvor, in demselben Briefe an seine Souveräne, auf die naiveste Weise über seine eigene Gelehrsamkeit, deren Wichtigkeit er nicht zu verkennen scheint. „In meiner frühesten Jugend ging ich in See und habe meine Seefahrten bis auf den heutigen Tag fortgesetzt. Jeder, welcher sich der Ausübung dieser Kunst beflei-

gegangen, was der Prophet Jesaias vorhergesagt hatte.
Vor dem Ende der Welt müssen alle Prophezeihungen
in Erfüllung gehen: das Evangelium muſs auf der ganzen
Erde gepredigt werden, und die heilige Stadt der Kirche

ſigt, wünscht die Geheimnisse dieser sublunarischen Welt kennen zu
lernen; und ich beschäftige mich daher schon mehr als funfzig Jahre
damit. Wo man bis jetzt auf den Gewässern des Meeres herumge-
schifft ist, da bin ich auch gewesen. Ich habe in steter Verbindung
mit wissenschaftlich gebildeten Männern, Geistlichen sowohl als Layen,
Lateinern sowohl als Griechen, Juden sowohl als Arabern, und mit unzähligen anderen Sekten, gestanden. Meinen Bestrebungen, diesen Wunsch
zu erreichen (nämlich die Geheimnisse unserer Welt zu ergründen), war
der Herr gewogen: er gab mir Fähigkeiten, er gab mir Einsicht. Der
Herr überschüttete mich mit einer reichen Fülle von Kenntnissen in der
Schiffahrtskunde *(en la marineria me fixo abondoso)*; was die Wissenschaft der Gestirne anbetrifft, gab er mir, so viel ich davon gebrauchte;
eben so in der Geometrie und Arithmetik. Ueberdies gab er mir Geist
und Gewandheit, um Weltkarten zeichnen und an den betreffenden Stellen die Städte, Flüsse und Gebirge eintragen zu können. In dieser Zeit
(der meiner Jugend) habe ich alle Arten von Schriften studirt, Ge-
schichtswerke, Chronisten, Philosophie und andere Wissenschaften be-
treffend, für die mir Unser Herr Einsicht verlieh. Offenbar durch Seinen Arm geleitet, schiffte ich von hier nach Indien; denn der Herr gab
mir den Willen zur Ausführung, und mit der brennenden Begierde,
mein Ziel zu erreichen, kam ich zu Ew. Hoheit *(me abrió nuestro
Señor el entendimiento con mano palpable, á que era hacedero navegar de aqui á las Indias, y me abrió la voluntad para la ejecucion dello; y con este fuego veni á V. A.)*. Alle diejenigen, welche
von meinem Plane hatten sprechen hören, leugneten dessen Ausführbar-
keit und machten sich über mich lustig *(con riso lo negaron burlando)*;
alles Wissen, von dem ich so eben gesprochen hatte, half mir zu nichts:
und wenn in Ew. Hoheit allein Glaube und Beharrlichkeit fest und
unerschütterlich blieben, wem anders sollte für die aufgeklärte Denk-
weise, die Sie erhellte und die mich nicht verlieſs, Dank zu sagen sein,
als dem Heiligen Geiste!" Fol. IV. der *Profecias.* Man fühlt sich,
bei Uebersetzung dieser mit Kraft bezaubernder Unbefangenheit geschrie-
bener Zeilen zur Anerkennung der Schwierigkeiten gedrungen, die sich
darbieten, sobald man auf eine wahrhaft würdige Weise die energische
Kraft der alten Sprache eines Mannes wiedergeben will, der mit über-
groſser Bescheidenheit sich selbst: *lego marinero, non doto en letras
y hombre mundanal* nennt.

Christi zurückgegeben worden sein. Unser Herr hat durch
meine Reise nach Indien ein grofses Wunder bewirken
wollen. Man mufs sich beeilen, dieses Werk göttlicher
Eingebung *(lumbre que fú del Espirito Santo)* zu beendigen: denn nach meiner Rechnung sind bis zum Ende
der Welt *(hasta el fenecer del mundo)* nur noch 150
Jahre übrig." Also im Jahre 1656, in der Epoche zwischen dem Tode von *Descartes* und *Pascal,* sollte nach
Columbus die Welt untergehen. Ohne die Spur dieser
Träumereien weiter zu verfolgen, wollen wir Alles das,
was auf die ersten und wahrhaften Beweggründe, die auf
die grofse Entdeckung von Amerika leiteten, Bezug hat,
näher betrachten. Es ist mir nicht unbekannt, wie häufig
dieser Gegenstand von geschickten Historikern behandelt
worden ist, obwohl im Allgemeinen mit jenem Mangel
an Kritik, genauer Kenntnifs der Vorzeit, und gründli-
chem Studium der Quellen und Originaldokumente, welchen man mit Bedauern selbst an vielen Stellen des berühmten Werks von *Robertson* zu bemerken veranlafst
ist. Jedoch ist man weit davon entfernt, den Stoff erschöpft zu haben, seitdem die spanische Regierung mit
besonderer Freigebigkeit eine so bedeutende Anzahl von
Materialien zur Aufklärung der Thatsachen dargeboten
hat, und seitdem die individuellen Charaktereigenschaften
des grofsen Genueser Seefahrers aus seinen eignen Schriften klarer entgegengetreten und bekannter geworden sind.

Der Aufenthalt des Columbus in Portugal, am Schlusse
der Regierung Königs Alphons V, dauerte von 1474 bis
zu Ende des Jahres 1484. Im folgenden Jahre machte
er eine kurze Reise nach Genua, um seine Dienste dem
Freistaate darzubieten. Diese Zeitangaben beruhen auf
Urkunden *), welche neuerdings mit besonderer Sorgfalt

---

*) *Muñoz, Historia del Nuevo Mundo,* lib. II. §. 21. *Navarrete,* a. a. O. Tom. I. p. LXXIX—LXXXI. Schon seit dem Januar
1486 war Columbus im Dienste Spaniens, und am Schlusse desselben

untersucht worden sind. Es ist noch nicht außer allem
Zweifel gesetzt, ob von Lissabon aus Columbus nach
Genua kam, nachdem er in Spanien gelandet war. Er
besuchte nach der Reihe das Kloster *de la Rabida* (bei
Palos), Sevilla, Cordova und Salamanka, und harrte dort
auf die Erfüllung von Erwartungen und Versprechungen
bis zum April 1492. „Erst in Portugal," sagt Ferdinand
Columbus in der von ihm herrührenden Biographie seines
Vaters, „kam der Admiral auf die Vermuthung, daß man
auf dem Wege nach Westen eben so weit müsse segeln
können, als die Portugiesen nach Süden geschifft wären, und
daß man auch auf diesem Wege neue Länder entdecken
werde." An dieser Darstellung ist mindestens die Unge-
nauigkeit des Ausdrucks zu tadeln. Alles, was wir von
der Hand des Admirals besitzen, der Brief des Astronomen Paolo Toscanelli, und die große nur handschriftlich
vorhandene Chronik des Bartholomäus de las Casas *),
welche Herrera, Muñoz und Navarrete bei Abfassung
ihrer Werke benutzt haben, weisen nach, daß Christoph
Columbus als Hauptzweck, ja ich möchte fast sagen als
einzigen Zweck seiner Unternehmung „die Aufsuchung

Jahres fanden die kosmographischen Disputationen zu Salamanka in dem
Kloster des Heiligen Stephanus Statt, in denen die Dominikanermönche
mehr Nachgiebigkeit und Einsicht bewiesen, als die Professoren der Universität. Vergl. *Remesal, Hist. de Chiapa*, lib. II. cap. 7.

*) Casas ging, nachdem er zu Salamanka das Recht studirt hatte,
im Jahre 1502 mit Ovando nach Haiti. Er besaß viele Briefe von der
Hand des Admirals, und selbst eine handschriftliche Abhandlung desselben: „Ueber die Anzeichen von Westländern, welche spanische und
portugiesische Seefahrer gesammelt hatten." Ferdinand Columbus war
erst vierzehn Jahr alt, als er seinen Vater auf dessen vierter und letzter
Reise begleitete, und, obgleich im Allgemeinen besserer Kritiker und ein-
sichtsvollerer Geschichtsforscher, als *Bartholomäus de las Casas*, ist
er doch so zurückhaltend bei seinen Nachrichten über den genealogischen
Ursprung und die Abenteuer des Admirals vor dem Jahre 1492, daß
seine lakonische Kürze zuweilen in Verzweifelung setzen kann.

des Osten *) auf dem Wege nach Westen bezeichnete
(*buscar el levante por el poniente*), auf dem Westwege
zu dem Vaterlandè der Spezereien und Gewürze zu gelangen (*pasar á donde nacen las especerias **) navegando al occidente*)." „Ich empfing den Admiral in meiner Wohnung," so erzählt der vertraute Freund des Columbus, *Bernaldez ***), bekannter unter dem Namen des
Cura Párroco der *Villa de los Palacios*, „als er (von
seiner zweiten Reise im Jahre 1496) nach Castilien zurückkehrte. Er trug aus Frömmigkeit, wie dies seine Gewohnheit war, den Strick des H. Franziskus, und eine
Kleidung, welche dem Schnitt und der Farbe nach fast
gänzlich mit dem Ordenskleide der Observantinermönche
übereinstimmte †). Er führte damals den Grofs-Cazi-

---

*) *Herrera, Historia de las Indias occidentales*, dec. I, lib. I,
cap. 6.

**) Man vergleiche den ersten und zweiten Brief des Paolo Tos-
canelli an Christoph Columbus in der *Coleccion diplom.* n. 1. bei *Navarrete*, Tom. II. p. 1 und 3.

***) *Bernaldez, Historia de los Reyes católicos*, cap. VII. Der
Beweggrund „die Länder des Grofs-Chan aufzusuchen, um ihn, wenn
er es wünschte, in der christlichen Religion zu unterrichten", findet sich
angegeben in dem Briefe an die katholischen Majestäten, der an der Spitze
des Reisejournals, welches Columbus auf der ersten Expedition führte,
nach der Abschrift, die *Las Casas* davon genommen hatte, mitgetheilt
ist: *Vuestras Altezas ordenáron que no fuese por tierra al oriente
(á la India y los pueblos del Gran Kan) por donde se costumbra
de andar, salvo por el camino de occidente, por donde hasta hoy
no sabemos por cierta fe que haya pasado nadie.* Die königliche
Instruktion, welche Amerigo Vespucci am 15. September 1506 erhielt,
und die Muñoz in den Archiven der *Contratacion* von Sevilla abgeschrieben hat, spricht auch von der *armada que el señor Don Fernando mandó hacer para ir á descubrir el nacimiento de la especce-
ria* (*Navarrete*, Tom. I. p. 2; *Cod. diplomatico*, n. CL, Tom. II.,
pag. 39).

†) Auch *Las Casas* sagt (*Hist. inédit.*, lib. I., cap. 102): „Da
der Admiral den Lehren des Heiligen Franziskus sehr ergeben war, liebte
er vorzugsweise die braungraue Farbe: wir haben ihn zu Sevilla in einer

ken mit sich. Er erzählte mir selbst, wie er zuerst auf
den Gedanken gekommen sei, die Länder des Grofs-
Chan (Beherrscher des östlichen Asien) auf einer Seefahrt gen Westen aufzusuchen *(buscando las tierras del
Gran Can navegando al occidente)*." Diese und ähnliche Ausdrücke über den Beweggrund des Admirals zu
seiner ersten Reise waren bis zum Anfange des sechzehnten Jahrhunderts dermafsen durch den Gebrauch gehei-
ligt, dafs man sie in den Nachrichten „über die ersten
Abenteuer des *Sebastian Cabot*", welche von dem Lega-
ten *Galeatius Butrigarius* herrühren *), wiederfindet.
„Zu London, am Hofe des Königs Heinrich VIII.," so
erzählt dieser Legat, „als uns die ersten Nachrichten von
der Entdeckung der Küsten Indiens zukamen, welche der
Genueser Christoph Columbus gemacht haben sollte, war
alle Welt darüber einig, dafs es eine wahrhaft göttliche
Unternehmung sei, auf dem Westwege nach Osten zu dem
Lande zu segeln, wo die Gewürze und Spezereien wach
sen *(a thing more divine than human to sail by the west
to the east where spices grow)*." Der Gedanke, auf dem
Wege von der Westküste Europas nach den Ostküsten
von Asien grofse Länder zu entdecken, wurde von Columbus sowohl als von Toscanelli nur als ein sehr un-
tergeordneter Zweck betrachtet. Auf der ersten Reise,
als sich der Admiral, am 19. September 1492, 9° westlich
von dem Meridiane der Insel Corvo befand, ungefähr in
28° Br., glaubte er sich in der Nähe von Land zu befinden **); aber seine Absicht war (dies sind die Aus-

---

Kleidung, die mit der der Franziskanermönche fast vollkommen übereinstimmte, gesehen." Die Versicherung von Herrera, dafs der bekannte Seefahrer *Alonzo de Hoyeda,* welcher Columbus auf seiner zweiten Reise
begleitete, in den Franziskanerorden getreten sei, ist nicht begründet. Vergleiche *Navarrete*, Tom. III. p. 176.

*) *Memoir on Sebastian Cabot, illustrated by documents of the
rolls, now first published,* 1834, p. 10.

**) *Navarrete*, Tom. I. p. 11. Man vergleiche auch die Tagebü-

drücke seines Reisejournals) „nach Indien vorwärts zu dringen, da es ihm ja frei stände, auf dem Rückwege Alles genauer zu untersuchen."

Toscanelli, welcher sich mindestens schon seit dem Jahre 1474 theoretisch mit denselben Planen beschäftigt hatte, wie Columbus, nennt auf dem Wege, welcher nach Westen zu durchlaufen sei, nur die einzige Insel Antilia, die man in einer Entfernung von 225 Lieues vor der Ankunft auf Cipango (Japan) finden würde. „Die Karte, welche ich Euch für den König (von Portugal) übergebe," sagt Toscanelli in seinem Briefe an Fernando Martinez, Kanoniker von Lissabon, „bieten den ganzen Raum dar, welcher zwischen dem Abend (d. h. von Irland bis an die Küsten von Guinea) und dem Beginn Indiens liegt. Ich habe auf derselben mit eigener Hand *die Inseln und Orte bezeichnet, welche man auf dem Wege antreffen wird*, und wo man wird anlegen können, wenn es, wegen widriger Winde oder irgend eines anderen Unfalles halber, erforderlich wäre, einen Zufluchtsort aufzusuchen. Es wird Euch nicht Wunder nehmen, daſs ich hier das Gewürzland den *Abend* nenne, während es bei uns gemeiniglich der *Morgen* genannt wird; denn diejenigen, welche nach Westen zu schiffen fortfahren, werden dieselben Länder gen Westen finden, zu denen die, welche zu Lande nach Osten gehen, im Morgen gelangen." Nach dem geographischen Systeme dieses Zeitalters, welches, in Bezug auf das östliche Asien nebst dem angränzenden Theile des Oceans, fast einzig und allein auf die Erzäh-

---

cher vom Mittwoch und Sonnabend (p. 16 und 17.), wo Columbus sagt: „Auf dem Wege anzuhalten, da der Zweck der Reise ist, uns nach Indien zu begeben, würde eine groſse Thorheit verrathen *(no fuera buen seso);*" und weiter unten macht er einen Unterschied zwischen dem Festlande Asiens und den Inseln, welche diesen Welttheil an den Ostküsten umgeben, und sagt: „der Admiral will die Insel Zipangu nicht aufsuchen, weil er es vorzieht, zuerst nach dem Festlande und dann nach den Inseln zu gehen."

lungen des Marco Polo, Balducci Pegoletti und Nicolas
de Conti begründet war, glaubte man, daß unzählige Inseln, reich an Spezereien und Gold, in dem Meer von
Cin, d. h. in den Gewässern von Japan, China und dem
großen Archipelagus Ostindiens, belegen seien. Die Weltkarte des *Martin Behaim* zeigt uns von 45° nördlicher bis
40° südlicher Breite eine Kette von Inseln, die den Enden Asiens gegenüberliegen. Diese Kette enthält das
kleine *Cathay*, *Zipangu* (Niphon), welches fast gänzlich
innerhalb der heißen Zone liegt; *Argire*, am äußersten
Ostende der den Alten und den Arabern bekannten Welt;
Java major (Borneo); *Java minor* (Sumatra), wo Márco
Polo sich fünf Monate hindurch aufgehalten hat, und den
Sagobaum und eine dieser Insel eigenthümliche Species
von Rhinozeros mit zwei Hörnern und nur wenig gefal-
teter Haut kennen lernte; *Candym* und *Angama*. Als
Columbus auf seiner ersten Reise, am 14. November
1492, an der Nordwestküste der Insel Cuba anlangte,
die er anfänglich für Zipangu hielt, war er in dem alten
Kanal bei Puerto del Principe wunderbar über die Schönheit einer Gruppe grünender Felsenriffe erstaunt, welche,
seiner glühenden Phantasie nach, wie er sich selbst ausdrückt „zu jenen zahllosen Inseln gehörte, die auf den
Weltkarten im äußersten Osten verzeichnet würden. *)“

---

*) Man vergleiche das Journal des Admirals bei *Navarrete*, Tom, I.
p. 58. Die Abschrift des Tagebuchs von *Las Casas* enthält folgendes:
„*Mittwoch am 14. November 1492: Dice el almirante que cree
que estas islas son aquellas inumerábiles que en los mapamundos
en fin del Oriente se ponen.*“ Columbus sagt auch, daß er der Meinung sei, die Gruppe dieser Inseln werde sich nach Süden hin erweitern und vermehren, und es würden sich daselbst finden „*grandissi-
mas riquezas, y piedras preciosas, y especeria.*“ Der Atlas katalo-
nischer Karten auf der königlichen Bibliothek in Paris, welcher aus dem
Jahre 1374 herrührt, und von dem wir eine gründliche Kenntniß durch
den Scharfsinn des Herrn *Buchon* erlangt haben, enthält eine auf das
Meer von Indien bezügliche Notiz, in der von der Existenz von 7548
Inseln gesprochen wird: „reich an feinen Steinen und köstlichen Me-

Man hat nicht mit Unrecht gesagt, daſs Columbus bei Vertheidigung seines Planes sich weniger tollkühn und mit mehr Gelehrsamkeit ausgestattet gezeigt hat, als man ihn beschrieben *). Die Gründe, auf die er die Unternehmung fuſste, sind besser in den *Decaden* des *Herrera* **), als in dem *Leben des Admirals*, welches dessen Sohn *Ferdinand Columbus* verfaſst hat, auseinandergesetzt, obgleich sie aus dem letzteren Werke in derselben Form fast in alle neuere Geschichten der Entdeckung Amerikas übergegangen sind. Wenn man diese Gründe nach Beschaffenheit der Kenntnisse, denen sie ihren Ursprung verdanken, anordnet, und sie einzeln mit den Originalurkunden vergleicht, deren Benutzung uns jetzt zu Gebot steht, so erkennt man, daſs die Hoffnung, den Osten von *Westen* aus *(el levante por el poniente)* zu erreichen, nach den an Spezereien und Gewürzen fruchtbaren, an Diamanten und kostbaren Metallen reichen Gegenden Asiens zu gelangen, in Christoph Columbus sich auf die Idee von der Kugelgestalt der Erde gründete, auf das Verhältniſs zwischen der Ausdehnung der Meere und Festländer, auf die Ansicht, daſs die Küsten der iberischen Halbinsel und Afrika's nicht weit von den

---

tallen." In der Weltkarte von *Martin Behaim*, welche im Jahre 1492 beendigt wurde, findet sich eine Hinweisung auf *Marco Polo* (Bd. III., cap. 42.) und eine Nachricht von 12700 Inseln ,,*mit vil Edelgestein, Perlein und Golt-Pergen*, 12*lei Spezerey und wunderlichem Volk davon lang zu schreiben,*" wie sich *Behaim* in seiner alten kraftvollen Sprache ausdrückt. S. *Gottl. v. Murr, Diplom. Gesch. von Martin Behaim*, 1778, S. 37. Das Citat aus *Marco Polo* ist übrigens nicht genau. Der venezianische Reisende spricht von 12700 Inseln (Bd. III., cap. 38), womit er auf die Maldiven anspielt (vergleiche die Ausgabe von *Marsden*, S. 717). *Behaim* verlegt diese Gruppe nach NO., was auf die Ansicht der Seefahrer am Schlusse des funfzehnten Jahrhunderts einen bedeutenden Einfluſs ausgeübt hat.

*) Vergleiche *Malte Brun, Géographie universelle*, 1831, Tom. I. p. 616.

**) *Dec.* I, lib. I, cap. 1—6.

Inseln in der Nähe des tropischen Asiens entfernt seien; auf einen groben Irrthum in Bezug auf die Länge der asiatischen Küsten; auf Nachrichten, welche aus den Schriftstellern des klassischen Alterthums, den Arabern, und vielleicht auch aus *Marco Polo* geschöpft waren; auf einzelne Anzeichen von westlich von den Inseln des Grünen Vorgebirges, von Porto Santo und den Azoren belegenen Ländern, welche man zu verschiedenen Zeiten einer Seits durch die Beobachtung einzelner Naturerscheinungen bemerkt zu haben glaubte, anderer Seits aus den Erzählungen von Seefahrern schöpfte, welche durch Stürme und Meeresströmungen verschlagen worden waren. Man muſs auch einen sorgfältigen Unterschied zwischen den Ideen machen, welche der grofse Mann vor und nach dem Erfolge seiner Entdeckungen hegte, und den Betrachtungen, die eben diese Entdeckungen späterhin in ihm hervorriefen, und sie mit den Thatsachen vergleichen, welche nicht alle auf gleiche Weise bewahrheitet oder richtig erklärt worden sind. Zu solchen angeblichen Thatsachen gehören der Bericht des buddhistischen Priesters Hoeïschin über den Fusang und Tahan (im Jahre 500); die Entdeckungen von Grönland, Vinland und dem Ausflusse des St. Lorenzstromes durch Erik Rauda (985), Björn (1001), und Madoc ap Owen (1170); die abenteuerliche Expedition der umherirrenden Araber (*Almagrurim* *)) von Lissabon aus (1147); die Westschifffahrten nach Indien, welche die Genueser *Guido de Vivaldi* (1281) und *Theodosio Doria* (1292) unternommen haben, deren Schicksal unbekannt geblieben ist; endlich die so oft untersuchten, bald für ächt erkannten, bald in Zweifel gezogenen Reiseberichte der Gebrüder

---

*) *Almagrurim* bedeutet vielmehr „*in ihren Hoffnungen Betrogene.*“ Der Name kommt her von der Wurzel *meghrur*. [Die eigentliche Stammwurzel ist غَرَّ *gharra* „*er hat betrogen.*“]

Zeni von Venedig aus (1380). Ich habe diese Thatsachen und Ueberlieferungen ihrer chronologischen Reihe-
folge gemäſs geordnet, um nachzuweisen, daſs sie bis an
tausend Jahre vor Columbus hinaufsteigen, der, selbst in
einem Zeitalter, wo kühner Untersuchungsgeist und Gelehrsamkeit gleichsam wieder auflebten, sich in Erinnerungen an die Solonische Atlantis und die berühmte Pro-
phezeihung in einem Chor des *Medea* des *Seneca* gefiel *).

Der Zustand unserer europäischen Civilisation führt
uns unwillkürlich auf Griechenland, als den ersten Ausgangspunkt, zurück; sei es nun, daſs wir zu Ansichten
und Meinungen hinansteigen, welche den Keim von denjenigen in sich schlieſsen, die heutiges Tages die herrschenden sind; oder sei es, daſs wir jene lange Reihe
von geistvollen Untersuchungen durchlaufen, welche in
der Absicht angestellt worden sind, den menschlichen
Gesichtskreis in Bezug auf die Kenntniſs des Erdkreises
zu erweitern. So lange die Erde, nach den Ansichten
der frühesten Dichter und denen der ionischen Schule,
nichts anderes war, als eine von den Wassern des Oceans
umflossene Scheibe **), welche ein wenig nach Süden
wegen des Gewichtes hinneige, mit der sie durch üppige
Vegetation der Tropengegenden belastet sei ***), ver-

---

*) [Es wird weiter unten von dieser Stelle die Rede sein. Die
Worte lauten:

Venient annis saecula seris,
Quibus Oceanus vincula rerum
Laxet, et ingens pateat tellus,
Tethysque novos detegat orbes,
Nec sit terris ultima Thule.]

**) [Um *Homer's* bekannter Ansicht nicht zu gedenken, möge auf
die des Milesischen Weisen verwiesen werden, die bei *Aristot. de caelo*,
II, 13 und *Plutarch. Placit. philosoph.*, III, 15, p. 91 *ed. Corsini*
erwähnt wird.]

***) *Plutarch. Plac. philosoph.*, III, 12. Περὶ ἐγκλίσεως γῆς.
Dieselben Worte finden sich wiederholt bei *Galen. de Philos. Hi-*

legte man nach diesen Rändern hin das Elisium, die
Inseln der Seligen, die Hyperboreer, und das Volk der
gerechten Aethiopen. Die Fruchtbarkeit des Bodens, die
Milde des Klima, die physische Kraft der Bewohner,
die Unschuld der Sitten, alle diese Güter wurden den
äufsersten Gränzen der Erdscheibe zugeschrieben *).
Daher der unbestimmte Wunsch **), zu diesen Gränzen,
sei es durch den Phasis ***), sei es durch die Säulen des
Briareus zu gelangen.

Die eigenthümliche Configuration des Bassins des
Mittelmeeres, welches nach Westen hin geöffnet ist,
führte die phönizischen Seefahrer, welche ihr Handelsinteresse verfolgten, nach dem atlantischen Theile des
Weltmeeres. Die Geschichte der Geographie enthüllt
uns jene Reihe von Versuchen, welche seit den ältesten
Zeiten angestellt worden sind, um allmählig in der Richtung nach Westen vorzudringen: Versuche, die entweder
der Gewinnsucht, oder dem Drange nach Abenteuern

und

---

storia, cap. XXI., der Ausgabe von *Kühn*, 1830. Tom. XIX. S. 294.
Dies ist eine der Ursachen, welche *Demokrit* angegeben hat [vergleiche
jedoch die Anm. zu *Aristotel. Meteorol.*, II. 7. Tom. I. p. 585 Leipz.
1834. 8.], und die an jenen Mangel des Gleichgewichts erinnert, welchen nach einem Mythus der Javaner Batara-Guru, das höchste Wesen, in der Neigung der Erde nach Westen erkannte: ein Mangel, dem
er durch die Versetzung einiger Gebirge abhalf.

*) „Was es Schönes und Herrliches auf der bewohnbaren Erde
giebt, findet sich an deren äufsersten Gränzen." Dies sind Worte des
Herodot (III, 107), welcher übrigens an einer anderen Stelle (V, 92)
eben so wenig Glauben der Kugelgestalt der Erde beimifst, als *Thales* und *Anaximenes*. [Ueber letzteren siehe *Simplic. ad Aristot. de
caelo*, fol. 126. b.]

**) *Bredow, Untersuchungen über alte Geschichte und Geographie,*
1800, S. 78. *Ukert, Geographie der Griechen und Römer.* Bd. II.,
Abth. I., S. 234 — 243.

***) Bei der Expedition der Argonauten nämlich, in einer mythi-
schen Epoche, als man noch glaubte, dafs das *innere Meer* auch mit
dem *grofsen Flusse Oceanus* gen NO. in Verbindung stehe.

und der Wißbegierde, oder dem zufälligen Verschlagen
durch Stürme oder Meeresströmungen zugeschrieben werden müssen. Sie bietet uns eine lange Verkettung von
Entdeckungen dar, bei denen ein gemeinsamer Gedanke
obwaltete, oder welche durch übereinstimmende Ereignisse begünstigt wurden. Von Colaeus aus Samos, der
bei seiner Ueberfahrt von der Insel Plataea nach den
Küsten Aegyptens durch Ostwinde von seinem Wege
abgelenkt wurde, führt sie uns zu den riesenhaften Unternehmungen des Columbus und Magellan. Der geographische Gesichtskreis erweiterte sich allmählig von
dem · Aegäischen Meere bis zum Meridian der Syrten:
von da bis zu den Säulen des Herkules, und über die
Meerenge hinaus mit Hanno nach Süden, mit Pytheas
nach Norden. Den gewagten Unternehmungen der Phönizier gingen die furchtsamen Versuche der Kreter, Samier und Phocäer voran *). Die frühere Kenntniß, welche die Phönizier von dem *Flusse Oceanus*, jenseits der
Säulen des Herkules, hatten, erhellt vielleicht schon aus
der Benennung **), welche die Griechen annahmen, um

---

*) *Strabo* III, p. 224 Almelov. In der Stelle I, p. 82 bezieht
sich die Einschränkung: *kurz nach dem trojanischen Kriege* nur auf
die Gründung der Kolonien.

**) *Voß* (*Krit. Blätter*, Th. II, S. 178) verwirft die gewöhnli-
che Etymologie des Namens Ὠκεανός von ὠκύς (*Theon ad Arat. Phae-
nom.* v. 25, *ed. Oxon.* 1672, p. 6) und neigt sich zu der Meinung *Bochart's* (*Opera omnia*, 1692, p. 639) hin: „*Og Phoenici sua lingua
maris ambitus aut mare ambiens, unde Oceanus, Ogeni domus, et
Og* (*hug*) *quod in Scriptura nomen cosmographicum.*" Die erste
griechische Expedition jenseits der Säulen des Herkules, die des Colaeus,
ist auf jeden Fall später als Homer: es ·wäre also möglich, daß die
Kenntniß von dem äußeren Meere, und das Wort, durch welches dasselbe bezeichnet wird, gleichzeitig von den Phöniziern zu den Griechen
gekommen sind. *Wilh. v. Humboldt* bemerkt, daß *ogha* eine Sanskritwurzel sei, deren erste Bedeutung *Menge, Vielheit* ist, die zweite *Fluß*,
und zwar besonders *reißender Fluß, Gießbach: okh* bedeutet *stark,
mächtig.* Es möchte wohl schwer sein, die Verwandschaft des sanskri-

das *äufsere Meer* zu bezeichnen. Seit den Zeiten des *Homer* hegten die Griechen den Glauben, dafs reiche und fruchtbare Länderstrecken gegen Süden belegen seien; aber ihre genauere Kenntnifs von dem Becken des Mittelmeeres erstreckte sich nicht über den Meridian der grofsen Syrte und Siciliens. Der gesammte westliche Theil dieses Beckens, welchen die Phönizier schon lange Zeit nach allen Richtungen hin durchschifft hatten, wurde den Hellenen erst durch die Reise des Colaeus aus Samos bekannt, deren Wichtigkeit Herodot anerkannt hat *). Er kam bis nach Tartessus und zum Cap Soloë. Der

---

tischen Wortes *ogha* mit den griechischen ὠκεανός, ὤγενος und ὠγήν, selbst mit Ὠγύγης zu leugnen. Man darf sich nicht wundern, in einer *semitischen* Sprache eine *sanskritische* Wurzel wiederzufinden, eben so wenig, als es Erstaunen erregen kann, sowohl in den Sprachen *slavischen*, als in denen *germanischen* Ursprungs sanskritische Wurzeln anzutreffen. Diese Beispiele vervielfältigen sich in demselben Maafse, als die Sprachkunde durch die Kenntnifs von Idiomen erweitert wird, welche, ihrem grammatischen Baue nach, gänzlich von den bekannten abweichen. Es handelt sich hier nur darum, zu wissen, ob die Griechen das Wort *ogha* (*og*) durch ihren Verkehr mit phönizischen Schiffern erhalten haben, vielleicht ohne selbst einmal die ursprüngliche Bedeutung zu kennen, gleich wie dies bei den phönizischen Worten *ereb* und *kimr* der Fall gewesen ist (vergl. *Vofs*, *Krit. Blätter*, Th. II, S. 307), oder ob ὠγήν und ὠκεανός nicht vielleicht auf geradem Wege aus dem Sanskrit herzuleiten sind, was sich durch die natürliche, von allen Sprachforschern anerkannte Verwandschaft des Sanskrit, als Muttersprache, mit der griechischen, persischen, deutschen nnd lateinischen Sprache erklären liefse. Ich werde späterhin auf eine Stelle des Phavorinus zurückkommen, welche den *barbarischen*, d. h. nicht hellenischen Ursprung des Wortes ὠκεανός bestätigt. Vergl. *Spohn, de Nicephori Blemmidae Geographia*, Leipz. 1818, p. 23.

*) IV, 152, p. 273, *ed. Stephan.* 1618. *Vofs* setzt diese Expedition des Colaeus vor Olymp. 18, also mehr als 708 Jahre vor dem Beginn unserer Zeitrechnung, indem er sich auf die Epoche der Colonisirung von Cyrene beruft (*Krit. Blätter*, Th. II, S. 335, 344). Nach den neueren Untersuchungen von *Letronne* fällt die Expedition der Samier in das erste Jahr der fünf und dreifsigsten Olympiade.

Periplus, welcher dem Scylax zugeschrieben wird und wahrscheinlich zu den Zeiten Philipp's von Macedonien abgefafst worden ist, bezeichnet schon jenseits Cerne ein Sargassomeer, eine Anhäufung von Varec, welche die Nähe der Inseln des Grünen Vorgebirges anzeigt, aber mir nicht identisch zu sein scheint mit dem Sargassomeere, von welchem in der dem Aristoteles fälschlich zugeschriebenen, unter dem Namen: *Wundersame Erzählungen* (Θαυμάσια ἀκούσματα) bekannten Notizensammlung die Rede ist **). Wenn man sein besonderes Augenmerk auf die grofsen natürlichen Eintheilungen der Erdober-

---

*) Ueber *Scylax* und die wahre Epoche der Abfassung des auf uns gekommenen Periplus, sehe man *Niebuhr* (*Kleine Schrift.* J. 1. 1810, S. 105), *Ukert* (*Geographie der Griechen und Römer*, 1816, Th. I. Absch. 2, S. 285 — 297), *Letronne* (*Journal des Savans*, *Février — Mai* 1825). [*Scylax* wird schon bei *Herodot* angeführt (IV, 44), dann bei *Aristoteles Politic.* VII, 13, obgleich sich beide Stellen nicht in dem uns unter dem Namen des Scylax erhaltenen Periplus vorfinden. Indessen möchte sich aus Vergleichung der Worte des *Aristoteles Histor. animal.* VIII, 13, p. 598, b. über die angebliche Bifurkation der Donau mit der Stelle im *Periplus* p. 7 (*Geogr. minor. ed. Hudson* vol. I.) ein Beweis für die Ansicht herleiten lassen, dafs *Aristoteles* unseren Periplus schon vor Augen gehabt habe. Vergl. die Anm. zu *Aristot. Meteorol.* I, 13, 19. Vol. I. p. 463].

**) *Scyl. Caryandens. Peripl.* (*Hudson.* Tom. II, p. 53, 54). *Aristotel. de mirabilib. auscultat.* p. 1157 (p. 844, c. 136, ed. Bekker). In der letzteren Stelle, auf welche ich weiter unten zurückzukommen Gelegenheit haben werde, wo ich die Lage des *Mar de Sargasso* der portugiesischen Seefahrer auszumitteln habe, ist die Rede von der grofsen Menge von Thunfischen, welche das Meer zugleich mit dem Sargasso [*Fucus natans, L.*] auswirft, und welche man eingesalzen in Töpfen nach Carthago brachte. Diese Angabe scheint mir zur Bestätigung dessen zu dienen, was Herr *v. Köhler* (*Tarichos, ou Recherches sur l'Histoire et les Antiquités des pécheries dans la Russie méridionale*, 1832, p. 22) über den Handel mit eingesalzenen Fischen in der Stadt Turdetaniens [*Tartessus*] und die Fischereien jenseits der Säulen des Herkules beigebracht hat. [Eine der ältesten, und vielleicht, wenn man die Aechtheit des Periplus von Scylax und der *Mirabilia auscultatu* des Aristoteles nicht anerkennt, die älteste Erwähnung

fläche, wie sie uns die physische Geographie darbietet, und
ihren beständigen Einfluſs auf die Bestimmungen der Völker richtet, so erkennt man in den Hauptepochen der Fortschritte, welche die Schiffahrt auf dem Mittelländischen
Meere von Osten aus gen Westen gemacht hat, jene drei
abgegränzten Wasserbecken wieder, in die das groſse
Bassin dieses Meeres getheilt ist. Ich habe in einem anderen Werke Gelegenheit gehabt, sie genau anzugeben *). Das Bassin des Aegäischen Meeres wird gegen
Süden durch eine Curve begränzt, welche durch Rhodus, Candia, Cerigo und das Vorgebirge Malea hindurchgeht. Das Bassin der Syrten ist durch das Cap
Bon, die Insel Pantellaria, die Sandbank, welche Smyth
Adventure Bank benannte, und das Cap Grantola fast
abgeschlossen, was durch die Erhebung einer neuen,
seither schon wieder verschwundenen vulkanischen Insel
(*Graham island*) bestätigt wird. Man vergesse hierbei
nicht, daſs eben diese Wahrnehmungen der physischen
Geographie uns die Bemerkung an die Hand geben,
daſs Carthago an der Grenzscheide des tyrrhenischen
Beckens (in welchem Sardinien und die baleari-
schen Inseln liegen) und des ionischen (Malta und die
Syrten umfassend) gegründet worden war, und daſs das
handeltreibende Griechenland, vermöge seiner Lage zu
gleicher Zeit das letztere Becken und das des ägäischen
Meeres beherrschte. Die Expedition des Colaeus aus
Samos **) eröffnete den Griechen das dritte Bassin, das

des Sargasso, ist die bei *Theophrast, Histor. Plantar.* IV, 7, 1, p. 141,
IV, 6, 4, p. 138 der Ausgabe von *Schneider*].

*) *Relation historique*, Vol. III, p. 236. Die Eintheilung, bei der
Aristoteles (*de mundo*, cap. 3, p. 393 Bckk.) stehen bleibt, bezieht sich
nur auf die Meerbusen und Buchten des *inneren Meeres*, welches mit
einem Hafen verglichen wird, in welchem die Wogen des Oceans, nach
ihrem Durchbruche durch die Meerenge, ruhiger würden.

**) Man vergleiche eine Abhandlung von *Letronne*, welche eine

westlichste von allen, welches durch die Säulen des Herkules begrenzt wird.

Seitdem die Hypothese einer auf der Oberfläche des Wassers schwimmenden Erdscheibe der Idee von der Kugelgestalt der Erde Platz gemacht hatte, die sowohl den Pythagoreern (*Hicetas*, *Ecphantus*, *Heraclides Ponticus*) *), als dem *Parmenides* von Elea eigenthüm-

---

Reihe grofsartiger Ansichten über die Geschichte der alten Geographie darbietet (*Essai sur les idées cosmographiques qui se rattachent au nom d'Atlas* p. 9. 10, in *Férussac, Bulletin universel des Sciences*, *Mars* 1831, sect. VII). Der Verfasser beweist, dafs die Expedition des Colaeus später unternommen worden ist, als in der Epoche, wo die Hellenen von Thera noch nicht einmal die Lage von Libyen kannten, und daher nur etwa siebzig Jahr vor der Abfassung des mythisch-politischen Gedichtes von Solon über die Atlantis erfolgt sein könne. Sie haben Veranlassung zu der Umformung der mythischen Person des Titanen Atlas zu einem Berge Atlas gegeben, welcher, jenseits der Säulen des Herkules belegen, den Himmel trage. Ueber den Berg Atlas habe ich einige Vermuthungen aufgestellt in meinen *Ansichten der Natur* Th. II S. 150. [Mein Vater hat in dem eben angeführten Werke Th. I, S. 127 — 132 (zw. Ausg.) in einer Anmerkung die Ansicht ausgesprochen, dafs der Atlas kein anderer Berg sei, als der Pic von Teneriffa, von dem die Phönizier schon zu den Zeiten des Kadmus einige Nachrichten nach Griechenland hätten bringen können. Die Beweisgründe für diese Ansicht scheinen mir durch die Bemerkungen *Letronne's* nicht entkräftet worden zu sein.]

*) *Copernicus* schrieb in der Zueignung zu seinem Werke *de Revolutionibus orbium coelestium* [Nürnberg, 1543, fol.] an den Papst Paul III, vielleicht weniger aus Mangel an Gelehrsamkeit, als um seine Kühnheit, gegen die dogmatisch-scholastischen Theoreme seiner Zeit anzukämpfen, zu verschleiern, sein eigenes auf die Bewegung der Planeten um die Sonne gegründetes System den Pythagoreern zu, bald dem Hicetas ['Ἱκέτας, denn dies ist die richtige, in vielen Ausgaben auf die mannigfachste Weise entstellte Leseart des Namens] und dem Heraclides Ponticus, bald dem Philolaus und Ecphantus zu. Nur Aristarchus aus Samos [vergl. *Archimed. Aren.* p. 5] und Seleucus aus Erythraea [nähmlich nach der Angabe des *Stobaeus, Eclog. physic.* c. 22, p. 440, ed. *Heeren*, während er nach anderen aus Babylon war; denn es ist augenscheinlich, dafs *Strabo, Geogr.* 1 p. 6, *Cas.* denselben Mathe-

lich war, und von Aristoteles mit einer bewunderungswürdigen Klarheit auseinander gesetzt und vertheidigt wurde *), bedurfte es keines grofsen Aufgebotes von Scharfsinn, um die Möglichkeit einer Schiffahrt von den westlichen Küsten Europa's und Afrika's nach den östlichen Gegenden Asiens einzusehen. Wir finden in der That diese Möglichkeit auf das klarste ausgesprochen in den Büchern des Stagiriten *über den Himmel*, wovon man sich durch Ansicht der letzten Zeilen des zweiten Buches überzeugen kann, und in zwei berühmten Stellen des Strabo **). Für den Augenblick genügt hier die Bemerkung, dafs beide Schriftsteller von Einem Meere sprechen, welches die gegenüberliegenden Küsten bespült. Aristoteles betrachtet den Abstand als unbedeutend, und entlehnt auf eine äufserst sinnreiche Weise ein Argument zu Gunsten seiner Behauptung von der geographischen Vertheilung der Thiere. Er erinnert nehmlich an die Elephanten, welche sich in den äufsersten Gegenden des Westens und den gegenüberliegenden des Ostens vorfänden, und bestätigt hierdurch (was beiläufig bemerkt werden mag) die Existenz dieser grofsen Pachydermen im NW. der Wüste von Sahara ***).

---

matiker gemeint hat. Vergl. *Plutarch, Quaest. Platonic.* p. 1006 C. *de placit. philosoph.* III, 17] verdienten im Alterthume wirklich den Namen eines *Copernicus*, indem sie weder ein *Centralfeuer* ['Εστία] noch eine *Gegenerde* ['Αντίχθων] in ihr System hineinzogen. [Der Gegenstand ist erschöpfend von meinem Vater in seiner Abhandlung: *Ueber das Verhältnifs des Copernicus zum Alterthum* in *F. A. Wolf's* und *Buttmann's Museum der Alterthumswissenschaft*, Bd. II S. 391 — 454 behandelt worden, auf die ich daher wegen der einzelnen Citate verweise.]

*) *De caelo* II, 14. p. 297 folgd. (*Bekker*).

**) *Strabo,* I p. 133. II p. 162 (*Almelov.*).

***) In dem Periplus des *Hanno* ist die Rede von Elephanten eine halbe Schiffstagereise südlich vom Cap Spartel (vergl. *Bredow, Untersuchungen über alte Geschichte und Geographie*, St. I, S. 33, und meine *Relation historique*, Tom. I, p. 172). Wenn man nicht die

Er hält es für sehr wahrscheinlich, dafs aufser der grofsen Insel, welche Europa, Asien und Afrika bilden, noch
andere, von gröfserer oder geringerer Ausdehnung in der
entgegengesetzten Halbkugel vorhanden seien *). Strabo

Kenntnifs, welche die Alten von der Westküste Afrika's gehabt haben,
zu weit nach Süden ausdehnen und den grofsen Flufs *Chremetes*,
dessen *Aristoteles* (*Meteorol.* I, 13, p. 350) gedenkt, für den Senegal
halten will [oder, wie *Dureau de la Malle*, *Géogr. phys. de la
Mer Noire et de l'Intérieur de l'Afrique*, Paris 1807, 8., p. 126, für
den Zaïre. Vergl. noch *Bochart*, *Geogr. sacr.* I, 37, *col.* 643; *Koe-
nigmann*, *Geogr. Aristotelis*, *Schleswig* 1805, p. 164, not. 385 und
meine Anmerk. zu der angeführten Stelle des Aristot. I, 13, 21. Tom. I,
p. 465], so mufs man durchaus annehmen, dafs Aristoteles das westliche Afrika bis zu dem Parallel von Agisymba kannte. *Ptolemaeus*
nehmlich behauptet (*Geogr.* I, 9; vergl. die Untersuchungen von *Letronne* in seiner Recension der *Halma'schen* Uebersetzung im *Journal
des Savans*, p. 262), dafs nördlich von demselben weder Elephanten,
noch Rhinoceros, noch Neger mit krausen Haaren vorkämen. In dieser
Anmerkung nehme ich blofs auf die Elephanten im Norden der Sahara, an
den Westküsten von Afrika, im Königreiche Fez Rücksicht, wo nach
Strabo (XVII, p. 1183 Almelov., p. 827 Cas.) auch Krokodille vor-
kamen, denen des Nils vollkommen ähnlich. [Vergl. auch *Plinius*,
Historia natur. V, 9; *Vitruv.* VIII, 2, 6 folgd. und die Ausleger
zu *Pompon. Mela* I, 9.] Das ehemalige Vorhandensein von Elephanten im östlichen Theile des am Mittelmeere belegenen Atlasgebirges,
welches durch *Aelian* (*Histor. animal.* VII, 2) bestätigt wird, und
worüber *Cuvier* (*Ossemens fossiles*, zw. Ausgabe, Tom. I, p. 74) interessante Bemerkungen mitgetheilt hat, liegt für den Augenblick aufserhalb meines Gesichtskreises. Alle diese Beobachtungen gehören der *Geschichte der Thiere* an, d. h. derjenigen Wissenschaft, welche sich mit
den Veränderungen beschäftigt, die im Laufe der Jahrhunderte die geographische Vertheilung der Thiere auf der Erdoberfläche erlitten hat;
einer Wissenschaft, die von dem beschreibenden Theile der Thierge-
schichte, die man gemeiniglich *Naturgeschichte der Thiere* nennt, gänzlich verschieden ist. [Einige hierher gehörige Bemerkungen findet man
in meiner *Meteorolog. veter.* XI, 56 p. 238 folgd.]

*) *Aristoteles de mundo* c. 3. p. 392, Bekk. *Meteorol.* II, 5, 16
p. 362, b. [Man füge noch die merkwürdige Stelle hinzu, welche dem
angeführten geradehin zu widersprechen scheint: πρὸς ἑσπέραν δὲ οὔτε
ὄρος οὔτε γῆ ἐστιν, ἀλλὰ τὸ Ἀτλαντικὸν πέλαγος. *Problem.* XXVI, 52.

findet kein anderes Hindernifs, von Iberien aus nach Indien zu segeln, als die übermäfsige Breite des Atlantischen Oceans *).

Die Ideen, deren Ursprung und Ausbildung wir so eben angedeutet haben, erhielten sich, und pflanzten sich durch eine lange Reihe von Männern tieferer Einsicht und gründlicherer Geistesbildung durch das ganze Mittelalter bis zu den Zeiten des Columbus fort. Es ist allerdings wahr, dafs die theologischen Bedenken des *Lactantius*, des Heil. *Chrysostomus* und einiger anderen Kirchenväter, dazu beitrugen, dem menschlichen Geiste eine rückgängige Bewegung zu geben. Man wiederholte die Einwürfe und lächerlichen Spitzfindigkeiten, deren sich die Epikuräer zur Bekämpfung der pythagorischen Lehre von der Kugelgestalt der Erde bedient hatten. Glücklicher Weise fanden diese Träumereien keine allgemeine Zustimmung. Die *christliche Topographie* **), welche man ohne hinreichenden Grund einem Kauf-

---

p. 946, a, welche bei *Theophrast de vent.* §. 41 p. 773 ed. *Schneider* wiederholt ist.]

*) [Die Worte lauten: Εἰ μὴ τὸ μέγεθος τοῦ Ἀτλαντικοῦ πελάγους ἐκώλυε, κἂν πλεῖν ἡμᾶς ἐκ τῆς Ἰβηρίας εἰς τὴν Ἰνδικὴν διὰ τοῦ αὐτοῦ παραλλήλου. Sie sind aus dem geographischen Werke des *Eratosthenes* entlehnt.]

**) *Cosmas, Christianorum opinio de mundo in Montfaucon's Collectio nova Patrum et Scriptorum graecorum* 1706. Tom. II p. 113 — 345 (vergl. die Karte auf S. 189). *William Vincent, Commerce and navigation of the ancients*, Tom. II p. 533, 537, 567. *Bredow* a. a. O. St. II, S. 786 und 797. *Mannert, Einleitung in die Geographie der Alten*, 1829, S. 188 — 192. Man schrieb demselben Cosmas ein allgemeines Werk (*Cosmographia universalis*) zu, in welchem er sich mit besonderer Ausführlichkeit über das jenseits des Oceans belegene Land verbreitet haben soll. Ich werde an einer anderen Stelle auf die Analogien zurückkommen, welche diese Einfassung von Gebirgen, die von den Kirchenvätern jenseits des homerischen Oceans angenommen wurde, mit den Mythen Indiens, dem Berge Kaf der Araber, und einigen sehr alten hellenischen Meinungen darbietet.

manne aus Alexandrien zuschreibt, der unter dem
Kaiser Justinian in ein Kloster gegangen sein soll, und
welchem man den Namen *Cosmas Indopleustes* gegeben hat, führt uns in einem systematischen Gewande
die wahrhaft seltsamen Ansichten der Kirchenväter vor.
Die Erde wird wiederum eine ebene Fläche; aber
nicht, wie zu den Zeiten des Thales, eine runde Scheibe,
sondern ein von den Gewässern des Oceans umflossenes
Parallelogramm, welches symmetrisch von vier Busen zer-
schnitten wird (dem Caspischen Meere, den beiden Meerbusen von Arabien und Persien, und dem *Romanorum sinus* *), d. h. dem Mittelländischen Meere), der Aufzählung zufolge, welche durch *Strabo* **) klassisch geworden war. „Jenseits des Oceans, an den vier Seiten des
inneren Flächenraumes, der die *area* der Mosaïschen Stifts-
hütte vorstellt, ist ein anderes Land belegen, welches das
Paradies umfaßt, das die Menschen bis zum Eintritte der
Sündfluth bewohnt haben." Mit Unrecht hat man dieses
vorsündfluthliche Land, welches nicht sowohl dem westlichen Europa, als der ganzen viereckig gedachten Insel des
alten Kontinents gegenüberliegen sollte, mit Amerika
vergleichen wollen. Man hat angenommen, daß Christoph Columbus, als er zu den Mündungen des Orenoko
gelangte, in dieser Gegend das irdische Paradies zu erkennen
glaubte, wie es die Dogmen der christlichen Topographie
voraussetzen. Aber, weder in dem Briefe, welchen der
Admiral im Jahre 1498 an die katholischen Majestäten
Ferdinand und Isabella von der Insel Haïti aus schrieb,
und in welchem er fast durchgängig eine anmaßliche Gelehrsamkeit zur Schau trägt, noch in dem Werke der *Profecias*, erwähnt er den Cosmas. Als Columbus das Pa-

---

*) [Die Römer nannten das mittelländische Meer *nostrum mare*.
Vergl. *Kapp ad Aristotel. de mundo* III, 6, 10. *Meteorol. vet. Graec.
et Roman.* Berlin 1832, 8. p. 5.]

**) *Strabo* II, p. 182 Alm. p. 121 Cas.

radies nach dem südlichen Amerika verlegte, hatte er
wohl keine anderen Beweggründe, als den Ueberfluß an
süßem Wasser, welches von dem Festlande aus dem
Meere zuströmt, die Schönheit des Klima, welches, zumal auf der See, ihm ausnehmend angenehm und gemä-
ßigt erschien, und die wunderliche Hypothese *) von einer
unregelmäßigen Anschwellung der Erde nach Westen
hin, wo „die Küste von Paria dem Himmelsgewölbe näher liegen, sollte, als Spanien." Vielleicht möchte die
Vermuthung nicht unrichtig sein, daß in der Cosmologie
Dante's (einem Gemenge christlicher und arabischer
Ideen) das Land, welches nur von der *prima gente* bewohnt worden ist, und zu dem man gelangt, wenn man
beim Hinausfahren aus der Meerenge von Gibraltar
zwischen Sibilia und Setta (Sevilla und Ceuta) hinsegelt,
anfänglich von Ost nach West steuernd, *dietro al sole*,
dann nach Süd-West, der Cosmologie der Kirchenväter analog nachgebildet worden ist, wie sie Cosmas
(wenn es überhaupt einen Mönch dieses Namens gegeben hat) zuerst in ein System zu bringen versuchte.
Aber Dante, welchem es weder an Gelehrsamkeit noch
an philosophischen Ideen mangelte, nahm die Kugelgestalt der Erde an, und das Paradies, welches den Gipfel des Berges, der das *purgatorio* umschloß, krönte,
liegt nach ihm mitten in den Meeren der südlichen Halbkugel, bei den Antipoden von Jerusalem **). Die Welttafel des Indienfahrers Cosmas setzt durch ihre naïve
und wahrhaft barbarische Einfachheit den Beschauer in

---

*) *Gomara, Hist. general,* cap. 8, p. 110. Man vergleiche über
die Gründe, welche diese Hypothese veranlaßten, und den Tadel, dem
sich der Admiral, selbst noch bei seinen Lebzeiten, durch deren Bil-
ligung bloß stellte, meine *Relation historique* Tom. I, p. 506.

**) *Dante, Purgatorio,* canto I, v. 22; canto IV, v. 139; *Inferno,*
canto XXVI, v. 100, 127. (*Divina Commedia, col comento di G.
Biagioli,* 1818, Tom. I, p. 484 — 487.)

Erstaunen. In dem sechsten Jahrhundert unserer Zeitrechnung angefertigt, bietet sie kaum ein Bild der ersten geographischen Ideen der Griechen dar, und man
hat vielleicht gegründete Ursache zu der Annahme,
dafs sie, obgleich dreihundert Jahre nach Claudius Ptolemaeus entstanden, weit hinter jenem *Πίναξ* des Hecataeus zurückblieb, welchen der Tyrann Aristagoras nach
Sparta brachte *). Der Verfasser der *christlichen Topographie*, welchem man die interessante Inschrift des
Denkmales von Adule verdankt **), hat indessen das
Verdienst einer richtigen Angabe über·die Lage der Küsten von *Τζινιτζα* ***), von denen die Seide kommt: er
sagt nehmlich, sie lägen dem Osten†)gegenüber und würden
durch ein ötsliches Meer bespült. Dies war der erste
Schritt von Bedeutung, welcher zur Berichtigung der Ansichten über die Lage von Indien und China (das Land
der Tziner) und die Richtung der Küsten Asiens führte,
denen Columbus zusteuerte ††).

---

*) *Herodot* V, 49.

**) [S. darüber die Abhandlung von *Buttmann* im *Museum der
Alterthumswissenschaft* Bd. II.]

***) *Montfaucon* a. a. O. p. 337 (*Tzinistam oceanus ad Orien-
tem ambit. Cosmas libr.* XI). Dem Ptolemaeus zufolge war der *Si-
narum sinus* (ein Theil des Meeres, welches *Edrisi das Meer von Sin*
nennt) die Mündung des *Sinus magnus*, und *Thinae* (ein Name, welcher der Aussprache des Θ gemäfs, die durch den aeolisch-dorischen
Dialekt bestätigt wird, sowohl die *Sinae*, als das *Tzin* des Cosmas wiedergiebt) auf der *Westküste* jenes äufsersten Festlandes von Asien belegen, welches nach Westen zu sich mit dem *Prasum Promontorium*
Afrika's verbindend, die Südküste des Binnenmeeres von Indien bildete.
Nach dem früheren Systeme des Eratosthenes dagegen lag Thinae unter
dem Parallel von Rhodus, auf der *Ostküste* von Asien; und an derselben Küste, der man eine Neigung von NO. nach SW. gab, mündete
der Ganges.

†) [Nehmlich dem Ostpunkte am Himmel.]

††) In dem Werke des Cosmas glaubt Montfaucon auch die erste
Erwähnung von Malabar zu finden, „einer Gegend die äufserst handel-

Angeregt durch die arabischen Schriftsteller, die italiänischen und deutschen Kosmographen, durch die Er-

„treibend ist, wo der Pfeffer wächst, und wo es Christen giebt, wie zu
Silediva (Ceylon)." Dies Land ist das *Male* des *Cosmas* (III p. 178,
XI p. 337). *Mala* bedeutet im Sanskrit *Berg*, *Gebirge:* auch finden
wir bei Ptolemaeus im Süden Ceylon's den Berg *Malea*, wahrschein-
lich den Pic Adam; ferner bei *Plinius* (*Hist. natur.* II, 73 und VI,
19) in dem westlichen Theil der Halbinsel Indiens den Berg *Maleus*,
vielleicht einen Theil der Gebirgskette der Gats; endlich im SW. des
Meerbusens von *Kάνθι*, ein felsiges Vorgebirge, *promontorium Maleum.*
Die Bedeutung der Endsylbe im Worte *Malabar* ist unbekannt. Im
Sanskrit bedeutet *bhara*, *tragend*, *erhaltend; vâr*, *Wasser; vâra*, *eine
Thür;* indessen behaupten *Abulfeda* und die arabischen Reisenden bei
Renaudot, dafs in den Worten *Malabar* und *Zanguebar* die Endung
indisch sei und *Küste* bedeute. Zur Zeit des Cosmas war Ceylon der
Mittelpunkt des indischen Handels. Er sagt: „Diese Insel, welche die
Griechen *Taprobane* oder *Trapobane* (beide Lesearten finden sich),
und die Inder *Silediva* nennen, ist reich an Edelsteinen." (II p. 137).
Der älteste indische Name für die Insel ist indessen *Sinhalam.* Durch
eine sehr gewöhnliche Konsonantenverwechselung hat man aus dem *Silediva* (cod. *Selediba*) des Cosmas *Serendio* gemacht, was schon bei
Ammianus Marcellinus (XXII, 7) vorkommt, dann bei *Abuzeïd*, einem Reisenden des neunten Jahrhunderts, mit welchem uns *Renaudot*
bekannt gemacht hat, ferner bei *Edrisi* und *Abulfeda*. Ueber die Stelle
des Geographen Nubien's (pars VIII, clim. I) kann gar kein Zweifel
obwalten. Die Edelsteine, der Pic Adam *(mons Rahon)*, und die Nähe
der Küste von Hindostan sind sichere Kennzeichen für Taprobane, dessen Name, welcher sich zum ersten Male in der dem Aristoteles untergeschobenen Schrift *de mundo* (cap. 3) findet, schon bei Edrisi
verschwunden ist. *Hartmann* hat in seinem ausgezeichneten Werke
(*Edrisi Africa* p. 115) schon die Irrthümer von *d'Herbelot* über die
Identität von *Serandah* und *Serandio* aufgedeckt. Man ist nicht im
Stande mit Gewifsheit anzugeben, ob nicht einige arabische Seefahrer
die Insel Madagascar oder San Lorenzo *Serandib* genannt haben, (ich
finde letzteren Namen noch auf einem calkirten Exemplar der berühmten Karte des Diego Ribero vom Jahre 1529, welches ich besitze).
Der Text des Marco Polo bietet in verschiedenen Handschriften die Namen
Selan, *Seylan* und *Silan* dar. Die erste dieser Lesearten ist identisch
mit dem *Seledipa* oder *Selediva* des Cosmas Indopleustes; denn *dip*
und *diva* sind Abänderungen des sanskritischen Wortes *dvipa* (Insel),
aus welchem, nach *Bopp*, das *v* weggelassen wurde, gerade wie aus

zählungen des *Marco Polo*, welche ihm Toscanelli mittheilte, und besonders durch die Werke des Kardinals

---

dem sanskritischen *dvis* (zweimal) das griechische δίς entstanden ist;
folglich wurde aus *Seledvipa* des *Cosmas Seledipa* oder *Selediva;*
durch Vertauschung des *p* und *v*. Ich weiſs, daſs die Etymologie Alles vermag, sobald man sich kühn über Vokale und Konsonanten hinweg
zu setzen vermag; aber das Verfahren, aus dessen Anwendung die von
uns hier mitgetheilten Resultate hervorgegangen sind, welche nicht ohne
Wichtigkeit für die geographische Nomenklatur und die Identität der
Orte sein werden, kann der Vorwurf willkürlicher Aenderung und Buch-
stabenverwechslung nicht treffen: es ist durch sichere sprachliche Untersuchungen und Forschungen begründet, und findet in allen Idiomen einer
und derselben Familie sichere Anwendung. Zu einer Zeit, als das Sanskrit in Europa noch gänzlich unbekannt war, versicherten *Garcia de
Horta (Renaudot,* p. 126 und 128*), Bochart* und *Montfaucon* (Tom.
II, p. 137), daſs *diva* oder *diba* Insel bedeute, wobei sie wahrscheinlich nur auf die Benennungen der Inselnamen *Lakediven* und *Maledi-
ven* fuſsten, zweier Inselgruppen, welche den Alten wegen der Richtung
ihrer Schifffahrt so lange unbekannt bleiben muſsten, bis Hippalus, den
SW. Mousson entdeckt hatte (*Letronne, Histoire du Christianisme
en Nubie*, 1832, p. 117). In den zusammengesetzten Namen *Devipat-
nam, Devidan, Devikotta* u. a. m. bezeichnet die Vorsetzung von *deva*
(Gott) oder *devi* (Göttin, besonders der Durga, Gemahlin des Siva)
eine sehr verschiedene Klasse geographischer Benennungen (a. a. O.
S. 127). Uebrigens geht auch aus einer Stelle des Ptolemaeus (ed.
Merc., 1605, p. 178) die Bedeutung *Insel* der Endung *diva* sehr deutlich hervor. Er hat uns nehmlich zwei Sanskritwörter nebst zugehöriger
Erklärung überliefert, nehmlich: „*Iaba-diu*, welches *Gersteninsel* bezeichnet" (vergl. *v. Bohlen, das alte Indien mit besonderer Rücksicht
auf Aegypten*, Th. II, S. 139). Die Gerste heiſst nach *Wilson* im
Sanskrit *iava*, und im persischen *jov*, was *djov* oder *djev* ausgesprochen wird. Noch heutigen Tages heiſst in Guzarate das *hordeum di-
stichon* bei dem Volke *djav*, nach *Ainslie* (*Materia medica of Hindostan*, Madras 1813, p. 217). Ueber die alten Namen *Selediva*
(Ceylon), *palai (polu?* Insel), *Simundu* und *Salice* (Land der Σάλαι
oder Selaner) bei Ptolemaeus, Plinius und Marcianus Heracleota, so wie
über die geographische Hypothese zweier Inseln, welche den Namen
Taprobane geführt hätten, welche *Dodwell* aufstellte, der sich auch über
die Meerschlangen lustig macht, welche im Periplus des erythräischen
Meeres erwähnt werden, und also das Geschlecht *Hydrophis* nicht gekannt hat, vergl. *Hudson, Geogr. minor.* Tom. 1, *de aetate Peripl.*

Pierre d'Ailly, schöpfte der grofse Seefahrer aus Quellen, welche ihm in reichlichem Maafse Beweggründe zur Ausführung des von ihm gehegten Plans an die Hand gaben, und ihn aufmunterten, den Osten mit seinen köstlichen Spezereien auf dem Wege nach Westen aufzusuchen. Wir wollen unter den Arabern den Geographen Nubiens auswählen. „Das Meer, welches die westlichen Küsten von Afrika bespült", sagt der Scherif Edrisi, „fällt in das mittelländische *(Mare Damascenum)* durch den Kanal, welchen der *Zweigehörnte* (Dhulkarnain), eine Person des heroïschen Zeitalters, die mit dem Sohne Philipp's von Macedonien verwechselt worden ist, zu den Zeiten Abraham's hat graben lassen. Dieser *Zweigehörnte* befahl ein Nivellement der Wasseroberfläche. Eine Anzahl von Geometern fand das dunkle Meer (den Ocean, *mare tenebrosum)* um ein Weniges höher *), als das Mittelländische." (Man er-

---

mar. *Erythr.* p. 99; *Mannert, Geographie von Indien,* Th. I, S. 210; *Heeren, de Taprobane Insula* in *Commentat. Soc. Götting.* vol. X, p. 146; *Tzschucke ad Pompon. Mel.,* vol. III, p. 3, p. 275.

*) *Edrisi, Geogr. Nub.* Paris, 1619, p. 148. Wahrscheinlich sind in dieser Sage von einem durch *Dhulkarnain* (der zwei Hörner hat) und *Kheder,* oder vielmehr *Chider* (die grüne Person), welcher nach *Djevhari* einer der Begleiter Moses war, gegrabenen Kanale, semitische (phönizische) und griechische Ideen vermischt, wie 'dies. bei vielen Volkssagen und Ueberlieferungen in Arabien der Fall ist: und wahrscheinlich ist die Sage das Resultat nautischer und geologischer Beobachtungen über die beständige Richtung des Meeresstromes von Westen nach Osten, und die Ausdehnung eines fortlaufenden Kalklagers. *Gabriel Sionita,* welcher das Werk des Edrisi in das Lateinische übersetzt hat, sagt: „Is enim ad populos Andaluziae cum pervenisset et continuas eorum, quas cum incolis *Sus* (terrae Barbarorum metropolis, *Hartmann)* habebant, pugnas audivisset, operariis atque geometris ad se convocatis, suum de arida illa terra fodienda et canali aperiendo animum explicuit, praecepitque illis, ut terrae solum cum utriusque maris aequore metirentur; quod ubi praestitere, deprehenderunt *a mari magno* (tenebroso) *parum superari altitudine Damascenum."* Hierauf folgt

kennt in dieser Sage die Spur einer geographischen Mythe, in der auf die Richtung des Meeresstromes angespielt wird, welcher, nach *Rennell*, vom Cap Finisterre
ausgehend, die Küsten von Portugal entlang strömt, und
sich in die Meerenge von Gibraltar mündet). Das
finstere Meer heifst so (Edrisi *) giebt selbst die Ursache dieser Benennung an), nach der lateinischen Uebersetzung: *quoniam scilicet ultra illud quid sit ignoratur.*
*Nullus enim hominum habere potuit quidquam certi de
ipso ob difficilem eius navigationem, lucis obscuritatem*
(eine sonderbare Eigenschaft eines Meeres, in welchem
nach Edrisi die glücklichen Inseln belegen sind, *el
dschasajir el chalidath*, von *chuld*, Paradies; Inseln, welche des schönsten Himmels sich erfreuen) *et frequen-
tiam procellarum **). Nemo nautarum auserit illud*

---

die Beschreibung der künstlichen Dünen, welche Dhulkarnain angelegt
hatte, „deren Ueberreste Edrisi zu den Zeiten der Ebbe sah." Ueber
die Hauptperson dieses Mythus vergl. man *Herbelot, Biblioth. orient.*
(Art. *Escander Dhulkarnaïn* und *Khedher* oder *Khedhr); und Edrisi
Africa*, curavit I. M. Hartmann, 1796, p. 313.

*) P. 6, 39, 147 (Hartmann, p. 7). *Kurtzmann*, in einer von
der philosophischen Fakultät der Universität Göttingen gekrönten Preis-
schrift (*Commentat. de Africa geograph. Nub.*, 1791, p. 8) erklärt
den Namen *Mare Tenebrosum* durch die Sage von einer, westlich von
Porto-Santo gesehenen Wolke, welche auf der Oberfläche des Meeres
zu ruhen geschienen: eine Erscheinung, die der von der fabelhaften Insel St. Borondon oder Brendan ganz ähnlich ist, welche die Bewohner von Madera und Gomera alljährlich gen Westen erblickten, und
die besondere Aufmerksamkeit des Columbus auf sich zog, als er vor
dem Jahre 1492 überall Gründe und Erfahrungen aufsuchte, welche zur
Unterstützung seines Systemes beitragen konnten.

**) [Ganz verschieden ist das *mare tenebrosum* der alten Schrift-
steller, das auch *mare pigrum, mare Cronium*, νεκρὴ θάλασσα u. s. w.
genannt wurde, und worunter offenbar das nördliche Polarmeer zu verstehen ist, wohin Phönizier von Britannien aus gekommen sein mögen.
S. darüber *Meteorolog. veter. Graecor. et Romanor.* II, 10, not. 23
p. 53. Auffallend ist, daß, während Edrisi von der Unfahrbarkeit des
atlantischen Oceans wegen der Stürme spricht, ältere Schriftsteller als

sulcare, aut in altum navigare. „Wenn jemals einzelne
Theile desselben untersucht worden sind, so gilt dies
nur von den der Küste zunächst belegenen; indessen
weifs man, dafs das finstere Meer (das atlantische) viele
Inseln umschliefst,' von denen einige bewohnt, andere
wüst sind" (nicht *obrutae*, verwüstet, wie die lateinische
Uebersetzung wiedergiebt). „Das Meer von Sin (von
China), welches die Länder des Gog und Magog (die
östliche Gränze Asiens) bespült, steht in Verbindung mit
dem finsteren Meere. .Von Asien aus sind die letzten
Länder die Inseln Vac-vac [Japan?], *ultra quas quid
sit ignoratur* *)." Man ersieht hieraus, dafs auch von
den

Ursache die völlige Windstille angeben. Vergl. *Iornandes, de reb. Ge-
tic.* cap. 1 bei *Muratori, Rer. Ital. Script.* Tom. I, p. 191: *Oceani
vero intransmeabiles ulteriores fines non solum non describere quis
aggressus est, verum etiam nec cuiquam licuit transfretare, quia
resistente ulva et ventorum spiramine quiescente, impermea-
biles esse sentiantur, et nulli cogniti, nisi soli ei, qui eos constituit.*
Hierher gehören auch die Worte des *Aristoteles, Meteor,* II, 1, 14
p. 354, b: τὰ δ' ἔξω στηλῶν βραχία μὲν διὰ τὸν πηλόν, ἄπνοα δ'
ἐστίν, ὡς ἐν κοίλῳ τῆς θαλάττης οὔσης.]

*) Edrisi, p. 36, 37. Dies ist die berühmte Stelle (pars X, clim.
1), wo der grofsen Insel *Malai* (Malacca?) Erwähnung geschieht, wel-
che sich weit von O. nach W. erstreckt, und der Insel *Soborma* oder
Sumatra, dem *Java minor* des Marco Polo (*Jabadiu, Gersteninsel* des
Ptolemaeus). Edrisi beendigte sein Werk im Jahre 1153, ungefähr hundert und siebzig Jahre vor Abulfeda; die Inseln *Vac-Vac*, eigentlich
Uak-Uak, waren also im zwölften Jahrhundert das äufserste bekannte
Land gegen Osten, und daher in das Dunkel fabelhafter Sagen einge-
hüllt, gleich wie zu den Zeiten des Homer und Hesiod die elysäischen
Felder, die Hesperiden und die Gorgonen. Man mufs sich hüten, die
Inseln Uak-Uak im Meere von Sin mit einer gleichnamigen Insel, nahe
bei Sofala an den Ostküsten von Afrika, zu verwechseln (Vergl. *Hartmann* a. a. O. p. 104 — 109). Die ersteren sind, nach *Bakui* und
Ebn Sophaïli, den Eichhorn erklärt hat, „so reich an Gold, dafs die
Affen Halsbänder von diesem Metall tragen; und der Baum, welcher
uak-uak denen, die an das Land steigen, entgegenruft (ohne Zweifel, wenn einige grofse Papageyen sich darauf niedergelassen haben),
trägt am Ende seiner Zweige anfänglich eine überaus grofse Anzahl von

den Arabern, gleichwie in der so häufig von Columbus angeführten Stelle des Aristoteles *(de caelo* II, 14), die Verbindung des chinesischen Meeres mit dem atlantischen finsteren Ocean angenommen wurde; aber Edrisi, weit davon entfernt, gleich den Schriftstellern des Alterthums, mehrere *grosse festlandähnliche Inseln*, d. h. andere Continentalmassen vorauszusetzen, die von denjenigen getrennt wären, zu denen Europa, Asien und Afrika gehören, glaubt, daſs die der unsrigen entgegengesetzte Halbkugel gänzlich mit Wasser bedeckt sei. „*Oceanus ambit mediam partem terrae quasi zona, adeo ut media tantum pars terrae appareat ac si esset ovum immersum in aquam cratere contentam* *), *nam eodem modo dimidia pars terrae est obruta mari.*"

Es ist allgemein bekannt, daſs die Kosmographen des Mittelalters, gleich denen des Alterthums, von Parmenides dem Eleaten bis auf die Alexandriner über die Ausdehnung der bewohnbaren Zonen der Erde getheil-

---

Blüthen, und dann, an der Stelle der Früchte, jene schönen Jungfrauen, welche ein Gegenstand der Ausfuhr werden, und die Masudi Khothbeddin *puellas vasvakienses* nennt."

*) Der Schluſs dieser Stelle (*Edrisi*, p. 3) erinnert fast an das kosmogonische Bild, dessen sich die Schule des *Thales* bediente; indessen verfertigte Edrisi für den König Roger II von Sicilien, nach *d'Herbelot* und *Pococke*, einen silbernen Erdglobus, achthundert Mark an Gewicht (*William Vincent, Commerce and Navigation*, Tom. II, p. 568), und auf den ersten Seiten seiner *Relaxationes animi curiosi* nimmt er an: *terram esse rotundam globi instar, ac non habere perfectam rotunditatem, quia sunt in illa declivitates, et aqua fluit ab acclivi ad declive.* Der Umfang der Erde wird von Edrisi nach *der Berechnung der Inder* angegeben, ein Ausdruck, welcher so vielen anderen, von *Colebrooke*, *A. W. von Schlegel*, und neuerdings von *Fr. Rosen* (in seiner Uebersetzung und Erläuterung der Algebra des *Mohammed Ben Musa*) beigebrachten Zeugnissen hinzugefügt werden muſs, welche darthun, wie vieles die Araber aus der ältesten Litteratur der Inder entlehnt haben.

ter Meinung waren *). Edrisi, über dessen geographische Ansichten wir so eben gesprochen haben, und dessen Einfluſs Jahrhunderte hindurch von überaus groſser Bedeutung gewesen ist, verlegte, gleich Aristoteles **), den gesammten bewohnten Theil der Erde (ἡ οἰκουμένη) in die nördliche gemäfsigte Zone ***), während hundert Jahre nach ihm *Albert der Groſse* (Albert von Bollstadt) es durchaus nicht in Zweifel zog, daſs die Oberfläche der Erde bis zum funfzigsten Grade südlicher Breite bewohnt sei †). *Albert* war bei seinem Eifer, die Schriften des Aristoteles, welche durch die Araber in Spanien und die arabisirenden Rabbinen allmählig sich zu verbreiten begannen, bekannter zu machen, für das christliche Europa eben dasselbe, was *Avicenna* [Ebn Sina] für den Orient gewesen war. Seine verschiedenen Abhandlungen sind mehr als bloſse Paraphrasen aristotelischer Werke; die erwähnte Schrift: *Liber cosmographicus de natura locorum* ist ein Abriſs der physischen

---

*) [S. *Meteorolog. vet. Graec. et Roman.* XI, 50 p. 208 — 212. *Comment. ad Aristotel. Meteorol.* II, 5, 11 p. 564 sqq.]

**) [Indessen nimmt *Aristoteles Meteorol.* II, 5, 10 — 11, p. 362, a offenbar auch eine südliche gemäfsigte, bewohnbare Zone an. Die hierher gehörigen Worte lauten: Δύο γὰρ ὄντων τμημάτων τῆς δυνατῆς οἰκεῖσθαι χώρας, τῆς μὲν πρὸς τὸν ἄνω πόλον τὸν καθ' ἡμᾶς, τῆς δὲ πρὸς τὸν ἕτερον καὶ πρὸς μεσημβρίαν, καὶ οὔσης οἷον τυμπάνου· τοιοῦτον γὰρ σχῆμα τῆς γῆς ἐκτέμνουσιν αἱ ἐκ τοῦ κέντρου αὐτῆς ἀγόμεναι γραμμαί, καὶ ποιοῦσι δύο κώνους, τὸν μὲν ἔχοντα βάσιν τὸν τροπικόν, τὸν δὲ τὸν διὰ παντὸς φανερόν, τὴν δὲ κορυφὴν ἐπὶ τοῦ μέσου τῆς γῆς. Τὸν αὐτὸν δὲ τρόπον πρὸς τὸν κάτω πόλον ἕτεροι δύο κῶνοι τῆς γῆς ἐκτμήματα ποιοῦσιν· ταῦτα δ' οἰκεῖσθαι μόνα δυνατά, καὶ οὔτ' ἐπέκεινα τῶν τροπῶν.]

***) *Creaturae omnes sunt in septentrionali terrae parte* et q. s. (*Edrisi*, p. 2).

†) *Alberti Magni Germani, philosophorum principis, Liber cosmographicus de natura locorum*, Argentorat. 1515, fol. 14, b. und 23, a.

Erdkunde, in welchem der Verfasser, nicht ohne Scharfsinn, entwickelt, wie der Unterschied der Breite und die
Beschaffenheit der Erdoberfläche gleichzeitig die örtliche
Verschiedenheit der Klimate bedingen *). „Die gesammte heiße Zone ist bewohnbar, und es ist ein ab-
geschmackter Volkswahn *(vulgaris imperitia)*, daß
diejenigen, deren Füße uns zugekehrt sind, nothwendiger Weise fallen müssen. Dieselben Klimate wiederholen sich in der unteren Halbkugel, auf der anderen Seite des Aequators, und es giebt zwei Racen
Aethiopier (Neger mit Wollhaaren), die am nördlichen,
und die am südlichen Wendekreise". (Ich brauche
wol nicht zu erwähnen, daß diese Ideen schon auf das
klarste von Aristoteles, Cicero, Strabo, Pomponius
Mela, [Posidonius, Geminus, Macrobius **)] ausgesprochen worden sind.) „Die untere Halbkugel, in
welcher unsere Gegenfüßer leben, ist nicht durchgängig
mit Wasser bedeckt; der größte Theil derselben ist bewohnt, und wenn die Menschen jener entfernten Gegenden nicht bis zu uns gelangen, so liegt die Ursache in
der gewaltigen Ausdehnung der zwischen liegenden Meere,
vielleicht auch" (der Hang zum Wunderbaren, und zwar
zu dem Wunderbaren in seiner bizarrsten Gestaltung,
mischt sich im dreizehnten Jahrhundert fortwährend un-

---

*) Die Bemerkungen und Schlußfolgen Albert's des Großen über
die größere oder geringere Wärme, welche durch den Einfallswinkel
der Sonnenstrahlen bedingt wird, und deren Veränderlichkeit mit den Brei-
tegraden und Jahreszeiten, so wie über die Kälte und Wärme erregenden Wirkungen der Gebirge (a. a, O. lib. III, fol. 23, b) sind für
die Epoche, in welcher dieser durch seine ausgedehnte, vielumfassende
Gelehrsamkeit ausgezeichnete Mann lebte, überaus merkwürdig.

**) [*Posidonius* bei *Strabo*, II p. 151 A. Die Stelle ist zu lang,
um sie hier mitzutheilen. *Gemin. Element. Astronom.* c. XIII, p. 250
ed. Hilderici: ἤδη γὰρ ἐπὶ πολλοὺς τόπους τῆς ζώνης τῆς διακεκαυμέ-
νης ἐληλύθασί τινες καὶ τὰ πλεῖστα οἰκήσιμα εὕρηται. *Macrob. Somn.
Scipion.* II, 5.]

ter die vernunftgemäßsesten Bemerkungen) „vielleicht
auch in einer *magnetischen Kraft*, welche die *carnes
humanas*, wie der Magnet das Eisen, anzieht und fesselt.
Uebrigens sind die Völker der heißen Zone, weit davon
entfernt, durch die Hitze des Klima an Einsicht zu verlieren, sehr wohl unterrichtet, *wie dies aus den philosophischen und astronomischen Werken hervorgeht, welche aus Indien uns zugekommen sind* *)." Der Herausgeber der Straßburger Ausgabe, deren ich mich bedient habe, und die drei Jahre nach dem Tode des *Amerigo Vespucci* **) erschien, *Georg Tanstetter*, ist so
verwundert über die Vermuthungen Albert's des Großen über die Länder der südlichen Halbkugel und deren Bewohnbarkeit bis zum funfzigsten Breitengrade, daß
er darin eine durch die Seefahrt des Amerigo Vespucci
erfüllte Prophezeiung zu finden glaubt.

Dieselben Wahrnehmungen über die Möglichkeit,
unmittelbar nach Indien auf dem Westwege zu gelangen, über die bewohnbaren Theile der Erdoberfläche,
über das Verhältniß zwischen den Kontinental- und den
Wassermassen (die Ausdehnung der letzteren wurde da-

---

*) A. a. O. fol. 14, b. 15, a. 17, b. Dieser Glaube an das astro-
nomische Wissen der Inder bei einem Manne, welcher selbst den Namen des Sanskrit nicht kannte, ist in der That äußerst merkwürdig.

**) Der Tod des Amerigo Vespucci erfolgte, wie Muñoz aus siche-
ren Dokumenten nachgewiesen hat, zu Sevilla am 22. Februar 1512;
nicht, wie Bandini, der Biograph Vespucci's behauptet, zu Terceira im
Jahre 1516. Wenn es seine Richtigkeit hat, daß Vespucci, wie er versichert, auf seiner dritten Reise (der Fahrt nehmlich, die er mit dieser Benennung bezeichnet, vom Mai 1501 bis zum Sept. 1502) das Sternbild des
großen Bären am Horizonte gesehen hat, so gelangte er an den Ostküsten Amerika's bis zu 26° s. Br. und, wie er selbst versichert, bis zu 32°. Sicherer ist es, daß Juan Diaz de Solis im Jahre
1508 bis zu 40° s. Br. vorgedrungen ist, ohne jedoch die Mündung
des Rio de la Plata zu sehen, die er erst auf einer zweiten Reise, bei
der er im October 1515 aus dem Hafen von Lepe abfuhr, entdeckte.

mals fälschlich für geringer gehalten, als die Ausdehnung des Festlandes) finden sich bei *Roger Bacon* wieder, einem durch die Mannigfaltigkeit seiner Kenntnisse, die Freiheit und Unbefangenheit seines Geistes, und das Bestreben nach einer Umwandlung und Umformung des Naturstudiums, welches aus allen seinen wissenschaftlichen Leistungen hervortritt, wahrhaft bewunderungswürdigen Manne. Indem er den Weg verfolgte, den die Araber zur Vervollkommnung der Instrumente und Beobachtungsmethoden eingeschlagen hatten, wurde er der Begründer der *Erfahrungswissenschaft:* zu gleicher Zeit aber umfaßte er mit seinem großen Wissen Alles, was er aus den Werken des Aristoteles, welche damals neuerdings durch die Uebersetzungen des *Michael Scotus* zugänglicher geworden waren, und aus den Erzählungen seiner Zeitgenossen, der beiden Reisenden *Rubruquis* und *Plano Carpini*, schöpfen konnte *). Das Verdienst des Columbus wird nicht im Geringsten geschmälert, wenn man an jenen Zusammenhang von Meinungen und Vermuthungen erinnert, welchen man von den Kosmographen des Alterthums an bis zum Schlusse des funfzehnten Jahrhunderts, trotz der angeblich allgemeinen Finsterniß, die das ganze Mittelalter bedeckt haben soll, wahrnimmt. Diese Finsterniß erstreckte und verbreitete sich allerdings —

---

*) *Fratris Rogeri Bacon, Ordinis Minorum, Opus Maius,* Londini 1733, p. 445, 447. Indem ich von dem größten Manne des dreizehnten Jahrhunderts rede, brauche ich wol nicht die Bemerkung hinzuzufügen, daß die Geistesfreiheit, die Roger Bacon auszeichnet, dennoch sich nicht ganz von den Träumereien jener Chemie, die sich mit den Umwandelungen der Körper beschäftigte, und dem Geschmack an der Astrologie fern zu halten vermochte. Er hoffte indessen, „durch Vervollkommnung der astronomischen Tafeln dahin zu gelangen, daß die Letztere dem Forscher und Beobachter weniger Täuschungen bereite." Vergl. die Anmerkung *B* am Schlusse dieses ersten Abschnitts.

man muſs es zugestehen — über die Massen; aber in
den Klöstern und Collegiatschulen bewahrten einzelne
Individuen die Ueberlieferungen des Alterthums. Selbst
Bacon, welcher mehr als irgend jemand *die Macht
der Gelehrsamkeit und den Einfluſs der Sprachkennt-
niſs,* wie er sich selbst ausdrückt, anerkannte, hebt hervor, „daſs, besonders seit vierzig Jahren, in den Burgen
und Klöstern eine rege Wiſsbegierde neben der allgemeinen Unwissenheit des Volkes bemerkbar sei." Wenn
von einer fortlaufenden, ununterbrochenen Reihe von
Ideen, einer Verkettung von Meinungen die Rede ist,
darf man jenen Zeitraum des Mittelalters nicht mit Geringschätzung übergehen, wo man um Roger Bacon
Männer wie Albert den Groſsen, Scotus, Vincent de
Beauvais [Vincentius de Bellovaco] und Reisende von
dem Verdienste des Plano Carpini, Ascelin, Rubruquis und
Marco Polo vereinigt findet. In jeder einzelnen Epoche des
Völkerlebens erkennt man, daſs alles, was mit den Fortschritten der Vernunft, mit der Vervollkommnung der
Intelligenz im Zusammenhange steht, tiefe Wurzeln in
den vorhergehenden Jahrhunderten hat; und jene Eintheilung in Zeitalter, welche durch die neueren Geschichtschreiber sanctionirt worden ist, führt nur zur Trennung von Erscheinungen und Thatsachen, die durch gegenseitige Verkettung in Verbindung stehen. Oft haben
in einzelnen hervorragenden Geistern groſse Ideen inmitten einer scheinbaren Unthätigkeit gekeimt; und
im Verlaufe einer ununterbrochenen, aber gleichsam
auf einen geringen Raum beschränkten, geistigen Entwickelung verdanken oft die merkwürdigsten Entdek-
kungen fernen und kaum bemerkten Anregungen ihren
Ursprung.

Unter den Schriftstellern, die Columbus zu Rathe zog
(wir werden sie weiter unten aufzählen und die einzelnen
Stellen näher betrachten), wird keiner von ihm mit grö-

ſserer Vorliebe angeführt, als der Kardinal *Pierre d'Ailly**),
oder, wie er sich selbst nannte, *Petrus de Alyaco.* Es
ist wahrscheinlich, daſs der Admiral Alles, was er von
den Meinungen des Aristoteles, Strabo und Seneca über
die Möglichkeit, nach Indien auf dem Westwege zu gelangen, wuſste, aus dessen Schrift *de Imagine Mundi* geschöpft hat. Eine ganz besonders auffallende Thatsache scheint namentlich den Eindruck darzuthun, welchen
die Lesung des achten Kapitels dieser Schrift von Allyacus, mit der Ueberschrift: *de quantitate terrae habitabilis,* bei ihm zurückgelassen hatte. Man muſs sich in der
That wundern, wenn man einen langen Auszug aus diesem Kapitel, oder vielmehr eine ziemlich treue Uebersetzung desselben in einem Briefe des Columbus findet,
welchen er von der Insel Haïti (Hispaniola) wenige Wochen nach seiner Rückkehr von der Küste Paria **) an
die katholischen Monarchen geschrieben hat. Die Werke
des Allyacus umfassen zwölf Abhandlungen von geringem Umfange, von denen vier kosmographischen Inhalts;
sie sind in einem einzigen Bande von ungefähr 350 Seiten ***) vereinigt worden, dem einige Stücke des Kanz-

---

*) Er war Bischof von Cambrai seit 1396, und wurde zur Zeit
des Columbus häufig unter der einfachen Benennung *Cardinalis Ca-
meracensis* angeführt. Der Admiral nennt ihn *Pedro de Ailiaco;* der
Sohn, *Don Fernando,* in der Lebensbeschreibung seines Vaters, *Pedro
de Heliaco.*

**) Columbus landete, nach Beendigung seiner dritten Reise, zu
Haïti am 30. August 1498. Die Schiffe, welche den Brief, von dem
hier die Rede ist, nach Spanien brachten, waren von dort am 18. Oktober desselben Jahres abgesegelt (*Muñoz,* libr. VI, §. 43).

***) Dieser Folioband, welchen ich mit besonderer Sorgfalt studirt
und mit den groſsen Ausgaben der Werke Albert's des Groſsen und
Roger Bacon's verglichen habe, hat weder Seitenzahlen noch Angabe des
Druckortes; aber man weiſs mit hinreichender Sicherheit, daſs die Schrift
de Imagine Mundi im Jahre 1410 bearbeitet und im Jahre 1490 zum

lers der Pariser Universität, *Jean Charlier de Gerson*,
angehängt sind. Es ist wahrscheinlich, daſs dieser Band
nicht vor dem Jahre 1490 gedruckt worden ist. Da
Columbus *) auch in den *Profecias* ganze Seiten aus
den Werken des Allyacus abschreibt, und zu gleicher
Zeit Gerson anführt, so darf man glauben, daſs er die
so eben von uns angeführte Sammlung besaſs; man
müſste denn annehmen, daſs er auf seiner dritten Reise
eine handschriftliche Copie **) der Schrift *Imago mundi*

---

ersten Male gedruckt worden ist (*Joannis Launoii Constantiensis re-
gii Navarrae Gymnasii Parisiensis Historia*, 1677, Tom. II, p. 478).
Man hat auch von Pierre d'Ailly *Quaestiones in sphaeram mundi
Joannis de Sacrobosco*, und *Tractatus super librum Meteororum*
(gedruckt zu Straſsburg im Jahre 1504 und zu Wien 1509). Die
fünf Abhandlungen: *de Concordantia astronomicae veritatis cum theo-
logia* erinnern an einige Versuche einer *hebraïsirenden Geologie* der
neuesten Zeit, welche vierhundert Jahre nach dem Erscheinen jener
Schrift des Kardinals bekannt gemacht worden sind.

*) *Navarrete, Documentos diplomaticos*, Tom. II, p. 262, 269.

**) Toscanelli erwähnt in seinem Briefe an den Kardinal Marti-
nez, welcher im Jahre 1474 geschrieben worden ist, den Namen des
Marco Polo nicht, und eben so wenig findet man ihn bei Christoph oder
Ferdinand Columbus. Es bleibt mir selbst immer noch einiger Zweifel über die Nachrichten in Bezug auf Quinsay und Zaitun übrig, welche er, nach Ximenes, Muñoz und Navarrete, aus dem acht und sechzigsten und sieben und siebzigsten Capitel des zweiten Buchs von Marco
Polo entlehnt haben soll. Wir werden weiter unten genauer untersuchen, was diesem Reisenden oder dem Nicolaus Conti angehören kann,
von welchem letzteren uns Poggio Bruchstücke hinterlassen hat, welche
aber leider sehr unvollständig sind. Ich bin indessen weit davon entfernt zu leugnen, daſs der Gebrauch der handschriftlichen Kopien ziemlich weit in der Zeit verbreitet war, als Columbus sich mit seinen Ent-
deckungsplänen beschäftigte, nehmlich in den Jahren 1471 bis 1492.
Der älteste Druck der Reisebeschreibung des Marco Polo ist der der
deutschen Uebersetzung. Sie erschien erst im Jahre 1477 zu Wien,
drei Jahre nach der Abfassung des Briefes von Toscanelli, und blieb
ohne Zweifel dem florentinischen Gelehrten unbekannt und unverständlich. Eben so wenig ist es wahrscheinlich, daſs Columbus irgend einen
Nutzen aus dieser deutschen Uebersetzung habe ziehen können; und

am Bord des Schiffes mit sich geführt habe, und daß
die gleichzeitige Erwähnung der beiden Namen des Allyacus und des Gerson rein zufällig sei. Außerdem habe
ich bei Vergleichung verschiedener Texte bemerkt, daß
die Stelle, deren Uebersetzung der Admiral seinem Briefe
an die Monarchen einverleibt hat, fast wörtlich aus dem
Opus Maius des Roger Bacon von dem Kardinal d'Ailly
entlehnt worden ist. Es ist wahr, daß der Kardinal am
Schlusse seiner *Imago Mundi* sagt: *scriptura ex pluribus auctoribus recollecta anno* MCCCCX; aber unter
so vielen klassischen Schriftstellern und arabischen Kosmographen erwähnt er nie den berühmten Namen des
Roger Bacon. Wir lassen hier die Vergleichung dreier
Stellen folgen: diejenige, welche aus dem Briefe des Columbus entlehnt ist, bietet nur eine Umstellung einzelner
Phrasen des Allyacus dar.

---

man muß daher, wenn er nicht die lateinische Uebersetzung des Marco
Polo, ohne Angabe des Jahres und Druckortes, welche im Brittischen
Museum aufbewahrt wird, (man vermuthet, daß diese Uebersetzung
entweder 1484 oder 1490 erschienen ist) gesehen hat, annehmen, daß
er vor seiner ersten Reise sich nur *handschriftlicher* Copien des Marco
Polo hat bedienen können, wahrscheinlich von der lateinischen Uebersetzung des Mönchs Pepino oder Pepuri aus Bologna, welche im Jahre
1320 angefertigt worden, und neben mehreren sehr alten, handschriftlichen italiänischen Uebersetzungen im Umlaufe war. Die ältesten Drucke
der Reisebeschreibung des berühmten Venetianischen Reisenden sind: in
deutscher Sprache von 1477; in lateinischer von 1490 oder 1503; in ita-
liänischer von 1496; in portugiesischer von 1502; in spanischer von
1520; in französischer von 1556; in englischer von 1579 (*Marco
Polo translated by Marsden*, p. LVII, LXII, LXX, LXXIV, LXXV).
Was den Aristoteles und Strabo betrifft, welche Columbus so häufig
anführt, so könnte er die lateinischen Ausgaben der Schrift *De caelo*
(Padua, 1473), und der Geographie des Strabo (Venedig, 1472) vor
Augen gehabt haben; aber es ist bei weitem wahrscheinlicher, wie ich
schon bemerkt habe, daß der Admiral die alten Schriftsteller nur nach
den Auszügen angeführt hat, welche er in den Werken des Allyacus und
in anderen italiänischen, spanischen oder arabischen Kosmographen vorfand, die er zu Rathe zu ziehen gewohnt war.

I. **Roger Bacon**, 1267. *(Opus Maius,* p. 183.*)*

*Habitatio vero dupliciter consideratur, uno modo re-
spectu coeli, scilicet quantum propter solem potest
habitari et quantum non. Et de hoc dictum est
prius in universali et tangetur posterius. Alio modo
consideratur quantitas habitabilis respectu aquae,
scilicet quantum aqua impediat. Et hoc est modo
considerandum; Ptolomaeus vero, in libro de Dispositione Sphaerae, vult quod fere sexta pars terrae
est habitabilis . . . . . Et ideo in Almagesti secundo
libro ponit quod . . . . . Dicit Aristoteles quod mare
parvum est inter finem Hispaniae a parte occidentis
et inter principium Indiae a parte orientis, et vult quod
plus habitetur quam quarta pars, et Averroes hoc
confirmat. Et Seneca, libro quinto Naturalium, dicit, quod mare hoc est navigabile in paucissimis diebus, si ventus sit conveniens. Et Plinius docet, in
Naturalibus, quod navigatum est a Sinu Arabico
usque ad Gades; qui sinus distat spatium navigatio-
nis annualis a mare Indico: ex quo patet principium Indiae in oriente non multum a nobis distare . . . . .
a fine Hispaniae sub terra: tam parvum mare est
quod non potest cooperire tres quartas terrae. Et
hoc per auctoritatem Esdrae probatur qui dicit, libro
quarto, quod sex partes terrae sunt habitatae et
septima est cooperta aquis. Et ne aliquis impediat
hanc auctoritatem, dicens, quod liber ille est apocry-
phus, dicendum est quod sancti habuerunt illum in
usu et eo in officio divino utuntur. Et propterea
dico quod, licet habitatio nota Ptolomaeo sit coartata
infra quartam unam, plus tamen est habitabile. Et
Aristoteles plus potuit nosse, quia auctoritate Alexandri misit 2000 hominum ad investigandum res huius
mundi. Ideo potuit plus certificare quam Ptolomaeus.
Et Seneca similiter quia Nero Imperator misit ut explo-
raret dubia huius mundi. Secundum haec quantitas*

habitabilis magna est et quod aqua cooperitur modicum debet esse . . . . .

II. Der Cardinal d'Ailly, 1410. (Imago mundi, cap. 8, fol. 13. b).

Ad investigandam quantitatem habitationis terrae intelligendum est quod habitatio dupliciter consideratur: uno modo respectu coeli, scilicet quantum propter solem potest habitari et quantum non, et de hoc superius generaliter satis est dictum. Alio modo consideratur respectu aquae, scilicet quantum aqua impediat. De quo variae sunt opiniones sapientum. Nam Ptolomaeus, libro de Dispositione Sphaerae, vult quod fere sexta pars terrae est habitabilis . . . . . Et ideo, in Almagesti libro secundo ponit quod . . . . . Summus Aristoteles dicit quod mare parvum est inter finem Hispaniae a parte occidentis et principium Indiae a parte orientis, et vult quod plus habitetur quam quarta pars, et Averroes hoc confirmat. Insuper Seneca, libro quinto Naturalium, dicit quod mare est navigabile in paucis diebus si ventus sit conveniens. Et Plinius docet in Naturalibus, libro secundo, quod navigatum est a Sinu Arabico usque ad Gades Herculis non multum magno tempore, unde concludunt aliqui, quod mare non est tantum, quod possit cooperire tres quartas terrae. Accedit ad hoc auctoritas Esdrae libro suo quarto, dicentis quod sex partes terrae sunt habitatae et septima est cooperta aquis, cuius libri auctoritatem sancti habuerunt in reverentia . . . . . Et Aristoteles circa hoc plus potuit nosse auxilio Alexandri et Seneca auxilio Neronis, qui ad investigandum dubia huius mundi fuerunt solliciti, sicut de Alexandro testantur Plinius et Solinus, et de Nerone narrat Seneca. Unde illis magis videtur credendum quam Ptolomaeo vel etiam quam Albategni qui adhuc minus ponit esse habitabile, videlicet solum duodecimam partem, sed deficit in probatione sicut posset ostendi . . . . .

III. *Christoph Columbus*, 1498. (*Brief aus Haïti an die spanischen Monarchen.*)

Plinio escribe que la mar é la tierra hace todo una esfera, y pone questa mar Oceana sea la mayor cantitad del agua. El Maestro de la Historia escolastica sobre el Genesis dice (al contrario) que las aguas son muy pocas, que bien que quando fueron criadas que cobijasen toda la tierra que entonces eran vaporables en manera de niebla, y que despues que fueron solidas é juntadas que occuparon muy poco lugar, y en esto concierta Nicolas de Lira. El Aristotel dice que este mundo es pequeño y es el agua muy poca, y que facilmente se puede pasar de España a las Indias, y esto confirma el Avenryz y le alega el cardenal Pedro de Aliaco, autorizando este decir y aquel de Seneca, el qual conforma con estos, diciendo que Aristoteles pudo saber muchos secretos del mundo a causa de Alejandro Magno, y Seneca a causa de Cesar Nero, y Plinio por respecto de los Romanos los cuales todos gastaron dineros é gente, y pusieron mucha diligencia en saber los secretos del mundo y darlos a entender a los pueblos; el cual cardenal da a estos grande autoridad, mas que a Tolomeo ni a otros Griegos ni Arabes, y a confirmacion de decir quel agua sea poca y quel cubierto del mundo della sea poco, al respecto de lo que se decia por autoridad de Tolomeo y de sus secuaces: a esto trae una autoridad de Esdras del tercero libro suyo, adonde dice que de siete partes del mundo las seis son descubiertas y la una es cubierta de agua, la cual autoridad es aprobada por Santos, los cuales dan autoridad al tercero é quarto libro de Esdras, ansi como es S. Agustin é S. Ambrosio en su Exameron . . . . . y dicea que Esdras fu Profeta, y asimismo Zacarias, padre de S. Juan, y el (braso?) Simon; las cuales autoridades tam-

*bien alega Francisco de Mairones: en cuanto en
esto del enjuto de la tierra mucho se ha experimen-
tado ques mucho mas de lo quel vulgo crea; y no
es maravilla, porque andando mas, mas se sabe.*

Man kann annehmen, dafs Columbus dieselbe Stelle
des Kardinal d'Ailly vor Augen hatte, als er, im Beginn
seines Briefes vom Jahre 1498, die spanischen Monarchen aufforderte *), die grofsen Unternehmungen fortzusetzen und zu verfolgen, nach dem Beispiele „Alexanders, welcher Leute zur Untersuchung der Regierung *(re-
gimiento)* der Insel Taprobana aussendete; des Nero
Caesar, welcher die Ursache der Nilanschwellungen kennen lernen wollte **), und des Salomo, welcher den
Berg Sopora ***) erforschen liefs." Das Werk des Roger Bacon, welches hundert und vierzig Jahre älter ist,
als die kosmographischen Ansichten des Pierre d'Ailly,
hat der Admiral wahrscheinlich nicht gekannt; obgleich
das *Opus Maius* an Nachrichten über das Innere von
Asien und die östlichsten Gegenden dieses Welttheiles
bei weitem reicher ist, als *d'Ailly's Imago Mundi.* Gleich
wie Vincent von Beauvais in seinem Werke *Speculum*

---

*) *Navarrete,* a. a. O. Tom. I, p. 244.

**) [*Seneca, Quaest. natur.* VI, 8.]

***) Dieser Ausdruck *Berg* Sopora, zu dem Salomo seine Kund-
schafter „*en fin del Oriente*" geschickt haben soll, ist sehr sonderbar; indessen hat Columbus offenbar von nichts anderem, als von *Ophir*
sprechen wollen, welchem Namen die siebzig Dollmetscher die Formen *Sopheira, Supheir, Sophara* gegeben haben. Diese letztere Form
hat Gelegenheit zu gelehrten Vergleichungen mit dem *Sofala* des
Edrisi (p. 30) gegeben, welches durch seinen Ueberflufs an Gold berühmt gewesen sein soll. Ich will mich hier nicht weiter über die Analogie mit der Σαπφάρα μητρόπολις des Ptolemaeus verbreiten. Vergl.
Michaëlis, Spicileg. Geogr. Hebr. Tom. I, p. 199 [und die Abhandlung von *Seetzen* über *Ophir* in *v. Zach's Monatl. Correspondenz*
Bd. XIX, S. 331 folgd. und die Nachträge dazu Bd. XX, S. 441 und
Bd. XXVIII, S. 200].

Maius, einer Art von *Djihan-numa* (Weltspiegel), welches er auf Befehl des Heil. Ludwig und der Königin Mar-
garethe von Provence verfaßte, nach den Erzählungen
des Simon von Saint-Quentin die Reisen des Ascelin
überliefert hat, so bietet Roger Bacon in seinem *Opus
Maius* die werthvollsten Auszüge aus den officiellen Berichten des *Giovanni de Plano Carpini* und besonders
aus denen des *Ruisbroek* oder *Rubruquis* dar, welchen
er gewöhnlich *frater Willielmus* nennt, *quem dominus
rex Franciae misit ad Tartaros.* Der Brabanter Mönch
besuchte den Osten Asiens achtzehn Jahre früher als
Marco Polo, und bestätigte die Richtigkeit der ersten
Wahrnehmungen des Herodot, Aristoteles, Diodor und
Ptolemaeus über die Gestalt des kaspischen Meeres als
Binnenmeeres *); er machte zuerst auf die Verwandschaft aufmerksam, welche zwischen dem Deutschen und
einem indo-germanischen Sprachstamme obwalte, den
in der Krimm einige Ueberreste gothischer und alani-
scher Horden bewahrt hatten. Er durchreiste Grofs-
Hunnenland [*Magna Hunnia*] oder Ungarn (*Yugria*),
indem er sich von der Wolga (Ethel) aus nach dem
äufsersten Ende des baskirischen Ural (terra *Pascatyr*, eine
aus *Baschghird* verderbte Benennung) wahrscheinlich
über die Hochebenen von Guberlinsk und Orskaja
begab, wie ich nach meiner Bekanntschaft mit jenen Gegenden annehmen zu müssen glaube. Er war ferner der
erste christliche Geograph, bei welchem sich eine bestimmte
Angabe über die Lage von China, dem er den mongolischen Namen Khathaï (*Cathaia*) ertheilt, die Sei-
denfabriken dieses Landes, und das daselbst gebräuchliche Papiergeld findet, auf welches *einige Züge gedruckt sind.* „Ultra Thebeth qui solent comedere paren-
tes suos causa pietatis, ut non facerent eis alia sepulcra

---

*) S. die Note *C* am Schlusse dieses ersten Abschnittes.

nisi viscera sua, est Magna Cathaia *), quae Seres dicitur apud philosophos et est in extremitate orientis a
parte aquilonari respectu Indiae, divisa ab ea per Sinum
maris et montes; hic fiunt panni sericei, et istorum Ca-
thaïorum moneta vulgaris est carta de Gambasio in qua
imprimunt **) quasdam lineas."

Die muthigen Unternehmungen, welche schlichte
Mönche, wie *Plano Carpini*, *Simon von Saint-Quentin*,

---

*) Dies sind die Worte *Roger Bacon's* im *Opus Maius* p. 190,
231, 233.

**) Nach den Untersuchungen von *Klaproth* (*Journal Asiatique*
1822, Tom. I, p. 264), schreiben sich die ersten, auf Holz eingegrabenen Assignaten der östlichen Tartaren, und die ersten Auswechslungsan-
stalten für das Papiergeld aus dem Jahre 1155 her, ein ganzes Jahrhundert vor der Sendung des Rubruquis nach Asien. Das Papiergeld bestand in China schon seit dem Schlusse des zehnten Jahrhunderts; die
ersten auf Holz gezeichneten oder eingegrabenen Spielkarten sind vom
Jahre 1120. Die chinesische Druckerei (mit unbeweglichen Lettern)
lieferte das erste von einer in Holz geschnittenen Platte abgezogene Buch
im Jahre 952. Diese *editio princeps* ist also vierhundert und vier und
achtzig Jahre älter, als die Erfindung des sinnreichen von Guttenberg
angegebenen Verfahrens, zu dessen Entdeckung schon am Schlusse des
dreizehnten Jahrhunderts die Rückkehr Marco Polo's hätte führen können, wenn dieser Reisende in seinem. *Millione* auf eine ernstliche Weise
die Aufmerksamkeit des Lesers auf die chinesische Buchdruckerkunst hingeleitet hätte. Aber er berührte keines von denjenigen Dingen, die ihm
so überaus geläufig geworden waren: namentlich war dies der Fall bei
der Buchdruckerkunst und in Bezug auf den Gebrauch des Thees. Uebrigens hat Marco Polo, bei Erwähnung des chinesischen Papiergeldes,
auf eine indirekte Weise das Verfahren bei dem Drucke mit unbeweglichen Characteren angedeutet. *Josaphat Barbaro*, welcher Persien
1436 bereiste, in demselben Jahre, in dem nach der gewöhnlichen Angabe unser Druckverfahren entdeckt worden sein soll, lernte diese Münze,
welche von den Mongolen in China eingeführt worden war, kennen,
und sagt ausdrücklich: „*In quel luogo si spende moneta di carta la-
quale ogn' anno si muta con nuova stampa, e la moneta vecchia, in
capo del anno, si porta alla zecca dove gli è data altra tanta di
nova e bella, pagando tutta via due per centi di moneta d'argento
buona.*"

Rubruquis, Bartholomaeus von Cremona und *Ascelin,*
nach den entferntesten Gegenden Asiens wagten, setzten
zu den Zeiten Bacon's eine grofse Menge neuer Ideen
in Umlauf. Der verderbliche Einfall der Mongolen, welche das östliche Europa überschwemmten, und durch Polen bis über die Oder vordrangen, wo endlich die Schlacht
bei Wahlstatt (am 9. April 1241) ihre Kräfte schwächte
und dadurch weiteren Unternehmungen eine Gränze setzte,
veranlafste diese aufserordentlichen Wanderungen, auf
denen die mönchische Diplomatik sich hinter dem Schleier
der Frömmigkeit und der Bekehrungssucht verbarg. In
jenem denkwürdigen Zeitraume, welcher zwischen dem
Tode des Dschingis und Kublaïchan verflofs, bewahrte
das grofse mongolische Reich, welches so eben unter
die Nachkommen des Begründers getheilt worden war,
durch die Suprematie der Dynastie der Yuan, welche
am äufsersten Ende der bekannten Welt ihren Herr-
schersitz hatte, noch eine gewisse Einheit und Art von
innerem Zusammenhang.

Diese Einheit des Willens und die Uebereinstimmung in Regierungsform und Landesverfassung machte einen ausgedehnten Theil Mittelasiens, im Süden des Altaï
und im Norden der Gebirgskette von Kuen-lun oder
Kulkun, die das nördliche Tibet begränzt, von der Ver-
tiefung des kaspischen Meeres, dem Djihun (Oxus) und
Sihun (Jaxartes) bis zur Mündung des Huang-ho und
den Küsten von Quinsaï und Zaitun in einem Grade zugänglich, wie er seitdem nie wieder erreicht worden ist.
Die kosmographischen, in jener Epoche abgefafsten Werke
beurkunden einen Zuwachs an Ideen, welcher stets eine
Erweiterung des physischen Gesichtskreises begleitet.
Die weiten Wanderungen, welche die Mitglieder der
Familie Polo (Maffio oder Matteo, Niccolo und Marco,
von 1250 bis 1295) unternahmen, wurden durch den
Zustand Mittelasiens begünstigt, wo sich durch die viel-
fachen Beziehungen und schnellen Mittheilungen zwischen
Hir-

Hirtenvölkern, die sich noch im Zustande halber Rohheit befanden, und Nationen, die von alten Zeiten her die Pflegerinnen von Kunst und Wissenschaft gewesen waren, die Elemente der Barbarei und Civilisation auf eine merkwürdige Weise einander genähert hatten. Roger Bacon beendigte seine lange und glorreiche Laufbahn ein Jahr vor der Rückkehr des Marco Polo, und konnte mithin keine Kenntnifs von den Ergebnissen dieser aufserordentlichen Reise haben. Die letztere Hälfte des dreizehnten Jahrhunderts, durch eine überaus bedeutende Anzahl von Keimen neuer Begriffe und Auffassungsweisen befruchtet, gab, indem sie durch den Handel der Pisaner, Genueser und Venetianer den Westen mit den durch die Erzeugnisse ihres Bodens, die Fortschritte ihrer Gewerbthätigkeit und die Mannigfaltigkeit ihrer gesellschaftlichen Einrichtungen so ausgezeichneten Gegenden des Ostens in nähere Berührung brachte, einen gewaltigen Anstofs zu jener Bewegung und Umwälzung in den Ideen, jenem Drange nach gewagten und kühnen Unternehmungen, welche das Zeitalter des Infanten Heinrich von Portugal, des Columbus und Vasco de Gama verherrlicht haben.

Der Kardinal d'Ailly, dessen Werke Columbus vorzugsweise schätzte, war leider ein zu grofser Freund der klassischen Gelehrsamkeit, als dafs er den Berichten der Reisenden, welche der Zeit nach ihm zunächst standen, eine besondere Aufmerksamkeit hätte schenken sollen. Obgleich er hundert und vierzig Jahre später schrieb, als Roger Bacon, so erwähnt er doch nirgends die Arbeiten des Marco Polo, welche seit dem Jahre 1320 in einer lateinischen Handschrift des Francesco Pipino von Bologna niedergelegt worden waren: er weifs nichts von den weitschichtigen Plänen des Sanuto Torsello, welche darauf hinausgingen, dem Handel nach Indien eine andere Richtung zu geben, nichts von der Insel Antilia und dem Brasilien (*Bracir*) des *Picigano*, nichts end-

lich von den Fahrten der Gebrüder Zeni in den nördlichen Gewässern des atlantischen Oceans. Aus den
kosmographischen Abhandlungen des Kardinals hat also
Cólumbus die Nachricht von jenen westlich belegenen
Ländern, von denen Toscanelli annimmt, daſs sie auf
dem Westwege nach Indien erforderlichen Falls einen
Schutzort gewähren dürften, nicht geschöpft. Pierre
d'Ailly nennt nicht einmal den Namen von Cathaï, und
seine Geographie, wenn man einige Anführungen aus
arabischen Schriftstellern ausnimmt, erinnert eher an das
Jahrhundert des Isidorus von Sevilla, als an das des Ptolemäus. Ohne Zweifel wurde Columbus zu seinen so
äuſserst mittelmäſsigen Compilationen besonders durch
den Umstand hingezogen, daſs er bei jeder Gelegenheit
auf die groſse Ausdehnung Asiens nach Osten, und die
geringe Entfernung der indischen Küsten von den spanischen zurückkommt. Zu der merkwürdigen, wörtlich
aus Roger Bacon's *Opus Maius* entlehnten Stelle (*Imago
Mundi*, cap. 8), welche wir oben angeführt haben, kann
man noch folgende hinzufügen: „Multo maior est longitudo
terrae versus Oriens quam ponat Ptholomeus, et secundum philosophos Oceanus qui extenditur inter finem Hyspaniae ulterioris, id est Africae, a parte Occidentis, et
inter principium Indiae a parte Orientis non est magnae
latitudinis. Nam expertum est quod hoc mare navigabile est paucissimis diebus si ventus sit conveniens, et
ideo illud principium Indiae in Oriente non potest multum distare a fine Africae *). — Frontem Indiae me-
ridianum alluit maris brachium descendens a mari Oceano
quod est inter Indiam et Hyspaniam inferiorem, seu

---

*) *Petrus Allyacus, Compendium cosmograph.*, cap. 19. Dieselbe Stelle hat die Aufmerksamkeit *Schoner's* auf sich gezogen, in einer jetzt überaus seltenen Abhandlung, welche er (*ex urbe Norica*)
im Jahre 1533 dem Kurfürsten Johann Friedrich von Sachsen widmete.
Vergl. *Joann. Schonerus, Carolostadius, Opusculum geographicum*,
in 4. (20 Blätter ohne Seitenzahlen) libr. II, cap. 1.

Africam *). — A polo in polum decurrit aqua in corpus maris et extenditur inter finem Hyspaniae et inter principium Indiae non magnae latitudinis ut principium Indiae possit esse ultra medietatem aequinoctialis circuli sub terra valde accedens ad finem Hyspaniae. Et Aristoteles et ejus commentator, [offenbar ist *Averroës* gemeint] libro Coeli et Mundi, adhuc inducunt rationem quod elephantes sunt in illis duobus locis et quod elephantes esse non possent: ideo concludit haec loca esse propinqua et mare intermedium esse parvum **)." Man begreift leicht, dafs eine so oft wiederholte Idee denjenigen äufserst willkommen sein mufste, welche, wie Toscanelli und Columbus, unaufhörlich an eine Fahrt von Spanien nach den Ostküsten von Asien *(ad illam partem sub pedibus nostris sitam)* auf dem Wege nach Westen dachten.

Aus dem *Gemälde der bekannten Welt* ***) von Pierre d'Ailly kann auch der Admiral ersehen haben, dafs nach Alfragan der absolute Werth der Grade, in Meilen ausgedrückt, geringer ist, als man gemeiniglich annimmt. Alfragan, oder vielmehr Al Fergani, von seinem Ge-

---

*) *Petrus Allyacus, Imago Mundi*, cap. 15.

**) A. a. O. cap. 49. Der Kardinal scheint die Stelle des Strabo, II p. 161 Alm., vor Augen gehabt zu haben.

***) A. a. O. *Mapa mundi*, sect. VIII, *de quantitate terrae*. Der Beweis, dafs Columbus den durchlaufenen Raum nach italiänischen Meilen berechnete, geht aus dem Tagebuche der ersten Reise hervor, wo es (Freitag am 3. August 1492) heifst: „*sesenta millas que son quince leguas.*" Die spanischen See-*leguas* entsprechen nur drei Meilen. Auch *Tommaso Parcacchi* (in der Schrift: *Isole più famose del Mundo*, wovon die zweite Ausgabe 1576 erschien) erinnert, dafs 17½ *leghe*, oder 70 italiänische Meilen einen Grad ausmachen. Im funfzehnten und sechzehnten Jahrhundert waren also nicht mehr die römischen Meilen im Gebrauch, von denen 75 auf einen Grad des Aequator's gingen. Ueber *Alfragan* sehe man die Anmerkung *D* am Schlusse dieses Abschnitts.

burtsorte so genannt (denn sein wahrer Name war Ach-
med Muhammed Ebn Kothair, oder Kethir von Fergana
in Sogdiana), theilt im Grunde nur das Ergebnifs der
berühmten Messung einiger Erdgrade mit, welche der
Kalif Almamun in der Ebene von Sindjar ausführen
liefs. Anstatt in *schwarzen Ellen* *), drückt er das Resultat in Meilen aus: aber der Admiral hat die Meilen
des Alfragan für italiänische genommen, deren er auf
seinen Reisen sich zu bedienen gewohnt war, ohne zu
bedenken, dafs uns selbst *Ebn-Junis*, der geistreichste
unter den Astronomen jener Zeit, in der vollkommen-
sten Unwissenheit über den Werth des angewendeten
Normalmaafses gelassen hat. Don Fernando Columbus
hat uns einen Auszug aus der Abhandlung **) seines
Vaters „über die Möglichkeit alle Zonen zu bewohnen"
und aus einer anderen Handschrift ***), worin die Ur-

---

*) [Unter dem Chalifat bestanden zwei gesetzliche Ellen, die *ha-
schemitische* und die *schwarze*, jene zu 32, diese zu 27 Fingerbreiten.
Letztere, arabisch *dsira sauda*, erhielt ihren Namen von einem äthiopischen Sklaven des Chalifen *Almamun*, von dessen sehr langem Arm
sie kopirt sein soll. Bekanntlich war die *Elle* — πῆχυς, *cubitus* — den
Alten die Länge des Armes von der Spitze des Ellenbogens bis ans Ende
des ausgestreckten Mittelfingers. Sie hielt 24 δάκτυλοι oder *digiti*, d. i.
anderthalb Fufs. Erst spät wurde sie von den Griechen und Römern,
wie die haschemitische und die unsrige, zu 32 Fingerbreiten oder 2 Fufs
gerechnet. Die absolute Länge der beiden arabischen Ellen wird sich
schwerlich ermitteln lassen. Vergl. *Jomard, Descr. de l'Egypte, Antiquités, Mémoires*, Vol. VII, Tabl. VIII, éd. II, 8.]

**) „Memoria o anotacion que hizó el Almirante, mostrando ser
habitables todas las cinco zonas con la experiencia de la navegacion."
Barcia, Hist. primit., Tom. I, p. 4, 6.

***) „Auch zweifelte der Admiral keinesweges, dafs, gleich wie die
Portugiesen so weit nach Mittag vorgedrungen wären, man auch eben
so gut nach Westen segeln und neue Länder in dieser Richtung entdecken könne. Diese Betrachtungen veranlafsten ihn, von neuem die
Schriftsteller über Kosmographie durchzulesen, welche er schon früher
zu Rathe gezogen hatte, die Gründe abzuwägen, welche die Astronomie
darbot, und alle Anzeichen, welche ihm Steuermänner oder Seeleute

sachen auseinander gesetzt waren, auf welche der grofse Mann seine Hoffnungen für das Gelingen seines Unternehmens baute, aufbewahrt, und belehrt uns zugleich,
welche Wichtigkeit man damals auf die Meinung des
Alfragan über die wahre Gröfse der Erde legte. „Zu
dem Glauben, dafs der Raum, welchen man zwischen
Spanien und Asien zu durchlaufen habe, sehr gering sei,
sagt Ferdinand Columbus, veranlafste meinen Vater hauptsächlich die Meinung des Alfragan und seiner Anhänger, welche annehmen, dafs der Umfang der Erdkugel
bei weitem geringer ist, als die Kosmographen behaupten, indem jeder Grad nur $56\frac{2}{3}$ Meilen hält. Da nach
dieser Maafsbestimmung die ganze Kugel weit kleiner
wird, so durfte man sich schmeicheln, den von Marinus
von Tyrus als noch unbekannt bezeichneten Raum in
kurzer Zeit zu durchlaufen. Man mufs ferner hinzufügen, dafs die Ostgränze Indiens noch nicht erreicht worden war, so dafs der Admiral die Meinung hegte, diese
äufserste Gränze könne nicht weit von unserem Westen
(den westlichsten Küsten von Europa und Afrika) entfernt sein. Noch mehr: an einer anderen Stelle (in der
Abhandlung *über die Bewohnbarkeit aller Himmelsstriche*) sagt mein Vater ausdrücklich, dafs er auf mehrma-
ligen Fahrten von Lissabon nach Guinea durch genaue

überhaupt zur Bekräftigung seiner Ideen anzugeben im Stande waren,
aufzuzeichnen. Es ist mir von Wichtigkeit nachzuweisen, auf welchen schwachen Grundlagen ein so grofses Gebäude errichtet worden ist
(*de quan debiles argumentos llegó á fabricarse una maquina tan
grande*). Ich werde hier mittheilen, was ich in den Papieren (*escritos*)
meines Vaters in Bezug auf die Beweggründe, die ihn zu seiner Entdek-
kungsreise veranlafsten, aufgefunden habe." A. a. O., p. 5, a. Ich habe
einige Male, wo ich Stellen aus dem Werke des Sohnes anführe, das Wort
„*der Admiral*" in „*mein Vater*" umgeändert, einen Ausdruck, dessen
sich der Biograph aus Achtung und Bescheidenheit nur einmal im zweiten Kapitel bedient. Durch diese unbedeutende Aenderung glaube ich
deutlicher angeben zu können, was von Don Fernando Columbus, als Au-
genzeugen und Aufbewahrer der Archive des Admirals gesagt worden ist.

Berechnung *) gefunden habe, daſs jeder Grad genau
dem Werthe von 56⅔ Seemeilen entspreche." Wenn
diese Angaben nicht aus den Werken des Kardinals
d'Ailly geschöpft sind, so muſs sie der Admiral auf einem weniger indirekten Wege erhalten haben, vielleicht
durch eine jener arabisch-lateinischen Uebersetzungen,
welche er, bei seinen kosmographischen Studien in Portugal und Spanien, häufig zu Rathe gezogen zu haben
scheint. Nachdem sich Columbus, in einem aus Jamaika vom 7. Julius 1503 datirten, an den König Ferdinand und die Königin Isabella gerichteten Briefe, weitläufig über Ptolemäus und Marinus von Tyrus, über Catigara und Aethiopien, über den Ganges und die Lage
des irdischen Paradieses, verbreitet hat, fügt er hinzu **):
„Ich wiederhole es Ew. Majestäten, die Erde ist nicht
so groſs, als man es sich gemeiniglich vorstellt. Ein
Grad Abstand auf dem Aequator beträgt 56 Meilen und
zwei Drittel. Dies ist eine Sache, welche man einem
Jeden begreiflich machen kann (*esto se tocara con el
dedo*)." Man sieht, welche Wichtigkeit der Admiral auf
diese Idee von der Kleinheit der Erdkugel und von der

---

*) Durch welche Mittel? ohne Zweifel, indem er die erhaltenen Brei-
ten mit den Ergebnissen der Schätzung verglich und auch die Windstriche
in denen man steuerte, berücksichtigte. Es ist unnöthig hier zu bemerken, von wie vielen ungewissen Elementen diese Rechnung abhängig
ist, besonders wenn man noch die Unvollkommenheit der Messung durch
das Log (*coredera* oder *cadena de la popa*), und die Wirkung des
Einflusses der Meeresströmungen und der Deklinationsveränderungen der
Magnetnadel berücksichtigt. In seinem Briefe an die katholischen Monarchen, welcher die Beschreibung seiner dritten Entdeckungsreise enthält, sehen wir den Admiral von der Werthbestimmung eines *Aequi-
noctialgrades*, nach der Angabe von Alfragan, Gebrauch machen. Er
wendet diese Bestimmung, obgleich auf eine etwas verworrene Art, auf
die *Länge* des Golfs der Perlen (Golf von Paria) und die Entfernung
dieses Meerbusens von den Kanarischen Inseln an (*Navarrete*, Tom.
I, p. 258).

**) Ebendas., Tom. I, p. 300 und 308.

Kürze des Weges legte, „auf welchem man zu dem gold-
reichen Lande von Veragua gelangt, über welches Ew. Hoheiten eben so gebieten, wie über Xerez und Toledo.

Es gewährt ein lebendiges Interesse, die fortschrei-
tende Entwickelung eines grofsen Gedanken zu verfolgen,
und die einzelnen Eindrücke, einen nach dem anderen, aufzusuchen, welche über die Entdeckung einer ganzen
Halbkugel entschieden haben. Der Aufenthalt an Orten,
welche gewissermafsen an dem äufsersten Rande der bekannten Welt belegen waren, in Lissabon, auf den Azoren und zu Porto Santo; die Gewohnheit, häufig Entdeckungsreisen auf einem gemifsbilligten Wege unternehmen zu sehen; die vielfache Gelegenheit, aus dem Munde
der Seeleute selbst die Thatsachen zu erfahren, welche
sie auf ihren abenteuerlichen Unternehmungen gen Westen
kennen gelernt hatten, so wie die Täuschungen, denen sie
erlegen waren; endlich die genaue Prüfung der aus
verschiedenen Zeitaltern herrührenden Kosmographien,
erregten und riefen in der feurigen Seele des Columbus
einen Eifer hervor, grofsen und edlen Plänen beharrlich
nachzustreben. Man darf nicht einer vereinzelt daste-
henden Ursache dasjenige zuschreiben, was der Gesammtheit von Eingebungen angehört, welche ein höherer Geist
während einer langen Reihe von Jahren empfängt, die
einer Entdeckung vorangehen.

In einer kleinen, wahrscheinlich um das Jahr 1499
von Antonio Gallo, einem Genueser, verfafsten Abhandlung *) (de Navigatione Columbi per inaccessum an-.

---

*) Sie besteht aus zwei überaus seltenen Seiten, welche zum er-
sten Male, nach einer zu Genua aufbewahrten Handschrift, von *Muratori* (*Rerum Italicarum Scriptores*, 1733, Tom. XXIII, p. 302) bekannt gemacht worden sind. Derselbe Antonio Gallo hat ein Werk *de
Rebus Genuensium*, 1466 — 1478 geschrieben. Er rühmt sich, die
kleine Schrift *de Navigatione Columbi* nach Handschriften des Admirals abgefafst zu haben (*epistolas quas vidimus manu propria Columbi subscriptas*).

tea oceanum Commentariolus) wird versichert, daſs die Bekanntschaft mit der „Welt von Indien" *(mundus quem Indiam vocitabant)* nicht dem Christoph Columbus, sondern seinem Bruder Bartholomäus zu verdanken sei, welcher „den Gedanken einer Schiffahrt nach Westen faſste, indem er zu Lissabon die Entdeckungen, welche die Portugiesen jenseits *San-Jorge de la Mina* gemacht hatten, in die Weltkarten eintrug, die er zeichnete, um sich seinen Lebensunterhalt zu erwerben." Der Verfasser spricht mit einer Art von Geringschätzung von Christoph Columbus *(intra pueriles annos parvis literulis imbuti)*. Dieselbe Behauptung ist von dem Bischof Augustin Giustiniani wiederholt worden, welcher den Plan zur Ausgabe einer Polyglottenbibel entwarf, aber nichts weiter davon als die Psalmen im Jahre 1516 zu Genua drucken lieſs. Da Giustiniani, welcher Bischof von Nebbio in Corsika und Mönch des Dominikanerordens war, wuſste, daſs der Admiral sich rühmte, die Prophezeiungen des achtzehnten Psalmes erfüllt zu haben, so benutzte er diese Gelegenheit *), um eine Lebensbeschreibung des Christoph Columbus und einige Nachrichten über seine Entdeckungen zu geben. Der Sohn hat **) aus den Handschriften seines Vaters

---

*) *Ps.* XVIII, v. 5. Die Worte: *et in omnem terram exivit sonus eorum et in fines orbis terrae verba eorum,* gaben ihm zu der seltsamen Episode Veranlassung, die man nirgends weniger, als in einem Psalter hätte erwarten sollen.

**) *Vida de Don Christobal Colon*, cap. X. Am Schlusse des Kapitels ist die Rede von der Weltkarte, welche Bartholomaeus Columbus für den König Heinrich VII zu London im Jahre 1488 zeichnete. Auch wird daselbst der lateinischen, nicht eben besonders klassischen Verse gedacht, von denen man glaubt, daſs sie der Zeichner selbst verfertigt hat:

> *Pingitur hic etiam nuper sulcata carinis*
> *Hispanis zona illa, prius incognita genti,*
> *Torrida quae tandem nunc est notissima multis.*

nachgewiesen, daſs letzterer selbst der Lehrer seines Bruders Bartholomäus, „eines wenig wissenschaftlich gebildeten Mannes," in der Schiffahrtskunde und Kartenzeichnenkunst gewesen war. Mit jener Höflichkeit, welche zu allen Zeiten die wissenschaftlichen Streitigkeiten bezeichnet und begleitet hat, deckt er „die dreizehn Lügen Giustiniani's" auf *). Der Magistrat von Genua fand ein einfacheres und leichteres Mittel der Widerlegung: er verbot das Werk unter den strengsten Strafen. Ueberdies ersehen wir aus den in den Archiven aufgefundenen Urkunden, daſs Christoph Columbus, selbst während seiner Reisen, die Gewohnheit beibehielt, die Umrisse der Küsten aufzuzeichnen. Eine Seekarte von der Insel Trinidad und dem Meerbusen von Paria, welche von ihm im Verlaufe der dritten Reise (wahrscheinlich im August 1498) gezeichnet worden ist, hat durch den Proceſs zwischen dem Fiskal des Königs und den Erben des Admirals eine gewisse Berühmtheit erlangt. Letzterer gedenkt ihrer am Schlusse des Briefes, welchen er bei seiner Rückkehr nach San-Domingo an den König und die Königin schrieb **). Es ist dies die *pintura*, oder wie der Gewährsmann *Alonso de Hojeda* sagt, *la figura de lo que el almirante habia descubierto* ***);

Im Jahre 1488 wäre es wohl zweckmäſsiger gewesen, das Lob der Portugiesen in diese Verse einflieſsen zu lassen, welche weit häufiger als die Spanier die Küsten des tropischen Afrika besuchten.

*) A. a. O. cap. II. Obgleich Don Fernando im Allgemeinen eine sehr erhabene Denkart zeigt und erklärt, „daſs der Sohn des Christoph Columbus keines anderen Ruhmes bedürfe, als den, welchen ihm der groſse Mann als Erbe hinterlassen," so scheint doch seine Entrüstung gegen den Bischof Giustiniani durch einen wenig philosophischen Beweggrund hervorgerufen zu sein. Der Bischof hatte in seinem Psalter die Bemerkung hingeworfen, daſs „die Familie des Admirals kümmerlich von Handarbeiten lebe."

**) *Navarrete,* Tom. I, p. 264.

***) Im angef. Werke, Tom. III, *Collect. diplom.*, p. 539, 583,

dieselbe Karte, welche die Seefahrer geleitet hatte, denen der königliche Fiskal das Verdienst. Amerika's Festland entdeckt zu haben, gern hätte zuschreiben mögen.

Man erkennt in den wenigen Bruchstücken, welche uns von den Schriften des Columbus *) durch seinen Sohn, in dem Briefwechsel mit den spanischen Monarchen und einzelnen Personen an dem Hofe Isabella's, und in dem Entwurfe seines Werkes *„Profecias"* erhalten worden sind, daſs das, was die geistige Thätigkeit des groſsen Mannes am meisten beschäftigte, was er mit dem gröſsten Eifer bei den Schriftstellern des Alterthums und den seinem Jahrhundert zunächst stehenden Kosmographen aufzufinden suchte, die geringe Entfernung Indiens von den Küsten Spaniens war, ferner die Kennt-

---

586 und 587. „Bei seiner Ankunft an den Küsten von Paria . fragte der Admiral die Steuerleute nach dem Punkte, auf welchem sich nach ihrer Schätzung das Schiff befand (*el punto que llevaban*). Die Einen glaubten sich noch in den Meeren Spaniens zu befinden, die Anderen vermeinten in denen Schottlands zu sein, ohne Zweifel wegen des hohen und hohlgehenden Meeres und der vielen Brandungen, welche man an den Küsten der Insel Trinidad antrifft. Der Admiral (es ist der Augenzeuge *Bernardo de Ibarra,* welcher dies erzählt) schickte nach Spanien *en una carta de marear, los rumbos y vientos por donde habia llegado á Paria.* Nach dieser Karte zeichnete man viele andere: und diese Kopien sind die Führer *Alonso . Niño's* und *Hojeda's* gewesen." Sie war mehr als eine „*pintura* des Festlandes;" es war eine wirkliche Reisekarte. Auch aus einem Briefe der Königin Isabella, welchen Columbus im September 1493 im Hafen von Santa Maria empfing, scheint mir hervorzugehen, daſs die *carta de marear*, welche der Seefahrer der Königin versprochen hatte, und deren Uebersendung mit so groſser Dringlichkeit gefordert wird, nichts anderes als ein Aufriſs der Entdeckungen war, die der Admiral auf seiner ersten Reise gemacht hatte (Vergl. a. a. O. Tom. II, p. 107. nr. LXX). Es würde von groſsem Interesse sein, wenn man diese wenn auch flüchtigen Zeichnungen von Columbus eigener Hand auffände, besonders diejenigen, welche die am Freitag den 12. Oktober 1492 erblickten Länder darboten.

*) Man vergleiche über die Schriften des Columbus die Anmerkung E am Schlusse des ersten Abschnitts.

nifs von der bedeutenden Ausdehnung Asiens gen Osten,
die Anzahl reicher und fruchtbarer Inseln, welche die
Ostküsten des asiatischen Festlandes umgaben, die absolute Kleinheit unseres Planeten, und das Verhältnifs,
welches im Allgemeinen die *area* der Länder und der
Meere auf der Oberfläche des Erdkörpers zu einander
darboten. Diese Mannigfaltigkeit verschiedenartiger Betrachtungen, welche sich indessen alle um Einen Mittelpunkt bewegten, und zu einem gemeinsamen Ziele
führen sollten, deutet auf eine seltene Ausdehnung des
geistigen Gesichtsfeldes hin; aber in einem Jahrhundert, wo es an einer genauen Kenntnifs der Thatsachen mangelte, wurde diese Ausdehnung nicht durch
die erforderliche Genauigkeit der Beobachtungen unterstützt, ohne dafs man leugnen darf, dafs Columbus
Entdeckungen die erste Grundlage zu einer physischen
Geographie gelegt haben. Glücklicher Weise begünstigten die vorhandenen Irrthümer die Ausführung des Planes, und flöfsten einen Muth ein, welchen genauere
Kenntpisse von den Dimensionen des Erdkörpers, der
geographischen Länge von Catigara, Cathaï und Zipangu,
der bedeutenden Ausdehnung des zwischen liegenden
Oceans, und der geringen Masse des Festlandes, wahrscheinlich erschüttert haben würden. Columbus tadelt
den Ptolemäus, die Ausdehnung der Länder gen Osten
für geringer gehalten zu haben, als sie früher Marinus
von Tyrus angenommen hatte; er verwirft alle Meinungen der Alten *) über das Verhältnifs, welches zwischen
den Flächenräumen der Festländer und der Meere ob-

---

*) *Plinius, Hist. nat.* II, 68. In dieser bekannten, mit rhetori-
schem Prunk geschriebenen Stelle über die aufserordentliche Geringfügigkeit der Ausdehnung des Festlandes, heifst es am Schlufs: „*Haec est
materia gloriae nostrae, haec sedes; hic tumultuatur humanum genus, hic instauramus bella civilia mutuisque caedibus laxiorem fa-
cimus terram.*"

walte, und versichert, wie wir schon oben bemerkt haben, „dafs der Umfang der Erde nur unbedeutend sei *), dafs sechs Theile der Erdoberfläche trokken liegen, und nur der siebente unter Wasser stehe **)." Dies ist eines von den Resultaten der physischen Geographie, welches Columbus aus dem vierten Buche Esra entlehnt hat. In der griechischen Kirche heifst dies Buch schon von den ältesten Zeiten her die Offenbarung Esra's, und ist wahrscheinlich das Machwerk eines Juden, welcher im ersten Jahrbundert unserer Zeitrechnung aufserhalb Palästina lebte. Diese Apocalypse bildet das erste Buch Esra in der aethiopischen, neuerdings zu Oxford herausgegebenen Uebersetzung.

Columbus hatte seine akademischen Studien zu Pa-

---

*) [Hätte Columbus die Schriftsteller des Alterthums im Original gelesen, so würde er jedenfalls als Gewährleistung für seine Ansicht die Worte *Seneca's* in der Einleitung zum ersten Buche der *Quaestiones naturales* benutzt haben, in denen es von der Erde heifst: *Hoc est illud punctum, quod inter tot gentes ferro et igni dividitur. O quam ridiculi sunt mortalium termini!* Auch *Aristoteles* Worte, *Meteorolog.* I, 3, 7: οὐδὲν γὰρ ὡς εἰπεῖν μόριον ὁ τῆς γῆς ἐστιν ὄγκος, ἐν ᾧ συνείληπται πᾶν καὶ τὸ τοῦ ὕδατος πλῆθος πρὸς τὸ περιέχον μέγεθος, und ebendas. I, 13: ὁ δὲ τῆς γῆς ὄγκος καὶ τὸ μέγεθος οὐθέν ἐστι δή που πρὸς τὸν ὅλον οὐρανόν, würden ihm zur Bestätigung seiner Meinung gedient haben, wenn er sie in den Schriften des Kardinals *d'Ailly* gefunden hätte. *Aristarch* sagte schon, die Erdmasse verhalte sich zur Sonnenbahn (im Sinne der sphärischen Astronomie, obwohl, wie oben bemerkt worden, *Aristarch* ein wahrer Kopernikus des Alterthumes war), wie der Mittelpunkt eines Kreises zu seiner Peripherie. Vergl. *Archimed. Arenar.* p. 5.]

**) Man vergleiche Columbus Brief vom 7. Julius 1503 (*Navarrete*, Tom. I, p. 300; *Barcia*, Tom. I, p. 6). „Das Studium gewisser Werke berühmter Philosophen gewährte dem Admiral die Ueberzeugung, dafs der gröfste Theil der Oberfläche unseres Erdkörpers trocken liege." Dies sind Worte des *Ferdinand Columbus* in der Biographie seines Vaters.

via in seinem vierzehnten Jahre unterbrochen. Ohne gänzlich mit dem oben erwähnten *Antonio Gallo* über die Geringfügigkeit dieser Studien *(parvae literulae)* übereinzustimmen, sieht man doch leicht, dafs die Ursache jener etwas verschobenen Gelehrsamkeit und einer etwas mystischen Theologie, die späterhin in mehreren seiner Schriften hervortritt, sich erst aus dem Zeitraume seines Aufenthaltes zu Lissabon herschreibt.

Auf eine an Abenteuern reiche Jugend *), auf eine

---

*) Es ist äufserst schwierig, die verschiedenen Ereignisse in dem Leben des Columbus vor seiner Ankunft in Spanien nach den Zeitpunkten, in welchen sie Statt gefunden haben, aufzuzählen. Ich bin, mit wenigen Ausnahmen, dem Resultate der von Muñoz und Navarrete angestellten Untersuchungen gefolgt. Don Fernando verlegt in der Biographie seines Vaters (Kap. 13) die Reise nach Thyle in den Februar des Jahres 1477 und führt eine eigenhändige *anotacion* des Admirals an. Eine Expedition nach Tunis setzt Spotorno in das Jahr 1473 (*Codice diplomatico Columbo-Americano*, 1823, p. XIII). Wenn diese Angaben nicht in Zweifel zu ziehen sind, (Spotorno nimmt auch an, dafs Christoph Columbus 1447 geboren wurde, während sonst immer das Jahr 1436 angenommen wird), so haben die Fahrten nach Thyle und nach Tunis, so wie die Reisen nach der Küste von Guinea, erst während des Aufenthalts des Admirals zu Lissabon Statt gefunden. Wir werden an einem anderen Orte auf die Untersuchung der Frage eingehen, ob die Insel, welche Columbus Thyle (*Tile*) nennt, deren Südküsten unter 73° n. Br. liegen und wohin „so viele Kaufleute aus Bristol ihre Waaren verfahren," Island sein könne, oder nicht. Unter den Abenteuern des Christoph Columbus übergehe ich das aufserordentlichste von allen, welches, auf die Gewährleistung des Ferdinand Columbus (*Barcia*, p. 4), von so vielen neueren Biographen, welche die kritischen Bemerkungen des Abts *Ximenes* und des Historiographen *Juan Baptista Muñoz* nicht zu kennen scheinen, wiederholt worden ist. Man behauptet nehmlich, dafs Christoph Columbus, nachdem er lange Zeit hindurch mit seinem Verwandten, dem berüchtigten Genueser Seeräuber *Columbus*, den man den *jüngern* nennt, (um ihn von seinem Aeltervater, dem Admiral, welcher die Muselmänner besiegte, zu unterscheiden) umhergesegelt war, sich bei dem Brande zweier durch Enterhaken an einandergeketteter Schiffe in das Meer gestürzt hätte, in einem Kampfe gegen venetianische Galeeren, welcher zwischen Lissabon und dem Vorgebirge

Reihe von Fahrten nach der Levante und nach Norden
(den Faroërinseln oder Island), folgte eine wissenschaft-

St. Vincent Statt fand. Ferdinand Columbus sagt, daſs dieses Ereigniſs
die Niederlassung seines Vaters in Portugal veranlaſst habe, und daſs es
„von dem Titus Livius seines Zeitalters, Marco Antonio Sabelico“ in
seiner zehnten Dekade geschildert worden sei. Aber Christoph Columbus kam im Jahre 1470 nach Lissabon, und Sabelico, Vorsteher der
St. Marcus Bibliothek *(Rhapsod. hist. enum.*, dec. X, libr. 8 und
Hist. rer. Venet., dec. IV, libr. 3) setzt das Ereigniſs in das Jahr
1485 *(Leon Ximenes, del Gnomone Fiorentino*, 1756, p. XCVII;
Muñoz, Intr., p. VI). Im Jahre 1485 aber befand sich Christoph
Columbus schon seit länger als einem Jahre in Spanien, wo er sich
seinen Lebensunterhalt gröſstentheils durch Zeichnen von Seekarten und
den Verkauf von Bilderbüchern erwarb. Er wohnte damals wahrscheinlich zu Puerto de Santa Maria in dem Hause seines Beschützers, des
Herzogs von Medina-Celi. Dieser letztere Umstand scheint mir aus
einem Briefe des Herzogs von Medina-Celi (vom 19. März 1493) hervorzugehen, in welchem er von dem Hofe irgend ein Handelsprivilegium
als Dank dafür verlangt, daſs er „die spanische Regierung zuerst mit
diesem *Colomo* bekannt gemacht habe“ (der Herzog verwandelt den
Namen des Columbus beinahe in den eines sehr einfluſsreichen Staatsmannes jener Zeit, *Juan de Coloma;* vergl. *Codice diplomatico Co-*
lombo-Americano, p. 55) „welcher etwas so groſses aufgefunden habe
(que ha hallado tan grande cosa).“ Schon am 20. Januar finden
wir den Admiral im Dienste der katholischen Monarchen *(Navarrete,*
Tom. I, p. XCII; Tom. II, *Documentos diplomaticos*, n. 14, p. 20).
Was die Studien anbetrifft, so scheint es, daſs ihnen Columbus während seines Aufenthaltes in Spanien mit groſsem Eifer obgelegen habe,
und dabei durch die vertraute Freundschaft einiger sehr gebildeter Geistlichen unterstützt worden sei. Wir nennen hier den Franziskaner *Juan*
Perez, Vorsteher des Klosters de la Rabida, unweit Palos, eines Klosters, in welchem Columbus ein wenig Brod für seinen Knaben (*ni-*
ñico) in jener traurigen Zeit begehrte, als man ihm, nachdem er
seine Pläne vorgelegt hatte, antwortete, „daſs dies Alles nur Wind
sei *(que todo era un poco de aire);*“ den Dominikaner *Diego Deza,*
Professor der Theologie an der Universität Salamanka, welcher mit der
Erziehung des Infanten Don Juan beauftragt war *(Petrus Mart., epist.*
CLXXXII) und später Erzbischof von Sevilla wurde; endlich den Kar-
thäusermönch *Fray Gaspar Gorricio*, welcher mit dem Admiral an

lichen Arbeiten günstige Ruhe. Es ist wahrscheinlich, dafs er während seines langen Aufenthaltes in Portugal von 1470 bis 1484, von seinem vier und dreifsigsten bis zu seinem acht und vierzigsten Lebensjahre, seine Studien gleichsam von Neuem wieder begann und fortführte. „Indem sich der Admiral, sagt Ferdinand Columbus, in seinen Ideen über die Möglichkeit eines Westweges zu den Ländern des Khakhan *(Gran Cam)* der Mongolen befestigen wollte, fing er an, Alles, was er hierüber bei den Kosmographen und Astronomen auffinden konnte, *von Neuem* durchzulesen." Bei geschichtlichen Untersuchungen ist es erforderlich, von der Allgemeinheit der Thatsachen zu dem Detail derselben überzugehen: und ich habe daher, da der Hauptzweck meiner Arbeit darin besteht, durch eine kritische Untersuchung der aus der Hand des Christoph Columbus selbst hervorgegangenen und uns erhaltenen Dokumente eine genauere Kenntnifs des Gedankenganges zu erlangen, welcher zur Entdeckung von Amerika geführt hat, mich bemüht, mir eine vertraute Bekanntschaft mit denjenigen Büchern zu verschaffen, de-

---

dem Buche der *Profecias* arbeitete *(Manipulus de auctoritatibus, dictis ac sententiis et prophetiis circa materiam recuperandae Sanctae Civitatis et montis Dei Sion; ad Ferd. et Helisab. reges nostros).* Dies sind die Geistlichen, welche dem Columbus behülflich waren, auf seine Unternehmung zur Entdeckung der Neuen Welt die Stellen der Propheten anzuwenden. Columbus sagt am Anfange der Beschreibung seiner dritten Reise: „Als ich Allen zum Gespötte diente, blieben nur zwei Mönche sich in ihrer Zuneigung zu mir getreu." Casas, in seiner handschriftlichen Geschichte, ist der Meinung, dafs der Admiral auf *Diego Deza* und *Fray Antonio de Marchena* hindeute: letzterer ist vielleicht identisch mit dem oben erwähnten *Juan Perez.* Der Admiral hätte auch den Arzt *Garcia Hernandez* (aus Palos) anführen sollen, welcher den ersten Conferenzen im Kloster de la Rabida beiwohnte, und als Zeuge in dem Processe mit dem königlichen Fiskal dem *Don Diego Columbus* und seinen Erben so wichtige Dienste leistete *(Navarrete,* Tom. III, *Cod. dipl.,* p. 561 und 596 — 604).

ren sich Columbus gemeiniglich bediente *), und die Stellen
aus den alten Schriftstellern aufzufinden gesucht, welche
den tiefsten Eindruck auf seine ununterbrochen mit weit-
weitschichtigen Plänen beschäftigten Einbildungskraft zurückgelassen hatten. Ich will die Stellen, welche der
Admiral in den von seiner Hand erhaltenen Schriften
erwähnt, mit denjenigen verbunden aufführen, die Don
Fernando, nach den Denkschriften seines Vaters, als
„Beweggründe zu der Unternehmung" *(autoridad de los
escritores para mover al almirante á descubrir las Indias)* bezeichnet.

Die Schriftsteller dieses Zeitalters geben selten das
Buch und Kapitel der Schriften an, aus welchen sie geschöpft haben: und, wenn es ja geschieht, so fehlt es durchaus an der erforderlichen Genauigkeit. Dies rührt daher, dafs vor dem Jahre der Entdeckung von Amerika
die gedruckten Bücher im Allgemeinen noch so selten
waren, dafs keine Ausgaben von dem Texte des Herodot, des Strabo oder den naturwissenschaftlichen Werken
des Aristoteles existirten [und erst mit dem Drucke
eine Kapiteleintheilung eingeführt wurde, welche sich
in den Handschriften fast nirgends vorfindet]. In den meisten Fällen ist es mir ziemlich leicht gelungen, die Stellen zu errathen, auf welche der Admiral seine von klassischen Schriftstellern entlehnten Beweise gründete, sobald er die Meinungen der Alten angeführt oder näher
entwickelt hat. Man darf glauben, dafs er sich, während seines Aufenthaltes zu Lissabon und Sevilla (von
1470 bis 1492), von den Gelehrten dieser Orte hel-
fen liefs. Wenigstens sehen wir, dafs er späterhin,
im Jahre 1501, sich des Rathes und der Unterstützung
bediente, welche ihm der Pater Gaspar Gorricio gewährte,

---

*) Man vergleiche die Anmerkung *F*, am Schlusse des ersten Abschnitts.

währte, der ihm auch, auf sein Ansuchen, für das Buch der *Profecias* die Stellen *(autoridades)* herbeischaffte, *que hacian al caso de Jerusalem*, d. h. welche sich auf die Eroberung des Heiligen Grabes, das Endziel der Eroberung aller Schätze Westindiens, bezogen. Man hat indessen im Allgemeinen Ursache zu glauben, daſs der Admiral die Belege für seine Ansichten eher aus den Werken des Isidorus von Sevilla, des Averroës und des Kardinals Pierre d'Ailly, als aus lateinischen und spanischen Uebersetzungen *), oder gar aus den Klassikern selbst schöpfte, die vor seiner Ankunft in Portugal vorhanden waren. Dasjenige, was ich oben über den Brief des Columbus vom Jahre 1498, in Vergleich mit dem *Opus Maius* des Roger Bacon und der Encyclopädie *(Imago mundi)* des Kardinal d'Ailly, beigebracht habe, scheint diese Ansicht zu bestätigen. Ich werde jetzt die Thatsachen in ihren Einzelnheiten verfolgen.

Ferdinand Columbus führt, nach den Handschriften seines Vaters *(Vida,* cap. VII, VIII, IX; in der Ausgabe von *Barcia* Th. I, S. 5 — 9), folgende Stellen aus alten Schriftstellern an, wodurch er bewogen worden, seine Entdeckungsreise zu unternehmen:

1. Das zweite Buch des Aristoteles *von dem Him-*

---

*) Nur die lateinischen Uebersetzungen der Bücher des Aristoteles *de Caelo*, *Meteorologica* und *Historia Animalium*, welche aus der arabischen des Averroës entstanden, waren schon in den Jahren 1473, 1474 und 1476 erschienen. Aufserdem waren im Mittelalter eine grofse Anzahl handschriftlicher Uebersetzungen von den physischen Schriften des Aristoteles im Umlauf; besonders die des Michael Scotus. Der griechische Text des Strabo erschien erst zehn Jahre nach dem Tode des Columbus, der sich aber der lateinischen Uebersetzungen hätte bedienen können, welche zu Rom (1467) und zu Venedig (1472) herausgekommen waren. Die klassischen Schriftsteller Rom's waren bei weitem allgemeiner verbreitet, besonders *Seneca*, der in so hohem Grade zur Fahrt von Spanien nach Indien aufforderte, und dessen Werke schon 1475 im Druck erschienen; Solin, seit 1473; Mela, seit 1471; Plinius, seit 1469.

mel und der Welt, nebst dem Kommentar des Averroës, in welchem gesagt sei, daſs man im Verlauf weniger
Tage *(en pocos dias)* von den äuſsersten Westküsten
Afrika's und von Cadix aus nach Indien segeln könne.
Dies ist die Stelle *de caelo* II, 14; aber die *pocos dias*
sind von Seneca entlehnt, keinesweges von Aristoteles.
Auch *Petr. Martyr d'Anghiera* setzt, nachdem er in
einem im Jahre 1495 an den Kardinal Bernardino geschriebenen Briefe *) von den wunderbaren Ergebnissen der zweiten Reise des Columbus gesprochen, auf
welcher der Admiral nur zwei Stunden (in Zeit ausge-
drückter Länge) von dem Gold-Chersonnes des Ptolemaeus entfernt zu sein glaubte, die Worte hinzu:
„*Hanc ergo terram Almirantus iste se humano ge-
neri praebuisse, quia latentem invenerit sua industria
suoque labore, gloriatur. Indiae Gangetidis continentem eam esse plagam contendit: nec Aristoteles qui in
libro de Caelo et Mundo, non longo intervallo distare a littoribus Hispaniae Indiam, Seneca-
que ac nonnulli ut admirer patiuntur.*" Dieselben Erinnerungen aus dem klassischen Alterthum hatten sich
dem gelehrten Anghiera schon unmittelbar nach der ersten Reise des Christoph Columbus dargeboten, wie man
aus einem an den Erzbischof von Braga gerichteten,
im Monat October des Jahres 1493 geschriebenen Briefe
ersieht **).

2. Das erste Buch der *Naturales Quaestiones* des
Seneca, wegen der Versicherung, „daſs die Entfernung
zwischen Spanien und Indien nicht bedeutend, und die
Ueberfahrt bei günstigem Winde leicht zu bewerkstelligen sei." Die Stelle findet sich in der Vorrede zu
dem erwähnten Buche, §. 11. Der Kardinal d'Ailly führt,

---

*) *Ep.* CLXIV, p. 93 der Elzevirschen Ausgabe.

**) *Epist.* CXXXV, p. 74.

durch das *Opus Maius* von Bacon (p. 183) verleitet *),
in seinem Werke *Imago Mundi*, cap. VIII die Stelle
als aus dem fünften Buche des Seneca entlehnt· an.
Ich habe in diesem letzteren nichts auffinden können,
was mit den Gedanken, welche Columbus beschäftigten, in nähere Verbindung gesetzt werden könnte: es sei
denn, dafs man die Worte hierher ziehen wollte *(Quaest.
nat.* V, 18, 9): *An Alexander ulterior Bactris et India
velit quaerere, quid sit ultra Magnum Mare?* In dem
äufserst merkwürdigen Briefe, welchen Christoph Columbus auf seiner dritten Reise, im Jahre 1498, von der
Insel Haïti aus an die spanischen Monarchen schrieb,
hatte er, bei der Aufforderung das Beispiel des Nero
Caesar nachzuahmen, *que envió á ver las fuentes del*

---

*) Eine bedeutende Anzahl von falschen Citaten aus klassischen
Schriftstellern, die auf „Amerika, welches nur ein Theil von *Oberindien*
ist," bezogen sind, findet man in *Joannis Schoneri Carolostad. Opusculum Geographicum*, 1533, pars II, cap. 1. Durch die im Mittelalter gebräuchliche Benennung *Oberindien* wurden die im Nord-Osten
von Indien *extra Gangem* belegenen Länder bezeichnet; und, so wie von
den allerältesten Zeiten bis auf Cosmas das äufsere Indien gegen Westen auch Arabien und das Land der Troglodyten umfaste (*Letronne,
Christian. de Nubie*, 1832, p. 33 und 130), was durch die homerische Verwechslung Indiens und Aethiopiens [*Odyss. á*, 23; vergl. *Vofs*
im *Götting. Magazin* I, S. 308] veranlaßt ward, so wurde die Benennung Indien späterhin auf die östlichen Länder übertragen. Diese
ausgedehnte Bedeutung, welche man einem und demselben Namen gab,
war von nicht geringem Einfluß auf die Benennungen, welche Amerika
ertheilt wurden. Von den drei Indien des *Marco Polo* (II, 77. III,
39 und 43; *Edrisi, Africa*, p. 81 Hartm.) entspricht das zweite oder
mittlere (Abyssinien) dem *inneren Indien* des Philostorgius und mehrerer anderen Kirchenschriftsteller, aber nicht dem des *Cosmas*, dessen
anderes oder *inneres Indien* das *Land der Seide* war, also das *India superior* der Geographen des funfzehnten und sechzehnten Jahrhunderts. Die Kenntnifs dieser Verschiedenheiten in der Bedeutung
derselben Benennung ist für das Studium der geographischen und historischen Schriften des Mittelalters unentbehrlich.

Nilo *), ohne Zweifel die Worte Seneca's vor Augen, in welchen der Philosoph, als Hoffmann, an Nero zu einer Zeit, wo dieser noch „*flagitiorum et scelerum velamenta*“ verachtete, die edle Gesinnung, mit welcher er alle Tugenden zu würdigen wußte, hervorhebt. *Ego quidem*, sagt er **), *centuriones duos quos Nero Caesar, ut aliarum virtutum ita veritatis amantissimus, ad investigandum caput Nili miserat* ***), *audivi narrantes ......*

3. Den bekannten Chor: *Venient annis saecula seris* u. s. w. aus der *Medea* des tragischen Dichters Seneca †), „dessen Prophezeiung durch den Admiral erfüllt worden ist,“ wie der Sohn hinzufügt. Diese Stelle hatte die Aufmerksamkeit des Admirals in solchem Maaße auf sich gezogen, daß man sie zweimal ††) in dem ersten Entwurfe zu seinem berühmten Werke *de las Profecias*, welches er im Jahre 1501 begann, von seiner eigenen Hand in ihrer ganzen Ausdehnung aufgezeichnet findet. Er hat daselbst eine spanische Uebersetzung hinzugefügt, welche, eben so ungenau als die von seinem Sohn gegebene, an dichterischem Schwunge vielen Stellen in den prosaischen Schriften des Admirals bei weitem nachsteht, wie z. B. dem berühmten von Jamaika aus am 7ten Julius 1503 an die Monarchen geschriebenen Briefe †††), welcher einem Drama ähnlicher ist, als ei-

---

*) *Navarrete*, Tom. I, p. 244.

**) *Quaest. natur.* VI, 8, 3.

***) Ueber das Ergebniß dieser Sendung über Meroë hinaus, vergl. man *Plinius, Histor. natur.* VI, 29.

†) Einige halten ihn für identisch mit dem Philosophen. Auch *Ferdinand Columbus* ist hierüber in Zweifel.

††) *Navarrete*, Tom. II, p. 264 und 272. Der Admiral fügt hinzu: „*Seneca in VII tragetide Medeae in Choro audax nimium.*“ Es ist der Schluß des zweiten Aktes.

†††) Ebendas., Tom. I, p. 303, 309 und 312.

nem Berichte. Eine von den beiden Anführungen jener
sechs Verse aus der *Medea* hat Columbus einem Briefe
an die Königin Isabella, der mit Citaten aus der Bibel
angefüllt ist, einverleibt: die andere findet sich zwischen
Beobachtungen von Mondfinsternissen, welche der Admiral auf Haïti und Janahica (Jamaika) in den Jahren
1494 und 1504 angestellt hat. Der Historiograph *Herrera* *) beschuldigt Seneca (die Stelle, auf welche er
sich bezieht, führt er nicht an) eines grofsen Irr-
thums, weil nehmlich „der römische Philosoph sich eingebildet habe, dafs Amerika eines Tages gegen Norden
und nicht gegen Westen würde entdeckt werden." Diese
Worte *Herrera's* enthalten offenbar eine Anspielung auf
den Chor der Medea, von welchem die Rede ist. Aber
der Irrthum ist nicht auf Seiten des Seneca, welcher Prophet
ist, ohne es zu wissen oder zu wollen: sondern *Herrera*
hat sich durch eine falsche Erklärung des Verses: *Nec
sit terris ultima Thule*, zu jener Bemerkung verleiten
lassen. Der Dichter sagt ganz einfach, dafs das neue
Land von den Küsten der bekannten Welt noch weiter
entfernt sein werde, als jene Insel, von welcher man in
jener Zeit glaubte, dafs sie an den äufsersten Gränzen
der bekannten Welt belegen sei, und behauptet keinesweges, dafs es in der Richtung von Thule würde aufgefunden werden. In seinen heidnischen und biblischen
Profecias nennt Columbus diese Insel nicht *Thyle* **),
sondern *ultima Tille*, und in seiner handschriftlichen Abhandlung über die fünf bewohnbaren Zonen *(las cinco*

---

*) *Historia de las Indias occidentales*, Dec. I, lib. 1, cap. I,
pag. 2.

**) Die Leseart *Tile* oder *Tyle* findet man in mehreren Handschriften des *Mela* III, 6, 9 (*Tschucke*, Vol. II, P. III, p. 202), des
Avienus (*Ora maritima*, v. 760) und des *Dicuil* (VII, p. 28 Wal-
kca.)

zonas habitables), versichert er *), sie im Februar
des Jahres 1477 besucht zu haben, eine Angabe, welche der Zeitfolge der einzelnen Ereignisse nach nicht
sehr wahrscheinlich ist. Bevor ich von Seneca, dessen
Schriften bei weitem zugänglicher waren, als die des Aristoteles, und der deshalb im Mittelalter ein bedeutendes
und allgemein anerkanntes Ansehen genofs, zu den übrigen Schriftstellern fortgehe, deren Ferdinand Columbus
gedenkt, mufs ich noch einige Worte über einen von
den Professoren *(cathedraticos)* der Universität Salamanka bei ihren kosmographischen Disputationen mit
Christoph Columbus begangenen Irrthum beifügen. Bekanntlich hatten die Monarchen, wahrscheinlich gegen
Ende des Jahres 1487, den Prior des Prado **), Mönch

---

*) *Vida del Almirante,* cap. IV (p. 4 Barc.). Ich werde weiter
unten auf dieses Ereignifs zurückkommen.

**) Fray Hernando de Talavera, späterhin erster *Erzbischof von
Grenada.* Man darf ihn nicht mit dem *Erzbischof von Sevilla* (früherem Bischofe von Palencia) dem Dominikaner Don Diego de Deza verwechseln, welcher, nächst dem Guardian des Klosters de la Rabida (dem
Franziskaner Fray Juan de Perez de Marchena), der treuste und vertrauteste Freund des Columbus war, „ohne den Ihre Königlichen Hoheiten Indien nicht erlangt haben würden," wie der Admiral in einem
Briefe an seinen Sohn Don Diego vom 21. December sagt. Vergl. *Herrera,* Dec. I, lib. 1, cap. 7, p. 10; *Muñoz,* lib. II, §. 25; *Navarrete,*
Tom. I, p. XCII, 334 und 346, Tom. II, p. 4, und Tom. III, p. 596.
Mit Recht nimmt man an, dafs die *disputa de Salamanca* im Winter
des Jahres 1487 Statt gefunden habe; denn die Belagerung von Malaga
wurde am 18. August 1487 beendigt, und der Zeitpunkt jener *disputa*
wird durch den Aufenthalt näher bezeichnet, welchen, nach dem Zeugnisse des Historiographen Muñoz, die beiden Monarchen in dem auf
jene Belagerung folgenden Winter in Salamanka zu nehmen gedachten.
Columbus, welcher von den Dominikanern begünstigt wurde, hatte zu
Salamanka in dem Kloster von San Esteban selbst eine Wohnung bei
dem so eben erwähnten Professor der Theologie Fray Diego de Deza
erhalten. Auch die ersten Entschädigungen und Unterstützungen wurden Christoph Columbus in den Jahren 1487 und 1488 bewilligt, *por
cedula del obispo de Palencia;* indessen schreibt sich die sonderbare,

aus dem Orden des Heil. Hieronymus und Beichtvater
der Königin, beauftragt, die grofse Frage über die im
Westen zu machenden Entdeckungen vor jenen Professoren vertheidigen zu lassen, „die," wie Ferdinand Columbus in dem Leben seines Vaters sich ausdrückt, „viel
zu einfältig waren, um das zu verstehen, was ihnen aus
guten Gründen nur *theilweise* auseinander gesetzt wurde,
weil nehmlich der Admiral, und zwar nicht mit Unrecht,
befürchtete, dafs ihm bei gröfserer Offenheit noch einmal dasselbe begegnen könne, was ihm in Portugal wi-
derfahren war, wo man ihm sein Geheimnifs entrifs, um,
nach dem unedlen Rathschlage *(la treta)* des Doctor
Calçadillo *), dasselbe ohne seine Zuziehung zu be-

---

aber für einen Reisenden sehr bequeme und annehmliche Vergünstigung,
mit den Seinigen auf allen Staats- und Krongütern in Spanien unent-
geltliche Aufnahme zu finden, erst von dem Dekret aus Cordova, vom
12. Mai 1489 her. Indem ich von den Zeiten spreche, welche der ersten Entdeckungsreise vorangingen, darf ich eine Thatsache nicht mit
Stillschweigen übergehen, welche Navarrete mit grofsem Scharfsinn durch
Vergleichung der verschiedenen Zeitpunkte, in denen die einzelnen Ereignisse Statt fanden, aufser Zweifel gesetzt hat: dafs nehmlich Christoph
Columbus weniger durch die Ueberredung und die vielen Freundschafts-
beweise des Bischofs von Palencia, Don Diego de Deza, veranlafst
wurde, nicht nach Lissabon zurückzukehren und die erneuerten Anerbietungen des Königs von Portugal auszuschlagen, welche ihm in einem
Briefe vom 20. März 1488 gemacht worden waren, als durch die
Liebe und die vorgerückte Schwangerschaft einer schönen Dame aus Cordova, Doña Beatriz Enriquez, der Mutter des Ferdinand Columbus, eines
natürlichen Sohnes des Admirals, welcher am 15. August 1488 geboren
wurde (*Navarrete*, Tom. I, p. CXXXXIII, Tom. III, p. 598). Diese
Dame überlebte den Admiral, der sie in seinem Testamente bedachte,
und die naïven Worte hinzufügte, „dafs das Legat eine Veranlassung
habe, die sich nicht wohl zu einer schriftlichen Erwähnung eigne." Die
Biographen des grofsen Mannes haben, wie dies gewöhnlich der Fall
zu sein pflegt, keine so löbliche Zurückhaltung bewiesen.

*) Der eigentliche Name dieses Prälaten ist *Don Diego Ortiz*.
Er war Bischof von Ceuta, und zu Calçadillo, nahe bei Salamanka
geboren.

nutzen." Muñoz bemerkt mit Recht, wie sehr man es bedauern müsse, dafs keine Urkunde über diese wissenschaftliche Kontroverse erhalten worden ist, indem man dadurch zu einer genauen Kenntnifs von dem Zustande der Mathematik und Astronomie auf den spanischen Universitäten im funfzehnten Jahrhundert hätte gelangen können. Wir wissen nur, dafs Christoph Columbus die Gründe, welche er zu Gunsten seiner Unternehmung, während der Zusammenkünfte, die im Dominikanerkloster von San Esteban gehalten wurden, aufführen wollte, zuvor niederschrieb. Es ist wahrscheinlich, dafs diese schriftlichen Urkunden, in denen die hauptsächlichsten Beweggründe, durch welche die Entdeckung veranlafst wurde, dargelegt waren, und die in die Hände des Sohnes von Christoph Columbus, des *Cura la Villa de los Palacios* [Bernaldez; s. oben S. 41] und des *Bartolomeo de las Casas* übergingen, den Mittheilungen zufolge abgefafst worden waren, welche die Professoren von Salamanka über Columbus erhalten hatten. Ferdinand Columbus (cap. II, p. 11, Barcia) berichtet, dafs die Professoren dem Admiral die Autorität Seneca's entgegenstellten, welcher *(por via de question)* die *unendliche* Ausdehnung des Oceans dargethan hätte, so dafs man „selbst in drei Jahren nicht im Stande sein würde, nach der Gränze des Osten zu gelangen." Es findet sich kein Wort, durchaus kein einziges, in den *Naturales Quaestiones* des Seneca, wodurch eine solche Behauptung gerechtfertigt werden könnte: ja, sie wird sogar auf das Bestimmteste durch die Stelle in der Vorrede §. 11 widerlegt, welche dem *Don Fernando* keineswegs unbekannt war (cap. VII, p. 5. Barc.).

4. Die Worte des Aristoteles „*en el libro de las Cosas Naturales*," die sich auf die von den Karthaginiensern aufserhalb der Meerenge von Gibraltar entdeckte Insel beziehen, „welche die Portugiesen bald für die Insel Antilia, bald für eine der alle Jahr westlich

von den Azoren, von Madera und Gomera (unter gewissen günstigen meteorologischen Verhältnissen) gesehenen Inseln hielten." Die Stelle findet sich in den fälschlich dem Aristoteles zugeschriebenen *Mirabilia Auscultatu* (cap. 84 Bekk., cap. 85 Beckmann), einem Buche, welches nach *Niebuhr* *) um Olymp. 130, also sechs Olympiaden nach dem Tode dés Theophrast abgefaſst worden ist. Ferdinand Columbus (cap. IX, p. 8) giebt sich groſse Mühe, gegen Oviedo darzuthun, daſs diese von den Karthaginiensern aufgefundene Insel weder Haiti, noch Cuba, noch eine von den durch seinen Vater entdeckten Inseln gewesen sei, deren Anzahl der Admiral in der unglücklichsten Epoche seines Lebens (im Jahre 1500), in einem Bruchstücke eines eigenhändigen Briefes *(Navarrete, Codice diplomatico,* Tom. II, p. 254) bis auf siebzehnhundert übertreibt. Bei Gelegenheit dieser Streitfrage beklagt sich Don Fernando, daſs sein Gegner der griechischen Sprache unkundig sei, und die Stelle des Aristoteles nur in den Werken des Fray Theophilo de Ferraris habe lesen können; aber er selbst liefert bei derselben Gelegenheit Beweise, daſs auch seine Gelehrsamkeit nicht die allergründlichste war. Er verwechselt die Insel *Atalanta,* nördlich von dem Euripus in dem Kanal zwischen Böotien und Euböa, welche durch ein Erdbeben von dem Festlande getrennt worden war *(Thucyd.,* III, 89; *Plin.* II, 88), mit der *Atlantis* des Solon und Plato **); aus dem Statius Sebosus ***),

---

*) *Gesch. der Römer,* zweite Aufl. Th. I, S. 216.

**) „*En fin, esta isla Atlantica, podria ser la isla de que Seneca hace mencion en el sexto libro de las Cosas Naturales* (nehmlich *Quaest. natur.* VI, 24): *dice segun el pensamiento de Tucídides, que pendiente la guerra de Morea, fué sumergida enteramente ó en parte una isla llamada Atlantica, de que habla Platon en el Timeo.*"

***) „*Estacio y Seboso que dicen* . . . . . ." In Bezug auf die

welcher sich zu Gades aufhielt, um Nachrichten über die Inseln des *äufseren Meeres* einzusammeln, macht er zwei verschiedene Personen: er hält die azorischen Inseln, deren Bergbau keiner je gerühmt hat, für die Cassiteriden *).

5. Zwei Stellen des Strabo „*en el libro primo y secundo de su Cosmografia,*" in denen von der unermefslichen Ausdehnung des atlantischen Meeres, dem einzigen Hindernisse, welches sich einer Ueberfahrt von Spanien nach Indien entgegenstellen könnte, die Rede ist. Es sind die Stellen gemeint I, p. 113 Alm. = p. 64 und 65 Cas. und II, p. 161 Alm. = p. 102 Cas. In letzterer wird die Ansicht des Posidonius von der Möglichkeit, das Atlantische Meer bei günstigen SO. Winden zu befahren, erwähnt.

6. Das fünfte Buch des Strabo, in welchem von der überaus grofsen Erstreckung Indiens nach Osten auf Gewährleistung des Ctesias, Onesicritus und Nearchus die Rede sein soll. Das Citat ist falsch, insofern sich Columbus auf das fünfte Buch bezieht, in welchem nur von Italien die Rede ist: aber die Erwähnung jener drei Gewährsmänner, welche Indien bereist hatten, deutet klar darauf hin, dafs der Admiral eine Stelle des Strabo im funfzehnten Buche (p. 1001 Alm. = p. 690 Cas.) hat anführen wollen.

Hesperideninseln des Seboso „*el almirante tuvo por cierto, que fuesen las de las Indias.*" Ferdinand Columbus beruft sich auch Cap. VII, p. 5, b auf eine kosmographische Abhandlung des (Geschichtschreibers?) Julius Capitolinus *über die bewohnbaren Punkte der Erdoberfläche.* Ueber dieses Citat weifs ich aber durchaus Nichts zu sagen.

*) Der Irrthum ist im sechzehnten Jahrhundert von sehr gelehrten und gebildeten Männern wiederholentlich begangen worden. Auch *Anghiera* sagt (*Epistol.* 769): *In Cassiteridibus insulis quas Portugalensis, earum possessor, Azorum insulas nuncupat, quae acciderunt, audito.*

Es ist fast überflüssig, hier noch einmal die Bemerkung zu wiederholen, daſs diese Stellen zum Theil wenigstens die aus dem Aristoteles, Seneca und Ptolemaeus entlehnten, auch in dem Briefe des Admirals vom Jahre 1498 *) und in seinem *Libro de las Profecias* **) erwähnt sind. Letzteres enthält, mit Ausnahme des Chores aus der Medea des Seneca, nur Hinweisungen auf die Propheten, die Kirchenväter und einige bekehrte Rabbiner: ein Gemenge von mystischer Theologie und kosmographischer Gelehrsamkeit, welche, je mehr Christoph Columbus im Alter vorschritt, desto inniger in einander verschmolzen, so daſs Alles, was nur dem beschränkten Kreise der materiellen Bedürfnisse und Interessen des Lebens anzugehören scheint, in der glühenden Seele dieses auſserordentlichen Mannes eine höhere, mehr geläuterte Bedeutung erlangte, und in das Gebiet eines geheimniſsvollen Spiritualismus hinaufgezogen ward. Seiner Ansicht und Behauptung gemäſs konnte die Eroberung des neu entdeckten Indiens nur in so fern von Wichtigkeit sein, als durch sie alte Prophezeiungen in Erfüllung gingen, und die Fülle der zu erlangenden Schätze zur Befreiung des Heiligen Grabes *(á la restitucion de la Casa Santa)* führen dürfte. Aus allen Briefen des Admirals tritt sein ängstliches Bestreben, Gold anzuhäufen, hervor. Obgleich er bis an seinen Tod daran zweifelte, daſs Amerika von dem östlichen Asien getrennt sei, so schrieb er doch schon im Jahre 1498 an die Königin ***), daſs Castilien fortan eine *andere Welt (otro mundo)* besitze; daſs bald Schiffe, mit Gold beladen, anlangen würden, was dazu dienen werde, den wahren Glauben über die ganze

---

*) *Navarrete,* Tom. I, p. 261.
**) Tom. II, p. 262 — 273.
***) Tom. I, p. 263.

Welt zu verbreiten; „denn das Gold," sagt der Admiral in einem anderen Briefe *), welchen er aus Jamaika im Jahre 1503 schrieb, „ist ein wunderbares Ding; wer dasselbe besitzt, ist Herr von Allem, was er wünscht; durch Gold kann man selbst Seelen in das Paradies gelangen lassen." Auffallend und beachtungswerth ist diese Gedankenverbindung und Gefühlsrichtung bei einem Manne höheren Geistes, voll tiefer Einsicht und unerschütterlichen Muthes im Unglück, der trotz dem, dafs er den Dogmen der scholastischen Theologie huldigte, zur Behandlung aller Angelegenheiten äufserst geschickt, mit einer glühenden und zu Zeiten ungeregelten Einbildungskraft begabt war, sich zuweilen plötzlich von der einfachen und naiven Sprache des Seemannes zu einem wahrhaft dichterischen Schwunge erhebt, und, einem Spiegel gleich, Alles zurückstrahlt, was das Mittelalter Erhabenes und Bizarres neben einander hervorgebracht hat.

Die nachfolgenden Seiten werden den Originaltext der Stellen darbieten, welche, wie wir eben gesehen haben, Christoph Columbus in seinen Schriften angeführt hat, und die, seinem eigenen Geständnisse zufolge, auf seine Unternehmung von Einflufs gewesen sind. Ich habe geglaubt, dafs ihre Verbindung noch ein anderweitiges Interesse erregen könne, in so fern nehmlich diese Nebeneinanderstellung geeignet ist, über die Geschichte der Erdkunde im Allgemeinen Licht zu verbreiten. Es ist in hohem Grade belehrend, die Meinungen, welche sich die Alten von der Möglichkeit einer Verbindung zwischen den entgegengesetzten Enden des bewohnten Theiles der Erdoberfläche, so wie über das Vorhandensein einiger anderen, davon getrennten Continentalmassen

---

*) Tom. I, p. 309: „*El oro es excelentissimo: del oro se hace tesoro, y con el, quien lo tiene, hace quanto quiere en el mundo, y llega á que echa las animas al Paraiso.*"

gebildet hatten, neben einander zu stellen und mit einander zu vergleichen. Diese Meinungen sind in ununterbrochener Folge, das ganze Mittelalter hindurch, von
einem Zeitalter zum anderen überliefert worden. Von
den *Origines* des *Isidorus* von Sevilla bis auf *Georg
Reisch*, Prior's des Karthäuserklosters zu Freiburg, *Mar-
garita philosophica*, ein Buch, welches von überaus großem Einflusse auf den Zustand der Kenntnisse im sechzehnten Jahrhundert gewesen *), jetzt aber fast gänzlich,
selbst bis auf den Namen, vergessen ist, haben die berühmtesten Männer, Vincenz von Beauvais (Vincentius Bello-
vacensis, Verfasser des *Speculum maius*), John Salisbury
(Ioannes parvus Sarisberiensis), Roger Bacon und Pierre
d'Ailly aus den Schriften des Aristoteles, des Plinius,
der unglücklicher Weise dem Strabo vorgezogen
wurde, und des Seneca Alles geschöpft, was sich
auf Kosmographie und auf die Physik unseres Erdkörpers bezieht. Durch dieses ununterbrochene Inein-
andergreifen ist es möglich gewesen, daß eine und dieselbe Gedankenfolge sich erhielt und einen herrschenden
Einfluß auf die Geister ausübte, als der Eifer für weite
Reisen in das Innere des Festlandes dem Eifer für Unternehmungen zur See Platz machte. Indem ich eine
Reihe von Untersuchungen anstellte und Fragen aufwarf,
welche schon wegen ihrer Wichtigkeit für das Studium
des klassischen Alterthums von Erheblichkeit sind, habe
ich es nicht über mich gewinnen können, alles dasjenige
mit Stillschweigen zu übergehen, was sich weniger auf

---

*) Dieser Einfluß erhellet aus der Schnelligkeit, mit welcher die
Ausgaben der Encyclopädie von Reisch in den ersten zwanzig Jahren
auf einander folgten. Ich habe mich der Ausgabe vom Jahre 1503 bedient (*chalcographata Friburgi per Ioannem Schottum*), welche
Panzer und Ebert für die älteste halten. Ich werde jedoch weiter unten nachweisen, daß die Abfassung des Werkes über das Jahr 1496
zurückgeht.

die Beschreibung der wirklichen Welt bezieht, als in das Gebiet der *mythischen Geographie* hinübergreift. Es verhält sich mit dem Raume, wie mit der Zeit: Niemand wird im Stande sein, die Geschichte aus einem philosophischen Gesichtspunkte zu behandeln, wenn er die Zeiten des Heroenalters in gänzlicher Vergessenheit begräbt. Die Mythen der Völker, welche der Geschichte und Geographie beigemischt sind, gehören nicht durchgängig in das Gebiet der idealen Welt. Wenn einerseits Unbestimmtheit eins ihrer hervorstechendsten Kennzeichen, und in ihnen die Wirklichkeit von dem Symbol mit einem mehr oder minder dichten Schleier bedeckt ist, so enthüllen dennoch andererseits die Mythen, die in inniger Verkettung mit einander verbunden sind, die ersten Wahrnehmungen in dem Gebiete der Weltkunde und der physischen Erdbeschreibung. Die Thatsachen, welche uns die Geschichte und Erdkunde in ihren ersten Anfängen darbieten, gehören nicht blofs unter die Zahl sinnreicher Erfindungen: die Ansichten, welche man sich in der Zeit ihres Entstehens über die Welt in ihrer Wirklichkeit gebildet hatte, spiegeln sich treu darin ab. Das grofse Festland jenseits des Kronischen Meeres und die Atlantis des Solon, welche die Einbildungskraft der Zeitgenossen des Christoph Columbus beschäftigten, haben ohne Zweifel niemals die örtliche Realität gehabt, welche man ihnen anwies; mufs man sie aber deshalb in die *sentina fabularum* werfen, sie mit ähnlicher Verächtlichkeit behandeln, wie die Kabiren, die samothracischen Mysterien, und Alles dasjenige, was auf die erste Gestaltung der religiösen Meinungen, der Ansichten über die Configuration des Erdkörpers, die Verwandschaft der Völker, die Verschwisterung der Sprachen Bezug hat? — Ansichten und Meinungen, deren Entstehen auf einer instinktmäfsigen Entwickelung des menschlichen Einsichtsvermögens beruhet.

Der Gedanke, dafs noch eine andere Ländermasse,

von derjenigen, welche wir bewohnen, durch weit ausgedehnte Meere getrennt, vorhanden sei, mußte sich früh-
zeitig bei einigem Nachdenken entwickeln, und verliert
sich in der That in die graueste Zeit des Alterthums.
Es erscheint dem Menschen so natürlich, mit der Einbildungskraft die Schranken des Raumes zu überschreiten,
ein Etwas jenseits des Gesichtskreises zu ahnen, welcher den Meeresspiegel abgränzt, daß man selbst in jenem Zeitalter, wo die Erde noch als eine ebene oder
nur unbedeutend an ihrer Oberfläche concave Scheibe
betrachtet wurde, zu dem Glauben geführt werden
konnte, es gebe jenseits des Gürtels, welchen der homerische Ocean bildete, noch eine andere Wohnung für
die Menschen, eine andere οἰκουμένη, gleich wie die
Lôkâlôkâ der indischen Mythen, ein Gebirgsring, der
jenseits des siebenten Meeres liegen soll. Diese Vor
stellung mußte sich immer mehr in demselben Maaße
entwickeln, als sich die Schiffahrt über die Säulen
des Briareus oder Aegaeon hinaus mehr und mehr gen
Westen ausdehnte, als die Berichte der phönizischen
Seefahrer sich vervielfältigten, und man zu einigen,
wenn auch oberflächlichen Begriffen über die Umrisse
oder vielmehr die umgränzte Gestaltung der Massen
unseres Festlandes gelangte. Das *große Land*, welches, gegen Nord-West belegen, in den Fragmenten
des Theopomp als Meropis erscheint, und als *Kroni-
scher Continent* in zwei Stellen des Plutarch, welche
wir weiter unten genauer betrachten werden, hängt,
trotz aller geistlosen Spöttereien der Kirchenväter [*]), mit

---

[*]) *Tertullian. de Pallio*, cap. 2 (*Opp. ed. Par.* 1664, p. 112):
*Viderit Anaximander si plures (mundos) putat: viderit si quis us-
piam alius ad Meropas, ut Silenus penes aures Midae blattit, ap-
tas sane grandioribus fabulis* etc. Man vergl. auch *Tertullian. adv.
Hermogen.* cap. 25 (*Opp.* p. 242) über „*Silenum illum de alio
orbe adseverantem.*"

einem Sagenkreise zusammen, welcher, wie Alles, was sich
auf den Silen *), jene geheimnifsvolle kosmogonische Person, oder auf die Herrschaft der Titanen und des Saturn
bezieht, die allmählig immer weiter und weiter nach
Westen und Nordwesten gedrängt wurde **), dem höchsten Alterthum in dem Gebiete hellenischer Mythen angehört. Die Sage von der Atlantis, oder einem grofsen
westlichen Festlande, reicht mindestens in das sechste
Jahrhundert vor unserer Zeitrechnung hinauf, selbst wenn
man nicht zugestehen will, dafs sie aus Aegypten nach
Griechenland verpflanzt wurde, sondern sie einzig und allein
als ein Erzeugnifs von Solon's dichterischem Talente betrachtet. Als die Annahme von der Kugelgestalt der
Erde, welche aus der Schule der Pythagoreer hervorging,
sich zu verbreiten begann, und allmählig gröfseren Einflufs erlangte, wurden die Untersuchungen über die bewohnbaren Zonen, und das wahrscheinliche Vorhandensein anderer Länder, die in ihrer klimatischen Beschaffenheit mit den unsrigen, bei gleichen aber heteronymen
Breitengraden und in entgegengesetzten Jahreszeiten, über-
einstimmten, der Gegenstand eines Kapitels, welches in
keinem Werke über die Erdkugel oder die Kosmographie fehlen durfte. Diejenigen, welche, wie Eratosthenes und Polybius, nicht erkannt hatten, dafs zufolge der
gröfseren Erhebung der Länder, der Abnahme an Geschwindigkeit in der scheinbaren Bewegung der Sonne bei ihrer Annäherung an die Wendekreise, und des Abstan-
des der beiden Durchgänge der Sonne durch das Zenit
des Ortes, in der Aequatorialzone die den Wendekreisen näher belegenen Punkte eine höhere Temperatur
ha-

---

*) *Creuzer, Symbolik*, Th. II, S. 213, 215, 225.

**) *Vofs, Kritische Blätter*, Th. II, S. 364, 366. Saturn selbst
ist, nach Theopomp, bei den occidentalischen Völkern eine Incarnation
des Winters. *Plutarch, de Iside et Osiride*, cap. 69 (Tom. III, p. 177,
ed. Hutten).

haben, als der Aequator selbst *), nahmen an, dafs dieser Theil der Erdoberfläche durch einen Aequatorialstrom
gänzlich mit Wasser bedeckt sei, indem sie ihnen wegen der brennenden Sonnenhitze durchaus unbewohnbar
schien. Diese Meinung war besonders durch den Stoiker Kleanthes und den Grammatiker Krates **) verbreitet worden; zwar wurde sie von Geminus widerlegt,
aber sie erschien mit erneuter Kraft im Anfange des
fünften Jahrhunderts in der Theorie der Meeresimpul-
sionen, durch welche Macrobius die Ebbe und Fluth
erklären wollte ***). Jenseits dieses Arms des Aequa-
torialoceans, welcher die heifse Zone durchströmen sollte,
jenseits der Masse unseres Festlandes, welches in Gestalt einer Chlamys †) sich ausdehnte, und in einem Theile
der nördlichen Halbkugel vereinzelt dalag, nahm man andere Ländermassen an, in denen sich dieselben klimatischen Erscheinungen, welche wir bei uns beobachten, wiederholten. Es erschien eben nicht wahrscheinlich, dafs
der grofse Theil der Erdoberfläche, welchen unsere οἰκουμένη nicht einnahm, gänzlich mit Wasser bedeckt sein
sollte, wogegen selbst Ideen über Gleichgewicht und Sym-
metrie, deren falsche Anwendung bis auf die neueren Zeiten zahlreiche geographische Träumereien veranlafst hat,
zu streiten schienen.

Unter dem herrschenden Einflusse dieser Ideen ent-

---

*) *Strabo*, II, p. 154, 155 Alm. (97 — 98 Cas.). *Cleomed.* I, 6
(p. 25 ed. Schmid, 1832). *Gemin. Element. Astron.* cap. 13 (*Petavii Uranolog.* p. 54). Man vergleiche, um die Richtigkeit dieser
Ideen beurtheilen zu können, die Resultate, welche aus der Vergleichung
der mittleren Temperaturen unter dem Aequator, zwischen den Wendekreisen und unter denselben hervorgehen. Sie sind in meiner *Relation historique*, Tom. III, p. 498 — 501 aufgeführt.

**) *Strabo*, I, p. 55 Almel. p. 31 Cas. *Macrob. Saturnal.* I, 23.

***) *Macrob. in Somn. Scipion.* II, 9.

†) *Strabo*, II, p. 173 und 179 Alm. (p. 113 und 118 Cas.)
ἡ δ' οἰκουμένη χλαμυδοειδὴς ἐν τούτῳ νῆσος.....

standen die vereinzelten Gruppen von Festländern in der entgegengesetzten Halbkugel, welche von Aristoteles und seinen Schülern aufgeführt wurden (*Meteorologic.* II, 5; *de Mundo*, cap. 3); die zwiefachen Aethiopier des Crates, von denen die einen südwärts von dem Arme *des* Aequatorialmeeres wohnten (*Strabo*, I, p. 55 Almelov., p. 31 Casanb.); die *andere Welt*, ἄλλη οἰκουμένη, des Strabo (II, p. 179 Almel., p. 118 Casaub.); der *alter orbis* des Mela (I, 9, 4), ein wahres Südland *); die beiden bewohnbaren Erdgürtel (*cinguli*) des Cicero (*Somn. Scipion.*, cap. 6 **)), deren einer von unseren Inselantipoden bewohnt wird; endlich die *terra quadrifida*,

---

*) *Quod si est alter orbis suntque oppositi nobis a meridie Antichthones; ne illud quidem a vero nimium abscesserit, in illis terris ortum amnem* (Nili), *ubi subter maria caeco alveo penetraverit, in nostris rursus emergere et hac re solstitio accrescere, quod tunc hiems sit, unde oritur.* (*Tzschucke, ad Mel.*, Vol. II, P. I, p. 226 und 334). In Bezug auf die entgegengesetzten Regenzeiten unter dem Wendekreise des Krebses und dem des Steinbocks, ist dies die Theorie der ägyptischen Priester, welche Eudoxus (bei *Plutarch, de plac. philosoph.* IV, 1) auseinandersetzt. Die Annahme eines Oceans, mit dessen Wasser die Aequatorialzone angefüllt sei, setzte nothwendiger Weise einen Fortgang des Nils unter dem Meere voraus. Diese von *Philostorgius* (*Histor. eccles.* III, 10) im fünften Jahrhundert in der Absicht, sie mit theologischen Träumereien in Verbindung zu setzen (*Letronne, Christian. de Nubie*, 1832, p. 33), gebilligte Idee ist keinesweges in Widerspruch mit der Physik der Alten, welche Flussverbindungen zwischen dem Peloponnes und Sicilien annahmen. [Vergl. *Beckmann ad Aristot. de mirabilib. auscultat.* c. 186, ad *Antigon. Caryst.* p. 201 sqq. *Sprengel, Beitr. zur Gesch. der Medizin* I, 2, S. 22; die Anmerkung zu *Aristotel. Meterolog.* I, 13, 27. Tom. I, p. 470.] Auch Cosmas Indopleustes läst die vier Flüsse des Paradieses in seinem *trans-oceanischen* Kontinente entspringen und durch unterirdische Kanäle zu unserer bewohnten Erde gelangen.

**) *Duo* (cinguli) *sunt habitabiles; quorum australis ille, in quo qui insistunt, adversa nobis urgent vestigia. Nihil ad vestrum genus. Hic autem alter subiectus Aquiloni, quem incolitis — parva quaedam est insula, circumfusa illo mari, quod Oceanum appellatis.* (*Cicer., Opp. ed. Schütz* Tom. XVI, P. II, p. 98.)

oder die *quatuor habitationes vel insulae* (vier von einander getrennte Ländermassen) des *Macrobius* (*Comment. in Somn. Scipion*, II, 9). Nach dem pythagorei-
schen Systeme des Philolaus, dem die Sonne nur ein
unermefslicher *Reflektor* war, welcher sein Licht von
einem Centralkörper ('Eσία) empfing, bewegten sich die
Erde und die Gegenerde ('Αντίχθων) des Hicetas von
Syrakus (*Nicetas* nach einigen Handschriften des Cicero,
Quaest. Academ. VI, 39; Oecetes, Οἰκέτης, nach *Plutarch, Plac. Philos.* III, 9) parallel in ihrer gemeinschaftlichen Bahn; aber diese Gegenerde war nichts anderes,
als die der unsrigen entgegengesetzte Halbkugel *), die
von den Geographen nach Belieben bevölkert wurde **).
Ich habe geglaubt, diesen allgemeinen Ueberblick über
die Vorstellungen geben zu müssen, welche die Menschen
sich unaufhörlich seit den ältesten Zeiten über das Vorhandensein einer *anderen Welt* oder eines jenseits des Oceans
belegenen (*transoceanischen*) Festlandes gebildet haben.
Die Kirchenväter, deren Ansichten der Mönch Cosmas
wiederholte und weiter ausführte, haben diese ursprünglichen Ideen auf die sonderbarste Weise umgemodelt und
fast unkenntlich gemacht, indem sie eine *terra ultra Oceanum* ***) annahmen, welcher das Parallelogramm ihrer
Welttafel von allen Seiten, umgab. Das Mittelalter lebte

---

*) *Boeckh, Dissert. de Platon. Syst. caelest. globor.* 1810, p. 19.
Desselben *Philolaos des Pythagoreers Leben nebst den Bruchstük-
ken seiner Werke*, Berlin 1819, S. 115. 117. *Voſs, Kritische Blätter*, 1828, Th. II, S. 150.

**) *Antichthones alteram* (terrae partem), *nos alteram incolimus.*
Mela, I, 1, 2. Wir haben oben bemerkt, dafs diese Antichthonen
des Mela, welche die südliche Halbkugel bewohnen, von der Masse unseres Festlandes durch den Ocean getrennt sind, der die Mitte der heifsen Zone anfüllt.

***) *Cosmas Indopleustes, Topographia Christiana*, bei *Mont-
faucon, Collectio nova Patr.*, 1706, Th. II, S. 189. Fig. 5, 6.

nur von Erinnerungen, deren klassischen Ursprung es
voraussetzte, und schenkte seinen eigenen Entdeckungen
nur so weit Glauben, als es Spuren davon bei den Alten aufzufinden wähnte: daher wurde es, bis auf die Zeiten des Columbus, durch alle kosmographische Träumereien der früheren Jahrhunderte lebhaft angeregt.

Neben dieser so natürlichen und eben deshalb so
allgemein verbreiteten Neigung, mehrere bewohnte, von
den unsrigen durch Meere getrennte Länder anzunehmen, findet sich ein anderes, nicht minder altes Bestreben, nehmlich Inseln oder hervorragende Spitzen
neuentdeckter Länder als zusammenhängende Theile eines grofsen Festlandes anzusehen. Von diesem letzteren
Gesichtspunkte aus betrachtete man anfänglich die Britannischen Inseln (*Dio Cassius*, XXXIX, 50; *Florus*, III,
10) und Ceylon (Taprobane oder Sielediva), „*quae
Hipparcho* *) *prima pars Orbis alterius dicitur*
(*Mela*, III, 7, 7). Neben diesem so charakteristischen
Ausdruck und in Verbindung mit ihm findet sich bei
Plinius die Erwähnung eines *Landes der Antichthonen.*
„*Taprobanen alterum orbem esse diu existimatum est,
Antichthonum appellatione.*“ (*Plinius*, *Histor. natur.*,
VI, 22, sect. 24.) Die Geschichte der neueren geogra-
phischen Entdeckungen bietet uns dieselbe Neigung dar,
durch willkürliche Ausdehnung fantastischer Umrisse und
angenommene Verbindungen, Inseln und Festländer, un-

---

*) Die Hinweisung auf Hipparch kann einigen Anstofs verursachen
(*Tzschucke*, *ad Mel.*, Vol. II, P. III, p. 251), wenn man sich erinnert, dafs hundert und funfzig Jahre vor Hipparch, auf dem macedonischen Heereszuge, Onesikritus und Megasthenes schon erkannt hatten,
dafs Taprobane eine Insel sei (*Strabo*, XV, p. 1011 Almel., p. 689
Cas.), eine Meinung, welche selbst schon bei dem Pseudo-Aristoteles
(*de mundo*, cap. 3) ausgesprochen ist, wo Taprobane, als Insel, mit
Albion und Ierne verglichen wird. Der Text des Mela (III, 7, 7) ist
höchst wahrscheinlich verderbt, wie aus den nachfolgenden Worten: *sed
quia habitatur* .... hervorgeht.

ter gänzlicher Veränderung ihrer wahren Gestalt, in Zusammenhang zu bringen. Ja man ging noch weiter: die
Vorliebe für dergleichen Verbindungen auf den geographischen Karten, wie wir sie so eben bezeichnet haben, führte
zu einem anderen Verfahren, welches sich eben sowohl
bei Ptolemaeus als bei den Geographen unseres Jahrhunderts vorfindet. Sobald die Endpunkte der Länder, welche man verbunden und zu Kontinentalmassen vereinigt
hat, nicht weit von unserer οἰκουμένη abstehen, so verläfst man die Annahme abgesonderter Festländer, und
verbindet sie mit Punkten, welche von Alters her bekannt sind. Auf diese Weise haben *Marinus Tyrius*
und *Ptolemaeus* *) das indische Meer zu einem geschlossenen Bassin umgestaltet. Man stellte sich vor, dafs die
Halbinsel jenseits des Ganges, auf welcher *Catigara (Cai-
togora* bei *Edrisi*, p. 67) jenseits des *Sinus Magnus*,
am Ostende Asiens belegen war, nach Westen zu durch
eine *terra incognita* (ἀγνώτῳ γῇ, *Ptolem.* VII, 3) mit
dem Vorgebirge Prasum (Cap Delgado) und der afrikanischen Küste von Azania (Ayan, das *Zingium* des *Cosmas Indopleustes* bei *Montfaucon* II, p. 132) in Verbindung stehe. Glücklicher Weise hat diese Annahme eines geschlossenen Meeres, von welchem *Strabo* (I, p. 57
Almelor., p. 32 Casaub.) nichts weifs, der alle Isthmen von der Strafse des Hercules bis zum Rothen Meere
verwirft, die Entdeckungen weder verhindert, noch verzögert, welche wir den unerschrockenen Seefahrern des
funfzehnten Jahrhunderts verdanken, auf welche übrigens
durch falsche Gelehrsamkeit hervorgerufene Vorurtheile

---

*) Welche Bewandnifs hat es mit der Βατραχία Θάλασσα, in der-
selben Stelle des Ptolemaeus (VII, 3)? Man hat, durch Weglassung
der ersten Sylbe, das Epitheton Βατραχία in τραχεία umgeändert und
durch *mare asperum* übersetzt. Vielleicht war es ein mit Tang ange-
füllter Meerbusen von geringer Tiefe. [Der H. Verf. kommt weiter unten auf diesen Gegenstand zurück.]

einen bedeutenderen Einflufs ausübten, als man gemeiniglich anzunehmen geneigt ist. Durch ein ähnliches Verfahren findet man, nach der Bemerkung von *Walke-*
naer, in der berühmten Karte von Amerika, welche *Jó-*
hann Ruysch der im Jahre 1508 zu Rom erschienenen
Ausgabe des Ptolemaeus beigefügt hat, nicht allein *Gruen-*
land (Grönland), sondern auch Neu-Fundland und die
Baccalaurae gänzlich von dem Insel-Amerika, d. h. von
dem *Mundus Novus* der *Terra Sanctae Crucis* getrennt
und mit dem nördlichen Festlande von Asien verbunden
(dem Lande Gog, den Küsten des *Plisacus Sinus*, und
dem Lande von *Ergigaï*). Aehnliche, aber noch küh-
nere Trennungen, wodurch Canada und Florida mit dem
nördlichen Asien verbunden und von *Brasilia* (Süd-Ame-
rika) abgerissen werden, „welches sich bis *Melacha* (Malacca) und *Zanzibar* (Küste und Insel Zanguebar, vielleicht die Insel Akgia der Araber) erstreckt," findet man
in der im Jahre 1533 erschienenen Kosmographie des Johann Schoner [*]). Späterhin verband *Sebastian Münster*,
einer der Restauratoren der geographischen Wissenschaften, Grönland mit Norwegen; und noch in unseren Tagen
gefallen sich dann und wann die Kartenzeichner darin, die
in der Nähe des südlichen Polarkreises zwischen dem
Cap Horn und dem Vorgebirge der guten Hoffnung be-

---

[*]) *Ioannis Schoneri, Carolostadii, Opusculum geographicum*
(40 Seiten in 4.) *Noricae, anno* XXXIII (sic), libr. II, cap. 20. In
dem *Plisacus (Plisaeus) Sinus* des Johann Ruysch, in welchen sich
der *Polisacus fluvius* ergiefst, dürfte man auf den ersten Blick eine
Spur älterer geographischer Benennungen finden wollen; aber diese Namen sind nichts anderes, als fehlerhafte Umgestaltungen des *Puli-San-*
gam bei Marco Polo, Brücke des Flusses Sangan (Sangkanho der Chinesen) bei der Stadt Khanbalu oder Tatu (*Klaproth, Tableaux histo-*
riques, nr. 22). Bei der Latinisirung des Namens wurde *Pulisangam*
in *Pulisaca* verwandelt, woraus *Polisacus* entstand. Ich werde späterhin auf die Namen der Handel treibenden Städte China's und die ver-
änderten Formen, unter denen sie bei Columbus erscheinen, zurückkommen.

legenen Inseln zu grofsen Continentalmassen zu vereinigen.

Aristot. de Caelo, II, 14 p. 298, a Bekker: [῾Ως
οὐ μόνον.... δῆλον περιφερὲς ὄν τὸ σχῆμα τῆς γῆς, ἀλλὰ
καὶ σφαίρας οὐ μεγάλης. Οὐ γὰρ ἂν οὕτω ταχὺ ἐπίδη-
λον ἐποίει μεθιςαμένοις οὕτω βραχύ· διὸ τοὺς ὑπολαμ-
βάνοντας συνάπτειν τὸν περὶ τὰς ῾Ηρακλείους ςήλας τόπον τῷ περὶ τὴν ᾽Ινδικήν, καὶ τοῦτον τὸν τρόπον εἶναι
τὴν θάλατταν μίαν, μὴ λίαν ὑπολαμβάνειν ἄπιςα δο-
κεῖν· λέγουσι δὲ τεκμαιρόμενοι καὶ τοῖς ἐλέφασιν, ὅτι
περὶ ἀμφοτέρους τοὺς τόπους τοὺς ἐσχάτους ὄντας, τὸ
γένος αὐτῶν ἐςιν ὡς τῶν ἐσχάτων διὰ τὸ συνάπτειν ἀλλήλοις τοῦτο πεπονθότων. —]

*Perspicuum est terram non solum rotundam esse,
sed etiam sphaerae non magnae: non enim sic cito mu-
tationem faceret manifestam migratione adeo brevi facta,
quapropter qui locum eum qui circa Columnas Hercu-
leas est, coniunctum esse ei loco qui est circa Indicam
regionem existimant, atque hoc modo unum mare esse
asserunt, non videntur incredibilia valde existimare. Dicunt autem hoc ex barris etiam coniectantes, quod circa
extrema utraque loca genus ipsorum est, utpote extre-
mis ob coniunctionem similiter affectis.*

Den hier im Original und in einer lateinischen Uebersetzung mitgetheilten Worten hat Aristoteles, wie aus den
ersten Zeilen erhellet, eine äufserst lichtvolle Auseinandersetzung der Gründe vorangeschickt, welche man zu Gunsten der Kugelgestalt, und des geringen Umfanges der
Erde anführen kann, und die aus den Gesetzen der
Anziehung oder der Schwerkraft *), von der Gestalt des

---

*) Man hat es in Zweifel gezogen, ob Aristoteles die Schwere der
expansiblen Flüssigkeiten gekannt habe und ob in seinen Schriften sich
darauf bezügliche Stellen vorfinden: aber die Worte: (*Meteorológica*,

auf der Mondfläche während der Finsternisse projektir-
ten Erdschattens, und von der schnell zunehmenden Veränderung, welche man an den Meridianhöhen der Gestirne bemerkt, sobald man von Aegypten oder Cypern
aus den Polargegenden sich nähert, hergeleitet sind.

Das sinnreiche Argument, welches Aristoteles von
dem Vorkommen der Elephanten auf den gegenüberliegenden Küsten Westafrika's und Indiens entlehnt, gründet sich auf den unbedeutenden Abstand der erwähnten
Ländermassen, indem vorausgesetzt wird, daſs sich an den
beiden Endpunkten der οἰκουμένη übereinstimmende Erzeugnisse vorfinden müssen. Diese Annahme ist also gänzlich verschieden von der bei den Alten so allgemein verbreiteten Theorie, daſs unter gleichen Breiten durchgängig gleiche Erzeugnisse sich vorfinden, einer Theorie, aus
welcher Ptolemaeus die übertriebensten Folgerungen bei
seinem Streit mit Marinus von Tyrus über die Lage
von Agisymba (*Ptolem.*, *Geogr.* I, cap. 9) hergeleitet
hat. Daſs diese Theorie falsch sei, sowohl wegen der
groſsen Krümmungen der Isothermen, welche nicht durchgängig dem Aequator parallel laufen, als wegen der geheimniſsvollen und verwickelten Beziehungen und Verhältnisse, durch welche die ursprüngliche Vertheilung der
organischen Wesen bedingt wurde, ist jetzt auſser Zweifel gesetzt.

Die Stelle des Aristoteles ist, mit geringen Abwei-

I, 3, p. 341, 5 Bekk.) ἀλλ' ἀεὶ ὅ, τι ἂν βαρύνηται μόριον αὐτοῦ (τοῦ
ἀέρος)..... scheinen mir einen klaren Beweis dafür zu liefern. [*Die
Schwere der Luft*, als Körper, war den Alten wohl bekannt: da sie
aber zu diesem Satze nur durch Abstraktion, nicht durch Beobachtung
der Erscheinungen gelangt waren, so verstanden sie es auch nicht, ihn
auf die Erklärung der letzteren anzuwenden. Daher die wunderlichen
Hypothesen, welche sie zur Aufstellung eines Systemes in der Pneuma-
tik (Aërostatik und Aërodynamik) erfinden muſsten, und daher ihre gänzliche Unbekanntschaft mit dem *Druck der Atmosphäre*. Vergl. *Meteorolog.* ~~~. *Graec. et Rom.* I, 2. p. 22—25.]

chungen, aber nirgends ohne Erwähnung der Elephanten, in der *Imago Mundi* des *Pierre d'Ailly* angeführt (cap. 8 und 49), in dem *Compendium Cosmographicum* (cap. 19) und in der *Mappa Mundi* (im Kapitel *de figura terrae*). Ich erwähne diese Abhandlungen des Kardinals hier nur aus dem Grunde, um daran zu erinnern, wie oft Columbus in denselben jenes *„principium Indiae valde accedens ad fines Hispaniae"* fand.

Aristot., de *Mundo*, cap. 3, p. 392, 20 Bekk.: [Τὴν μὲν οὖν οἰκουμένην ὁ πολὺς λόγος εἴς τε νήσους καὶ ἠπείρους διεῖλεν, ἀγνοῶν ὅτι καὶ ἡ σύμπασα μία νῆσός ἐςιν, ὑπὸ τῆς Ἀτλαντικῆς καλουμένης θαλάσσης περιῤῥεομένη. Πολλὰς δὲ καὶ ἄλλας εἰκὸς τῆσδε ἀντιπόρθμους ἄποθεν κεῖσθαι, τὰς μὲν μείζους αὐτῆς, τὰς δὲ ἐλάττους, ἡμῖν δὲ πάσας, πλὴν τῆσδε, ἀοράτους· ὅπερ γὰρ αἱ παρ᾽ ἡμῖν νῆσοι πρὸς ταῦτα τὰ πελάγη πεπόνθασι, τοῦτο ἥδε ἡ οἰκουμένη πρὸς τὴν Ἀτλαντικὴν θάλασσαν· πολλαί τε ἕτεραι πρὸς σύμπασαν τὴν θάλασσαν· καὶ γὰρ αὗται μεγάλαι τινές εἰσι νῆσοι μεγάλοις τισὶ περικλυζόμεναι πελάγεσιν.]

Terram igitur habitabilem hominum fere sermo in insulas divisit et continentes, scilicet ignorantium universam unam esse insulam Atlantici maris ambitu circumdatam; multas vero alias probabile est procul ab hac iacere freto diremtas, partim hac maiores, partim minores, sed quarum nulla praeter hancce sub prospectu nostro sita sit: nam quemadmodum hae quae apud nos sunt insulae se habent ad haec maria, eodem modo haec habitata terra refertur ad mare Atlanticum, multaeque aliae habitabiles eodem modo ad universum mare. Nam hae quoque sunt insulae magnis circumfusae maribus.

Das Kapitel beginnt mit einer beredten Schilderung des Anblickes, welchen die mit Vegetabilien bedeckte, durchgängig von fliefsenden Gewässern befruchtete, durch den Aufenthalt denkender Wesen verschönerte Erdoberfläche gewährt. Hierauf geht Aristoteles, oder vielmehr einer der Schüler des Aristoteles *), welcher die kleine Schrift zusammengetragen hat, zu Betrachtungen über die Vertheilung der Kontinentalmassen in mehrere vom Ocean umgebene Gruppen über.

Aristot., *Meteorologica*, II, 5, 13—16, p. 362 Bekk.: [Διὸ καὶ γελοίως γράφουσι νῦν τὰς περιόδους τῆς γῆς· γράφουσι γὰρ κυκλοτερῆ τὴν οἰκουμένην, τοῦτο δ᾽ ἐςὶν ἀδύνατον κατά τε τὰ φαινόμενα καὶ κατὰ τὸν λόγον· ὅ τε γὰρ λόγος δείκνυσιν ὅτι ἐπὶ πλάτος μὲν ὥρισαι, τὸ δὲ κύκλῳ συνάπτειν ἐνδέχεται διὰ τὴν κρᾶσιν (οὐ γὰρ ὑπερβάλλει τὰ καύματα καὶ τὸ ψῦχος κατὰ μῆκος, ἀλλ᾽ ἐπὶ πλάτος, ὥς᾽ εἰ μή που κωλύει θαλάττης πλῆθος ἅπαν εἶναι πορεύσιμον) καὶ κατὰ τὰ φαινόμενα περί τε τοὺς πλοῦς καὶ τὰς πορείας· πολὺ γὰρ τὸ μῆκος διαφέρει τοῦ πλάτους· τὸ γὰρ ἀπὸ Ἡρακλείων ςηλῶν μέχρι τῆς Ἰνδικῆς τοῦ ἐξ Αἰθιοπίας πρὸς τὴν Μαιῶτιν καὶ τοὺς ἐσχατεύοντας τῆς Σκυθίας τόπους πλέον ἢ πέντε πρὸς τρία τὸ μέγεθός ἐςιν, ἐάν τις τούς τε πλοῦς λογίζηται καὶ τὰς ὁδούς, ὡς ἐνδέχεται λαμβάνειν τῶν τοιούτων τὰς ἀκριβείας. Καίτοι ἐπὶ πλάτος μὲν μέχρι τῶν ἀοικήτων ἴσμεν τὴν οἰκουμένην· ἔνθα μὲν γὰρ διὰ ψῦχος οὐκέτι κατοικοῦσιν, ἔνθα δὲ διὰ τὴν ἀλέαν· τὰ δὲ τῆς Ἰνδικῆς ἔξω καὶ τῶν ςηλῶν τῶν Ἡρακλείων διὰ τὴν θάλατταν οὐ φαίνεται συνείρειν, τῷ συνεχῶς εἶναι πᾶσαν τὴν οἰκουμένην. Ἐπεὶ δ᾽ ὁμοίως ἔχειν ἀνάγκη τόπον τινὰ πρὸς τὸν ἕτερον πόλον ὥσπερ ὃν ἡμεῖς οἰκοῦμεν πρὸς τὸν ὑπὲρ ἡμῶν, δῆλον ὡς ἀνά-

---

*) [Daß die Schrift *von der Welt* nicht von Aristoteles herrühre, wie neuerdings wieder *Weiße* behauptet hat, auch nicht einmal ein Erzeugniß der *peripatetischen* Schule sei, ist an vielen Stellen des Kommentars zur Aristotelischen Meteorologik dargethan worden. Der Verfasser war ohne Zweifel ein *Stoiker*, und in der Anmerkung zu *Meteorolog.* III, 3, 1 ist es im höchsten Grade wahrscheinlich gemacht worden, daß *Posidonius* der eigentliche Verfasser sei, welchem *Diogen. Laërt.* VII, 142 ausdrücklich eine Schrift περὶ κόσμου zuschreibt.]

λογον ἕξει τά τε ἄλλα καὶ τῶν πνευμάτων ἡ ςάσις· ὥςε
καθάπερ ἐνταῦθα βορέας ἐςί, κἀκείνοις ἀπὸ τῆς ἐκεῖ
ἄρκτου τις ἄνεμος οὕτως ὤν, ὃν οὐθὲν δυνατὸν διήκειν
δεῦρο, ἐπεὶ οὐδ' ὁ βορέας οὗτος εἰς τὴν ἐνταῦθα οἰκουμένην πᾶσάν ἐςι.]

*Quocirca terrae circuitus nunc ridicule describun-
tur. Habitabilem enim terram in orbem pingunt, quod
tum ex apparentibus, tum ex ratione fieri nequit. Eam
enim latitudine terminatam esse, ratio ostendit: circulo
autem ob temperiem coniungi potest (quandoquidem in
latitudinem aestus et frigora exsuperant, non in longi-
tudinem: quamobrem pervia tota est, nisi mare alicubi
prohibeat); quin et ea, quae ex navigationibus itineri-
busque apparent. Longitudo enim a latitudine multum
differt; quod enim a Columnis Herculis ad terram Indicam usque porrigitur, eo quod ab Aethiopia ad Mae-
otin usque et extremas Scythiae partes pertingit, maius ut quinque ad tria est, si quis tam navigationes
quam vias, quatenus talium certitudo sumi potest, me-
tiri velit. Atqui partem orbis terrae habitatam in la-
tum ad loca usque inhabitata exploratam habemus; nam
hic pro frigore, illic prae aestu habitari praeterea nequit; quae vero ultra Indiam et Columnas Herculis ia-
cent propter mare non videntur coniungi ita ut ea con-
iunctione una fiat continua terra habitabilis. Cum autem necesse sit ut locus quidam ad alterum polum similiter sese habeat atque is locus quem nos incolimus,
ad eum polum se habet qui super nobis est, patet et
caetera et ventorum constitutionem respondentem habere
rationem, ita ut quemadmodum nobis aquilo, sic et illis
ventus quidam ab ea quae ibi est Ursa spiret, quem
huc penetrare haudquaquam possibile est, quando ne
iste quidem aquilo totam quae apud nos est partem
orbis terrarum habitatam pervadat.*

Die Theorie der Luftströmungen führt Aristoteles auf
die Frage, welche Gestalt die bewohnbare Kontinental-

masse habe, da die Beschaffenheit ihrer Oberfläche und ihre Umrisse theilweise die Richtung jener Strömungen bedingen, welche von den beiden Polen her sich ausbreiten. Aristoteles betrachtet die Isothermen als dem Aequator parallel laufende Kreise: ein Satz, dessen Unrichtigkeit erst nach einer genauen Kenntnifs der Temperaturverhältnisse an Asiens und Amerikas Ostküsten erkannt werden konnte. Daher nimmt er an, dafs die ausnehmenden Wärme- und Kältegrade von S. bis N. der Ausdehnung der οἰκουμένη im Sinne der Breite Gränzen setzen, und dafs nichts den Menschen verhindere, diejenigen Länder zu bewohnen, welche, einem Ringe gleich, die Erdkugel von Osten nach Westen umgeben, es sei denn, dafs dieser Ring an irgend einer Stelle vom Meere durchschnitten werde. Aristoteles erkennt, dafs die Gestalt der bewohnbaren Erde eine bedeutende Längenausdehnung habe, aber er vergleicht sie noch nicht mit einer Chlamys *). Diese, wegen der Richtung der afrikanischen Küsten, sehr bezeichnende Vergleichung rührt von Eratosthenes her (*Strabo*, II, p. 173 und 179 Alm.).

Aristot., *de Mirabil. auscultatu*, cap. 84, p. 836 Bekk. (cap. 85, p. 172 ed. Beckmann): [Ἐν τῇ ϑαλάσσῃ τῇ ἔξω Ἡρακλείων ςηλῶν, φασὶν ὑπὸ Καρχηδονίων νῆσον εὑρεϑῆναι ἐρήμην, ἔχουσαν ὕλην τε παντοδαπὴν καὶ ποταμοὺς πλωτοὺς καὶ τοῖς λοιποῖς καρποῖς ϑαυμαςήν, ἀπέχουσαν δὲ πλειόνων ἡμερῶν· ἐν ᾗ ἐπιμισγομένων τῶν Καρχηδονίων πλεονάκις, διὰ τὴν εὐδαιμονίαν, ἐνίων γε μὴν καὶ οἰκούντων, τοὺς προεςῶτας τῶν Καρχηδονίων ἀπείπασϑαι ϑανάτῳ ζημιοῦν τοὺς εἰς αὐτὴν πλευσομένους, καὶ τοὺς ἐνοικοῦντας πάντας ἀφανίσαι, ἵνα μὴ

---

*) [Dagegen vergleicht er sie mit einem Tympanum. S. *de caelo*, II, 13. p. 293, b. *Meteorol.* II, 5, 10. *Varro ap. Augustin.*, *de Civitate Dei*, VII, 24. *Bernhardy ad Dionys. Perieget.* v. 7, p. 525.]

διαγγέλλωσι, μηδὲ πλῆθος συςραφὲν ἐπ' αὐτῶν ἐπὶ τὴν
νῆσον κυρίας τύχῃ, καὶ τὴν τῶν Καρχηδονίων εὐδαιμονίαν ἀφέληται.]

*Extra columnas Herculis aiunt in mari a Carthagi-
niensibus insulam desertam inventam, quae tam silvarum
copia quam fluminibus navigationi idoneis abundet, et
reliquis fructibus floreat, distantem a continente plurium
dierum itinere: in qua cum Carthaginienses saepe ver-
sarentur, ob soli fertilitatem nonnulli vero etiam habi-
tarent, Carthaginiensium praesides, ne quis in illam insulam navigaret, poena capitis interdixisse, incolasque
omnes delevisse, ne notitiam eius spargerent, neve mul-
titudo, coitione facta adversus ipsos, insulam in potestatem redigeret et Carthaginiensium felicitati detra-
heret.*

Eine ganz ähnliche Stelle, die aber eine bei weitem
ausführlichere Schilderung enthält, findet sich bei *Diodor. Sicul.* V, 19 und 20 (*ed. Wesseling*, Tom. I, p. 344
—346). Die Landschaft wird durch eine gebirgige Gegend verschönert; die Milde der Luft bleibt unverändert:
„man könnte sagen, es sei eher ein Wohnsitz für Götter, als für Menschen" [ὥςε δοκεῖν αὐτὴν ὡσεὶ θεῶν
τινων, οὐκ ἀνθρώπων, ὑπάρχειν ἐμβιωτήριον, διὰ τὴν
ὑπερβολὴν τῆς εὐδαιμονίας]. Indessen verwechselt Diodor diese Insel keinesweges mit den Elysischen Feldern
des Homer, den glückseligen Inseln des Pindar, oder der
Gegend, in welcher der Hesperidengarten belegen war,
der Ἑσπερῖτις ὀνομαζομένη χώρα (IV, 27). Die Phönizier hatten, durch Stürme verschlagen, die Insel entdeckt,
als sie angefangen hatten, Kolonien jenseits Gades anzu-
legen und von dort aus Schiffahrt zu treiben. Die Richtung der Schiffahrt, welche indessen in der dem Aristoteles untergeschobenen Schrift nicht angegeben wird, war
von Libyen aus gegen Abend. Auch die Tyrrhener, als
sie die Herrschaft zur See erlangten, versuchten Kolonien dorthin zu senden; aber die Karthaginienser ver-

hinderten sie daran *). Sie hofften, wenn jemals ihre
Stadt zerstört werden sollte, als Herren des Oceans auf
dieser den Siegern unbekannten Insel einen Zufluchtsort
zu finden. Es ist bekannt, daſs der Name der *Tyrrhener*, in Verbindung mit dem der Pelasger, eine groſse
Verbreitung zu der Zeit gehabt hat, wo der dem Scylax
von Caryanda zugeschriebene Periplus abgefaſst worden
ist, in welchem selbst Rom nach Tyrrhenien verlegt wird
(*Hudson, Geogr. minor.*, Tom. I, *Scyl. Caryand.*, p. 2).
Königsmann **), der gelehrte Verfasser der Geographie
des Aristoteles, vermuthet sogar, daſs der Stagirit, wenn
er von alten, zwischen den Karthaginiensern und den Tyr-
rhenern geschlossenen Handelsverträgen spricht, den Ver-
trag der Römer, dessen Uebersetzung uns bei Polybius aufbewahrt ist ***), habe bezeichnen wollen: aber Diodor
spielt in der Stelle, mit der wir uns hier beschäftigen,
ohne Zweifel auf eine viel ältere Epoche an. Nach
Strabo (libr. VI, p. 410 Almel., p. 267 Casaub.) wider-
setzten sich, bald nach dem trojanischen Kriege, die tyrrhenischen Seeräuber, welche damals die Herrschaft zur
See hatten, der Anlegung von Kolonien in Sicilien: da
man nun allgemein annimmt, daſs die Gründung von Ga-

---

*) Aristoteles schreibt die Entdeckung der Insel den Karthaginien-
sern zu, Diodor den Phöniziern, und alles, was er über die Erbauung
und Einrichtung des Herkulestempels zu Gades sagt, beweist hinreichend,
daſs er sie hier nicht mit den Karthaginiensern verwechselt. Er erwähnt die letzteren nicht eher, als nachdem er von der Nebenbuhlerschaft der Tyrrhener gesprochen hat. Dem Aristoteles zufolge veran-
laſste die Furcht vor der Unabhängigkeit der Kolonisten, durch deren
Handel der Mutterstadt Eintrag geschehen könnte, den Senat zu jener
strengen Maſsregel.

**) [Die mathematische, physische und politische Geographie des
Aristoteles sind von diesem Gelehrten in sechs Programmen (Schleswig,
1803—1805) behandelt worden.]

***) *Letronne*, im *Journal des Savans, février — mai* 1825,
p. 236.

des und. Utika durch die Phönizier um mehr als anderthalb Jahrhunderte älter sei, als Homer, und die Gründung von Karthago mit der Wiederherstellung der olympischen Spiele durch Iphitus beinahe zusammenfällt *), so
dürfte diese unbestimmte Ueberlieferung von der Glücklichen Insel der Karthaginienser, deren sich die Tyrrhener hätten bemächtigen wollen, wo nicht in die mythischen, doch wenigstens in Zeiten fallen, welche mit tie-
fem Dunkel bedeckt sind.

Man darf sich darüber nicht wundern, daſs zur Zeit
der Entdeckung des neuen Kontinentes die angeführten
Stellen, aus der Sammlung *wunderbarer Geschichten* und
dem Diodor von Sicilien, in so hohem Grade die Aufmerksamkeit spanischer Gelehrten auf sich zogen, da noch in
den neueren Zeiten, als eine gesunde Kritik schon die
philologischen Untersuchungen leitete, dieselben Stellen
zu ähnlichen sonderbaren Beziehungen Anlaſs gegeben haben. Der berühmte Geschichtschreiber Amerika's, *Gonzalo
Fernandez de Oviedo*, welcher vier und dreiſsig Jahre auf
der *Tierra-firme*, in Darien, zu Karthagena und auf Hayti
zugebracht hat **), versichert, ohne sich bei der Schif-

---

*) Wenn man mit *Ideler* (*Handbuch der Chronologie*, Th. I,
S. 375) die Einnahme von Troja in das Jahr 1184 vor unserer Zeitrechnung versetzt, so ergiebt sich für die Gründung von Gades und
Utika 1085; für die Wiederherstellung der olympischen Spiele durch
Iphitus 888; für die Gründung von Karthago 878; für die Gründung
von Rom das Frühjahr 753 nach Varro. Der parische Marmor giebt
für die Einnahme von Troja, welche man ungern zu den Ereignissen zählt, die gänzlich in das Gebiet der Geschichte gehören, das Jahr
1208 (*Boeckh, Corp. Inscript. graec.* Tom. II, p. 327).

**) Es ist zu bedauern, daſs, trotz der Befehle des Königs Karl's
III, der gröſsere Theil der kostbaren Werke dieses Geschichtschreibers
nicht herausgegeben worden ist. Seine *Historia natural y general de
las Indias, islas y tierra firme del mar Oceano* umfaſst 50 Bücher,
von denen nicht mehr als neunzehn im Druck erschienen sind. Die
liebenswürdige und naive Offenheit der ersten Schriftsteller unter den
Conquistadores, welche keine Bücher aus Büchern machten, entschädigt

fahrt „von einigen Tagen" aufzuhalten, von der die Alten sprechen, daſs diese Antilia der Karthaginienser entweder Haiti oder Cuba sei. „Aber," sagt Ferdinand Columbus in dem Leben seines Vaters *), wenn sich Oviedo den Text des Aristoteles (der *Mirabilia Auscultatu*) von einer Person hätte erklären lassen, welche ihn zu verstehen im Stande gewesen wäre, so würde er eingesehen haben, daſs dieser Text in keinerlei Weise auf Westindien eine Anwendung gestattet." Indem Don Fernando mit Recht Oviedo tadelt, stellt er eine andere, nicht minder gewagte Vermuthung auf, indem er annimmt, „daſs die Karthaginienser die *Cassiteriden, welche heutiges Tages azorische Inseln genannt werden*, entdeckt hätten. Sie hatten, so fährt er fort, hinreichende Beweggründe, um die Entdeckung dieser Inseln geheim zu halten, aus welchen sie das Zinn bezogen. Es sind die Azoren, von denen Aristoteles hat sprechen wollen. Wenn man mir den Einwurf macht, daſs der Philosoph groſse schiffbare Ströme diesem unbekannten Lande zuertheilt, so antworte ich darauf, daſs ein Irrthum in der Beschreibung zu Grunde liegt."

Es erscheint beim ersten Anblick überaus auffallend, die Azoren und Sorlingen unter einer und derselben Benennung, der Cassiteriden, zusammengefaſst und gleichsam

---

uns reichlich für ihren Mangel an gelehrter Bildung. „Ich spreche," sagt Oviedo, „weil ich Augenzeuge gewesen bin, nicht vom Hörensagen. Ich bin bei vier denkwürdigen Ereignissen zugegen gewesen: ich war als Page (*page muchacho*) bei der Belagerung von Granada und habe unsere Könige, als Sieger der Mauren, in diese Stadt einziehen sehen: ich war zu Barcelona im Jahre 1493, als der König von der Hand eines Meuchelmörders verwundet wurde, und sah, wie er ob seiner Wunde erblaſste; ich habe Christoph Columbus ankommen und die ersten Indianer vorstellen sehen: ich war Zeuge von der Vertreibung der Juden aus Kastilien (*vi echar los Iudios de Castilla*)."

*) *Vida del Almirante.* cap. 9.

sam verschmolzen zu sehen. Dies heifst auf eine sonderbare Weise einer weiten Ausdehnung eine Benennung
ertheilen, die bei Herodot noch ganz unbestimmt ist, da
sie sich nur auf den Fundort eines Metalles bezieht, die
aber, selbst für die Römer, zu den Zeiten des Strabo *)
eine ganz feste Bedeutung erlangt hatte, seitdem P. Li-
cinius Crassus die Zinnminen untersucht und bemerkt
hatte, dafs sie nur bis zu einer geringen Tiefe fortgeführt waren. Man kommt auf diese Weise zu der Annahme des Festus Avienus zurück, welcher Albion und
Ierne (*Insula sacra*) in den Parallel von Cap Finisterre verlegt, und den Zinninseln (*insulae Oestrymnides*) **) den Parallel des Cap Saint Vincent, also ungefähr gleiche Breite mit den Azoren anweist. Da Avienus sich auf das deutlichste und bestimmteste auf die Ge-

---

*) *Strabo*, libr. III, p. 265 Almel., p. 176 Casanb.

**) *Ora marit.*, v. 96, 108, 113 (*Poëtae lat. minor. ed. Werns-
dorf*, Tom. V, pars II, p. 1181—1184). Avienus kennt den Namen
der Cassiteriden nicht, oder verschmäht wenigstens dessen Benutzung, da
er nach seiner Versicherung aus sehr alten Quellen schöpfte. Die Benennungen: *Sinus Oestrymnicus et Insulae Oestrymnides laxe
iacentes* (in grofser Entfernung von einander, zerstreut im *äufseren
Meere* liegend) könnten vielleicht aus einem Periplus des Himilco entlehnt sein, welcher „vier Monate hindurch" die Westküsten Europa's untersuchte, wie Hanno die Westküsten Afrika's besucht hatte. Pytheas scheint
ähnliche Namen in diesen Gegenden gehört zu haben, da er, nach Eratosthenes (*Strabo*, libr. I, p. 112 Alm., p. 64 Cas.) ein Vorgebirge der
Ostidamnier, oder nach einer andern Lesart (*Ukert*, *Geographie*,
Th. II, Abth. I, S. 476) der *Ostimnier* (᾽Ωςιμνίων ἀκρωτήριον) kennt.
Diese geographischen Benennungen der *insulae Oestrymnides*, des
Oestrymnischen Meerbusens und des *Ostimnischen* Vorgebirges, welche man bei Schriftstellern so verschiedener Epochen findet, kommen
übrigens bei den klassischen Schriftstellern nicht vor. Strabo, welcher
auch bei dieser Gelegenheit nicht ermangelt, sich über die *Erdichtun-
gen* (πλάσματα) des Pytheas heftig auszulassen, hat sehr wohl eingesehen, dafs es sich hier um Orte handelt, deren Lage bei weitem nördlicher ist.

währleistung der karthaginiensischen Annalen bezieht *),
was bei einem am Schlusse des vierten Jahrhunderts le-
benden, so weit von Columella, dem Uebersetzer des
Mago, entfernten Schriftstellers im höchsten Grade auffallend ist, so konnte man vielleicht mit Recht in diesen Schriften irgend eine Anspielung auf jene Insel erwarten, welche die Aufmerksamkeit des karthaginiensischen Senates auf sich gezogen hatte, von Aristoteles
und Diodor erwähnt wird, und die Neugierde der
gelehrten Zeitgenossen des Columbus erregte. Beckmann, der gelehrte Erklärer der *Mirabilia auscultatu*,
hat sich schon über die Meinung einiger Philologen verbreitet, welche in dieser Stelle (p. 836) und in dem
Sargassomeer des Aristoteles (p. 174 und 307) Brasilien
oder andere Theile von Amerika haben erkennen wollen. Wesseling *(ad Diodor.*, Tom. I, p. 345, n. 28)
hält diese Annahmen und Erklärungen für sehr zweifelhaft, fügt aber dennoch am Schlusse seiner Anmerkung die Worte hinzu: *Fabulis adfinia sunt, quae de
hac insula produntur, id tamen indicantia, obscu-
ram eius regionis, quam Americam vocamus, famam in
Carthaginiensium navigationibus ad veterum aures di-
manasse.* Heeren **) will in dieser so malerisch geschil-
derten Insel Madera erkennen, welche keine Spur von
Bewohnung zeigte, als sie die Portugiesen *João Gonçal-
ves Zarco* und *Tristan Vas* im Jahre 1420 entdeckten,
und wegen der gewaltigen SO und SSO Strömungen
der Aufmerksamkeit der alten Schiffahrer, die vorsich-
tig und furchtsam die hohe See mieden und sich an
den Küsten hielten, entgangen zu sein scheint. Die Angabe, dafs die Insel unbevölkert gewesen, mufs die Ka-

---

*) *Haec nos, ab imis Punicorum annalibus
Prolata longo tempore, edidimus tibi.*
Ora maritim., v. 414, 415.

**) *Ideen* u. s. w. Th. I, Abth. II, S. 54. Th. II, Abth. I, S. 106.

narischen Inseln, welche man von Alters her von den
Guanchen bewohnt glaubt, sogleich ausschliefsen; zumal
da sie, durch ihre Trockenheit bekannt, keine Spur von
jenen „schiffbaren Strömen" darbieten, von denen Aristoteles spricht, obgleich Plinius (*Histor. nat.* VI, 32),
Solinus (cap. 70) und selbst noch Dicuil (*de mensura
orbis terr.*, VII, p. 40 Walck.) ihnen „*amnes siluris pi-
scibus abundantes*" zuertheilen.

Nach meiner Ansicht ist es bei einer so grofsen
Masse von oberflächlichen Beschreibungen unmöglich, bei
einer bestimmten Oertlichkeit stehen zu bleiben. Die
Ueberlieferung ist alt; denn die Bemerkung, dafs die Insel im Fall eines Glückswechsels oder des Unterganges
von Karthago einen Zufluchtsort darbieten könnte, gehört
nur dem Diodor an, und möchte leicht eine rednerische,
nach der Zerstörung der Stadt Dido's hinzugefügte Flos-
kel sein. Dasselbe Asil hoffte Sertorius zu erreichen *),
als er am Ausflusse des Baetis ein Schiff einlaufen sah,
„welches von zwei Inseln des atlantischen Oceans, deren Entfernung man auf zehntausend Stadien schätzte,
zurückkam." Die *Merkwürdigen Geschichten*, zu denen wir als einzige Quelle hinaufsteigen, sind wenigstens **) vor der Beendigung des ersten punischen Krieges gesammelt worden, da sie uns (cap. 105, p. 211
Beckm.) Sardinien unter der Tyrannei der Karthaginienser schildern. Das geheimnifsvolle Dunkel, in welches
diese ihre entfernten Fahrten zur See, ihrer Handelsvor-
theile halber, hüllen zu müssen glaubten, gestattet nur
unbestimmte Vermuthungen. Durch Stürme hervorgerufene Zufälle (durch welche auch die Entdeckung von
Porto-Santo durch *Zarco* und *Vas* ***) im funfzehnten

---

*) *Plutarch. vit. Sertor.*, cap. 8. *Sallust, Fragm.* 489.

**) *Mannert, Geographie der Alten.* S. 44. 77.

***) *Barros, Dec. I, libr. I,* cap. 2, p. 27 (der Lissabonner Aus-
gabe von 1778).

Jahrhundert herbeigeführt wurde), können ohne Zweifel zur Auffindung sehr entfernt gelegener Gegenden führen: aber die glückliche Rückkehr von Schiffen, welche durch die Stürme oder die Gewalt der Meeresströme von ihren Wegen abgelenkt wurden, ist, ohne Hülfe der Magnetnadel, ein gewiſs noch selteneres Ereigniſs.

————

Strabo, lib. I, p. 11 Almel; p. 5 Cas.: [Οὐκ εἰκὸς δέ, διθάλαττον εἶναι τὸ πέλαγος τὸ Ἀτλαντικόν, ἰσθμοῖς διειργόμενον οὕτω ςενοῖς, τοῖς κωλύουσι τὸν περίπλουν· ἀλλὰ μᾶλλον σύρρουν καὶ συνεχές. Οἵ τε γὰρ περιπλεῖν ἐπιχειρήσαντες,· εἶτα ἀναςρέψαντες, οὐχ ὑπὸ ἠπείρου τινὸς ἀντιπιπτούσης καὶ κωλυούσης, τὸν ἐπέκεινα πλοῦν ἀνακρουσθῆναί φασιν, ἀλλὰ ὑπὸ ἀπορίας καὶ ἐρημίας οὐδὲν ἧττον τῆς θαλάττης ἐχούσης τὸν πόρον.]

Verisimile etiam non videtur Atlanticum pelagus esse bimare, et angustis dirimi isthmis, qui obstent ne navibus circumiri possit; multo contra est probabilius eum confluere in sese et esse continuum. Nam qui circumnavigare adgressi ac deinde retrorsum conversi sunt, id haud obiectu terrae cuiusdam, quae navigationem impediret ulteriorem, sed mari haud secus navigabili, ob penuriam rerum et solitudinem se retroactos aiunt.

Diese Stelle des Strabo steht in keiner unmittelbaren Verbindung mit derjenigen (I, p. 113 Alm.), welche von der Möglichkeit handelt, von den Westküsten Iberiens nach den Ostküsten Indiens zu schiffen. Es ist nicht die Rede von einem dem amerikanischen Kontinente ähnlichen Lande, welches im Norden und Süden mit Polarländern in Verbindung stände und, einer Vormauer gleich, der Schiffahrt von Westen gegen Osten Hindernisse in den Weg legte. Man ersieht aus dem, was vorhergeht, und aus einer anderen Stelle (libr. I, p. 57 Almel., p. 33 Cas.), daſs der Ausdruck *umschiffen*, περιπλεῖν, nicht in dem Sinne einer Umschiffung der Erdkugel ge-

nommen werden darf, sondern von einer Fahrt um die
bekannten Ländermassen ($\dot{\eta}$ οἰκουμένη) verstanden werden muſs, welche nach dem Systeme Strabo's ein Viereck im Norden des Aequators einnahmen. Dieser Geograph verwirft die Idee einer Theilung des Oceans in
mehrere Becken; vielleicht spielt er, wie schon *Gossellin*
bemerkt, auf die von *Marinus von Tyrus* und *Ptolemaeus* aufgestellte Annahme eines Erythräischen Binnenmeeres an. Wenn das Südostende von Asien nach einer Wendung gegen Westen bis zum Vorgebirge Prasum sich erstreckte und mit ihm zusammenhinge, so würde
die Umschiffung Afrika's von dem Arabischen Meerbusen
aus bis nach Maurusien unmöglich sein. Ich habe schon
oben auf den glücklichen Umstand hingewiesen, daſs diese
falsche Idee von einem Erythräischen Meere (Meer Indiens), als geschlossenem Becken, von *Isidor* von Sevilla (*Orig.* XIV, 5) und *Sanuto* nicht gebilligt und
weiter verbreitet worden ist, welche auf die Pläne und
Entwürfe des Columbus, Gama und Magellan einen so
bedeutenden Einfluſs ausübten. *Strabo* verbreitet sich
(I, p. 11 Almel.) über die Frage, wie viel von „*der Insel der bewohnten Erde*" auf der Ostküste längs Indien und auf der Westküste, welche die Iberer und
Maurusier bewohnten, schon untersucht worden sei; er
hält, nicht ganz mit Recht, den Theil der Küsten, welcher noch zu entdecken und zu befahren sei, für un-
beträchtlicher, als den bekannten. „Es ist gewiſs, sagt
er, daſs die Schiffahrer, welche an entgegengesetzten
Punkten unter Segel gegangen (ἀντιπλέοντες), sich nicht
begegnet sind." Diese Untersuchung muſste ihn auf ganz
natürlichem Wege zu der Frage führen, ob die Eintheilung
des Oceans in mehrere Becken oder das Vorhandensein
von Landengen den Schiffahrern bei ihrem Unternehmen,
die bewohnbare Erde zu umsegeln, Hindernisse in den
Weg legen könnte. Er kommt auf diese Idee von
Landengen an einer andern Stelle, wo er von der Um-

schiffung Afrika's handelt, zurück. „Alle diejenigen," sagt
er, (libr. I, p. 57 Alm., p. 32 Cas.), „welche entweder
von dem Erythräischen Meere oder von den Säulen des
Herkules in der erwähnten Absicht aussegelten, wurden
gezwungen, den Rückweg einzuschlagen, woraus man
ziemlich allgemein den Schluſs gezogen hat, daſs irgend
ein Isthmus eine Barriere bilde *), während das Atlantische Meer nach allen Richtungen hin, und besonders
gegen Süden, ununterbrochen ist." Diesen ununterbrochenen Zusammenhang der Meere hat auch Herodot (I, 202)
mit vieler Bestimmtheit ausgesprochen. „Das gesammte
Meer, welches die Hellenen beschiffen, und dasjenige,
welches auſserhalb der Säulen liegt und das Atlantische
benannt wird, und das Erythräische, bilden nur Eine zusammenhängende Meeresmasse." Wenn er an einer späteren Stelle (IV, 8) erzählt, „daſs die Griechen am Pontus Euxinus den Ocean in Osten (was der Homerischen
Idee von den Quellen des Flusses Ocean zuwiderläuft)
entstehen und um die Erde strömen lassen, ohne es durch
die Erfahrung zu bestätigen", so nimmt er nicht zurück,
was er im ersten Buche behauptet hatte, sondern macht
nur einen genauen Unterschied zwischen den ihm bekannt
gewordenen Meinungen und Thatsachen.

Man darf übrigens nicht vergessen, daſs bei Strabo,
so wie bei Eratosthenes, die Benennung Atlantisches Meer
auf sämmtliche Theile des Oceans ausgedehnt ist **). Nach
den Angaben des Ersteren werden die Küsten des südlichen Indiens vom Atlantischen Meere bespült (libr. II,
p. 192 Almel., p. 130 Cas.); die östlichsten und südlich-
sten Gegenden von Indien erstrecken sich εἰς τὸ Ἀτλαν-

---

*) Man vergleiche über diese Stelle des Strabo, so wie über die
gleich darauf angeführte des Herodot, *Spohn, Dissertat. de Nicephoro
Blemmida*, 1818, p. 22, welcher schwere Beschuldigungen gegen
Tzschucke (Adnot. ad Melam, Vol. III, P. I, p. 95) vorbringt.

**) *Strabo, ed. Siebenkees*, Tom. VII, p. 197.

τικὸν πέλαγος (libr. XV, p. 1010 Almel., p. 689 Cas.).
Seitdem durch die Ausdehnung der Schiffahrt und die Erweiterung der geographischen Kenntnisse das Bild des Homerischen *Flusses Ocean*, welcher die Erdscheibe umgab, vergröfsert und den thatsächlichen Beobachtungen
angepafst worden war, wurde ein Name, welcher, nach
Letronne *) älter als Herodot (I, 202), bis zu den Zeiten des Solon (Olymp. 54) sich verfolgen läfst, und ursprünglich nur dem äufseren Meere und zwar dem Theile
des Oceans angehörte, welcher den Säulen des Herkules
zunächst lag (ἡ ἔξω θάλασσα), auf sämmtliche Meere
ausgedehnt, welche unter einander in Verbindung stehen.
Auf gleiche Weise wurden nach der Expedition Alexanders des Grofsen die Namen Taurus und Kaukasus sämmtlichen Gebirgsketten Asiens ertheilt, welche diesen ausgedehnten Welttheil von West nach Ost bis zu den
Küsten der *Sinae* und *Seres* durchstreichen. Die Schule
des Aristoteles (*de mundo*, cap. 3) spricht sich in demselben Sinne aus, und in der schönen Stelle aus dem
Somnium Scipionis, c. 6, welche ich schon oben anzuführen Gelegenheit hatte, sagt der Redner ganz entschieden: „Dieses Festland, welches von euch bewohnt wird,
ist eine unbedeutende Insel, *circumfusa illo mari, quod
Atlanticum, quod Magnum, quod Oceanum appellatis in terris.*" Diese Synonymie der Benennungen
Atlantisches Meer und *Ocean* findet sich indessen nicht
allgemein bei allen klassischen Schriftstellern des römischen Alterthums: Mela (*Tzschucke ad Pompon. Mel.
Vol.* III, *Pars* I, p. 95) und Plinius machen eine Ausnahme, und letzterer nennt (III, 5, sect. 10) *Mare magnum* nicht, wie Cicero und Seneca (*Quaest. natur.* II,
6), das Meer, welches die οἰκουμένη umgiebt, sondern
schränkt die Benennung auf denjenigen Theil ein, welcher die Westküsten Europa's bespült, oder auf das ei-

---

*) *Mémoire sur l'Atlas*, p. 10.

gentlich sogenannte *Atlantische* Meer. Man wird hierdurch an die Benennung *Grofser Ocean* erinnert, welche, nach dem Vorgange von *Fleurieu*, mit gröfserem
Rechte von den neueren Geographen dem Stillen Meere
ertheilt wird.

Die Stelle des Strabo, I, p. 11 Almel., p. 5 Cas.,
schliefst mit einer langen, gegen Hipparch, welcher den
Zusammenhang der Meere in Zweifel gezogen hatte, gerichteten Untersuchung. Ich glaube, dafs *Gossellin* (in
seiner *Géographie des Grecs analysée*, p. 52; in den
*Recherches sur la Géographie systématique et positive
des Anciens*, Tom. I, p. 45, 133, 194 und in seinen Anmerkungen zu der französischen Uebersetzung des Strabo,
Tom. I, p. 12) mit Unrecht dem Hipparch auf eine so
entschiedene Weise die von Marinus von Tyrus und Ptolemaeus aufgestellte Hypothese des Erythräischen Meeres
als eines geschlossenen Beckens oder Binnenmeeres und
des *unbekannten Festlandes*, welches die Halbinsel Thinae mit dem Vorgebirge Prasum verbinden sollte, zuschreibt. Ich habe keinen Beleg für diese Annahme auffinden können. Gossellin glaubt, seine Behauptungen
durch die vorliegende Stelle des Strabo (I, p. 11 Alm.)
und den Gedanken des Hipparch begründen zu können,
dafs „die Umschiffung Afrika's unausführbar sei"; indessen findet sich in der von ihm angeführten Stelle nichts
Aehnliches, und Strabo I, p. 11 Almel. spricht nur „von
der Ungleichheit, welche Seleukus aus Babylon in den
Erscheinungen der Ebbe und Fluth an den verschiedenen Küsten des Oceans wahrgenommen habe, und von
der Behauptung des Hipparch, dafs selbst die Voraussetzung einer völligen Uebereinstimmung an sämmtlichen
Meeresküsten noch keinesweges zu der nothwendigen Annahme eines ununterbrochenen Zusammenhanges zwischen
den Meeren führen würde, welche den Erdkreis umgeben." Es ist noch ein gewaltiger Schritt von dieser ganz
allgemein gehaltenen Bemerkung bis zu der Annahme ei-

ner Verbindung zwischen Thinae und dem Vorgebirge
Prasum, welche *Gossellin*, der übrigens so genau ist und
in Handhabung seiner Kritik fast durchgängiges Lob verdient, zweimal auf Specialkarten eingetragen hat (*Recherches*, Tom. I, Pl. 1, Uebersetzung des Strabo, Tom. I,
Pl. 2).

Man erkennt in einer merkwürdigen Stelle des Plutarch (*de facie in orbe Lunae*, p. 921, 19) dieselben Isthmen des Atlantischen Oceans („des grofsen oder äufseren
Meeres"), welche deutlich, aber in zurückgeworfenem
Lichte, auf der Mondscheibe sich darstellen, wenn wirklich,
wie in dem System des Agesianax, das man noch heutiges
Tages unter dem Volke in Persien wiederfindet, angenommen wurde, der Mond, gleich einem Spiegel, ein Bild der
Erde und daher auch die Unebenheiten an der Oberfläche unseres Planeten wiedergiebt. Plutarch, welcher nach
aller Wahrscheinlichkeit die Stelle des Strabo (I, p. 11
Almelov.) vor Augen hatte, beruft sich in dem angeführten Dialog, um die Richtigkeit jenes äufserst bizarren katoptrischen Systemes zu bekämpfen, auf den Zusammenhang der Meere, welche, ohne zwischenliegende
Landengen, sämmtlich in gegenseitiger Verbindung mit
einander ständen. Der Irrthum, in dem unmittelbar von
der Sonne erleuchteten Theil des Mondes die Gestaltung
unserer Festländer zu erkennen, gleichwie man nach der
Beobachtung des ausgezeichneten Astronomen Arago in
dem aschfarbigen Lichte des Mondes den mittleren Zustand der Durchsichtigkeit der Erdatmosphäre zu erkennen vermag, ist äufserst sonderbar.

Die weite Ausdehnung des Meeres, welches die Westküsten der iberischen Halbinsel von den Ostküsten Asiens
trennt, an denen Strabo, nach dem Vorgange des Eratosthenes, den Ganges münden läfst, findet man auch in
dem ziemlich ungenauen Ausdruck *), „dafs die Iberer

---

*) [Die Worte lauten: ὁμοίως δὲ καὶ τὸ παρ' Ἰνδοῖς οἰκεῖν, ἢ

und Indier, von denen erstere die westlichsten, letztere
die östlichsten Gegenden der Erdoberfläche bewohnen,
gegenseitige Antipoden sind," angedeutet *(Strabo*, lib. I,
p. 13 Almel., p. 7 Casaub.). Da beide Länder in derselben nördlichen Halbkugel und, der Annahme gemäfs,
auch unter einem und demselben Breitengrade liegen, so
hätte, statt des Ausdruckes *Antipoden*, das Wort περίοι-
κοι *(Gemin., Elem. astron.* 13. *Cleomed. Meteor.* lib. I,
cap. 2, p. 10 Schmidt) gebraucht werden sollen, nicht
ἄντοικοι, wie Gossellin (Uebers. des Strabo, Th. I, S. 17)
will *), welcher übrigens die vollkommen richtige Bemerkung macht, dafs nach den von Strabo angenommenen Grundsätzen über die Länge der bewohnten Erde,
d. h. über die Entfernung Iberiens von der äufsersten
Ostküste von Indien, die Ausdehnung des zwischenliegenden Atlantischen Meeres für den Parallel des *Dia-*
phragma, d. h. für den der Insel Rhodus nicht 180°,

παρ' Ἴβηρσιν· ὧν τοὺς μὲν ἑῴους μάλιςα, τοὺς δὲ ἑσπερίους, τρόπον
δέ τινα καὶ ἀντίποδας ἀλλήλοις ἴσμεν.]

*) Die ἄντοικοι oder ἄντωμοι der Iberer sind in Afrika zu su-
chen, und nicht in Indien. In demselben Sinne nennt *Ptolemaeus*
(Geogr. I, c. 8) ἀντοικουμένη, das *entgegengesetzte Land*, eine jenseits des Aequators zwischen denselben Meridianen belegene Kontinentalmasse. Auch die Erklärung, welche *Delambre (Astronomie an-*
cienne, Tom. I, p. LIV) von den ἄντωμοι gegeben hat, ist ungenau
und in geradem Widerspruch mit den besseren Erklärungen, die er
selbst an anderen Stellen desselben Werkes giebt (Tom. I, p. 204,
218). Man findet übrigens bei den Schriftstellern des Mittelalters häufig
die *Antipoden* mit den *Antichthonen* verwechselt. Diese beiden Wörter
sind nicht durchweg und nothwendiger Weise synonym, wie es z. B.
die Stellen des *Mela*, I, 9, 4 (*s. Tzschucke ad Mel.*, Tom. II, P. I,
p. 334) und des *Plinius* VI, 22, s. 24 beweisen. Diese beiden Schriftsteller, wenn sie von dem entgegengesetzten Lande, in welchem der Nil
seine überseeische Quelle haben könnte, oder von Taprobane sprechen,
nehmen γῆν ἀντίχθονα für ein Land der ἄντοικοι. Christoph Columbus ist sicherlich nicht bis zu den Antipoden Europa's gelangt, und
doch spricht Peter Martyr d'Anghiera von Nachrichten, welche von Spanien „*ad occiduos Antipodas*" gelangen (*Opus Epistolar.*, p. 133).

sondern „134000 Stadien bei einer Annahme des Aequatorialumfanges von 252000 Stadien" beträgt, was mehr als 236° ausmacht. Indessen ist zu beachten, daſs Strabo klüglicher Weise dem Worte ἀντίποδες zur Beschränkung den Ausdruck: τρόπον τινά, „gewissermaſsen" hinzufügt.

Strabo, libr. I, p. 113 — 114 Almel., p. 64 — 65 Cas.: [Ὥς' εἰ μὴ τὸ μέγεθος τοῦ Ἀτλαντικοῦ πελάγους ἐκώλυε, κἂν πλεῖν ἡμᾶς ἐκ τῆς Ἰβηρίας εἰς τὴν Ἰνδικὴν διὰ τοῦ αὐτοῦ παραλλήλου, τὸ λοιπὸν μέρος, παρὰ τὸ λεχθὲν διάςημα, ὑπὲρ τὸ τρίτον μέρος ὂν τοῦ ὅλου κύκλου· εἴπερ ὁ διὰ Θινῶν ἐλάττων ἐςὶν εἴκοσι μυριάδων· ὅπου πεποιήμεθα τὸν εἰρημένον ςαδιασμὸν ἀπὸ τῆς Ἰνδικῆς εἰς τὴν Ἰβηρίαν...... καλοῦμεν γὰρ οἰκουμένην ἣν οἰκοῦμεν καὶ γνωρίζομεν· ἐνδέχεται δὲ ἐν τῇ αὐτῇ εὐκράτῳ ζώνῃ καὶ δύο οἰκουμένας εἶναι, ἢ καὶ πλείους, εἰ καὶ μάλιςα ἐγγὺς τοῦ διὰ Θινῶν κύκλου τοῦ διὰ τοῦ Ἀτλαντικοῦ πελάγους γραφομένου.]

Itaque (pluribus verbis persuadere nititur Eratosthenes) nisi Atlantici maris obstaret magnitudo, posse nos navigare in eodem parallelo ex Hispania in Indiam per universum id quod reliquum est, demta dicta distantia (hoc est longitudine terrae habitatae) quae totius circuli trientem excedit: siquidem circulus per Thinas ductus minor est ducentis milliariis, ubi nos stadia dimensi sumus ex India in Hispaniam...... Habitatam nempe terram appellamus eam quam inhabitamus et notam habemus. Possunt autem in eadem temperata zona vel duae habitatae terrae esse, immo et plures, praesertim proxime ad circulum qui per Thinas et Atlanticum mare describitur.

Diese Stelle ist, wie wir im Laufe dieser Untersuchungen schon oben mehrere Male zu bemerken Gelegenheit gehabt haben, die Parallelstelle zu den Worten

des Aristoteles, *de Caelo* II, 14. Es kann nicht in Zweifel gezogen werden, daß Strabo die Meinung von der
Möglichkeit einer Schiffahrt zwischen der iberischen Halbinsel und Indien aus dem zweiten Buche der Geographie
des Eratosthenes entlehnt habe (*Strabo*, I, p. 62 Cas.),
und nicht von Pytheas, wie ein neuerer Geograph *) behauptet, welchem man ausgezeichnete Untersuchungen über
die Geographie der Alten verdankt. Eratosthenes nahm
die Kugelgestalt der Erde an (*Strabo*, lib. I, p. 107 Almelov., p. 62 Cas.), und konnte daher leicht zu der Ansicht geführt werden, daß man von Iberien nach Indien
zu schiffen im Stande sei; aber die Ausdehnung des Atlantischen Meeres unter dem Parallel von Thinae (dem
Diaphragma des Dicaearch) erschien ihm, und wohl nicht
ganz mit Unrecht, als ein unübersteigbares Hinderniß.
Das Maaß dieser Ausdehnung des Atlantischen Meeres,
in Zahlen ausgedrückt, geht aus der Längenausdehnung
der οἰκουμένη hervor, welche auf etwas weniger als
200,000 Stadien festgesetzt worden war. Nach dem,
was Strabo in dem vierten Kapitel des zweiten Buches
und in dem funfzehnten Kapitel des eilften Buches über
die allgemeine Gestalt und die Ausdehnung der bewohnten Erde (p. 172 Alm., p. 112 Cas.; p. 179 Alm., p. 118

---

*) *Mannert* sagt in seiner *Einleitung in die Geogr. der Alten*,
S. 74: „Pytheas hatte zuerst den Gedanken, daß man auf einer Schif-
fahrt von Europa aus gegen Westen nach Indien gelangen müsse, ein
Gedanke, durch welchen die Entdeckung von Amerika durch Christoph Columbus herbeigeführt wurde." Strabo berichtet lediglich, daß
Eratosthenes bei seiner Größenbestimmung der Chlamys sich auf die
Meinung stützte, welche Pytheas über den Abstand des Borysthenes von
Thule aufgestellt hatte. Wir werden gleich nachher sehen, daß man
vielmehr bei Posidonius (*Strabo*, libr. II, p. 161 Alm., p. 102 Cas.)
den Gedanken des Eratosthenes wiederfindet, und nicht in dem Wenigen, was uns von Pytheas bekannt ist, welchen diejenigen so ungerecht
behandelt haben, die ihn entweder nicht zu verstehen im Stande waren,
oder es nicht wollten.

Cas.; p. 789 Alm., p. 519 Cas.) beibringt, lassen sich die Zahlenwerthe, bei welchen er stehen bleibt, sowohl nach dem System des Eratosthenes, als nach dem des Posidonius leicht auffinden; wobei mir der Umstand eine besondere Sicherheit zu gewähren scheint, daſs, sobald man in jedem System nur die einzelnen Data mit den ganzen Perimetern vergleicht, welche von beiden alten Mathematikern ganz verschieden angegeben worden sind, man zu keiner Vergleichung mit den gegenwärtigen Maaſsen seine Zuflucht zu nehmen braucht, um sie wieder aufzufinden. „Der Theil der nördlichen Halbkugel, welcher zwischen dem Aequator und einem dem Pole nahe belegenen Parallelkreise liegt, hat die Gestalt einer *Vertebra* *), σπόνδυλος (Cod. Parisin. 1393: σπόνδειλον, was Herr v. *Brequigny* ganz überflüssig in σπονδεῖον, Gefäſs zu Trankopfern, umzuändern vorschlägt). Die Oberfläche dieser Kugelzone, welche die nördliche gemäſsigte Zone darstellt, wird aus zwei Vierecken (τετράπλευρα) bestehen, deren Seiten gegen Norden die Hälfte des dem Pole benachbarten Parallelkreises (1400 Stadien jenseits Ierne), gegen Süden eine Hälfte des Aequators ausmachen werden." In einem dieser beiden Vierecke verzeichnet nun Strabo die Insel **), welche den von uns

---

*) Ich habe das Wort *vertebra* beibehalten, dessen sich die Uebersetzer des Strabo bisher bedient haben. Indessen ist es bei weitem wahrscheinlicher, daſs Strabo, ohne auch nur im Entferntesten auf das Skelett der gegliederten Thiere anspielen zu wollen, durch σπόνδυλος eine kreisförmige Figur (Ring) mit cylindrischer Oberfläche zu bezeichnen beabsichtigt habe, ähnlich dem Wirtel der Spindel (*verticillus* bei *Plinius, Hist. natur.* XXXVII, 2) oder den cylindrischen Theilen eines Säulenschaftes (*Athen. Deipn.* V, p. 206, wo man eine Beschreibung des berühmten Nilschiffes, des Thalamegus, findet, welches mit Säulen geschmückt war, deren einzelne Theile verschiedene Farben trugen, ähnlich einigen neueren Bauwerken zu Florenz).

**) Weshalb findet man libr. II, p. 113 Cas. die Worte: ἐπὶ τὸ πολὺ περατούμενον θαλάττῃ, nachdem Strabo so oft wiederholt hat, daſs die οἰκουμένη eine Insel ist?

bewohnten Theil der Erde bildet, deren Länge mehr als das Doppelte der Breite beträgt, welche die Gestalt einer Chlamys hat, und deren Breite nach den äufsersten Enden zu, besonders gegen Westen, sich bedeutend verengert (*Strabo*, II, p. 177 Almel., p. 116 Cas.)." Da der Parallel von Thinae, wenn man den Aequatorialumfang der Erde mit Eratosthenes zu 252000 Stadien annimmt (*Strabo* II, p. 173 Almel., p. 113 Cas.), nicht ganz 200,000 Stadien beträgt (genauer hätte Strabo gesagt, etwas weniger als 203,000 Stadien; vergl. *Gosselin* in den Anmerk. zur Uebersetzung des Strabo, Th. II, S. 164), und die Länge der bewohnten Erde, zwischen der Ost- und der Westgränze, von dem Heiligen Vorgebirge bis Thinae unter demselben· Parallel des Diaphragma 70,000 Stadien ausmacht (*Strabo* II, p. 137. 177. XI, p. 789 Almel. oder II, p. 83. 116, XI, p. 519 Casaub.), so ist es ganz richtig, wie Strabo in der Stelle annimmt (p. 113 Alm., p. 64. 65 Cas.), welche das gesammte Mittelalter bis auf Christoph Columbus beschäftigt hat, dafs das Land „mehr als ein Drittel" des Kreises einnimmt, welcher durch Rhodus und Thinae hindurchgeht, zwei Oerter, die man im Alterthume als unter demselben Parallel belegen ansah, obgleich der Breitenunterschied wahrscheinlich 24° betrug. Hiernach würden 130,000 Stadien übrig bleiben, welche man zu Wasser zu durchlaufen hätte, um von Iberien aus auf demselben Parallel nach jenem Indien zu gelangen *), „*Eoo adposita pelago*" (*Mela* III, 17). „Die weite Ausdehnung und die Einsamkeit des Meeres bieten die Hin-

---

*) In der merkwürdigen Stelle, in der von dem Handel von Thinae die Rede ist (*Periplus Marciani Heracleotae*, p. 14, und *Arriani Periplus Maris Erythraei*, p. 36 Hudson), wird dieser Hafen als zum Lande der Siner gehörig angegeben, welches von *India extra Gangem* getrennt war. Diese Kenntnisse verdankte man der gröfseren Ausdehnung der Schiffahrt und des Handels zur See.

dernisse dar, welche man zu überwinden nicht im Stande ist," wie Strabo an einer anderen Stelle sagt (II, p. 173 Alm., p. 113 Cas.).

Hauptsächlich ist aber · die vorliegende Stelle des Strabo (I, p. 114 Almel.; p. 65 Cas.) wegen der Aeußerung bemerkenswerth, „daß in derselben gemäßigten Zone, welche wir bewohnen, und besonders in der Nähe des Parallels, welcher durch Thinae hindurch über das Atlantische Meer hinweggeht, zwei und vielleicht noch mehrere bewohnte Länderstrecken vorhanden sein können," eine Aeußerung, auf welche die Schriftsteller des fünfzehnten und sechzehnten Jahrhunderts, des großen Zeitalters der Entdeckungen, wenig Gewicht gelegt zu haben scheinen, während in derselben doch eine begründetere: Prophezeiung der Entdeckung von Amerika und der Inseln des Südmeeres liegt, als in der unbestimmten Angabe in der Medea des Seneca. Auch in dem zweiten Buche (p. 179 Almel., p. 118 Cas.) spielt Strabo auf die Wahrscheinlichkeit des Vorhandenseins unbekannter Länder zwischen dem westlichen Europa und dem östlichen Asien an. „Eine genaue Darstellung aller übrigen Theile der Erdoberfläche," sagt er, „oder auch nur der gesammten Zone, von welcher wir gesprochen haben (II, p. 173 Alm., p. 113 Cas.), zu geben, gehört in das Gebiet einer anderen Wissenschaft (d. h. nicht in das Gebiet der positiven Geographie), so wie auch die Untersuchung, ob das andere Viereck der Zone bewohnt ist, gleich demjenigen, auf welchem wir uns befinden. In der That, wenn man annimmt, daß sie bewohnt sei, was ziemlich wahrscheinlich ist, so kann sie es wenigstens nicht von Völkern sein, welche mit uns denselben Ursprung haben: folglich muß jenes bewohnte Land von dem unsrigen verschieden sein, mit dessen Beschreibung wir uns hier allein beschäftigen." Das Vorhandensein eines oder mehrerer Länder im Atlantischen Ocean östlich von Thinae schien also dem geistreichen Geographen von Amasia

ziemlich wahrscheinlich, welcher aber nicht näher darauf
einging, aus Furcht, sich in dem weiten Felde der kon-
jekturalen Geographie zu verirren. Die Verbindung zwischen der von uns erwähnten Stelle (II, p. 179 Almel.,
p. 118 Cas.) und derjenigen, in welcher von den Dimensionen und Eintheilungen der bewohnten Erde die Rede
ist (II, p. 173 Almel., p. 113 Cas.), der Ausdruck, ἕτερον
τετράπλευρον σπόνδυλον, *anderes Viereck* der nördlich gemäfsigten Zone, welche nach der Beschreibung aus zwei
Vierecken besteht, von denen das eine unsere οἰκουμένη
umfafst, lassen keinen Zweifel übrig, dafs Strabo, nachdem er den Römern wegen ihrer grofsen, den Fortschritten der Geographie so erspriefslichen Unternehmungen
und „seinem Freunde und Genossen *Aelius Gallus*" grofse Lobeserhebungen hat zu Theil werden lassen, beiläufig
wieder auf das Vorhandensein bewohnter, noch nicht ent-
deckter, vielleicht unter dem Parallel von Rhodus und
Thinae belegener Ländermassen zurückkommt. Diese andere οἰκουμένη der nördlichen Halbkugel war also gänzlich verschieden von *dem anderen Theile der Welt*, den
man nach dem Vorgange des Crates (*Strabo*, I, p. 54
Almel., p. 31 Cas.) in der südlichen Halbkugel annahm,
jenseits des Armes vom Ocean, welcher die heifse Zone
bedeckte: sie war verschieden von dem *alter Orbis* des
Mela (I, 9, 4. III, 7, 7) und von dem *vierten Welttheile* *) des Isidor von Sevilla (*Orig.* XIV, 5 ed. Venet.
1483, p. 71, b).

Die

---

*) Ich erwähne vorzugsweise diese Benennungen, welche dem von
den Antichthonen bewohnten Lande ertheilt wurden, da man sie in den
späteren Jahrhunderten als identisch auf Amerika anwendete. *Finis erat
orbis ora gallici littoris, nisi Britannia insula amplitudine nomen
Orbis alterius mereatur* (*Dicuil, de mensura orbis terrae*, p. 50
Walcken., eine dem *Florus* III, 10, 16 nachgeahmte Stelle). Ueber
die Schwierigkeiten, welche sich den Bewohnern des südlichen Festlän-
des (Antichthones) darbieten, sobald sie mit den Bewohnern unserer
οἰκουμένη in Verbindung treten wollten, vergleiche man die beiden

Die Vergleichung der Gestalt unserer οἰκουμένη mit
einer Chlamys kommt viermal bei Strabo vor (II, p. 173
Almel., p. 113 Cas. II, p. 179 Almel., p. 118 Cas. II,
p. 182 Almel., p. 121 Cas. XI, p. 789 Almel., p. 519
Cas.). Die angenommene Uebereinstimmung scheint sich
hauptsächlich auf zwei Punkte zu gründen. Zuvörderst
muſs die Ausdehnung von der Rechten zur Linken, oder
die Länge der Bekleidung, in welche der Reiter sich
hüllen soll, und die Ausdehnung (Länge) der bewohnten Erde von Osten nach Westen im Allgemeinen bei
weitem beträchtlicher sein, als die Höhe der Chlamys oder die Breite der οἰκουμένη von Norden nach
Süden. Dieser Punkt wird in der That bei der Beschreibung von Alexandrien hervorgehoben. Strabo vergleicht den Flächenraum, welchen die Stadt einnimmt,
mit der Gestalt einer Chlamys, „deren Länge, welche
30 Stadien beträgt, durch die beiden Küsten bestimmt
wird, deren eine das Meer, die andere der See Mareo-
tis bespült; während die Isthmen, welche ihre Breite bedingen, nur 7 bis 8 Stadien betragen, und zwischen dem
See und dem Meere gleichsam eingepreſst liegen" (Buch
XVII, p. 1143 Almel., p. 793 Cas.). Die Breite der
οἰκουμένη verengt sich bedeutend nach ihren äuſsersten
Gränzen hin im Osten und Westen (II, p. 173 Almel.,
p. 113 Cas. II, p. 179 Almel., p. 118 Cas. II, p. 181
Almel., p. 120 Cas.), namentlich gegen Westen (II, p. 177
Almel., p. 116 Cas.). Die Unverhältniſsmäſsigkeit zwischen den beiden Dimensionen der Länge und Breite und
den Ausdehnungen im Sinne der geographischen Länge

merkwürdigen Stellen bei *Cleomedes*, *Cycl. Theor.* I, 2. (ed. Theoph.
Schmidt, 1832, p. 11—12) und bei *Geminus*, *Elem. Astronom.*, c. 13
(*Petavii*, *Uranolog.* p. 52). Ersterer fügt hinzu: „Das Vorhandensein
dieses Landes der Antichthonen (der ἄντοικοι) haben wir aus theoretischen, der allgemeinen Naturlehre (φυσιολογία) entlehnten Betrachtungen, nicht aus geschichtlich begründeten Erfahrungssätzen hergeleitet.

und Breite, verhindert übrigens nicht, dafs der Aehnlichkeit der Gestalten zufolge die Breite ungefähr in der
Mitte der Länge ihr Maximum erreicht. Diese Bedin-
gung ist, nach der scharfsichtigen Bemerkung von *Gossellin (Traduct. de Strabon*, Tom. IV, Part. I, p. 293
— 294), von *Strabo* an der Stelle aufgeführt, in welcher er untersucht, wo unter dem Parallel von Rhodus
die Mitte der Länge belegen sei, und ob derselben die
gröfste Breite der Chlamys entspreche. Die aus systematischen Gedankenverbindungen hervorgegangene Vorstellung von der mantelähnlichen Gestalt des bewohnten
Landes scheint in geographischer Beziehung hinreichend
gerechtfertigt zu werden, da das Maximum der Breite in
der That zwischen die Meridiane von Rhodus und Artemita in Babylonien fällt. Ich finde, dafs man im Mittelalter sogar die Haken *(fibulae)* der Chlamys bemerkt
haben will[*]).

Die Untersuchung über die Chlamys und die Breite
der bewohnten Erde in dem Meridian von Artemita oder
vom Ausflusse des Hyrkanisch-Kaspischen Meeres schliefst
mit einer Vergleichung des nördlichen Theils von Asien
mit einem Messer, welche an die bei den griechischen
Geographen so häufig vorkommenden Vergleichungen mit
Platanenblättern oder Pantherhäuten erinnert. Sie ist
neueren Uebersetzern [**]) unerklärbar erschienen; aber,
nach der Ansicht von *Boeckh*, hat Strabo (libr. XI, cap. 15

---

[*]) *Omnis terra, quamvis ab Oceano tamquam ingens quaedam
insula circumvallatur, habitabilis tamen non undique globea est:
cum utrumque ad solis semitam altius erecta caliginosae cuiusdam
nubeculas (ut inquit Anthonius Veronensis), speciem praestet, chla-
mydisque formam prae se fert, inquit Strabo in tertio: quoniam
duas fibulas versus arcton habere conspicitur, quae si coirent chla-
mydis figurarent speciem. Cosmographia dans manuductio-
nem in tabulas Ptholomei composita per Laur. Corvi-
num. Basil. 1496, fol. 10, a.*

[**]) *Du Theil*, Tom. IV, Part. I, p. 295.

am Schluſs, p. 789 Almel., p. 519 Cas.), welchem die Gestaltung der zwischen dem Eismeer und der Gebirgskette
des Taurus, von der man glaubte, daſs sie unter den successiven Benennungen des Caucasus (des Alexander), des
Imaus, des Emodus, des Ottorocorras und des Gebirges
der Serer ganz Asien von Westen nach Osten bis zu
dem östlichen Meere *(Eoum pelagus)* durchlaufe, belegenen Länder auffiel, diesen Abschnitt mit der Gestalt
eines Messers verglichen, dessen gekrümmter Rücken durch
die Küste des Nordmeeres dargestellt würde, während die
Schneide (ἀκμὴ τῆς κοπίδος) der in gerader Linie fortlaufenden Kette des Taurus entspräche. Wenn ich bei
dieser Gelegenheit dieses gelehrten und geistvollen Alterthumsforschers, meines akademischen Kollegen, gedenke,
so geschieht es, um ihm hier zugleich den Ausdruck meines lebhaften Danks für die Sorgfalt darzubringen, mit
welcher er die lateinischen Uebersetzungen mehrerer Stellen des Aristoteles und Strabo (von Johannes Argyropulus,
Budaeus, Vatablus und Xylander) verbessert hat, so wie
für die Bemerkungen, welche er mir mit der gröfsten
Bereitwilligkeit zukommen liefs, als ich ihm diese Arbeit
mittheilte, die mich eine so lange Reihe von Jahren beschäftigt hat. Indem ich diese Hülfsleistungen des Kritikers und Freundes erwähne, muſs ich jedoch darauf aufmerksam machen, daſs Hr. *Boeckh* in keiner Beziehung für
die oft unbestimmten und gewagten Bemerkungen, welche in meinem Werke enthalten sein können, verantwortlich gemacht werden darf.

Strabo, libr. II, p. 161 Almel. p. 102 Casaub.:
[Ὑπονοεῖ δὲ (ὁ Ποσειδώνιος) τὸ τῆς οἰκουμένης μῆκος
ἑπτά που μυριάδων ϛαδίων ὕπαρχον, ἥμισυ εἶναι τοῦ ὅλου
κύκλου καθ' ὃν εἴληπται· ὥϛε φησὶν ἀπὸ τῆς δύσεως
Εὔρῳ πλέων ἐν τοσαύταις μυριάσιν ἔλθοι ἂν εἰς Ἰν
δούς.]

*Suspicatur etiam (Posidonius) habitatae terrae lon-
gitudinem LXX circiter millibus stadiorum constare, di-
midiumque esse totius in quo sumitur circuli: itaque, inquit, ab occasu, Euro spirante, navigans tantum spatium
ad Indos perveniret.*

Da *Posidonius* den Aequinoctialumfang auf 180000
Stadien setzte (*Strabo* II, p. 151 Almel., p. 95 Cas.),
so mufste der Umkreis des Parallels von 36° („desjenigen, auf welchem das Maafs der bewohnten Erde genommen ist") nothwendiger Weise 145600 Stadien betragen (*Gossellin* in der französischen Uebersetzung des
Strabo, Tom. I, p. 270, not. 1), wovon 70000 Stadien
oder die gröfste Ausdehnung der οἰκουμένη von Osten
gegen Westen in der That „ungefähr die Hälfte" ausmachen. Strabo hat bei der Reduktion der Perimeter,
welche verschiedenen Breitengraden entsprechen, keine
besondere Genauigkeit beobachtet. Es ist schwer einzusehen, wie die Ausleger darauf gekommen sind, ζέφυρος
an die Stelle von εὖρος setzen zu wollen, und die Schiffahrt von Iberien nach Indien unter dem Einflusse eines
beständigen Westwindes vor sich gehen zu lassen. Die
Worte des Textes ἀπὸ τῆς δύσεως beziehen sich auf
den Punkt der Abfahrt und „der beständige Ostwind"
erinnert fast an die unter niederen Breitengraden herrschenden Passatwinde.

---

*Seneca, Quaest. natur. Praefat. §. 11: „Tunc con-
temnit (curiosus spectator) domicilii prioris angustias.
Quantum enim est, quod ab ultimis littoribus Hispaniae
usque ad Indos iacet? Paucissimorum dierum spatium,
si navem ventus suus implevit* (Codd. *ferat*).

Beim ersten Anblick scheint es, als ob diese Stelle
auf die des *Aristoteles*, de caelo II, 14 und des *Strabo*
I, p. 113 Almel., p. 64 Cas. Bezug habe: aber die Analogie zwischen beiden beschränkt sich auf die Angabe des

Weges, auf welchem man von Iberien nach Indien schiffen kann. Columbus vermengt in seinem Briefe an die Königin Isabella vom Jahre 1498 sämmtliche Stellen aus alten Schriftstellern, um seine Ansicht von der geringen Ausdehnung des Meeres zu bekräftigen. „Aristoteles," sagt er, „lehrt uns, daſs die Welt von geringem Umfange sei, daſs sie wenig Wasser enthalte, und daſs man leicht von Spanien nach Indien gelangen könne. Dies wird bestätigt von *Avenruyz* (Averroës) und dem Cardinal Pedro de Aliaco, welcher sich auf die Gewährleistung des Seneca stützt, indem er hinzufügt, daſs Aristoteles in viele Geheimnisse der Natur durch die Mittel, welche ihm Alexander der Grofse darbot, eindringen konnte, so wie Seneca durch Caesar Nero." Aber, wie ist es möglich, daſs *Seneca*, dieser ernste, besonnene Schriftsteller, der so viel Sorgfalt auf seinen Stil verwendete, so unaufmerksam sein konnte, sich der Worte *paucissimorum dierum spatium* zu bedienen? Die Beantwortung dieser Frage ist sehr schwierig. Wenn man sich an dasjenige erinnert, was in der Vorrede zu den *Quaestiones naturales* vor diesen Worten hergeht, so sieht man leicht, daſs Seneca ein Beispiel einer sehr geringen Ausdehnung hat geben wollen. In dem Bestreben, die moralische Seite der Erscheinungen und Begebenheiten aufzufassen, welches diesen eklektischen Stoïker, welcher in einer unglückseligen Epoche lebte, charakterisirt, verweilt er vorzugsweise bei dem Gegensatze zwischen der Kleinheit unseres Erdkörpers „*punctum* *) *istud in quo bellatis, in*

---

*) Man könnte sagen, daſs *Plinius (Histor. nat.* II, 68) bei den Worten: *Hae tot portiones terrae, imo vero, ut plures tradidere, mundi punctus, neque enim est aliud terra in universo. Haec est materia gloriae nostrae: hic exercemus imperia, hic instauramus bella civilia,* etc. die obige Stelle des *Seneca* vor Augen gehabt habe. Aber diese Philosophen des ersten Jahrhunderts der römischen Kaiserherrschaft, die im Allgemeinen Stoïker waren und dem Pantheismus huldigten, der sich für ihre rhetorische Beredsamkeit besonders eignete

quo regna disponitis" und der Ausdehnung der plane-
tarischen Räume, *„sursum ingentia spatia sunt, in quorum possessionem animus admittitur."* Wenn der Mensch,
als sorgfältiger Beschauer des Universums, den majestä-
tischen Lauf der Gestirne beobachtet hat, und „jene Gegend des Himmels, welche dem Saturn *(velocissimo si-
deri)* eine Bahn von 30 Jahren darbietet, so sieht er
mit Geringschätzung, indem er aufs Neue seine Blicke der
Erde zuwendet, auf die Bedeutungslosigkeit seines Wohnsitzes. Wie weit ist es von den äufsersten Gestaden
Spaniens nach Indien?" *Ruhkopf,* in seinen Anmerkungen
zu der Stelle des Seneca *(Senec. Oper.* Tom. V, p. 11)
nimmt an, dafs unter dem Indien des Schriftstellers die
kanarischen Inseln zu verstehen seien: denn, nach Ptolemaeus, sagt er, nähert sich das östliche Indien ´dem
westlichen (?) Afrika; diese beiden Länder sind durch
keine bedeutenden Wassermassen von einander getrennt,
mithin die kanarischen Inseln nicht sehr weit von Indien entfernt. Es dürfte schwierig sein, den Faden dieser Gedankenverbindung zu fassen; und ich kenne überdies in der Geographie des Ptolemaeus durchaus keine
Stelle, welche auf eine geringe Entfernung Indiens von den
Glückseligen Inseln hindeutete. Das *unbekannte Land,*
welches mit der Halbinsel von Catigara in Verbindung
steht, knüpft sich an „das Cap Prasum, das Vorgebirge
Rhapta und den südlichen Theil von Azania," schliefst
das Becken des Erythräischen Meeres, und hat daher
mit der *West*küste Libyens durchaus nichts zu schaffen.
Ptolemaeus spricht an drei verschiedenen Stellen von diesem geschlossenen Becken und dem Bestehen dieses *unbekannten* Landes (libr. IV, c. 9. VII, c. 3 und 5), und
an keiner der Stellen, in denen er das Meer von Indien

(*Plin.* II, 1, 4, 7), bieten in ihren moralphilosophischen Aeufserungen
eine Einförmigkeit der Gedanken und der Ausdrucksweise dar, die nur
von unseren Theologen hat übertroffen werden können.

erwähnt (libr. IV, c. 8. libr. VI, c. 8. libr. VII, c. 2),
bestimmt er die Gränzen desselben. Ueberdies ist kein
Beweis vorhanden, dafs die Hypothese der Schule von Alexandrien über den Zusammenhang Afrika's mit Catigara im
Süden des Cap Prasum von Hipparch herrühre und überhaupt älter sei als Seneca, welcher länger als ein Jahrhundert vor Marinus von Tyrus und Ptolemaeus lebte.
Die Erklärung, welche *Ruhkopf* von der Stelle des Seneca gegeben hat, ist mithin unzulässig, und man darf
annehmen, dafs der Philosoph, welcher am Hofe des
Nero lebte, zuweilen in seinen Ideen nicht ganz ohne
Uebertreibung war, wie er denn sehr häufig seine Redeweise von einem gewissen Schwulste nicht frei erhält.

    Senec. Medea, Act. II, *Chorus in fine*, p. 281 ed.
Bipont.:

> *Nil, qua fuerat sede, reliquit*
> *Pervius orbis.*
> *Indus gelidum potat Araxem:*
> *Albim Persae, Rhenumque bibunt.*
> *Venient annis saecula seris*
> *Quibus Oceanus vincula rerum*
> *Laxet, et ingens pateat tellus,*
> *Tethysque novos detegat orbes,*
> *Nec sit terris ultima Thule.*

    Dies ist die so oft von Christoph Columbus, Peter
Martyr d'Angbiera, Oviedo und Herrera angeführte Stelle.
Es würde hier überflüssig sein, wie schon Ferdinand Co-
lumbus gethan hat, Zweifel über den wahren *) Verfasser

----

   *) Aus der häufigen Verwechslung des berühmten Philosophen L.
Annaeus Seneca mit seinem Vater, M. Annaeus, dem Gemahl der Hel-
via, welchem man fälschlich die Tragödien zugeschrieben hat, ist der Einwurf zu erklären, welchen die Professoren von Salamanka in den berühmten Disputationen im Jahre 1487, von denen oben die Rede gewesen ist, gegen Columbus vorbrachten, und der von der „unendlichen
Ausdehnung des Oceans, welche der Philosoph Seneca bewiesen habe“,
hergenommen war. Es ist nur ein Irrthum der Person in dieser Angabe der *Cathedraticos* von Salamanca. Sie wollten von dem Rhetor

der Medea zu erheben, welche eine Stelle des *Quinti-lian* (*Institut. Orator.* IX, 2. §. 9) ausdrücklich dem Philosophen L. Annaeus Seneca, dem Lehrer des Nero, zuzuschreiben scheint. Eine satirische Bemerkung, welche *Tacitus* *) entschlüpft ist, belehrt uns übrigens, dafs der Lehrer „häufig Verse machte, seitdem sein Zögling daran Geschmack zu finden angefangen hatte." Für uns ist hier von Erheblichkeit, die Aufmerksamkeit auf die Gedankenverbindung zu lenken, welche den Dichter zu der ohne Zweifel sehr unbestimmten Prophezeiung „jener neuen Länder" geführt hat, welche man im Laufe der Jahrhunderte entdecken würde; eine Prophezeiung, in der man nach dem Geographen Ortelius um so lieber Amerika zu erkennen glaubte, als Seneca aus der Iberischen Halbinsel gebürtig war. Der Chor hebt damit an, den Muth der Seefahrer (*Audax nimium, qui*

M. Annaeus Seneca sprechen, welcher zur Zeit des Augustus in Rom lebte, und in seiner Schrift *Suasoriae* (I, 1) die Frage abhandelte: Wird sich Alexander auf dem Ocean einschiffen, da Indien das äufserste Ende der Welt ist und jenseits desselben die ewige Nacht beginnt? (*Vofs, Kleine Schriften,* Th. II, S. 241.) Der Ausdruck, dessen sich Ferdinand Columbus in dem Leben seines Vaters bedient (cap. XI, p. 11 Barcia), nehmlich dafs sich die Professoren auf die Autorität des Seneca stützten, „welcher *por via de question* versicherte, dafs man in drei Jahren nicht zum östlichen Ende der Welt gelangen könne", deutet auf die *Suasoriae*, erdichtete Streitfragen, die Behufs rhetorischer Uebungen aufgeworfen wurden, hin. Die *drei Jahre* finden sich nicht in der ersten Streitfrage: es wird versichert, „*ultra Oceanum rursus alia littora, alium nasci orbem, nec usquam naturam rerum desinere, sed semper inde ubi desisse videatur, novam exsurgere*"; aber man schliefst daraus, nach langen und kleinlichen Abschweifungen, dafs Alexander sich nicht einschiffen werde, um eine neue Welt aufzusuchen. Mittelst einer ähnlichen Schlufsfolge suchte die Fakultät von Salamanka im Jahre 1487 durch gelehrte Beweisgründe die Entdeckung von Amerika zu verhindern.

*) *Obiiciebant etiam eloquentiae laudem uni sibi adsciscere et carmina crebrius factitare, postquam Neroni amor eorum venisset. Annal.* XIV, 52.

freta primus etc.) in einer Epoche, wo man noch nicht
von den Gestirnen geleitet wurde und die Winde noch
keine besonderen Benennungen hatten, zu feiern; aber,
so fährt er fort, seitdem die Argonauten ihre ruhmvolle
Fahrt unternahmen und glücklich beendigten, ist das Meer
überall geöffnet; man bedarf nicht mehr des von der Hand
der Minerva erbauten Schiffes Argo. Jedes Schiff durch-
läuft die hohe See. Die ganze Welt ist zugänglich geworden, *pervius orbis.* Der Inder dringt bis zu dem be-
eisten Araxes vor (ohne Zweifel dem des *Herodot.* I, 201.
Tom. V, p. 200 — 204 Schweigh., welcher die Gränze
zwischen Persien und dem Lande der Massageten bildet,
worunter der Iaxartes oder Sir-Deria zu verstehen ist);
der Perser trinkt das Wasser der Elbe und des Rhein.
In diesem Gemälde der zwischen den Völkern bestehen-
den Verbindungen, welches selbst für die Epoche der
Herrschaft des Nero viel zu glänzend ist, trägt der Dichter, nach der Sitte der Griechen, die Kenntnisse seiner
Zeit auf die der Medea über. Die Idee des Contrastes
zwischen den ersten furchtsamen Schiffahrtsversuchen (*sua
quisque piger littora tangens*) und jener Verbindung zwischen den Völkern vom Indus bis zu den Ufern des Rheins
führt zu der Prophezeiung, welche den Chor beschliefst.
„Wenn der Ocean die Bande zerrissen haben wird (*vincula rerum*), mit denen er nach den Begriffen der Homerischen Geographie den Erdkreis umschliefst *), und
dieser Erdkreis jeder Art von Verbindung offenstehen wird
(*ingens pateat tellus*), dann wird in künftigen Jahrhunderten das Meer (*Tethys*) neue Länder enthüllen (*novos deteget orbes*), und Thule wird nicht mehr der ent-
fernteste Punkt der bekannten Welt sein.“ Der Schwung
des Ausdrucks und der pathetische Ton der Begeisterung
haben den letzten Worten eine Bedeutsamkeit gegeben,

---

*) „*Oceanus terras velut vinculum circumfluit.*“ (*M. Ann.
Seneca, Suasor.* I, 1, p. 5 ed. Bip.)

welche, bei dem gänzlichen Mangel einer näheren Ortsbestimmung, eine so unbestimmte Prophezeiung nicht erlangt haben würde, wenn sie unter der einfachen Gestalt
einer geographischen Vermuthung aufgestellt worden wäre.
Wenn Strabo uns sagt (I, p. 113 Almel., p. 64 Cas.),
dafs in dem Atlantischen Ocean, in demjenigen Theile der
nördlichen Halbkugel, welcher nicht von unserer bewohnten Erde eingenommen ist, wohl eine andere οἰκουμένη
und selbst mehrere vorhanden sein könnten, besonders
unter dem Parallel von Thinae, unter welchem die Festländer Europa's und Asiens die gröfste Ausdehnung haben, so prophezeit er, das heifst er erräth, wie es mir
scheint, auf eine äufserst glückliche Weise, die Entdekkung von Amerika und den Inseln im Südmeere. Der
schnelle Aufschwung der Schiffahrt von Myos Hormos
an den Ufern des rothen Meeres nach den Küsten von
Indien, seit der Eroberung Aegyptens durch die Römer
(*Strabo* II, p. 179 Almel. p. 118 Cas.), die Unternehmungen nach den Britannischen Inseln und dem Norden
im Allgemeinen hatten ohne Zweifel die Einbildungskraft
Seneca's [*]) aufgeregt, und der Chor, welchen wir so eben
zergliedert haben, ist sicherlich nicht aus einer jener zahlreichen Tragödien, welche dieselbe Ueberschrift tragen,
wie die *Medea* des *Neophron* von Sicyon, des *Herillus*
oder des *Philiscus*, die sämmtlich für uns verloren gegangen sind, nachgeahmt.

Vielleicht hat die Berühmtheit, welche die angeführte
Stelle aus der *Medea* schnell erlangte, seitdem man sie
auf die Entdeckung der Neuen Welt anwendete, jenen
antiquarischen Betrug veranlafst, den wir nur aus dem
Berichte des Geographen *Ortelius* [**]) kennen lernen. Im

---

[*]) Es ist durchaus überflüssig, den Seneca selbst, wie *Gronov* annahm, von Aegypten nach Indien reisen zu lassen. (*L. Annaei Senec.
Medea et Troades*, ed. *Aug. Matthiae*, 1828, p. 14. 19. 92.)

[**]) *Ortelii Theatr. orbis terr.* 1601 (im Art. *Nov. Orbis*).

Jabre 1508 fiel einem Portugiesen, Einwohner eines Dor-
fes in der Nähe des Capo de la Rocca, ein, auf einen
Marmorblock folgende abscheuliche und unverständliche
Verse einzugraben:

> *Volventur saxa litteris et ordine rectis,*
> *Cum videas Occidens, Orientis opes.*
> *Ganges, Indus, Tigris, erit mirabile visu,*
> *Merces commutabit suas uterque sibi.*

Der Stein wurde eingegraben und so lange in der Erde
gelassen, bis man hoffen durfte, daß die Feuchtigkeit seine
Oberfläche angegriffen habe; dann ausgegraben, Neugie-
rigen gezeigt und von begeisterten Alterthumsforschern
als eine *sibyllinische* Inschrift beschrieben. Der Rechts-
gelehrte *Caesar Orlando* entdeckte den Betrug, und
Resende machte ihn in den *Antiquitates Lusitanicae*
bekannt.

Nächst der angeblichen Prophezeiung des Seneca beschäftigte die spanischen Schriftsteller zur Zeit der Entdeckung von Amerika am meisten die grofse Katastrophe der Atlantis des Solon. Zwar erinnere ich mich in
der That nicht, irgendwo in den Briefen des Columbus
oder in den Bruchstücken seiner Abhandlung von der
Eroberung der *Casa Santa* eine Erwähnung der Atlantis gefunden zu haben; aber sein Sohn spricht von der
Isla Atlantica, welche er, wie ich schon oben zu bemerken Gelegenheit gehabt habe, mit der kleinen Euböa
gegenüberliegenden Insel *Atalanta* verwechselt hat, die,
wie wir aus den Berichten des *Thucydides, Seneca* *) und

---

*) *Thucydides ait* (III, 89), *circa Peloponnesiaci belli tempus
(anno sexto) Atalantam insulam aut totam aut certe maxima ex
parte suppressam. Nat. Quaest.* VI, 24. Vergleiche auch *Strabo* libr. I,
p. 105 Almel. p. 61 Cas. Diese grofse physische Umwälzung fällt,
bis auf Ein Jahr, mit dem dritten Ausbruche des Aetna zusammen, dessen in der Geschichte seit der Niederlassung der Griechen in Sicilien,
d. h. seit der ersten Gründung von Syrakus OL 5, 4 nach der Pari-
schen Marmorchronik (*Boeckh, Corp. Inscript. Graec.*, Tom. II, p. 335)

Strabo wissen, um Ol. 88, 2 durch ein Erdbeben vernichtet wurde. *Herrera* sagt, dafs man nur deshalb die Insel *Atlantis* des Plato für eine der Antillen gehalten habe, um dem Admiral den Ruhm seiner Entdekkung zu schmälern. Ich bin weit davon entfernt, diese bis zum Ueberdrufs besprochene geologische Frage wieder aufzunehmen. Die Probleme der mythischen Geographie der Hellenen können nicht nach denselben Grundsätzen behandelt werden, wie die Probleme der positiven Geographie. Sie bieten gleichsam verschleierte Bilder mit verwaschenen Umrissen dar. Die Bemühungen Plato's *),

---

gedacht wird. Die Erdbeben im Aegäischen Meere sind vielleicht, trotz der Verschiedenheiten der Systeme beider Erscheinungen, Vorläufer des vulkanischen Ausbruches gewesen, gleich wie man Verbindungen zwischen den unterirdischen Bewegungen auf den Azoren, in Luisiana und an der Küste von Caracas wahrgenommen hat (*Humboldt*, *Relat. historiq.*, Tom. II, p. 4 — 21). Hesiod, nicht Homer, kannte den Namen des Aetna, wenn überhaupt *Αἴτνη* bei Hesiod genannt worden ist, und nicht vielleicht. Eratosthenes den Text (*Theogon.* v. 860) durch eine Verbindung mehrerer in einander greifender Vermuthungen erklärt hat (Strabo, Tom. I, p. 42 Almel. p. 23 Cas.). Ein grofser Ausbruch fand unter der Regierung des Hiero (Ol. 75, 2) Statt, und veranlafste die Beschreibungen des Pindarus und Aeschylus. Diodor (V, 6) berichtet, dafs lange vor dem Trojanischen Kriege die *Sicani*, die Urbewohner des östlichen Theiles von Sicilien, mithin früher als die *Siculi*, durch Ausbrüche des Aetna, welche mehrere Jahre hindurch fortwährten, gezwungen wurden, sich in die westlichen Theile der Insel zu flüchten. Thucydides nennt den Ausbruch Ol. 88, 3 den dritten (III, 116). Es ist wahrscheinlich, dafs Hesiod den Aetna durch Auswürfe kannte, welche der Niederlassung der griechischen Kolonien vorangegangen waren.

*) *Timaeus*, vol. III, p. 20—25; *Critias*, p. 109—121 (*Plat.* Tom. IX, p. 287—297, Tom. X, p. 39 — 66 ed. Bip.). Von diesen beiden Erzeugnissen seines Alters hat Plato das letztere nicht vollendet. (Vergl. auch *Strabo*, II, p. 160 Almel. p. 102 Cas. nach dem Zeugnisse des *Posidonius*, nicht des *Polybius*, wie es in dem an genauen Untersuchungen so reichen Werke von *Hoff*, *Gesch. der natürlichen Veränderungen der Erdoberfl.*, Th. I, S. 169 heifst.) „Posidonius findet es zweckmäfsiger, die Ueberlieferung (der ägyptischen Priester)

diese Umrisse deutlicher hervorzuheben und bestimmter abzugränzen, und die Bilder durch Anwendung von Ideen, welche eine bei weitem neuere Theogonie und Politik an die Hand geben konnten, zu vergröfsern, haben den Mythus von der Atlantis aus dem ursprünglichen Kreise von Ueberlieferungen herausgerissen, zu welchem der grofse Saturnische Kontinent (*Plut.*, *de facie in orbe lunae*, p. 941, 2), die bezauberte Insel, auf welcher Briareus neben dem schlummernden Saturnus wacht, und die Meropis des Theopomp gebören. Hier ist es von Wichtigkeit, an die geschichtliche Beziehung der Mythe von der Atlantis zu Solon zu erinnern. In seiner einfachsten Bedeutung bezeichnet der Mythus die Epoche „eines Krieges, welchen Völker, die aufserhalb der Säulen des Herkules wohnten, mit denen führten, welche östlich von denselben ihre Wohnsitze hatten" (*Crit.* p. 108). Es ist ein Einbruch von Westen her; und so wie wir in der *Meropis* *) des Theopomp und dem Saturnischen

---

anzunehmen, als in Beziehung auf dieses Land [die Atlantis] das zu wiederholen, was man von der Mauer der Achäer bei Homer gesagt hat: Derjenige, welcher sie erfunden, hat sie auch wieder verschwinden lassen [ὁ πλάσας αὐτὴν ἠφάνισεν]." Diese Mauer, welche das Lager der Griechen decken sollte, „ist vielleicht niemals vorhanden gewesen (*Strabo*, XIII, p. 893 Almelov. p. 598 Casaub.), und hat ihre Zerstörung nur der Einbildungskraft des Homer zu danken, wie Aristoteles sagt." Plato macht aus der Atlantis ein Land mit Elephanten, in welchem man selbst Namen semitischen Ursprunges findet; denn ein Bruder des Atlas heifst „Gadeiros, was auf griechisch *Eumelos* bedeutet", d. h. reich an Schaafen. Indessen wissen wir aus einem Fragment des *Sallust* (*Nonnes ad Melam*, p. 525), aus *Plinius* (*Hist. nat.* IV, 36), *Dionysius Periegeta*, und besonders aus *Avienus* (*Ora maritim.* v. 267), welcher sich häufig der Belehrungen rühmt, die er aus Himilco's Tagebuche geschöpft zu haben vorgiebt, dafs Gaddir oder Gadeira eine phönizische Wurzel ist. (*Punicorum lingua conseptum locum Gaddir vocabant.* *Poët. lat. minor.* Tom. V, p. 1212 ed. Wernsdorf.)

*) Der Name *Meropis* steht vielleicht mit dem des Titanen *Atlas* in Verbindung, indem er an dessen einzige Tochter erinnert, die mit

Lande des Plutarch, gleich wie in der Atlantis, einen
Kontinent erkennen, mit welchem unsere οἰκουμένη verglichen nur eine geringfügige Insel ausmacht, so hängt
anderer Seits die Zerstörung der Atlantis durch Erdbeben mit der alten Ueberlieferung von Lyctonien zusammen, einem geologischen Mythus, welcher sich auf das
Becken des Mittelmeeres von Cypern und Euböa bis
nach Korsika bezieht, und, vielleicht in den *Argonau-
ticis* des falschen Orpheus besungen *), in bei weitem
neueren Zeiten, nach dem Vorgange der gelehrten Schule
von Alexandrien, zur Unterstützung geologischer Systeme
durch die ursprünglichen Traditionen der Hellenen benutzt wurde. Dieser Mythus von Lyctonien, welcher
ohne Zweifel sehr alt ist, weil durch ihn das Festland
und die Inseln von Griechenland, welche die Atlanten
erobern wollten, ihre Gestalt erhielten, ist vielleicht allmählig nach Westen jenseits der Säulen hinausgeschoben
worden. Es ist in der That bemerkenswerth, daß in allen diesen kosmogonischen Mythen, welche wir so eben
erwähnt haben, Lyctonien und Atlantis die einzigen Länder sind, welche unter der Herrschaft des Neptun, der mit
seinem Dreizack die Erde erschüttert (σεισίχϑων), durch
grofse Katastrophen untergehen. Die Saturnischen Kontinente bieten nicht diese Eigenthümlichkeit dar, und eben
deshalb scheint mir die Atlantis, trotz ihres wahrscheinlich ägyptischen Ursprunges und der muthmafslichen Uebersiedelung dieser Mythe von dem Nilthale aus nach Griechenland, ein Wiederschein von Lyctonien zu sein. Grofse Umwälzungen oder, wenn man einen anderen Aus-

---

einem Sterblichen verbunden war, und deshalb ĵn dem Gestirn der
Plejaden *verschleiert* und den Blicken der Menschen fast gänzlich verborgen blieb. (*Apollodor. Biblioth.* III, 10, 1 p. 83 ed. *Heyne.*)

   *) V. 1274—1281. Ueber eine analoge Stelle des Callimachus
vergl. *Ukert, Geogr. der Griechen und Römer*, Th. I, Abth. II, S. 346
—348. Th. II, Abth. I, S. 194.

druck vorziehen will, der Glaube an diese grofsen Umwälzungen, welchen die Betrachtung der Erdoberfläche,
der Halbinseln, der gegenseitigen Lage der Inseln und
der Gliederung der Kontinente hervorgerufen hat, mufste
die Geister an allen Küsten des Mittelmeeres beschäftigen, selbst in dem Falle, dafs Aegypten, wie die Priester behaupteten, weniger als jedes andere Land einer
Unterbrechung der regelmäfsigen Wiederkehr periodi-
scher Erscheinungen durch plötzliche und auf bald en-
geren, bald weiteren Raum begrenzte physische Umwälzungen ausgesetzt war *). Die übergrofse Freiheit **),
mit welcher Plato, besonders in dem Critias, die Sage
von der Atlantis behandelt, hat natürlicher Weise die
Verbindung dieses Mythus mit Solon sehr zweifelhaft
gemacht. Plato war zugleich verwandt mit der Familie
dieses Gesetzgebers und mit der des Critias. Der Ur-
grofsvater des Critias, welchen Plato in seinen Dialogen
als redende Person einführt, hiefs Dropides, und war der
genaue Freund des Solon, der ihn in seinen Versen erwähnt hat. Die Erzählung des Plato würde geringere chronologische Schwierigkeiten darbieten, wenn, da der Zwi-
schenraum von zweihundert und zehn Jahren zwischen dem
Alter des Solon und dem des Plato durch drei Geschlech-
ter von der Nachkommenschaft des Dropides ausgefüllt
wurde, dieser und nicht Solon, durch eine ohne Zweifel tadelnswerthe Veränderung im Texte, dem Critias,
dem Grofsvater der redend eingeführten Person, dasje-

---

*) [Wenigstens wurde dies in Bezug auf die Erdbeben von den
Griechen behauptet. Vergl. die Anmerk. zu *Aristotel. Meteorol.* II,
7, Vol. I, p. 583 sqq. *Letronne, La Statue vocale de Memnon*
(Paris 1833, 4.) p. 23 folgd. *Aristid. Aegypt.* Tom. II, p. 489 Dindorf: ὡς δὲ καὶ σεισμοῖς καὶ λοιμοῖς καὶ τοῖς ἐξ οὐρανοῦ κατακλυ-
σμοῖς ἀνάλωτος ἡ χώρα δι᾿ αὐτόν ἐςιν οὐδὲ τοὺς πρὸ ἡμῶν Ἕλληνας
ῆαϑεν.]

**) In demselben Dialog werden der Atlantis die verschiedensten
Dimensionen gegeben. *Crit.* p. 108. 118.

nige erzählte, was er über den Untergang der Atlantis
von Solon erfahren hatte. Dieser Critias, Sohn des Dropides, war in einem Alter von neunzig Jahren (die redende Person war damals erst zehn Jahre alt) durch einen dichterischen Wettkampf, junger Leute, welche Verse
des Solon sangen, angeregt worden, die Geschichte der
Atlanten, wie sie in den beiden Dialogen *Timaeus* und
Critias enthalten ist, auseinander zu setzen. Auserdem
läfst man den redend eingeführten Critias sagen, dafs Bemerkungen des Solon über die Eigennamen in seinen Händen seien, welche dieser aus dem Aegyptischen in das
Griechische übersetzte, und in sein Gedicht habe auf-
nehmen wollen. Plato hätte, um seiner Erzählung einen
gröfseren Anschein von Wichtigkeit zu geben, alle diese
Thatsachen in einen historischen Roman einkleiden können, und seine Verwandschaft mit Solon würde seiner
Dichtung einen besonderen Grad von Wahrscheinlichkeit
gegeben haben.

Nach dieser Annahme, welche neuerdings wieder aufgestellt worden ist *), hätte Plato den Mythus von der
Atlantis nicht aus der Solonischen Quelle geschöpft, sondern von seiner Reise nach Aegypten selbst mitgebracht.
Das Leben des Solon von Plutarch (c. 54 und 66)
scheint dem grofsen Gesetzgeber von Athen das Gedicht
zuzuschreiben, dessen Existenz man leugnen möchte. Es
würde ihm mit unwiderstehlicher Gewifsheit hiernach zuertheilt werden müssen, wenn man ganz sicher wäre,
dafs nicht Plutarch seine Ideen nach den Dialogen des
Plato umgemodelt hätte. Der Biograph sagt in der That,
dafs

---

*) Man vergleiche *Kleine, Quaestiones quaedam de Solonis
vita et fragm.* Duisb. 1832, p. 8. *Bach* (*Solonis Atheniensis carmina quae supersunt*, Bonnae ad Rhen., 1825, p. 35 — 36 und p. 113)
glaubt anderer Seits, dafs die Familie des Plato, nicht als mündliche
Ueberlieferung, sondern als vollendetes Gedicht, einen λόγον Ἀτλαντικόν
aufbewahrte.

daſs Solon „mit den Priestern Psenophis und Sonchis zu Heliopolis und Saïs Umgang hatte, von denen er die Mythe von der Atlantis erfuhr, die er, wie Plato versichert, dichterisch einzukleiden und auf griechischen Boden zu verpflanzen suchte." Er fügt am Schlusse dieser Biographie hinzu, „daſs lediglich das Alter und nicht, wie Plato behauptet, der Drang der öffentlichen Geschäfte Solon von der Vollendung seines Gedichts abhielt, dessen Ausdehnung ihn abschreckte." Dieser Einwurf, welchen Plutarch gegen die Erzählung des Plato *) erhebt, und die Namen der beiden ägyptischen Priester **), welche in den Dialogen nicht angegeben sind, scheint darauf hinzudeuten, daſs er, trotz des bedeutenden Zeitabstandes, aus uns unbekannten Quellen schöpfte; auch sagt *Letronne* in seinem scharfsinnigen *Essai sur les idées cosmographiques qui se rattachent au nom d'Atlas* (1831) ausdrücklich: „Die Fabel von der Atlantis, welche Plato in dem Timaeus und Critias erzählt und ohne Zweifel ausgeschmückt hat, ist aus einem *mythisch-politischen* Gedichte entlehnt, welches Solon gegen das Ende seines Lebens abfaſste, um den Muth und die Vaterlandsliebe der Athenienser zu stählen und zu beleben. Er gab die Priester von Saïs für die Urheber des wesentlichsten Theils der Erzählung aus, indem er sich dieser Angabe als eines Mittels bediente, seine Glaubwürdigkeit zu erhöhen." Solon starb im Jahre 559 vor unserer Zeitrechnung; sein Gedicht muſs zwischen den Jahren 570 und 560, also ungefähr siebzig Jahre nach der Unternehmung des Colaeus von Samos und mehr als zweihundert Jahre vor der Abfassung des Critias angefertigt worden sein.

Nach der Bemerkung des groſsen Kenners und Forschers des griechischen Alterthums, *Boeckh*, ist es haupt-

---

*) *Tim.*, vol. III, p. 21.

**) *Proclus, in Tim.* p. 31, nennt noch drei andere, Pateneit zu Saïs, Ochlapi zu Heliopolis und Ethimon zu Sebennytos.

sächlich die Erwähnung des Atlantenkrieges an den kleinen Panathenäen, welche für das hohe Alterthum der
Ueberlieferung von der Atlantis spricht und den Beweis
dafür liefert, daß nicht Alles in dieser Mythe Erdichtung des Plato ist. „An den großen Panathenäen trug
man in feierlichem Umzuge ein *peplum* der Minerva umher, welches den Kampf der Riesen *(Giganten)* und
den Sieg der Götter des Olymp über dieselben darstellte. An den kleinen Panathenäen (die Angabe des
Ortes, an welchem die Procession Statt gefunden haben
soll, übergehen wir absichtlich, da sie auf einem Irrthum
des Scholiasten beruht) trug man ein anderes Peplum
umher, welches darstellte, wie die Athenienser, angeregt
von der Minerva, im Kriege gegen die Atlanten die Oberhand behielten." *Schol. in Platon. Rempubl.* I, 3, 1.
(Bekkeri Comment. crit. in Plat. Tom. II, p. 395. Man
vergleiche auch die übereinstimmenden Angaben bei *Proclus, in Tim.* p. 26.) Hierzu kommt ein Scholion, welches ebenfalls bei Proclus, p. 54, aufbewahrt worden ist:
„Die Geschichtschreiber, welche von Inseln im äußeren
Meere sprechen, berichten, daß zu ihrer Zeit sieben der
Proserpina geheiligte Inseln vorhanden waren, und außerdem drei andere von außerordentlicher Größe, von
denen die erste dem Pluto heilig war, die zweite dem
Ammon, die dritte, in der Mitte liegende, tausend Stadien groß, dem Neptun. Die Bewohner dieser letzteren haben von ihren Urvätern her das Andenken an
die Atlantis erhalten, eine überaus große Insel, die,
während eines langen Zeitraums, die Herrschaft über
alle Inseln des Atlantischen Oceans ausübte und ebenfalls dem Neptun heilig war. Alles dieses erzählt *Marcellus* ἐν τοῖς Αἰθιοπικοῖς." Ein Scholion zum Timaeus
(17, 17 in *Bekkeri Comment.* Tom. II, p. 427) ist Wort
für Wort aus dieser Stelle entlehnt.

Dieses Andenken an den Krieg der Atlanten auf dem
Peplum der kleinen Panathenäen und dieses von Proclus

aufbewahrte Fragment des Marcellus, welches auf die Erinnerung an eine physische Katastrophe (das Vorhandensein einer Mythe von der Atlantis) jenseits der Säulen
des Herkules, vielleicht selbst in der Gruppe der Kanarischen Inseln *) hindeutet, verdienen eine ernste Beachtung von Seiten derjenigen, welche in die Finsternisse
der geschichtlichen Ueberlieferungen einzudringen streben.
Der grofse Archipel von Indien bietet, nach der Beobachtung von *Raffles*, eine Ueberlieferung oder vielmehr
einen Glauben dar, welcher dem an den Untergang von
Lyctonien und der Atlantis ganz analog ist. Bei dieser
Art von Untersuchungen mufs man vor allen Dingen das
Alterthum des Mythus zu bestätigen suchen, den man mit
Unrecht für ein dichterisches Erzeugnifs der Platonischen
Zeit gehalten hat, für einen geschichtlichen Roman, ähn-
lich der *erdichteten Reise* **) des *Iambulus (Diodor,*

---

*) *Plinius, Histor. natur.* VI, 31, kennt aufser der grofsen Ai-
lantis des Solon noch eine kleine Insel dieses Namens, fünf Tagereisen
vom Hesperion Ceras (Cap Non? *Gossellin,* Recherch., Tom. I, p. 145)
entfernt. Diese letztere dürfte leicht eine der sieben, in den *Aethiopicis*
des Marcellus erwähnten Inseln sein und der Kanarischen Gruppe angehört haben. Auch *Heeren* erkennt in der Insel „*herbarum abun-
dans atque Saturno sacra*" des Avienus (*Ora marit.* v. 165), einer Insel, deren Boden durch entsetzliche Erdbeben erschüttert wird,
während das umgebende Meer ruhig bleibt, den Vulkan von Teneriffa.
Ideen über Politik u. s. w. 1825, Th. II, Abth. I, S. 106.

**) *Ste-Croix, Examen des historiens d'Alexandre,* p. 737,
glaubte indessen, dafs der Gulliveriade des Iambulus einige wahre Thatsachen zum Grunde lägen. Ein junger Schriftsteller, welcher mit den
Sprachen und Alphabeten des südlichen und östlichen Asiens genau bekannt ist, *Jacquet,* hat neuerdings (*Nouveau Journal asiatique,* Tom.
VIII, p. 30; Tom. IX, p. 508) die Aufmerksamkeit auf jenes Volk hingelenkt, welches sich der Buchstaben bediente, deren Anzahl nach dem
Werthe der Bezeichnung auf acht und zwanzig, dagegen der Grundform
nach nur sieben betrug, von denen jeder vier verschiedene Veränderungen erleiden konnte", wie in den Sylbenalphabeten Indiens. [Γράμ-
μασί τε αὐτοὺς χρῆσθαι, κατὰ μὲν τὴν δύναμιν τῶν σημαινόντων,
εἴκοσι καὶ ὀκτὼ τὸν ἀριθμόν, κατὰ δὲ τοὺς χαρακτῆρας, ἑπτά, ἃν

II, c. 55—60) oder den vier und achtzig Büchern des *Antonius Diogenes* *) *über die unglaublichen Dinge jenseits Thule* [περὶ τῶν ὑπὲρ Θούλην ἀπίςων]. Was in den geologischen Mythen alten Erinnerungen angehören mag, oder Untersuchungen über die ursprüngliche Gestaltung der Ländermassen, den Durchbruch der Dämme, welche die Meeresbecken von einander trennten, bietet ein gänzlich verschiedenes und vielleicht noch schwierigeres und unauflösbareres Problem dar. Diese Atlanten, die ihrer Entfernung halber glücklich sind, glücklich selbst ohne träumen zu können **), sind, nach den Ansichten, welche an den Gränzpunkten der Civilisation im östlichen Bekken des Mittelmeeres, bei den Aegyptern und Hellenen, herrschten, ein Gemisch von Völkern des nördlichen und westlichen Asiens, die ohne Zweifel von eben so verschiedener Race waren, als die Völkerschaften im nordwestlichen Asien, welche man lange Zeit unter der ge-

---

ἕκαςον τετραχῶς μεταςχηματίζεσθαι. *Diodor.* II, 57.] Darf man nicht annehmen, daſs man sich darin gefiel, in diesen *erdichteten Reisebeschreibungen* den Ortsschilderungen, denen oft keine Spur von Wahrheit zu Grunde lag, einige Züge beizumischen, welche an die Sitten und Gebräuche von Völkern erinnerten, über die man einzelne unbestimmte Nachrichten ohne inneren Zusammenhang von älteren Seefahrern erhalten hatte? Die Mischung von Wahrheit und Dichtung scheint besonders in der Panchaea des Euhemerus geherrscht zu haben (vergl. *Gossellin*, Tom. II, p. 138).

*) [Vergl. *Chardon de la Rochette*, *Mélanges de Critique et de philologie*, Vol. I, p. 1 folgd. Auch in diesem Werke fand sich manches Wahre dem Falschen beigemengt. So ist ein Bruchstück bei *Porphyrius*, *vit. Pythagor.* c. XI, welches *Zoëga*, *de orig. et usu obeliscor.* p. 426, not. 5 mit Unrecht nach der bekannten Stelle des *Clemens Alexandrinus*, *Strom.* V, 4, p. 237 Sylb. p. 672 Potter hat verändern wollen, unter allen hieher gehörigen Stellen des Alterthums, die sicherste Quelle über das Wesen der ägyptischen Hieroglyphenschrift.]

**) *Λέγονται δὲ οὔτε ἔμψυχον οὐδὲν σιτέεσθαι, οὔτε ἐνύπνια ὁρᾶν.* *Herodot.* IV, 184. *Plin.* V, 8.

meinschaftlichen, ganz unbestimmten Benennung Scythen und Cimmerier begriff. Die Atlanten der geschichtlichen Zeit wohnen ostwärts von den Säulen des Herkules. Herodot verlegt sie in eine Entfernung von zwanzig Tagereisen von den Garamanten; aber da der Name der Atlanten, wie er ausdrücklich bemerkt, mit der Benennung des Berges Atlas in Verbindung stand, so konnten sie nach Westen, jenseits der Säulen des Herkules, geschoben werden, je nachdem der Mythus des Atlas-Gebirges weiter und weiter nach Westen versetzt wurde *). Der Krieg der Atlanten mit den Einwohnern von Cerne und den Amazonen des Tritonsees, der so überaus verworren von *Diodor* von *Sicilien* erzählt wird, nach welchem der Tritonsee an den Küsten des Oceans, nicht an denen des Mittelmeeres liegt (III, 52, 56), umfaßt, wenn es anders erlaubt ist, eine bestimmte Oertlichkeit einem Kampfe anzuweisen, in welchem fabelhafte Wesen, wie die Gorgonen, eine Rolle spielen, das gesammte nord-westliche Afrika, jenseits des Flusses Triton, der nach *Herodot* (IV, 191) die Gränze zwischen den nomadischen Völkerschaften und den Ackerbau treibenden, seit uralten Zeiten civilisirten, Nationen bildete. Dieselbe Gegend war gewaltigen vulkanischen Ausbrüchen ($\pi\nu\varrho\grave{o}\varsigma$ $\grave{\epsilon}\varkappa\varphi\nu\sigma\acute{\eta}\mu\alpha\tau\alpha$ $\mu\epsilon\gamma\acute{\alpha}\lambda\alpha$) ausgesetzt, welche Thatsache um so beachtenswerther ist, als Diodor selbst nirgends die Zerstörung der Atlantis des Solon erwähnt. Der Tritonsee selbst verschwand in Folge eines Erdbebens und dadurch herbeigeführten Durchbruches des Bodens, welcher ihn vom Ocean trennte (*Diodor*. III, 53, 55). Das Andenken an diese Katastrophe und das Entstehen der kleinen Syrte, wel-

---

*) *Letronne, Idées cosmogr.* p. 8 und 9. *Heeren* (a. a. O. Th. II, Abth. I, S. 206, 240; II, 2, S. 438) glaubt, daß die Richtung der von Herodot jenseits der Garamanten angegebenen Karavanenstraße die Atlanten des Herodot in die Gegend zwischen Fezzan und Bornu verlegt.

ches ohne Zweifel einem ähnlichen Ereignisse zugeschrieben wurde, hat zuweilen eine Verwechselung zwischen
dem See und der Syrte bei den Alten *(Herodot.* IV,
179) veranlafst. Die Mythen der alten Westgränze der
bekannten..Welt können also einigen historischen Grund
gehabt haben. Eine Wanderung der. Völker von West
nach. Ost, deren Andenken sich in Aegypten erhalten
hatte, nach Athen gebracht und durch religiöse Feste gefeiert wurde, kann weit früheren Zeitperioden angehören,
vielleicht dem Einfalle der Perser in Mauretanien, dessen Spuren Sallust erkannt hat, und der für uns ebenfalls
mit dichter Finsternifs bedeckt ist. *(Sall. bell. Iugurth.*
c. 18. *Plin. Histor. nat.* V, 8. *Strabo* XVII, p. 828
Casaub.)

Macrobius, Comment. in Somn. Scipion., lib. II,
c. 9: *Nunc de Oceano, quod promisimus adstruamus,
non uno, sed gemino eius ambitu terrae corpus omne
circumflui; is enim quem solum Oceanum plures opi-
nantur, de sinibus ab illo originali refusis, secundum
ex necessitate ambitum fecit. Caeterum prior eius co-
rona per zonam terrae calidam meat, superiora terrarum
et inferiora cingens, flexum circi aequinoctialis imi-
tata. Ab oriente vero duos sinus refundit, unum ad ex-
tremitatem septentrionis, ad australis alterum: rursus-
que ab occidente duo pariter enascuntur sinus, qui usque
ad ambas, quas supra diximus, extremitates refusi, oc-
currunt ab oriente demissis; et, dum vi summa et impetu immaniore miscentur, invicemque se feriunt, ex
ipsa aquarum collisione nascitur illa famosa Oceani ac-
cessio pariter et recessio, et ubicunque in nostro mari
contingit idem vel in angustiis fretis, vel in planis forte
littoribus, ex ipsis Oceani finibus, quos Oceanum nunc
vocamus, eveniunt: quia nostrum mare ex illis influit.
Caeterum verior, ut ita dicam, eius alveus tenet zonam*

*perustam et tam ipse, qui aequinoctialem, quam sinus
ex eo nati qui horizontem circulum ambitu suae flexio-
nis imitantur, omnem terram quadrifidam dividunt; et
singulas, ut supra diximus, habitationes insulas faciunt.
Nam inter nos et australes homines means ille per calidam zonam, totamque cingens, et rursus utriusque regionis extrema finibus suis ambiens, binas in superiore
atque inferiore terrae superficie insulas facit. Unde
Tullius, hoc volens intelligi, non dixit: Omnis terra
parva quaedam est insula; sed omnis terra,
quae colitur a vobis, parva quaedam est insula: quia et singulae de quatuor habitationibus parvae quaedam efficiuntur insulae, Oceano bis eas, ut diximus, ambiente. Omnia haec ante oculos locare potest
descriptio substituta: ex qua et nostri maris originem,
quae totius una est, et Rubri atque Indici ortum vide-
bis, Caspiumque mare unde oriatur invenies: licet non
ignorem esse nonnullos qui ei de Oceano ingressum negent. Nec dubium est, in illam quoque australis gene-
ris temperatam mare de Oceano similiter influere, sed
describi hoc nostra attestatione non debuit, cuius situs
nobis incognitus perseverat.*

In dieser interessanten Stelle, welche indessen an
Unbehülflichkeit des Ausdrucks leidet, giebt der Grammatiker zu gleicher Zeit eine Eintheilung der Länder des
Erdkreises in vier Kontinentalmassen, welche durch Arme
des Oceans von einander getrennt sind, eine Auseinandersetzung der Meeresströmungen und eine Theorie der
Ebbe und Fluth, welche auf die Begegnung entgegengesetzter Strömungen gegründet ist. Cicero nahm nur zwei
Abtheilungen bewohnten Landes an (*Somn. Scipion.* cap.
6): die eine im Norden, die andere im Süden des Aequators. Hätte Christoph Columbus den Commentar des Macrobius gekannt, von welchem vor dem Jahre 1492 schon
drei Ausgaben erschienen waren, so würde ohne Zweifel
diese *terra quadrifida* einen lebhaften Eindruck auf ihn

gemacht haben, von der zwei Massen sich in der nördlichen Halbkugel befinden, fast in Uebereinstimmung mit
den oben erwähnten Vermuthungen des Strabo (libr. I,
p. 113 Almelov. p. 64 Casaub.); Kontinentalmassen, von
denen ein Seefahrer, welcher von Westen nach Osten,
von Iberien aus nach den Ostküsten von Asien schiffte,
nothwendiger Weise diejenige auf seiner Fahrt antreffen mufste, welche von den Bewohnern unserer οἰκουμένη noch nicht gesehen worden war *). Denkt man
sich das südliche Afrika von dem nördlichen durch einen
Einbruch des Oceans getrennt und den Isthmus von Panama durchbrochen, so findet man ungefähr in Nordamerika, Südamerika, Asien mit seiner westlichen Halbinsel
Europa und dem südlichen Afrika die *terra quadrifida*
des Macrobius wieder. Das Bestehen eines Arms des
Flusses Ocean **), welcher den mittleren Theil der Aequa-

---

*) Eine ziemlich dunkle, auf eine andere Welt, die wenigstens
kein Phantasiegebilde oder eine Frucht theoretischer Spekulationen (κόσμος
νοητός) ist, bezügliche Stelle findet sich in einem Bruchstücke des Ana-
xagoras von Clazomenae, welches Simplicius erhalten hat.   *Fragm.*
p. 89, 93, 120 ed. *Schaubach.*

**) „Phavorini fragmentum *ἐν ταῖς παντοδαπαῖς ἱςορίαις* apud
Stephanum Byzantinum ad vocem *Ὠκεανός* legimus quod ita se habet: *Προσαγορεύουσι δὲ τὴν ἔξω θάλασσαν ἐκεῖνον μὲν οἱ πολλοὶ τῶν
βαρβάρων Ὠκεανόν· οἱ δὲ τὴν Ἀσίαν οἰκοῦντες μεγάλην θάλατταν, οἱ
δὲ Ἕλληνες Ἀτλαντικὸν πέλαγος.* Moneo hunc locum satis gravi momento comprobare neque *Oceani* nomen, neque notionem illam maris
terram cingentis *graecae* esse originis.“   *Spohn de Niceph. Blemm.
duob. opusc. geogr.* 1818, p. 23. Diese überaus merkwürdige und ent-
scheidende Stelle des Phavorinus bietet einen neuen Beleg für den semitischen (phönizischen) Ursprung der Dichtung und der Benennung
des Flusses Oceanus, der einen Kreis um die vereinigten Ländermassen bildet, dar, welcher zu den oben [S. 49 folgd.] aufgeführten geschichtlichen und etymologischen Gründen hinzugefügt werden kann.
Ueber die Wurzeln *hag (ag)* und *og* vergleiche man noch: *Villa-
nueva, Phoenician Ireland*, 1833, p. 65, ein Werk, in welchem
übrigens Geist und Methode sich weit von dem Ernste einer gründlichen philologischen Kritik entfernen. Die Hellenen, als Anwohner des

torialzone einnahm, war, seit den Zeiten Alexander des
Grofsen, zuerst von Crates, dann von Aratus, Cleanthes
und Cleomedes angenommen worden; aber sind diese vier
refusiones der Gewässer von Osten und Westen nach
Norden und Süden, welche auf einer kleinen Welttafel
bezeichnet sind, die man bei den Handschriften des Macrobius zu finden pflegt (s. ed. Bipontin. p. 154, Tab. II),
und auf der die vier Meerbusen fehlen, welche alle griechische Geographen angenommen haben, die also gewifs nicht mit derjenigen übereinstimmt, welche Macrobius vor Augen hatte, ein Erzeugnifs der Phantasie des
Grammatikers, oder hat er sie aus irgend einer unbekannten Quelle geschöpft? Der Gedanke, die Erscheinungen der Ebbe und Fluth durch entgegengesetzte Strömungen zu erklären, war übrigens im Alterthum sehr verbreitet und auf Beobachtungen der Bewegung des Wassers in den Meerengen, besonders im Nordosten von
Sicilien und im Euripus, welcher Böotien von Euböa
trennt, gegründet. *Ukert*, der gelehrte Verfasser der
physischen Geographie der Alten, bemerkt übrigens mit
Recht, dafs die Theorie des Macrobius, eines Zeitgenossen des Avienus, einige Aehnlichkeit mit der des Rhe-
tors *Eumenius* und des Dichters *Claudius Rutilius Nu-
matianus* hat *), welche beide, aus Gallien gebürtig (der
eine aus Autun, der andere aus Poitiers), mit den Erscheinungen der hohen Fluthen an den Westküsten von Frankreich, wie ich glaube, bekannt und vertraut waren. Eumenius und Rutilius betrachten ebenfalls als Hauptursa-

---

ägäischen Meeres, lernten das Schwarze Meer früher kennen, als den
Ocean. Daher wurde ihm, als dem gröfsten unter den bekannten
Meeresbecken, der Name *Pontus* (*Πόντος*) gegeben, gleichwie der
gröfste unter allen Dichtern, *Homer*, κατ' ἐξοχήν der *Dichter* genannt
wurde. (*Strabo*, I, p. 39 Almel., p. 21 Cas.)

*) *Eumen. Panegyr. Constant.* c. 6. *Claud. Rutil. Nu-
mat. Itinerar. I*, 643 (*Ukert, Geogr. der Griechen*, II, 1, p. 85.)

che der Ebbe und Fluth den Stofs der Meereswasser
am Ausgange der Kanäle *(amnes oceani*, Virg. Georg.
IV, 233; *Oceanus refusus*, Aen. VII, 225), welche „die
verschiedenen Kontinentalmassen von einander trennen."
Sie nahmen mithin ebenfalls mehrere bewohnte Ländermassen an, an deren Küsten sich die Strömungen brechen: aber von den beiden Schriftstellern, Eumenius, dem
Panegyristen des Constantius Chlorus, welcher im Jahr
311 starb, und dem Dichter Claudius Rutilius, ist nur
der erste ohne Zweifel älter als Macrobius.

Esra, libr. IV, cap. 6. **D**: *et tertia die imperasti
aquis congregari in septima parte terrae.*

Da Columbus ein Interesse dabei hatte, die spanischen Monarchen von der geringen Ausdehnung des
Ocean zu überzeugen, so machten die Worte des Esra
vorzugsweise einen Eindruck auf ihn: er spricht weitläufig darüber in seinem Briefe aus Haïti vom Jahre 1498.
Er hatte aus der *Imago Mundi* (cap. 8) des Kardinals
d'Ailly die Ansicht kennen gelernt, dafs das Meer nur
den siebenten Theil der Erdoberfläche einnehme, eine
Meinung, welche dreimal in der Schöpfungsgeschichte,
wie sie Esra erzählt, vorkommt; aber Columbus schrieb
das Citat falsch ab, indem er das dritte Buch statt des
vierten anführte. Da die Königin Isabella sich leicht wenig um die Autorität des Esra hätte kümmern können,
so fügt der Admiral, wie wir weiter oben gesehen haben, noch die Worte hinzu: „*La cual autoridad es
aprobada por santos los cuales dan autoridad al 3° e
4° libro de Esdras.*" Er verweist beispielsweise auf
den heil. Augustin und den heil. Ambrosius. Ein gleiches Urtheil über den kanonischen Werth sämmtlicher
Bücher des Esra ist auch von dem Kardinal d'Ailly *)

---

*) *Cuius libri auctoritatem*, sagt Alliacus, *sancti habuerunt in
reverentia et veritates sacras per eum confirmarunt.*

und von Picus von Mirandola ausgesprochen worden, was um so mehr überraschen muß, als das vierte Buch in den Jahrhunderten unmittelbar nach dem heil. Augustin durchgängig als untergeschoben angesehen wurde *). *Lücke* hat neuerdings wahrscheinlich zu machen gesucht, daß das Buch nicht im vierten Jahrhundert, sondern am Schlusse des ersten von einem Juden außerhalb Palästina **) angefertigt worden ist und zu jener Gruppe von apokalyptischen Schriften gehöre, deren Ursprung bis zu den angeblichen Prophezeiungen der Magier und den sibyllinischen Orakeln hinanreicht, welche nach den neueren Untersuchungen wenigstens theilweise im vierten und fünften Jahrhundert geschmiedet worden sind.

Es ist befremdend, in Perioden des Christenthums, wo die große Ausdehnung der Schiffahrt nach NW. und in das Meer von Indien schon seit langer Zeit genöthigt hatte, die Idee von einem Flusse Oceanus, welcher die Erdscheibe umgab, gänzlich fahren zu lassen, und wo sämmtliche griechische und römische Geographen von der Unermeßlichkeit des Atlantischen Meeres sprachen, jene falsche Idee von dem Verhältnisse der Ländermassen und Meere und zwar in einem apokryphischen Buche wiederzufinden, welches in der griechischen Kirche von den ältesten Zeiten an unter dem Namen Apokalypse des Esra bekannt ist. Das sechste Kapitel, welches Christoph Columbus anführt, gehört ganz besonders in den Kreis kosmogonischer Visionen. Nach der Ansicht eines der gelehrtesten und in den dogmatischen Systemen der aramäischen oder semitischen Völker vorzugsweise bewan-

---

*) Martin Luther vergleicht es mit den Fabeln des Aesop. *Alb. Fabric. Cod. pseudepigr. Vet. Test.* Tom. II, p. 174, 180, 191.

**) *Fr. Lücke, Versuch einer vollständigen Einleitung in die Offenbarung Johannis und die gesammte apokalyptische Litteratur,* 1832, S. 78—115. *Keil, Apologetischer Versuch über die Bücher der Chronik und Esra,* 1833, S. 144.

derten Theologen, des Dr. Rosenmüller zu Leipzig, welchen ich um seine Meinung über die Stelle des Esra befragt habe, „hatten die Hebräer, wenigstens in ihren alten Büchern, durchaus keine numerische Angabe über die relative Ausdehnung der Kontinental- und Wassermassen; selbst die chaldäischen Paraphrasen und die talmudistischen und rabbinischen Schriften bieten bei der Beantwortung dieser Frage keine Hülfe dar; da aber die Juden die Gewohnheit haben, die Erdoberfläche in *sieben Klimate* *) einzutheilen, und da die Genesis (I, 9) angiebt, daß die Wasser an einem einzigen Orte versammelt worden sind, so dürfte es dem Geiste der talmudischen *Exegese* nicht zuwider laufen, diesen Ort der Wasseransammlung auf eine der sieben Zonen zu beziehen.“ Ich füge dieser sinnreichen Erklärung noch hinzu, daß die Eintheilung in sieben Klimate ihren Ursprung in den ältesten mythischen Traditionen Indiens hat. Nach einer der verschiedenen Phasen der vollkommen systematischen, in den Puranas erhaltenen Erdkunde **) ist die Erdscheibe ebenfalls in sieben Zonen oder concentrische Kreise *(Dwipas)* mit sieben entsprechenden Klimaten getheilt ***). Aber bei den Hindus sind die sieben Erdzonen durch *sieben Meere* getrennt. Diese Anordnung beschränkt sicherlich nicht die Ausdehnung der Gesammtmasse der flüssigen Gürtel, unter denen man, nach einer mehr bizarren als dichterischen Redeweise, Meere von *geronnener Milch*, von *Zucker* und von *geklärter Butter* unterscheidet. Wahrscheinlich hat deshalb keiner der Ausleger der apokryphischen Bücher, welche ursprüng-

---

*) *Buxtorf, Litt. Chald.*, p. 203.

**) *Wilford*, in den *Asiatic Researches*, Tom. VIII, p. 376.

***) Pythagoras, Parmenides und Posidonius kennen nur fünf oder sechs Zonen (*Strabo*, libr. II, p. 105 Alm., p. 94 Cas.), während bei den Indern die Eintheilung entweder in vier oder in sieben Zonen Statt findet.

lich griechisch geschrieben sind, seine Aufmerksamkeit auf diesen siebenten Theil der Erdoberfläche gerichtet, welcher allein mit den Wassern des Ocean bedeckt sein sollte, weil sie sämmtlich nicht die Wichtigkeit kannten, welche dieser Stelle des Esra in der Ideenverbindung und der Reihe von Träumereien zuertheilt worden ist, welche der Entdeckung der Neuen Welt vorangingen und folgten.

Man ersieht aus dem Buche Hiob, sagt *Herrera* *), der Geschichtschreiber der Eroberung von Amerika, dafs Gott die Neue Welt den Menschen verborgen hatte *(encubierto á los hombres)*, um sie den Kastilianern zu geben. Es dürfte schwer halten, in der beredten Stelle des Hiob (cap. XXVIII, v. 20 — 26), welche nur eine philosophische Allegorie enthält, eine Anspielung auf eine geographische Entdeckung finden zu wollen: *„Quis est locus intelligentiae? Absconditus est ab oculis omnium viventium; volucres quoque caeli latet. Deus intelligit viam eius, et ipse novit locum illius. Ipse enim fines mundi intuetur, qui fecit ventis pondus, et aquas appendit in mensura; quando ponebat pluviis legem et viam procellis sonantibus: tunc vidit illam, et enarravit, et praeparavit, et investigavit."* Auch hat sich kein neuerer Ausleger **) mit der von Herrera gegebenen Deutung beschäftigt, und sich um seinen Muth, einen Text zu verdrehen, gekümmert. Man findet eine andere Stelle im Esra (Buch IV, Kap. 7), welche die Aufmerksamkeit des Columbus auf sich gezogen haben würde, wenn man sie neben die berühmte Prophezeiung in dem Chore der Medea des Seneca gestellt hätte. Der griechische Verfasser läfst den Esra sagen: *„et apparescens ostendetur quae nunc subducitur terra"*, oder mit einer Wendung, welche dem in den Versen des Seneca gebrauchten Ausdruck in noch

---

*) Dec. I, lib. I, c. I, p. 2.
**) *Karl Umbreit, Das Buch Hiob,* 1824, S. 223.

höherem Grade entspricht, nach der äthiopischen Uebersetzung, deren Kenntnifs wir den Oxforder Gelehrten verdanken: „*apparebit terra quae nunc absconditur.*" Mitten unter den Ideen, welche das neunzehnte Jahrhundert
beherrschen, bei dem wunderbaren Aufschwunge einer Civilisation, welche unaufhaltsam vorwärts schreitet, und gewissermafsen nur in der Gegenwart und für die nahe und
nächste Zukunft lebt, hat man Mühe, eine für das Men-
schengeschlecht ruhmwürdige Epoche zu begreifen, in der
man sich, nachdem man grofse Dinge geleistet hatte, gefiel, die Augen rückwärts zu werfen und geduldig nachzuforschen, ob alle diese grofsen Dinge nicht Erfüllungen
alter Vorhersagungen wären. Es gehört zur Pflicht des Geschichtsforschers, ein jedes Jahrhundert nach dem eigenthümlichen Charakter und den unterscheidenden Merkma-
len seiner intellektuellen Entwickelung zu erforschen, und
ich werde keinen Augenblick die Anstrengungen bedauern,
welche mir meine mühsamen Bestrebungen verursacht haben, die Richtung der Gedanken des Columbus und seiner Zeitgenossen zu verfolgen, selbst wenn diese Forschungen mit einiger Geringschätzung von denjenigen aufgenommen werden sollten, welche bei einem entgegengesetzten Systeme beharren.

In Plutarch's Gespräche *de facie in orbe lunae*, dessen Text im höchsten Grade verderbt, dessen Inhalt aber
voll äufserst beachtungswerther und grofsentheils sehr
wichtiger physischer und kosmologischer Betrachtungen *)

---

*) Ueber die Schwerkraft an der Oberfläche der Erde, der Sonne
und des Mondes (*Plut. de facie in orbe lunae*, p. 924, 8, und 39);
über die Wirkungen der Reflexion der Spiegel durch Vergröfserung oder
Vervielfältigung der Bilder, p. 930, 11; über die Sichtbarkeit des Mondes bei totalen Verfinsterungen, p. 933, 56 und p. 934, 28; über die
besonders erleuchteten Mondgebirge (ὄρη φλογοειδῆ, der inkorrekte Text
giebt ὄρη καταφλογοειδῆ; worin man eine Anspielung auf den Ari-

ist, findet sich eine Stelle, in welcher der Geograph
Ortelius *) im sechzehnten Jahrhundert nicht blofs die
Antillen, sondern das gesammte amerikanische Festland
zu erkennen glaubte. Diese jenseits Britannien nach
Nordwesten belegene μεγάλη ἤπειρος erinnerte ihn ohne
Zweifel an die Küsten von Kanada und den Weg, welchen die normännischen Seefahrer im Beginn des eilften
Jahrhunderts nach den nördlichsten Theilen von Amerika aufgefunden hatten. Es ist überflüssig, das Gewagte
und Chimärische in diesen willkürlichen Erklärungen näher zu entwickeln. Der Mythus, welcher uns in der
kleinen Abhandlung des Plutarch über die Flecken auf
der Mondscheibe erhalten worden ist, gehört zu einem
Kreise eng mit einander verbundener Ideen, welche, eher
symbolischer als chorographischer Natur, die gesammten, westlich von den Säulen des Herkules, die ehemals
Säulen des *Briareus* oder des *Kronos* (Saturn) genannt wurden, belegenen Gegenden umfassen. Es ist ein
Bruchstück einer mythischen Erdkunde der ältesten Zeiten, welches gleichsam eine Reihe von Bildern vorführt,
die aus einem nebeligen Horizonte hervordämmern und
je nach den Inspirationen und der dichterischen Erfin-
dungsgabe des Erzählers gröfsere oder geringere Beweg-

---

starch oder auf die Vulkane finden könnte, deren unserer Erde eigenthümliche Thätigkeit einige neuere Astronomen haben wahrnehmen wollen)
p. 935, 4; über den Mangel an Wärme der Mondstrahlen p. 937, 16
u. s. w. [In letzterer Beziehung vergl. die Bemerkungen über eine Stelle des
Theophrast, de ventis §. 17, p. 764 in der *Meteorol. veter. Graec. et
Roman.* III, 11, not. 12 p. 58.] Der Mythus vom *Grofsen Festlande*
findet sich p. 940, 52 bis p. 942, 29 (*Plutarch. Opp., ed. Reiske* IX,
p. 710—715).

*) Nachdem er die seit 1492 so häufig angeführte Stelle aus der
Medea des Seneca wiederholt hat, fügt der berühmte Geograph hinzu:
„*Ego quoque eius* (Novi Orbis) *mentionem fieri a Plutarcho de
Facie in orbe lunae sub nomine* **Magnae Continentis** *puto.*“
(*Ortelii, Orb. terrar.* 1570, Art. *Nov. Orbis.*)

lichkeit erhalten. Wenn ich hier den Antheil untersuchen wollte, welchen wirkliche, durch Meeresströmungen und Winde begünstigte Entdeckungen, oder auch die phönizischen Mährchen *) — die *Erzählungen von Schiffahrern,* welche von den *äußeren* Meeren zurückkamen — an diesen kosmographischen Begriffen gehabt haben, die sich mit einer ·gewissen Einförmigkeit wiederholten und durch eine ganze Reihe der entferntesten Jahrhunderte hindurch erhielten, so müßte ich mich in eine weitläufige Erörterung einlassen, welche mich von dem vorliegenden Gegenstande entfernen würde und in der meine persönliche Ansicht von keinem Gewichte sein dürfte. „Die Ideen, welche die alte Dichtkunst seit Jahrhunderten volksthümlich gemacht hatte **), haben einen mächtigen Einfluſs selbst auf die geographischen Systeme ausgeübt."

Um zuvörderst die Lage dieses *Groſsen Festlandes* des Plutarch in Bezug auf unsere bewohnte Erde (οἰκουμένη) aufzufassen, erinnern wir daran, daſs nach der Erzählung des Sylla, einer der in dem erwähnten Gespräche redend eingeführten Personen, die Insel Ogygia ***) fünf Tagereisen von *Britannia* nach Westen hin entfernt liegt. Ich bediene mich absichtlich des Wortes *Britannia;* denn in einer Stelle des Procop †), welche man neuerdings mit der des Plutarch zusammengestellt hat, ist die Rede von *Brittia,* einer zwischen Britannia und Thule belegenen Insel. Nach abermaligen

drei

---

*) Ψεῦσμα φοινικικόν. *Pluto de republ.* III, p. 414 c. *Strabo,* III, p. 259 Almel. p. 170 Cas.

**) *Letronne, Essai sur le mythe d'Atlas,* p. 18.

***) *Strabo* (VII, p. 458 Almel. p. 299 Cas.) verlegt auch einen Berg Ogygia ώγύϊον ὄρος (Codd. ώγύγιον) nach ,dem Norden, in die Nähe der *Riphäischen* Berge.

†) *De bello Gothico* IV, 20. (*Welcker, Ueber die Phäaken des Homer und die Glückseligen Inseln,* im *Rhein. Mus.* I, 2, S. 240.)

drei Tagereisen nach dem Sommeruntergangspunkt der
Sonne hin, mithin gegen W N W. von Europa aus gerechnet, finden sich drei andere Inseln, „auf deren einer, nach der Erzählung der Barbaren (dies ist die
Glosse des Textes in der Gestalt, in welcher wir ihn
haben), Saturn von Jupiter abgeschlossen worden ist";
aber diese Ortsbezeichnung des Gefängnisses ist geradehin mit dem übrigen Theil der Erzählung im Widerspruche. Mein Freund, der ausgezeichnete Alterthumsforscher
Böckh bezweifelt nicht, daſs die Stelle des Textes von 941,5
bis 941,8 (von den Worten ὧν ἐν μιᾷ... bis zu παρα-
κάτω κεῖσθαι) verderbt sei. Nachdem die *Theoren* neunzig Tage auf diesen Inseln verweilt hatten, sieht man sie
nach weiteren Gegenden sich einschiffen und den Ort aufsuchen, an welchem Saturn schläft (p. 941, 38). *Böckh*
glaubt, daſs das Gefängniſs und mithin der Ort, an welchem das groſse Fest Statt fand, Ogygia selbst sei, und
daſs man statt ὧν ἐν μιᾷ lesen müsse entweder ἐν δὲ
τῇ 'Ωγυγίᾳ oder ὧν ἐν τῇ πρώτη [was mit der Lesart
des Textes, wenn man ὧν ἐν τῇ ά schreibt, fast genau
übereinstimmt], oder daſs die ganze Glosse von p. 941, 5
bis 941, 8 wegzustreichen sei, welche nichts mit dieser
einfachen Angabe der Entfernungen zu schaffen hat, und
die ein Scholiast, der sich an eine andere Stelle des
Plutarch (*de defectu oracul.* c. 18), von welcher unten
die Rede sein soll, erinnerte, eingeschaltet zu haben
scheint.

Fern von den drei Inseln, ihnen jedoch näher als der
Insel Ogygia, ist das Groſse Festland belegen, welches
den Ocean, das groſse Kronische Meer, umschlieſst: die
Entfernung zwischen Ogygia und diesem Festlande beträgt fünftausend Stadien. Die Idee einer Kontinentalmasse *jenseits* des Oceans, an den Grenzen der Erdscheibe, findet man bei den Indiern in der jenseits der
sieben Meere belegenen Welt *(lóka)* wieder, so wie

in den arabischen Ueberlieferungen *) von dem Gebirge
Kaf. Man bemerke auch, dafs der Erzähler Sylla Alles,
was er dem Lamprias — so hiefs der Bruder des Plutarch **) — mittheilt, aus dem Munde eines Fremden,
welcher aus diesem Saturnischen Lande nach Karthago
kommt, erfahren hat, wie ausdrücklich an mehreren Stellen des Dialogs (p. 937, 29; p. 945, 37) angegeben
wird. Der Mythus selbst, welcher schon in den ersten
Zeilen des Abschnitts angekündigt ist (p. 920, 1), mit
welchem für uns der mangelhafte (ἀκέφαλος) Text beginnt, wird erst ganz gegen das Ende des Gesprächs
erzählt. Auch wird in dem Augenblick seiner gedacht,
wo Theon den Lamprias fragt, nicht ob der Mondkör-
per, welcher „ein himmlisches Land ist" (p. 935, 19),
wirklich von Menschen bewohnt sei, sondern ob er als
bewohnbar angesehen werden könne (p. 931, 35).

Endlich tritt Sylla voll Ungeduld „in seiner Eigenschaft als erste handelnde Person" (als Erzähler des geographischen Mythus, welchen der geheimnifsvolle Reisende
aus der transatlantischen Gegend des Nordwestens ihm
überliefert hat) auf eine feierliche Weise (p. 940, 58)
mit dem Verse des Homer hervor:

„*Fernhin liegt in dem Meere die Insel Ogygia*" — —
Auf die Lage dieser Insel bezieht er die Lagen der übrigen Saturnischen Inseln und des Grofsen Kontinents, welche wir oben näher angegeben haben. Ist dies nur eine

---

*) *Gesenius, der Prophet Jesaias*, Th. II. S. 324. Vergl. auch
Lôklâôka, nach *Amara-Cosha*, im Wörterbuche von Wilson. Diese
Idee eines gebirgigen, jenseits des Meeresgürtels belegenen und von vor-
sündfluthigen Menschen bewohnten Grofsen Festlandes, stimmt mit der
von Cosmas Indopleustes auseinandergesetzten Ansicht der Kirchenväter
überein.

**) Diese redende Person tritt auch in den Gesprächen *de defectu
oraculorum* und *de EI apud Delphos* mit Ammonius, dem Lehrer des
Plutarch, und dem Mathematiker Menelaus auf. Lamprias heifst auch
der Sohn des Plutarch.

dichterische Ausschmückung? Wenigstens wird in einer anderen, ebenfalls sehr merkwürdigen Stelle (*Plut. de defect. oraculor.* c. 18), wo abermals von mehreren bezauberten Inseln nicht weit von Britannia die Rede ist, deren eine das Gefängnifs des Saturn, welcher vom Titanen Briareus bewacht wird, sein soll, der Insel Ogygia nicht gedacht. „Die Ueberfahrt über den Kronischen Ocean geht langsam von Statten, wegen der Anschwemmungen der Flüsse, welche von dem Grofsen Kontinente herabströmen (p. 941, 13) und das Meer *erdig* (schlammig) und dick machen." Durch die Nachbarschaft eines Grofsen Festlandes*) könnte

---

*) Gerade entgegengesetzter Weise schreibt *Tacitus* in dem Leben des Agricola (cap. 10) dieselben Erscheinungen eines *mare pigrum et grave remigantibus* der Abwesenheit der Ländermassen zu, welche mit Recht *causa et materia tempestatum* genannt werden; denn die ungleiche Vertheilung der dunkleren Oberflächen (der Festlandmassen) und der diaphanen (oceanischen) ist eine der Hauptursachen des Konfliktes zwischen den Luftströmungen und den elektrischen Entladungen im Dunstkreise. Der Name Kronisches Meer, welchen Plutarch in einem weit ausgedehnteren Sinne gebraucht, fing, genau genommen, erst jenseits des *promontorium Rubeae* an, welches dieses Meer (*Plin.*, *Hist. natur.* IV, 13; *Dicuil de Mens. terr.* VII, p. 32 Walck.) von dem *Morimarimarusa* oder *Morimarusa* trennte, ein Name, welcher, nach der Bemerkung des Philemon, in der Sprache der Cimbern *todtes Meer* bezeichnete. *Mori* und *marusa* sind zwei Wörter, welche, nach der Bemerkung von *Bopp*, dem indo-germanischen Sprachstamme anzugehören scheinen, obgleich dies minder bestimmt und klar hervortritt, als in der Benennung *Iabadiu*, Gersteninsel, deren Bedeutung uns *Ptolemaeus* (*Geogr.* VII, 2) durch zwei Sanskritworte angegeben hat. Will man in *Morimarusa* nicht eine blofse Reduplikation erkennen, und es nur als Intensivform (*Gramm. sanscr.* §. 562) betrachten, so findet man *Mori* in dem lateinischen (italischen) *mare* (goth. *mari*, selbst slavisch-russisch *more*) wieder. Ohne Zweifel hängt es, bei dem Durchgange durch so viele Sprachidiome verändert, mit dem sanskritischen *sâri*, dem deutschen *Wasser* zusammen. Die Vertauschung von *v* und *m* kommt häufig vor. *Marusa* hängt mit der Sanskritwurzel *mr*, sterben (*amara*, unsterblich) zusammen. Ich erinnere bei dieser Gelegenheit noch daran, dafs *Maris* (*Herodot* IV, 49), *Marisus* (*Strabo* VII, p. 467 Almel., p. 304 Cas.) und *Marus* (*Tac. Annal.* II, 63) zu-

man das Mare concretum, coenosum, pigrum der römischen Schriftsteller erklären, und dem Absatze bewegli-
cher Erdtheile beimessen, was andere in den nördlichen
Gegenden dem Eise, in der mittägigen dem Seetang, d. h.
den hin und her schwankenden Massen von Fucus *) haben zuschreiben wollen. Der Große Kontinent des Plutarch erstreckt sich gegen Norden hin **), und bietet, mit
einer Regelmäßigkeit der Gestaltung, für welche die Alten
eine besondere Vorliebe zeigen, dem Meerbusen, welcher zum Kaspischen oder Hyrkanischen Meere führt ***),
gegenüber ebenfalls einen weiten Meerbusen, wie die

---

flüsse des Ister sind. Was das Kronische Meer betrifft, so macht der
Cod. Palat. des Ptolemaeus (Geogr. II, 2) πεπηγὼς Ὠκεανὸς καὶ Κρό-
νιος, νεκρός zu Synonymen; aber *Welcker* in seiner sinnreichen Abhandlung über die Lage des Landes der Phaeaken glaubt, daß mit dem
Worte *Morimarusa* auf jenen *Uebergang der Todten* in den nördlichen Ocean angespielt wird, welchen Tacitus aus einem verloren gegan-
genen Kommentar des Plutarch über Hesiod geschöpft haben könnte
(*Rhein. Mus.* I, 2. S. 238. 243. Man vergleiche auch über das *Mare
Cronium*, *Voigt*, *Geschichte Preußens*, I, 44, 77). In der Benennung *Amalchum*, welche Hecataeus einem Theile des nördlichen Oceans
giebt, und die nach *Plinius* (*Histor. nat.* IV, 13) *gefroren* bedeutete,
erkennt man die Analogie von μάλκη mit dem α *copulativum* (nicht
privativum), wie in ἀδελφός und ἄλοχος, eine Analogie, welche sich
auf seine ursprüngliche Verschwisterung der Sprachen oder auf die Ge-
wöhnheit sämmtlicher Völker hindeutet, Fremdwörter umzuformen, um
sie der einheimischen Wortbildung anzupassen.

*) *Aristot. Mirab. Auscult.* c. 136; *Scyl. Caryand. Peripl.*
p. 53 *ed. Hudson; Avien. Or. maritim.* v. 122, 408.

**) Diese Verlängerung gegen Norden hin giebt einen neuen Ver-
gleichungspunkt mit dem Großen Lande der Meropen des Theopomp,
von dem aus unmittelbar, als dem nächstbelegenen Lande, man einen
Streifzug in das Land der Hyperboreer unternommen hat.

***) An einer anderen Stelle derselben Abhandlung über die Mond-
flecken (p. 944, 18) kommt Plutarch auf diese unrichtige Vorstellung
des Strabo und der Alexandrinischen Schule von der Mündung des Kaspischen Meeres, welches er mit dem Arabischen Meerbusen vergleicht,
zurück. Macrobius, welcher 300 Jahre später lebte, als Plutarch, theilt

Maeotis, dar, dessen Anwohner Völker griechischen Ursprungs sind. Diese Anwohner hegen die Meinung, „dafs ihr Land ein Kontinent sei, unsere Erde dagegen (Europa, Asien und Libyen) nichts anderes als eine vom Ocean umflossene Insel." Dieser Zug findet sich genau in dem geographischen Mythus von der Meropis des Theopomp wieder (*Aelian. Var. Hist. III, 18*). Silen eröffnet daselbst ebenfalls den Phrygiern, dafs die Meropen ein grofses fernliegendes Festland (μεγάλη ἤπειρος) bewohnten, während unsere Erde nichts als eine unbedeutende Insel sei. Eben so drückt sich auch Cicero aus (*Somn. Scip. c. 6*): „*Omnis terra, quae colitur a vobis, parva quaedam est insula.*" Das Festland des Plutarch war von Herkules auf seinem Unternehmungszuge gegen Norden und Westen besucht worden. Die Begleiter des Herkules reinigten daselbst die Sprache und Sitten der Griechen, deren Gebrauch fast ganz verloren gegangen war, von fremdartigen Beimischungen und führten sie von neuem in ihrer Reinheit ein; auch wurde daselbst Herkules, nächst Saturn, am meisten verehrt. Da der Planet Saturn, „welchen wir *Phaenon* nennen, die Bewohner des Kronischen Kontinents dagegen *Νυκτοῦρος* (*Wächter der Nacht*), alle dreifsig Jahre in das Zeichen des Stiers *) eintritt, wodurch die Epoche des grofsen Fe-

---

zwar ebenfalls diesen Irrthum, hält sich aber wenigstens für verpflichtet, zu gleicher Zeit die alte Ansicht des Herodot und des Stagiriten anzuführen: „*Caspium mare unde oriatur (ex Oceano) invenies, licet non ignorem esse nonnullos, qui ei de Oceano ingressum negent.*" *Macrob. Commentar. in Somn. Scipion.* II, 9.

*) Der Name Φαίνων gehört zu jener Reihe von Planetennamen, welche sich auf ihr Licht beziehen, wie *Phaëthon* für Jupiter, *Stilbon* für Mercur, Πυρόεις für Mars (*Aristot. de Mundo*, c. 2). Obgleich die Umlaufszeit des Saturn mit seiner Rückkehr zu irgend einem Zeichen des Thierkreises als beendigt angesehen werden kann, und obgleich das Fest des entfesselten Saturn, welches sich in der Feier der jährlichen Befreiung des phönizischen Herkules Μελκαρθος (*Creuzer*, *Symbol.*

stes bestimmt wird, so bewerkstelligt man, bei der jedes-
maligen Wiederkehr dieses Festes, die Einschiffung der
Theoren, welche lange Zeit zuvor durch das Loos erwählt werden."

Die Reise dieser Gesandten ist sehr gefahrvoll. Ihre
erste Bestimmung ist nach den Inseln; die, wie wir angegeben haben, vor dem Grofsen Kontinente liegen und
von griechischen Ansiedlern, ohne Beimischung von Barbaren, bewohnt werden. Diese Inseln mufsten ziemlich
weit gegen Norden liegen, da, dreifsig Tage hindurch,
die Sonne daselbst nur Eine Stunde unterging, und während dieser kurzen Nacht ein Dämmerlicht herrschte.
Der irländische Mönch *Dicuil* (cap. 7 und 2, 6) würde
gesagt haben, dafs es daselbst noch hell genug gewesen
wäre, um seine Läuse aufzusuchen. Nach einem Aufenthalt von neunzig Tagen setzten die Gesandten ihre
Reise fort, ohne Zweifel, um nach Ogygia zu gelangen.

Auf dieser Insel, auf welcher man sich einer milden
Temperatur erfreute, schlief Saturn in einer tiefen Grotte:
denn Jupiter hatte ihm, als Banden, den Schlaf gegeben.
Er war von Geistern umgeben, die, als er noch Götter
und Menschen beherrschte, seine Diener gewesen waren.
Diese Geister berichteten alle prophetischen Träume des
Saturn, der seinerseits Alles dasjenige träumte, was Ju-

II, 215, 217, 439) wiederholte, zur Zeit des Wintersolstitiums begangen wurde, so ist es mir doch ziemlich wahrscheinlich, dafs der Stier
von Plutarch erwähnt worden ist, um ein Fest der Frühlingsnachtglei-
che anzudeuten. In der That entsprach das Frühlingsäquinoctium, welches, zufolge der Vorrückung der Nachtgleichen, jetzt schon über die
Mitte des Zeichens der Fische vorgeschritten ist, 1684 Jahre vor dem
Beginn unserer Zeitrechnung, dem Anfange des Stiers, und 3096 Jahre,
der Mitte dieses Zeichens. 72 Jahre später gelangte es zur Länge des
Aldebaran. Die Dauer des Durchganges der Nachtgleiche durch das
ganze Sternbild des Stiers betrug nach *Encke* 2823 Jahre, nicht 2565,
wie es *Delambre* angiebt. (Cuvier, *Recherches sur les Ossemens
fossiles,* 1821, Tom. I, p. CXXI.)

piter dachte. Der Fremde, von welchem Sylla alle diese
Wunder erfahren hatte (p. 942, 10), verweilte dreifsig
Jahre auf dieser heiligen Insel, wo man, frei von allen
körperlichen Arbeiten, sich nur mit der Philosophie beschäftigte. „Nachdem er alle Weihegrade durchgegan-
gen war, und von der Physik und Astrologie dasjenige
gelernt hatte, was sich auf die Mathematik gründete, entstand in ihm der lebhafte Wunsch, die grofse Insel ($τὴν$
$μεγάλην$ $νῆσον$), wie sie unser Festland benennen, zu
besuchen.". Da der Zeitraum von dreifsig Jahren verflossen war, so kam eine neue *Theorie* an, und der
Fremde schiffte sich, nach vorgängiger Begrüfsung seiner
Freunde, ein, wie es scheint nach Karthago; aber der
Ausdruck: „ich erzähle euch nicht, durch welche Völkerschaften er hindurchkam, welche heiligen Schriften er
kennen lernte, in wie viele heilige Gebräuche er ein-
geweiht wurde", beweist hinlänglich, dafs von einer Reise
zu Lande die Rede ist. Der Fremde verweilte lange
Zeit zu Karthago, d. h. in der Stadt, welche nach Zerstörung der alten wieder aufgebaut worden war. Er
entdeckte daselbst gewisse heilige Schriften ($διφθέρας$
$ἱεράς$), „welche (ohne Zweifel bei der Plünderung des
alten Karthago) erhalten und aufbewahrt worden waren,
und lange Zeit unter der Erde verborgen gelegen hatten" (p. 942, 25). Unter den sichtbaren Gottheiten,
sagt er, verdient vor Allen der Mond die Anbetung der
Menschen, u. s. w.

Sylla geht darauf abermals auf den Hauptgegenstand
der Untersuchung ein, und behandelt von Neuem einzelne
Punkte der Naturphilosophie, ohne den *geographischen
Mythus* von dem Grofsen Kontinent zu berühren, welcher die Aufmerksamkeit des Ortelius auf sich gezogen
hatte. Erst am Schlusse des Buches versichert der Erzähler auf das Bestimmteste, dafs er Alles, was er bis
dahin berichtet, aus dem Munde jener geheimnifsvollen
Person, welche zu Karthago erschienen sei, erfahren, und

dafs letzterer nur dasjenige wiederholt habe, was er selbst
von jenen Geistern gehört, „welche Saturn im Schlaf erhielten.“

Gewifs ist dieser Mythus, in seinem Ganzen betrachtet, kein leeres Gedankenspiel, kein Phantasiegemälde,
kein philosophischer Roman, welchen die Einbildungskraft Plutarch's vereinzelt hervorgerufen hat. Er gehört
zu einem Kreise sehr alter Ideen, zu einer Reihe von
Ueberlieferungen, oder, wenn man diesen Ausdruck vorzieht, zu einem System von Meinungen *), von dem
uns einige abgerissene Bruchstücke durch die Meropis
des Theopomp und die Stelle des Plutarch in dem Gespräche *de defectu Oraculorum* (cap. 18) erhalten worden sind. Letzteres bietet eine malerische Beschreibung
gewisser heiliger Inseln in der Nähe von Britannien dar,
auf denen die Dämonen und die grofsen Seelen der Helden hausten, dem Aufenthalte der Stürme und der leuch-
tenden Lufterscheinungen **). Auf einer von diesen In-

---

*) Strabo ergiefst sich in strengem Tadel über jene Bastardgattung
von Schriften, „in welchen man Mythen unter dem Gewande der Geschichte beschreibt, und, nicht sowohl aus Unwissenheit, als dichterischer Ausschmückung halber, die Dichtung mit der Erzählung beglau-
bigter Thatsachen vermengt.“ Er fügt selbst hinzu, dafs Theopomp keinen Anstand genommen, sich einer solchen Vermengung für schuldig zu erklären (Strabo, I, p. 74 Almel. p. 43 Cas. VII, p. 458 Almel. p. 299
Casaub.).

**) [Hieher gehört auch die Stelle des *Tacitus, German.* c. 45, 2,
wo es, wahrscheinlich vom Nordlichte, heifst: *Sonum insuper audiri,
formas Deorum et radios capitis adspici persuasio adiicit.* Alle
nordische Völker haben in dem Wogen der Nordlichtstrahlen das lebendige Treiben der Götter und abgeschiedenen Helden, die während
des nächtlichen Dunkels in feurigem Glanze einherschritten, zu sehen
vermeint. Wie viel mächtiger mufste der Eindruck auf den Südländer,
der dieses Meteor fast gar nicht kannte, sein, wenn er die nordlichen
Gegenden, welche ihm ohnehin eine so überaus fremdartige Erscheinung
darboten, in denen die Natur alles Bizarre und Wunderbare angehäuft
und in einem grofsartigen Ganzen vereinigt zu haben schien, betrat.
Der ewig heitere Himmel Griechenlands war die Heimath lieblicher, in

seln ist Saturn eingeschlossen, und wird in seinem
Schlafe von Briareus bewacht; denn der Schlaf dient
ihm als Fessel, ein Ausdruck, dessen sich *Plutarch* auch
in der Abhandlung über die Mondflecken bedient hat
(p. 941, 55). „Der Gott ist von Geistern umgeben,
die seine Gefährten und Diener sind."

Die andere Welt *), den *Grofsen Kontinent*, finden wir noch in der Mythe von der Meropis des Theopomp, einer Erzählung unter kosmographischen Formen
mit moralischer Tendenz, wieder. Die Aufklärungen,
welche Silen dem Phrygier Midas giebt **), scheinen
durch ihre symbolischen Theile an alte religiöse Ueberlieferungen geknüpft zu sein. Sie haben eine grofse Berühmtheit über die Zeiten der alexandrinischen Dichter
und Philosophen hinaus behalten, und erscheinen wieder als *fabella de Sileno* bei Cicero (*Tusc. Quaest.*
I, 38), dem ernsten stoischen Philosophen. Nach Theopomp, welcher von Dionysius aus Halikarnafs gerühmt,
von *Strabo* (VII, p. 458 Almel. p. 298 Cas.) auf das
Heftigste angegriffen wird, ist das *Land der Meropen*
eine μεγάλη ἤπειρος jenseits des Oceans. Auch sind die

<hr>

klarer Harmonie sich ergiefsender Dichtungen: die Tropenwelt die Wiege
wunderbarer, in das Abenteuerliebe hinüberschweifender, den üppigen
Formen der Natur angemessener Gebilde: die nordischen Gegenden endlich brachten jene Riesenphantasien hervor, deren wahre Bedeutung nur
durch einen dichten Wolkenschleier, den einzelne glänzende, die tiefe
Nacht durchbrechende Strahlen erhellen, erkannt werden kann, und deren eisige Masse nur an dem spärlichen Blicke der Sonne aufthaut. Der
Himmel und die Umgebungen der Natur sind der Spiegel des Dichter-
lebens der Völker.]

*) Man vergleiche die Stelle des Tertullian *advers. Hermogen.*
c. 25, welche wir schon oben mitgetheilt haben: *Sileni alter orbis.*
Wenn Theopomp sich nicht selbst des Ausdrucks *Neue Welt* bedient,
so nennt er die Meropis wenigstens ἐκείνην (γῆν) τὴν ἔξω τούτου τοῦ
κόσμου.

**) *Aelian, Var. Histor.* III, 18.

Meropen des Silen überzeugt, daſs nur ihr Land ein
Kontinent sei, dagegen das von uns bewohnte nur eine
Insel von geringer Ausdehnung. An dichterischen Aus-
schmückungen, an zwei Städten „des Kampfes und der
Frömmigkeit", Flüssen der Wollust und der Traurig-
keit, gröſserem Ueberfluſs an Gold, als der Hellenen
an Eisen, einem Stamme riesiger Menschen, welche ein
hohes Lebensalter erreichen, gesellschaftlichen Einrichtungen und Gesetzen, die den unsrigen schnurstracks zuwider laufen, fehlt es in diesem kleinen allegorisch-senti-
mentalen Roman nicht. Man kann nicht angeben *), ob
er seine Stelle in dem *Liber Admirabilium* (Θαυμασίων)
des Theopomp, oder in seiner Geschichte von Macedonien
(Φιλιππικά) gefunden habe. Die Bewohner der Meropis, begierig, die kleine von uns bewohnte Insel kennen
zu lernen, verlieſsen ihren groſsen Kontinent, und machten zuvörderst einen Streifzug zu den Hyperboreern; aber
sie kehrten bald wieder zurück, wenig befriedigt durch
den Zustand eines Volkes, welches die Griechen für so
überaus glücklich hielten. In dieser ganzen Dichtung,
welche den alten Glauben an das Vorhandensein anderer, sehr ausgedehnter, von unserer οἰκουμένη getrennter
Ländermassen bestätigt, ist von Saturn und dem Kronischen Festlande nicht die Rede. Indessen wird durch
den Besuch bei den Hyperboreern, deren Land dem groſsen Kontinent der Meropen zunächst gelegen war, der
Mythus des Theopomp ebenfalls nach NW. verlegt und
in nähere Berührung mit dem Mythus gebracht, dessen Andenken uns von Plutarch aufbewahrt worden ist.
Der übrigens so richtig urtheilende und vorurtheilsfreie
Perizonius hat in den Mittheilungen des Silen einige Spu-

---

*) Man vergleiche die sinnreichen Untersuchungen von *Creuzer*
(*Studien*, 1806. Th. II, S. 236. 295. 314). *Eysson Wickers* (*Fragm.
Theop. Chii.* Lugd. Bat., 1829, p. 72—74 und 161—163) entscheidet
sich für die Einschaltung dieses Romans in die Φιλιππικά.

ren von Amerika zu finden geglaubt. „*Non dubito*“, sagt er, „*quin veteres aliquid sciverint quasi per nebulam et caliginem de America, partim ab antiqua traditione ab Aegyptiis vel Carthaginiensibus* (!) *accepta, partim ex ratiocinatione de forma et situ orbis terrarum* (Aelian. 'ed. Lugd. 1701, p. 217).“

Weit entfernt, den Einflufs leugnen zu wollen, welchen die Meinungen und Zeugnisse der Alten auf den Geist des Columbus ausgeübt haben, möchten wir darum doch nicht sagen, dafs die Entdeckung von Amerika dem Pytheas [*]), oder dem Eratosthenes [**]), oder dem Posidonius [***]) zu verdanken sei. Columbus unterscheidet, nach dem Gelingen seiner Unternehmung, mit gerechtem Stolze zwischen dem Verdienst der Ausführung und dem einer glücklichen Ahnung. Bei seiner Rückkehr nach Lissabon von seiner ersten Reise schreibt er (am 14. März 1493) an seinen Beschützer *Don Luis de Santangel*, Finanzminister der Krone Aragonien: *consecuti sumus quae hactenus mortalium vires minime attigerant: nam si harum Insularum (Indiae supra Gangem) quidpiam aliqui scripserunt aut locuti sunt, omnes per ambages et coniecturas, nemo se eas vidisse asserit; unde prope videbantur fabula* †). Später fügte der

---

[*]) *Mannert, Einleitung in die Geogr. der Alten,* 1829, S. 79.

[**]) *Jul. Ludw. Ideler, Prolegom. de Meteorolog. Graecor. et Roman.* 1832, p. 6. Die Stelle des Strabo I, p. 115 Almel. p. 64, 65 Casaub. bietet in der That eine Meinung des Eratosthenes dar, nicht des Pytheas, wie Mannert geglaubt hatte. S. auch *Ruhkopf ad Senec.* Tom. V, p. 11.

[***]) *Strabo* II, p. 161 Almel. p. 102 Cas.

†) Ich. führe die Worte nach der lateinischen Uebersetzung des *Leander de Cosco* an, da, mit Ausnahme einiger wenigen Bruchstücke, welche Muñoz in den Handschriften des *Bernaldez, Cura de los Palacios,* aufgefunden hat, das spanische Original für uns verloren ist.

Admiral hinzu *): „Alle Welt machte sich vor meiner
Abreise über meine Schlufsfolgen lustig, mit Ausnahme
zweier Mönche (wahrscheinlich des Guardians des Klosters de la Rabida, Fray Perez de Marchena, eines Fran-
ziskaners, und des Dominikaners Fray Diego de Deza),
welche unerschütterlich mir ihre Zustimmung gaben."
Wenn Columbus dem Einflusse dieser Mönche und dem
grofsartigen Charakter **) der Königin Isabella das Glück
verdankte, seinen umfassenden Plan zur Ausführung bringen zu können, so war es hauptsächlich der Beifall des
Paolo (del Pozzo) Toscanelli aus Florenz, welcher
durch seine Belehrungen ihm das meiste Zutrauen verlieh.
Columbus selbst war gewifs weit davon entfernt, sich das
Glück zu versprechen, dafs seine Ansichten mit denen
eines der berühmtesten Mathematiker seines Zeitalters in
Einklang wären. Nach seinem eigenen Geständnifs hat
ihn diese Uebereinstimmung der Ansichten in den Gedanken bestätigt, welche er sich von den Vortheilen eines westlichen Seeweges nach Indien machte, und in der
Hoffnung, Inseln anzutreffen, bevor er zu den Küsten
Asiens gelangte. Ich werde hier nicht den Text der beiden Briefe des Toscanelli mittheilen ***), welche ur-

---

*) Brief an die spanischen Monarchen, datirt Hayti (im Monat
October) 1498: *todos que habian oido (mi) platica, todos lo te-
nian á burla, salvo dos frailes que siempre fueron constantes.* Ich
habe schon oben, wo ich vom Arzte *Garcia Hernandez* gesprochen
habe, auf diese Stelle angespielt.

**) „Jene Grofsherzigkeit, die sich in grofsen Dingen zeigt" (schö-
ner Ausdruck in demselben Briefe vom Jahr 1498.)

***) Wir kennen nur die spanische Uebersetzung der Briefe; das
Original ist verloren gegangen. *Vida del Alm.* c. 7. *Leonardo Ximenes, del vecchio e nuovo gnomone fiorentino,* 1757, p. LXXIX,
XCVII. (Die Untersuchungen dieses gelehrten Jesuiten haben die Grundlage zu dem ausgezeichneten Artikel über Toscanelli gebildet, welchen
Angelis, jetzt zu Buenos-Ayres, für den 46. Band der *Biographie
universelle* bearbeitet hat.) *Journal des Savans* 1758, Januar. *Na-*

sprünglich lateinisch geschrieben und mehrere Male gedruckt worden sind, sondern mich nur darauf beschränken, die Aufmerksamkeit auf einige Züge hinzulenken, deren geschichtliche Wichtigkeit man nicht hinlänglich hat hervortreten lassen. Bei Untersuchungen dieser Art wird man stets zu den Urkunden des funfzehnten Jahrhunderts zurückkehren müssen.

„Die Autorität der klassischen Schriftsteller und das Gewicht einiger neueren Zeugnisse (des Pedro de Heliaco),“ sagt Ferdinand Columbus, „haben zwar die Einbildungskraft meines Vaters aufgeregt *); aber einer seiner Zeitgenossen, ein gewisser Paul, Arzt zu Florenz, Sohn des Dominicus, war die Hauptveranlassung, daſs er seine Reise mit so groſser Zuversicht unternahm.“

---

varrete Tom. II, p. 1—4. Vergl. auch *Bossi, Vita di Christ. Colombo*, p. 105 und 153, *Canovai, Viaggi di Amer. Vespucci*, p. 355—370, *Baldelli, il Millione*, Tom. I, p. LX—LXII.

*) Wörtlich: „Die Autoritäten, welche wir so eben angeführt haben, veranlaſsten den Admiral, gröſseres Zutrauen zu den Erzeugnissen seiner Einbildungskraft zu haben“ (*lo movieron mas para creer su imaginacion*). Obgleich Toscanelli ohne allen Zweifel einer der berühmtesten Astronomen und Physiker seines Zeitalters war, und man ihn in Italien häufig *Paul den Physiker (Paulus physicus)* nannte, so habe ich doch das spanische Wort *fisico* durch Arzt übersetzt. Dies Wort wurde im funfzehnten und sechzehnten Jahrhundert ausschließlich in dieser Bedeutung gebraucht; es wurde, zum Beispiel, auf Maestro Bernal, *fisico de la carabela capitana*, im Jahr 1502 angewendet, auf den Freund des Columbus, *Garcia Hernandez, fisico de Palos* u. s. w. Man dürfte auch überrascht werden, in dem *Leben des Columbus*, wo der Familienname des Toscanelli fehlt, den sonderbaren Zusatz: „*Maestro Paulo fisico del Maestro Domingo florentin*“, zu finden. Aber diese fast hellenische oder arabische Art und Weise, die Verwandtschaft zu bezeichnen, war damals allgemein gebräuchlich. Paolo war der Sohn des Domenico, und in dem 1428 abgefaſsten Testament des Nicolo Nicoli findet man ebenfalls unter den Conservatoren der berühmten Bibliothek des Klosters *degli Angeli de Monaci Camaldolesi* aufgeführt: *Magister Paulus Magistri Domenici medicus (Leonardo Ximenes, p. LXXIV)*.

Toscanelli, welchen ein Abendessen bei *Filippo Brunelleschi* und die geistvolle Unterhaltung dieses Architekten und Mechanikers zum Studium der Mathematik hingeleitet hatten, zeichnete sich unter allen Astronomen seines Zeitalters aus, und besonders durch die beständige und ungetheilte Aufmerksamkeit, die er, während seiner langen Laufbahn (er erreichte ein Alter von 85 Jahren), auf die Entdeckungsreisen zur See und zu Lande verwendete. Italien war damals der Mittelpunkt der grofsen Handelsverbindungen, welche die Pisaner, die Venetianer und die Genueser mit dem südlichen Asien *) auf dem Wege über Alexandrien, das Rothe Meer und Bassora, und mit dem Kaspischen Meere und Sogdiana über Asow (Tana) unterhielten. Toscanelli beschäftigte sich nicht blofs mit der Verbesserung der Sonnen- und Mondtafeln, durch Beobachtungen mit dem Gnomon und Astrolabium, so wie mit Allem, was die Anwendung von Methoden in der nautischen Astronomie zu erleichtern dienen konnte, welche zwar weitläufig besprochen, aber äufserst selten in damaliger Zeit benutzt wurden; er richtete auch sein Augenmerk auf die Vergleichung der alten Geographie mit den Ergebnissen der neueren Entdeckungen, und auf den praktischen Nutzen, welcher dem Handel von Europa aus dieser Gattung von Untersuchungen, durch Eröffnung einer unmittelbaren Verbindung mit *dem Lande der Spezereien* auf dem Seewege gegen Westen, entstehen konnte. Wir finden den Beweis für diese Ideenverkettung, diese intellektuelle Bewegung, von der zweiten Hälfte des funfzehnten Jahrhunderts an, in den

---

*) „Das Haupthindernifs eines Handels mit Indien durch das Innere von Asien", sagt ein Schriftsteller des sechzehnten Jahrhunderts, „liegt in der Barbarei der tartarischen Völker, die, da sie Indien nicht zur See angreifen können, Einfälle in dasselbe zu Lande machen und es verheeren, gleichwie das arme Italien die Beute der Deutschen, Franzosen und Spanier geworden ist." (*Ramusio*, Tom. I, p. 338).

Briefen des Toscanelli und bei allen ausgezeichneten Schriftstellern seines Zeitalters. *Cristoforo Landino*, ein Florentiner, Uebersetzer des Plinius und Erklärer des Virgil, spricht von dem Zusammenflufs von Fremden, welchen seine Geburtsstadt darbot, von Menschen, die aus den entferntesten Gegenden kamen, *qui circa initia Tanais habitant. Ego autem interfui, cum Florentiae illos Paulus physicus diligenter quaeque interrogaret* *). Diese Verbindungen mit Kaufleuten, welche aus dem Morgenlande, selbst aus Indien oder dem indischen Archipel, wie der Venetianer *Nicolo Conti* **), zurückkehrten, entzündeten die Einbildungskraft des Greises.

In einem Alter von mehr als 77 Jahren schreibt Toscanelli dem Columbus: „Ich lobe Euren Wunsch,

---

*) *Georgicon ed. Landinus, Venet.* 1520, p. 48.

**) Nichts beweist den tiefen Eindruck, welchen dieser Briefwechsel mit Toscanelli auf den Geist des Columbus gemacht hatte, in höherem Grade, als die Einleitung zu dem Schiffstagebuche seiner ersten Reise, in welchem er fast dieselben Worte wiederholt, deren sich der florentinische Mathematiker bedient hatte.

Columbus:
  „*La informacion que yo habia dado a Vuestras Altezas de las tierras de India y de un principe que es llamado* Gran Can *que quiere decir en nuestro romance* Rey de los reyes, *como muchas veces el y sus antecessores habian enviado a Roma a pedir doctores en nuestra santa fé porque le enseñasen en ella.*"

Toscanelli:
  „*Las partes de Indias donde se podrá ir y el dominio de un principe llamado* Gran Can *que es lo mismo que* Rey de los reyes: *sus predecessores enviaron embajadores al Papa pidiendole maestros que los instruyesen en nuestra fé.*

Columbus hätte ohne Zweifel diese Bemerkungen auch aus dem *Millione* des Marco Polo schöpfen können, welchen er eben so wenig anführt als Toscanelli; aber die Ideenverknüpfung sowohl als der Ausdruck scheinen mir auf eine Erinnerung aus dem Briefe des Toscanelli an den Kanonikus Martinez hinzudeuten.

nach Westen zu schiffen, und ich bin überzeugt, daſs
Ihr aus meinem früheren Briefe werdet erkannt haben,
daſs die Unternehmung, welche Ihr im Sinne habt und
gern ausführen möchtet, nicht so schwierig ist, als man
zu glauben pflegt; daſs im Gegentheile der Weg, das
heiſst die Ueberfahrt von den Westküsten von Europa
nach dem Indien der Specereien (*Indie delle spezierie,*
wie die Florentiner und Venetianer sagten) sicher auf
der Bahn (eigentlich durch die Oerter oder Striche) er-
folgen kann, welche ich Euch bezeichnet habe. Ihr wür-
det vollkommen von dieser Leichtigkeit überzeugt sein,
*wenn Ihr, wie ich, Gelegenheit gehabt hättet, mit einer
groſsen Anzahl von Personen umzugehen,* die in diesen
Ländern (*dem Indien der Spezereien*) gewesen sind.
Seid versichert, daſs Ihr dort mächtige Königreiche, groſse und volkreiche Städte und reiche Provinzen finden
werdet u. s. w." In dem Briefe an den Kanonikus Martinez sagt Toscanelli noch: „Aus dem einzigen Hafen
von Zaiton (Zaithun) segeln alljährlich mehr als hundert, mit Pfeffer und anderen Spezereien beladene
Schiffe aus. Mehrere Provinzen und Königreiche sind
einzig und allein von dem *Groſscan* (Chan) abhängig,
welcher gleichsam *König der Könige* ist und gemeiniglich in Catay residirt. Seine Vorgänger wünschten
mit den Christen in Verkehr zu kommen, und schickten
vor zweihundert Jahren Gesandte an die Päpste, um sie
zu ersuchen, daſs sie ihnen Lehrer (*maestros*) senden
möchten, welche sie im christlichen Glauben unterrichteten; aber diese Gesandten konnten nicht nach Rom gelangen, und sahen sich, wegen der groſsen Schwierigkeiten, welche ihrer Reise hemmend entgegentraten, genöthigt, auf halbem Wege wieder umzukehren. Zur Zeit des
Papstes Eugen IV kam ein Gesandter, welcher Seine Heiligkeit von der Zuneigung versicherte, welche die Fürsten
und Bewohner seines Landes zu den Katholiken hegten.
Ich

Ich habe eine lange Unterredung mit diesem Gesandten gehabt; er erzählte mir von der Herrlichkeit seines Königs (*de su rey*), von grofsen Strömen, deren einer an seinen Ufern zweihundert Städte mit Brücken von Marmor hätte; von Ländern, in denen man zu Mitgliedern der Regierung die gelehrtesten (*sabios*) Männer auswählte, ohne auf Geburt oder Reichthum Rücksicht zu nehmen: von jener Stadt *Quisay* (*Quinsai*), welcher Name *Stadt des Himmels* bedeutet, die in der Provinz *Mango*, nahe bei Catay, belegen ist, und deren Umfang 35 lieues beträgt *)."

Es ist wahrscheinlich, dafs die belebten Erzählungen des Venetianers *Nicolo di Conti*, welcher, nach fünf und zwanzigjährigen Reisen in Syrien, nach dem Persischen Meerbusen, in Indien diesseit und jenseit des Ganges, im südlichen China, dem Archipel von Sunda, Ceylon, dem Rothen Meere und Aegypten im Jahre 1444 nach Florenz kam, so wie die vielfältigen Handelsverbindungen mit diesen reichen Gegenden, dem Toscanelli die topographische Kenntnifs des südlichen und östlichen Asiens sehr geläufig machten. Zu Florenz, wo Toscanelli fortwährend sich

---

*) Es ist mir keinesweges unbekannt, dafs alle Erklärer der Briefe des Toscanelli die Kapitel aus der Reisebeschreibung des Marco Polo anführen zu können geglaubt haben, aus denen der florentinische Astronom seine Nachrichten über den Pfefferhandel von Zaithun (II, c. 77) und die Pracht der grofsen Stadt Quisai (II, c. 68) geschöpft hätte; aber ich mufs hier bemerken, dafs einiger Zweifel über dasjenige bleibt, was er vorzugsweise von Nicolo di Conti, sei es aus den Unterredungen mit diesem Reisenden, der kurz zuvor aus dem östlichen Asien zurückgekehrt war, sei es aus der Handschrift von Poggio, entlehnt haben könnte. Ich finde die Erklärung der Benennungen *Gran Can* (*Rey de los Reyes*; Conti übersetzt es nur durch das Wort *Kaiser*) und *Quinsai* (*Ciudad del cielo*) nur bei Marco Polo; aber die 12000 Brücken von Quisai in der Erzählung des Marco Polo hat Toscanelli (was im höchsten Grade auffallend ist, auf zehn beschränkt, und der Umfang von Quisai ist ziemlich genau nach der Erzählung des Nicolo di Conti angegeben (*Ramusio*, Tom. 1, p. 340, b.).

aufhielt, bewilligte der Papst Eugen IV (aus der Familie
der Condolmeri zu Venedig) dem Reisenden Conti, seinem Landsmanne, Verzeihung wegen seines Abfalls von
der christlichen Religion *), indem er ihm als Buſse auf-

---

*) Nicolo di Conti war gezwungen der christlichen Religion zu ent-
sagen, um sein Leben zu retten. Ramusio (nach der Venetianer Ausgabe
von 1613) verlegt diese Absolution in das Jahr 1449; aber der Papst
Eugen IV starb zwei Jahre zuvor. Die lateinische Bearbeitung der Reise
von Conti, welche von demselben Poggio herrührt, dem man die Entdeckung so vieler kostbaren Handschriften von lateinischen Klassikern in
der Schweiz und in Deutschland zu verdanken hat, ist nicht auf uns gekommen. Was wir im Italiänischen von der Reise des Conti besitzen,
ist eine nach der portugiesischen Uebersetzung des Valentin Fernandez
gemachte Rückübersetzung, und besteht leider nur in einem unbedeutenden Bruchstücke, was von Fehlern aller Art wimmelt. In *Giava maggiore* (Borneo?) hat Conti Paradiesvögel gesehen, *uccelli senza piedi*
(*Ram.* Tom. I, p. 341, b). Dies sind die Sonnenvögel (*passeres de
sol*) der ersten portugiesischen Reisenden (*Reinh. Forster, Zool. ind.*
1795, p. 30). Folgendes sind die Worte des Conti, welcher ohne Zweifel nur Exemplare dieses Vogels gesehen hat, die von den Eingeborenen
zubereitet und als Gegenstand der Verzierung von Insel zu Insel gebracht
worden waren: „*Nella Giava maggiore trovansi uccelli molte volte
che sono senza piedi, grandi come colombi, di penne molto sottili e
con la coda lunga, i quali sempre si posano sopra gli arbori; le
carni di quali non si mangiano, ma la pelle e la coda sono in grande
stima perchè s'usano per ornamento del capo.*" (*Nicolo di Conti*
bei *Ramusio* T. I, p. 345). Diese sehr merkwürdige Stelle ist vor
den neueren Zoologen übersehen worden. Pigafetta hat ebenfalls nur
todte und zubereitete Vögel gesehen, die aber glücklicher Weise Füſse
hatten. *Il re di Tidore mandò duoi uccelli bellissimi della grandezza
d'una tortola, la testa piccola col becco lungo et lunghe le gambe
uno palmo e sottili: non hanno ali, ma in luogo di quelle penne
lunghe di diversi colori.*" Pigafetta hat sehr wohl beachtet, daſs dies
nicht Flügelfedern sind, sondern Seitenfedern, welche zu Schwingen länger
als der Körper ausgedehnt sind. Er hat die Flügel, deren Vorhandensein er leugnet, nicht gesehen, weil die Eingeborenen, wenn sie den Vogel für den Handel zubereiten, ihm gewöhnlich Flügel und Füſse aus-
reiſsen. *Hanno opinion i Mori*, fügt der Geschichtschreiber der Entdeckungsreise Magellans hinzu, *che questo uccello venga del Paradiso
terrestre e chiamanlo manucodiata cio è uccello di Dio* (Ra-

erlegte, *ganz der Wahrheit getreu* die Begebenheiten
seiner Reise dem päbstlichen Sekretär, dem berühmten
Philologen *Francesco Poggio Bracciolini*, zu erzählen.
Da ich selbst zur Klasse der Reisenden gehöre, so mag ich
nicht unverständiger Weise untersuchen, ob mehr Schalk-
heit als Güte in dieser Art von Bufse lag. Man begreift
leicht, dafs die Lesung gewisser Reisebeschreibungen als
eine strenge Strafe auferlegt werden kann; aber die Begebenheiten eines an Ereignissen reichen Lebens der Wahrheit getreu, *con ogni verità*, wie die Klausel der päpstlichen Absolution lautete, zu erzählen, kann nur in dem
Falle eine Strafe sein, wo man an der Redlichkeit und
Wahrheitsliebe der Reisenden zweifelt *).

Der Aufenthalt des *Nicolo Conti* und des *Poggio*
in einer Stadt, wo Toscanelli, nach seinem eigenen Zeugnisse und dem des *Christoforo Landino*, sich unaufhörlich mit denjenigen Männern in Verbindung zu setzen
strebte, welche der Handel in das *Land der Spezereien*
geführt hatte, mufste nothwendiger Weise die Erinnerungen wieder auffrischen, welche sich seit den Erzählungen

---

musio, Tom. I, p. 367, b). Dieses Wort, welches in der von einem
Secretär des Kaisers Karl V. angefertigten Reisebeschreibung des Magellan, in einem Briefe an den Kardinal-Bischof von Salzburg (A. a. O.
p. 351, b.) wiederholt wird, ist nach der Bemerkung meines Bruders,
welche sich in seinem grofsen Werke über die Kavisprache, die Sprache
der Javaner, aufgezeichnet findet, eine Entstellung des malaiischen Wortes *manuk-devata*, welches aus dem malaiischen *manu*, *Vogel*, und dem
malaiischen und Sanskritworte *devata*, *göttlich*, zusammengesetzt ist. Aus
manuk-devata machte der italiänische Reisende *manuco-diata*.

*) Vielleicht hat selbst das Werk von Marco Polo dem Papste Eu-
gen IV dieses Mifstrauen in die Wahrheitsliebe des Reisenden eingeflöfst.
„Wir wissen aus dem Zeugnisse des F. Jacopo di Aqui, dafs man sich
in solchem Maafse über Polo lustig machte, dafs es lange Zeit nach seinem Tode auf den Maskeraden von Venedig stets eine Person gab, welche
seinen Namen annahm, ihn vorstellte und das Volk dadurch ergötzte,
dafs sie die unwahrscheinlichsten Dinge erzählte. Eben so verfuhr man
späterhin mit Pigafetta." *Amoretti, Voyage de Maldonado*, p. 67.

des Marco Polo über die Wunder von *Quinsai* und
Cambalu, die Menge von Schiffen in dem Hafen von *Zaithun* und die Reichthümer von *Mango* erhalten hatten.
Dieser Einklang in den Ueberlieferungen, diese Berühmtheit derselben Orte, die sich nach anderthalb Jahrhunderten erneuerte, mußte den thätigen Geist des *Toscanelli* in
solchem Maaße anregen, daß wahrscheinlich *Nicolo di
Conti* in dem zweiten Briefe an Columbus, ohne Nennung des Namens, unter den Reisenden nach Asien mit-
inbegriffen und gemeint ist, welche man habe müssen erzählen hören, um die Leichtigkeit und den Nutzen der
Reise nach Indien auf dem Westwege zu begreifen. Indessen kann ich nicht die Ansicht des Abtes *Ximenes* und
so vieler anderen Schriftsteller, die ihm nachgeschrieben
haben, theilen, daß „*der Gesandte des Großcan,*" welcher zu den Zeiten des Papstes Eugen IV ankam und
von dem in dem Briefe an den Kanonikus Martinez die
Rede ist, Nicolo di Conti selbst sei. Dieser Brief erwähnt zwei mongolische Gesandtschaften; die eine „vor
zweihundert Jahren, die andere zu der Zeit des Toscanelli." Die erste ist ohne Zweifel dieselbe, welche im
Jahre 1267 durch die Krankheit eines mongolischen Großen Khogatal *) vereitelt wurde, zur Zeit der Rückkehr
des Nicolo und Maffeo Polo, des Vaters und Oheims des
berühmten Marco, welcher, um mich des glücklichen Ausdrucks des alten Sansovino zu bedienen, eine neue Welt

---

*) Khogatal trennte sich von den Reisenden schon zwanzig Tage-
reisen von Bocchara. „*Il Barone s' ammalò gravemente, per volontà
del quale e per consiglio di molti lasciandolo, seguitorno il loro viaggio (dell' Armenia Minore al porto di Giazza*). Uebersetz. des Ramusio (Tom. II, p. 3, a). Die Ankunft des Nicolo und Maffeo Polo zu
Venedig fand im Jahre 1271 Statt, da sie durch die Nachricht vom Tode
des Papstes Clemens IV geraume Zeit hindurch zu Acre zurückgehalten
worden waren. Da nun der Brief des Toscanelli am 25. Junius 1474
geschrieben worden, so ist der Ausdruck: *ha doscientos años* hinreichend
genau.

vor Columbus entdeckte und von dem wir das bewunderungswürdige Werk besitzen, welches zuerst unter dem etwas satirischen Namen des *Messer Marco Milione* bekannt war. Was die zweite Gesandtschaft zur Zeit Eugen's IV anbetrifft, so erinnert uns nichts in der Reise des Conti daran, dafs er selbst mit irgend einer Sendung von Seiten des Grofscan beauftragt gewesen sei. Wie sollte *Poggio* in dem kleinen Epilog, welchen er zu Ehren des Erzählers hinzugefügt hat, „der, wie er sich ausdrückt, Länder gesehen, die niemand seit der Herrschaft des Tiberius betreten hatte," nicht eines so ehrenvollen Umstandes Erwähnung gethan haben? Und Toscanelli, welcher dem Nicolo und Maffeo Polo den Titel von Gesandten streitig macht *), und ausdrücklich bemerkt, dafs diejenigen, welche mit der Sendung beauftragt waren, auf dem Wege verblieben und nicht nach Italien gelangten, würde er von dem Venetianer Conti als einem mongolischen Gesandten gesprochen haben, „welcher die Pracht und Herrlichkeit seines Königs und die Zuneigung seines Volkes für die Katholiken rühmte?" Nicolo di Conti kehrte, nachdem er durch die Pest in Aegypten seine Frau, seine beiden Söhne und zwei Bedienten verloren hatte, mit den beiden einzigen ihm übrig gebliebenen Kindern nach Venedig zurück. Hätte sich irgend ein Gesandter des Grofscan im Gefolge dieses Reisenden befunden, so würde er im Laufe seiner bis zum Kleinlichen genauen Erzählung diesen Umstand nicht mit Stillschweigen übergangen haben. Ich weifs durchaus nichts darüber anzugeben, welches die mongolische Person gewesen sein könne, mit der Toscanelli während der Regierung

---

*) Dieser Titel würde ihnen mit um so gröfserem Rechte zugekommen sein, als sie ihm, nach der Erzählung des Marco, selbst sich belegten, und da sie mit der Ueberbringung eines Briefes an den Papst beauftragt waren. *Il Gran Can proponendo nell' animo suo di volerli* (*i detti due fratelli*) *mandar ambasciatori al Papa, volle haver prima il consiglio de' suoi baroni.*"

Eugen's IV, die sechzehn Jahre dauerte, eine lange Unterredung gepflogen zu haben berichtet; aber es ist
mir, nach den so eben auseinander gesetzten Gründen,
in sehr geringem Grade wahrscheinlich, dafs dies ein ve-
netianischer Reisender gewesen sei, der als *Büfsender*
nach Florenz kam. Es waltet hier irgend ein Mifsver-
ständnifs ob, vielleicht ein Irrthum, dessen Quelle in einer
von jenen diplomatischen Mystificationen aufzusuchen ist,
denen die gröfsten Höfe Europas, selbst in den neuesten
Zeiten, bekanntlich nicht entgangen sind, wenn sich asiatische oder afrikanische Abenteurer mit der Wahrnehmung
der Interessen ihrer Fürsten für beauftragt ausgaben.

Der Brief des Toscanelli, welchen Einflufs er auch
immer auf den Geist des Columbus ausgeübt haben mag,
enthält, was wir zur Ehre des letzteren ausdrücklich bemerken, den unumstöfslichen Beweis, dafs der genuesische
Seefahrer seinen Plan schon früher gehegt hatte. Dieser
kam im Jahre 1470 nach Lissabon, wo er in enger Verbindung mit dem Florentiner *Lorenzo Giraldi* lebte, so
wie zu Sevilla in vertrautem Umgange mit einem anderen
Florentiner *Juan Berardi*, dem Chef eines Handelshauses,
zu welchem Amerigo Vespucci gehörte. In allen besuch-
teren Häfen Europa's, der Nordküste von Afrika und der
Levante hatten sich damals italiänische Kaufleute niedergelassen. Columbus hatte sich die Gewifsheit verschafft, dafs
Alphons V, König von Portugal, Toscanelli durch den Kanonikus Fernando Martinez um eine genaue Belehrung über
den Westweg nach Indien hatte ersuchen lassen. Diese
Nachricht mufste den feurigen Mann, welcher denselben
Plan hegte, beunruhigen. Der grofse Ruf, den der Florentinische Astronom genofs, erzeugte in Columbus die
Hoffnung, sich der Einsichten des italiänischen Gelehrten
zur sicheren Ausführung seines Unternehmens bedienen zu
können. Lorenzo Giraldi übernahm die Besorgung der
von Columbus an Toscanelli geschriebenen Briefe. Wir
kennen nur die Antworten des letzteren, im Ganzen zwei,

ohne Zeitangabe. „Ich sehe," heifst es in dem ersten
Briefe des Toscanelli, „dafs Ihr den grofsartigen und
edeln Wunsch hegt, Euch nach dem Lande, wo die Spezereien wachsen, hinzubegeben, und als Antwort auf Euren Brief schicke ich Euch eine Abschrift von demjenigen, welchen ich *vor einigen Tagen* an einen Freund im
Dienste (*domestico*) des durchlauchtigsten Königs von Portugal geschrieben habe, welcher von Seiner Hoheit den
Befehl empfangen hatte, an mich über diesen Gegenstand zu schreiben." Da der Brief an den Kanonikus
von Lissabon aus Florenz vom 25. Junius 1474 datirt
ist, so mufs man wegen des Ausdruckes *algunos dias
ha* *) annehmen, dafs Columbus den Toscanelli im Anfange desselben Jahres um Rath gefragt hatte. Dieses Datum ist nicht ohne Wichtigkeit für die Geschichte

---

*) Der Jesuit Ximenes findet in seinem Commentar zu den Briefen
des Toscanelli einige Dunkelheiten in dieser Zeitbestimmung: *vor einigen Tagen*, und der Phrase, welche unmittelbar darauf folgt: *antes de las
guerras de Castiglia*. Ich glaube, dafs man durch einen unbedeutenden Interpunktionsfehler diese letztere Phrase durch ein Komma von dem
Worte *domestico* getrennt hat. Der Brief berichtet ganz einfach, dafs
der Kanonikus längere Zeit vor den durch die Absetzung Heinrich's IV
im Jahre 1465 und seine Wiedereinsetzung im Jahre 1468 im Königreiche Castilien veranlafsten Unruhen im Dienste der Krone Portugal gewesen sei. Ein anderer Mifsgriff von gröfserer Erheblichkeit, da er sich
auf die Entdeckung des Vorgebirges der Guten Hoffnung bezieht, hat
sich in den Commentar des Ximenes durch einen Mangel an Kenntnifs
der castilianischen Sprache, die sich äufserst selten bei einem Gelehrten
Italiens findet, eingeschlichen. Toscanelli schrieb an den Kanonikus
Martinez, dafs der Weg, den er, um durch den westlichen Ocean nach
dem Lande der Spezereien zu gelangen, einzuschlagen räth, bei weitem kürzer sei, als der Weg, den die Portugiesen machen müfsten, um
nach der Küste von Guinea zu gelangen (*el camino por la via del mar
es brevissimo, lo tengo por mas corto, que el que haceis a Guinea*).
Der Abt Ximenes übersetzt: *il cammino che voi fate per Guinea*, was
einen sehr verschiedenen Sinn giebt, und ihn zu der Frage veranlafste,
ob denn der Handel *über* Guinea ging. *Gnom. Fior.* p. LXXXII und
LXXXIV.

der Entdeckung von Amerika. Es wird dadurch unmittelbar die Bedeutsamkeit der vom Inca Garcilasso, von Gomara und Acosta mitgetheilten *) Erzählung entkräftet, nach der ein Schiffer von Huelva, Namens Alonzo Sanchez, der auf einer Ueberfahrt von Spanien nach den Kanarischen Inseln im Jahre 1484 durch Ostwinde bis zu den Küsten von San Domingo verschlagen worden zu sein vorgab, bei seiner Rückkehr nach Terceira in Columbus *den ersten Gedanken* zu seiner Unternehmung angeregt haben sollte. Schon Oviedo nennt diese Geschichte „eine Fabel, die unter dem gemeinen Volke umherläuft," und die geheimnifsvolle Reise des Alonzo Sanchez ist in der That um zehn Jahre jünger, als die Correspondenz mit Toscanelli. Wenn indessen diese Correspondenz beweist, dafs Columbus sich mit dem Plane, das Land der Spezereien auf dem Westwege aufzusuchen, lange Zeit zuvor beschäftigte, ehe er mit dem berühmten Astronomen von Florenz in Verbindung trat, so bleibt es doch immer unentschieden, welcher von beiden, Columbus oder Toscanelli, zuerst die Möglichkeit eingesehen hat, diesen neuen Weg der Schifffahrt nach Indien zu eröffnen. Toscanelli war, wie wir schon oben bemerkt haben, sieben und siebzig Jahre alt, als er seinen Gedanken dem Kanonikus Martinez mittheilte; und es ist sehr wahrscheinlich, dafs die Ueberzeugung von der Kürze des Weges (*brevissimo camino*) durch den atlantischen Ocean sich in seinem Geiste von sehr früher Zeit herschrieb. Er sagt sehr bestimmt: „Obgleich ich schon häufig (*otras muchas veces*) von den Vortheilen, welche dieser Weg zu gewähren im Stande sein dürfte, gehandelt habe, so will ich doch jetzt, nach der ausdrücklichen Aufforderung, welche der durchlauchtigste König (von Portugal) an mich hat ergehen lassen, eine bestimmte Nachweisung über den

---

*) *Garcil. Comment. Reales* lib. I, cap. 3. *Gomara, Hist. de las Indias,* cap. 13. *Acosta,* lib. I, c. 19.

einzuschlagenden Weg ertheilen. Ich könnte, eine Erdkugel (*esfera*) in der Hand, was man wünscht leicht aus-
einandersetzen: aber ich ziehe es vor, um die Einsicht in
die Beschaffenheit der Unternehmung zu erleichtern, den
Weg auf einer den Seekarten ähnlichen Karte anzugeben, auf der ich die gesammte Westgränze des Festlandes von Irland bis zum Ende von Guinea nach Süden
hin, nebst allen Inseln, die sich auf diesem Wege finden,
selbst verzeichnet habe. Ich habe (den Küsten von Irland und Africa) gegenüber, gerade nach Westen zu, den
Anfang (die Ostgränze) von Indien mit den Inseln und
Orten angegeben, wo man wird landen können. Auch
werdet Ihr daraus ersehen, um wie viel Meilen Ihr euch
vom Nordpol nach dem Aequator hin entfernen kön-
net, und in welchem Abstande (Parallel) Ihr zu jenen
fruchtbaren und an Spezereien und Edelsteinen so überaus reichen Gegenden gelangen werdet." Die Stelle,
welche wir hier in einer Uebersetzung mitgetheilt haben,
beweist hinlänglich, daſs Toscanelli lange vor dem Jahre
1474 der portugiesischen Regierung den Weg angegeben
hatte, welchen Columbus verfolgt hat, und der zufällig
zu der Entdeckung eines groſsen Festlandes führte. Es
scheint ganz natürlich, daſs sich derselbe Gedanke gleichzeitig mehreren wohl unterrichteten und von der Begierde,
den Kreis der Entdeckungen zu erweitern, beseelten Männern darbot; er muſste in dem Kopfe Martin Behaim's
entstehen, dessen berühmter im Jahre 1492 angefertigter
Erdglobus (*Apfel*) „den König von Mango, Cambalu und
das Land von Cathay nur 100° westlich von den azorischen Inseln" verlegte, wie Toscanelli, Columbus und
alle diejenigen, welche an eine übermäſsige Ausdehnung
Asiens gegen Osten hin glaubten. Wir haben gesehen,
daſs Toscanelli und Columbus in ihren Schriften den
Hauptzweck der Unternehmung (den Weg nach Indien
abzukürzen) von dem Nebenzweck (der Entdeckung einiger Inseln) trennen. Toscanelli unterscheidet über-

dies die Inseln, „welche man auf dem Wege finden wird, *que estan situadas en este viage*, zum Beispiel Antilia, von denjenigen Inseln, welche in der Nähe des indischen Festlandes belegen sind, zum Beispiel Cipango und die Inseln, mit denen die Kaufleute verschiedener Nationen in Handelsverkehr stehen." Ja die geschichtliche Bemerkung, welche Columbus selbst an die Spitze seines Reisetagebuchs gesetzt hat, das er am 15. März 1493 beendigte, giebt als Beweggrund der Reise nur „das Verlangen der katholischen Monarchen an, die Hinneigung eines mächtigen Fürsten von Indien, des *Grofscan*, zu Gunsten der christlichen Religion zu erforschen, weshalb eine Expedition nicht auf dem Landwege nach Osten, sondern über den atlantischen Ocean, auf einem Wege, von dem man nicht mit Gewifsheit annehmen kann, ob er schon befahren wurde, ausgerüstet worden sei *)." Es ist in dieser Einleitung zu dem Tagebuche des Columbus von den *islas* und der *Tierra firme*, die in der *Mar Oceana* zu entdecken wären, blofs als von einem Ergebnisse die Rede, das mit grofser Wahrscheinlichkeit von einer Unternehmung zu hoffen stehe, deren eingestandener Hauptzweck war, unter Segel zu gehen *con armada suficiente a las dichas partidas de India (las del Gran Can)*. Die Unternehmung war also, dem ersten Entwurfe und Plane gemäfs, im Grunde nichts weniger, als eine Reise zur Entdeckung neuer Länder: es war eine Reise, welche die Möglichkeit einer unbehinderten Ueberfahrt nach Indien auf dem *Westwege* darthun sollte, gleichwie *Magellan*, *Parry*, *Rofs* und *Franklin* die *südwestliche* und *nordwestliche* Durchfahrt dargethan haben **).

---

*) *Ordenaron que yo non fuese por tierra al oriente, por donde se costumbra de andar, salvo por el camino de occidente, por donde hasta hoy no sabemos por cierta fe que haya pasado nadie* (Navarrete, Tom. I, p. 2). Die Worte *sabemos por cierta fe* sind wegen der Bescheidenheit, die sich in ihnen ausspricht, überaus merkwürdig.

**) Obgleich in dem Augenblicke, wo ich diese Zeilen zum Drucke

Der Einfluſs, welchen Toscanelli auf den Geist des
Columbus ausgeübt hat, erinnert unwillkürlich an die von
Vincent aufgeworfene Frage, ob man die Entdeckung des
Seeweges nach Ostindien durch Umschiffung des Vorgebirges der guten Hoffnung nicht eher *Covilham* als *Gama*
zuschreiben müsse. Es ist keinem Zweifel unterworfen,
daſs Covilham, nach längerem Aufenthalte zu Calicut, Goa
und bei den Arabern von Sofala auf der Ostküste von
Africa, durch Vermittelung zweier Juden, Abraham und
Joseph *), dem Könige von Portugal Johann II. schrieb,
daſs „die portugiesischen Schiffe, wenn sie die Westküsten
Afrika's nach Süden hin entlang schifften, die Endspitze
dieses Welttheiles erreichen würden, und daſs sie, bei
dieser Spitze angelangt, im östlichen Ocean den Weg nach
Sofala und der Mondinsel **) (Madagaskar) einschlagen
müſsten. Covilham erneuerte auf diese Weise, indem er

---

vorbereite (Februar 1834), noch kein Schiff durch die Barrowstraſse in
das Meer von Kamtschatka gelangt, oder die Küsten von Amerika von
Melville island und *Prince-Regents-inlet* bis zur Kotzebue-Bai entlang geschifft ist, so scheinen doch die schönen Entdeckungen von Parry,
Franklin und Beechey keinen Zweifel mehr über eine Verbindung zwischen der Baffinsbai und der Behringstraſse obwalten zu lassen.

*) Pedreio de Covilham und Alonzo de Payva schifften sich im
Jahre 1487 zu Barcelona ein, um Nachrichten über den Priester Johannes einzusammeln. Die beiden Juden trafen Covilham zu Cairo nach
seiner Rükkehr von Sofala und Adem.

**) Nach Herbelot die Insel Seranda des Edrisi (diese Synonymie
wird zurückgewiesen von *Hartmann, Africa*, p. 115), Magastar oder
Madaigascar (entstanden durch Verderbniſs des Wortes Madagache) des
Marco Polo, welche späterhin, im Anfange des sechzehnten Jahrhunderts,
von den Portugiesen die Insel San Lorenzo genannt wurde. Unter dieser letzteren Benennung finde ich die Insel Madagaskar auf einer zu Sevilla im Jahre 1527 gezeichneten Welttafel angegeben, die mithin um
zwei Jahre älter ist, als die berühmte Karte des Diego Ribero, welche
ebenfalls in der Bibliothek zu Weimar aufbewahrt wird. Die eine sowohl wie die andere bieten auch schon die Lage von Isle de France und
Isle de Bourbon dar, unter den Namen *Mascarenhas* und *Santa Apol-
lonia*.

sich auf die Erfahrungen der arabischen Seefahrer von
Sofala und der ganzen Küste von Zanguebar und Mozambique stützte, die Ansichten, welche mehrere alte Schriftsteller über die dreieckige Form des südlichen Afrika
ausgesprochen hatten: er erhöhte das Vertrauen des Gama
auf das Gelingen seiner Unternehmung: aber von der
durch unwiderlegbare Beweisgründe dargelegten Möglichkeit des Gelingens war noch ein gewaltiger Schritt bis zur
kühnen Ausführung der Pläne des Columbus und Gama.
Der letztere hatte übrigens einen Vortheil, welchen Toscanelli dem genuesischen Seefahrer darzubieten nicht im
Stande war. Als er am 20. November 1497 *) an die
äufserste Spitze von Afrika gelangte, wufste er schon,
dafs er jenseits derselben eine von WSW. nach ONO.
sich erstreckende Küste finden würde, da das *cabo tormentoso* von Bartholomäus Diaz nicht allein entdeckt,
sondern auch im Mai 1487 wirklich *umschifft* worden
war. Dieser Umstand, auf welchen man nicht hinreichendes Gewicht gelegt hat, wird auf das deutlichste von Barros im dritten Buche der ersten Decade ausgesprochen;
Bartholomeu Diaz (mit seinen Reisegefährten) *por causa
dos perigos e tormentos que em dobrar delle passaram,
lhe puzeram nome Tormentoso* **). " Gama hatte also

---

*) Gama reiste von Portugal ab am 8. Julius 1497; er gelangte
zur Bai von St. Helena im November 1497; zur Mündung des *Rio de
Buénos Señalis*, wo man die erste Nachricht von der Nähe weifser
Menschen und von Schiffen europäischer Bauart empfing, am 25. Januar
1498; zu Calicut am 18. Mai 1498; er kehrte nach Portugal zurück am
19. Julius 1499. Die ganze Dauer dieser denkwürdigen Fahrt betrug
also nach genauen Angaben zwei Jahre und eilf Tage: die Dauer der
Reise von Portugal nach Indien (bis Calicut) 314 Tage; während jetzt
die mittlere Dauer dieser Ueberfahrt für Schiffe von Liverpool 90 bis 95
[und mittelst der Dampfschifffahrt über Suez oder Cosseir von Falmouth
bis Bombay nur 51 Tage] beträgt.

**) Dec. I, lib. III, cap. 4. p. 190. Da Toscanelli den Portugiesen
den Rath ertheilt hatte, den Weg nach Indien nicht auf der Strafse nach
Guinea, sondern gegen Westen zu suchen, so ist es ein seltsamer Irr-

gewissermaßen einen Vorgänger bei seiner Unternehmung gehabt, die für den Aufschwung des portugiesischen Handels der Ausgangspunkt einer neuen Bahn wurde.

Ich habe oben der Seekarte gedacht, welche Toscanelli für den Kanonikus Martinez angefertigt hatte, um den Weg nachzuweisen, den man verfolgen müsse, um von den Küsten von Portugal zu dem *„principio de las Indias"* zu gelangen. Diese Karte, auf welcher von dem Florentinischen Astronomen sämmtliche auf diesem Wege belegene Inseln eigenhändig eingetragen waren, hat gewissermaßen dem Columbus auf seiner ersten Reise als Führerin gedient, und verdient, aus diesem Gesichtspunkte betrachtet, eine genauere Berücksichtigung, als man ihr zeither hat zu Theil werden lassen. Toscanelli sagt, indem er dem Columbus eine Abschrift seines Briefes an den Kanonikus Fernando Martinez mittheilt, deutlich: *„os envio otra carta de marear semejante a la que le envié* (al canonigo) *)." „Nach dieser Karte," fügt er hinzu, „sind von Lissabon bis zur berühmten Stadt von Quisai, auf geradem Wege gegen Westen, 26 *espacios,* jeden zu 150 *millas* gerechnet, während von der Insel Antilla bis nach Cipango 10 *espacios* sind, welche 225 *leguas* betragen." Wir wissen nicht, um wieviel *espacios* Toscanelli Japan (Cipango) gen Osten von Kanpbu (heutigen Tages *Hang-tscheu fu,* ehemals *Quinsai* oder *Quisai)* verlegte; aber da diese Entfernung, wenn man Ieddo als den Mittelpunkt

---

thum, diesem Astronomen die Kenntniß des Vorgebirges der Guten Hoffnung seit dem Jahre 1474 zuzuschreiben und zu glauben, daß er sie den Venetianern habe mittheilen können. *Le Bret, Gesch. von Venedig,* Th. II, S. 226. *Sprengel, Geschichte der geographischen Entdeckungen* 1792, S. 390.

*) „Ich schicke Euch eine andere Seekarte, welche durchweg derjenigen ganz ähnlich ist, die ich dem Kanonikus mitgetheilt habe." Es schien mir bemerkenswerth, daß in dem Satze, wo die Entfernung von Lissabon nach Quisai angegeben ist, Toscanelli *„hallareis en un mapa"* sagt, statt *„en mi mapa ò carta de marear."*

von Japan annimmt, in der That nicht mehr als 16 Längengrade beträgt, und die Angabe von Behaim *) sich
sehr unbedeutend von der neueren Berechnung entfernt,
so würde daraus folgen, dafs Toscanelli wahrscheinlich
von Portugal bis Antilla $\frac{1}{3}$, von Antilla bis Quinsai beinahe $\frac{4}{3}$ des gesammten Weges von Lissabon bis China
annahm. Bei weitem schwieriger ist es, den absoluten
Werth der *espacios* auf der Karte des Toscanelli anzugeben. Die grofsen Abtheilungen, welche eine bestimmte
Anzahl von Graden umfassen, und deren wir uns noch
jetzt bedienen, um nicht unsere Karten durch die Zeichnung der Meridiane für einen jeden einzelnen Grad zu
entstellen, gehen bis zu den Zeiten des Ptolemaeus zurück. Man findet sie zur Angabe einer runden Summe
von Seemeilen oder Längengraden fast auf allen handschriftlichen Karten des funfzehnten und sechszehnten
Jahrhunderts, welche ich zu untersuchen Gelegenheit gehabt habe, zum Beispiel auf denen des Ribero und Juan
de la Cosa. Der Florentinische Mathematiker giebt zwei
Werthbestimmungen der *espacios*, deren er sich bedient,
die eine in *leguas*, die andere in *millas*. Wenn, nach seiner Angabe, ein *espacio* 22$\frac{1}{2}$ *leguas* oder 150 millas
beträgt, so folgt daraus, dafs eine *legua* 6$\frac{2}{3}$ millas hält.
Wir haben es also hier nicht mit der italiänischen See-
legua von vier Meilen zu thun, deren man sich zu den
Zeiten des Columbus in Genua bediente, und welche dieser Seefahrer in seinen Reisetagebüchern gebraucht **);
sondern es ist eine Meile, vielleicht noch kleiner als die
römische von 760 Toisen, deren 5 eine geographische
von 15 auf einen Grad ausmachen. Da die *espacios*

---

*) Die Karte von Martin Behaim, welche die geographischen An-
sichten des funfzehnten Jahrhunderts darstellt, giebt einen Längenunterschied von 13°.

**) Reisetagebuch von 1492: „*Viernes, 5 de Agosto: anduvimos
(desde la barra de Saltes) con fuerte virazon 60 millas que son
quince leguas.*" (*Navarrete*, Tom. I, p. 3.)

nicht in Graden ausgedrückt sind, und die vom Abt Ximenes, dem Erklärer der Briefe des Toscanelli, aufgestellten Vermuthungen durchgängig auf falschen Voraus-
setzungen und Annahmen beruhen *), so ist es unmög-

---

*) Bei einer aufmerksamen Vergleichung des Briefes, welchen der
Abt Ximenes in seinem *Gnomone Fiorentino* mittheilt, mit demjenigen,
welchen Ferdinand Columbus unter den Papieren seines Vaters auffand,
und der Las Casas bekannt war, finde ich im Texte mehrere Zusätze
und Veränderungen. Wir wissen aus der „Biographie des Admirals",
dass der berühmte Brief des Toscanelli nach dem damals unter den Gelehrten herrschenden Gebrauche lateinisch geschrieben war. Man dürfte
darüber erstaunen, wenn man bedenkt, dass ein Italiäner aus Florenz
mit einem Italiäner aus Genua, der seit 1470 zu Lissabon lebte, in Briefwechsel trat, und dass diese Correspondenz durch die Hände des Lorenzo Giraldi ging, der ohne Zweifel aus der Familie Giraldi stammte,
welche florentinischen Ursprungs war (*Barcia*, Tom. 1, p. 5. 6.):
aber Toscanelli scheint so wenig an den italiänischen Ursprung des Columbus gedacht zu haben, dass er den zweiten Brief mit einem Satze
schliefst, aus welchem man beinahe den Schlufs ziehen könnte, dass man
zu Florenz den Columbus als Portugiesen betrachtet habe. „Ihr seid
sicher," sagt er „(in Cathay) volkreiche und wohlhabende Provinzen anzutreffen, und Ihr werdet dem Könige (*Grofs-Can*) und den Fürsten,
welche diese entfernten Länder regieren, eine lebhafte Freude verursachen, wenn Ihr ihnen einen Weg der Mittheilung mit den Christen und
zum Unterricht in der katholischen Religion und allen den Wissenschaften, welche wir besitzen (*en todas las ciencias que tenemos*), eröffnet.
Dieses Beweggrundes und anderer Ursachen halber, die ich hier erwähnen könnte, bin ich nicht sehr darüber erstaunt, dass Ihr jenen grofs-
herzigen Muth bewährt, welchen die gesammte portugiesische Nation zeigt,
unter der es stets Männer gegeben hat, welche sich bei ähnlichen Gele-
genheiten ausgezeichnet haben (*no me admiro tengais tan gran cora-
zon como toda la nacion portuguesa, en que siempre ha habido hombres señalados en todas empresas.*)" Da ich in diesem Augenblick die
italiänische Uebersetzung der *Vida del Almirante*, die zu Venedig im
Jahre 1571 von Alfonso Ulloa unter dem Titel *Istoria del Sr. don Fernando Colombo nella quale si ha particolare e vera relazione della
vita e de' fatti dell' Ammiraglio* herausgegeben worden ist, nicht zur
Hand habe, so bin ich nicht im Stande nachzuweisen, ob die Veränderungen im Texte des italiänischen Briefes, welchen der *Gnomone* des
Ximenes darbietet, durch die Nachlässigkeit des Abtes oder die des Ulloa veranlafst worden sind. Man hat den florentinischen Astrono-

lich sich aus diesem Labyrinthe von Maſsen mit ganz unbestimmten Benennungen herauszufinden. Man ist nicht im Stande, die Entfernung von sechs und zwanzig màl 22½ *leguas*, welche, nach Toscanelli, Columbus „auf geradem Wege gegen Westen" von Lissabon bis Quinsai würde zurückzulegen haben, in Längengraden mit Genauigkeit anzugeben: man findet indessen,
selbst

---

men sagen lassen, daſs von den 26 *espacios* Entfernung zwischen Lissabon und Quinsai jeder 250 (anstatt 150) Meilen enthalte; man hat ganz sinnlose Worte hinzugefügt; z. B. die 10 *espacios* Entfernung von Cipango bis Antilia betrügen „2500 *Meilen*" oder 225 *lieues;* weiterhin (in geradem Widerspruch mit den vorhergehenden Zahlen) erhält die groſse Stadt Quinsai einen Umfang von „100 *Meilen*" oder 35 Lieues; endlich, was einer auf Gerathewohl mitten in die Beschreibung von Quinsai hineingeworfenen Glosse gleicht, „*nimmt dieser Raum fast den dritten Theil der Erdkugel ein.*" Die mit Häkchen bezeichneten Worte sind verschiedene Lesarten oder vielmehr Verfälschungen des Textes. Nach diesen falschen Angaben würde man für den Werth einer legua bald 11,1 bald 2,8 millas finden! Der Abt Ximenes folgert daraus (p. XCII — XCIV) auf die willkürlichste Weise von der Welt, daſs ein *espacio* der Ausdehnung von 5° Länge gleichkäme, daſs 50 millas oder 22½ leguas des Toscanelli einen Grad ausmachten, und daſs die Entfernung von Lissabon bis Quinsai 130° betrüge. Diese Schluſsfolgen gründen sich ohne Zweifel theilweise auf die Analogie der Projectionen des Ptolemaeus (*Geogr.* I, 23), welcher den Quadranten des Aequatorialumfanges in 18 Theile theilte, gleichwie Eudoxus (*Geminus, Elem. astron.* c. 15) die Polarcircumferenz in 60 gleiche Theile theilte, was Intervalle von 5° Länge und 6° Breite giebt; wenn aber Toscanelli „ein *espacio* seiner Karte zu 22½ leguas" angiebt, so würde die Annahme von 5° Länge für den Parallel von 38° 42', von dem bei dieser Berechnung die Rede ist, 3½ leguas auf den Breitengrad geben, ein widersinniges Resultat, da es sich mit keiner Art von Längenmaaſs, welches jemals die Benennung *lieue*, *legua* geführt hat, vereinigen läſst. Ich schlieſse diese lange numerische Untersuchung mit der Bemerkung, daſs, wenn Toscanelli die Beschreibung von Quinsai (Kinsai) aus Marco Polo entlehnt hat (Buch II, Kap. 68), er daselbst den Umfang der Mauern nur zu 100 chinesischen *li* angegeben gefunden hat, und daſs er diese 100 *li*, welche in den Handschriften des venetianischen Reisenden chinesische Meilen genannt werden, ganz oberflächlich zu 35 lieues berechnet hat, ohne zu wissen, daſs 192 *li* einem Grade des Aequators entsprechen.

selbst bei der Voraussetzung der gröfsten Lieues (15 auf
einen Grad des Aequators), nur ungefähr 50° Länge (für
585 Lieues) unter dem Parallel von 38° 42′, wonach
die Küste von China in den Meridian der Mündung des
Rio Essequibo und der westlichen Küste von Neu-Fundland fallen würde. Es wird sich weiter unten eine Gelegenheit darbieten, auf diese Nähe des östlichen Asiens
zurückzukommen, welche den Ausdruck *brevissimo camino* rechtfertigt, dessen sich Toscanelli in seinem Briefe
an den Kanonikus Martinez bediente, während er in dem
zweiten an Columbus gerichteten Briefe ganz einfach sagt:
„Ihr werdet eingesehen haben, dafs die Reise, welche Ihr
zu unternehmen wünschet, bei weitem geringere Schwierigkeiten darbietet, als man zu glauben pflegt.“

Columbus richtete sich auf seiner ersten Entdek-
kungsreise nach einer Seekarte, welche er am Bord hatte.
Er segelte mit der Zuversicht eines Mannes, der da weifs,
dafs er finden mufs, was er sucht. Das von Muñoz in
den Archiven des Herzogs von Infantado aufgefundene
Tagebuch liefert den Beweis für diesen überaus merkwürdigen Umstand, der nach den Angaben, welche
der von der Hand des Bischofs von Chiapa abgeschrie-
bene Text darbietet, genauer untersucht zu werden verdient. Am 15. September (1492), drei Tage nachdem
Columbus die erste Beobachtung der Abweichung der
Magnetnadel gemacht zu haben glaubte, erzeugten in ihm
die Farbe und Beschaffenheit des Himmels, die Massen schwimmenden Seetangs und andere Erscheinungen
den Gedanken, „dafs er sich in der Nähe irgend einer
Insel, aber nicht eines Festlandes befinde; denn *das
Festland*, sagt der Admiral, *werde ich erst bei weiterem Vorschreiten antreffen* *). Am 19. September bo-

---

*) „*No cerca de tierra firme, segun el Almirante que dice: porque la tierra firme hago mas adelante.*“ Ich sage in dem Text:
drei Tage nachdem Columbus die erste Beobachtung der Abweichung

ten sich abermalige Anzeigen für die Nähe des Landes
dar. „Es fielen kleine Regenschauer ohne den geringsten
Wind. Der Admiral wollte nicht von seinem Wege abweichen, um dieses Land aufzusuchen. Er war überzeugt, daſs nach Norden und Süden Inseln lägen, und
in der That waren dergleichen vorhanden und er schiffte
mitten zwischen ihnen hindurch, weil es sein Wille war,
zuvörderst bei so günstigem Winde nach Indien vorzudringen, und auf dem Rückwege, unter dem Beistande
des Allerhöchsten, alles in näheren Augenschein zu nehmen." Dies sind seine eigenen Worte. „Am 20. September kamen kleine Landvögel, lieſsen sich auf der Spitze
der Masten nieder, sangen von oben herab, und verlie-
fsen das Schiff wieder gegen Abend *). Dienstag, am

---

der Magnetnadel gemacht zu haben *glaubte*. In Europa war diese Abweichung schon im Jahre 1269 von *Peregrini* bemerkt worden.

*) Diese Thatsache ist auſserordentlich und in dem Tagebuche des
Columbus mit so ungekünstelter Treue erzählt, daſs auch nicht der
leiseste Zweifel an der Wahrheit übrig bleibt. Das Schiff befand sich
damals mitten im Atlantischen Ocean, in 290 Seemeilen (zu 20 auf
den Grad) Entfernung vom nächsten Lande, der Insel Flores, und die
Singvögel waren keinesweges durch Stürme herbeigeführt worden. Auf
der zweiten Reise, am 24. October 1493, sah Columbus Schwalben, als
er sich nach seiner Schätzung 340 Meilen in WNW der Inseln des
Grünen Vorgebirges befand (*Vida del Alm.* p. 43.). Nach Vergleichung
der aus den Windstrichen und Entfernungen geschlossenen Oerter glaubt
Navarrete, daſs der Admiral vom 19. bis zum 22. September, einer Epoche, in der er Anzeigen von Land wahrgenommen zu haben glaubte,
sich in der Nähe jener Klippen befand, welche spanische Seefahrer im
Jahre 1802 auf der groſsen Bank von Seetang entdeckt zu haben versichern. Der Schiffslieutenant Don Manuel Moreno, welcher Churruca
auf seiner chronometrischen Reise nach den Antillen begleitet hat, setzt
diese Klippen und Brandungen (*rompientes*) in 28° 0' Br. 43° 22' L.
w. von Paris. In der Nacht zum 21. September würde Columbus sich
nur vier Seemeilen im NO dieser gefahrvollen Stelle befunden haben, und
die Entdeckung der Neuen Welt hätte dadurch leicht bis zum 22. April
1500, an welchem Tage Pedro Alvarez Cabral, auf seiner Reise nach Indien,
durch die Meeresströmungen an die Küsten von Brasilien geworfen wurde,
verzögert werden können. Ich finde diese Klippen auf den englischen

25. September, begab sich der Admiral an Bord der Carabela Pinta, um mit Martin Alonzo Pinzon wegen einer
Karte zu sprechen, welche er demselben drei Tage
zuvor geschickt hatte, und auf der er einige Inseln
dieses Meers verzeichnet zu haben scheint. Martin
Alonzo behauptete, dafs man sich in der Nähe dieser Inseln befinde, und auch der Admiral neigte sich zu
derselben Ansicht hin, indem er hinzufügte, dafs die Ursache, um deren willen man diese Inseln nicht aufgefunden habe, darin gesucht werden müsse, dafs der Meeresstrom die Schiffe nach Nord-Osten getrieben habe und
dafs man sich weniger westlich befinde, als die Steuerleute annähmen. Der Admiral, an Bord zurückgekehrt,
verlangte hierauf, dafs ihm die Seekarte geschickt würde,
was mit Hülfe eines Seiles geschah. Er fing nun an,
auf der Karte zu arbeiten (seinen Ort zu bestimmen,
cartear), in Gesellschaft seines Steuermannes und der
Seeleute, bis Martin Alonzo, beim Untergange der Sonne,
die (falsche) Nachricht überschickte, „dafs er Land
gesehen habe." Am 3. Oktober: Der Admiral sagt hier
(in seinem Tagebuche): „dafs er nicht zu scharf an den
Wind sich haltend habe steuern wollen *(barloventeando)*,
um keine Zeit zu verlieren, trotz so überaus häufiger Anzeigen von Land, und der Gewifsheit, welche er von dem Dasein einiger Inseln in diesen Strichen hatte *(aunque tenia
noticia de ciertas islas en aquella comarca)*; denn sein
Ziel war Indien, und auf dem Wege zu verweilen wäre,
wie der Admiral sagt, eine wahrhafte Tollheit gewesen
*(pues su fin era pasar a las Indias, y si detuviera,
dice el, que no fuera buen seso)."* Endlich, am 6. Oktober, sechs Tage vor dem grofsen Tage der Entdek-

---

neuerdings herausgegebenen Seekarten nicht angegeben, obwohl ihr Dasein nicht minder wegen der Sicherheit der Schiffahrt, als des historischen Interesse halber, welches sie einflöfsen, nachgewiesen zu werden
wohl verdiente.

kung von Guanahani (Freitag den 12. Oktober), behauptete Martin Alonzo Pinzon, „daſs es vortheilhaft sein würde, den Strich zu ändern und nach SW zu steuern." Der Admiral war entgegengesetzter Ansicht, und meinte, daſs Martin Alonzo die Insel Cipango im Auge habe, während der Admiral entgegnete, daſs, wenn man diese Insel verfehle, man nicht eben so schnell würde Land erreichen können und es zweckmäſsiger sei, in einem Zuge dem Festlande zuzusteuern und dann (auf dem Rückwege) die Inseln zu besuchen *)." Ich begreife

---

*) *Navarrete*, Tom. I, p. 9, 11, 13, 16, 17. Ich habe wörtlich übersetzt, und jene Unregelmäſsigkeit der Phrasen beibehalten, welche zu der Gewohnheit des Las Casas gehört, den Stil des Columbus zu verwirren, indem er bald die Worte des Admirals selbst, bald einen blofsen Auszug aus denselben mittheilt. Die auf Cipango bezügliche Stelle, scheint mir in der Gestalt, in welcher man sie gewöhnlich mittheilt, unverständlich („*esta noche, dijo Martin Alonzo, que seria bien navegar a la parte del sudueste: y al Almirante pareció que no decia esto Martin Alonzo por la isla de Cipango, y el Almirante via que si la erraban que no pudieran tan presto tomar tierra*"), wenn man nicht die Interpunktion ändert, und einen Punkt zwischen die Worte *no* und *decia* setzt. Untersucht man in dem Tagebuche des Columbus diejenigen Tage, an welchen nach *Oviedo* und *Herrera* starke Anzeigen von Meuterei unter dem Schiffsvolke hervortraten, so erstaunt man, fast keine Spur von diesen Ereignissen zu finden. Da die Geschichtschreiber die dramatischen Effekte lieben, welche aus dem Gegensatze der Charaktere hervorgehen, so haben sie den genuesischen Seefahrer gröfser darstellen zu müssen geglaubt, indem sie die Schilderung der Gefahren übertreiben, denen er durch die Bosheit, Furcht und Unwissenheit seiner Matrosen ausgesetzt war. Man vergiſst, daſs die spanischen Matrosen, besonders die Catalonier, Basken und Andalusier von Palos, seit anderthalb Jahrhunderten die Küsten von Guinea und Schottland befuhren; daſs der Anblick eines Ausbruches des Pic von Teneriffa Männer nicht in Schrecken setzen konnte (*dar espanto*, wie Ferdinand Columbus sagt), welche gewohnt waren, die Canarischen Inseln, Neapel und Messina zu befahren (*Navarrete*, Tom. III, p. 605 — 607); daſs eine Ueberfahrt über den *Golfo de las Damas*, die von dem schönsten Wetter bei fast durchgängiger Ruhe des Meers begünstigt wurde, eine Masse erfahrener Seeleute nicht auf eine so übertriebene Weise in Angst und Schrecken zu setzen vermochte. Zwischen dem 22 und 25. September wollten die Ge-

vollkommen, wefshalb in diesem Zeitpunkte Columbus und Pinzon sich darüber beunruhigten, die Insel Cipango *(Zi-*

---

führten des Columbus nach der Eraählung seines Sohnes und des Herrera (*Vida del Almirante*, c. 19. *Herr. Dec.* I, lib. I, cap. 10) ihren Anführer in das Meer werfen, während er mit Beobachtung der Sterne beschäftigt war (eigentlich *embevido*, berauscht von der Betrachtung des Himmels). Das Tagebuch schildert dies Mifsbehagen keinesweges mit besonders grellen Farben; man findet in demselben nur die Bemerkung, dafs der widrige Wind (WNW) sehr erwünscht und nothwendig war, „weil meine Leute unruhig waren (*mi gente andaba muy estimulados*), indem sie glaubten, dafs in diesen Meeren kein Wind wehe, um nach Spanien zurückzukehren." Am folgenden Tage (23. September) wird gesagt: „Meine Leute murrten (*la gente murmuraba*), als sie das Meer mit so vielem schwimmenden Seetang (fucus) bedeckt und so überaus ruhig (*mansa y llana*) sahen." Oviedo ist in Bezug auf die drei Tage, welche am 8. Oktober dem Columbus] zugestanden sein sollen, um die Fahrt nach Westen fortzusetzen, obgleich es sämmtliche Biographen und neuere Dichter nachgeschrieben haben, schon von *Muñoz* (libr. III, §. 7.) widerlegt worden. Selbst Ferdinand Columbus, welcher von eben so großem Hasse gegen Alonzo Pinzon erfüllt ist, als Las Casas gegen Ferdinand, berichtet die so eben angedeutete Thatsache nicht, und begnügt sich mit der Bemerkung: *que la gente estuvo para amotinarse, perseverándo en las murmuraciones y conjuraciones*" (*Vida,* cap. 20.). Ja noch mehr: in dem Tagebuche findet sich der 7. Oktober durch kein anderes Ereignifs bezeichnet, als eine Aenderung in der Richtung des Schiffes. Seit dem 30. September war der Admiral in einer Strecke von 250 Seemeilen geradesweges nach Westen geschifft, unter dem Parallel von $25°\frac{1}{2}$; am 7ten Oktober (am Tage nach dem Streit mit Martin Alonzo Pinzon über die Nähe von Cipango), glaubte die Niña Land verkündigen zu müssen. Man sah beim Untergange der Sonne, dafs man sich getäuscht hatte; da aber Schwärme von Vögeln in der Richtung nach Südwest hinzogen, „ohne Zweifel um am Lande zu schlafen", so gestattete der Admiral, indem er die Erfahrung der Portugiesen benutzte, welche den gröfsten Theil der Inseln, die sie besitzen (die Azoren?), durch Beobachtung des Fluges der Vögel entdeckt haben, von der Richtung nach W abzuweichen und nach WSW zu steuern, mit dem Entschlusse, diese Richtung zwei Tage lang zu verfolgen." Kein Wort von Meuterei und Empörung. Die Phrase: *Acordó dejar el camino del oeste*, scheint nur anzudeuten, dafs Columbus den dringenden Aufforderungen *nachgab*. Diese neue Richtung brachte ihm Glück. Uebrigens hatte der Admiral,

pangri des Marco Polo) nicht anzutreffen, die Columbus,
wie sein Sohn Ferdinand erzählt, als das erste Land ver-
kündet hatte, welches man in 750 Lieues Entfernung von
den Canarischen Inseln antreffen würde. Das Original-
tagebuch enthält die Bemerkung, dafs man bis zum ersten Oktober schon 707 Lieues durchlaufen hatte, nicht
seit der Abfahrt aus dem Hafen von Palos, sondern von
Gomera aus oder den Canarischen Inseln im Allgemeinen, nach der von dem Admiral gegebenen Erklärung
über die Entfernung, in der er sich am 19. September
befand. Da nun der vom ersten bis zum sechsten Oktober in der Richtung nach Westen zurückgelegte Weg
259 Lieues betrug, wie man aus der Summirung der
einzelnen Angaben ersieht, so glaubte Columbus am
6. Oktober schon bis zu einer Entfernung von 966 Lieues
oder von 216 Lieues über den Punkt hinaus vorgeschritten zu sein, wo nach seiner Berechnung Cipango liegen
mufste. Ich habe sämmtliche Stellen vereinigt, welche sich
auf die Seekarte beziehen, die dem Seefahrer, bevor
er die Insel Guanahani erreichte, zur Führerin gedient
zu haben scheint. Späterhin, am 14. November 1492,
erwähnt das Tagebuch noch bei Gelegenheit der Felsen-

---

ohne dafs man irgend einen Beweggrund des Zwanges anzunehmen genöthigt wäre, schon am 24. September auf eine ganz ähnliche Weise seinen Lauf geändert. Nachdem er mit der äufsersten Sorgfalt 390 Seemeilen hindurch den Parallel von Gomera (28° Br.) verfolgt hatte, steuerte
er plötzlich nach SW, um den Parallel von 25°¼ zu erreichen und zu
verfolgen. Der 8. Oktober, welcher nach *Oviedo* der wegen der Empörung so gefahrvolle Tag sein sollte, findet sich im Tagebuche des Columbus als besonders günstig für den Fortschritt der Schiffahrt verzeichnet. „Das Meer, sagt der Admiral, ist, Gott sei Dank, so schön, wie
der Strom zu Sevilla; die Luft ist so mild (*aires muy dulces*), wie in
Andalusien: es ist ein Vergnügen sie einzuathmen, denn sie ist mit bal-
samischen Wohlgerüchen angefüllt (*oloroso*)." Diese Zeilen, welche unter dem Einflusse des Augenblicks geschrieben sind, kündigen wahrlich
keine kummervolle Verstimmung des Gemüthes an.

riffe und kleinen Inseln *(cayos)*, welche die Nordostküste
von Cuba umgeben, „jene unzähligen Inseln, die man auf
den Welttafeln an den äufsersten Rand des Osten verlegt. "

Ein sehr gründlicher, besonnener Geschichtsforscher,
der Uebersetzer des Werkes von Muñoz, *Sprengel*,
steht nicht an, vorauszusetzen, dafs sich Columbus nach
der Reisekarte gerichtet habe, deren Abschrift ihm von
Toscanelli im Jahre 1474 überschickt worden war. Es
kann nicht bezweifelt werden, dafs man diese Karte
als äufserst wichtig betrachtete: denn die von Bartholomäus de las Casas hinterlassenen Handschriften, von denen ein bedeutender Theil (die beiden ersten Bände der
Historia general de las Indias) in der Bibliothek der
Akademie der Geschichte zu Madrid aufbewahrt wird,
lehren uns (lib. I, cap. 12), dafs dieser Prälat in dem
Alter von 85 Jahren, wo er seine Geschichte Indiens
beendigte, noch jenes merkwürdige Denkmal, „die *carta
de marear*, welche Toscanelli dem Columbus geschickt
hatte", besafs. Eine Seekarte aber, welche 53 Jahre
nach dem Tode desselben aufbewahrt worden war, mufste
mit viel gröfserem Rechte sich im Jahre 1492 am Bord
der *Carabela (capitana) Santa-Maria* finden. Indessen ist zu berücksichtigen, dafs diejenige, welche Columbus am 25. September auf die Carabela *Pinta* schickte,
von seiner eigenen Hand gemalt (gezeichnet) war. Las
Casas sagt in dem Auszuge, welchen wir aus dem Tagebuche besitzen, ausdrücklich: „*donde segun parece tenia pintadas el Almirante ciertas islas.*" Der Briefwechsel mit Toscanelli fand achtzehn Jahre vor dem grofsen Zeitpunkte der Entdeckung des neuen Kontinents
Statt, und Columbus wird ohne Zweifel die Zwischen-
zeit benutzt haben, um sich andere Hülfsmittel zu verschaffen. Er hat gewifs nicht, wie wir sogleich nachweisen werden, die Welttafel des *Martin Behaim* gekannt;

aber er hat die des *Giacomo di Giroldis*, des *Andrea
Bianco* oder des *Grazioso Benincasa* benutzen können.
Als er das erste Mal an Toscanelli schrieb, stützte er
seine Ansicht auf eine kleine Kugel (*esferilla*), wie der
Sohn sagt (*Barcia*, p. 5, *b*), *que embió a Maestro Paulo.*
Es ist wahrscheinlich, daſs er sich späterhin, zumal in
der Epoche der berüchtigten Disputation mit den Professoren von Salamanca, der *Sphären* und *Karten* zu
gleicher Zeit bediente, um seinen Plan einer Seefahrt gegen Westen zu unterstützen. Es war sein System, welches er vertheidigte, und nicht das des Toscanelli; und
wie bedeutend auch immerhin der Einfluſs gewesen sein
mag, welchen die Rathschläge und die Karte des florentinischen Astronomen auf Columbus haben ausüben
können, so würde doch der Glaube an die Bescheidenheit und Verleugnung des schöpferischen Geistes zu weit
getrieben sein, wenn man annehmen wollte, daſs der Admiral den Gelehrten von Salamanca oder auf seiner Reise
dem Martin Alonzo Pinzon die Richtung des Ueberfahrts-
weges nach Indien auf einer Karte des Toscanelli erklärt
hätte. Da er sich gern mit Anfertigung graphischer Darstellungen beschäftigte, so wird er sicherlich selbst nach
dem Vorgange des Toscanelli und mit Benutzung anderweitiger Hülfsmittel eine Seekarte gezeichnet haben, die
„jenes Drittel der Erdoberfläche", welches noch unbekannt war, von den Küsten von Portugal und der Mina
bis zu den Ost- und Südküsten von Asien darstellte.
Muñoz (Buch II, §. 17) hebt besonders die Kenntniſs
der Insel *Antilia* hervor, welche der Admiral nur aus
dem Briefe und der Karte des Toscanelli geschöpft haben könne; aber ich glaube versichern zu können, daſs
sich in keiner Schrift des Ersteren, selbst in keiner Schrift
seines Sohnes Don Fernando, weder der Name Antilia
findet, welcher sich bis zum vierzehnten Jahrhundert
verfolgen läſst, noch der Name *Antillas*, welchen man,
besonders seit dem 16. Jahrhundert, dem Archipel des

tropischen America gab *). Columbus behielt die Gewohnheit bei, die kleinen Antillen „die Caraibischen Inseln oder die ersten Inseln Indiens" zu nennen **). Auch
ist der Weg, welchen Columbus im Jahre 1492 verfolgt
hat, nicht derselbe, welchen Toscanelli auf seiner Karte

---

*) Jedenfalls spricht Columbus in dem Tagebuche der ersten Reise
(Donnerstag am 9. August, 1492) von jenen Inseln, die man, ähnlich
den Luftgebilden der *Mirage*, alle Jahr im Westen der Azoren, der
Canarischen Inseln und von Madera zu erblicken glaubte. In seinem
Briefe an den Pabst Alexander VI (Februar 1502) giebt er den Namen
Antillen keiner von den Gruppen der 1400 Inseln, welche er, ein wenig
übertrieben, entdeckt zu haben sich rühmt (*Navarr., Docum. diplom.* T. I,
p. 5. Tom. II, p. 280). Der Name Antillen ist also nicht von Christoph Columbus in die neuere Geographie eingeführt worden. Nach seinem System entsprach vielmehr Haïti (Española) dem *Ophir* oder *Zi-*
pango. „Er hatte seinen Gefährten angekündigt, sagt sein Sohn, dafs
er nach 750 Lieues Seeweges im Westen der Canarischen Inseln Española,
welches damals Zipango benannt wurde, finden werde" (*Vida del Alm.*
c 20). Die erste Anwendung des Namens *Antiliae insulae* auf die Inseln von Amerika beruht auf einer Gelehrsamkeitskrämerei des Peter Martyr d'Anghiera. Christoph Columbus kehrte von seiner ersten Reise am
15. März 1493 zurück; und in der ersten Decade der *Oceanica*, welche
im November 1493 dem Cardinal *Ascanio Sforza* gewidmet wurde,
finde ich schon: „*In Hispaniola Ophiram Insulam sese reperisse re-*
fert (Colonus), *sed Cosmographicarum tractu diligenter considerato,*
Antiliae insulae illae et adiacentes aliae . . . . . ." (Dec. I, lib. I,
p. 1). Späterhin nennt Vespucci, in der angeblich zweiten Fahrt vom
Jahre 1499, *Antiglia* „die Insel, welche Columbus vor einigen Jahren entdeckt hat", d. h. Haïti. Im funfzehnten Jahrhundert erhielten
die Caraibischen Inseln im Südosten von Portorico auf den Tafeln geographischer Oerter, die man den Lehrbüchern der Erdkunde anzuhängen
pflegte, die Benennung *Antigliae Insulae*. Eines der ältesten mir bekannten Beispiele solcher Tafeln geographischer Oerter findet sich in einem Werke des *Johann Schoner* (*Opusculum geographicum ex di-*
versorum libris et cartis collectum), welches im Jahre 1533 erschien.
Man vergleiche die interessanten Kapitel (Sect. II, c. 20 und 21) *de*
regionibus extra Ptolemaeum deque insulis circa Asiam et Indiam
et novas regiones huius tertiae orbis partis.

**) *Relacion* von 1504 (*Navarr.* T. I, p. 282. *Vida del Alm.*
c. 100).

angegeben hatte, dessen Richtung auf dem Parallel von Lissabon gewesen zu sein scheint (*„tomando el camino derecho al poniente"*), obgleich der Breitenunterschied zwischen Lissabon und Quinsai (Hangtscheufu) beinahe 9° beträgt und Toscanelli im Anfange desselben Briefes, wiewohl ziemlich unbestimmt, auch von der Weite spricht, um die man sich auf diesem Wege von dem Nordpol nach dem Aequinoctialkreise hin entfernen könne". Columbus hatte sich, ohne Zweifel auf den Grund von Vermuthungen über die Lage von Cipango, die Befolgung einer südlicheren Richtung vorgesetzt. Er verfolgte während der bei weitem gröſseren Hälfte seines Weges den Parallel von Gomera mit um so gröſserer Beharrlichkeit, als er, wie sein Sohn sehr naiv sagt, befürchten zu müssen glaubte, „daſs, wenn er den Strich änderte, es hätte scheinen können, als ob er nicht wisse, wohin er gehen wolle." Dieser Weg, der sehr verschieden ist von demjenigen, welchen die Seefahrer heutigen Tages einschlagen, um nach den Antillen zu gelangen, führte Columbus geradehin auf die grofse Bank von Seetang, die sich im Westen des Meridians von Corvo von dem 19. und 22. Breitengrade an erstreckt, und trotz zweier Biegungen des Weges nach Südwesten (am 24. September und am 8. Oktober) glaubte Columbus, bei der Entdeckung von Guanahani *), sich in dem Parallel der Insel Ferro (27° 45' Br.) zu befinden. Ich will mich hier nicht auf eine Untersuchung über die Existenz einer anderen Karte einlassen, welche dem Admiral als Führerin gedient haben soll, und die sein Zeitgenosse

---

*) „Die Bewohner dieser Insel haben glattes Haar, ähnlich den Mähnen der Pferde; Kopf und Stirn bei weitem breiter, als ich bisher bei irgend einer Menschenrace gesehen habe. Ihre Haut ist nicht schwärzer, als die der Bewohner der Canarischen Inseln; auch durfte man nichts anderes erwarten, da sie auf einer und derselben Linie (unter einem und demselben Parallel) von Osten gegen Westen mit der Insel Ferro, einer der Canarischen Inseln, liegen".

Gonzalez Fernandez de Oviedo *) einem portugiesischen Seefahrer, *Bartholomäus Diaz* (aus der Stadt Tabira), zuschreibt, indem er annimmt, daſs dieser Seemann auf seiner Rückkehr von der Küste von Guinea ein Land im Westen von Madera entdeckt habe. Diese Erzählung von Oviedo, an welche sich die angeblichen Versuche der Brüder *Lucas* und *Francisco de Cazzana* anknüpfen, verdient keine weitere Berücksichtigung **).

In jedem Zeitalter, welches sich durch einen regen Fortschritt auf der Stufenleiter der Civilisation auszeichnet, verhält es sich mit den geographischen Entdeckungen wie mit den Erfindungen in den Künsten und mit jenen groſsen Ideen auf dem Gebiete der Wissenschaften und der Gelehrsamkeit, vermittelst deren sich der Mensch eine neue Bahn zu brechen versucht: man leugnet zuvörderst die Entdeckung selbst oder die Richtigkeit der Wahrnehmung; späterhin leugnet man ihre Wichtigkeit, endlich ihre Neuheit. Dies sind die drei Stufen des Zweifels, welcher, wenigstens auf einige Zeit, den durch Anwandlung des Neides hervorgerufenen Aerger mindert und verscheucht; es ist eine Gewohnheit, deren Grund gewöhnlich minder philosophisch ist, als die dadurch hervorgerufene Untersuchung: eine Gewohnheit, welche sich aus weit älterer Zeit herschreibt, als die Gründung jener italiänischen Akademie ***), welche an Allem zweifelte, nur nicht an der Richtigkeit ihrer eigenen Beschlüsse. „Als Columbus eine neue Halbkugel versprochen hatte, sagt der berühmte Verfasser des Versuchs über die Sitten und den Geist der Völker, hatte man ihm entgegnet, daſs diese Halbkugel nicht vorhanden sein könne, und als er sie entdeckt hatte, behauptete man, daſs sie schon längst

---

*) *Oviedo*, *Hist. nat. y. gen. de las Indias*, cap. 3.

**) *Barcia*, p. 7, a. *Herrera*, Tom. I, p. 4.

***) Die *Accademia dei Dubbiosi*, welche früher entstand, als die der *Stabili* und der *Gelosi*.

bekannt gewesen sei." Ich habe versucht den Grad von
Wichtigkeit mit Bestimmtheit anzugeben, welchen man den
Beziehungen zwischen Toscanelli und Columbus beizu-
legen hat, in einer Epoche, als letzterer schon durch sich
selbst zu der Ueberzeugung von dem Gelingen seines Unternehmens gelangt war. Toscanelli bot neue Angaben
dar und zwar numerische Angaben, welche köstlicher und
beruhigender für diese Art von Berechnungen waren, als
alle übrigen. Er war, wie Ferdinand Columbus sagt, die
Hauptveranlassung zu dem zuversichtlichen Muthe (*animo*),
mit welchem der Admiral die Unermefslichkeit eines unbekannten Meeres betrat. Sonderbar genug hat die Nachwelt diesen Einfluß des florentinischen Mathematikers fast
gänzlich vergessen *), und lange Zeit hindurch hartnäckig
dabei beharrt, neben Christoph Columbus eine andere
Person zu setzen, welche ohne Zweifel der höchsten Achtung werth ist, als Geograph, Reisender und Seemann,
aber höchst wahrscheinlicher Weise die Blicke nur auf
den Weg nach Indien durch Umschiffung der Südspitze
von Africa richtete. Man hat behauptet, dafs *Martin Behaim* oder *Beheim* den Archipel der Azoren entdeckt,
dem Columbus nicht allein den Weg nach dem östlichen
Asien, sondern selbst das Vorhandensein eines neuen Festlandes enthüllt, und auf einem Globus die Meerenge
verzeichnet habe, welcher Magellan seinen Namen gegeben, und die man mit gröfserem Rechte *Fretum Bohemi-
cum* nennen zu können glaubte **), so wie ganz Ame-

---

*) Der Name des Toscanelli ist dem Geschichtschreiber *Herrera*
unbekannt geblieben; ja selbst *Vincent*, der gelehrte Verfasser des *Commerce and Navigation of the Ancients*, welcher in seiner Abhandlung über die Serer (Tom. II, p. 613—618) mit vielem Scharfsinn
die verschiedenen Beweggründe untersucht hat, welche Columbus zu seiner Unternehmung veranlafsten, gedenkt seiner nicht.

**) *Wagenseilii Sacra parentalia B. Georgio Frid. Behaimo
dicata*, p. 16. Schon *Postel* in seiner *Cosmographia* (p. 22), welche im Jahre 1561 erschien, sagt: »*Ad* 54 *grad.* (südlicher Breite), *ubi*

rica *Behaimia* oder sogar das *westliche Böhmen.* Je ge-
heimnifsvoller der Ursprung dieses aufserordentlichen Mannes schien, desto mehr hat man ihn vergröfsern wollen.
Man hat ihn bald für einen edlen Portugiesen ausgegeben, bald für einen Böhmen von slavischer Race, bald
für einen Eingebornen der Insel Fayal *) (in der Gruppe
der Azoren), bald für einen Bürger von Nürnberg. Man
findet ihn zu Venedig, zu Antwerpen und zu Wien, länger
als zwanzig Jahr hindurch mit dem Tuchhandel beschäftigt, dann zu Lissabon mit der Erbauung eines Astrolabiums, welches von grofser Wichtigkeit für die Seefahrer wurde; man sieht ihn mit Diego Cam die Küsten
von Africa entlang schiffen bis über den Aequator hinaus,
und die *malagueta* **), eines der gesuchtesten Gewürze,

---

est Martini Bohemi fretum a Magaglianesio alias nuncu-
patum.

*) »Je weiter sich der östliche Theil von Indien gegen Osten, nach
den Inseln des Grünen Vorgebirges zu, erstreckte, desto leichter würde
es sein, ihn auf einer Fahrt von wenigen Tagen *(en pocos dias!)* zu erreichen; in dieser Ansicht wurde Columbus bestärkt durch seinen Freund
*Martin de Bohemia, Portugues natural de la isla de Fayal, gran
Cosmografo* (Herrera, dec. I, lib. I, cap. 2.)«. Man mufs sich wundern, dafs *Robertson* (*Hist. of America,* 1777, Tom. II, p. 434), trotz
der lichtvollen, im Jahre 1776 bekannt gemachten Untersuchungen des
Göttingischen Professors *Tozen* (*Der wahre und erste Entdecker der
Neuen Welt gegen die ungegründeten Ansprüche von Vespucci und
Behaim,* S. 87, 113), und des noch älteren Werks von *Doppelmayr*
(*Hist. Nachr. von Nürnberger Mathem. und Künstlern,* S. 30) in
denselben Irrthum verfallen ist, Martin Behaim für einen Portugiesen
zu halten. Der Titel *gran Cosmografo,* welchen ihm Herrera giebt,
beweist, dafs er ihn nicht mit dem portugiesischen Kanonicus Martinez
verwechselte, welchen seine Regierung beauftragt hatte, mit Toscanelli
über den kürzesten Weg, auf welchem man nach Indien gelangen könnte,
in Briefwechsel zu treten.

**) Es ist das Korn des *Amomum Granum Paradisi* des Afze-
lius, welches vor der Epedition des Gama besonders für die Stadt Antwerpen ein überaus wichtiger Handelsartikel war. Dieses Korn einer bis
auf den heutigen Tag wenig bekannten *Drymirhisaea* gelangte damals

aus dem Vaterlande desselben mitheimbringen. Er befindet sich zu Nürnberg in der Zistelgasse bei seinem

---

durch die Guineacaravanen, welche die Wüste Sahara durchschnitten, nach
den Küsten der Berberey. Die *Malagueta* war eine Nebenbuhlerin
des wahren Gewürzes (*Piper nigrum* und *Piper longum*), welches
Dioscorides (cap. 189) schon unter der indischen Benennung πέπερι
(vom Sanskritworte *pippali*) kennt, welches *Edrisi* (*Geogr. Nub.* 1619,
p. 61) mit einer wahrhaft merkwürdigen Genauigkeit beschreibt, und
der lange Transport durch Asien auf den Märkten Italiens zu einem
sehr kostbaren Handelsartikel machte. [Dasselbe gilt von andern Gewürzen und Spezereien, z. B. von der Narde, einer wohlriechenden Es-
senz der indischen *Valeria Jatamansi*, von welcher in Rom das Pfund
100 Denare oder fast 30 Thaler kostete.] Da die analogen Erzeugnisse
des Pflanzenreichs, welche sich gegenseitig im Handel ersetzen, stets denselben Namen anzunehmen pflegen, so glaube ich, daß der Name *malagueta*, der im funfzehnten Jahrhundert so berühmt war und welchen
unsere Pharmazeuten in *meleguetta*, *maniguette* und *cardamomum pi-
peratum* umgeändert haben, von dem indischen, in der Sprache von
Sumatra gebräuchlichen Worte für *Gewürz* herzuleiten sei. Ich finde
in der *Cosmographie* des *Sebastian Münster* (Ausgabe vom Jahre 1550,
S. 1093): „*lingua patria Sumatrenses piper m o l a g a dicunt.*“
Ainslie, der gelehrte Verfasser der *Materia medica of Hindoostan*, giebt
(Ausgabe von Madras 1813, S. 34) dem *Piper nigrum* im Tamulischen
ebenfalls die Benennung *mellaghoo*. Im Sanskrit sind *mallaja* und *ma-
richa* Synonymen von *pippali*. Der erstere Name bezeichnet, nach Wilson, in engerer Bedeutung das *Piper nigrum*, der letztere das *Piper
longum*. Ich glaube, daß der Name der Molukkischen Inseln (*las Ma-
lucos*) von *Molaga* oder *Mallaja*, dem Namen des Pfeffers, abzuleiten
sei. Das große Verdienst, „bis zu den Gegenden Africa's, wo die Pflanze
der *malagueta* wächst,“ vorgedrungen zu sein, ist dem *Behaim* und *Diego
Cam* streitig gemacht und dem *Alfonso de Aveiro* zugeschrieben (*Spren-
gels Geschichte der geographischen Entdeckungen*, S. 376, 386). Aber
Aveiro gelangte erst im Jahre 1486 nach dem Königreiche Benin, zwei
Jahre nach der Fahrt des Cam (*Barros*, Dec. I, lib. 3, c. 3. p. 175
der Lissabonner Ausgabe von 1778; *Navarrete*, tom. I, p. XXIX. XL).
Bei näherer Ansicht der Bemerkungen, welche Martin Behaim auf seiner
Weltkugel den Ländern, deren Küsten er verzeichnet hat, beigefügt, findet man, daß er die Paradieskörner, das ächte Piment und den Zimmt
unterscheidet. „Das erste unter diesen Gewürzen (*die Paradieskörner*)
wächst im Königreiche Gambien; das zweite in Furfur, in einer Entfernung von 1200 Lieues von Portugal; das dritte in 2300 Lieues, von wo

Vetter, dem Ratksherrn Michaël Behaim, wo er im Jahre
1492 die Weltkugel beendigte, die er seinem theuren
Vaterlande „als ein Andenken hinterlassen will, bevor
er 700 Meilen von Deutschland weg dahin geht, wo er
Haus hält", während Columbus seine erste Fahrt unternimmt; er ist auf den Azoren in dem Hause seines
Schwiegervaters, des Ritters *Jobst von Hürter*, während
Vasco de Gama sich einen Weg nach Indien um die
Südspitze von Africa bahnt. Wahrscheinlich in demselben Jahre mit Columbus geboren, stirbt er (nach den
Untersuchungen des Herrn v. Murr) zu Lissabon in demselben Monate mit demjenigen, dessen Ruhm er nimmer
hat schmälern wollen. Sein Tod erfolgte fast zwei Jahre
früher als die Entdeckung des Südmeers durch *Vasco
Nuñez de Balboa* und dreizehn Jahre vor der Fahrt
des Magellan, welchem er „das Geheimniſs der Meerenge" anvertraut haben soll. Ein so auſserordentliches
und fortwährend so überaus bewegtes Leben, der groſse
Ruf als Cosmograph, den ein Mann genieſst, der sech-

---

wir nach neunzehnmonatlicher Abwesenheit den Rückweg antraten, um
zu unserem Könige wiederheimzukehren", was im Jahre 1485 geschah.
Behaim giebt auf der Weltkugel gleichfalls köstliche Bemerkungen über
den Transport der Gewürze von Java und Ceylon (*Seilan*) nach Venedig und Frankfurt, wovon er zum Theil durch den *Mister* Barto-
lomei Florentini Kenntniſs erlangte, der zu Venedig dem Pabst Eugen IV erzählte, was er vier und zwanzig Jahre hindurch (bis 1424)
im Orient gesehen und erfahren hatte (*Murr, Dipl. Gesch.*, S. 25, 36).
Wir finden also noch einmal den Pabst Eugen IV, welchen Toscanelli
in seinem ersten Briefe an Columbus erwähnt und der erst im Jahre
1431 auf den heiligen Stuhl gelangte, in Berührung mit den asiatischen Reisenden. Ich bemerke auch zum Schlusse, daſs Christoph Columbus die gesammte Küste von Guinea *Costa de Manegueta* (Küste
der Paradieskörner) nennt, an der er „einige Sirenen sah, die weniger
den Frauen ähnlich waren, als man sie gemeiniglich zu zeichnen pflegt"
(*Vida del Alm.*, cap. 4). Heutigen Tages wird dieser Name in engerer Bedeutung der Küste gegeben, welche zwischen dem Cap Mesurado
und dem Cap Palmas von 6° 26' bis 4° 30' n. Br. von NW nach
SO sich erstreckt.

zehn Jahre hindurch seinen Wohnsitz zu Fayal an den
Westgränzen der bekannten Welt aufschlägt, mufsten,
selbst in den Zeiten, wo eine gesunde historische Kritik
Eingang zu finden begann, zu Vermuthungen und mancherlei Hypothesen Anlaſs geben. Der Eifer, mit welchem ein Professor von Altorf, Christoph Wagenseil, dem
Behaim die Entdeckung von America zugeschrieben, hatte
das vaterländische Gefühl von Leibnitz aufgeregt, wie man
aus der Stelle eines Briefes an Thomas Burnet vom Jahre
1697 ersieht. Die Arbeiten von *Friedrich Stüven* *) (zu
Gieſsen), von *Doppelmayr* und von *Otto* **) beruhen
auf ähnlichen Täuschungen, und man sollte glauben, daſs
die äuſserst gründlichen und vorurtheilsfreien Untersuchungen von *Tozen* ***), Professor zu Göttingen, des Grafen
Rinaldo Carli †) und des Herrn *von Murr* ††), Lands-
mannes der achtbaren Familie des Behaim, welche noch

zu

---

*) *Dissertatio de vero Novi Orbis inventore*, Francf. 1714.

**) *Transactions of the American philosophical society held at
Philadelphia*, tom. II (1786), p. 120. Die *Geschichtliche Notiz von
Doppelmayr über die Mathematiker und Künstler von Nürnberg*
enthält schätzenswerthe Beiträge zur Lebensgeschichte des Behaim und
den ersten Stich der Weltkugel, welche in der Familie des Cosmographen aufbewahrt wird, während die Abhandlung von Stüven und besonders die von Otto eine gänzliche Unbekanntschaft mit der Geographie
des funfzehnten Jahrhunderts verrathen.

***) *Der wahre und erste Entdecker der Neuen Welt, Christoph
Colon*, Göttingen 1761. Aber schon vor Tozen hatte *Gebauer*, Verfas-
ser einer ausgezeichneten Geschichte von Portugal, Stüven widerlegt (*Port.
Gesch.* Th. I, S. 124). Man vergleiche auch des gelehrten Bibliogra-
phen *Francesco Cancellieri Notizie di Colombo di Cuccaro*
(Roma 1809, p. 39).

†) *Opuscoli scelti di Milano*, Tom. XV, p. 72.

††) *Dipl. Gesch. des Portug. berühmten Ritters Martin Behaim;*
zwei Ausgaben, die erste vom Jahre 1778, die zweite 1801. Von den
auf Behaim bezüglichen Werken, die ich so eben angeführt habe, ist
nur das letzte in das Französische übergetragen worden, und hat an Herrn
Jansen einen sehr geschickten Uebersetzer gefunden.

zu Nürnberg blüht, hingereicht hätten, um so viele grund-
lose Anschuldigungen gegen Columbus und Magellan zu-
rückzuweisen. Indessen sind dieselben Zweifel in übrigens sehr schätzenswerthen Werken neuerdings wieder
angeregt worden, und ich glaube daher, daſs, wenn man
die Thatsachen, welche die Lebensbeschreibung des Cosmographen darbietet, die jetzt hinlänglich aufgehellt ist,
mit der gleichzeitigen Geschichte der Entdeckungen der
Spanier und Portugiesen in die gehörige Verbindung
bringt, man den Gegenstand aus einem besseren Gesichtspunkte zu betrachten im Stande ist, als derjenige ist, aus
dem er bisher angesehen wurde.

Nicht bloſs wegen der Analogie der Laute heiſst Behaim in dem Schiffstagebuche des *Pigafetta* und den Decaden des *Barros* Martin von Böhmen. Die Familie des
Cosmographen führt ihren Ursprung auf die alte böhmi-
sche Familie von Schwarzbach, in dem Kreise von Pil-
sen, zurück. Ich finde, daſs der Magistrat der freien
Stadt Nürnberg in einem Briefe an den König Emanuel
von Portugal (vom 7. Junius 1518) sich neben einander der Namen *Martinus Behaim* und *Martinus Bohe-
mus* bedient. Ich bemerke selbst, daſs der Cosmograph,
welcher einen Brief aus Antwerpen (vom 11ten März
1494) *Martein Beheim* unterzeichnet, den Wunsch ausspricht, daſs ihm seine Verwandten nach den flamländischen Inseln (den Azoren) unter der Aufschrift *Do-
mino M. Boheimo militi* schreiben möchten. Es waltet
also, wie man sieht, in der Gleichstellung eines Länder-
namens mit einem Familiennamen *) von Seiten des Pigafetta und des Barros kein Irrthum ob. Die Verwandten und Zeitgenossen des berühmten Mannes sprechen

---

*) Zu einer Zeit, wo die Erdkunde mit geringerem Eifer in Frank-
reich getrieben wurde, als jetzt, wurde der Erfinder der Luftpumpe, Otto
von Guericke, welcher sich häufig *Consul Magdeburgensis* unterzeich-
nete, und seine *Experimenta Magdeburgica* herausgab, unter dem Namen *Monsieur Magdebourg* angeführt (*Acta eruditor.* 1707, p. 416).

in der ersten von mir angeführten Urkunde „*de Bo-
hemorum* *) *familia in civitate Nurinbergensi ultra
ducentos* **) *annos perdurante.*" Es ist selbst sehr wahrscheinlich, daſs der Name *Behaim* oder *Beheim*, welchen
diese berühmte Familie ohne Unterschied am Schlusse des
funfzehnten Jahrhunderts führte, nichts weiter ist, als eine
Bezeichnung des Vaterlandes *(aus Böheim* oder *Böhmen)*, gleich den in Deutschland so häufigen Familiennamen *Schwabe*, *Sachs*, *Preuſs*, [*Frank*, *Bayer*].
Es erhellet aus der Vereinigung dieser, ich gestehe es
gern zu, anscheinend unerheblichen und kleinlichen Bemerkungen und Thatsachen, daſs unser groſser Cosmograph wahrscheinlich selbst den Gebrauch veranlaſst hat,
ihn *Martin de Bohemia* zu nennen, welcher Name
in Spanien und Portugal die Oberhand behalten hatte.
Herrera, welcher den lobenden Zusatz: *Cosmografo de
gran opinion* beifügt, nennt ihn zweimal ***) einen „Por-

*) In einer der zu Ehren des Behaim gesetzten Inschriften („*Miles
auratus qui Africanos Mauros fortiter debellavit et ultra finem orbis terrae uxoravit*") ist auch von seiner Frau die Rede (*Martini
Bohemi uxor*), Tochter des Statthalters der Azoren, oder *Catherides*,
statt *Cassiterides*. Es ist dies eine falsche von der Weltkugel des Behaim
entlehnte Gelehrsamkeit.

**) Die erste deutsche Uebersetzung der Bibel, welche handschrift-
lich in der Bibliothek des Paulinercollegiums zu Leipzig aufbewahrt wird,
ist im Jahre 1343 von Matthias Behaim angefertigt worden; und im
Jahre 1421 [1470?] war *Michel Behaim* einer der berühmtesten Dichter unter den *Meistersängern*. [S. *v. d. Hagen*, *Litterar. Grund-
riſs zur Geschichte der deutschen Poesie*, Berlin 1812, 8. S. 517.
Sammlungen für altdeutsche Litteratur und Kunst, S. 37 — 79.]

***) Dec. I, lib. 1. cap. 2. Dec. II, lib. 2, cap. 19. Die zweite
Stelle ist aus dem italiänischen Tagebuche des Pigafetta entlehnt, wo sich
der Ausdruck: „*Martino de Boemia*, *uomo eccellentissimo*" findet,
ohne den Zusatz: „*geboren auf Fayal.*" Dieses Tagebuch, von welchem
Ramusio nur einen Auszug gegeben hatte, ist von Amoretti, unter dem Titel:
Primo viaggio intorno al Globo terracqueo im Jahre 1800 nach einer
in der Ambrosianischen Bibliothek aufbewahrten Handschrift herausgegeben worden. Aber die Kompilation des Herrera ist, besonders in astro-

tugiesen, geboren auf der Insel Fayal." Man darf sich
über diesen Irrthum nicht wundern, wenn man bedenkt,
dafs sich Behaim im Dienste des Königs von Portugal
befand auf einer berühmten Seefahrt an den Küsten von
Africa; dafs er im Jahre 1485 zum Ritter des Christordens ernannt wurde, und dafs man ihn, gemeinschaftlich
mit den beiden Aerzten des Königs Johann II. *„maestre*
Rodrigo und *maestre Josef Judio*", zum Mitgliede einer
Junta de Mathematicos machte, welche beauftragt wurde,
eine Methode anzugeben, nach der Sonnenhöhe zu schiffen *), und dafs er zwanzig Jahre seines Lebens bald
zu Lissabon, bald in einer portugiesischen Colonie, der
flamländischen Niederlassung zu Fayal, zubrachte. Christoph Columbus und Behaim, welche in den Epochen ihres
Geburts- und Todestages einander sehr nahe stehen, bieten in ihrem häuslichen Leben eine andere Uebereinstimmung oder Aehnlichkeit der Verhältnisse dar, welche auf
die Entwickelung ihres brennenden Eifers für die geographischen Entdeckungen einen erheblichen Einflufs ausgeübt haben. Der eine sowohl als der andere standen
durch ihre Frauen in verwandschaftlicher Beziehung zu den
Familien, welche erblich die Regierung von Inseln in Händen hatten, die man damals, obwohl mit Unrecht, als
neuerdings entdeckt und an den Gränzen der bekannten
Welt in dem *mare tenebrosum* der arabischen Geographen, *ultra quod nemo scit quid contineatur*, belegen
glaubte **). Der Schwiegervater des Columbus, *Bartolomé*

---

nomischer Beziehung, bei weitem vollständiger. (Man vergleiche zum Beispiel die Berechnung der Höhenunterschiede des Mondes und des Jupiter, welche am 17. December 1519 beobachtet worden. *Herr.* Dec. II,
lib. 4, cap. 10.) Der spanische Geschichtschreiber hat nicht allein aus
Castañeda, Barros und Antonio Pigafetta, sondern auch aus andern bisher
unbekannten Quellen geschöpft.

*) *Barros, Asia*, Dec. I, lib. 4, cap. 2.

**) *Edrisi*, p. 147. In der *Vida do Infante D. Henrique*, vom
Pater *Freire* (Lisboa 1758, p. 335) heifst Hürter *Jorge de Utra*. Bar-

Muñiz Perestrello, war zu Porto-Santo in derselben politischen Stellung gewesen, wie zu Fayal auf den Azoren Jobst (Jodocus) von Hürter, Herr von Murkirchen
(Moerkerken) und Harbruck (in Flandern). Columbus
bat einige Zeit auf den Besitzungen seiner Frau Doña Felipa Muñiz Perestrello zu Porto-Santo gelebt, wo sein Sohn
Diego geboren wurde, eben so wie Behaim mit seiner
Frau Johanna von Macedo zu Fayal, wo sie einen Sohn
gebar, der, kurze Zeit nach dem Tode seines Vaters, wegen eines absichtslosen Todschlages in den Kerker geworfen wurde. Man fragt, ob diese beiden berühmten
Männer (der Ruhm des Behaim ist nur um zwölf Jahre
älter als der des Columbus) sich auf den Azoren gesehen haben, und ob Columbus vielleicht aus dem Munde
des ersteren die Nachrichten von Fichtenstämmen, Leichnamen und selbst Canots, die mit Häuten bedeckt und
mit Menschen von einem gänzlich unbekannten Stamme
besetzt gewesen und von Winden und Meeresströmungen
an die Küsten von Fayal, Graciosa und Flores verschlagen worden, erfahren habe: Nachrichten, die in
Verbindung mit denjenigen, welche er zu Porto-Santo
eingesammelt hatte, ihn in seinen Hoffnungen auf grofse
Entdeckungen bestärkten. Sein Sohn Don Fernando sagt
in der That *): „Die Bewohner *(moradores)* erzählten
meinem Vater, dafs, während die Winde von Westen

---

ros schreibt *Jos Dutra* (Dec. I, lib. 3, cap. 11). Durch eine nicht
minder fehlerhafte Consonantenverwechslung nennen die Schriftsteller der
conquista den Krieger Philipp von Huten, welcher durch seine Unternehmung nach dem Dorado berühmt ist, zu der ich in meiner *Relation historique* (Tom. II, chap. 23, p. 454) einen geographischen Commentar geliefert habe, *Felipe de Uten, Urre* und selbst *Utre.* Durch
die letzte Lesart verwandeln sich die Namen zweier berühmten Familien,
der *Hürter* und der *Hutten,* im Spanischen und Portugiesischen mit Ausnahme des Endvokales zu einer übereinstimmenden Buchstabengruppe,
nehmlich *Utra* und *Utre.*

*) *Vida del Almirante,* cap. 8.

wehten . . . ."; aber der Admiral konnte diese Nachrichten in irgend einem Hafen Portugals oder Spaniens erhalten haben, da wir mit Bestimmtheit aus der
Handschrift der *Historia de las Indias* von *Las Casas*
wissen, daſs Columbus in Spanien, im Kloster von Rabida,
die Reise des Pedro Velasco aus Palos kennen lernte,
welcher, von Fayal abgereist, nach einer Schiffahrt gegen
Westen bis zu einer Entfernung von 150 Lieues (wonach
er bis jenseits des östlichen Randes des groſsen Tang-
streifens gelangt sein müſste) die Insel Flores entdeckte.
Behaim hat sich, vor der Entdeckung von Amerika, nur
während der Jahre 1486 und 1490 zu Fayal befunden,
und in diesem Zeitraum hat Columbus Spanien nicht verlassen; aber die beiden Seefahrer haben sich gleichzeitig
in den Jahren 1482 und 1484 zu Lissabon befunden.
Erst im letzteren Jahre unternahm Behaim mit Diego
Cam seine groſse Reise nach Afrika, und Columbus, em-
pört über die Kälte der portugiesischen Regierung, ging
nach Sevilla. Die genaue Kenntniſs und synchronisti-
sche *) Vergleichung der Thatsachen kann einzig und al-

---

*) Martin Behaim, geboren nach dem Jahre 1430, wahrscheinlich
1436, welches auch nach Navarrete das wahrscheinlichste Jahr der Geburt des Christoph Columbus ist. Reise Behaims wegen des Tuchhan-
dels im Jahre 1457 nach Venedig, 1477—1479 nach Mecheln, Antwerpen und Wien. (Regiomontanus verweilt zu Nürnberg von 1471 bis 1475
und reist 1475 nach Italien ab, wo er schon auf einer früheren Reise
im Jahre 1461 zu Venedig die Handschrift der sechs ersten Bücher des
Diophant entdeckt hatte). Aufenthalt des Behaim in Portugal von 1480
bis 1484 (Columbus hält sich ebenfalls daselbst auf von 1470 bis 1484;
wenn nicht sein Aufenthalt durch einige Seereisen zwischen 1471 und
1481 unterbrochen worden ist). Behaim heirathet zu Fayal im J. 1486
die Tochter des Statthalters Jobst von Hürter, welcher mit einer flamländischen Colonie nach Fayal und Pico gesendet worden war, in Folge der
Schenkung, welche Alphons V von Portugal im Jahre 1466 mit der ersteren dieser Inseln seiner Tante Isabella von Burgund, Mutter Karl's
des Kühnen, gemacht hatte. (Auf der Weltkugel des Behaim ist ein
Irrthum in folgenden Worten zu berichtigen: „Die Insel wurde im Jahr
1466 von dem Könige von Portugal seiner Schwester Isabella, Herzogin

lein die Dunkelheiten aufklären, in welche die Geschichte
dieses Zeitraumes gehüllt ist. Uebrigens will ich nicht

---

von Burgund, geschenkt." Der König, welcher Bruder der Isabella war,
hiefs Eduard, gestorben im Jahre 1438.) Aufenthalt Behaims zu Fayal
von 1486 bis 1490; zu Nürnberg von 1491 bis 1493; in Flandern und
Frankreich 1494; abermals zu Fayal von 1494 bis 1506. Er kehrt nach
Lissabon zurück und stirbt daselbst am 29. Julius 1506, nach den Untersuchungen des Herrn von Murr. (Der Tod des Columbus erfolgte zu
Valladolid am 20. Mai 1506). Der Todestag Martin Behaim's ist nicht
ohne Wichtigkeit für die Beantwortung der Frage über den Umfang der
in diesem Zeitpunkte erlangten Kenntnisse von der Gestaltung des südlichen Amerika und über die Möglichkeit, ob dem Nürnberger Cosmographen das Vorhandensein einer Durchfahrt aus dem Atlantischen Ocean
in das Südmeer habe bekannt sein können. Wir wissen, dafs der Ka-
tholische König nach seiner Rückkehr von Neapel im Jahre 1506 sich
mit einer grofsen Unternehmung beschäftigte, welche für das östliche Indien und die Aufsuchung einer amerikanischen Meerenge bestimmt war,
und dafs Vespucci in dieser Beziehung um Rath gefragt wurde (*Navarrete*, Tom. II, *Cod. dipl.*, n. 160, p. 317. tom. III, p. 47 und 294).
Zwei Jahre später (1508) fand die Expedition des Solis und Yañez Pinzon Statt, auf welcher diese unerschrockenen Seefahrer bis zum vierzigsten Grade südlicher Breite gelangten, ohne jedoch die Mündung des
Rio de la Plata aufgefunden zu haben. Man ersieht aus diesen Angaben, dafs der Beginn des sechzehnten Jahrhunderts, d. h. das Alter Behaims, eine an Plänen und Entwürfen zu grofsen Entdeckungen überaus
reiche Epoche war. Ich habe mich neuerdings damit beschäftigt, den
Todestag unseres Cosmographen genauer zu bestimmen, und die Nachrichten, welche auf meine Bitte eine des gröfsten Vertrauens würdige
Person in dem Hause des Herrn Baron Sigismund Friedrich Carl von
Behaim, jetzigen Oberhauptes der Familie und Besitzers der Weltkugel
von 1492, einzuziehen die Güte gehabt hat, sind der Rechnung des Herrn
von Murr nicht günstig. Dieser Gelehrte hat den Brief eines Vetters
des Martin Behaim vom 30. Januar 1507 als entscheidend betrachtet,
in welchem der Wunsch ausgesprochen wird, zu wissen, „was aus der
Frau, den Kindern und Verwandten des Martin geworden sei, wo und
wer sie sind." *Murr* glaubt mithin, dafs das Datum des 29. Julius
1507, welches auf einem Grabmonumente (*Scutum trifolinum*) in der Ka-
tharinenkirche zu Nürnberg angegeben war, falsch sei und behauptet, dafs
das in den Archiven der Familie Behaim befindliche Portrait 1506 gebe
(*Dipl. Gesch.*, S. 117. 127. 136). Da das Grabdenkmal im Jahre 1519
auf Kosten seines Sohnes errichtet worden ist, so scheint es mir im höch-

leugnen, dafs Columbus nicht früher einmal zu Fayal gelandet sein könne. Die Daten seiner fernen See- reisen nach Thyle (Island?), San-Jorge de la Mina *) und der Küste von Guinea, sei es vor 1470, oder zwi- schen 1470 und 1482, sind uns gänzlich unbekannt. In seiner Abhandlung „über die fünf bewohnbaren Zonen" sagt der Admiral auf das Bestimmteste, was indessen nur in geringem Maafse glaubwürdig erscheint, „dafs er sich im Monat Februar 1477 hundert Lieues jenseits Thyle befunden habe, dessen südlichste Spitze unter dem drei und siebzigsten Breitengrade liege." In einem an Aben- teuern so reichen Leben dürfte es nicht überraschen, wenn Columbus auch die Azoren berührt hätte.

Was die persönlichen Verhältnisse zwischen Behaim und Columbus anbetrifft, so ist es höchst wahrscheinlich, dafs zwischen beiden Beziehungen Statt gefunden haben, obgleich sie durch nichts unmittelbar nachgewiesen wer- den können. Mit sehr wenigen Ausnahmen haben sich diese beiden berühmten Männer in denselben Jahren, alle

---

sten Grade sonderbar, wie man sich im Datum der Inschrift habe irren können. Ein in den Zeiten, in welchen wir leben, sehr gewöhnlicher Vandalismus hat sämmtliche Inschriften und Denkmäler der St. Katha- rinenkirche zerstört, welche im Jahre 1806 in ein Heu- und Holzma- gazin verwandelt wurde; aber das grofse Portrait, welches in dem Hause, wo sich die Weltkugel befindet, aufbewahrt wird, enthält die Inschrift: *Obiit a. MDVII Lisabonae*, und nicht 1506, wie Herr von *Murr* sagt. Ja noch mehr: ein genealogisches Stammbuch, welches zwar erst aus dem Jahre 1732 herrührt, aber in Bezug auf die Nachrichten über die Abstammung der *Behaim von Schwarzbach* bis zum Jahre 1207 hinansteigt, bietet das Wappen des Ritters Martin Behaim und eine biographische Notiz dar, welche mit den Worten schliefst: *Er starb am 29. Julius 1507.*

*) „Io estuve en la fortaleza de San-Jorge de la Mina", sagt der Admiral (*Vida*, cap. 4). Die Bedeutung dieses Satzes kann in kei- ner Beziehung zweifelhaft sein. Das kleine Fort von·*Mina* oder *Elmina* ist nach der Chronik des *Ruy de Pina* erst im Jahre 1481 erbaut wor- den, und die Epoche der Reise des Columbus nach der Küste von Afrika kann mithin nicht früher fallen als in dieses Jahr.

beide mit nautischen Plänen beschäftigt, zu Lissabon befunden. Dieselben Aerzte des Königs Johann II, *maestre Rodrigo* und *maestre Josef*, letzterer jüdischer Ab-
kunft, welche von Diego Ortiz, Bischof von Ceuta, beauftragt waren, den eine Reise nach Cipango und im Allgemeinen eine Fahrt gen Westen *) betreffenden Plan
des Columbus zu prüfen, arbeiteten mit Martin Behaim,
wie ich schon oben bemerkt habe, an der Construction
eines für den Gebrauch bei der Schiffahrt bestimmten
Astrolabiums. Es scheint ganz natürlich, daß die Aerzte
des Königs, „welche man über alle auf Kosmographie bezüglichen Gegenstände um Rath zu fragen gewohnt war“,
Columbus mit Behaim in Verbindung brachten: auch sagt
Herrera, ohne daß uns irgend eine andere Veranlassung
bekannt wäre, auf die er gefußt hätte, daß Columbus
„in seinen Ideen über die geringe Entfernung der Ostküsten von Asia durch seinen Freund *Martin de Bohemia* unterstützt wurde.“ Ich muß indessen noch einmal
wiederholen, daß diese Rathschläge nicht anders als sehr
spät haben kommen können: denn wir haben aus den
Briefen des Toscanelli ersehen, daß Columbus sich
schon sechs Jahre vor der Ankunft des Behaim zu Lissabon eifrig mit dem Plan zu seiner Unternehmung beschäftigte.

Ein anderer Gelehrter, welcher Columbus und Toscanelli mit Behaim in Verbindung bringen konnte, war
der berühmteste Astronom dieses Zeitalters Regiomontanus (Camillus Johann Müller, geboren zu Königsberg in
Franken), welcher von 1471 bis 1475 Behaim's Vaterstadt

---

*) *Barros, Asia*, Dec. I, lib. 3, cap. 2. *Vida del Alm.*, c. 10,
Herrera, Dec. I, lib. 1. cap. 7. Der Bischof von Ceuta, welchen die
Geschichtschreiber dieser Zeit den Doctor Calcadilla nennen, weil er
nehmlich zu Calcadilla in Galizien geboren war, ertheilte dem Könige
Johann II. den Rath, heimlich von dem Plan des Columbus Gebrauch
zu machen, welchen die beiden Aerzte als ein *negocio fabuloso* be-
handelten.

bewohnte, und im Jahre 1463 seine Abhandlung *de Qua-dratura circuli*, d. h. seine Widerlegung der vorgeblichen Auflösung dieses Problems durch den Cardinal Nicolas de Cusa dem Toscanelli widmete. Regiomontanus, unzufrieden mit den Tafeln des Königs Alphons, welche er etwas boshaft *somnium Alphonsinum* nannte, machte zu Nürnberg seine berühmten *astronomischen Ephemeriden* bekannt, welche im voraus auf die Jahre 1475 bis 1506 berechnet waren, und an den Küsten von Afrika, Amerika und Indien während der ersten grofsen Entdeckungsreisen des Bartholomaeus Diaz, des Columbus, des Vespucci *) und des Gama benutzt wurden. Selbst wenn man annehmen wollte, dafs Behaim, während seiner Handelsreisen nach Venedig, Wien und Flandern, nur zufällig in seiner Geburtsstadt gewohnt habe, würde es doch im höchsten Grade wahrscheinlich sein, dafs er, wenn auch nicht aus dem Unterrichte und näheren Umgange mit seinem Landsmann Regiomontanus, doch aus dessen Schriften Belehrung geschöpft habe. Wir haben uns schon auf das Zeugnifs des Barros berufen, der, indem er „von der Nothwendigkeit spricht, welche die Portugiesen fühlten, nicht furchtsam die Küsten zu verfolgen, sondern mit Hülfe der Beobachtung des gestirnten Himmels die hohe See zu suchen", sagt, dafs Behaim (wahrscheinlich kurz vor dem Jahre 1484) ein Mitglied der auf Befehl des Königs Johann II ernannten Kommission war, deren Auftrag darin bestand, ein Astrolabium anzufertigen, Declinationstafeln für die Sonne zu berechnen und die Seeleute eine *maneira de navegar por altura do sol* zu lehren. Barros bezeichnet den Kosmographen mit den

---

*) *Amoretti*, in der Einleitung zu dem *Trattato de Navigazione del Cav. Antonio Pigafetta* (vergl. *Primo viaggio intorno al globo*, 1800, p. 208). Ich habe in den Briefen des Vespucci die Conjunktion des Mars mit dem Monde vermifst, welche dieser Seefahrer im Jahre 1499 beobachtet haben mufs.

Worten *): „*Martin de Boemia, natural daquellas partes, o qual se gloreava ser discipulo de Joanne de Monte
Regio. affamado astronomo.*" Ohne Zweifel trug der
Umstand, daſs Behaim *sich rühmte*, ein Schüler des Regiomontanus zu sein, und daſs er aus der Stadt war, in
welcher der Papst Sixtus IV dem Regiomontanus den
Vorschlag hatte machen lassen, nach Rom zu kommen,
um an der Verbesserung des Kalenders zu arbeiten, wesentlich dazu bei, seinen Ruf in der Kosmographie so
schnell in Portugal neben dem so vieler anderen Männer
zu begründen, welche sich mit der Vervollkomnung der
Schiffahrtskunde beschäftigten **). Regiomontanus war
damals berühmt durch die Erfindung seines *Meteorosko-
pes*, und das *Astrolabium* von Behaim, welches an dem
groſsen Maste des Schiffes befestigt wurde, war vielleicht

---

*) *Barros, da Asia, nova ediçāo.* Lisboa 1778. Dec. I, liv. 4.
c. 2, p. 282. Herr *von Murr* (*Diplomat. Gesch.* S. 94) behauptet
jedoch, daſs, mit Ausnahme des *Manuel Tellez de Sylva* kein portugiesischer Schriftsteller den Namen des Martin Behaim gekannt habe. Man
vergleiche die gelehrten und scharfsinnigen Untersuchungen von Lichtenstein über die ersten portugiesischen Entdeckungen in dem *Vaterländischen Museum,* 1810, Bd. I, S. 376. 387.

**) *Barrow, Voyages into the Arctic Regions,* 1818, p. 28. Von
den portugiesischen Aerzten, welche mit Behaim die „Junta für das Astrolabium" ausmachten, wird nur *maestre Josepe* (Joseph) für jüdischen
Ursprungs ausgegeben. Der andere, *maestre Rodrigo,* könnte vielleicht
eine und dieselbe Person mit dem Astronomen sein, welcher im Jahre
1517 Magellan mit seinem Rath unterstützte. Ich meine den Bachiller
Ruy, oder Rodrigo Faleiro, „welcher nach der Aussage der Portugiesen
ein groſser Cosmograph war, weil er einen *demonio familiar* hatte, obwohl er selbst nichts wuſste" (*Herrera,* Dec. II, lib. II, cap. 19. Tom.
I, p. 293). Dieser Faleiro, oder Falero, lehrte den Magellan Methoden der Längenbestimmungen, aber er wollte sich nicht mit ihm einschiffen, weil er in den Sternen gelesen hatte, daſs der Astronom im Verlaufe der Reise umkommen würde (*Amoretti,* p. XXVIII), was in
der That in der Person des Astronomen und berühmten *piloto mayor*
aus Sevilla, Andreas von San-Martin, der an seine Stelle trat und auf
der Insel Zebu ermordet wurde (*Ramusio,* Tom. 1, p. 361, b), in
Erfüllung ging.

nur eine vereinfachte Nachahmung desselben. Uebrigens
waren, seit dem Schlusse des dreizehnten Jahrhunderts
Instrumente der nautischen Astronomie, „die geeignet waren, auf dem Meere die Stunde der Nacht durch die Sterne
zu finden", auf den Schiffen der Castilianer und Majorkaner im Gebrauch. Ein solches war das von *Raymondo
de Lulio* erfundene und im Jahre 1295 in seiner *Arte
de navegar* beschriebene Astrolabium *). Mit Unrecht
betrachtet Barros den Zeitraum der Entdeckungen längs
der Küste von Africa unter den Auspicien des Infanten
Heinrich von Portugal, als denjenigen, in welchem man
das Bedürfniſs, sich durch die Beobachtung der Gestirne
einen sicheren Führer auf offenem Meere zu verschaffen,
zu empfinden angefangen habe. Er scheint die Entdekkung der Azoren durch die Normannen und die langen
und muthvollen Ueberfahrten der catalonischen Seefahrer nach den Küsten des tropischen Afrika und des nördlichen Groſsbritannien nicht zu kennen.

Der zweimalige längere Aufenthalt des Behaim auf
den Azoren von 1486 bis 1490 und von 1494 bis 1506
liefert einen wichtigen Grund gegen die angebliche Entdekkung des Landes der Bacallaos (Neu-Fundland) durch
Joao Vas Cortereal im Jahre 1463. Dieser Seefahrer
war nach *Cordeyro*, dem Verfasser der *Historia insu-
lana* des westlichen Oceans, am 12. April 1464 zum Statthalter auf Terceira ernannt worden. Nun wissen wir
aber, daſs der Schwiegervater des Behaim, Jobst von
Hürter, wenige Jahre darauf, mit dem Titel eines Statthalters und Lehnsvasallen der flamländischen Colonie zu
Fayal, nach den Azoren kam. Wie? Behaim sollte nicht
durch seinen Schwiegervater oder durch eigene Erfahrung
von einem Ereignisse, wie die Entdeckung der Bacallaos

---

*) *Navarrete, Diss. historica sobre las Cruzadas*, 1816, p. 100.
Das Astrolabium des Behaim ist sonderbarer Weise von *Vincent* mit
einer Seekarte verwechselt worden.

durch die Portugiesen, Kenntnifs gehabt haben, welches um neun und zwanzig Jahre älter war, als die Ankunft des Columbus zu Guanabani? Wie hätte er nicht diese westlichen Länder auf die im Jahre 1492 angefertigte Erdkugel setzen, wie nicht ihrer in einer jener bis in die geringfügigsten Einzelnheiten eingehenden Anmerkungen, welche seine Kugel begleiten, gedenken sollen? Dieser Umstand giebt den Gründen, welche der geistvolle und gelehrte Verfasser des *Memoir of Sebastian Cabot* *) neuerdings gegen die Reise des Joao Vas Cortereal nach den Küsten von Nordamerika und zu Gunsten der ersten Entdeckung **) dieses Festlandes durch John Cabot am 24. Junius 1497 anfgestellt hat, ein neues Gewicht.

Man kann sich darüber wundern, dafs der ausgezeichnete portugiesische Geschichtschreiber Barros, welcher Martin Behaim als Mitglied der nautischen Commission für das Astrolabium anführt, den Antheil gar nicht

---

*) London 1831, pag. 56. 78. 288. In dem berühmten in den *Rolls Chapel* aufgefundenen königlichen Patent vom 3. Februar 1498 werden das Festland und die von John Cabot entdeckten Inseln unterschieden. Der Verfasser des *Memoir of Seb. Cabot* sucht darzuthun, dafs *Prima Vista, Terra primum visa, First sight, Terra Nova* oder *Newland* des John Cabot nicht die Insel bezeichnen, welche wir heutigen Tages *Terre-Neuve, Neufundland* nennen, sondern dafs dies allgemeine Benennungen sind, welche sich auf eine ausgedehnte Festlandstrecke beziehen.

**) Diese Entdeckung des amerikanischen Festlandes ist ohne Zweifel älter als die der Küste von Paria durch Columbus, aber nicht als die durch die Normänner Skandinaviens. Es scheint, als ob Las Casas, indem er in seiner handschriftlichen Geschichte Indiens die unter den Eingebornen der Insel Haïti bestehende Ueberlieferung von einer plötzlichen (ohne Zweifel vor Columbus Statt gefundenen) Erscheinung weifser und bärtiger Männer berichtet, ebenfalls Kunde hatte von einer alten Entdeckung der *Tierra de los Bacallaos*, welche von einem galizischen Seefahrer auf einer Ueberfahrt nach den Küsten von Irland gesehen sein soll (*Navarrete*, Tom. I, p. XLVIII).

zu kennen scheint *), welchen derselbe im Jahre 1484
an der Expedition des Diego Cam nach der Mündung
des Rio Zaire oder Congoflusses, welcher anfänglich den
Namen Rio Pedrao von einem Pfeiler erhielt, der als
Wahrzeichen der Besitznahme aufgerichtet wurde, genommen hat. Man hat daraus den Schlufs ziehen wollen,
dafs dieser Antheil eben so fabelhaft sei, als sein angeb-
licher Einflufs auf Columbus und Magellan. Ich theile
diesen Zweifel keinesweges. Wenn sich Behaim als
Steuermann und Cosmograph mit Cam eingeschifft hat,
um mit seinem Astrolabium Versuche anzustellen, ungefähr wie Vespucci bei der Expedition des *Alonzo de Hojeda*, (December 1498 bis Junius 1500), so hat das Stillschweigen des Barros nichts besonders Auffallendes. In
den Anmerkungen, welche Behaim im Jahre 1492 seiner
Erdkugel beigefügt hat, spricht er an vier verschiedenen
Stellen (in der Ueberschrift des Globus, bei dem Grünen
Vorgebirge; bei den Inseln Principe und St. Thomas, und
bei dem Vorgebirge der Guten Hoffnung) von den beiden Caravelen, durch welche der König Johann II die
Küsten von Afrika untersuchen liefs. Er fügt mit ausdrücklichen Worten hinzu, „dafs er auf Befehl des Königs an dieser Expedition Theil genommen und dafs sie
neunzehn Monate gedauert habe." Behaim nennt den
Diego Cam nicht; aber *Hartmann Schedel*, in einem *Liber Chronicarum* **), welches zu Nürnberg im Jahre
1493 gedruckt ist, während sich der Cosmograph noch
in derselben Stadt befand, verbindet beide Namen in den
Worten: „*praefecit galeis bene instructis Johannes II,
Portugaliae rex, anno 1483, patronos duos Jacobum
(?) Camum Portugalensem, et Martinum Bohemum,
hominem germanum ex Nuremberga, de bona Bohemo-*

---

*) Dec. I, lib 3, cap. 3, p. 173.

**) *Murr, Diplom. Gesch.*, S. 23. 25. 26. 78. *Tozen, Erste
Entd.* S. 99.

rum familia natum, qui superato circulo equinoxiali in alteram orbem excepti sunt." Die liebenswürdige Einfachheit und Offenheit, mit der Behaim von den ersten portugiesischen Seefahrern spricht, so wie von sich selbst, und von „jenem theuren Schwiegervater, Herrn Jobst, der zu Fayal sefshaft war", verleihen den Anmerkungen zu seiner Charte einen grofsen Charakter von Wahrheit, und ich glaube nicht, dafs man diesen Zeugnissen die Angabe des Datums (18. Februar 1485) entgegenstellen darf, an welchem, nach einer in den Familienarchiven aufbewahrten Nachricht, Martin Behaim in der Stadt Albassauas (Alcobaca?) zum Ritter des Christordens aufgenommen wurde. Diese Urkunde, deren Alter unbekannt ist, und die keinen amtlichen Charakter trägt, rührt weder von der Hand des Behaim her, noch ist sie in seinem Namen abgefafst worden. Man weifs, zu wie vielen Irrthümern die verschiedene Art, die arabischen (indischen *)) Ziffern zu schreiben, bis zum Schlusse des funfzehnten Jahrhunderts Veranlassung gegeben hat. Wenn kein Irrthum in der Angabe des Jahres Statt gefunden hat, und man nicht 1483 statt 1485 lesen mufs, so könnte sich ganz einfach ein Fehler in der Bestimmung des Monat Februar eingeschlichen haben; denn die Reise des Cam, welche im Jahre 1484 begann, dauerte nur neunzehn Monate. Entschieden ist, dafs sich Behaim am 18. Februar 1485 noch an den Küsten von Afrika befand; und es ist minder wahrscheinlich, dafs die Ernennung zum Ritter eine Belohnung für die Entdeckung des Astrolabiums war, als eine dem Gefährten des Diego Cam, nach

---

*) [Was der Herr Verfasser hier nur im Vorbeigehen durch ein einziges Wort andeutet, ist von ihm weitläufig in seiner Abhandlung: *Ueber die bei verschiedenen Völkern üblichen Systeme von Zahlzeichen* in *Crelle's Journal für reine und angewandte Mathematik,* Bd. IV, S. 205 folgd. ausgeführt worden. Vergl. auch *v. Bohlen, das alte Indien,* Th. II, S. 221 folgd. und die Anmerkungen zu *Rosen's* Uebersetzung der Algebra des Mohammed Ben Musa, London 1831, 8.]

Beendigung einer Seefahrt, auf der man den Aequator
bis zum sechsten Grade südlicher Breite überschritten und
die Paradieskörner *(malagueta)* in dem Clima, welches
sie hervorbringt, eingesammelt hatte, bewilligte Gnaden-
bezeigung. Die Epoche des Aufenthaltes des Columbus
und Behaim zu Lissabon war jene Epoche ruhmvollen
Glanzes und volksthümlichen Aufschwunges, in welcher
der Sohn des Königs Alfons V nach seiner Thronbestei-
gung den Lauf der Entdeckungen längs der Küste von
Afrika verfolgte, welcher durch den Tod (1460) des Infanten Don Heinrich, Herzogs von Visco, Oheims von
Alfons V, unterbrochen worden war. Man darf jedoch
nicht vergessen, dafs die Bemühungen der catalonischen
Seefahrer für das westliche Afrika dasselbe geleistet hatten, was die der normännisch-skandinavischen Seefahrer
für den Norden des neuen Continentes. Die einen sowohl als die anderen haben den Entdeckungen vorge-
griffen, welche die Namen des Dom Heinrich und
der Isabelle von Castilien verherrlicht haben. Die Insel Majorka war seit dem dreizehnten Jahrhundert der
Mittelpunkt aller wissenschaftlichen Kenntnisse in der
schwierigen Kunst des Seefahrers geworden. Wir wissen aus dem *Fenix de las Maravillas del Orbe* des *Raymundo Lulio*, dafs die Majorkaner und Catalonier *) sich
der *Cartes de marear* schon lange vor dem Jahre 1286
bedienten; dafs man zu Majorka Instrumente verfertigte,
ohne Zweifel zwar noch sehr unvollkommen, die aber zur
Bestimmung der Zeit und Polhöhe der Oerter am Bord der
Schiffe dienten. Von hier aus verbreiteten sich die Kenntnisse, die ursprünglich von den Arabern entlehnt waren,
zu den gesammten Anwohnern des Beckens des mittelländischen Meeres. Die königlichen Ordonnanzen des Ar-
ragonischen Hofes schrieben seit dem Jahre 1359 vor,

---

*) *Christobal Cladera, Investigaciones historicas sobre los
principales descubrimientos de los Españoles*, 1794, p. X.

dafs eine jede Galere nicht blofs mit einer, sondern mit
zwei Seecharten versehen sein solle *). Ein cataloni-
scher Seefahrer, Don Jayme Ferrer, war im Monat August 1346 bis zur Mündung des *Rio de Ouro* gelangt **),
fünf Grade südlich von jenem berüchtigten *Cabo de Non*,
welches der Infant Dom Heinrich zum ersten Male mit
portugiesischen Schiffen im Jahre 1419 umschifft zu haben sich rühmte. Seefahrer aus Dieppe waren im Jahre
1364 nach der Sierra Leone und zum Rio Sestos (*Se-
sters River*), welcher damals *Rivière du Petit Dieppe*
genannt wurde, gelangt. Im Jahre 1365 erreichten sie
die Goldküste, nach dem Berichte des *Villaut, sieur de
Bellefonds* ***). Ein Majorkaner, Meister Jakob, wurde
von dem Infanten zum Vorsteher der berühmten Seeaka-
demie zu Sagres erwählt. Es verhält sich mit den geographischen Entdeckungen, wie mit denen auf dem Gebiete der Naturkunde. Vom günstigsten Erfolge gekrönte
Versuche, die jedoch lange Zeit hindurch vereinzelt dastanden, blieben unbemerkt oder fielen der Vergessenheit anheim. Erst dann, wenn Entdeckungen auf Entdeckungen folgen und in Verbindung mit einander treten, verlegt man das erste Glied der Kette an den Punkt,
von welchem sie ohne weitere Unterbrechung ausging.

Die

---

*) *Salazar, Discurso sobre los progresos de la Hydrografia.*

**) Nach den gelehrten und interessanten handschriftlichen Unter-
suchungen des Herrn Buchon über einen Catalonischen Atlas vom Jahre
1374, welcher in der königlichen Bibliothek zu Paris aufbewahrt wird,
und ein und dreifsig Jahre vor der Gründung der Schiffahrtsschule zu
Sagres angefertigt worden ist. (*Malte-Brun, Géogr. univers.* nach der
Ausgabe von *Huot* 1831, Tom. I, p. 524.)

***) *Estancelin, Recherches sur les voyages des navigateurs nor-
mands en Afrique, aux Indes orientales et en Amérique,* 1832, p. 72.
Cada Mosto fand, wie schon Herr von Rossel bemerkt hat, keine Spuren mehr von der französischen Niederlassung. *Juan de Betancourt*
segelte ebenfalls, geraume Zeit früher als die Portugiesen, die afrikanische
Küste vom Vorgebirge Cantin bis zum Rio de Ouro entlang (*Viera,
Historia de Canarias,* lib. III, §. 30; lib. IV, §. 4).

Die Geschichte der Geographie ist angefüllt mit dergleichen systematischen Irrthümern, welche bis zum sechzehnten Jahrhundert die Seefahrten nach Neu-Guinea, Neu-
Holland und mehreren Archipelen des Stillen Meeres umfassen *). Man schreibt die Entdeckung der Azoren, welches die Cassiteriden des Peter Martyr von Anghiera **)

*) „*Ilhas de Papuas quer dizer Negros, a que muitos por esta
ida de D. Jorge (de Menezes)*, 1526, *chamam Ilhas de D. Jorge
que estam a leste das Ilhas de Maluco distancia de 200 leguas.*"
(*Barros, da Asia*, Dec. IV, lib. I, c. 16. Ed. Lisb. 1777, Tom. IV,
P. I, p. 101, 104). Minder gewiß ist die so häufig angeführte Seefahrt des Antonio Abreu und Francisco Serrão, „*em outro Novo Mundo*",
Tom. III, P. I, p. 600 (*Diego de Conto*, lib. VII, cap. 3). Die
beiden unglücklichen Inseln, *Isole sfortunate* (s. Br. 9° und 15°, in
einer Entfernung von 200 Lieues von einander), die im Januar 1521
im Osten der Gesellschaftsinseln von Magellan entdeckt wurden, und keineswegs von Ortelius in dem Atlas von 1570 vergessen sind (*Pigafetta, Primo Viaggio intorno al globo*, der Ausgabe von Carlo Amoretti, 1800, p. 45. *Las isletas pequeñas deshabitadas, llamadas por
Magellanes, Islas desventuradas. Herrera*, Dec. II, lib. 9, cap. 15.
Tom. I, p. 453). Gaëtano entdeckte im Jahre 1542 die Sandwichinseln
Quiros und Mendaña, in den Jahren 1595 und 1605, den Archipel des
Espiritu Santo (die Neuen Hebriden von Cook), Malicolo und wahrscheinlich auch Otaheiti (die *Sagittaria* des Quiros). *Humboldt, Essai
politique sur la Nouvelle Espagne*, Tom. IV, p. 111, 113. Ueber
die ersten Entdeckungen an den Küsten von Neu-Holland, die von den
Portugiesen von 1530 bis 1542 aufgefunden wurden, vergleiche man die
Karten des Brittischen Museums, nr. 5413, die Hydrographie des Atlas
von Johann Rotz oder Roty, die dem König Heinrich VIII von England
gewidmet ist, den Atlas von *Guillaume le Testu*, einem provenzalischen
Seefahrer und den des *Jean Valard*, aus Dieppe (1552), welchen Co-
quebert Monbret untersucht hat. Als der Ruhm des Capitän Cook seinen höchsten Glanzpunkt erreicht, die Mittelmäßigkeit ermüdet, und den
Neid derer erregt hatte, welche aufgehört hatten zu schiffen, ließ man,
obwohl spät, den Portugiesen, dem Gomez de Sequeira, dem Mendaña,
dem Luis Vaez de Torres und dem Saavedra Cedron Gerechtigkeit wi-
derfahren. Andere, minder persönliche, aus achtungswürdigeren Quellen
hervorgegangene Beweggründe haben auf demselben Wege zu geistreichen
und gelehrten Untersuchungen geführt.

**) Epist. 769 (Pariser Ausgabe von 1670, p. 447). Die Catheriden
der Erdkugel des Behaim (*Murr, Diplom. Gesch.* 1801, p. 27, und

und von Behaim sind, die der Insel Madera *), der Inseln des Grünen Vorgebirges und der Aequatorialküsten des tropischen Westafrika den Seefahrten des funfzehnten Jahrhunderts zu; man verwechselt die Seefahrer, welche Länder wieder auffanden, mit denen, welche sie entdeckten. Ich will mich hier nicht auf die so oft in Zweifel gezogene Erzählung von der Reise des Hanno beziehen, welchen Rennell und Heeren (II, 1, S. 520) bis über Senegambien hinaus vordringen lassen, indem sie die „heifse Gegend von Thymiamata" an das Grüne Vorgebirge verlegen, und für den Senegal nicht den *Chretes* annehmen, welchen ich für sehr verschieden halte von dem *Chremetes*, „einem der gröfsten Ströme der Welt", nach Aristoteles (*Meteorol.* I, 13, 21, p. 350, b Bekk. S. oben S. 55 Anm.), sondern den Flufs ohne Namen, welcher nach Hanno mit Krokodilen und Flufspferden bevölkert war. Ich werde mich auf neuere Angaben beschränken, die gröfsere Sicherheit gewähren. Lange vor den ehrenwerthen Bemühungen des Infanten Dom Heinrich, Herzogs von Viseo, und der Gründung der Akademie von Sagres (Tercanabal in Algarbien oder Villa do Infante), die von einem Catalonischen Kosmographen und Steuermanne, *Mestre Jacomè* von Majorka, geleitet

---

Binnet, Verhandeling over de Nederl. Ontd. 1829, p. 17) (die Azoren) erscheinen, seit 1367, unter dem Namen der Inseln von Bracir auf der berühmten Welttafel des Picigano.

*) Eine Karte des Portulano Mediceo von 1351 und eine andere der alten Bibliothek Pinelli, welche 1384 angefertigt worden ist und jetzt in der kostbaren geographischen Sammlung des Baron Walkenaer zu Paris aufbewahrt wird, und *Baldelli* (*Marco Polo,* Tom. I, p. CLXVIII), geben sie schon an unter dem gleich bezeichnenden Namen *Isola di legname,* ein halbes Jahrhundert vor der Seefahrt und Kolonisirung durch *Juan Gonzalez Zarco, Tristan Vas* und jenen *Bartholom. Muñiz Perestrelo* (*Barros,* Dec. I, lib. I, cap. 2), welchen Ferdinand Columbus *Pedro Moñes Perestrelo* nennt, und den Spotorno für einen Italiäner hält, wie den berühmten Admiral aus der Familie Palastrello zu Piacenza (*Storia litter. de la Liguria,* Tom. II, p. 246).

wurde *), waren die Vorgebirge Non (Nam) und Bojador schon umschifft worden **). (Letzteres ist das Vorgebirge *Buzedor* des Andrea Bianco und des Livio Sanuto.)
Der *Portulano Mediceo*, das Werk eines genuesischen
Seefahrers, mit welchem uns der Graf Baldelli bekannt
gemacht hat (*Marco Polo*, Tom. I, p. CLV), giebt seit
dem Jahre 1351 das *Cavo di Non* an. Catalonische
Schiffer hatten sich, wie aus dem Atlas vom Jahre 1374,
den *Buchon* untersucht hat, hervorgeht, *al jorn de Sant
Lorens, qui es a X d'agost* 1346, sechs und achtzig Jahre
vor dem portugiesischen Admiral Gilianez ***), am Gold-

---

*) *Barros*, Dec. I, lib. I, cap. 2 und 16 (Tom. I, P. I, p. 21
und 133).

**) Das Vorgebirge Non, welches damals mehr gefürchtet wurde,
als im verflossenen Jahrhundert das Cap Horn, liegt indessen 23' nördlich vom Parallel der Insel Teneriffa, einige Tagereisen von Cadix. Das
portugiesische Sprichwort: „*Quem passa o Cabo de Nam, ou tornarà
ou não*", mußte leicht durch den Willen eines Prinzen widerlegt werden, welcher, wie der Infant Dom Heinrich, den schönen französischen
Spruch: *Talent de bien faire* angenommen hatte. S. *Barros*, Dec. I.
lib. I, cap. 2, 4, 16. Dec. II, cap. 2 (Tom. I, P. I, p. 19, 36, 134,
148). Ueber das Cap Buzedor vergleiche von *Formaleoni*, p. 20 u.
24. Es scheint mir übrigens ziemlich zweifelhaft, daß der Name des
Cap Non portugiesischen Ursprungs ist. *Ptolemaeus* (IV, cap. 6)
kennt schon an dieser Küste den Fluß *Nuius* (Νουΐου ποταμοῦ ἐκβο-
λαί); die lateinische Uebersetzung hat *Nunii Ostia*. Es ist wahrscheinlich das *Bambotum* des Polybius (*Plin.* V, 1). Man vergleiche über
die Breite dieses Punktes *Gossellin*, *Recherches*, Tom. I. p. 132. Edrisi
kennt auch, etwas weiter gegen Süden, drei Tagereisen nach dem Innern
zu, die Stadt *Nul* oder *Wada Nun*, wodurch man an die Küste *Nul*
oder *Belad de Non* des Leo Africanus erinnert wird (S. *Edrisi*, *Africa*,
ed. Hartmann, p. 131). Die Geographie der beiden Continente ist angefüllt mit Versuchen der Völker des romanischen Europa, die einheimischen Benennungen aufzunehmen und ihnen eine etymologische Herleitung von Wurzeln des lateinischen Sprachstammes unterzulegen. Diese
jämmerlichen Spielereien schreiben sich von den Griechen und Römern her.

***) Es scheint, als ob die Portugiesen, schon bevor Gilianez im
Jahre 1435 die Vorgebirge Non und Bojador umschifft hatte (*Barros*,

flusse (*Rio do Ouro*, Br. 23° 56') befunden. Der ta-
pfere *Jean de Betancourt* wufste, dafs vor der Expedition des Alvaro Becerra, d. h. vor dem Schlusse des
vierzehnten Jahrhunderts, normännische Schiffe bis nach
Sierra Leone (Br. 8° 30') vorgedrungen waren, und
suchte ihre Spur zu verfolgen; aber keine Nation Europa's scheint vor den Portugiesen jenseits des Aequators vorgedrungen zu sein *). Die Gegend im Süden

---

Dec. I, lib. 1, c. 4 und 5, Tom. I, P. I, p. 42, 43), glückliche Versuche zu gleichem Zwecke in den Jahren 1418, 1419 und 1423 gemacht
hatten. *Navarrete*, Tom. I, p. XXVII. *Vincent, Periple of the
Erythr. sea*, P. I, p. 192.

*) Es ist keinesweges wahrscheinlich, dafs in der kreisförmigen Welt-
tafel, welche man gemeiniglich dem *Andrea Bianco* zuschreibt, und die
vielleicht gleichzeitig (*Formaleoni*, p. 55) Vorstellungen des dreizehnten Jahrhunderts nebst anderen enthält, die, wie die Küstenkarten des
Bianco, sich aus dem Jahre 1436 herschreiben, der ungeheure Meerbusen, welcher mit dem fantastischen Namen *Nidus Abimalson* oder *Abi-
malion* (Abimelek?) bezeichnet ist, dem Meerbusen von Guinea entspricht (*Ghinoia* des Vivaldi, im Jahre 1281; *Ganuya* des Portulano
Mediceo, welcher einem genuesischen Seefahrer zugeschrieben wird, *Gui-
nauha*, in der Sprache der Eingebornen nach Barros). Da vor dem
Portulano des Benincasa die ältesten katalonischen und italiänischen Karten keine Breiteneintheilung darbieten, so würde es sehr gewagt sein,
über die Gränzen dieses Meerbusens irgendwie absprechen zu wollen;
aber die Orientirung der Weltkarte des Bianco beweist vielmehr, dafs
der *Nidus Abimalson* die Südspitze von Afrika darstellt. Auch bietet
eine arabische zu Oxford aufbewahrte Karte, welche bis zum Jahre 906
der Hedschra hinansteigt und die Geographie des Edrisi (aus dem zwölften Jahrhundert unserer Zeitrechnung) begleitet, in dem Belad Mufrada
und Al Lamlam den Senegal in Verbindung sowohl mit dem Niger als
mit dem Nil dar; aber diese Kenntnifs des westlichen Afrika wurde auf
dem Wege des Landhandels erlangt, nicht durch Schiffahrten (*Vincent, Periple of the Erythr. sea*, P. I, App., p. 86). In dem
Texte des Edrisi finden sich fast gar keine nähere Angaben über das
Küstenland Senegambien (*Hartmann, Africa*, p. 4. 35. 37. 114).
Der Golf von Guinea und der Senegal finden sich auf der Welttafel des
Fra Mauro von 1457 und 1459 wieder; ersterer unter dem Namen *Sinus Aethiopicus*, letzterer, wie auf der Karte des Edrisi, verbunden
mit dem Nil. Barros kennt selbst *Tungubutu* (Tombuctu), den Flufs

der Bai von Biafra, welche wegen des Zusammentreffens zweier entgegengesetzten Ströme (des Nordwest- und Südoststromes) bemerkenswerth ist, war von 1471 bis 1474, acht bis eilf Jahre nach dem Tode des Infanten Dom Heinrich, der Mittelpunkt des *rescate* (Tauschhandels) mit Gold, der einem äufserst thätigen Handelsmanne aus Lissabon, Fernand Gomez, in Pacht gegeben war. Um diese Zeit wurden die Inseln Fernando Po, welche anfänglich den Namen *Ilha Formosa* führte, San Thomas, do Principe und d'Anno-Bom kurz nach einander entdeckt *). Die letztgenannte Insel (s. Br. 1° 24' 18") war die erste, welche die Portugiesen im Süden des Aequators auffanden; aber auf den beiden Seefahrten, welche in sehr kurzen Zwischenräumen Diego Cam in den Jahren 1484 und 1485 nach dem Königreiche Congo unternahm, und an deren einer Martin Behaim Theil nahm, wurde eine Küstenstrecke (ich bleibe bei den ziemlich genauen von Barros selbst angegebenen Breitenbestimmungen stehen) zwischen den Parallelen von 1° 50' (Vorgebirge Santa-Catharina) und 22° s. Br. (der *Marke von Stein* **), Manga de Areas, im Süden des Cap Frio)

---

und die Stadt von *Genna* oder *Janni* (*Djenne, Jinnie*), nicht den Dafur des Fra Mauro, wohl aber die Hypothese einer Verbindung des Senegal (Çanaga oder Senhaga des Edrisi) mit dem Nil (Tom. I, Part. 1, p. 221).

*) *Barros*, *Dec.* I. lib. II, *cap.* 2 (Tom. I, P. I, p. 143, 145, 146). Nach einer Stelle desselben Schriftstellers, dessen Zeitbestimmungen leider in geringerem Einklange mit den Ereignissen stehen, als die des Herrera, könnte man glauben, dafs die Entdeckung der Insel Formosa dem Jahre 1484 viel näher liege (*Dec.* I, lib III, cap. 3. Tom. I, P. 1, p. 178).

**) *Padrão de pedra*. Bis zur Seefahrt des Cam bestanden die portugiesischen Wahrzeichen nur aus Kreuzen von Holz, und diese Benennung *Padrão*, welche zuweilen Vorgebirgen oder Strommündungen ohne besondere Rücksicht auf die Beschaffenheit des Ortes ertheilt wird, hat in der Erdkunde des westlichen Afrika viel Verwirrung veranlafst. Das Vorgebirge der Heiligen Catharina, mit welchem die Entdeckungen des

entdeckt. Zwischen diesen beiden äußersten Punkten finden sich das Zeichen *(Padrão de S. Jorge)* der Mündung des Rio Zaire oder „*Rio do Padrão do Reyno
de Congo*" (s. Br. 6° 5') und das Zeichen des Vorgebirges S. Augustin (*Padrão do Sancto Agostinho*, s. Br.
13° *)). Behaim nennt nirgends den Diego Cam, weder in seinen Briefen, noch in den Erläuterungen zu seiner Erdkugel; aber (ich wiederhole es) er deutet mehrere Male **) mit den bestimmtesten Worten auf diese
Fahrt hin, „an welcher derjenige, der diese Erdkugel verfertigt hat, Theil nahm, im Auftrage des Königs von Portugal, um aufzufinden, was Ptolemaeus nicht gesehen
hatte", indem er sie die Seefahrt der beiden Caravelen
aus den Jahren 1484 und 1485 nennt. Er bezeichnet
den großen Rio Zaire mit demselben Namen, den ihm
Diego Cam wegen des Zeichens aus Steinen ertheilte
(Padrão de S. Jorge); aber, eben so ungenau in der
alten portugiesischen Rechtschreibung, als in der Ortho-
graphie seiner eignen Sprache, nennt er den Zaire nicht
Rio de Padrão, sondern *Rio de Patron*. Alle unsere
besseren neueren Karten haben die Gewohnheit beibehalten, das Vorgebirge im Süden der Mündung des Zaire
Cabo Padron zu nennen. Die Kenntniß, welche Behaim
von der Faktorei von *Angra de Gato* ***) und von jener heiligen Person †) hat, welche nur die äußerste Spitze

Cam beginnen, war der letzte Punkt, den man vor dem Tode des Königs Alphons V, mithin vor dem Jahre 1480, erreicht hatte. *Barros*,
Tom. I, P. I, p. 172.

*) *Barros*, Dec. I, lib. III, cap 3 und 4 (Tom I, P. I, p. 171,
173, 175, 176, 178, 185 und 192).

**) *Murr*, p. 4, 23, 24, 26, 80, 82, 104, 106, 108 und 111.

***) *Murr*, p. 110. *Barros*, Tom. I, P. I, p. 178.

†) Behaim nennt sie *Organ* (p. 112), ein Wort, welches man
mit der Provinz *Organon* des Rubruquis in Verbindung bringen könnte;
aber der wahre Name des Santons ist nach *Barros* (Tom. I, P. I,
p. 181) *Ogan*, vielleicht *O-khan*, was aus dem *Oung-* oder *Oum-*

ihres Fufses hinter einem Vorhange von Seide vorzeigte,
und deren sich die christlichen nach Asien und Afrika

---

khan des Marco Polo (cap. 42. *Baldelli*, Tom. II, p. 100) entstanden sein mag. Das Ganze ist nichts anderes, als der Mythus vom Priester Johannes, dem Nestorianischen Keraïten, welcher 1203 von Gen-
giskhan getödtet und im funfzehnten Jahrhundert von Osten gen Westen
nach Caracorum in Abyssinien gebracht wurde, nach den von Pedro
da Covilham und Johann Alphons d'Aveiro mitgetheilten Angaben. Uebrigens darf man mit dem afrikanischen *Ogan* (*Uang-Khan*) eine andere
geheimnifsvolle Person nicht verwechseln, deren asiatische Sitten nach
Marco Polo (lib. I, cap. 21. *Baldelli*, Tom. III, p. 62, 65) bei weitem minder streng waren, und die, wie der *Alte vom Berge* (*Alaodin*
oder *Veglio de la Montagna*) sich ebenfalls in dem Süden von Afrika
auf der Welttafel des Bianco dargestellt findet. Lichtenstein hat in einer
Abhandlung, welche sich durch historische Kritik vorzüglich auszeichnet,
nachgewiesen, dafs sich auf der Nürnberger Erdkugel eine falsche Zeitangabe vorfindet, wenn Behaim neben das Vorgebirge der Guten Hoffnung, welches er *Terra Fragosa* nennt, folgende Bemerkung setzt:
„Hier wurden die Säulen (Zeichen) des Königs von Portugal am 18.
Januar 1485 aufgerichtet" (*Murr*, S. 24 und 110). Cam ist nicht
südlich von dem *Padrão de Manga de Areas* über den zwei und zwanzigsten Grad südlicher Breite hinausgekommen, und es war Bartholomaeus Diaz, welcher, wahrscheinlich im Mai 1487, das Vorgebirge der
Guten Hoffnung (*Cabo tormentoso*), *von Osten her kommend*, vom
Signal der Insel Santa-Cruz in der Bai von Algoa (s. Breite 33° 50'
L. 7° 15' östlich vom Vorgebirge der Guten Hoffnung), entdeckte und
das Signal von S. Filippe in der Tafelbai aufrichtete (*Lichtenstein*
in dem *Vaterl. Museum*, Hamburg 1810, S. 372—389. *Vincent,
Periple of the Erythr. sea*, P. I, p. 208. *Barros*, Tom. I, P. I,
p. 188, 190, 192 und 288). Behaim verwechselte entweder das Datum, oder den Ort, oder die Reisen des Cam und des Bartholomaeus
Diaz, sagt aber nicht: „*wir errichteten*", sondern: „*die Säulen wurden errichtet*", was an seiner Wahrheitsliebe zu zweifeln nicht berech-
tigt. Es war nicht der berühmte Bartholomaeus Diaz, welcher das Vorgebirge der Guten Hoffnung *umschiffte* und die äufserste Südspitze von
Afrika, die sich von Osten nach Westen erstreckt, entlang segelte, sondern
der Bruder des Bartholomaeus, Diego Diaz, welcher an der Seefahrt des
Gama Theil nahm. Bartholomaeus kam im Jahre 1500 bei einem Schiffbruche ums Leben, als er mit Cabral von Brasilien nach dem Vorgebirge der Guten Hoffnung segelte. Er kam nahe bei jenem Signal
(Padrão) der Insel Santa-Cruz in der Bai von Algoa um, von welchem

gesendeten Missionare während dreier Jahrhunderte bedienten, um die europäischen Herrscher zu mystificiren, scheint
ebenfalls auf genaue Beziehungen zwischen Martin Behaim und Diego Cam hinzudeuten. Da der letztere zwei
Reisen gemacht hat („*descubrio por duas vezes*" sagt
Barros), so könnte man annehmen, dafs ihn Behaim nur
auf der ersten Fahrt im Jahre 1484 begleitet habe; wodurch indessen weder der Irrthum eines nach der Nürnberger Erdkugel am 18. Januar 1485 in der Tafelbai errichteten Signals, noch die Möglichkeit erklärt wird, dafs
Behaim am 18. Februar 1485 sich nach dem Kloster von
Alcobaça habe begeben können, um dort zum Ritter des
Christordens ernannt zu werden.

„Ich werde nicht von jenem Bürger der Stadt Nürnberg reden, sagt Voltaire in seinem *Essai sur les moeurs*,
welcher, wie man fabelhafter Weise annimmt, im Jahre
1460 nach der Magellanstrafse reiste." Eine so abge-
schmackte und dennoch so oft wiederholte Bemerkung
würde wenig oder gar keine Aufmerksamkeit verdienen,
wenn nicht in dem Leben des Magellan, als er im Jahre
1517, zehn Jahre nach dem Tode des Behaim, zum ersten Male seine Pläne dem Juan Rodriguez de Fonseca,
Bischof von Burgos, auseinandersetzte, und in der Darstellung der Seefahrt des Magellan durch Antonio Pigafetta,
etwas so überaus Merkwürdiges läge, dafs es Pflicht des
Geschichtsforschers zu sein scheint, dieses Problem einer
tiefer eingehenden Untersuchung zu unterwerfen. Ich
glaube, dafs eine Bemerkung, die ich in einer sehr alten Ausgabe der Geographie des Ptolemaeus aufgefun-

---

er im Februar 1487 Abschied genommen hatte, „wie von einem Sohne,
den man auf immer verläfst" (*como se leixara hum filho desterrado
para sempre*). Man darf sich nicht wundern, dafs der Schiffbruch einem grofsen Kometen zugeschrieben wurde, welchen man damals eilf
Tage hindurch, vom 13 bis zum 23. Mai 1500 „ohne Ortsverände-
rung" in der südlichen Halbkugel beobachtete (*Barros*, Tom. I, P. I,
p. 382 und 392).

den habe, ein neues Licht über Thatsachen verbreiten wird, die auf den ersten Blick sonderbar, verworren und räthselhaft erscheinen. Zwei Werke, deren Autorität nicht in Zweifel gezogen werden darf, die Decaden des Antonio de Herrera und die Handschrift des Pigafetta, welche in der Ambrosianischen Bibliothek zu Mailand aufbewahrt wird und im Jahre 1800 von Amoretti bekannt gemacht worden ist, lassen auf gleiche Weise den Einfluſs erkennen, welchen Behaim auf die Entdeckung der Patagonischen Meerenge ausgeübt hat. Man könnte der Gewährleistung des Pigafetta den Vorzug zu geben geneigt sein, da er einer der achtzehn Reisegefährten des Magellan war, welche das Glück hatten, am 6ten September 1522 Europa wiederzusehen. „*Praetore Portugallico Fernando, ab insularibus bello exagitatis in regione aromatum aequatori vicina, interfecto quatuorque reliquis e classicula quinque navium deperditis, una tantum repressa est, dicta Victoria, cribro terebratior*" schreibt in demselben Monat Peter Martyr d'Anghiera an den Erzbischof von Cosenza *). Aber das einzige Werk, welches wir von Pi-

---

*) *Petr. Mart.*, lib. XXXV, cp. 767 (Pariser Ausg. von 1670, p. 446). Der Brief an den Erzbischof ist datirt aus Valladolid, *III. cal. sept. MDXXII.* Auch in dieser Angabe ist ein abermaliger Zahlenfehler. Das Schiff *Vittoria* ging nach der Abfahrt von den Capverdischen Inseln nirgends vor Anker, und das Datum der Ankunft in der Bai von San-Lucar, der 6. September, ist genau. *Pigafetta, Primo viaggio intorno al globo*, p. 183. *Herrera*, Dec. III, lib. 4, cap. 1 (der Antwerpener Ausgabe von 1728, Tom. II, p. 95). Man darf sich nicht über die geringe Anzahl der Gefährten des Magellan (achtzehn) wundern, welche nach der Angabe des Pigafetta zurückkehrten, während Herrera von den dreißig Seeleuten spricht, „welche unter dem Befehle des Capitain Juan Sebastian del Cano (gebürtig aus Guetaria in der Provinz Guipuzcoa, welcher sich im Jahre 1519 als Equipagenmeister des Schiffes Conception einschiffte; ein unerschrockener Mann, dessen Name nicht in Vergessenheit gerathen darf, und dem weder das Alterthum noch das Mittelalter einen Nebenbuhler an die Seite zu stellen vermögen) in der Nao Vittoria zurückkamen." *Herrera*, Dec. II, lib. 4. c. 9 (Tom. I,

gafetta besitzen, ist nicht das Reisetagebuch selbst, welches er mit einer solchen Sorgfalt Tag für Tag führte, daſs er bei seiner Ankunft am 9. Julius 1522 auf der Capverdischen Insel St. Jakob erfuhr, daſs die portugiesischen Bewohner dieser Insel den Tag Donnerstag nannten, welcher in seinem Tagebuche als Mittwoch bezeichnet war. „Mein Erstaunen, sagt Pigafetta, war um so gröſser *), als ich mich nie krank befunden und, ohne alle Unterbrechung, sämmtliche Wochentage aufgezeichnet hatte; wir bemerkten später, daſs kein Irrthum Statt gefunden hatte, und daſs, indem wir stets gegen Westen fuhren und dem Laufe der Sonne folgten, wir bei unserer Rückkehr nach dem Orte der Ausfahrt vier und zwan-

---

p. 337). Dec. III, lib. 4, cap. 2 und 4 (Tom. II, p. 98 u. 100). Der Historiograph von Indien rechnet Pigafetta, der, als Rhodiser Ritter und als Attaché bei der apostolischen Gesandschaft des Monsignore Francesco Chiericato in Spanien, sich nur in der doppelten Eigenschaft als Freiwilliger und als Wiſsbegieriger eingeschifft hatte, nicht zu der Zahl der dreiſsig, „welche auf Kosten des Hofes gekleidet waren", und die achtzehn, von denen Pigafetta spricht, bilden mit den dreizehn, welche als Gefangene auf den Capverdischen Inseln von den Portugiesen zurückgehalten und von dem Augenblick der Ankunft des Juan Sebastian del Cano in der Bai von San-Lucar dringend zurückgefordert wurden, „die dreiſsig Personen", welche sich auf dem Schiffe *Vittoria* gerettet hatten, mit Ausschluſs des Pigafetta.

*) *Pigafetta*, *Primo viaggio*, p. 182. Die Seeleute der Vittoria entdeckten mit Schrecken, daſs sie auf ihrer Reise um die Welt am Charfreitage nicht gefastet und das Osterfest am Montag gefeiert hätten" (*Herrera*, Tom. II, p. 95). Anghiera, welcher ein wenig zur Spötterei geneigt ist, läſst in seinem Briefwechsel merken, daſs das Problem von dem *verlorenen Tage*, wie man ihn mit gröſserem Rechte nennen muſs, Magellan's Reisegefährten lange gequält hat: „*quonam vero pacto classicula, de qua puto vos non ignorare, parallelum circuerit integrum, proras ad occidentem solem vertens semper, donec ad orientem illarum una, garyophyllis onusta, redierit et in eo discursu unum diem sibi defuisse repererit, quae stomachis exilibus impossibilia videbuntur, per eius rei ad unguem discussam narrationem in Decade mea qnarta videbitis..*" *Petr. Mart.* ep. 770, p. 448.

zig Stunden *gewonnen* haben mufsten." Das wirkliche
Tagebuch wurde dem Kaiser Karl V überreicht; was uns
in der Ambrosianischen Bibliothek erhalten worden, ist
nur der Auszug aus einem Tagebuche, welches an den
Papst Clemens VII und den Grofsmeister von Rhodus,
Philipp de Villiers de Lisle-Adam geschickt wurde. Man
kann dagegen nicht bezweifeln, dafs Lopez de Castanheda,
Barros und Herrera die Originalbemerkungen des geschick-
testen Steuermannes der Expedition, des Andreas von
San-Martin, vor Augen gehabt haben. Herrera, welchem
seit dem Jahre 1596 der freie Zutritt zu den Archiven
des Königs Philipp II offen stand, und der schon im Jahre
1601 die vier ersten Decaden seiner Geschichte bekannt
gemacht hatte, wird das Tagebuch des Steuermannes unter der grofsen Anzahl von Urkunden, welche seitdem
verstreut worden sind, aufgefunden haben. Er hat, leider ohne in das Verständnifs einzudringen, lange Einzelheiten astronomischer Beobachtungen mitgetheilt, sowohl für die Breitenbestimmungen, als für ziemlich mifs-
lungene Versuche, die ihm von Ruy Faler oder Faleiro
(oder dem *spiritus familiaris* dieses Astronomen) angegebenen Regeln und Methoden auf Längenbestimmungen
aus Declinationen des Mondes *), Fixsternbedeckungen,
Höhendifferenzen des Mondes und des Jupiter **), Op-

---

*) „*La longitudine s'argomenta de la latitudine de la luna.*"
Pigafetta, Transunto, del Trattato di Navigazione, p. 219.

**) Herrera giebt ein Beispiel für die Anwendung dieser Methode.
Dec. II, lib IV, c. 10 (Tom. I, p. 338). Durch aufmerksame Vergleichung des
Herrera mit dem Pigafetta habe ich mich überzeugt, dafs die von beiden
benutzten Materialien nicht identisch waren. Ich verweise nur Beispiels
halber auf den 13 und 17. Decbr. 1519, den 8. Februar und 11. Oktober 1520, die tragische Geschichte des Verrathes am Rio San Julião.
Pigafetta giebt dem Vorgebirge der Jungfrauen die Breite von 52° 35',
während aus den numerischen Elementen der am 28. Oktober 1520 angestellten Beobachtung, wie sie Herrera giebt, die Breite von 52° 56'
hervorgeht (S. *Pigafetta*, p. 16, 24, 33, 35 und *Herrera*, Tom. I,
p. 339, 447, 449, 451). Ueber das Zusammentreffen der Ankunft des

positionen des Mondes und der Venus anzuwenden *).
Die von Herrera über die erste Fahrt um die Welt
mitgetheilten Nachrichten sind die umständlichsten; die
der portugiesischen Schriftsteller, welche übrigens sehr
empfehlungswerth sind, konnten nicht auf gleiche Weise
ins Einzelne gehen, da sie ihren Ursprung nur fragmenta-
rischen und heimlich aus Indien gekommenen Mittheilungen verdanken. Der venetianische Gesandte Contarini
sprach auch seit 1522 von dem verlorenen Tage.

Untersuchen wir zuvörderst die Zeugnisse, welche
man zu Gunsten des Martin Behaim vorgebracht hat, und
die, der Zeit nach, der Abreise des Magellan vorangehen.
„Als dieser, erbittert über die Undankbarkeit der portugiesischen Regierung in Indien, an einem Fuße durch
einen Lanzenstoß gelähmt **), verwegen in seinen Plänen, unerschütterlich in ihrer Ausführung, zum ersten
Male an dem spanischen Hofe zu Valladolid erschien,
zeigte er dem Bischofe von Burgos eine gemalte Erdkugel *(globo bien pintado)*, auf welcher er den Weg ver-

---

Schiffes *Vittoria* und des Contarini, vergl. *Ranke, Geschichte der Päpste*, Th. I, S. 153.

*) *Barros*, Dec. III, lib. V, cap. 10 (Tom. III, P. I, p. 657).
Der portugiesische Historiograph führt nicht, wie Herrera, die numerischen Elemente an, aber er giebt, mit bitteren und ziemlich ungerech-
ten Klagen über die Ephemeriden des Regiomontanus, die Data von
vier Längenbeobachtungen, welche aus einem Buche entlehnt waren,
das sich Duarte de Rezende (*Feitor de Maluco*) verstohlener Weise
in Indien verschafft und ihm nach Lissabon geschickt hatte. Barros besaß auch aus derselben Quelle das vierte Kapitel von den dreißig, welche einen Abriß der Lehre von den Bestimmungen der Länge („die man
gemeiniglich Meridianabstände, bestimmt durch die *altura de leste oeste*
nannte") bildeten, den Ruy Faleiro für den Privatgebrauch des Magellan
angefertigt hatte (Tom. III, P. I, p. 660, 661). Barros, geboren im Jahre
1496, befand sich zu der Zeit, als die Trümmer der Expedition des
Magellan nach Spanien zurückkamen (1522), an den Küsten von Afrika
in der kleinen befestigten Niederlassung von Mina (Tom. III, P. I,
p. 235).

**) *Barros*, Tom. III, P. I, p. 624.

zeichnet hatte, den er zu nehmen gedachte, indem er die *Meerenge* absichtlich weifs liefs, damit man ihm sein Geheimnifs nicht entwenden konnte. Da die Minister des Königs (ohne Zweifel der Kardinal Ximenez und Herr von Gebres) mit Fragen in ihn drangen, vertraute ihnen Magellan, dafs er zuvörderst am Vorgebirge Santa-Maria, d. h. an der Mündung des Rio de la Plata (Rio de Solis) landen, und von dort ab die Küste (nach Süden) hinabsegeln würde, bis er die Meerenge anträfe; sollte er keine Durchfahrt nach dem anderen Meere finden (die Minister machten ihm nehmlich den Einwurf, dafs der Plan möglicher Weise fehlschlagen könnte), so würde er auf dem von den Portugiesen befahrenen Wege nach den Molucken segeln, d. h. das Vorgebirge der Guten Hoffnung umschiffen. Er fügte hinzu, dafs er um so gewisser wäre eine Meerenge anzutreffen, als er sie gesehen hätte (ohne Angabe des Ortes) auf einer von Martin de Bohemia, einem von der Insel Fayal gebürtigen Portugiesen und Kosmographen von grofsem Rufe, angefertigten Seekarte, und dafs diese Karte ihm viel Licht (*mucha luz*) über jene Meerenge verschafft habe." So lautet der Bericht des Herrera [*]) über die erste Zusammenkunft des Magellan mit den Spaniern im Jahre 1517. Zwei Jahre verflossen, bevor die Expedition unter Segel gehen konnte (am 10. August 1519). Die portugiesischen Diplomaten arbeiteten eifrig, während des Aufenthaltes des Hofes zu Barcelona, um den Anführer der Expedition „als einen leichtsinnigen Abenteurer, einen des Vertrauens ganz unwürdigen Schwätzer [**])", in Mifsgunst zu bringen.

---

[*]) Dec. II, lib. II, cap. 20 und 21; lib. IV, cap. 10 (Tom. I, p. 193, 195, 338).

[**]) „*Hombre hablador y de poca sustancia.*" Es scheint als ob die Diplomatie thätiger war, als ein Botschafter des potugiesischen Hofes nach Saragossa kam, um eine Heirath der Schwester Karls V, („*madama Leonor*") mit dem Könige Emanuel zu Stande zu bringen. „Man

Es folgt nun das Zeugnifs des Pigafetta *), eines persönlichen Freundes des Magellan, der, wie aus der Darstellung der schauderhaften Scene erhellt, die am Rio San Julião Statt fand und in der der Schatzmeister Luys de Mendoza in Stücke gerissen wurde, geneigt war, den Ruf seines Anführers zu vertheidigen. „Am 21. Oktober 1520 fanden wir eine *Meerenge*, welche wir mit dem Namen der eilftausend Jungfrauen belegten, weil jener Tag ihnen heilig ist. Ohne das Wissen des Anführers unserer Flotte hätte man sicherlich nicht den Ausweg aus dieser Meerenge gefunden, denn wir alle glaubten, dafs sie auf der anderen Seite geschlossen sei; aber unser Anführer hatte Kunde, dafs er durch eine sonderbar verborgene Meerenge hindurchsteuern müsse, welche er auf einer in den Archiven *(tesoreria)* des Königs von Portugal aufbewahrten und von einem ausgezeichneten Cosmographen Martino di Boemia angefertigten Seekarte gesehen hatte."

Diese von gleichzeitigen Schriftstellern entlehnten Zeugnisse (denn es ist klar, dafs Herrera das Tagebuch von San Martin besafs) beweisen zweierlei: erstlich, dafs Magellan auf einer Karte in Portugal **) die

---

benachrichtigte Magellan, dafs er und sein Freund, der Astronom Ruy Falero, ermordet werden sollten (auf diplomatischem Wege), was den Bischof von Burgos veranlafste, sie jede Nacht in seinem Pallaste zu verbergen.

*) *Primo Viaggio*, p. 36, und die *Introduzione* von *Amoretti*, p. XX—XXVI.

**) Wir haben schon oben bemerkt, dafs diese gleichzeitigen Zeugnisse uns nichts über den Ort berichten, wo sich die Karte fand. Pigafetta erwähnt blofs die Archive (den *Schatz*) des Königs von Portugal. Da eine venetianische, im Jahre 1428 durch den Infanten Dom Pedro, Herzog von Coimbra, Bruder des berühmten Infanten Dom Heinrich, Herzogs von Viseo, aus Italien mitgebrachte und in dem Kloster von Alcobaça niedergelegte Karte einen so grofsen Ruf hatte, dafs Franz von

Meerenge verzeichnet gesehen hatte, welche er im Süden der Mündung des Rio de la Plata suchte: zweitens, daſs er diese Karte dem zehn Jahre zuvor auf den Azoren verstorbenen Behaim zuschrieb. Es muſs im höchsten Grade überraschen, daſs der hämische und geistvolle Geschichtschreiber des portugiesischen Indiens, Barros, in seinem ganz nationalen Hasse gegen Spanien nicht gesucht hat, das Verdienst „des Verräthers" dadurch herabzuwürdigen, daſs er daran erinnerte, wie die Entdeckung der Meerenge nicht seinem Scharfsinn, sondern der Einsicht in eine in den Archiven des Königs Emanuel aufbewahrte Seekarte zugeschrieben werden müsse. Das Stillschweigen des Barros scheint zu beweisen, daſs die Ueberlieferung von der angeblichen Voraussicht des Behaim ihm nicht von den Molukken aus zugekommen war. Man begreift in der That leicht, daſs Magellan gröſsere Veranlassung hatte, von dem Dasein der Straſse als von einer unzweifelhaften und allen berühmten Kosmographen bekannten Sache zu sprechen, bevor er sie erreicht hatte und als es sich nur darum handelte, Vertrauen auf seine Pläne einzuflöſsen, wie späterhin, wo er in das Stille Meer gelangt war. Die Uebersetzungen der Reise des Benzoni und die zahlreichen Werke des Orientalisten Wil-

---

Souza Tavarez auf derselben, als Schwanz des westlichen Drachen der Hesperiden, die Magellanische Ştraſse gesehen haben wollte (*Antonio Galvano, Trat. dos descubrimientos*, p. XV. *Manuel di Faria y Sousa, Europa Portuguesa*, Tom. III, cap. 1, p. 554. *Zurla, il Mappamondo di Fra Mauro*, p. 7, 86, 87, 143. *Vincent, Periplus of the Erythr. sea*, p. 197, 199), so verfiel man auf den Gedanken, daſs Magellan eine Karte des Behaim im Kloster von Alcobaça gesehen haben könnte (*Stuven, de vero Nov. Orbis inv.*, p. 41. *Tozen, Der wahre Entd.*, S. 14). Obgleich Behaim erst 1430 geboren war, und sich bis 1479 nur mit Handelsunternehmungen in Deutschland beschäftigte, so stand man doch nicht an, ihm sowohl die venetianische Karte von 1428, als die Kopie der groſsen Weltkarte des Camaldulenserklosters vom Heil. Michaël von Murano zuzuschreiben, welche der

helm Postel *) trugen viel zur Verbreitung der Idee bei,
dafs Magellan nur den von Behaim angegebenen Weg
verfolgt habe. Auch spricht Postel, wie ich schon oben
bemerkt habe, nur von dem „*Fretum Martini Bohemi
a Magaglianesio Lusitano alias nuncupatum quodque
terram incognitam australem ab Atlantide* (Amerika) *se-
parat.*"

Ich werde zuvörderst die Reihenfolge der Entdek-
kungen entwickeln, welche auf der Ostküste des südlichen Amerika bis zu dem Zeitpunkt gemacht worden
sind, wo Magellan über die Strafse mit dem Erzbischof
von Burgos sprach. Die einzelnen Angaben, welche ich
beibringen werde, gründen sich auf ein sorgfältiges Studium der neuerdings bekannt gemachten Urkunden.

Christoph Columbus ging auf seiner dritten Reise
am 30. Mai 1498 von San-Lucar unter Segel, entdeckte
am 1. August 1498 das Festland, welches durch das Delta
des Orinoko (Isla Santa) gebildet wird, und schiffte seine
Mannschaft vier Tage später aus, die zum ersten Male
in dem Golf von Paria (an der Küste der Isla de Gracia) den amerikanischen Continent betrat. Die Entdekkung des nördlichen Amerika von der Hudsonsbay bis
in Süden von Virginien durch Sebastian Cabot in einem
Schiffe

König Alfons V im Jahre 1459, in der Kartenwerkstatt des Fra Mauro
und Andrea Bianco hatte anfertigen lassen (*Zurla*, p. 85).

*) *Cosmographica disciplina*, cap. 2, p. 22. *De Universitate liber*, p. 37. Dieser bizarre, von den Theologen verfolgte Mann, geboren im Jahre 1510, starb 1581. Er gehört zu der geringen Anzahl
von Gelehrten, welche sich, vor *Bochart*, nicht ganz ohne Erfolg mit
dem Studium der vergleichenden Sprachkunde beschäftigten, einer Wissenschaft, welche, Dank der Philosophie und den ausgedehnten Kenntnissen unseres Jahrhunderts, von so grofser Wichtigkeit für die Geschichte der Völker und der Auffindung ihrer gegenseitigen verwandschaftlichen Beziehungen geworden ist.

Schiffe aus Bristol *(the Matthew)* gehört in den Sommer 1497 *).

**) Die Veränderungen, welche in den Benennungen der verschiedenen Vorgebirge der Insel Trinidad Statt gefunden haben, und die angenommene Identität der Theile des amerikanischen Festlandes, welche Columbus auf seiner dritten Reise mit den Namen *Isla-Santa* und *Tierra* oder *Isla de Gracia* bezeichnet, haben Verwirrung in die Frage gebracht, welcher Theil des Festlandes zuerst wahrgenommen worden ist. Ich habe dieses Problem vor der Bekanntmachung der Urkunden durch Navarrete in meiner *Relation historique* Tom. II, p. 702, not. 3 einer sorgfältigen Untersuchung unterworfen. Es ist nehmlich die Ostküste der Provinz Cumana, welche zuerst entdeckt wurde, im Osten vom Caño Macareo, nahe bei Punta Redonda, eine niedrige, Isla-Santa benannte Gegend, und nicht der bergige Theil der Küste von Paria, welcher die Nordwestküste des Golfs de las Perlas oder der Ballena bildet, eine Gegend, welche Columbus mit dem Namen Isla de la Gracia bezeichnete. Der Admiral war auf seiner ersten Reise an den Küsten von Cuba im November 1492 überzeugt, dafs er sich auf einem Festlande befinde („*es cierto, dice el Almirante, questa es la Tierra-Firme;* Tagebuch vom ersten November). Diese Ansicht, welche sich ihm auf seiner zweiten Reise bewährte, und welche durch den Eid der gesammten Mannschaft am 12. Junius 1494 eine gleichsam feierliche Bestätigung erhielt, hatte Columbus noch, als er im Jahre 1498 von der Küste von Paria nach Hayti zurückkehrte. Er sagt mit deutlichen Worten: „Obgleich ich auf der Reise, *que yo fui a descubrir la Tierra-Firme,* sechs und dreifsig Tage wachte, habe ich doch an meinen armen Augen damals nicht so viel gelitten, als auf dieser dritten Reise" (Schreiben an die katholischen Monarchen, von der Hand des Las Casas, welches in den Archiven des Herzogs von Infantado aufbewahrt wird. *Navarr.,* Tom. I, p. 46, 252). Diese Ueberzeugung des Columbus, im Jahre 1498 nichts anderes als einen weiter gegen Süden und Osten belegenen Punkt des Festlandes von Asien entdeckt zu haben, welches er schon in den Jahren 1492 und 1494 gesehen zu haben glaubte, hat vielleicht dazu beigetragen, uns eines umständlicheren, von dem Admiral selbst diktirten Berichtes zu berauben. Dienstag, am 31. Julius 1498, entdeckte ein Matrose aus Huelva, Alonzo Perez, von der Spitze des Mastes ein Land mit drei warzenförmigen Vorsprüngen (*mogotes*). Es war das südöstliche Vorgebirge der Insel Trinidad, welches heutigen Tages *Punta Galeota* heifst, und damals *Punta Galea*, nach dem Briefe des Admirals, oder *Punta Galera*, nach der Angabe seines Sohnes, genannt wurde. Die Punta Galera der neueren Hydrographen, das Nordostkap der Insel Tri·

Alonzo de Hojeda, begleitet von Juan de la Cosa und
Amerigo Vespucci (Hojeda bezeichnet den letzteren mit

---

nidad, hat der Admiral nie gesehen. Mittwoch, am 1. August, nachdem
er Wasser eingenommen hatte bei der *Punta de la Playa* auf der
Südküste von Trinidad, östlich von der *Punta del Arenal* (Südostkap
der Insel), vielleicht an der Mündung der kleinen Flüsse Erin oder Mo-
ruga, „*vieron sobre la mano izquierda* (das Vordertheil des Schiffes
gegen Westen gekehrt) *la Tierra-Firme a 25 leguas de distancia* (eine
Entfernung, die, wie die folgenden, fast um das Doppelte zu grofs angegeben ist), *aunque pensaron que era otra isla y creiendolo asi el Almirante la puso por nombre Isla Santa.*“ Dies sind die Worte, deren
sich der Sohn des Columbus bedient (*Vida*, cap. 67. *Herrera*, *Dec.*
I, lib. III, cap. 10, Tom. I, p. 67. Man vergleiche auch die Zeugnisse,
welche in dem Processe des Fiscus gegen die Erben des Columbus vorgebracht werden, bei *Navarr.*, *Doc.* LXIX, Tom. III, p. 539—551
und 579—583, unter denen man auch eine Handschrift bemerkt, in
welcher ein Matrose, Pedro Mateos, aus der Stadt Higuey, im Jahre
1498 sämmtliche Berge und Ströme verzeichnete, und die ihm Christoph
Columbus fortnahm). In dem Briefe an die katholischen Monarchen
spricht Columbus nicht von dieser Wahrnehmung des Festlandes gegen
Süden; das Wort *Isla Santa* kommt selbst darin nicht vor, ohne Zweifel, weil er während der Reise von Marguerita nach Haïti Zeit hatte,
über die Verbindung und Identität der Continentalküsten der südlicher
belegenen niedrigen Gegend der Isla Santa und des gebirgigen nördlichen Landstriches der Isla de Gracia nachzudenken. „*Crejendo que era
otra isla* (sagt Herrera nach Las Casas) *distincta de Isla Santa, la
puso nombre de Gracia y le parecio altisima tierra.*“ Am 2. August kam man durch die *Boca de la Sierpe* (heutigen Tages Kanal
del *Soldado*), eine Oeffnung, durch welche der kleine Golf von Paria
oder der *Ballena* im Süden mit dem Meere in Verbindung steht. Erst
am 5. August wurde zum ersten Male das Festland von Amerika in
einer Entfernung von fünf Lieues vom *Cabo de Lapa* betreten, wo
Pedro de Terreros die lächerliche, in unsern Tagen häufig [erst neu-
lich bei der Insel Ferdinandea oder Grahamsinsel südlich von Sici-
lien] wiederholte Ceremonie der Besitzergreifung beging. Der Admiral
konnte wegen seines Augenübels nicht an das Land gehen, was ihn
indessen nicht verhinderte, jene „*pintura de la tierra*“ zu entwerfen, die er den Monarchen übersandte und die späterhin dem Alonzo
de Hojeda zur Führerin diente, als er von den Küsten von Surinam
nach dem Golf von Paria segelte (*Segunda Pregunta del Pleyto del
Fiscal*, 1513—1515. *Navarr.*, Tom. III, p. 5, 539). Man darf an-

dem Namen *Morigo Vespuche* in dem Procefs des Fiskals gegen die Erben des Columbus nach der fünften *pregunta del Pleyto*), segelte am 19. Mai 1499 aus, und landete am Schlufs des Monats Junius desselben Jahres an den Küsten von Surinam in 6° n. Br. Auf seiner Rückfahrt sah er die Mündungen des Rio Essequibo und des Orenoko.

Vicente Yañez Pinzon, derselbe, welcher auf der ersten Reise des Columbus die *Niña* befehligte, verliefs den Hafen von Palos im Anfange des Decembers 1499, durchschnitt, zum ersten Male in der amerikanischen Hälfte des Atlantischen Oceans, den Aequator und entdeckte am 20. Januar 1500 das Vorgebirge S. Augustin, welches er (*Pleyto*, *pregunta* 7ma. *Navarr.*, Tom. III, p. 547—552) *Cabo Santa Maria de la Consolacion* nannte, in 8° 19' s. Br. Er sah mithin einen Theil von Brasilien, die Provinz Fernambuco, 48 Tage vor der Abreise von Cabral, welchem man gemeiniglich die Entdeckung von Brasilien zuschreibt. Begünstigt von den Ostsüdost- und Westnordwestströmungen (denn an den östlichsten und zugleich am meisten hervorspringenden Küsten von Südamerika theilen sich, wie an dem hohlen Theile von Afrika bei der Bai von Biafra, welche ihnen zu entsprechen scheint, die Strömungen und verändern ihre Richtung) schiffte Vicente Yañez Pinzon die Küste wetlich vom Vorgebirge

---

nehmen, dafs dieser Umstand, nicht an das Land gestiegen zu sein, den Steuermann der Expedition, Pedro de Ledesma, funfzehn Jahre später, in dem bekannten Processe, zu der boshaften und mit sämmtlichen übrigen Zeugnissen in Widerspruch stehenden Aussage veranlafste, „dafs Columbus zwar wohl die Punta de la Galea von Trinidad, nicht aber die Tierra-firme entdeckt habe, in der man Asien sah." Die Expedition ging erst am 15. August durch die nördliche Oeffnung des Golfes von Paria, welche allein Columbus *Boca del Dragon* nennt. Ich habe es für meine Pflicht gehalten, diese Thatsachen in ein deutliches Licht zu setzen, da ich mir während meines Aufenthaltes auf dem Gebirge von Paria und in den Missionen von Caripe eine genauere Kenntnifs der Oertlichkeiten zu verschaffen Gelegenheit gehabt habe.

des H. Rochus (5° 28′ s. Br.) entlang und entdeckte die Mündung des Amazonenstromes, welchen er *Paricura* nannte. Aus demselben Hafen von Palos segelte kurz nach der Abfahrt des Vicente Yañez Pinzon, wahrscheinlich in den letzten Tagen des Jahres 1499, Diego de Lepe aus. Er verfolgte denselben Weg, und berührte ebenfalls das Vorgebirge S. Augustin (cabo Stᵃ Maria de la Consolacion: später Cabo de Stᵃ Cruz, nach Manuel de Valdovinos). Er war der erste, welcher an der Mündung des Yviapari oder Orenoko, mittelst eines unvorbereiteten Kunstgriffes, einer Maschine zum Wasserkochen *(escalfador de barbero)*, die sich nur auf dem Boden des Wassers öffnen konnte, beobachtete, dafs bei einer Tiefe von acht und einem halben Faden die beiden ersten dem Boden zunächst belegenen Faden Salzwasser enthielten, während das darüber befindliche süfs war (nach dem Zeugnisse des Arztes Garcia Hernandez in dem Prozesse; *Navarr.*, Tom. III, p. 549). Von der Mündung des Amazonenstromes kehrte er nach der Küste von Paria zurück. Die Fahrt des Lepe ist besonders deshalb bemerkenswerth, weil er das Vorgebirge S. Augustin, welches er *Rostro Hermoso* nannte (Procefs des Fiskals, achte *Pregunta; Navarr.*, Tom. III, p. 319, 553), umschiffte, und weil er bemerkte, dafs die Küste von Brasilien, jenseits dieses Vorgebirges, in der Richtung von SW fortlaufe, wie dies in der That zwischen 8° und 13° s. Br. der Fall ist (man vergleiche die schönen hydrographischen Karten des Admiral Roussin). Diese Beobachtung war die Veranlassung, dafs schon seit dem Jahre 1500 die Vorstellung von der pyramidenförmigen Gestalt des südlichen Amerika in Aufnahme kam. Ich erwähne bei Lepe oder als Theilnehmer an seiner Fahrt nicht den Befehlshaber Alonzo Velez de Mendoza, weil eine von ihm unternommene Reise, trotz des amtlichen Zeugnisses des Steuermannes Juan Rodriguez

Serrano äufserst zweifelhaft bleibt (*Navarr.*, Tom. III, p. 319, 594).

Pedro Alvarez Cabral, welchen der König Emanuel von Portugal nach Grofs-Indien (nach Calicut) schickte, um den Weg des Vasco de Gama zu verfolgen, wollte die Windstillen im Meerbusen von Guinea und die Südweststürme zwischen den Vorgebirgen Palma und Lopez vermeiden, und landete unerwarteter Weise am 24. April 1500 an den Küsten von Brasilien, in 10° s. Br., mithin zwischen dem Porto Francez und der Mündung des Rio San Francisco (wahrscheinlich in der Nähe des Rio Iiquia), an der Südküste der Provinz Fernambuco, in ungefähr 15 bis 20 Seemeilen Entfernung von der Stelle, welche „*drei Monate zuvor*" die spanischen Seefahrer Vicente Yañez Pinzon und Diego de Lepe besucht hatten. Man ersieht aus dem merkwürdigen Briefe, welchen der König Emanuel an die katholischen Monarchen am 29. Julius 1501 schrieb (*Navarr.*, Tom. III, *Docum.* n. 13, p. 94), dafs man in Portugal nicht darauf fiel, dafs dieses neue Land, welches *Terra Sancta Cruz* genannt wurde, und von einer kupferfarbigen Race mit schlichten Haaren bewohnt war, mit dem Lande von Paria in Verbindung stehe, welches durch die Entdeckung der Spanier seit dem Monat December des Jahres 1498 bekannt war; aber man erkannte von dem ersten Augenblicke an (was im höchsten Grade bemerkenswerth ist), von welcher Wichtigkeit für die Schiffahrt nach Indien ein Land sein werde, welches gewissermafsen auf dem Wege nach dem Vorgebirge der Guten Hoffnung belegen war. *(La qual tierra parece que milagrosamente quiso nuestro señor que se hallase, porque es muy conveniente y necesaria para la navegacion de la India, porque alli Pedro Alvarez reparó sus navios y tomó agua.")* Die genaue Bekanntschaft, welche wir jetzt von den vielfältigen Meeresströmungen von verschiedener Temperatur besitzen, die das Längenthal des Atlantischen Meeresbeckens durchschneiden, bietet eine leichte Erklärung für die aufserordentliche Abdrift gegen Westen dar, welche die kleine Flotte des Cabral erlitt. Man hatte die Unvorsichtigkeit, den Aequator unter einer zu westlichen Länge zu durchschneiden, und gelangte vermittelst des *mittleren Aequatorialstromes* (ich bediene mich der Benennungen des Major Rennell) in den Strom von Brasilien, welcher nur eine Fortsetzung des Aequatorialstromes ist, der durch die Gestaltung des amerikanischen Festlandes von seiner Richtung abgelenkt wird. Von dem zehnten Grade s. Br. segelte Cabral noch einige Tage hindurch die amerikanische Küste entlang gegen Süden bis nach Puerto Seguro, und schlug von da, begünstigt vielleicht von dem Strome *(southern connecting current)*, welcher nach OSO zur Bank Lagullas führt, den Weg nach dem Vorgebirge der Guten Hoffnung ein, wo Bartholomaeus Diaz in einem Schiffbruche südlich von der Bai von Algoa umkam, was ich anzuführen schon oben Gelegenheit gehabt habe.

Während der Jahre 1505 bis 1507 beschäftigte sich der spanische Hof lebhaft mit dem Plane, eine unmittelbare Schiffahrt auf dem Westwege zu eröffnen, um zu gelangen „*al nacimiento de la especeria*" und in dieser Hinsicht eine Meerenge an den Südküsten von Brasilien aufzufinden. Vespucci, welchen Columbus mit grofser Wärme empfohlen hatte (Brief aus Sevilla vom 15. Februar 1505), Vicente Yañez Pinzon, Juan de la Cosa und Solis wurden über eine grofse Expedition zu Rath gezogen, die im Februar 1507 auslaufen sollte, welche aber an dem portugiesischen Einflusse und dem Mangel an Uebereinstimmung scheiterte, die zwischen Ferdinand dem Katholischen, welcher aus Neapel zurückgekehrt war, und selnem Schwiegersohne, dem Könige Philipp I, herrschte. Dies ist der Zeitraum der Gunst des Vespucci (*Herrera, Dec.* I, lib. 6, cap. 16; lib. 7, cap. 1; Tom. I, p. 142, 148; *Navarr.*, Tom. III, p. 47, 294, 302, 321).

Vicente Yañez Pinzon und Juan Diaz de Solis segelten am 29. Junius 1508 von San-Lucar aus und entdeckten die Küste vom Vorgebirge S. Augustin bis zum vierzigsten Grade s. Br. bis nahe zur Mündung des Rio Colorado, ohne jedoch die 5° nördlicher belegene Mündung des Rio de la Plata wahrgenommen zu haben.

Vasco Nuñez de Balboa sah das Südmeer am 25. September 1513 vom Gipfel der Sierra de Quarequa (*Petr. Martyr, Epist.* 540, p. 296). Erst einige Tage später, nachdem Alonzo Martin de Don Benito einen Weg zu dem Golf von San-Miguel hinab entdeckt und zuerst in einem Kanot das Südmeer beschifft hatte, verfolgte Balboa den von den Eingeborenen gebahnen Weg und drang, das Schwert in der Hand, bis an die Knie in das Wasser vor, um von dem neu entdeckten Ocean Besitz zu nehmen. Die erfolgreichen Fortschritte des Balboa dauerten nur vier Jahre; er wurde im Jahre 1517 auf Befehl seines Todfeindes Pedrarias Davila (eigentlich Pedro Arias de Avila) und des *Licentiaten* Espinosa enthauptet, nachdem er einige Zeit zuvor den König Ferdinand in einem in den Archiven von Sevilla aufgefundenen Briefe ersucht hatte, „dafs S. Hoheit keine graduirte Person mehr nach dem Lande Darien schicken möge, es sei denn Doctoren der Medizin; am allerwenigsten aber *bachilleres en leyes* (Advokaten), welche sammt und sonders eingefleischte Teufel wären und eine *vida de diablos* führten" (*Navarr.*, III, Doc. 4 in der *seccion tercera*).

Juan Diaz de Solis wurde beauftragt „in das Südmeer vorzudringen hinter *(a espaldas)* der *Castilla del
Oro* (dem nordwestlichen Theile des südlichen Amerika),
1700 Lieues über die Demarkationslinie hinauszugehen,
zu untersuchen, ob die Castilla del Oro eine Insel sei,
und nach der Insel Cuba einen Aufrifs der Küste *(la
figura de la costa)* zu senden, wenn irgend eine Meerenge oder *Oeffnung (abertura)* eine solche Sendung möglich machte" (*Navarr.*, Tom. III, *Docum.*, 35 und 36).
Nichts ging von diesen weit ausgedehnten Plänen in Erfüllung, eine Meerenge zu entdecken oder das südliche
Amerika zu umschiffen, um zu der Westküste der Re-
gentschaft Pedro Arias de Avila, einem Theil der
Tierra-firme, zu gelangen, welcher zwischen Veragua *(governacion de Diego de Nicuesa *))* und dem Golf von
Uraba belegen war, wo die *governacion de Hojeda* anfing, die amtlich in den königlichen Patenten vom 27.
Julius und 2. August 1513 mit dem schönen Namen *Castilla del Oro **)* und *Castilla Aurifia* (ohne Zweifel

---

*) Die gleichzeitigen Geschichtschreiber schildern auf eine lebendige
und treffende Weise diesen tapferen Mann. „Er genofs die Gunst des
Hofes, weil er ein gewandter Hoffmann und feiner Schmeichler war, glückliche Einfälle hatte, anscheinend anspruchslos und sanft, ausgezeichneter
Reiter und geschickter Guitarrenspieler war." *(Tenia favor por ser gran
cortesano y de buenos dichos, hombre hijo dalgo, modesto y de blanda
condicion, hombre de a cavallo, tañedor de vihuela y trinchante a
Don Enrique Enriquez tio del Rey Catolico.) Herrera, Dec.* I,
lib. 7, cap. 7 u. 16.

**) Ich gebe hier die wirklichen Grenzen der Castilla del Oro zu
einer Zeit, wo die Tierra-firme durch Verpachtung oder Verdingung zum
Vortheil der *Conquistadores,* welche dasselbe entdeckt hatten, ausgebeu-
tet wurde (*Navarr.*, Tom. III, *Doc.* nr. 1, 2, 28. p. 116, 170, 337.
343. *Humboldt, Relat. historique,* Tom. III, p. 538). In der Weltkarte des Ribero vom Jahre 1529 ist die Benennung *Castilla del Oro,*
welche nur Uraba und Darien zukömmt, auf den gesammten nördlichen

aurifera) ausgezeichnet wurde. Juan Diaz de Solis fand seinen Tod inmitten seiner glänzenden Erfolge, nachdem er die Kenntnifs der Ostküsten von Amerika bis zu 36° s. Br. gefördert hatte. Er verliefs den Hafen von Lepe am 8. Oktober 1515, landete am Vorgebirge des H. Rochus in Brasilien (5° 28′ 17″ s. Br.), nahm die Lage der Küste auf, indem er, wie vor ihm Vicente Yañez Pinzon und Diego de Lepe, das Vorgebirge St. Augustin (Cabo Santa-Maria de la Consolacion oder Cabo de Rostro Hermoso) umschiffte und bis zur Bai von Rio Janeiro gelangte, und ging, fortwährend von den Südsüdostströmungen begünstigt, am Vorgebirge von Cananea (25° 10′ Br.), bei der Insel de la Plata (jetzt Sta. Catilina, mittl. Br. 27° 36′), bei den Lobosinseln, nahe-bei Maldonaldo, endlich in dem Hafen von Nuestra-Señora de la Candelaria, den man unter 35° s. Br., wahrscheinlich zwischen Maldonado (34° 53′ 27″ Br.) und Montevideo (Br. 34° 54′ 8″), belegen glaubte, vor Anker. Dort entdeckten die Spanier jene grofse Oeffnung des *mar dulce*, welche sie *Rio de Solis* nannten. Nachdem sie im Innern des Stromes, in der Nähe einer kleinen Insel *(Islote de Martin Garcia)*, als deren südliche Breite man 34° 40′ annahm, vor Anker gegangen waren, wurde Solis mit acht Personen seines Gefolges, wahrscheinlich im August 1516, von den Eingeborenen ermordet. Herrera (*Dec. II, lib. I, cap. 7. Dec. IV, lib. I, cap. 1. Mem. of Seb. Cabot,* 1831, p. 104) hat uns einen Theil des Reisetagebuches der Expedition aufbewahrt, wenigstens die Ein-

---

Theil der *Tierra-firme* ausgedehnt, obwohl bis zum Jahre 1508, wie ich an einem anderen Orte nachgewiesen habe, die Benennung *Nueva Andalusia* (Provinz Cumana) vom Vorgebirge de la Vela bis zum Golf von Uraba galt. Als der König Ferdinand im Jahre 1513 seinem Botschafter zu Rom, M. Mosen Geronimo de Vich, beauftragte, mit dem Pabste über die Errichtung eines neuen Bisthumes zu Nuestra Señora de Antigua (in der Provinz Daria) zu unterhandeln, wurde Castilla del Oro von der kirchlichen Hierarchie *Baetica aurea* genannt.

zelnheiten der Oerterbestimmungen, welche einen sichtbar
hervortretenden Fortschritt in der Genauigkeit der Beobachtungen von Meridianhöhen der Sonne seit Columbus
beurkunden. Obwohl Gomara es leugnet, so scheint es
doch, als ob die Benennung Rio de Solis mit dem Namen *Rio de la Plata* erst bei der Expedition des Diego
Garcia im Jahre 1527 vertauscht worden sei, welcher Sil-
berbleche, die wahrscheinlich aus den Bergwerken von
Potosi herrührten, in den Händen der Guarani-Indianer
sah. „Dies war", wie Herrera versichert, „die erste
Probe von amerikanischem Silber, die nach Spanien gelangte." Ich zweifle an der Richtigkeit dieser Bemerkung. Die Aztekischen Könige liefsen die silberhaltigen
Minen von Tasco (Tlachco in der mexikanischen Provinz Cohuixco), welche ich besucht habe (*Essai politique
du royaume de la Nouv. Espagne*, Tom. III, p. 115.
zw. Ausg.), ausbeuten. Silbergefäfse, sagt Cortes in seinen Briefen an Karl V, waren im allgemeinen Gebrauch
in Tenochtitlan. Herrera vergifst, dafs der Eroberer von
Mexico im Jahre 1519 an der Küste von Vera-Cruz
(Chalchicuecan) an das Land stieg, und in den ersten
Tagen nach seiner Ankunft in der Hauptstadt von den
eingeborenen (aztekischen) Goldarbeitern nach spanischen
Mustern nicht blofs silberne Messer und Löffel, sondern
auch Heiligenbilder anfertigen liefs, um sie nach Europa
zu senden. Proben amerikanischen Silbers waren mithin
schon sieben oder acht Jahr zuvor gesehen worden, ehe
sich Diego Garcia und Sebastian Cabot in dem Rio de
Solis an den Küsten der heutigen *Argentinischen* Republik begegneten. Nach den chronologischen Angaben, die
in dieser kurzen Uebersicht der Entdeckungen auf dem
Festlande der Neuen Welt mitgetheilt worden sind, dürfte
es überflüssig sein, die Ansicht derjenigen zu widerlegen,
welche dem Sebastian Cabot selbst die erste Kenntnifs
vom Rio de la Plata zuschreiben.

Magellan theilte seine Pläne und Ansichten über eine
südwestliche Durchfahrt, die er auf einer Karte des Behaim verzeichnet gesehen zu haben glaubte, zu Valladolid mit, im Jahre 1517.

In dieser langen Reihe von Entdeckungen, welche
uns von der Mündung des Orenoko bis zu der des Rio
de la Plata führt, fällt der Tod des Martin Behaim mit
den grofsen Rüstungen zusammen, welche der spanische
Hof vorbereitete, um gegen Süden die Durchfahrt zu dem
Gewürzlande aufzusuchen, und von denen die Expedition des Pinzon und Solis nach dem Rio Colorado im
40° s. Br. (im Jahre 1508) eins der wichtigsten Ergebnisse war. In der Erdkunde, wie in der Geschichte, stehen Thatsachen und Meinungen in gegenseitiger Wechselbeziehung und gehen zuletzt in einander über. Diese
Wechselbeziehung oder dieser gegenseitige Einflufs wird
durch den Charakter des Jahrhunderts, die herrschenden
Interessen und das Ansehn einzelner hervorragender Männer bedingt und verändert. Der Lauf des Niger und die
Lage jener afrikanischen Stadt ('Tombuctu), deren jetziges Elend in grellem Widerspruche mit ihrem ehemaligen Glanze und ihrer Wichtigkeit als Handelsstadt steht,
stellt uns, auf dem Gebiete der geographischen Forschungen, ein merkwürdiges Beispiel jener Schwankungen zwischen Hypothesen und unvollständig erkannten Thatsachen auf. Eine Entdeckung, welche die Geistestätigkeit anregt und in Anspruch nimmt, übt auf die Meinungen einen thatkräftigen Einflufs aus, und die augenblicklich herrschende Ansicht pflegt den Unternehmungen zur
See eine eigenthümliche Richtung zu geben. Selbst
dann, wenn die Ergebnisse neuer Forschungen die im
voraus geschmiedeten Hypothesen nicht bestätigen, beeilt
man sich dennoch, letztere auf den Karten zu verzeich-

nen, wo sie Jahrhunderte lang gewissermafsen stereotyp
bleiben. Um zwei von einander entfernte Epochen in
Verbindung zu setzen, will ich als Beispiel hinweisen

1). auf die Karte von Amerika von Ruysch, welche
sich in der römischen Ausgabe des Ptolemäus vom
Jahre 1508 (zwei Jahre nach dem Tode des Columbus) befindet, eine Karte, welche nach systematischen Ansichten gleichzeitig Groenland (*Gruent-
land*) und Neufundland (*Insula Bacalauras*) mit
dem Gog und Magog im östlichen Asien und den
westlichen Gegenden von der Insel Kuba bis nach
Florida verbindet;

2) auf ein ganz neues und in vielen Beziehungen höchst
schätzenswerthes Werk, die vierte Ausgabe der grofsen Welttafel von Purdy, in welcher, trotz aller Erfahrungen und Kenntnisse unserer Tage *),
sowohl in Bezug auf den Ursprung der Mythe vom
Dorado und seine Wanderung von Westen gegen
Osten, als auf die zwischen den Quellen des Ca-
rony und des Rio Branco im Süden der Cordillere von Pacaraina belegenen Landstrecken, der See
Parima als ein Becken von dreifsig Lieues im Durchmesser ungefähr eben so abgebildet ist, wie er von
Jodocus Hondius dargestellt wurde.

Die geographischen Karten drücken die mehr oder minder beschränkten Ansichten und Kenntnisse desjenigen aus,
welcher sie angefertigt hat, aber sie geben nicht den wahren Zustand der Entdeckungen wieder. Was man auf
den Karten dargestellt findet (und besonders ist dies der
Fall bei denen des vierzehnten, funfzehnten und sechzehnten Jahrhunderts), ist gemeiniglich ein Gemenge be-
währter Thatsachen und als Thatsachen hingestellter willkürlicher Annahmen. Gewifs hiefse es die Fortschritte

---

*) Vergl. meine *Relation historique*, Tom. II, p. 699 — 713, Tom.
III, p. 224.

der Erdkunde und die Ursachen, welche sie beschleunigt haben, verkennen, wenn man die sinnreichen Verfahrungsweisen der combinirenden Kunst mit mifsgünstigem Blicke betrachten wollte; die Ergebnisse dieser Verfahrungsweisen sind nur da zu fürchten, wo man bei Entwerfung der Karten nicht zugleich die Mittel an die Hand giebt, dasjenige, was wirklich beobachtet worden ist, von demjenigen zu trennen, von dem man einfach vorausgesetzt hat, dafs es bestehen könne. Bei der Aufgabe, deren Lösung uns hier beschäftigt, darf man den Einflufs nicht aus den Augen verlieren, welchen auf die Darstellung der Kartenumrisse und der allgemeinen Bildung der Festländer Meinungen, Vermuthungen und Wünsche ausgeübt haben, welche durch grofse Staats- und Handelsinteressen hervorgerufen worden sind. Aus diesem Vorgreifen von Vermuthungen vor wirklichen Entdeckungen und den mehr oder minder haltbaren Beweggründen, welche ein solches Vorgreifen veranlafsten, wird sich einiges Licht in Bezug auf die Ueberzeugung verbreiten lassen, welche Magellan seit dem Jahre 1517 von dem Dasein einer Meerenge hatte, die er erst am Schlusse des Oktobers 1520 entdeckte.

Seit der Expedition des Diego de Lepe (1500) und der von diesem Seefahrer gemachten Bemerkung, dafs, wenn man das Vorgebirge St. Augustin umschiffte, die Küste die Richtung nach SW zu verfolgen beginnt, konnte man in Europa die pyramidenförmige Gestalt des südlichen Amerika vermuthen. Die Beziehungen zwischen der kosmographischen Lage dieser Hälfte der neuen Welt und von Afrika sind von der Art (und diese merkwürdige Thatsache hat wahrscheinlich ebenfalls beim Ursprunge der Dinge auf die ungleiche Erstreckung der Länder nach dem Südpole hin einen Einflufs ausgeübt), dafs die grofse Convexität des amerikanischen Festlandes (das ausgedehnte brasilianische Vorgebirge), welche der gegenüberliegenden Ausbuchtung Afrika's entspricht, weit davon

entfernt, mit dem Meerbusen von Guinea unter demselben
Breitenkreise zu liegen, vielmehr 13°½ südlicher sich befindet. Von dem Grünen Vorgebirge und der Mündung
des Gambia an hat das westliche Afrika, schon in 15°
Entfernung von dem Aequator, die Richtung nach SO,
während das südliche Amerika bis zum Parallel von 5°
s. Br. fortfährt, sich von NW nach SO zu erstrecken.
Die Ueberzeugung von der Möglichkeit einer Umschiffung Afrika's hat sich von dem frühesten Alterthum das
gesammte Mittelalter hindurch erhalten. Sie gründete sich,
ich will nicht sagen, auf hinreichend bewährte Thatsachen
(die Trümmer spanischer Schiffe, welche an den Küsten
des Rothen Meeres gefunden worden waren, gehören unstreitig nicht hieher), aber auf den Glauben an diese Thatsachen und die mehr oder minder bestimmte Kenntnifs
von der trapezoïdischen oder pyramidenförmigen Gestalt
des Festlandes. So lange man die Westküsten nur nördlich vom Kap Bojador und die Ostküsten im Norden vom
Kap Aromata (Guardafui) beschiffte, durfte man voraussetzen, dafs Afrika, anstatt sich gegen Süden zusammen-
zuziehen, sich vielmehr fortwährend in die Breite aus-
dehne. Diese letztere Ansicht hegten in der That Ma-
tinus von Tyrus und Ptolemaeus *), welche von dem

---

*) *Geogr.*, IV, 9. VII, 5, wo das „unbekannte Land", welches
im Süden das Indische Meer umschliefst, zweimal erwähnt ist, während gegen die Mitte des fünften Kapitels das Meer von Indien selbst
als geschlossenes Becken mit dem Kaspischen Meere verglichen wird.
Gossellin (*Recherches*, Tom. I, p. 45) führt diese Hypothese von
einer Eintheilung des Oceans in mehrere Becken und der Erstreckung
Afrika's gegen Osten bis auf Hipparch zurück; er hat selbst zwei Karten zur Erläuterung des *Systems des Hipparch* bekannt gemacht, welche das unbekannte Land, das Afrika mit Asien verbindet, darstellen.
Die einzige Stelle, welche man anführen kann, um diese Uebereinstimmung zwischen der systematischen Erdkunde des Ptolemaeus und Hipparch zu rechtfertigen (das Zeitalter des ersteren dieser beiden Geographen ist von dem des letzteren durch Strabo und Posidonius getrennt,
die, wie Eratosthenes, entgegengesetzter Ansicht waren), findet sich bei

Vorgebirge Prasum, im Süden des Kap Rapta, das östliche Afrika in der Richtung gegen O. ausdehnten, um es durch ein *unbekanntes Land* (eine Art von *Südland*) mit Cattigara und dem Osten von Asien in Verbindung zu bringen. Nimmt man an, daſs eine solche Erdichtung bis zu Hipparch, also bis zur Schule von Alexandrien, anderthalb Jahrhunderte vor unserer Zeitrechnung, hinansteigt, und vergleicht man den Zustand der geographischen Entdeckungen, der den Zeitaltern des Eratosthenes, des Crates aus Mallos (welchen *Gosseliu* in seinen *Recherch. géographiques*, Tom. I, p. 194 mit dem Cyniker Crates verwechselt, indem er ihn zu einem Zeitgenossen Alexanders des Groſsen macht), des Posidonius und des Strabo entspricht, welche die Möglichkeit einer Umschiffung von Afrika annahmen, mit dem Zustande der Entdeckungen zu den Zeiten des Hipparch, des Marinus von Tyrus und des Ptolemaeus, so gelangt man zu dem traurigen Resultat, daſs die neueren Ansichten des Alterthums bei weitem minder richtig sind, als mehrere von denen, welche voraufgegangen waren (drei Jahrhunderte verflossen zwischen Crates, dem Erklärer des Homer, und Ptolemaeus), und daſs die Systeme, welche ihren Ursprung gewissen Lieblingsansichten oder einer Vorliebe für das Ansehen irgend eines berühmten Mannes verdanken, von dem Fortschritte der Entdeckungen und der wachsenden

---

Strabo, lib. I, p. 10 Almel., p. 5 Cas. Es ist dort die Rede von der Theilung des Oceans in mehrere getrennte Becken durch Landengen und von dem wahrscheinlichen Einflusse dieser Landengen auf die Ungleichheit der Erscheinungen der Ebbe und Fluth. Hipparch wird daselbst nur erwähnt, weil er, nach dem Zeugnisse des Seleucus aus Babylon, die allgemeine Identität der Erscheinungen der Ebbe und Fluth bekämpft hatte; und, obwohl durch Induction diese Meinung dem Hipparch dem Crates entgegenstellt, welcher die Möglichkeit einer Umschiffung annahm, so gestehe ich doch, daſs die angeführte Stelle mir keine vollständige Ueberzeugung von der Ungleichheit der Gestaltung gewährt, welche der Breite nach, fast bis zur Ausdehnung des Erythraeischen Meeres, Ptolemaeus und Hipparch Afrika ertheilt haben müssen.

Ausdehnung der Schiffahrt unabhängig blieben. Ungeachtet dieser Verschiedenheit in den Meinungen behielt die wahre Ansicht von einem offenen und zusammenhängenden Meer, das die äufserste Südküste von Afrika bespült, die Oberhand, und das grofse Ansehen, welches Mela und Solin *), zwei mittelmäfsige Schriftsteller, in Spanien, dem Vaterlande des heiligen Isidor, genossen, in demselben Lande, welches im Mittelalter der Mittelpunkt der geographischen Litteratur der Araber wurde, trug viel dazu bei, die Folgerungen zu berichtigen, die man zu Gunsten der Umschiffbarkeit von Afrika aus dem Handel Indien's, des persischen Meerbusens und von Yemen mit den Küsten von Azania, Zanzibar (Zanguebar), Soffala und

_____

*) Ich habe weiter oben den mächtigen Einflufs auseinandergesetzt, welchen die von dem Kardinal d'Ailly wiederholten Stellen des Strabo auf die Ideenrichtung des Christoph. Columbus ausgeübt haben. Ich theile hier noch eine Stelle des Solinus mit (cap. 56), welche, durch den in ihr herrschenden positiven Ton, im Mittelalter von bedeutendem Einflusse gewesen ist. „*Omne illud mare ab India ad usque Gades voluit* (Iuba) *intelligi navigabile, cori tantum flatibus.*" Man legt selbst besonderen Nachdruck auf *loca stationum et spatiorum modum* (*Salmas. exercitat. Plin.*, p. 874—879). Der heilige Isidor theilte ebenfalls die Ansicht des Crates, Eratosthenes und Solin (*Orig.* XIV, 5). Die Stelle des Solin (c. 56) ist aus Plinius entlehnt (VI, 29), welcher das Atlantische Meer mit dem äthiopischen Vorgebirge Mosylon beginnt, und in einem einzigen Kapitel (II, 67) alles dasjenige vereinigte, was den Wissenstrieb der portugiesischen Seefahrer des funfzehnten Jahrhunderts anzuregen vermochte. Der Nordwestwind, *corus* oder *argestes* der Griechen [vergl. *Meteorol. veter. Graec. et Roman.*, VI, 26, p. 135 figde. *Comment. ad Aristotel. Meteorolog.* II, 6, 20, Vol. I, p. 580, wo man noch die von *Wakefield ad Lucret.*, VI, 134 angeführten Stellen, und die von *Coray ad Heliodor.*, Vol. II, p. 345 über den Namen Καῦρος gemachten Bemerkungen hinzufügen kann] ist nicht besonders glücklich gewählt, um eine Schiffahrt von Indien oder dem Rothen Meere nach Gades zu erklären. Ohne Zweifel ist hier eine Erinnerung an die Expedition des Eudoxus im Spiel, in der Posidonius (*Strabo*, II, p. 157 Alm. p. 99 Cas.) „die ununterbrochenen Westwinde" eine Hauptrolle spielen liefs; aber auch Eudoxus versuchte, die Umschiffung Africa's von Westen nach Osten zu bewerkstelligen.

und der Insel San Lorenzo, dem Magastar (Madagaskar) des Marco Polo, deren Küstenstrecken seit sehr alten Zeiten von arabischen Stämmen bewohnt wurden, ziehen zu müssen glaubte. Lange Zeit vor Bartholomäus Diaz und Vasco de Gama sehen wir die dreikanlige Südspitze von Afrika auf dem Planisphär des Sanuto . vom Jahre 1306 verzeichnet, welche den *Secreta fidelium Crucis* beigegeben, und von Bongars bekannt gemacht worden ist *); in dem *Portolano della Mediceo-Laurenziana* vom Jahre 1351, einem Genueser Werke, dessen Kenntnifs wir dem Grafen Baldelli verdanken **); in dem *Planisjerio de la Palatina* von Florenz aus dem Jahre 1417, welches der Cardinal Zurla beschrieben hat ***), und besonders in der berühmten in den Jahren 1457 und 1459 angefertigten Welttafel des Fra Mauro †). Diese zuletzt angeführte Karte besonders, welche um vierzig Jahre

---

*) *Gesta Dei per Francos*, Ausgabe vom Jahre 1611, Tom. II, p. 281, 296. Marino Sanuto, welchen man nicht mit Livio Sanuto, einem Geographen des 16ten Jahrhunderts, verwechseln darf, und der sich selbst, in einer Handschrift der Mediceischen Bibliothek vom Jahre 1321, „*Marinus Sanuto dictus Torxellus de Veneciis*" nennt, predigte sehr geschickt einen Kreuzzug im Interesse des Handels. Es war nehmlich sein Plan, den Wohlstand Aegyptens zu vernichten, und sämmtliche Waaren Indiens über Bagdad, Bassora und Tauris (Tebriz) nach Kaffa, Tana (Azow) und den asiatischen Küsten des Mittelländischen Meeres hinzulenken. Geboren im Jahre 1260, Landsmann und Zeitgenosse des Marco Polo, des Reisenden im Orient, hat Sanuto zwar den *Milione* nicht gekannt, wahrscheinlich aber die Geographie des *Abu Rihan (Albiruni)*, aus der Abulfeda geschöpft hat. Glühenden Charakters erhob er sich zu grofsartigen Ansichten über die Handelspolitik (*Ant. de Capmany, Mem. historicas sobre la marina de Barcel.*, 1779, Tom. I, p. 40). Er ist der Raynal des Mittelalters, dem aber noch die Leichtgläubigkeit eines philosophischen Abbé des achtzehnten Jahrhunderts abging.

**) *Il Milione*, 1827, Tom. I, p. CLV.

***) *Dissert.*, Tom. II, p. 397.

†) *Il Mappamondo di Fra Mauro Camaldolese, descritto da Placido Zurla*, 1806, §. 54.

älter ist, als die Umschiffung Afrika's durch Vasco de
Gama, bietet mit der gröfsten Deutlichkeit das Vorgebirge des südlichen Afrika unter dem Namen *Capo di
Diab* dar.   Die Gestaltung dieser äufsersten Spitze des
grofsen Festlandes verdient eine besondere Beachtung.
Sie gewährt den Anblick einer dreikantigen Insel, auf
der man im NO des Capo di Diab (heutigen Tages
Kap der Guten Hoffnung) die Namen Soffala und Xen-
gibar eingetragen findet, und die (wir bedienen uns der
eigenen Ausdrücke des Verfertigers der Welttafel) von
Abassia (Abyssinien) „durch einen mit hohen Gebirgen
und dichten Wäldern umgebenen Kanal" getrennt ist.
Dieser Kanal hat die Richtung von NNO nach SSW,
und ist so eng, „dafs daselbst eine ewige Finsternifs
herrscht, und dafs die Schiffe wegen des starken Was-
serwirbels in fortwährender Gefahr sein würden." Diese
Angaben und der Anblick der Karte beweisen, dafs die
äufserste Spitze des Festlandes als von der grofsen nördlicher belegenen Masse durch eine *Meerenge*, die un-
willkührlich an die des Magellan erinnert, getrennt dargestellt ist.   Eine Inschrift an der Küste des Kap Diab
zeigt an, dafs im Jahre 1420 ein indisches, von Osten
kommendes Schiff, *Zoncho de India (Giunco, Joncque)*,
das Vorgebirge umschifft habe, um die *Inseln der* (ein-
samen) *Männer und Frauen* aufzusuchen, welche jenseits desselben belegen seien; dafs nach einer Fahrt von
vierzig Tagen das indische Fahrzeug, nachdem es mehr
als 2000 Meilen durchlaufen und nichts als Luft und Wasser gesehen hatte, in siebzig Tagen Schiffahrt zum Vorgebirge Diab zurückkehrte, wo die Schiffer am Strande
ein Ei von der Gröfse einer Tonne fanden, welches für
das des Vogels Chrocho erkannt wurde *).   Zuvörderst
bemerke ich, dafs die Richtung der Fahrt des Schiffes
gegen Westen, um die Amazonen aufzusuchen, der all-

---

*) *Zurla*, §. 38, 39. 116—118.

gemein verbreiteten Meinung zuwiderläuft, der zufolge
diese Frauen, denen Marco Polo einen christlichen Bischof giebt, und die nur während des Frühlings mit der
Insel der Männer in Verbindung standen, nahe bei Sokotora (*Scara* nach einigen Handschriften des Marco Polo,
Scoria des Behaim) befindlich waren. Marsden[*]) verlegt,
in seinem gelehrten Commentar über den venetianischen
Reisenden, die *Isola Mascola e Femina* des *Milione* (übr.
III, cap. 33) an den Eingang des Meerbusens von Aden,
zwischen Sokotora, welches durch einen arabischen, auf
eine von Aristoteles Alexander dem Grofsen vorgeschlagene Colonisirung bezüglichen Mythus berühmt ist, und
das Vorgebirge Guardafui. Er glaubt, dafs diese Inseln
des Marco Polo die kleinen Schwesterinseln sind (*Abd
al Curia*). Die Dichtung von den Amazonen hat sämmtliche Himmelsstriche durchlaufen; sie gehört zu jenem
einförmigen und engen Kreise von Träumereien und
Ideen, in welchem die dichterische und religiöse Einbildungskraft sämmtlicher Menschenracen und aller Zeitalter sich fast instinktmäfsig umherbewegt. Kaum hatte
Christoph Columbus die kleinen Antillen am Schlusse
seiner ersten Reise entdeckt, als er sich schon in der
Nähe einer Insel wähnte (Matinino), die nur von Frauen
bewohnt wäre [**]), „von denen er gern einige aufgefan-

---

[*]) Ausgabe des Marco Polo, Anm. 1419. Auch Behaim hat diese
Inselgruppe auf der Nürnberger Weltkugel dargestellt, und behauptet,
dafs sie erst seit dem Jahre 1285 bewohnt worden sei (*Murr* S. 34).
Die Lage nahe bei dem Cap Guardafui stimmt übrigens sehr schlecht
mit dem Ausdruck des Marco Polo überein: *verso mezzodi di Chesma-
coran*, dem westlichsten Theile von *India maggiore*, das nahe an 500
Meilen davon entfernt ist.

[**]) *Tagebuch der ersten Reise*, 13 u. 15. Januar (*Navarrete*,
Tom. I, p. 134, 138), und *vierte Reise* (*Navarrete*, Tom. I, p. 282).
Matinino ist St. Lucia. *Bordoni, Isolario*, Ausgabe vom Jahre 1547,
p. 15; die Insel Matitina des *Procacchi, Isole più famose*, 1576,
p. 106, und der Karte der Antillen von Wytfliet in *Descriptionis Pto-*

gefangen und mitgenommen hätte, um sie der Königin Isabella vorzustellen".

Das indische Fahrzeug, von welchem Fra Mauro spricht, suchte im Jahre 1420 *(verso ponente, fuora del Cavo de Diab)*, die *Isole verde* und die Nebelbanken des *mare tenebrosum* hindurch, die Inseln *de hi Homeni e de le Done*. Diese Ausdrücke, welche ich wörtlich anführe, deuten wenigstens darauf hin, daſs der arabische Mythus von den Amazonen an keine bestimmte Oertlichkeit gebunden war. Es ist hier nicht die Rede von einer jener Inseln, die in dem ausgedehnten Archipelagus belegen sind *), welchen Edrisi in der Richtung

---

lemaicae argumentum sive Occidentis notitia (1597), scheint mir eher mit der Lage von Martinique übereinzustimmèn.

*) Dieser Archipel umfaſst Socotra (Socotora), Serendiv (Ceylon) und Kemr (Madagascar), das auf der arabischen Karte, welche die schöne Handschrift des Edrisi in der Bodleyanischen Bibliothek zu Oxford begleitet, gegen Osten von Ceylon verlegt ist. Nach dieser auſserordentlichen Gestaltung, welche dem östlichen Afrika an den Küsten von Zengis und Sofala gegeben worden, bilden Asien und Afrika einen unermeſslichen Meerbusen (Meer von Sind oder Hind), welcher, wie der erwähnte Archipel, in der Richtung von Westen nach Osten sich von der Mündung des rothen Meeres bis zu den äuſsersten Ostgränzen der bekannten Welt erstreckt. Die Weltkugel des Behaim bietet uns den Theil dieser Inselkette dar, welcher, über den Meridian von Cathay, Gog und Magog hinaus, den Küsten von Spanien zunächst liegt. Socotora und Zipangu sind die äuſsersten Glieder der Inselkette dieses Archipelagus von indischer Seite; gegen Osten hin glaubte man (vor dem Jahre 1492), daſs er sich vermittelst der Inseln Antília, San-Borondon und der Azoren bis zu den europäischen Küsten erstrecke. Dies war die Meinung, welche Toscanelli und Columbus hegten, und man ist nicht im Stande, sich eine klare Vorstellung zu machen von der Hoffnung dieser groſsen Männer, durch das Atlantische Meer zu dieser ununterbrochenen Kette von Inseln zu gelangen, wenn man nicht die geographischen Vorstellungen und Träumereien der arabischen und italiänischen Gelehrten des funfzehnten Jahrhunderts kennt. In der Karte zum Edrisi wird das Meer von Hind gegen Osten hin offen gelassen; aber, mit einem Rückblick auf das System des Ptolemäus, dehnt man die Küsten von Sofala bis

von Westen gegen Osten von der südlichen Küste von Yemen bis zur östlichen Gränze des Meeres von Sind, einer Küste von Afrika gegenüber darstellt, welche, durch Barbara (*Cafrorum Terra*, *Edrisi*, ed. Hartmann, p. 98), Alzung (*Terra Zengitana*, Hartm. p. 100), und Sefala (*Zofala*, Hartm. p. 103—108, 113), sich ebenfalls von Westen nach Osten bis zum afrikanischen Vorgebirge Wak-Wak ausdehnt; denn es giebt einen Theil des Festlandes und Inseln, welche denselben Namen führen (vergl. den Text des Edrisi, p. 34: *de terra Sofalae confini et de propinqua insula Ouak-Ouak*). Das Land, welches der *Zoncho de India* aufsuchte, ist jen-

---

zum Meridian von Cathay aus. Es ist besonders merkwürdig, daſs, in offenbarem Widerspruche mit der Karte der Oxforder Handschrift und mehreren Texten des Edrisi, der gelehrte Maronit Gabriel Sionita in seinen Randglossen zu dem Werke des Geographen von Nubien diesem die Ansicht des Ptolemäus selbst zuschreibt, nach der das Meer von Indien ein geschlossenes Becken bildete (*Edrisi*, Ausgabe vom Jahre 1619, pag. 3, Anmerk. *b*). Diese falsche Erklärung, zu der eine andere etwas dunkele Stelle des Edrisi (p. 37) über ein Land, das mit der Küste von Zengis in Verbindung steht, oder sich ihr nähert, die Veranlassung gegeben haben kann, ist in mehrere andere übrigens sehr schätzbare Werke übergegangen (*Sprengel*, *Gesch. der geographischen Entdeck.*, S. 156). Es giebt sieben Meere, sagt der Nubier, von denen sechs gleichsam Busen des Oceans sind (des Homerischen *mare ambiens*), das siebente aber gänzlich von demselben getrennt ist, *nulli parti praedictorum marium iuncta*. Da nun dieses einzige von den übrigen getrennte Meer (*Edrisi* wiederholt p. 243 dieselben Ausdrücke) das Caspische ist, oder das Meer von Tabarestan, und dieses im Vergleich mit dem ehemaligen Zustande des Mittelländischen Meeres (p. 147) selbst *stagnum undique clausum* genannt wird, so kann kein Zweifel darüber obwalten, daſs Edrisi das Meer von Indien für offen gegen Osten und in freier, unmittelbarer Verbindung mit dem Ocean hielt. Er sagt es mit deutlichen Worten p. 36, wo er von der Verbindung des *mare piceum*, des östlichsten Theiles des Meeres von Indien, mit dem Meere der Finsternisse oder dem Atlantischen Ocean spricht, welcher die Westküsten von Afrika bespült (p. 6, 39), so wie das Ostende (Wak-Wak) desselben Festlandes und die nördlichen Länder von Gog und Magog.

seits des südlichen Vorgebirges von Afrika, und nur in
dem Fall, dafs man dieses in eine ungeheure Entfernung
vom Vorgebirge Wak - Wak gegen Osten gesetzt, und
die allgemein von den arabischen Geographen angenommene Ansicht von der Kugelgestalt der Erde als die richtige erkannt hätte, wäre es möglich gewesen auf dem
Laufe' gegen West *das finstere* (Atlantische) *Meer* zu
erreichen, welches die *isole verde* umschliefst, von denen man nur eine sehr unbestimmte Vorstellung hegte.
Bei weitem wichtiger aber als die Lage einer von jenen
fabelhaften Inseln der Araber, welche die christlichen Seefahrer mit Bischöfen und Mönchen bevölkert haben, ist
die Darstellung des Vorgebirges der Guten Hoffnung auf
einer Weltkarte aus dem Jahre 1459. Selbst diejenigen, welche einige spätere Zusätze vermuthen *), setzen

---

*) *Baldelli*, *il Milione*, Tom. I, p. XXXIII. Der Verdacht von
Zusätzen gründet sich auf Kenntnisse, die den Wanderungen eines Mönches Talian, der Aethiopien bereist hatte, scheinen zugeschrieben werden
zu müssen. Die Vermuthung des Ramusio und so vieler neueren Geographen, dafs Fra Mauro eine von Marco Polo aus Catay mitgebrachte
Karte abgezeichnet habe, scheint mir mit Erfolg von dem Cardinal
Zurla (§. 136 — 143) widerlegt worden zu sein. Die Orientirung der
Weltkarte des Mauro, auf welcher der Mittag, wie auf der vom Neffen
des Cardinal Borgia bekannt gemachten Weltkugel zu Veletri (aus
dem funfzehnten Jahrhundert), auf dem oberen Rande befindlich ist, so
dafs mithin Osten zur Linken liegt, ist ohne Zweifel sehr auffallend,
sobald man sich erinnert, dafs in China, wo nach den neuen geistreichen Untersuchungen *Klaproth's* sich die Seefahrer seit dem dritten
Jahrhundert unserer Zeitrechnung des Compas bedienten, die Magnetnadel die Benennung: *Nadel, die nach Süden zeigt*, *Tschinantschin*,
führt. Die Richtung des Handelsverkehrs von Norden gegen Süden und
Südwosten verlieh der südlichen Gegend eine besondere Wichtigkeit;
aber die Orientirungen der Karten scheinen lange Zeit hindurch ganz
willkürlich gewesen zu sein. In der kreisförmigen Weltkarte des Andrea Bianco, welche bei weitem älter als sein Portolan vom Jahre 1436,
und vielleicht selbst von einer Karte des dreizehnten Jahrhunderts abgezeichnet ist, liegt Süden zur Rechten, gleichwie auf der Weltkarte in der
Turiner Bibliothek, die einem Kommentar zur Offenbarung angehängt
sich findet, der im Jahre 787 angefertigt, und im zwölften Jahrhun-

dieselben nicht über das Jahr 1470 hinaus, so dafs die
Fahrten des Diaz und Gama unbezweifelt mindestens siebzehn und sieben und zwanzig Jahre später fallen, als die
Anfertigung der Karte, die uns das *Capo di Diab* darbietet. Die Kenntnifs von dem Vorhandensein dieses
Vorgebirges ist um so bemerkenswerther, da selbst sein
Name anzudeuten scheint, welchem Volke man die Kenntnifs desselben zu verdanken hat, und da im Allgemeinen die Meeresströmungen, die nach den sehr genauen,
schon seit dem dreizehnten Jahrhundert von Marco Polo
bei den Indiern eingesammelten Nachrichten mit grofser
Heftigkeit nach SW und SSW führen, die Araber, welche seit dem zwölften Jahrhundert auf der gesammten
Westküste von Afrika vom Cap Guardafui bis nach Quil-
loa und Sofola Handelsniederlassungen angelegt hatten,
verhinderten, ihre Schiffahrt über das Vorgebirge hinaus
auszudehnen, welches die Portugiesen späterhin *Vorge-*

---

dert von Neuem gezeichnet worden ist (*Cod. manuscript. Bibl. Taurin.*,
1749, Tom. II, p. 29, Cod. XCIII). Die fragmentarische Karte des Mönches Cosmas Indicopleustes ist, so wie auch die oft von mir angeführte
Generalkarte des Edrisi in der Bodleyanischen Bibliothek, auf dieselbe
Weise orientirt, wie es heutigen Tages unsere Karten zu sein pflegen,
Osten zur Rechten. Das Alterthum hat allgemein den Sprachge-
brauch des Homer befolgt (*Iliad.* μ' 239. *Strabo*, I, p. 34 Cas.), welcher den Adler zur Rechten der Morgenröthe zu, zur Linken nach dem
Wohnsitz der Nacht (dem Untergange) hinfliegen läfst. Nur Empedokles kehrte gewissermafsen die Kardinalpunkte in einem der Methode
des Bianco schnurstracks zuwiderlaufenden Sinne um, indem er „die
rechte Seite der Welt den Norden, die linke den Süden nannte" (*Plutarch, de plac. philosoph.*, II, 10. *Stob., Eclog. phys. XVI*, 8 p 358).
Wie *Lommatzsch* (*Weisheit des Empedokles*, 1830, S. 200) bemerkt,
ist dies ein Wiederschein der ägyptischen Lehre (*Plutarch, de Iside
et Osir.*, §. 32), welche den Osten als das Gesicht der Welt betrachtete, was nicht sowohl für einen, der nach Osten blickt, als für ein gegen Westen gekehrtes Gesicht, den Wendekreis des Winters (wie Empedokles sagte) oder den Süden zur Linken verlegt. [Vergl. den Kommentar zur Aristotelischen Meteorologik, II, 5, 10. Vol. I, p. 562 folgd.
Lobeck, Aglaopham., Tom. II, p. 915 folgd.]

birge der Strömungen genannt haben (s. Br. 23° 58').
Man stand an, über die südliche Mündung des Kanals
von Mozambique hinauszugehen, weil man wufste, dafs
man stromanwärts nicht zurückkehren konnte. *Il mare
corre si forte a mezzodi, che a pena si potrebbe tor-
nare"* (*Marco Polo, lib.* III, c. 35). Also nur durch
Verbindungen, die mit den Eingeborenen angeknüpft worden waren, oder durch irgend eine gewagte Unternehmung,
ähnlich derjenigen, welche Fra Mauro in das Jahr 1420
setzt, war man im Stande, die Gestaltung der äufsersten Spitze von Afrika kennen zu lernen. Vielleicht
kehrte das indische Schiff, welches das Vorgebirge Diab
begünstigt von der Strömung der Bank der Nadeln (dem
great Lagullas stream des Rennell) umschifft hatte,
nach einer Fahrt im Atlantischen Ocean von vierzig Tagen, wie Fra Mauro sagt, mit Hülfe des Gegenstromes
zurück (*southern connecting current*), welcher, ver-
stärkt durch die Westwinde, unter südlicheren Breiten,
zwischen den Parallelkreisen von 37° und 40°, einen
Theil der Gewässer des Atlantischen Meeres nach dem
Indischen Ocean zurückführt *), und einen der auffallendsten Züge in dem grofsen Bilde der Meeresströmungen ausmacht.

Der von Mauro dem südlichen Vorgebirge von
Afrika ertheilte Name verdient eine auf genauere Sprach-
kenntnifs begründete Erörterung. Der Kardinal Zurla erblickt in dem Cap Diab das Vorgebirge der *Wölfe.*
Im Arabischen bezeichnet *dsiáb* (das Collectivum oder
der *pluralis fractus* von *dsib*) ohne Zweifel Wölfe;
aber von Walkenaer hat schon in seinem interessanten Aufsatz über die Weltkarte des Fra Mauro bemerkt **), dafs diese Herleitung mindere Wahrscheinlich-

---

*) *Rennell, Inv. on Currents*, p. 98, 138.

**) *Vies de personnages célèbres*, Tom. I, p. 336. Ich erinnere
daran, dafs eine besondere Art von Wolf, der *chacal mesomelas*, an

keit für sich hat, als die von dem malaiischen Worte *dib*
oder *div, Insel.* Jene afrikanischen Gegenden sind, vor
den Portugiesen, von arabischen, persischen und indischen Seefahrern besucht worden. Der dem Vorgebirge
ertheilte Name kann mithin zwei ursprünglich sehr verschiedenen Sprachklassen angehören, dem semitischen (aramäischen) oder dem indo-germanischen Sprachstamme. Das
für Insel im Persischen gebräuchliche Wort ist *bendáb*
(deutsch: *Wasserband*); aber *duab* (im Persischen *zwei
Gewässer*, das Land zwischen dem Dschumna und dem
Ganges), welches ganz regelmäfsig nach der Analogie des
Wortes *pendschab* (der Pentapotamide *****)) gebildet ist,
vermengt sich, durch Zurückleitung auf das Sanskrit, mit
dem Indischen *dvipa* (*dvi*, zwei, und *ápa*, Wasser), welches zugleich Insel und Halbinsel bedeutet ******). Ferdi-

---

der Südspitze von Afrika besonders häufig ist; aber es hat nur einen
geringen Grad von Wahrscheinlichkeit, dafs der *giunco de India* am
Vorgebirge Diab gelandet sei.

*) [Vergl. *Lassen, de Pentapotamia Indica.* Bonn 1827.]

**) *Dvipa* (abgekürzt *dip* oder *dib*) ist im Sanskrit, um mit Bopp
in der grammatischen Kunstsprache zu reden, ein possessives Compo-
situm, *zwei Gewässer habend*, von beiden Seiten mit Wasser umgeben. *Dvis* verliert leicht das *v*, wie es das griechische Zahlenad-
verbium δίς beweist, in welchem das ἐπίσημον βαῦ unterdrückt worden
ist. In der Erklärung des griechischen Namens von Sokotora (*Dioscoridis Insula*) suchte Bochart zuerst [S. oben S. 61] vor zweihundert Jahren die Sanskritwörter *Diu Sokotra* zu finden. Vielleicht war
er hierauf durch das *Iabadiu* (Gersteninsel) des Ptolemäus (VII, 2)
geführt worden. Ich bestehe nicht auf der Richtigkeit dieser Umformung der Benennung *Diu Sokotra* in *Dioscoridis Insula*, welche
übrigens mit dem Bestreben der Griechen in vollkommenem Einklange
steht, geschichtliche Mythen durch Umgestaltung geographischer Benennungen zu begründen [s. *Quatremère, Mémoires géographiques et historiques sur l'Égypte et quelques contrées voisines*, Paris 1811, 8.,
Vol. I, p. 365 folgd.]; aber ich kann mich nicht entschliefsen, mit einem
berühmten Gelehrten, dessen Entwickelungen gemeiniglich in dem Geiste
des Lesers eine tiefe Ueberzeugung zurücklassen, anzunehmen, dafs *Sokotora* durch eine Apokope aus *Dioscorides* verderbt sei (*Letronne,*

nand Columbus, welcher gelehrte Bemerkungen liebt, erinnert daran, dafs der Name des Vorgebirges der Guten

---

Matériaux pour l'histoire du Christianisme en Nubie, Paris 1832,
p. 138). Die Insel Sokotora, welche in sehr alten Zeiten von arabischen und indischen Kolonisten bewohnt wurde, war nicht allein für
den Handel durch ihre Lage am Eingange des·Erythräischen Meeres von
Wichtigkeit, sondern man hat sie auch für reich an einer Aloëart gehalten, die,· ehemals in den Apotheken vor allen übrigen gesucht, noch
immer die Benennung *Socotrina* führt, welches das von Socotra gebil-
dete Eigenschaftswort ist, wie man deutlich aus den Worten des *Garcia ab Horto* (*Aromata,* Tom. I, 2, p. 14 der Ausgabe vom Jahre
1567) ersieht. „*Insula Socotra* (sagt der Geograph von Nubien, p. 23)
*nitida tellure, ferax arborum et pleraque ipsius germina sunt ar-
bores aloës. Atque haec aloë superat bonitate reliquas omnes, ut
illam quae colligitur in Hadhramut terrae Yemen.*" Diese Beschreibung führt auf die arabische Fabel von der durch Aristoteles an Alexander ergangenen Aufforderung, die Aloëinsel aufzusuchen, und dem Rathe,
dafs der macedonische König, wenn er sich selbst nach Sokotora begeben hätte, „*telluris praestantiam et aëris temperiem approbans*",
die alten Kolonisten austreiben und sie durch Griechen ersetzen möchte,
die für die Erhaltung der Aloëpflanzen sorgten. Eine Insel, welche geraume Zeit hindurch sich eines so wohl begründeten Rufes erfreute, konnte
wohl, wie mir es scheint, den (Sanskrit-) Namen *Sukhâdhara,* Sitz des
Glückes, oder sehr glückliche Insel,· *dvîpa Sukhatara,* verdienen, welchen Bopp und Bohlen fast ohne Aenderung in Socotora erkennen (*Das
alte Indien,* Th. II, S. 139. *Pott, Etymologische Forschungen im
Gebiete der Indo-Germanischen Sprachen,* 1833, S. 80). Die Aloë
(der abführende Saft) heifst im Sanskrit *tarunî* (*Wilson, Lex.* und
Ainslie, Mater. med. Indica, Tom. I, p. 10), und ich glaube dieses
Wort in dem *tarum* des Plinius (XII, 20) wiederzuerkennen, einer
aromatischen Substanz, welche man durch den Handel mit den Naba-
thäern empfing. *Garcia ab Horto* (lib. I, cap. 16) vermuthete schon,
ohne diese Analogie mit einem Sanskritworte zu kennen, dafs das *tarum* des Plinius das wohlriechende Holz der Aloë, das *agallachon* des
Dioscorides sei, welches der Botaniker aus Anazarba von der ἀλόη unterscheidet. Mein gelehrter Freund Letronne erinnert daran,·dafs sich
nahe bei Souaken in Abyssinien ein Gebirge *Dyab* findet, und er leitet
diesen Namen, wie den der Insel *Diabus* oder *Dibus,* wahrscheinlich die
Insel Dahlak [Δίβου; nach *Bohlen* a. a. O. und Th. I, S. 380, Sokotora selbst], das Vaterland des Arianers`[Nestorianers, s. *Gieseler,
Lehrb. der Kirchengeschichte,* Th. 1, S. 258; erste Ausgabe] Theophilus

Hoffnung „an die Stelle der Benennung *Cap Agesingua*
getreten ist." Ohne Zweifel ist dieselbe aus *Agisymba*
verderbt; sie erinnert an die fragliche Expedition des Iulius Maternus nach der äufsersten Gränze von Aethiopien, welche Marinus von Tyrus (*Ptolem. Geogr.*, I,
7 und 9) jenseits des Winterwendekreises verlegen wollte,
und die Ptolemäus Veranlassung gegeben hat, in bemerkenswerthe Untersuchungen über die Geographie der
Thiere einzugehen. In dem grofsen Jahrhundert der
Entdeckungen zur See hat sich der Name Agisymba häufig
dem Gedächtnisse der Portugiesen dargeboten; und Barros (*Dec.* I, lib. 10, cap. 1) scheint anzudeuten, dafs
der Name *Symbaoé (corte)*, welchen die Eingeborenen alten Befestigungen im Westen von Sofala (s. Br.
20° oder 21°) ertheilen, wohl ein Nachklang von dem
Agisymba des Marinus aus Tyrus sein dürfte, einer äthiopischen Benennung, mit der Iulius Maternus und Septimius Flaccus die Römer bekannt gemacht haben.

Wir haben gesehen, dafs die Umschiffung des südlichen Afrika durch die Kenntnifs von der dreieckigen
Gestalt dieses Festlandes herbeigeführt worden ist, durch
wahre oder falsche, aber gewissenhaft aufbewahrte Ueberlieferungen von alten Seefahrten, durch die Nachrichten,
welche seit dem zwölften und dreizehnten Jahrhundert
die Araber in Spanien, Mauretanien und Aegypten über
den arabischen, persischen und indischen Handel mit der
Ostküste von Afrika verbreiteten, endlich durch die Weltkarten, welche, auf eben diese Nachrichten gegründet,
fast ein halbes Jahrhundert vor Vasco de Gama die Gestaltung dieses Vorgebirges darboten, zu welchem die Strömung von Mozambique aus führte und das zugleich von
dem indischen und dem atlantischen Ocean bespült wurde.

---

nach *Philostorgius* [*Histor. ecclesiastic.*, IX, 1], von einer und
derselben arabischen Wurzel, die *Gold* bedeutet, her (a. a. O. p. 139).
Diese Wurzel ist *dscheb*.

Die Uebereinstimmung der Gestalt, welche zwischen Afrika und dem südlichen Amerika bemerkbar war, hätte zu derselben Hoffnung einer Umschiffung führen können, als im Jahre 1508 Vicente Yañez Pinzon und Juan Diaz de Solis schon bis zum vierzigsten Grade südlicher Breite gelangt waren; sie hatten die Küsten von Amerika nach Südwesten hin vom Vorgebirge S. Augustin an auf einer Längenstrecke von mehr als neun hundert Seemeilen zurücktreten sehen. Balboa hatte noch nicht den Stillen Ocean entdeckt; jedoch wußte Columbus auf seinem Todbette (1506), daß dieser Ocean vorhanden und in der Nachbarschaft der östlichen Küsten von Veragua belegen war. Er wußte es, nicht durch eine Reihe auf Muthmaßungen gegründeter Combinationen über die Gestalt des östlichen Asiens, sondern aus dem Zeugnisse der Eingeborenen, welche ihm auf seiner vierten Reise gesagt hatten, daß nahe bei dem Rio de Belem das andere Meer sich gegen Ciguara und die Mündungen des Ganges wende (*boxa*), und daß diese westlichen Länder (der *Aurea*, d. h. des Goldchersonnes des Ptolemäus) in demselben Lagenverhältniß *) zu den (östlichen) Küsten der Veragua stehen, wie Tortosa (an der Mündung des Ebro) zu Fontarabia (in Biscaya), oder Venedig zu Pisa. Columbus suchte, wie sein Sohn sagt (*Vida*, cap. 90), das *estrecho des Festlandes*; aber das Wort *estrecho* giebt in allen Sprachen Veranlassung zu Mißgriffen, „da es sowohl auf das *Land* als auf das *Meer* sich beziehen“, mithin sowohl eine Durchfahrt als einen Isthmus bezeichnen kann. Der Admiral wurde sehr häufig

---

*) „*Parece que estas tierras de Ciguare que son a diez jornadas del Rio Gangues, estan con Veragua como Tortosa con Fuenterabia.*“ Diese Worte, welche zur Bezeichnung zweier einander gegenüberliegenden Meere sehr zweckmäßig gewählt sind, finden sich nur in der *carta rarissima* vom 7. Julius 1503 (*Morelli*, p. 11 und 30. *Navarrete*, Tom. I, p. 299, 309) und nicht in der von dem Sohne herausgegebenen Lebensbeschreibung.

durch die Dollmetscher getäuscht, welche in seinem Namen Erkundigungen über die Gestalt der Länder einzogen. Man muſs sich wundern, daſs die Analogie mit Afrika nicht eher die Hoffnung einer Umschiffung hervorgerufen hat (den Plan, eine Fahrt um die Südspitze der Neuen Welt zu machen), als die Ueberzeugung von dem Dasein einer Meerenge. In den amtlichen Urkunden, besonders in denjenigen, welche aus den Jahren 1505 und 1507 herrühren, ist in der That der Weg, auf welchem man *zu den Gewürzen* gelangte, nicht klar und deutlich angegeben; indessen ist sehr häufig darin die Rede *) von dem *estrecho*, „durch welchen die Portugiesen selbst gegen Westen einen kürzeren Weg aufsuchen wollten, um zu den Gewürzinseln zu gelangen." Als späterhin (zwei Jahre nach der Expedition des Balboa und der Entdeckung des Südmeeres) Solis beauftragt ward, „hinter *(á espaldas)* Goldkastilien" zu schiffen, d. h. die westlichen Küsten dieser Provinz aufzusuchen, schrieb man ihm vor, zuvörderst gegen Süden zu segeln, ohne bestimmt auszusprechen, daſs er das Vorgebirge umschiffen solle, welches die Südspitze des Festlandes bildete. Das Wort Oeffnung *(abertura)* des Landes ist in der *Instruction* vom 24. November 1514 (wie ich oben bei der Aufzählung der in den Jahren 1498 bis 1517 unternommenen Expeditionen gezeigt habe) nur als Verbindungsmittel mit der Insel Cuba gebraucht. „*Luego que llegáredes á las espaldas de donde estuviere Pedrarias enviarleeis un mensagero con cartas vuestras para mí con la figura de la costa e continuareis vuestro camino; é si la dicha Castilla del Oro quedare isla é hobiere abertura por donde podais enviar otras cartas vuestras á la isla de Cuba, enviadme otro hombre por allí haciendome saber lo que hobieredes hallado despues que me hobieredes escrito por*

---

*) *Herrera, Dec.* I, lib. VI, cap. 16.

*via de Pedrarias é la figura de lo que hobieredes
descubierto.*" Ich verstehe den Sinn dieser merkwürdigen Instruction folgendermafsen: Sobald Ihr auf der Rückseite (der westlichen Küste) der Statthalterschaft des Pedrarias angelangt sein werdet, habt Ihr ihm (zu Lande)
Briefe für mich mit der Figur der Küsten zu schicken, und
werdet dann Euren Weg fortsetzen (gegen Norden, um
zu dem Breitenkreise der Insel Cuba zu gelangen). Wenn
Ihr alsdann entdecken solltet, dafs diese Statthalterschaft
des Pedrarias (Pedro Arias de Avila) oder das Goldkastilien eine Insel ist, und dafs irgend eine Oeffnung
(der Küste) vorhanden ist, durch welche Ihr abermalige
Berichte nach der Insel Cuba könnt gelangen lassen, so
werdet Ihr einen Boten durch diese Meerenge absenden,
damit ich erfahre, was Ihr seit dem ersten, dem Pedrarias anvertrauten Briefe gethan habt. Die Meerenge wird
also im Norden von Darien angenommen, „nachdem eine
Verbindung mit dem Pedrarias Statt gefunden hat." Diese
ganze Expedition wird eine Reise *á la parte del sur* genannt *(Real nombramiento de contador de la armada de
Solis del* 22 *del julio* 1515*)*, und da auf dem Südwege
die Expedition auf der *Rückseite* von Goldkastilien ankommen soll, und die Instruction vom Jahre 1514 nicht
enthält: „wenn Ihr eine *andere Oeffnung (otra abertura)* auffindet, um einen Bericht nach Cuba zu senden", so könnte man glauben, dafs Solis darauf rech-
nete die Südspitze von Amerika zu umschiffen, um in das
von Balboa entdeckte Meer vorzudringen. Diese Fol-
gerung scheint mir natürlich; indessen ist Herrera *), der

---

*) Dec. II, lib. I, cap. 7. In den diplomatischen Depeschen des
portugiesischen Botschafters Juan Mendez de Vasconcelos aus den Monaten August und September 1512, die man in den Archiven von Lissabon (im Thurm von Tombo) gefunden hat, werden die Gewürzinseln,
Molucos, die schon seit 1511 von Anton Abreu untersucht worden waren, fortwährend mit der Halbinsel *Malaca* verwechselt. Es ist daselbst
die Rede von der Ketzerei des Solis „*que mostrara que Málaca esta
na demarcação de Castela.*"

jedoch sehr leicht nicht dieselben Urkunden vor Augen gehabt haben kann, anderer Meinung. Er sagt nur, „dafs Solis (im Jahre 1515) gegen Süden ausgesendet werden sollte, weil nach der Ansicht der Kosmographen sich dort eine Durchfahrt *(passo)* finden dürfte, durch welche man zu den Gewürzinseln gelangen könnte."

Ueber die Absichten und Hoffnungen, welche Magellan hegte, walten keinesweges dieselben Zweifel ob. Dieser portugiesische Seefahrer spricht nicht von Umschiffung, von einem Vorgebirge, demjenigen ähnlich, welches Diaz und Gama umschifften; er giebt nur einen einzigen Weg des Gelingens an, nämlich die Küste jenseits des Vorgebirges St* Maria zur Mündung des Rio de Solis (**Rio** de la Plata) entlang zu fahren, bis sich die Meerenge aufsände, die er auf der Karte des Behaim verzeichnet gesehen hatte. Wir haben weiter oben die Zeugnisse für diese Thatsache beigebracht, die man aus den Urkunden der Zeit, dem Tagebuche des Pigafetta und denen der Steuerleute, welche dem Herrera zu seiner Verfügung gestellt worden waren, schöpfen konnte. Magellan mag immerhin fälschlich dem Nürnberger Kosmographen, dessen Name eine grofse Berühmtheit erlangt hatte, zugeschrieben haben, was gar nicht sein Werk war (Mifsgriffe dieser Art gehören selbst heutigen Tages zu den überaus gewöhnlichen); es handelt sich hier zuvörderst weniger um den Urheber einer Welttafel, als um den Einflufs, welchen sie ausgeübt hat, und das Vorhersehen einer wahrhaften Entdeckung. Wir haben weiter oben entwickelt, wie das südliche Vorgebirge von Afrika auf der Karte des Fra Mauro dreifsig Jahre, bevor es von Diaz umschifft wurde, hat verzeichnet sein können; aber wie soll man die Angabe einer amerikanischen Meerenge auf einer portugiesischen Karte vor der Expedition des Magellan erklären? Ich werde an die Umstände erinnern, welche auf die Vermuthung von dem Dasein einer Meerenge geführt haben können; und es ist bekannt, dafs im Mittelalter die Vermuthungen gewis-

senhaft in die Karten aufgenommen wurden, wie es Antilia, S. Brandon oder Borondon, die Hand des Satan,
die Grüne Insel, die Insel Maida und die Gestaltung
ausgedehnter Südländer beweisen. Neben den Expeditionen, welche im Auftrage der spanischen Regierung ausgeführt wurden, und von denen weiter oben ein vollstän-
diges Verzeichnifs gegeben worden ist, fanden auch heimliche Reisen Statt, die von anderen Nationen oder von
spanischen Unterthanen, welche die Absicht hatten, den
öffentlichen Schatz zu betrügen, unternommen wurden.
Als Alonzo de Hojeda im Jahre 1501 abreiste, um zum
zweiten Male die Küste von Venezuela zu untersuchen,
nachdem er zum Statthalter von Coquivacoa ernannt
worden war, wufste man, dafs sich Engländer in den
westlichen Theil dieser Küste eingeschlichen hatten *).
Nach dem Zeugnisse eines gewissen Rodriguez Serrano
von

―――――――

*) *Reales cedulas de 28 jul.* 1500, *y de 8 jun.* 1501 (*Navarrete*, Tom. III, p. 41, 86, 88, 543, 545, 590). Es scheint aufser Zweifel gesetzt zu sein, dafs diese Engländer, welche die Aufmerksamkeit des
spanischen Hofes in Anspruch nahmen, nicht zu einer Expedition nach
Maracaibo gehörten, von der man glaubt, dafs sie im Jahre 1499 Statt
gefunden hat, und die man dem Sebastian Cabot zuschreibt (*Memoirs of
Seb. Cabot*, 1831, p. 91 — 96 und 307 — 310). Die Halbinsel
Chichivacoa, welche man in dem Prozefs der Erben des Columbus allgemein Coquibacoa, selbst Quinquibacoa nannte, liegt der Halbinsel von
St. Roman, am Eingange des Golfes (nicht Sees) von Maracaibo, gegenüber.
Es ist ein heutigen Tages fast gänzlich unbevölkerter Landstrich, welcher
vermöge seiner Lage im Beginne des sechzehnten Jahrhunderts eine gewisse politische Berühmtheit erlangt hatte. Der Bischof Fonseca em-
pfiehlt besonders dem Alonzo de Hojeda, ihm, „so viel es in seinen Kräf-
ten stände", von jenen grünen Steinen zu senden, von denen der Prälat schon einige Proben besafs. Da ich aus eigner Erfahrung weifs, bis
zu welchen bedeutenden Entfernungen die Indianer des Orenoko und
Amazonenstromes von Hand zu Hand Naturerzeugnisse gehen lassen, auf
welche sie einen besonderen Werth legen, so mag ich nicht entscheiden, ob jene grünen Steine Smaragden von Muzo (auf der Hochebene
von Neu-Grenada) waren oder Saussurite (Amazonensteine), welche
Diego de Ordaz „Faustgrofse Smaragden" nennt (*Relat. historiq.*,
Tom. II, p. 481—485, 571 und 689).

von Sevilla, welcher sich rühmte mit dem Comandante Mendoza am Vorgebirge St. Augustin gewesen zu sein, scheint es, daſs schon zur Zeit der Reise des Diego de Lepe, von der ich weiter oben gesprochen habe, „dergleichen geheime und unerlaubte Reisen" Statt gefunden haben. Zu dieser Art von Expeditionen gehören auch vielleicht diejenigen, welche Vespucci in den Jahren 1501 bis 1504 für den König von Portugal an den Küsten von Brasilien unternommen haben soll; obgleich der Steuermann Nuño Garcia, welcher sich damit beschäftigte, Karten vom südlichen Amerika zu zeichnen, und von Vespucci die wahre Breite des Vorgebirges St. Augustin erfuhr, bemerkt, daſs wenn dieser florentinische Reisende in der That „heimlich und verstohlener Weise" für die Portugiesen dorthin gegangen, er sich dessen wenigtens in Spanien nicht hätte rühmen können *). Was man auch für Zweifel über Vespucci und die so überaus problematische Reihe seiner Seefahrten erheben mag, es ist darum doch nicht minder gewiſs, daſs die verstohlenen Seeunternehmungen häufig von dem Zeitpunkte an Statt fanden, in welchem Columbus das Festland von Paria entdeckt und die Meeresströmungen Cabral an die Küsten von Brasilien geworfen hatten. Im September 1501 fand man es unumgänglich nothwendig, einen besonderen königlichen Befehl **) zu Sevilla, auf der Insel Gran Canaria und zu Haïti (Española) bekannt zu machen, durch welchen alle diejenigen Personen zu den schwersten Strafen verdammt wurden, welche es ohne besondere Erlaubniſs versuchen würden, „in dem Ocean und auf dem Festlande von Indien Entdeckungen zu machen." Vasco Nuñez de Balboa ***) spricht in

---

*) *Navarrete*, Tom. III, p. 24, 320.

**) *Docum. diplomat.*, n. 139 (*Navarrete*, Tom. II, p. 257).

***) *Informes del 20 de enero 1513 y del 16 de oct. 1515 (Navarrete*, Tom. III, p. 367, 379, 380).

seinen merkwürdigen Berichten, die er dem Hofe über die Ergebnisse seiner Entdeckung der Küsten des Südmeeres abstattete, wo er „Perlen in der Gestalt einer Birne, von der Länge eines Zolles fand, und Indianer von sanftem und umgänglichem Charakter (*buena gente y de buena conversacion*)", von Streifzügen, die an der Küste von Veragua und Nombre de Dios von Anführern unternommen würden, „die auf Entdeckungen ausgingen, und abgeschickt wären, man weifs nicht durch wen und auf wessen Befehl." Diese Beispiele, die ich leicht durch eine Anzahl anderer zu vervielfältigen im Stande wäre, beweisen, dafs die öffentlichen Urkunden, in welchen nur die auf Kosten der spanischen Regierung unternommenen Seefahrten verzeichnet sind, uns keine absolute Gewifsheit darüber geben, dafs zu einer gewissen Epoche die Entdeckungen nur bis zu dieser oder jener Gränze und nicht weiter ausgedehnt worden seien. Es waren zu Sevilla und Lissabon Nachrichten im Umlauf, welche durch heimliche Reisende verbreitet worden waren; und die Urheber von Karten, welche man damals mit dem allergröfsten Eifer in sämmtlichen Seestädten anfertigte, benützten diese wahren oder falschen Nachrichten und entstellten sie durch Beimengung von Muthmafsungen und Combinationen. In den ersten Zeiten der Eroberung von Amerika war man gewohnt, jeden neuerdings entdeckten Theil als eine Insel von gröfserem oder geringerem Umfange zu betrachten. Allmälig erkannte man den Zusammenhang dieser Theile, und wenn es an Beobachtungen und bestimmten Wahrnehmungen fehlte, wagte man es, auf den Karten die Küsten zu vereinigen und auf ungewisse Andeutungen hin zu verlängern. Christoph Columbus erklärte schon vor dem Abgange zu seiner vierten Reise, dafs er an der Küste von Veragua, in der südwestlichen Gegend des Meeres der Antillen eine Meerenge entdecken würde *). Als er am 26. No-

---

*) *Vida del Almirante*, c. 88, p. 101. *Herrera*, Tom. I, p. 104.

vember 1502 zum westlichsten Punkte seiner Seefahrt, dem
Puerto del Retrete (P^to. Escribanos) auf dem Isthmus
von Panama gelangte, hatte er, seinen eignen Worten
gemäfs, „gewisse Seekarten *) vor Augen, welche das
von ihm so eben entdeckte Land mit der Perlenküste
in Verbindung setzten, die von Hojeda und Bastidas besucht worden war." Vergleicht man mit Aufmerksamkeit die Zeitpunkte dieser sämmtlichen Unternehmungen, die wir erst seit vier Jahren durch die Bekanntmachung der Urkunden kennen, welche der dritte Band
der *Coleccion de Navarrete* enthält **), so sieht man,
dafs Bastidas ein Jahr vor Columbus zu Puerto del Retrete gewesen war, dafs aber seine Rückkehr nach Cadix erst im September 1502 erfolgte. Columbus dagegen ging auf seiner vierten Reise am 11. Mai 1502
unter Segel, und konnte mithin in Spanien noch nicht

---

*) „*Algunas cartas de navegar de algunos marineros*" (*Navarrete*, Tom. I, p. 285). Columbus spielt auf die erste Reise an,
welche Hojeda mit dem gelehrten Steuermanne Juan de la Cosa und mit
Vespucci unternahm (20. Mai 1499 bis zum Junius 1500), vom Rio
Esseqnibo bis zum Vorgebirge de la Vela, auf der er mithin die gesammte Küste von Venezuela diesseits des Meridianes des Sees von Ma-
raçaibo bereiste. Durch die Expedition des Rodrigo de Bastidas und
des Juan de la Cosa wurden diese Entdeckungen gegen Westen bis zum
Puerto de Retrete fortgesetzt. Sie war zu Cadix im Oktober 1500 unter Segel gegangen, und kehrte erst gegen Ende des Jahres 1501 oder
im Anfange 1502 nach Haiti, und nach mancherlei erlebten Ereignissen
erst im September 1502, vier Monate, nachdem Columbus seine vierte
Reise angetreten hatte, nach Cadix zurück (*Navarrete*, Tom. III, p.
26, 28, 592).

**) *Herrera* (*Dec.* I, lib. 4, cap. 11) und nach ihm Muñoz ha-
ben sich in der Bestimmung der Epoche der zweiten Reise des Hojeda,
welche er mit Vergara ohne Juan de la Cosa und Vespucci unternahm und
welche vom Januar bis zum Mai 1502 Statt fand (*Navarrete*, Tom. III.
p. 29—37, 68—170, 593) um ein Jahr geirrt. Vor der ersten Reise,
auf der Hojeda allein befehligte (1499—1500), hatte er mit Juan de
la Cosa an der zweiten Expedition des Columbus (1493—1496) Theil
genommen, mithin unter den Befehlen des Admirals gedient.

die Karten erhalten haben, welche die Küsten so weit gegen Westen über den Meerbusen von Uraba hinaus verlängerten. Erst zu Haïti hat er sie finden können, wo er sich im Julius 1502, ein Jahr nachdem Bastidas auf der Rückkehr von seiner Reise nach der nordwestlichen Küste von Venezuela dort gewesen war, einige Tage aufhielt. Dieses Beispiel beweist hinlänglich, wie sehr man sich damals beeilte, auf den Karten alles dasjenige zu verzeichnen, was man über den Fortschritt der neuesten Entdeckungen zu erfahren vermochte. Man kannte die Wichtigkeit dieser graphischen Urkunden; und Hojeda selbst würde, wie sein eignes Zeugnifs in dem Prozesse des königlichen Fiskals gegen den Diego Columbus beweist, auf seiner ersten Reise, die er mit Amerigo Vespucci unternahm, durch ein Bruchstück einer von der Hand des Columbus gezeichneten Karte (*pintura de la tierra*) geleitet, welche ihm indiskreter Weise von dem Bischof Johann Rodriguez de Fonseca, einem Feinde des Admirals und Gönner seines Nebenbuhlers Alonzo de Hojeda, mitgetheilt worden war *).

Es bleibt mir übrig, eines der auffallendsten Beispiele von Kenntnissen hervorzuheben, welche durch Karten verbreitet und auf Ueberlieferungen verstohlen unternommener Expeditionen begründet wurden. Ich habe in der schönen Ausgabe der Geographie des Ptolemäus, die zu Rom im Jahre 1508 erschienen ist, das Verzeichnifs der portugiesischen Seefahrten an den östlichen Küsten des südlichen Amerika gefunden, auf denen man *bis zum funfzigsten Grade südlicher Breite* vorgedrun-

---

*) *Segunda Preg. del Fiscal.* Columbus hatte an die spanischen Monarchen im Jahre 1498 geschrieben: „*Enviaré á Vuestras Altezas la pintura de la tierra* (de Paria) *y tengo asentado en el anima que alli es el Paraiso terrenal.*" Nach Columbus ist es die äufserste Ostspitze, wohin die Karte und christliche Topographie des Cosmas auf einen von dem unsrigen durch den Ocean getrennten Kontinent, den Ursprung des menschlichen Geschlechts verlegen.

gen war. Es heifst dort zu gleicher Zeit, „dafs man noch
nicht die äufserste Spitze dieses Festlandes erreicht habe."
Diese Ausgabe, welche von Evangelista Tosino gedruckt
und von Marcus Beneventanus und Giovanne Cotta aus
Verona redigirt worden ist, enthält eine Weltkarte von
Ruysch („*Nova et universalior orbis cogniti tabula Joan.
Ruysch Germano elaborata*"), in der das südliche Amerika als eine Insel von ungeheurer Ausdehnung unter der
Benennung *Terra Sanctae Crucis sive mundus novus*
dargestellt ist. Eine Anmerkung fügt hinzu: „*Haec re-
gia a plerisque alter terrarum orbis existimatur.*" Zwischen der grofsen Insel und der von Honduras und Yucatan (welche dort Culicar heifst), findet sich eine offene Durchfahrt *). Man erkennt auf dem Küstenstrich
des südlichen Amerika, wenn man von Nordwesten anfängt und der Zeichnung nach Südosten hin folgt: die
Halbinsel Chichivacoa (Coquibacoa) mit einer benachbarten Insel, Tamaraque (Aruba, oder vielleicht Cura-
çao?), den Golf von Vericida (Meerbusen von Maracaibo, oder *golfo di Venecia*, wie ihn Hojeda im Jahre
1499 nannte), das Land Pareas (Paria) mit dem Rio
Formoso (Orenoco?), und endlich das Cap Sanctae Crucis. Dies hat die Lage des Vorgebirges St. Augustin. Von
diesem Vorgebirge an läuft die Küste gegen Süden, wo
sich folgende Anmerkung findet: „*Nautae Lusitani partem hanc terrae huius observarunt et usque ad eleva-
tionem poli antarctici 50 graduum pervenerunt, nondum
tamen ad eius finem austrinum.*" Dieselbe römische Ausgabe vom Jahre 1508 enthält eine Abhandlung, welche
überschrieben ist: „*Nova orbis descriptio ac nova Oceani
navigatio qua Lisbona ad Indicum pervenitur pelagus,
Marco Beneventano Monacho Caelestino edita.*" In dem
14ten Kapitel heifst es: *Terra Sanctae Crucis decrescit
usque ad latitudinem* 37° *austr. quamque Archoploi usque*

---

*) Vergl. meine *Relation historique*, Tom. II, p. 706.

ad lat. 50° *austr. navigaverint, ut ferunt, quam reliquam portionem descriptam non reperi.*" Hier haben wir also einen italiänischen Mönch, der im Jahre 1508 wufste, dafs die Portugiesen die Küsten von Patagonien bis zu 37° und wahrscheinlich *(ut ferunt)* selbst bis zum 50° s. Br., nur um 2¼° im Norden des Einganges zur Magellanstrafse, aufgefunden und untersucht hätten. Dies Ergebnifs der angestellten Nachforschungen scheint ihm von Wichtigkeit gewesen zu sein; denn er wiederholt es zweimal, auf der Karte und in der Abhandlung. Aber im Jahre 1508 waren die Spanier auf ihren von der Regierung ausgerüsteten Seefahrten nicht weit über das Vorgebirge St. Augustin (s. Br. 8° 20') hinausgekommen; und als Vicente Yañez Pinzon und Juan Diaz de Solis zu der Expedition abgingen, auf welcher sie bis zum 40° s. Br. vordrangen, war die in Rede stehende Ausgabe schon seit mehreren Monaten erschienen [*]). Die von Cabral gemachte Entdeckung von Brasilien (von 10° bis 16¼° s. Br.) hatte die Aufmerksamkeit in solchem Maafse in Anspruch genommen, dafs von diesem Zeitpunkte an der Lissaboner Hof selbst seine Blicke auf eine westliche Durchfahrt richtete. Es ist mir mithin ziemlich wahrscheinlich, dafs während der Jahre 1500 bis 1508 eine Reihe portugiesischer Versuche [**]), süd-

---

[*]) Das Datum der Ausgabe ist gewifs; sie ist nur zwei Jahre jünger als der Tod des Columbus. Reidel will selbst in seiner *Commentatio critica litteraria de Claudii Ptolemaei geographia eiusque codicibus* (Norimberg., 1737, p. 52), dafs sie aus dem Jahre 1507 herrühre, wegen einer Angabe *in calce Planisphaerii*", welche ich in keinem der Exemplare gefunden habe, deren ich mich in Frankreich und Deutschland bediente. Das Privilegium des Papstes Julius II. in der Ausgabe von 1508 rührt aus dem Jahre 1506 her; aber es ist wörtlich aus der Ausgabe von 1507 wiederholt, die wegen der ersten *neuen Karten*, welche sie neben den Karten des Agathodämon darbietet, merkwürdig ist.

[**]) Der Cölestinermönch aus Benevent scheint, ohne Vespucci zu nennen, die Entdeckung des südlichen Amerika eher den Portugiesen als

lich über Puerto Seguro in der Terra Sanctae Crucis vorzudringen, Statt gefunden und unbestimmte Nachrichten
über diese Versuche einer Menge von Seekarten zur
Grundlage gedient haben, welche man in den besuchte-
sten Häfen anfertigte.

Verschiedene Ideenverbindungen können die Geographen veranlaßt haben, eine Meerenge auf die ersten Karten zu bringen. Man behielt im Mittelalter die Meinung
des Crates, Strabo und Macrobius über den Zusammenhang sämmtlicher Meere bei. Der Stille Ocean war 1513
von Balboa vier Jahre früher gesehen worden, ehe Magellan seine Ueberzeugung von dem Dasein einer Meerenge im Süden des Rio de la Plata nach Spanien gebracht hatte. Seit dem Jahre 1511 hatten die Entdek-
kungen des Anton Abreu in dem südöstlichen Theile des
Indischen Archipelagus den Gedanken an *grofse Südländer* hervorgerufen. Da man fand, dafs sich die *Tierra de
Santa-Cruz* nach Süden hin ausdehnte (der Beneventer
Mönch sagt, dafs man bei 50° noch nicht das Ende gefunden habe); so konnte man sich vorstellen, dafs dieser Festlandswall, dessen Zusammenhang die freie Verbindung zwischen den Meeren verhinderte, an irgend einer Stelle unterbrochen sei. Vielleicht veranlafste auch
in dem Geiste einiger systematischen Geographen die Ansicht der Weltkarte des Fra Mauro, von der in Portugal seit dem Jahre 1459 eine Copie vorhanden war,
die Annahme, dafs eine Uebereinstimmung in der Gestaltung der beiden Südspitzen von Afrika und Amerika
bestehe. Der Kanal, welcher den Diab *) von der grofsen Masse des Festlandes trennt, auf den ich weiter oben

---

den Spaniern zuzuschreiben. Er überschreibt das vierzehnte Kapitel, auf
welches ich oben verwiesen habe: *de tellure quam tum Lusitani tum
Columbus observavere et Mundum appellant Novum vel terram Sanctae Crucis.*"

*) *Zurla*, p. 61, 62, 137, 139.

die Aufmerksamkeit des Lesers hinzulenken gesucht habe,
konnte sich in der Neuen Welt wiederholen. Nimmt
man an, dafs, wie aus den Andeutungen, die ich in der
Ausgabe des Ptolemäus vom Jahre 1508 gefunden habe,
hervorgeht, kühne portugiesische Seefahrer weit über die
Mündung des Rio de la Plata vor Solis hinausgegangen
sind, so läfst diese mindestens sehr wahrscheinliche Ver-
aussetzung erkennen, wie hypothetische Gedankenverbindungen durch die Kenntnifs positiver Thatsachen haben
unterstützt werden können, sei es, dafs man das Vorhandensein der Meerenge aus der Heftigkeit der dorthin gerichteten Meeresströmungen ahnte, wie Varenius
glaubt *), oder dafs man in minder südlichen Breiten
durch Verkehr mit den Eingeborenen irgend einen ver-
worrenen Begriff von einer Durchfahrt in das andere
Meer erlangt hatte. Es hätte genügt, bis zum Meerbusen
des Heil. Georg auf einer ehemals sehr bewohnten Küste,
wie es die Häufigkeit der patagonischen Gräber beweist **), vorzudringen, um zu erfahren, dafs die Bewohner des Archipels von Chayamapu und Chonos ***)

---

*) Dieser berühmte Geograph hegte entschieden die vorgefafste Mei-
nung, dafs die Meerenge vor Magellan entdeckt worden sei. „*Per fretum Magellanis fertur mare ab oriente in occidentem motu inci-
tatissimo ut inde Magellanes (vel qui ante Magellanem id
detexit, ut volunt) coniecerit fretum, per quod ex Atlantico in
Pacificum Oceanum pervenitur.*" (*Geograph. general.*, Cantabr. 1681,
p. 119). „*Fretum Magellanes primus invenit et navigavit 1520, etsi
Vascus Nunnius de Valboa prius, nempe anno 1513, illud animad-
vertisse dicitur, cum ad australem regionem lustrandam isthic navigaret*" (p. 85). Man mufs erstaunen, bei einem so unterrichteten
Schriftsteller eine solche Verwirrung der Begriffe und Ereignisse zu finden, eine Vermengung der Entdeckung des Isthmus von Panama, einer
Landenge, mit der Entdeckung einer Meerenge.

**) Nach einer Bemerkung auf der Originalkarte von la Crux Ol-
medilla, von der die Exemplare so überaus selten geworden sind, da
die spanische Regierung während der Herrschaft des Königs Karl III befahl, die Platten zu zerbrechen.

***) Der Capitain Sarmiento de Gamboa. (*Viage al Estrecho de*

zuweilen den Küstenstrich des Stillen Meeres von Westen nach Osten durch Meeresarme (ciénegas) und natürliche Kanäle hinansteigen und sich so den Küsten des atlantischen Oceans nähern. Der Gedanke, dafs in diesen Strichen (Br. 45° — 47°.) eine Verbindung zwischen den beiden Meeren bestehen könne, hat sich so unveränderlich fortgepflanzt, dafs er noch im Jahre 1790 unter der Verwaltung des Vicekönigs von Peru Gil-Lemos Veranlassung zu der Expedition des Don Jose Moraleda gab, welcher in den Estero de Aysen (45°. 28′ s. Br.) bis auf 88 Seemeilen Entfernung von dem östlichen Küstenstriche des Golfes des Heil. Georg eindrang. Ich konnte während meines Aufenthaltes zu Lima die Instructionen untersuchen, welche diesem Steuermanne von der königlichen Marine ertheilt wurden, und in denen man ihm „das tiefste Geheimnifs" über einen Versuch anempfahl, dessen Gelingen den Weg um das Cap Horn um sechs bis sieben hundert Lieues abgekürzt haben würde *). Wenn man einigermafsen in den Urkunden, welche sich auf die merkwürdigen Entdeckungen der Jahre 1492 bis 1525 beziehen, bewandert ist, so sieht man, welchen Vortheil damals die Seeleute aus den von den Eingeborenen ihnen mitgetheilten Nachrichten und gegebenen Belehrungen zogen. Der Cazike von Tumaco **) zeich-

---

Magellanes, 1768, p. VI und XLIII) war der erste, welcher im Jahre 1579 zu diesem Archipel vordrang. Man vergl. auch *Agueros*, *Descripcion histor. de la Prov. y del Archipel de Chiloe*, 1791, p. 128. Der weiter nach Süden nach dem Cabo Victoria zu belegene Archipel, welcher die Nordwestseite der Magellanstrafse begränzt, hat neuerdings von dem Capitain King den Namen *Queen Adelaide's Archipelago* empfangen.

*) Vergl. meinen *Essai politique sur le royaume de la Nouvelle Espagne* (Ausgabe vom Jahre 1825), Th. I, S. 239.

**) *Herrera*, *Dec.* lib. 10, cap. 3. Unter den Karten, welche in *Hudson's Bay House* aufbewahrt werden, befindet sich ebenfalls eine Zeichnung der Küsten von der Hudsonsbai bis zum Coppermine River,

nete' dem Balboa kurz nach seiner Ankunft in der Bai
von Panama die Gestalt der Küsten von Quito, indem
er ihm zugleich den Goldreichthum Peru's schilderte und
die Gestalt der Llamas, welche man in den Cordilleren
mit Erzstufen beladet und die von den Castilianern anfänglich für Kameele gehalten wurden. Und doch betrug
die Entfernung zwischen dem Isthmus und den Gegenden, von welchen der Cazike eine so genaue Kenntnifs
besafs, mehrere hundert Lieues. Zuweilen blieben die
europäischen Seeleute länger als ein Jahr unter den Ein-
gebörenen, erlernten ihre Sprache und wurden später von
anderen Expeditionen wieder an Bord genommen, welche dieselben Gegenden besuchten *). Wir haben gesehen, dafs acht Jahre bevor Magellan und Faleiro nach
Spanien kamen, um ihre Pläne darzulegen, Pinzon und
Solis schon die Mündung des Rio Colorado besucht hatten, welche nur fünf Grad nördlich vom Meerbusen des
Heil. Georg liegt, den die Spanier noch im siebzehnten
Jahrhundert Bahia sin fondo in der Ueberzeugung von
der Möglichkeit einer Durchfahrt nach dem Südmeere
nannten. Es ist mir äufserst wahrscheinlich, dafs in dem
Zeitraume von 1509 bis 1517 einige heimliche Expeditionen ihre Entdeckungen weiter ausgedehnt hatten, als
Solis es zu thun im Stande gewesen war. Neuerdings
haben die wissenschaftlichen Unternehmungen der Engl-
länder in den Jahren 1826 bis 1830 durch die ausgezeichneten Arbeiten des Capitain Philip Parker King
ein bedeutendes Licht über das Land Patagonien verbreitet. Es giebt keinen tiefen estero (inlet, fiord) in dem
Meerbusen des Heil. Georg, wie es schon durch die Ex-

---

welche ganz roh von Indianern hingeworfen ist (Barrow, Voyages
into the Polar Regions, 1518, S. 376).

*) So zum Beispiel blieb ein Matrose von der Expedition, wel-
che Bastidas nach der Küste von Sta Martha unternahm, dreizehn Monate unter den Indianern und wurde im Jahre 1502 von Hojeda wieder aufgenommen.

pedition des Malaspina nachgewiesen worden ist. Aber
im Port-Desiré *) (Br. 47° 42′), im Hafen von Santa-
Cruz **) (Br. 50° 18′) und am Rio Gallegos in der
Bahia de los Nodales (Br. 51° 40′) giebt es *inlets*, deren Tiefe und Ausdehnung noch nicht ermittelt worden
ist. Besonders hätte der Rio Gallegos zu unbestimmten
Muthmafsungen über eine Verbindung der beiden Meere
im *Norden* der Magellanstrafse Veranlassung geben können; denn in der Nähe des Vorgebirges der Heiligen Isabella, welches in den Stillen Ocean hervorragt, erstrek-
ken sich Meerbusen durch die felsige Küste sehr weit nach
Osten hin, und der östlichste dieser Arme *(inlets)* endigt sich in der *Bay of disappointment*, wie sie Capitain King genannt, in einem Abstande von 2° 45′ öst-
licher Länge vom Meridiane des Vorgebirges der Heiligen Isabella. Von diesem Punkte bis zum westlichsten
Ende des Laufes des Rio Gallegos, zu welchem man bis
jetzt gelangt ist, beträgt die Entfernung zwei und dreifsig Seemeilen Der Isthmus des Rio Gallegos ist mithin
um die Hälfte schmäler als derjenige, in welchem sich

---

*) Magellan ging ganz nahe bei dem Port Desiré vor Anker bei
der Insel der Pinguinen oder vielmehr der Manchots (*Aptenodytes*,
Forster), welche die Spanier Paxaros Niños nennen, weil sie wie ein
kleines Kind schwankend einhergehen (*Pigafetta*, p. 23; *Sarmiento*, p. LIV). Ich finde die erste Beschreibung einer Otaria (Seer
robbe mit äufserem Ohr) in derselben Stelle des Pigafetta, wo es heifst:
„*Lupi marini grossi como vitelli con orecchie piccole e ronde*";
aber der Manchot ist zum ersten Male von Vasco de Gama beschrieben
worden in der Bucht Mosselbay, 4° östlich vom Vorgebirge der Guten Hoffnung (*Lichtenstein* im *Vaterländischen Museum*, Th. I,
S. 394). Ich habe an den amerikanischen Küsten des Stillen Meeres
weder Otarien noch Manchots nördlich von der Insel San-Lorenzo,
Callao de Lima gegenüber (Br. 12° 3′), gesehen. Dort findet man zwei
neue Arten, die der Professor Meyen neuerdings in dem zoologischen
Theile seiner *Reise um die Welt*, Taf. XIV und XXXI abgebildet hat.
Weiter gegen Westen nähern sich die Otarien bei weitem mehr dem
Aequator, z. B. in Neu-Guinea.

**) Man ist im Rio St. Cruz nur bis *Weddels-Bluff* vorgedrungen.

die Magellanstrafse oder *Estrecho de la Madre de Dios*
des *Sarmiento* gebildet hat *).

*). *Viage al Estrech.*, p. LV. Magellan selbst ertheilte der von
ihm entdeckten Meerenge den Namen *Estrecho Patagonico*, welcher
bald in *Estrecho de la* (nave) *Victoria* umgeändert wurde (*Pigaf.*,
p. 40). — Die Breite des südlichen Amerika beträgt unter 52° 22' s. Br.
zwischen dem Cap Pilares und dem Vorgebirge der Jungfrauen von Westen nach Osten 80 Seemeilen, während die Biegungen der Magellanstrafse, deren östliche Hälfte die Richtung von SSW nach NNO, die
westliche von OSO nach WNW hat, 108 Seemeilen (von 20 auf einen
Grad des Aequators) ergeben. Die dreieckige Gestalt der Südspitze von
Amerika ist südlich vom vierzigsten Breitengrade so wenig regelmäfsig, dafs zweimal, unter dem Parallel des St. Georgshusens (Br. 45°½)
und unter dem von Bahia de los Nodales am Rio Gallegos (Br. 51°
40'), die Breite des Festlandes geringer ist, als in der Magellanstrafse.
Diese Gestaltung der Küsten, welche in dieser Beziehung von der der
Spitze Afrika's sehr verschieden ist, verdiente wohl mit gröfserer Genauigkeit durch gute Längenbeobachtungen bestimmt zu werden. Unter der Breite des Vorgebirges der Guten Hoffnung bietet die Endspitze des afrikanischen Festlandes eine Küste von 150 Lieues dar, welche fast durchgängig von Ost nach West gerichtet ist. Diese abge-
stutzte Gestalt würde verschwinden, wenn die Nadelbank (*Lagullas
Banc*) mit dem Festlande durch eine Erhöhung des Meeresgrundes über
den Wasserspiegel in Verbindung träte. Alsdann würde Afrika unter
36° 47' s. Br. in eine Spitze auslaufen, d. h. 2° 52' südlich von der
Capstadt und 2° im Süden des Cap Lagullas, welches jetzt der äufserste
Punkt von Afrika gegen Süden hin ist. Diese Südspitzen der Kontinente
gewähren ein besonderes geologisches Interesse, und man darf die Hoffnung hegen, dafs man eines Tages entdecken wird, ob die abweichende
Richtung der östlichen und westlichen Theile der Magellanstrafse in irgend einer ursachlichen Beziehung zu der Richtung der Meeresströmungen oder zu dem Striche der Felslager stehe. King hat schon die interessante Beobachtung gemacht, dafs die Inseln in der Meerenge nur an den
Punkten in so überaus reichlicher Anzahl vorhanden sind, wo der Grän-
stein am häufigsten vorkommt (*Journ. of the Royal Geogr. Soc.*, 1832,
Vol. I, p. 166). Uebrigens hat diese bene englische Expedition, in noch
höherem Grade als die früheren von Cordova, Churruca und Galiano,
die vollkommene Richtigkeit der Ansicht eines Seefahrers des 16ten Jahrhunderts, des Don Ricardo Aquines, dargethan (*Herrera, Descr. de las
Ind. occid.*, p. 49), der zufolge „die gesammte *banda del Sur del Estrecho*,
d. h. die *Tierra de los Fuegos*, wie man damals sagte, bis zu 56°
s. Br. (das Cap Horn liegt in der That 55° 58' 41" s. Br.) eine Gruppe

Man darf annehmen, dafs ungenaue Kenntnisse von
der Gestaltung des Neuen Continents nach seiner Südspitze hin sich vor 1517 auf den Seekarten abgespiegelt
haben werden, und dafs Magellan eine dieser Karten in
den Archiven des Königs von Portugal gesehen habe. Ich
finde selbst in dem Tagebuch des Pigafetta (p. 22) eine
directe Andeutung, dafs die grofse Ausbuchtung der Küste an der Mündung des Rio de la Plata zuerst die Annahme der so sehr gewünschten Meerenge in 35° südlicher Breite veranlafste; als aber Solis auf seiner zweiten Reise (im Jahre 1515.) erkannte, dafs diese Oeffnung und dieses Meer süfsen Wassers (man dulde) die
Mündung eines grofsen Flusses seien, suchten die Geographen die Meerenge weiter gegen Süden. Folgendes
ist die Stelle aus dem Tagebuche des Pigafetta, welche
man nicht hinlänglich beachtet hat, und die ich in einer
wörtlichen Uebersetzung mittheile: „Nahe bei diesem
Flusse ist das Vorgebirge der Heil. Maria. Man hatte
einmal geglaubt (si era creduto una volta), dafs sich
hier der Kanal befinde, welcher zum Südmeere führte,
aber man hat jetzt entdeckt, dafs dies nicht die Endspitze eines Landes (des Continents) sei, sondern nur
die Mündung eines Flusses, welche siebzehn Lieues (oder
68 Meilen) Breite hat." Die Vorgebirge der Heil. Ma-

Inseln von verschiedener Gröfse ist." Nach den Untersuchungen des
Kapitain King, welcher in den Jahren 1826 und 1830 die Adventure
und den Beagle befehligte, besteht das Feuerland, aus drei grofsen Inseln, King Charles South Land (im Osten von der Strafse Le Maire
begränzt), Clarence Island und South Desolation, dessen Westspitze das
Cap Pilares bildet. Das Vorgebirge Horn ist eine kleine Insel aus Am-
phibolgestein im SO der Hermiteninsel. Diese letztere bietet im Kleinen die Gestalt von Sicilien dar, und liegt, wie die Inseln Wollaston
und Navarin, ein klein wenig westlich von dem Meridiane des Vulkans
von Basil Hall. Schifft man nahe bei dem Cap Horn vorüber, so gelangt man gegen Westen in eine Strafse zwischen den Felsen des Diego
Ramirez (56° 26′ 35″ Br.) und von San Ildefonso. Diese Klippen-
gruppen sind von einander um mehr als 32 Meilen entfernt.

ria und des Heil. Antonius, welche die Mündung im Norden und Süden begränzen, sind so belegen, dafs ersteres um 2° 40' weiter nach Osten vorgerückt ist, als letzteres. Ihre schräge Entfernung in der Richtung von SSW nach NNO beträgt fünf und sechzig Seemeilen, während die wahre innere Breite des Flusses zwischen Montevideo und Punta de Piedras sich nur auf achtzehn beläuft; und zwischen Sacramento und Buenos-Ayres nur auf neun bis zehn. Bei dieser Lage und Gestaltung des Landes war es möglich, dafs sich das Vorgebirge der Heil. Maria einem von Norden kommenden Schiffe als die äufserste Spitze eines Continents, d. h. der *Tierra de Santa-Cruz*, darstellen könnte. Im Meridiane dieses Vorgebirges sah man kein anderweitiges Land gegen Süden. Auch mufste die Heftigkeit des Stromes, welcher aus dieser Oeffnung der Küste hervorgeht (*current of the Plata, Rennell*, p. 137) viel zu dem Glauben an das Bestehen einer Meerenge beitragen. Der Strom (*outfall of the Rio Plata*) erlangt eine Geschwindigkeit von 24 bis 32 Meilen in vier und zwanzig Stunden und macht sich in einer Entfernung von achtzig Meilen, und nach dem Capitain Beaufort unter gewissen Umständen, wenn er mit dem brasilianischen Strome (NNO — SSW) zusammenfällt, in zweihundert bemerkbar.

Das Tagebuch des Pigafetta und die Urkunden, welche uns Herrera aufbewahrt hat, beweisen, dafs der portugiesische Seefahrer über den Ort, wo sich die Meerenge finden sollte, deren Bestehen er mit so grofser Zuversicht ankündigte, im höchsten Grade ungewifs war. Er sagt ganz einfach, dafs er sie bei weiterem Vordringen gegen Süden über das Vorgebirge der Heil. Maria hinaus, das die Mündung des Rio de Juan de Solis bezeichnete, finden werde. Als Magellan in 40° s. Br. vor einer Bai angelangt war, welcher er nach Malaspina den Namen des Heil. Matthias gab (*la Bahia de Todos los Santos*, ziemlich nahe bis zu dem Punkte, bis zu welchem Pinzon und Solis im Jahre 1508 gelangt waren), beschloſs er die Küste aufmerksam zu beobachten *), um zu erkennen, ob sich nicht daselbst irgend eine Meerenge zeigen würde." Nachdem er eine Reihe vergeblicher Nachforschungen angestellt, und die Untersuchung des Meerbusens des Heil. Georg verabsäumt hatte, wurde die Expedition gezwungen, fünf Monate hindurch in dem Hafen des Rio San-Julian (nach San-Martin, dem Steuermanne des Magellan, in 49° 18' s. Br.; wahre Br. 49° 8') zu überwintern. Die Mannschaft beklagte sich, daſs man auf dieser langen Ueberfahrt (von der Mündung des Rio de la Plata) nichts gesehen habe, was einer Meerenge ähnlich wäre. Magellan antwortete: man könne nicht ermangeln die Meerenge bei weiterem Vorschreiten zu finden (que no puede faltar), daſs er, wenn es erforderlich wäre, bis zum fünf und siebzigsten Breitengrade vordringen würde, wo es, während des Winters, fast niemals Tag würde." Dies offene Geständniſs, welches in dem letzteren, in dem Tagebuche des Pigafetta *) aufbewahrten Ausdrucke liegt, beweist hinlänglich, daſs Magellan von dem Dasein einer Durchfahrt jenseits des

---

*) *Herrera*, Dec. II, lib. 9, cap. 11. In den vortrefflichen Karten, von denen das Werk des Major Rennell über die Strömungen begleitet ist, heiſst die ausgedehnte Bucht (Br. 41° 8' — 42° 2'), welche sich im Süden mit der Halbinsel des Heil. Joseph endigt und eine so auſserordentliche und überaus merkwürdige Gestalt darbietet, Bai des Heil. Matthias. Auf den Karten der Expedition des Malaspina, welche von dem *Deposito hydrografico* zu Madrid bekannt gemacht worden sind, ist sie ohne Namen gelassen. Vergleicht man die Breitenbestimmungen des Magellan und seines gewandten Schicksalsgefährten, Andreas von San-Martin, mit den Breiten, wie sie heutigen Tages nach neueren Beobachtungen angegeben werden, so ersieht man sogleich, daſs die Annahme eines Irrthumes von 1¼° durchaus unzulässig ist, und daſs der Name des Heil. Matthias vielmehr der Bai de Todos los Santos (Br. 39° 52' bis 40° 40') zwischen dem Rio Colorado und dem Rio Negro an der Küste von Patagonien zukommt. Dies ist wenigstens das Resultat meiner Forschungen.

**) *Primo Viaggio*, p. 40.

Rio de la Plata überzeugt war; dafs aber die *Karte in den Archiven*, welche Behaim zugeschrieben wird, die Lage dieser Durchfahrt keinesweges angab. Wir sehen, dafs er den Capitain Juan Serrano zum Rio de Santa-Cruz (Br. 50° 18') absendet *), „um nachzuforschen, ob sich dort ein Durchweg fände“, und selbst als er zum Vorgebirge der Jungfrauen (52° 20' Br.) am Eingange der

---

*) Dort war es, wo Serrano am 11. Oktober 1520 eine Sonnenfinsternifs zu beobachten glaubte, welche „unter diesem Meridian um 10 U. 8' Morgens eintreten mufste“; während nach dem Auszuge, welchen uns *Herrera* (*Dec.* II, lib. 9, cap. 14) aus dem Tagebuche des Serrano giebt, „die Sonnenscheibe weder total noch partial, verfinstert wurde, und man nur, als das Gestirn die Höhe von 42½° erreicht hatte, beobachtete, dafs es die Farbe in ein dunkles Roth verwandelte, gerade wie die Sonne in Castilien erscheint, wenn man sie durch den Rauch von angezündetem Rasen betrachtet.“ Die Erscheinung hörte schon auf, als die Sonne 44½° Höhe erreicht hatte. Sicherlich war diese Beobachtung, deren bei Pigafetta keine Erwähnung geschieht, und von der Herrera auf eine so unverständliche Weise spricht, nicht geeignet, darauf eine Längenbestimmung zu begründen: indessen behauptet *Castañada* (*Hist. delle Indie*, lib. VI, p. 123), dafs Magellan „mittelst der Sonnenfinsternifs am 17. April 1520 und nach dem Verfahren, welches ihm Faleiro angegeben hatte, berechnete, dafs zwischen Sevilla und dem Rio de Santa-Cruz 61° Längenunterschied sei.“ Der Irrthum in dieser Bestimmung beläuft sich nur auf ein Minus von 1½°, eine Genauigkeit, die für das Jahr 1520 aufserordentlich genannt werden müfste, wenn man sich nicht dessen erinnerte, was *Barros* (*Dec.* III, lib. 5, cap. 9) über die sonderbar widersprechenden Resultate sagt, welche man nach denselben Regeln des Faleiro erhielt. Uebrigens ist weder Magellan noch Serrano im April nach der Mündung des Rio Santa-Cruz gesegelt und Castañada verwechselt wahrscheinlich die Sonnenfinsternifs vom 11. Oktober mit einem jener Beobachtungsversuche von Conjunktionen, welche der Cosmograph Andreas von San-Martin während des Aufenthaltes der Expedition am Rio San-Julian „nach der *industria* (dem Kunstgriffe) des Ruy Faleiro“, wie die von Herrera gesammelten Urkunden besagen, anstellte. Magellan reiste von San-Lucar am 21. September 1519 ab, erreichte den Rio de la Plata im Anfange des Januar 1520, die Bai von San-Matias am 15. Februar, den Rio San-Julian am 2. April, den Rio Santa-Cruz am 14. September, das Vorgebirge der Jungfrauen am 21. Oktober 1520.

der Strafse angelangt war, erkannte er anfänglich darin
nur eine grofse *cale*", und muthmafst, dafs „diese *cale*
irgend ein Geheimnifs enthalten könne." Alles deutet
auf eine Ungewifsheit über den wahren Ort der Durchfahrt
hin; und obgleich man die Möglichkeit nicht leugnen kann,
dafs Martin Behaim, der in den Jahren 1494 bis 1506
beständig in Fayal lebte, viele wahre oder muthmafsli-
che Angaben über die Gestaltung der Ostküste von Südamerika dort einzusammeln im Stande gewesen sei, so beweist doch nichts, dafs er jene Karte, welche Magellan in den Archiven des Königs von Portugal gesehen
zu haben versichert, nach Lissabon gebracht habe, wo
er 1507, kurze Zeit vor seinem Tode, ankam. Auch
waren vielleicht die Untersuchungen dieses grofsen Kosmographen *) mehr auf Afrika gerichtet, dessen Küsten
er zum Theil befahren hatte, als auf die von Yañez
Pinzon, Lepe und Cabral entdeckte Küste. Ich habe
mich längere Zeit bei jenen Beziehungen aufgehalten, welche, wie man annimmt, zwischen Magellan und den früheren Kosmographen bestanden haben, weil in einem
Jahrhundert, wo die persönliche Thatkraft des Seefahrers
ein weites Feld der Thätigkeit geöffnet fand, die Ueberzeugung von dem Erfolge, oder eine einfache geogra-

---

*) Die Erdkugel des Behaim, welche im Jahre 1492 zu Nürnberg
angefertigt worden ist, bietet nur die Insel Antilia und San-Brandan dar,
welche, wie man weifs, schon auf den Karten des vierzehnten Jahrhunderts erscheinen. Die gänsliche Unwissenheit, in der sich Behaim im
Jahre 1492 über das Bestehen der Bacalaos (Neu-Fundland) befand,
bestätigt die Argumente, durch welche der Verfasser des *Memoir of Sebastian Cabot* (1831, p. 286—289) die Existenz einer von João Vas
Cortereal im Jahre 1484 nach der Nordostküste von Amerika unternommenen Entdeckungsreise bestritten hat. Wir wissen aus der Geschichte
der portugiesischen Inseln von Cordeyro, dafs dieser Mann Statthalter von
Terceira war, und es wäre unbegreiflich, wie Behaim als Bewohner der
azorischen Inseln keine Kenntnifs von den Westländern, die João Vas
Cortereal gesehen, hätte haben sollen.

phische Ansicht, zu einem Ereignisse wurde, welches
im Stande war, einen wichtigen Einfluß auf die Richtung des Handels und das Geschick so vieler in der un-
ermeßlichen Weite des Oceans zerstreuter Völkerschaften auszuüben, die außer dem Bereiche der europäischen
Bildung standen.

Die Stadt Nürnberg, welche so reich an Erinnerungen aus dem Mittelalter ist, besitzt außer der Erdkugel des Martin Behaim, die aus dem Jahre 1492 herrührt, noch eine zweite, welche im Jahre 1520 von Johann Schoner *), dem berühmten Mathematiker, Schüler
des Regiomontanus, angefertigt worden ist. Beide Erd-
kugeln sind häufig mit einander verwechselt worden, und
dieser Irrthum ist um so bedeutender, als Schoner, der
sein Werk zu Bamberg auf Kosten seines reichen Gönners,
Johann Seyler, unternahm, Amerika in zwei große Festlandmassen theilte, und auf der Weltkugel die Meerenge
an demjenigen Punkte darstellte, wo sie von Columbus vergeblich gesucht worden war. Nun konnte man im Jahre
1520 in Europa noch keine Kenntniß von der Entdekkung Magellans haben, welchem erst am 28. November

---

*) *Murr*, S. 47. *Mannert, Einleitung in die Geogr. der
Alten*, S. 173. Als Schoner, zu Karlstadt in Franken geboren, durch
Melanchthon von Bamberg nach Nürnberg berufen wurde, um an dem
letzteren Orte den Lehrstuhl der Mathematik einzunehmen, nahm er die
Erdkugel mit sich. Sie hat 2 Fuß 10 Zoll 6 Linien im Durchmesser
und wird in der Stadtbibliothek aufbewahrt. Die Abhandlung *De cir-
culis sphaerae* (Tiguri 1546), welche ebenfalls eine Karte mit dem
durchbrochenen Isthmus von Panama darbietet, rührt jedoch nicht von
Schoner her; denn man ersieht aus seinem Werke *Opusculum Geographicum ex diversorum libris et cartis collectum*, daß er im Jahre 1533
die Expedition des Magellan („*ducis navium invictissimi Caesaris divi
Caroli*") kannte (cap. XX). Die nordwestliche Durchfahrt, welche
neuerdings von Parry und Roß aufgesucht worden, ist als offen dargestellt, im Norden eines großen Festlandes, welches in der zum *Opusculum Geographicum Joannis Myritii Melitensis* (Ingolstad, 1590, p. 60)
gehörigen Welttafel *Terra Baccalearum* heißt.

desselben Jahres die Durchschiffung gelang. Die Durchfahrt aus dem Meere der Antillen in den Stillen Ocean, wie sie Schoner angegeben hat, war also nur das Erzeugnifs eines systematischen Geistes und falscher Vorstellungen über die Unternehmung des Balboa. Man kann mit Recht darüber staunen, wie der von uns angegebene Irrthum sich so geraume Zeit hindurch hat fortpflanzen können. Ich habe ihn auf einer Welttafel aus dem Jahre 1546 wiedergefunden, die zu einem seltenen Werke: *Circuli sphaerae cum quinque zonis* gehört, welches in unseren öffentlichen Bibliotheken gemeiniglich dem Buche *Rudimentorum cosmographicorum Joannis Honteri Coronensis libri tres* (Tig. 1578) angebunden ist. Auf dieser Welttafel heifst Mexico *Parias;* und die Wiederholung dieser falschen Benennung auf einer sehr alten Weltkugel in der Bibliothek zu Weimar veranlafst mich zu der Ansicht, dafs diese letztere mit dem Werke von Schoner oder der Welttafel von 1546 in irgend einer Beziehung gemeinschaftlichen Ursprungs oder gleichzeitiger Anfertigung steht. Vielleicht sind diese graphischen Arbeiten sämmtlich nur Kopien einer älteren, irgendwo in den Archiven Italiens oder Spaniens verborgen liegenden Karte. Die Erdkugel in Weimar, welche in dem Bibliothekskatalog für älter bezeichnet wird, als eine andere, die als Zeitangabe das Jahr 1534 enthält, bietet *Parias* oder die Nordmasse von Amerika unter dem 42° s. Br. durch eine Meerenge von dem antarktischen Lande getrennt dar, welchem man den Namen *Brasiliae Regio* gegeben hat, und das einen grofsen Theil des Südpols umgiebt. Aufser dieser südlichen Meerenge findet man darauf noch eine andere durch den Isthmus von Panama, in 10° Breite nördlich vom Aequator, die von hinreichender Breite ist, um die Strömungen beider Meere als ununterbrochen darzustellen. Ein grofses aus dem Südmeere kommendes Schiff hat die Meerenge glücklich zurückgelegt. Es kommt von Zipangri, *ubi auri copia,* wel-

ches in kaum 10° Entfernung westlich von der Meerenge
liegt und eine Insel zwischen 12° und 30° Breite bildet.
Diese Träumereien sind nach China übergegangen, wie
aus der merkwürdigen Welttafel erhellt, deren Kenntnifs wir Klaproth verdanken, und welche sich auf
die Schrift eines portugiesischen Jesuiten, des Pater
Emanuel Diaz (Yangmano), über die Weltkugel gründet.
Der Verfasser dieser Karte, welche im Jahre 1820 zu
Canton erschienen ist, hat die Kenntnisse der Europäer
mit den kosmographischen Ansichten in Verbindung gebracht, welche unter den Dynastien Yuan, Ming und der
Mandschu herrschend waren. Er giebt drei Durchfahr-
ten aus dem atlantischen Ocean in das Südmeer an, näm-
sich die Magellanstrafse und zwei Meerengen in dem
Isthmus von Panama. Dieser Isthmus selbst bildet eine
Insel, welche die Insel des Heil. Andreas (*Ching Ngan
te tao*) genannt wird, und läfst mithin zwei Durch-
fahrten offen, die eine im Norden getrennt von der *Vera
Pax* (*Tching phing ngan*, der wirkliche Friede), die
andere im Süden getrennt von Darien (*Ta lian wan*)
und dem Goldkastilien *). Dies ist die Folge eines Mifs-
griffes in der Benennung *Enge* (Landenge oder Meerenge), welcher sich selbst bis zu den chinesischen Karten fortgepflanzt hat; ein Mifsgriff, welcher so alt ist,
dafs schon bei den Griechen ἰσθμός zuweilen zur Bezeichnung eines Meeresarmes gebraucht wurde **).

Die Einzelheiten der Geschichte der Wissenschaften

---

*) *Klaproth*, *Notice d'une Mappemonde et d'une Cosmographie chinoises*, 1833, p. 85. Vergl. auch *Nouv. Journ. Asiat.*, Tom.
XI, p. 66.

**) *Letronne*, in seiner Ausgabe des Dicuil, p. 12. Eben so bedeutete κέρας in der geographischen Kunstsprache bald ein Vorgebirge,
bald negativ die Mündung eines Flusses oder die Oeffnung eines Meerbusens. (*Strabo*, lib. X, p. 458 Cas. *Hesiod.*, Theog. v. 789 und
die Fragmente des *Hanno*. [*Pindar. fragm. incert.* 84. ed. *Heyne*:
κέρας, Νείλου.]).

gewähren nur in sofern einen Nutzen, als man sie durch ein gemeinsames Band verknüpft. Die Anhäufung vereinzelt dastehender Thatsachen würde eine ermüdende Trokkenheit herbeiführen, wollte man sich nicht bestreben, durch Nachforschung in den Thatsachen zu irgend einem allgemeinen Ergebnifs in Bezug auf die Fortschritte der Intelligenz, und zu einer höheren Ansicht über den Gang der Civilisation zu gelangen. Die Keime, welche wir in einigen Schriften der Alten nachgewiesen haben, wurden durch eine geringe Anzahl Gelehrter befruchtet, deren heller Geist im Mittelalter glänzte. In jedem Jahrhundert besteht irgend eine verborgene Thätigkeit, deren Ergebnifs an Ideen, Ueberzeugungen, Hoffnungen, unmerklich die Macht des Menschen vermehrt, und deren thätiges Wirken sich offenbart, sobald anscheinend zufällige Ereignisse (ein Zusammentreffen von Umständen, durch welches sich eine Nothwendigkeit in den Bestimmungen der Welt offenbart) die Bewegung nach aufsen hin begünstigen. Die Geschichte bewahrt im Allgemeinen nur die Ueberlieferung glücklicher Unternehmungen und grofser Erfolge auf der Bahn der Entdeckungen. Was die Bewegung und den Erfolg vorbereitet, gehört der Verkettung von Ideen und der Verbindung geringfügiger Ereignisse an, welche eine gleichzeitige und gemeinschaftliche Wirkung ausüben. Ihre Wichtigkeit tritt erst dann mit einiger Deutlichkeit hervor, wenn grofse Erfolge erreicht worden sind, wie die, welche wir Diaz, Columbus, Gama und Magellan verdanken. Auch erscheinen Entdeckungen, welche mächtig auf die Imagination der Menschen einwirken, anfänglich als vereinzelt und unabhängig von dem Impulse der vorhergehenden Jahrhunderte. Erst dann, wenn der erste Eindruck seinen Reiz verloren hat, beginnt man, nach den Ursachen zu forschen, welche im Stande gewesen sind, grofse Eroberungen auf dem Gebiete der Intelligenz ins Werk zu setzen. Bei dieser Arbeit verleihen oft Nationalhafs, das boshafte Vergnügen, den Zauber der Begeisterung zu zerstören, besonders aber die Abwesenheit einer gesunden historischen Kritik, nicht beglaubigten Thatsachen und conjekturalen Schöpfungen, welche durch keine wissenschaftliche Schlußfolge begründet sind, eine Art von Wichtigkeit. Die Seiten, mit denen ich den ersten Abschnitt dieses Werks beschließe, sind dazu bestimmt, das was uns an Ereignissen und Meinungen, welche man durch die Entdeckung der Neuen Welt veranlaßt glaubt, zu untersuchen übrig bleibt, ihrem wahren Werthe nach zu beurtheilen. Ich bin der Ansicht, daß diese Untersuchung eine fruchtbare Quelle nützlicher Andeutungen werden dürfte, indem sie Thatsachen durch geschichtliche Nachweisungen und Anwendung von Sätzen aus der physischen Erdbeschreibung, deren mehrere bei dieser Art von Forschungen gänzlich vernachlässigt worden sind, in das gehörige Licht stellt. Die Thatsachen sind die hauptsächliche Grundlage jeder einer gesunden Kritik zu unterwerfenden Untersuchung, und ihre Angabe ist unerläßlich, um den Leser in den Stand zu setzen, den Grad von Vertrauen zu beurtheilen, welchen die erhaltenen Resultate verdienen; sie ist es zumal, wenn man durch ihre Deutung sich zu allgemeinen Ansichten über die mannichfachen Ursachen zu erheben sucht, welche den Gang der Entdeckungen und die Fortschritte des Meereshandels bedingt haben. Bei den nachfolgenden Entwickelungen werde ich mich bestreben, mich nicht überflüssiger Weise über Gegenstände zu verbreiten, die bis zum Ueberdruß wiederholt worden sind: ich werde mich auf dasjenige beschränken, was bei dem gegenwärtigen Zustande unserer Kentnisse zu neuen Aufklärungen in Bezug auf Thatsachen oder zu neuen Verbindungen geschichtlicher Wahrnehmungen zu führen geeignet ist.

Das Abenteuer des Cabral, welcher auf seiner Reise von Spanien nach Ostindien auf dem Wege um das Vorgebirge der Guten Hoffnung wider Erwarten durch die

Meeresströmungen nach Westen verschlagen und am 22. April 1500 an die Küsten von Brasilien *(Tierra de Santa Cruz)* geworfen wurde, hat Robertson zu der Aeußerung veranlaßt, es habe in den Bestimmungen des Menschengeschlechts gelegen, daß die, Neue Welt am Schlusse des funfzehnten Jahrhunderts entdeckt wurde. Beseitigen wir den unbestimmten Begriff des Schicksals in einem Falle, wo die gegenseitige Verkettung so vieler Ursachen und Wirkungen zu erkennen nicht schwer fällt, so weist uns die Philosophie der Geschichte fast in jedem Zeitraum große Ereignisse nach, deren späteres Eintreffen in früheren Jahrhunderten langsam vorbereitet wurde; was aber den unterscheidenden Charakter eines jeden einzelnen Jahrhunderts ausmacht, spricht sich in dem thätigen Wirken aus und unterwirft die Ereignisse dem Machtgebote einer sittlichen Nothwendigkeit. Der Zug Alexanders des Großen nach Persien und Indien, der kühne Muth Luthers haben ohne Zweifel die Berührung des Westens mit dem Osten begünstigt; die Befreiung des Gedankens von der drückenden Fessel beschleunigt; aber der Zustand der menschlichen Dinge war in jenen beiden denkwürdigen Epochen des Völkerlebens von der Art, daß nach dem Sturze des persischen Reichs die Berührung beider Gattungen von Civilisation, nach der Schwächung der päpstlichen Hierarchie die religiöse Umwälzung, ein Vorspiel der mächtigen Staatsumformungen, wahrscheinlich ohne den macedonischen Helden und den Wittenberger Augustinermönch in Erfüllung gegangen sein würden. Die Seelengröße und Persönlichkeit hervorragender Männer bedingen und begünstigen ohne Zweifel die Wahrscheinlichkeit des Gelingens; sie beschleunigen und beleben die Kraft der Bewegung; aber jene hervorragenden Männer, von denen die Jahrhunderte ihren Glanz zu erborgen scheinen, handeln selbst wiederum unter dem Einflusse der herrschenden Ideen eines Zeitalters, welches befruchtet und genährt wurde durch ein früheres Zeitalter. In der eigenthümlichen Richtung der intellektuellen Bewegung, in der Uebereinstimmung des Willens, in dem unwiderstehlichen Drange wirklicher oder scheinbarer Bedürfnisse, liegt die Gewalt des Antriebes, die Nothwendigkeit und Macht der Ereignisse, welche in Erfüllung gehen.

Der unterscheidende Charakter der zweiten Hälfte des funfzehnten Jahrhunderts, des Zeitraums, welcher der Entdeckung von Amerika unmittelbar voranging, ist leicht aufzufassen. Die Fortschritte des Luxus und der Civilisation in dem Süden von Europa hatten das Bedürfniſs nach den Erzeugnissen Indiens dringender hervortreten lassen. Landreisen, durch den religiösen Eifer der buddhistischen und christlichen Hierarchie eben so begünstigt, wie durch die Politik und das Handelsinteresse, hatten den geographischen Gesichtskreis und die Sphäre der Ideen erweitert. Eben so hatten der häufigere Gebrauch der Magnetnadel, welcher den Berührungen der Araber mit Indien und China zugeschrieben werden muſs, so wie die Vervollkommnung der Schiffahrtskunde und der auf sie bezüglichen Wissenschaften, die Mittel weitaussehende Schiffahrten zu unternehmen in höherem Maaſse gewährt. Diese Umstände muſsten fast gleichzeitig zwei Reihen von Ideen erzeugen, welche man sorgfältig unterscheiden muſs, und die sich, die eine sowohl als die andere, an die Ueberlieferungen und Muthmaſsungen des klassischen Alterthumes anknüpften *), für welches das Interesse durch die nahen Verbindungen Siciliens, Apuliens und Calabriens mit Byzanz, durch den glücklichen und fruchtbringenden Einfluſs der grofsen Männer Italiens, des Petrarca, Boccaccio und Johann **) von Ravenna, durch die Auswan-

---

*) Ueber den Einfluſs, welchen die klassische Gelehrsamkeit auf den Geist des Columbus ausgeübt hat, vergl. oben S. 72 ff. S. 97 ff.

**) *Malpaghino*, eigentlich Johann Malpighi aus Ravenna. S. *Heeren*; *Gesch. der klass. Litteratur, Einl.*, §. 162.

derung einiger griechischen Gelehrten vor der Zerstörung
des oströmischen Kaiserthums von neuem belebt worden
war. Indem das Mittelalter unter dem Namen *Indien,*
nach dem Vorgange der Hellenen, zuvörderst das tro-
glodytische Aethiopien und Arabien, dann die weiter entfernten Aequatorialgegenden von Afrika jenseits des *Vorgebirges der Gewürze* (die *regio cinnamomifera* und
myrrhifera *)) begriff, indem es seit der Herrschaft der
Römer die Reichthümer Indiens an *die Enden der Erde*
verlegte, mithin an die mittägigen und westlichen Küsten
von Asien, nährte es die Hoffnung, zu dieser glücklichen

---

*) Diese Benennungen, welche von einer damals ,noch nicht vor-
handenen Wissenschaft, der *Geographie der Pflanzen*, entlehnt sind,
erstreckten sich schon bei Ptolemäus gleichzeitig auf Afrika und auf Asien.
Die *myrrhifera regio* (*Geogr.* lib. IV, cap. 9, p. 114) wird bei dem
Coloë Palus, in der Gegend der Quellen des *Astapus*, und (lib. VI,
cap. 7, p. 145) nahe bei dem Meerbusen Sachalites im Osten von Ha-
dramaut, in einem gebirgigen, an *smyrna* und *libanotis* [s. *Creuzer, Commentat. Herodot*, p. 40 folg.] fruchtbaren Lande erwähnt.
Man verwechselte lange Zeit hindurch die Orte, welche die Gewürze
und Spezereien hervorbringen, mit denjenigen, welche als Handelsnieder-
lagen dienten [vergl. *Pinder, Commentat. de adamante,* p. 13. So
der οἶνος Κρίθινος in Aegypten bei *Alex. Aphrodis., Problem.*, II,
6, fol. 28, a. I, 57, fol. 9, b. *Olympiodor. ad Aristot. Meteorolog.*, I, 4, 1, fol. 9, a. Vol. I, p. 169 der neusten Ausgabe], und obgleich schon Herodot gehört hatte, dals das *cinnamomum* in dem Lande
wuchs, „wo Bacchus erzogen war" (III, 111), was doch gewifs Indien
anzeigt (*Heeren*, II, 1, S. 101) und nicht Arabien (*Herod.*, III, 107),
so kostete es doch Ueberwindung, selbst in den neueren Zeiten der alexandrinischen Schule, die *cinnamomifera regio* nicht in Afrika, jenseits
der Küste der Troglodyten aufzusuchen. Der jüngere König Juba, der
einzige Schriftsteller, welcher die Kenntnifs der Litteratur von Karthago
(*Ammian. Marcellin.*, XXII, 15) mit der der römischen verband, hatte,
zur Zeit des Augustus, viel Licht über den Gewürzhandel des Orients
und die Strafse der Karavanen verbreitet (*Plin.*, VI, 28, 29. XII, 14),
welche diese kostbaren Erzeugnisse verführen; aber ein altes Vorurtheil
strebte fortwährend die Küsten mit einander zu verwechseln, welche man
erreichen konnte, wenn man durch die Strafse Bab-el-Mandeb in das
Erythräische Meer fuhr.

Zone, sei es durch die Umschiffung von Afrika, sei es auf dem unmittelbaren Wege gegen Westen, welcher durch die Kenntnifs von der Kugelgestalt der Erde gegeben war, zu gelangen. Da dasselbe Ziel auf zwei verschiedenen Wegen erreicht werden konnte, so mufsten zwei Ideenrichtungen zu gleicher Zeit entstehen und sich allmäblig mehr und mehr bis zur zweiten Hälfte des funfzehnten Jahrhunderts entwickeln, wo Toscanelli und Columbus, Usomare und Diaz, mit gleicher Zuversicht auf Erfolg entgegengesetzte Bahnen einschlugen.

Der Grundsatz des Herodot *), „dafs den Enden der Welt (bei der Vertheilung der Güter und Schätze der Erde) die schönsten Erzeugnisse (τὰ καλλίςα) zu Theil geworden seien“, drückte nicht einzig und allein den traurigen, und eben deshalb dem Menschen so nahe liegenden Gedanken aus, dafs das Glück fern von uns wohnet; er gründete sich auch auf die unmittelbare Beobachtung über die Entfernung der Orte, von denen die Hellenen „die Bewohner eines gemäfsigten Himmelsstriches“, Bernstein und Zinn, Gold und Gewürze empfingen. In dem Maafse, als durch den Handel der Phönizier, der Edomiter des Golfes von Acaba (von Elath und Ezion-Geber), Aegyptens unter den Ptolemäern und Römern, die Küsten des südlichen Asiens bekannter wurden, erhielt man die Erzeugnisse aus der ersten Hand, und in der Einbildungskraft des Menschen schienen die äufsersten Enden der οἰκουμένη mit ihren Reichthümern weiter und weiter gegen Osten fortzurücken. Es ist der Beachtung werth, dafs es die Araber gewesen sind, welche in zwei in der Geschichte des Völkerhandels merkwürdigen Epochen, zu den Zeiten der Lagiden und Cäsaren, wie im funfzehnten Jahrhundert, dem der reifsend schnellen Endeckungen der Portugiesen, den Weg nach Indien zeigten. Ophir, das Dorado des Salomo, dehnte

---

*) III, 106.

sich bis östlich vom Ganges aus. Dorthin verlegte man jenes berüchtigte Land Chryse, das in so hohem Grade die Reisenden des Mittelalters beschäftigt hat, und welches bald als Insel, bald als Theil des Goldchersoneses erschien *). Der Ueberflufs an Gold, welches noch jetzt der indische Archipel, besonders Borneo (Montradok) und Sumatra in den Handel bringen **), erklärt die Berühmtheit jener Gegend. Nahe bei Chryse, der Goldinsel, mufste symmetrisch in der systematischen Erdkunde der fernen Länder Argyre oder die Silberinsel belegen sein; dies war eine Vereinigung der beiden edlen Metalle, der Reichthümer von Ophir und von Tarsis (Tartessus) in Iberien. Bei den arabischen Geographen Edrisi und Bakuy werden die östlichen Gränzen der bekannten Welt durch die Insel des Silbersandes, Sahabet, und die goldhaltigen Inseln Wak-Wak und Saila bezeichnet, welche man nicht mit Ceylon oder Serendiv (*Bakuy*, p. 399; *Edrisi*, p. 38) verwechseln darf, und wo die Hunde und Affen goldene Halsbänder tragen. Diese Inselgruppen wurden gleichzeitig als dem Sofala von Afrika

---

*) *Dionys. Perieg.* v. 589. *Mela*, III, 7, welcher die geistreiche Bemerkung hinzufügt: „*Aurei soli (ita veteres tradidere) aut ex re nomen, aut ex vocabulo fabula;*" [wie häufig aus Namen Fabeln ihren Ursprung gehabt haben, ersieht man aus den Beispielen bei *Kopp*, *de difficultat. interpret. ea quae aut vitiose vel subobscure scripta sunt, Manhem.* 1829, 4., Vol. I, p. 63] *Plin.*, VI, 21; *Ptolem.*, *Geogr.* VII, 2, p. 176 (Argyre wird daselbst nicht namentlich aufgeführt); *Pseudo-Arrian, Peripl. mar. Erythraei* (welcher nach *Letronne, Christianisme de Nubie* p. 47, zu den Zeiten des Septimius Severus oder Caracalla abgefafst worden ist) p. 37 ed. Hudsoni; *Marcian. Heracleot.* Peripl., p. 14. Dieser letztere Periplus betrachtet das *Goldland*, das Ziel der *Indodromen*, als einen Theil des Festlandes und giebt unbekannte Länder von grofser Ausdehnung jenseits des Σίνων κόλπος an (*Hudson*, I, p. 29 u. 30; *Salmas.*, *Exercit. Plinian.*, p. 153, 700, 701; *Gossellin, Recherches*, Tom. III. p. 279 und 281).

**) Vergl. meinen *Essai politique sur le Royaume de la Nouvelle Espagne*, Tom. III, p. 457 der zweiten Ausgabe.

und den Sinern (Cathay) benachbart betrachtet, was man
erst dann zu begreifen vermag, wenn man die arabische
Welttafel der Bodleyschen Bibliothek vor Augen hat, auf
der sich das Meer von Hind von Westen nach Osten
erstreckt und von den parallelen Küsten von Afrika
und Asien begränzt wird. Sämmtliche mittelmäfsige geographische Compilationen des Mittelalters, in denen man
durchgängig eine falsche klassische Gelehrsamkeit mit
einzelnen Nachrichten vermengt findet, welche aus den
neueren Reisebeschreibungen geschöpft sind, haben auf
fast stereotype Weise die aufserordentliche Gestaltung
dargestellt, welche von Ptolemäus oder seinen unge-
schickten *Fortsetzern* (lib. VII, cap. 2 und 3) dem
Goldchersones, der sich ein klein wenig nach Süden erstreckt, dem Sinus Magnus und jener ungeheuren Halbinsel der Siner gegeben worden ist, auf welcher Thinae
und Catigara belegen sind. Was uns von Tagebüchern
und Briefen von der Hand des Columbus erhalten worden, ist zugleich mit biblischen Erinnerungen an Ophir
angefüllt und mit klassischen Erinnerungen aus Ptolemäus. Columbus ertheilt dem Nutzen und dem sowohl
moralischen als religiösen Werth des Goldes grofse Lobsprüche („con el qual se hace tesoro y con el tesoro
quien le tiene, h a c e c u a n t o quiere en el mundo y
llega á que e c h a l a s a n i m a s al paraiso") und erinnert die Königin' Isabella daran *), wie der Geschichtschreiber Josephus erzähle, dafs der König Salomo sein
Gold (666 Centner) aus der *Aurea* (er will sagen aus
dem Goldchersones) gezogen habe. Er versichert, dafs
das Land von Veragua (im NW des Isthmus von Panama), welches ihm in zwei Tagen mehr Spuren vorhan-
dener Reichthümer gezeigt habe, als Española in vier Jahren, jene *Aurea* Indiens sei. „Es würde mir unschicklich
vorkommen", sagt der Admiral, „dem Fürsten dieses Lan-

---

*) Siehe oben S. 107.

des *(Quibian)* alles, was er an Gold besitzt, auf dem Wege des Diebstahls und Raubes fortzunehmen *(por via de robo)*; aber ich werde diese Sache auf gute Weise in Ordnung zu bringen wissen, so dafs ich alles Aufsehen und jeden ärgerlichen Lärm *(escandalo y mala fama)* vermeiden und dennoch ·Alles in die königlichen Kassen Ew. Hoheiten gelangen lassen werde *), und dafs diesem Fürsten von Veragua nicht ein einziges Goldkorn verbleiben soll." Ich habe schon oben (S. 77) „von dem geheimnifsvollen Ende des Ostens gesprochen, wo der *Berg Sopora* liegt **), den zu erreichen die Schiffe Salomo's drei Jahre gebrauchten, und welchen Ew. Hoheiten jetzt auf der Insel Haïti besitzen." Während der dritten Reise, auf welcher die Küste von Paria ent-

---

*) Dieses zarte Verfahren findet man in dem aus Jamaika vom 7. Julius 1503 datirten Briefe beschrieben (*Navarrete*, Tom. I, p. 310). Es erinnert fast unwillkürlich an einen Zug von Offenheit und Freimüthigkeit eines anderen grofsen Mannes des funfzehnten Jahrhunderts, des Ferdinand Cortez, welcher, als er noch nicht einmal die Gesandten des Montezuma empfangen hatte, seinem Könige in einem aus Ricca villa de la Frontera datirten Briefe schrieb, „dafs dieser reiche und mächtige Herr (von Mexico) todt oder lebend *(preso ó muerto)* in seine Hände fallen solle." *Cartas public. por el Arzobispo de Mexico* (späterhin Kardinal) *Lorenzana*, p. 39.

**) Brief, auf der dritten Reise geschrieben, von der Hand des *Fray Bartolomé de Las Casas*, welcher in den Archiven des Herzogs von Infantado aufbewahrt wird (*Navarr.* T. I, p. 244). Die Form *Sophara*, welche die siebzig Dollmetscher dem Namen *Ophir* geben, erinnert im Ptolemäus, mehr noch als die Hauptstadt von Arabien, *Sapphara* (lib. VI, cap. 7, p. 156), an das *Supara* Indiens (lib. VII, cap. 1, p. 168) in dem Meerbusen von Camboya *(Barygazenus Sinus)*, welches Hesychius „eine durch ihren Goldreichthum berühmte Gegend" nannte. Es ist das *Upara* (falsche Lesart) in dem Periplus des Erythräischen Meeres (*Geogr. minores*, Tom. I, p. 30). Vergl. auch *Gossellin*, *Recherches*, Tom. III, p. 208; [*Jablonski*, *Opusc. ed. Te Water*, Vol. I, p. 336 flgde; *Champollion*, *L'Égypte sous les Pharaons*, I, p. 98; *v. Bohlen*, *das alte Indien*, Th. II, S. 136] und die neuesten scharfsinnigen Untersuchungen von *Friedrich Keil*, *Ueber die Hiram-Salomonische Schiffahrt*, Dorpat 1834, S. 40—45.

deckt wurde, ist Columbus angefüllt mit biblischen Ideen.
Die Lage des Paradieses, welches er entdeckt hatte, und
die Reichthümer „des gebirgigen Landes Ophir (*Monte
Sopora*)" bewegen seine Einbildungskraft. Auf der vierten und letzten Reise kommt er auf den Goldchersones
und andere aus Ptolemäus mittelst der Schriften des
Pierre d'Ailly und *Nicolo di Lira* geschöpfte Nachrichten zurück.

Eine höchst wichtige Veränderung, welche sich aus
der Zeit herschreibt, in welcher die christliche Topographie des Cosmas entstand, und welche Reisen zu Land
im Mittelalter begünstigt hatten, ist die systematische Ansicht, die Reichthümer Indiens, die Gewürze, Specereien,
Diamanten und kostbaren Metalle nach dem östlichsten
Theile des Festlandes von Asien zu verlegen. Der Indicopleustes hatte die Küsten der Tziner kennen gelehrt,
welche von einem östlichen Meere bespült werden; die
Sinae des Ptolemäus dagegen lagen innerhalb des Sinus
Magnus. Die Welttafel des Behaim verlegt Chryse (Crisis) und Argyre von der Mündung des Ganges jenseits
des Meridians von Java Maior (Borneo?) nach Zipangu
(Japan *)). Ich finde selbst in dem *Opusculum geographicum* des Myritius, welches einem Commandeur des
Malteserordens, dem Baron von Riedesel-Kamberg, gewidmet ist (Ingolstadt 1590, p. 128): „*Zipangri, olim
Chryse dicta*"; eine Angabe, welche um so beachtungswerther ist, da wir aus der Erzählung des Barros wissen, daſs Columbus, als er auf der Rückkehr von seiner ersten Reise, am 4. März 1493, genöthigt war, in
den Tago einzulaufen und dem Könige und der Köni-

---

*) Behaim läſst von 40° s. Br. bis 38° n. Br. auf einander fol-
gen: Java maior, Angama (Angaman des Marco Polo, ohne Zweifel verderbt aus Andaman, dem Namen der Maniola des Ptolemäus), Java minor, Insola Candyn, Argyre, Crisis, Thilis und Zipangut in dem *Oceanus Indiae superioris*; endlich die Inseln Cathai in dem *Oceanus Indiae orientalis*, welcher sich bis zu 50° n. Br. erstreckt.

gin von Portugal, deren Zuneigung ihm mehr als zweifelhaft erscheinen mufste, seine Aufwartung zu machen gezwungen war, es für nöthig fand, das Gerücht zu verbreiten, „dafs er von Zipango käme und Gold in Ueberflufs von dorther mitbrächte" — *).   Auf der Erd-

---

*) *Barros* (Dec. I, lib. III, c. 11) nennt Columbus: „*eloquente e bom latino o qual decia que venha de l'isla Cipango e traxia muito ouro.*" In dem *Leben* des Admirals, welches von dessen Sohne herausgegeben worden (cap. 40) und wo weitläufig von dem Besuche bei Hofe in dem Pallaste von Valdeparaiso nahe bei Lissabon die Rede ist, und in dem von Las Casas aufbewahrten Tagebuche der ersten Seefahrt wird nur von einer Rückkehr aus Indien und von Indianern gesprochen, die man vorzeigte. *Muñoz* (lib. IV, §. 12) scheint zu glauben, dafs der Admiral aus List Zipangu genannt habe, um jeden Verdacht zu vermeiden, dafs er aus einem Lande käme, welches in der zwischen Portugal und Spanien abgeschlossenen *Capitulation* mit einbegriffen war, zum Beispiel von den Küsten von Afrika, oder, wie man damals sagte, von der *Mina de Portugal y de Guinea.* Bei einer aufmerksamen Untersuchung des Tagebuches des Admirals und der Schriften seines Sohnes finde ich aber, dafs diese angebliche List eine Folge innerer Ueberzeugung war. Der Admiral, den es in Verlegenheit setzte, zu sagen, wo er gewesen war, entschied sich für jene Insel Zipangu (Cipango), welche ihn die von Toscanelli vorgeschlagene Reiseroute im Jahre 1474 kennen gelehrt hatte, und die seine Einbildungskraft in so hohem Grade in Anspruch nahm, dafs er fünf Tage vor der Entdeckung von Guanahani dem Martin Alonso Pinzon erklärte, „dafs es besser wäre, zuvörderst nach dem Festlande (von Asien) vorzudringen, und dann nach den Inseln zu segeln, zu denen auch Cipango gehörte" (*Navarrete*, Tom. I, p. 27). Der Sohn des Columbus sagt ganz entschieden (cap. 20), „dafs sein Vater erwartet habe, das Land erst in 750 Lieues Entfernung im Westen von den Canarischen Inseln anzutreffen, und dafs er Haiti aufgefunden haben würde, welches damals Cipango benannt wurde (*la Española llamada entonces Cipango*), wenn er weiter gegen Süden gesegelt wäre." Noch nach der Entdeckung von Guanahani, am 13. Oktober, spricht Columbus in seinem Tagebuch das Verlangen aus „Cipango anzutreffen (*topar*)"; aber bevor er dorthin gelangt, segelte er die Nordwestküste von Cuba entlang, in der Meinung, dafs es die des Festlandes sei, in höchstens 100 Lieues Entfernung von den grofsen Städten von Cathai (Zeitun und Quinsay), welche ihm Toscanelli nach den Erzählungen des Marco Polo gerühmt hatte. (*Y es cierto, dice el Almirante, questa*

kugel in der Bibliothek des Grofsherzogs von Sachsen-Weimar, die ich schon oben erwähnt und als vor dem Jahre 1534 angefertigt bezeichnet habe, auf der die Landenge von Panama als Meerenge dargestellt worden ist (gerade so wie auf einer ganz neuen chinesischen Welttafel von *Limingtche* aus dem Jahre 1820), findet man Zipango 5° westlich von Veragua mit der Inschrift: „*Zipangri, ubi piper et auri copia.*“ Der Gedanke, dafs die Reichthümer Indiens im Osten und Südosten von Asien zu finden seien, war im funfzehnten Jahrhundert so allgemein geworden, dafs Columbus, begeistert von der Schönheit der Landschaft an der Küste von Cuba, nahe bei Puerto Principe, in seinem Tagebuche (am 14.

No-

---

es la Tierra firma y que estoy, dice el, ante Zayto y Guinsay.“ *Tagebuch vom 1. November* 1492 bei *Navarrete*, Tom. I, p. 46). Späterhin nennt er, wie wir an einem anderen Orte sehen werden, in einem Briefe an den *Contador San Angel* (am Bord der Caravele, in der Nähe der Canarischen Inseln, vom 15. Februar 1493) Cuba abermals eine Insel; aber äufserst aufmerksam auf die Analogien der geographischen Benennungen, bemerkt er mit besonderem Interesse in seinem Tagebuche, „dafs der König von Española, welches die Eingebornen *Bohio* nennten, versichert habe, dafs ganz in der Nähe auf Cipango, *a que ellos llamaban Cibao* (ebenfalls noch ein Theil von Hispaniola), vieles Gold angetroffen werde“ (*Navarrete*, Tom. I, p. 114). Eine rein zufällige Namensähnlichkeit begünstigte diese Träumereien einer mehr als zu leicht erregbaren Einbildungskraft. Der Sekretär des Senates von Brüssel, *Wytfliet*, lehrt uns in einer amerikanischen Geographie, welche der Ausgabe der Geographie des Ptolemäus vom Jahre 1597 angehängt ist, dafs die Einwohner (Caraïben) von Matitina auf ihrer Insel Berge hätten, welche sie Cipangi nennten, und dafs sie analogisch durch denselben Namen den gebirgigen Theil von Hispaniola bezeichneten (*Descriptionis Ptolemaicae argumentum sive occidentis notitia studio Cornelii Wytfliet.* Lov. 1597, p. 146. 166). Um die Uebersicht der systematischen Meinungen zu vervollständigen, durch deren Einflufs Columbus geleitet wurde, bemerke ich hier noch am Schlusse dieser Anmerkung, dafs er, nach der Angabe seines Sohnes (cap. 7 und 29), die Azoren für die Atlantis, die Inseln des Grünen Vorgebirges für die Gorgonen, und den Osten von Indien in vierzig Schifffstagereisen Entfernung von den Gorgonen für die Hesperiden gehalten hat.

November 1492) folgende Bemerkung aufzeichnete: „Ich glaube, daſs diese Inselchen (des Canal Viejo) zu den unzähligen Inseln gehören, welche die Welttafeln *en fin del Oriente* verzeichnen, und bin der Ansicht, daſs sie reich sind an Gewürzen und Edelsteinen, und daſs ihre Anzahl gegen Süden hin zunehmen werde.“ Daſs das Klima selbst auf die Erzeugnisse der unorganischen Natur einen wesentlichen Einfluſs ausübe, war eine damals so allgemein verbreitete Lehre, „*que por el mucho calor que padecia el Almirante, arguye que en estas Indias y por alli donde andaba, debia de haber mucho oro*“ (Tagebuch vom 21. November, welches indessen augenscheinliche Veränderungen durch die Zusätze des Las Casas erlitten hat, da in demselben Erwähnung von Florida geschieht). „So lange Ew. Herrlichkeit“, schreibt im Jahre 1495 ein Steinschneider aus Burgos, Mossen Jaime Ferrer, an Christoph Columbus *(en la gran Isla de Cibau)*, in dem Laufe Ihrer Staunen erregenden Entdeckungen nicht *Neger* aufgefunden und den *Sinus Magnus* des Ptolemäus erreicht haben wird, können Sie nicht auf groſse Dinge (wirkliche Schätze), als Spezereien, Diamanten und Gold rechnen.“ Dieser Brief, welcher Entwürfen zu Längenbestimmungen und Antworten angehängt ist, in denen der groſse Kardinal von Spanien (Mendoza) den Steinschneider-Kosmographen seinen *especial amigo* nennt, ist zu Barcelona im Jahre 1545 in einem sehr seltenen Buche bekannt gemacht worden, welches den sonderbaren Titel: *Sentencias catholicas del Divi poeta Dant* führt. Der Zeitgenosse des Columbus, Peter Martyr von Anghiera, spricht in äuſserst lebhaften Worten seine Miſsbilligung der Expedition des Lucas Vasquez de Ayllon nach Florida aus. „Was bedürfen wir, so ruft er aus (Ocean, Dec. VIII, cap. 10), solcher Erzeugnisse, die mit den im südlichen Europa vorkommenden durchaus übereinstimmen? Gen Süden! Gen Süden! Wer Reichthümer sucht, darf nicht nach den kalten Regionen des Norden geben." Auch Diego Ribero fügte im Jahre 1529 auf seiner berühmten Welttafel bei der *Tierra de Garay* (Westflorida) folgende Worte hinzu: „Das Land ist arm an Gold, weil es zu weit von dem Wendekreise des Krebses entfernt liegt." Diese Ansichten, welche sich auf unvollständige aus dem Alterthum überlieferte *) Analogien gründeten, Ansichten, welche die Gewürze und Edelsteine auf dieselben Gränzen, das Klima der Tropenländer, beschränkten, sind selbst in unserem Jahrhundert noch nicht gänzlich verschwunden **). Der unbestimmte Begriff, welchen man, besonders seit dem vierten und sechsten Jahrhundert unserer Zeitrechnung, mit der Benennung Indien verband, die willkürlich auf die mittägigen Gegenden von Asien, von Arabien und den äthiopischen Küsten des Rothen Meeres ***) ausgedehnt wurde, machte die Ausdrücke *Zone von Indien* und *Zone der Palmbäume* fast zu Synonymen. Man fügte zu dem *äufseren* und *inneren* Indien der ersten christlichen Schriftsteller, zu den drei Indien des Marco Polo, die gänzlich verschieden sind von dem des Fra Mauro, noch den Ausdruck *oberes Indien* hinzu, mit welchem man die Ostküsten von Asien, mithin einen Theil von Cathay be-

---

*) Vergl. *Strabo*, lib. II, p. 127 Cas. in der bewunderungswürdigen Stelle über die Vorzüge von Europa.

**) Als auf der Expedition, die ich auf Befehl des Kaiser Nicolaus im Jahre 1829 nach dem asiatischen Rufsland unternahm, zwei meiner Reisegefährten, Herr Schmidt und der Graf von Polier, auf dem Westabhange des Uralgebirges, fast unter 60° nördlicher Breite, die ersten Diamanten entdeckten, welche in Europa aufgefunden worden sind, zweifelte man anfänglich an der Richtigkeit dieser Entdeckung aus dem Grunde, „weil wahre Diamanten nur dem Klima von Indien angehören könnten."

***) S. oben S. 99. Das *Goldland,* Chavilah, das alte Dorado des Phasis, führte eben wegen seines Reichthums, trotz seiner nördlichen Lage, den Namen des Pontischen Indiens (*Rosenmüller, Bibl. des Alterth.,* Th. I, S. 204).

zeichnete. Der Zwischenhandel mit Spezereien, welcher in den Häfen von China getrieben wurde, trug ohne Zweifel zu dieser Begriffsverwirrung bei. Marignola nennt das gesammte Manzi *Grofsindien*. Amerika *) schien, als es entdeckt wurde, einen Theil von Oberindien auszumachen, sei es als Festland oder als *Ante-Ilha* von Asien.

Sobald man sich zu allgemeinen Betrachtungen über die natürliche Beschaffenheit der Erdkugel erhebt, und das Relief der beiden grofsen Kontinentalmassen untersucht, welche sich heutigen Tages über den Wasserspiegel des Oceans erheben, so unterscheidet man bald sowohl ihre eigenthümliche Gestaltung (Gliederung, Breitenausdehnung gegen Norden, pyramidenförmige Zuspitzung gegen Süden in verschiedenen Entfernungen vom Pole, Ueberflufs an Inseln, die den Ostküsten gegenüber liegen), als die Beziehungen der Annäherung und Entfernung zwischen den beiden Welten. Diese Umstände, zu denen noch die geographische Lage einiger Inselgruppen kommt, die als Ueberfahrtsorte oder Zwischenstationen inmitten liegen, haben nothwendiger Weise einen bedeutenden Einflufs auf die Möglichkeit ausgeübt, welche für die Bewohner der beiden Festlandsmassen vorhanden war, sich gegenseitig über ihr Bestehen aufzuklären. Unter dem sechzigsten und siebzigsten Grade nördlicher Breite ist die Zunahme der Kontinentalmassen so bedeutend, dafs die Breite der Meere daselbst wenig mehr als den achten Theil des diesen Breitenkreisen entsprechenden Erdumfanges beträgt. Amerika nähert sich dem Festlande der Alten Welt auf drei Punkten um weniger als sechshundert Seemeilen (deren zwanzig auf einen Grad des Ac-

---

*) „*Americus Vesputius maritima loca Indiae superioris perlustrans eam partem quae superioris Indiae est, credidit esse insulam: alii vero nunc recentiores hydrographi (v. c. Magellanus, 1519) eam terram ulterius ex ulla parte invenerunt esse continentem Asiae.*“ Dies war die Ansicht, welche *Schoner* im Jahre 1533 aussprach in seinem *Opusc. geogr.*, P. II, cap. 1 und 20.

quators gehen), zwischen Schottland oder Norwegen und
den Ostküsten von Grönland, zwischen dem nordwestlichen Vorgebirge von Irland und den Küsten von Labrador, zwischen Afrika und Brasilien. Die erste dieser
drei Entfernungen beträgt kaum die Hälfte der beiden anderen. Der Kanal des Atlantischen Meeres zwischen Cap
Wrath in Schottland und Knighton-bay (Br. 69° 15')
im Süden des Scoresby-Sound auf Ost-Grönland hat
nur 270 Meilen Breite, und überdies liegt noch Island
auf dem Wege der Ueberfahrt; es ist die Entfernung
zwischen Havre und Warschau. Von Stadtland (62°
7') in Norwegen bis zu demselben Punkt der Ostküste von Grönland beträgt die Entfernung 280 Seemeilen.
Das Längenthal des Atlantischen Oceans, welches die beiden Kontinentalmassen von einander trennt, bietet fortwährend eine Reihe hervorspringender und zurücktreten-
der Winkel dar, die sich (wenigstens zwischen 75° n.
Br. und 30° s.) gegenseitig entsprechen, und erweitert sich
unter dem Parallel Spaniens, wo die Entfernung vom
Cap Finisterre bis Neufoundland 617 Seemeilen beträgt.
Es verengt sich zum zweiten Male fast ganz in der Nähe
des Aequators zwischen Afrika (Küste des Cap Roxo
nahe bei der Bank der Bissagos e Sierra Leone) und
dem Vorgebirge des Heil. Rochus. Die Entfernung des
einen Kontinents von dem anderen beträgt in der Richtung von NO nach SW, auf welcher die Inseln und
Klippen der Roccas, von Fernando Noronha, Pinedo de
San Pedro und French Shoal belegen sind, 510 Meilen,
wenn man für das Vorgebirge Sierra Leone mit dem Kapitain Sabine die Länge von 15° 39' 24" und für das
Vorgebirge des Heil. Rochus mit dem Admiral Roussin
und dem geschickten Beobachter Givry die Länge von
37° 37' 26" annimmt. Der Punkt der größten Annäherung ist für Afrika wahrscheinlich die Spitze Toiro in
der Nähe des Dorfes Bom-Jesus (Br. 5° 7' s.), während der östlichste Vorsprung von Amerika 2° bis 3°

weiter nach Süden zu liegt, zwischen dem Rio Parahyba
do Norte und der Rhede von Pernambuco. Diese Breite
des Atlantischen Oceans zwischen der Sierra Leone und
Brasilien stimmt mit der Entfernung zwischen Havre und
Moskau oder vielmehr Jaroslaw in Rufsland überein. Die
in der Geschichte der Schiffahrt im Mittelmeer so häufig
vorkommenden Ueberfahrten bieten uns Vergleichungs-
punkte dar, die noch bei weitem leichter aufzufassen sind.
Von Schottland nach der Ostküste von Grönland (in gerader Richtung) ist so weit, wie von Gibraltar bis zum
Cap Bon; von Afrika bis Brasilien so weit, wie von Gibraltar nach Bengasi und den Küsten der Cyrenaica;
aber die Vergleichung dieser Entfernungen stellt sich unter einem ganz anderen Gesichtspunkte dar, wenn man
bedenkt, dafs die im Norden des Polarkreises belegenen Länder, welche durch wenige elende Esqui-
mauxstämme bevölkert sind, die ungeheure, neuerdings
durch Scoresby, Sabine und den dänischen Schiffslieutenant Graah untersuchte Halbinsel von Grönland, die
Arctic-Highlands im Norden der Baffinsbai, und die in
den Jahren 1819 und 1820 von Parry entdeckten Länder, welche die Nordküsten der Barrowstrafse bilden,
und unter den Namen von North-Devon, North-Georgia
gia und Melville-Island bekannt sind, das Festland von
Amerika, von demselben gänzlich getrennt, im Norden um-
ben. Eben so umhüllt, in kleinerem Maafsstabe, das von
Völkern germanischen Stammes bewohnte Skandinavien
den Nordosten von Europa und würde ein durchaus
ähnliches Gestaltungsphänomen darbieten, wenn die mit
Seen angefüllte Landenge Finnlands zwischen dem davon benannten Meerbusen und dem Weifsen Meere
durchbrochen wäre. Das amerikanische Skandinavien,
durchgängig aus circumpolarischen Inselmassen bestehend,
dessen nordöstliche und nordwestliche Gränzen gänzlich
unbekannt sind, gehört mit demselben Rechte zu Amerika, wie der Archipel des Feuerlandes, und gleichwie

Nova Zembla, Japan und Ceylon Bestandtheile von Asien ausmachen. Die Richtung der Ostküsten von Amerika, von Florida bis zum siebzigsten Breitengrade, läuft (trotz der weiten Ausdehnung eines Binnenmeeres, welches mit dem Atlantischen Ocean durch die Davisstrafse in Verbindung steht) so gleichmäfsig von Südwesten nach Nordosten *), dafs der östlichste Theil von Grönland (das Land Edam **), welches im Jahre 1655 von den Holländern gesehen wurde, in 77° 25' n. Br.) um 3¼° weiter nach Osten liegt, als das Cap Blanc in Afrika und nur um dieselbe Längenausdehnung weiter gegen Westen, als das Cap Slyne in Irland. Es erhellt aus dieser Richtung, dafs die Festlandsmasse von Amerika in gröfserer Entfernung von Europa bleibt, als die wüste Küste des östlichen Grönland; auch beträgt die geringste Entfernung zwischen Island und Labrador 542 Seemeilen, also ungefähr dreifsig solcher Meilen mehr, als die Entfernung zwischen Afrika und Brasilien. Aber die Kälte auf der Ostküste eines Festlandes, wo der Schnee in reichlichem Maafse fällt, und Westwinde, also Landwinde, die herrschenden sind, ist so bedeutend, die Lage und Neigung der isothermen Linien in Amerika und Europa so verschieden, dafs man, um ein Land aufzufinden, welches ein Europäer mit einiger Behaglichkeit zu bewohnen im Stande wäre, von Labrador his zur Mündung des St Lorenzstromes hinab-

---

*) Diese Richtung ist der der Westküsten des Alten Kontinents von den Vorgebirgen Blanc und Bojador bis zum Nordcap in Norwegen (SSW—NNO) nahe parallel.

**) Wollte man die Unsicherheit dieser Lage geltend machen, so könnte ich daran erinnern, dafs der Capitain Sabine auf seiner kühnen Reise Behufs der Bestimmung der Gestalt der Erde mittelst Pendelbeobachtungen, im Jahre 1823 auf dieser Küste bis zu 76° n. Br., nördlich von Roseneath-Inlet vordrang, und dafs er sich 1¼° südlich von dem Lande Edam schon in 21° 23' L. befand. Aeltere Karten gaben Grönland eine noch gröfsere Ausdehnung gegen Osten, so dafs der östlichste Punkt in dem Meridian von Edinburgh zu liegen kam.

gehen müfste. Wir wollen noch die Entfernung zwischen
Island und dem St. Lorenzstrome mit einiger Genauigkeit (690 Seemeilen) angeben, da die Mündung dieses
grofsen Flusses der Gegenstand der ersten Streifereien
isländischer Kolonisten fast fünf hundert Jahre vor Columbus und Sebastian Cabot war. Bei diesen der physischen Geographie angehörigen Betrachtungen handelte
es sich seither nur um die Ermittelung gerader Entfernungen, nicht der Wege, welche die Völker verfolgen,
und die durch Winde und Strömungen begünstigt oder
unterbrochen und durch die von zwischenliegenden Inseln
oder Ruhepunkten dargebotenen Vortheile mehr oder minder bedingt werden. Island, die Azoren und die kanarischen Inseln sind Ruhepunkte, welche in der Geschichte
der Entdeckungen und der Civilisation, d. h. in der Reihenfolge der Mittel, deren sich die Völker des Westen bedienten, um den Kreis ihrer Thätigkeit zu erweitern und
mit den ihnen unbekannt gebliebenen Theilen der Welt in
Verbindung zu treten, die wichtigste und einflufsreichste
Rolle gespielt haben. In der Nähe des Eingangs in den
alten Flufs *Ogenos* (Ocean) waren den Phöniziern und
Hellenen von dem Augenblicke an, wo sie über die Säulen des Briareus vorzudringen suchten, die Glücklichen
Inseln bekannt. Die Entdeckung Islands ging der der
Azoren voran, ihrer Breitenlage nach, einer Zwischen-
gruppe, die aber um einige Grade weiter gegen Westen liegt
als Island, dessen Ostküste nahe mit dem Meridiane von
Teneriffa zusammenfällt. Diese zwischen die beiden grofsen Kontinentalmassen gleichsam hingeworfene Inselgruppe *) hat viel von ihrer Wichtigkeit verloren, seitdem sie aufgehört hat, der Vorposten der europäischen

---

*) Die Entfernung der Nordküste Schottlands bis Island beträgt 180
Seemeilen; von Island bis zum Südwestende von Grönland 240 Meilen; von dieser Spitze bis zu den Küsten von Labrador 140 Meilen;
bis zur Mündung des St. Lorenzstromes 260 Meilen; von Island nach La-

Kultur, der Ausgangspunkt der Erwartung und Hoffnung zu sein. Als die Erforschung der Küsten von Afrika und Amerika beendet war, bot sie nur noch ein geschichtliches Interesse dar. Es ist ihr nur der materielle Vortheil geblieben, zum Ruhepunkte der Seefahrer zu dienen, weshalb ihre Kolonisirung, auch insofern sie den Ackerbau betrifft, noch nicht gänzlich aufgegeben worden ist.

Es steht seit geraumer Zeit fest, dafs die unermefsliche Ausdehnung des neuen Kontinents in seinem nördlichen Theile, besonders jenseit des sechzigsten Breitengrades, wo die gröfste Breite des Festlandes von Westen nach Osten, vom Vorgebirge Prince of Wales bis zum Lande Edam, oder, wenn man einen mit gröfserer astronomischer Schärfe durch den Capitain Sabine bestimmten Punkt vorzieht, bis Roseneath-Inlet in dem östlichen Grönland, $154\frac{1}{4}$° oder *) 148° 20′ beträgt, die beiden Welttheile im Osten von Asien in solchem Maafse nähert, dafs nur eine Meerenge von $17\frac{1}{2}$ Seemeilen Breite sie von einander trennt **), und dafs die asiatischen

---

brador. unmittelbar 380 Meilen. Von Portugal (der Mündung des Tajo) bis zu den Azoren (San Miguel) sind 240 Meilen; von den Azoren (Corvo) bis nach Neu-Schottland 480 Meilen; von den kanarischen Inseln (Teneriffa) bis zu dem südamerikanischen Festlande (der Mündung des Oyapok im Französischen Guyana, wenn man für die Länge des Fort von Cayenne mit *Givry* 3 St. 38′ 35″ in Zeit [= 54° 38′ 45″ in Bogen] annimmt) 804 Seemeilen.

*) Der Längenunterschied von $148\frac{1}{2}$° bietet nahe $59\frac{1}{2}$° weniger dar, als das Breitenmaximum des Alten Kontinents zwischen dem Meridian des Ostkap (in der Behringsstrafse) und dem grünen Vorgebirge in Afrika beträgt. Dieser Unterschied gründet sich auf die von Beechey und Sabine angestellten Beobachtungen. Beschränkt man sich auf die wirkliche Kontinentalmasse von dem Vorgebirge des Prinzen von Wales (in der Behringsstrafse) bis zum Cap des Heil. Ludwig (in Labrador), so findet man 112° 35′.

**) Nach den während der Expedition des *Blossom* (*Beechey*, Tom. II, p. 673) angestellten Beobachtungen ist die Breite der Behrings

Tschuktschen, trotz ihres eingewurzelten Hasses gegen die Esquimaux des Kotzebuesundes, zuweilen nach den amerikanischen Küsten übersetzen. Der Einfluß dieser großen Annäherung der beiden Festlandsmassen tritt auch in der geographischen Vertheilung der Pflanzen hervor. Besonders im Norden der Behringsstraße bedecken *Rhododendron, Azalea procumbens, Uvularia asplenifolia* und die Liliaceen der Kamtschadalischen Alpenflor das amerikanische Küstenland *), welches, niedrig und sandiger Beschaffenheit, sich einer milderen Temperatur erfreut, als die asiatische Küste. Betrachtet man mit Aufmerksamkeit die außerordentliche Gestaltung von Asien und jene Inselkette, die, fast ohne Unterbrechung, von der kamtschadalischen Halbinsel durch die Kurilen, Yeso, Japan, die Lieu-Kieu (Loo-Choo), Formosa, die Bachis und Babuyanen bis zu den Philippinen, vom zwei und funfzigsten bis zum zwanzigsten Breitengrade sich erstreckt, so erkennt man leicht, wie diese lange Kette von Inseln von sehr verschiedener Größe, welche mit dem Littorale des mannigfach gegliederten Festlandes vier *Binnenmeere* (die Meere von Ochotzk, von Taraïkaï, Japan und China) mit mehrfachen Eingängen (*méditerranées à plusieurs issues*, nach der hydrographischen Terminologie von *Fleu-*

---

straße durch die Lage des Ostkaps (asiatischer Seits) Br. 66° 3′ 10″, L. von Paris 172° 4′ 14″, und durch die des Vorgebirges des *Prince of Wales* (amerikanischer Seits) Br. 65° 33′ 30″, L. 170° 19′ 34″ bestimmt worden. Die Entfernung beider Vorgebirge beträgt hiernach, unter der Voraussetzung der Kugelgestalt der Erde berechnet, 52′ 9,2″. Cook glaubte, daß die Breite der Meerenge nur 44 engl. Meilen betrüge. Nahe in der Mitte der Straße finden sich die Inseln des Heil. Diomedes (die Inseln *Krusenstern, Ratmanoff* und *Fairway-Rock*).

*) S. *Adalbert von Chamisso, Bemerkungen auf der Entdeckungsreise des Rurik*, 1821, S. 166 und 177. Die Höhe, welche die zu kleinen Wäldern vereinigten Kiefern in der Nortonbai, dem felsigen Vorgebirge Tschukotzkoy-Noß und dem Golfe von Anadyr gegenüber, erreichen, beweist vorzugsweise jenen Temperaturunterschied zwischen den östlichen und westlichen Küsten.

rieu) bildet, die Völker des Kontinents zu Handelsverbindungen mit den Bewohnern der gegenüberliegenden Inseln, zu Kolonisationsversuchen und religiösem Propagandismus anregen konnte. Das tiefere Studium, welches man in der jüngstverflossenen Zeit, Dank den Bemühungen von *Abel Remusat, Klaproth* und *Siebold,* der Geschichte von China, Japan und Korea zu Theil werden ließ, hat den Einfluß dargethan, welchen diese Beziehungen auf die Fortschritte der Völkergesittung und die Ausdehnung des Buddhismus ausgeübt haben. In dem gesammten Osten und Norden von Asien scheint im Gefolge dieser Religion Milderung der Sitten und Geschmack für die Wissenschaften hervorgetreten zu sein. Zweihundert und neun Jahre vor dem Beginn unserer Zeitrechnung durchstrich die mystische Expedition des *Thsin-schi-hoang-ti* das östliche Meer, „um ein Mittel aufzusuchen, welches die Unsterblichkeit gewährte“: bei dieser Veranlassung ließen sich drei hundert Paare junger Leute in Japan nieder *). Der eigenthümliche Charakter eines Kontinentalküstenlandes und einer Inselkette, die sich dem Blicke des Seefahrers bald als eine abgerissene Landzunge, bald als das Produkt vulkanischer Erhebungen nach einer bestimmten Richtung (SSW-NNO) darbietet, könnte vielleicht zu der Meinung veranlassen, daß handeltreibende Völker, denen seit dem höchsten Alterthum der Gebrauch der Bussole bekannt war, allmählig unter dem sechzigsten Breitengrade nach dem westlichen Amerika (durch die Behringsstraße oder durch jene lange bogenförmige Kette der Aleutischen Inseln, welche fast die Halbinseln von Alaschka und Kamtschatka mit einander verbindet) hätten geführt werden können. Indessen beweist seither nichts, daß in den geschichtlichen Zeiten diese Schiffahrt Statt gefunden habe, oder daß eine Entdeckung, welche dem Zufalle oder einem hefti-

---

*) *Humboldt, Ansichten der Natur,* zw. Ausg. Th. I, S. 169.

gen Sturme zugeschrieben werden müfste, die Veranlassung zu einer Verbindung zwischen den beiden Festlandsmassen dargeboten hätte.

Ein Gelehrter, dessen Name mit Recht eine grofse Berühmtheit erlangt hat, Deguignes der Vater, irrte, als er in den Abhandlungen der *Académie des inscriptions et belles-lettres* *) vor mehr als achtzig Jahren behauptete, dafs die Chinesen seit dem fünften Jahrhundert unserer Zeitrechnung Amerika gekannt hätten und dafs ihre Schiffe nach *Fusang*, welches in 20000 Li Entfernung von *Tahan* belegen war, gesegelt wären; dafs unter der Benennung *Fusang* die Nordküste des neuen Kontinents zu verstehen sei, während der Name *Tahan* Kamtschatka bezeichnete. Er hat die von einem buddhistischen Mönche **) über sein Vaterland Fusang gegebene und in die *Grofsen Reichsannalen von China* aufgenommene Notiz für einen Reisebericht gehalten. *Klaproth* hat diese Notiz einer kritischen Untersuchung unterworfen ***), und nachgewiesen, dafs Fu-sang, wo das Gesetz des Bud-

---

*) Vol. XXVIII, p. 505.

*) Dem religiösen Eifer dieser reisenden Mönche verdankt man die kostbarsten Nachrichten über den Zustand von Mittelasien vom fünften bis zum siebenten Jahrhundert. Es dürfte hinreichend sein, hier den buddhistischen Reisenden Fahian zu nennen, welcher im Jahre 399 von Tschangan nach den Bergen Tsungling abging, und dessen Buch, *Foe Kue Ki, Beschreibung der beiden buddhistischen Königreiche* betitelt, von Abel Remusat übersetzt, und von diesem Gelehrten und Klaproth erläutert, einen umständlichen Reisebericht darbietet, wenn nicht eine neuerdings von dem letztgenannten berühmten Sinologen gemachte Entdeckung, die Auffindung der Reise des *Hiuan-thsang* durch Transoxiana, in die Umgebungen des Sees Temurtu, Kandahar, das Thal von Pamilo (Pamir) und in Indien (von Palibothra oder Pataliputra bis Ceylon), während der Jahre 630 bis 650 ein noch gröfseres Interesse darzubieten verspräche.

*) *Recherches sur le pays de Fousang mentionné dans les livres chinois et pris mal à propos pour une partie de l'Amérique* (*Nouv. Annales des voyages, Tom. XXI, 2de série*).

dha und die mönchischen Institutionen seit dem Jahre 458 n. Chr. Geb. eingeführt waren, Japan selbst sei. Er hat gezeigt, dafs nach den Entfernungen, angegeben von dem Mönche *Hoeï-schin,* welcher aus Fusang, dem Lande der Weinreben, in welchem man sich einer Art von Wagen bediente, die von Ochsen mit grofsen Hörnern, Pferden und Hirschen gezogen wurden, gebürtig war, das Land Tahan, im Westen von dem asiatischen *Vinland* *) belegen, nichts anderes als die Insel *Taraïkaï* sein könne, welche auf unseren Karten fälschlich *Sachalin* benannt wird **). Die Angabe allein von dem häufigen Vorkommen der Pferde, dem Gebrauche der Schreibkunst und der Papierbereitung aus der Rinde des *Fu sang* oder *edlen Maulbeerbaumes* hätte Deguignes darauf aufmerk-

---

*) Die Uebereinstimmung, welche das Weinland *Fusang* (das chinesische Amerika des Desguignes) mit dem *Vinland* der ersten skandinavischen Entdeckungen auf den Ostküsten von Amerika darbietet, ist im höchsten Grade bemerkenswerth.

**) Klaproth erklärt den Ursprung dieses geographischen Versehens, welches hartnäckig bis zu den neuesten Karten fortgepflanzt worden ist, folgendermafsen. Als die auf Befehl des *Khang-hi* angefertigten Karten in Peking erschienen waren, schickten die Jesuiten ein Exemplar nach Frankreich, welches von Umrissen begleitet war, auf denen man nur einen Theil der Namen mit lateinischen Buchstaben geschrieben hatte. Auf den Umrissen, welche d'Anville für das Werk des Pater Duhalde reducirte und die zu Paris aufbewahrt werden, findet man neben der Mündung des Flusses Amur oder *Sakhalian ula* (schwarzer Flufs) die Worte in Mandschusprache: *Sakhalian angga khada*, welche „*Felsen der schwarzen Mündung*" bedeuten. Diese Bezeichnung einiger kleinen in dem von dem Amur gebildeten Meerbusen belegenen Felsen wurde von d'Anville für den Namen der grofsen Insel gehalten, welche die Eingebornen *Taraïkaï* und die Japaner *Karafto* nennen nach einem Vorgebirge, welches sich der Nordspitze von Yeso gegenüber in das Meer erstreckt. Der Name *Tschoka*, welchen La Pérouse der Insel Taraïkaï giebt, gehört nur der westlichen Küste an. Die Nachfolger von d'Anville haben *Sakhalian angga khada* in *Sakhalien* oder *Saghalien* abgekürzt. Vergl. *Notice des travaux exécutés en Chine pour dresser la carte de cet empire*, p. 26 (ein schon gedrucktes, aber noch nicht erschienenes Werk).

sam machen können, dafs *Hoeï-schin* nicht von Amerika
spricht. Welche Rücksichten wären übrigens wohl im
Stande gewesen, Völker über den funfzigsten Breitengrad
hinaus zu locken, welche glückliche Himmelsstriche bewohnten, und deren Seefahrten, gleich ihrer Bussole, vielmehr nach Süden gerichtet waren? Die Chinesen haben
ohne Zweifel in sehr frühen Zeiten mit den Völkern tun-
gusischen Stammes, welche an den Ufern des Amur und
im Norden von Korea wohnten, in politischem Verkehr
gestanden; sie kannten seit den Zeiten der Dynastie
Thang die Kulihanen und die Tupho in der Nachbarschaft des Baikalsees; aber sie verdankten diese Kenntnifs nur Landreisen, die zu den Barbaren des Norden
unternommen worden waren.

Seitdem man mit Sorgfalt den vollständigen Briefwechsel des Pater Gaubil untersucht hat, welcher schon
dem berühmten Laplace so überaus kostbare Nachweisungen über die im Jahre 1100 vor unserer Zeitrechnung
von den Chinesen zur Zeit der Solstitien beobachtete
Länge des Mittagschattens dargeboten hatte, ist man im
Stande, Klaproth's Zweifel durch das Ansehen des gelehrtesten unter allen jesuitischen Missionaren zu unterstützen. „Alles, schreibt der Pater Gaubil *) an einen
seiner geistlichen Brüder in Paris im Jahre 1752, „was
Du mir von der Abhandlung des Deguignes über die Länder *Wenschin* **) und *Tahan* und die Reisen nach weit
entfernten Gegenden im Nordosten von Japan berichtest,
könnte Dich zu der Meinung veranlassen, dafs die Chinesen Amerika gekannt haben. Die Originaltexte ihrer

---

*) *Nouv. Journ. asiatique*, 1832, p. 335.

**) „*Wenschin*, oder das Land der tättowirten Völker, ist die Süd-
spitze der Insel Yeso, welche von den Aïnos bewohnt wird, die noch
bis auf den heutigen Tag die Sitte bewahrt haben, das Gesicht und den
gesammten Körper mit verschiedenartigen Figuren zu bemalen." *Klaproth, sur le Fousang*, p. 10 und *Annales des Empereurs du Japon*,
1834, p. VIII.

Schriften liefern keinen Beweis dafür, und bei so unbestimmten Schlufsfolgerungen könnte man mit demselben
Rechte behaupten, dafs die Chinesen nach Frankreich,
Italien oder Polen gekommen seien." Dieser Geschmack
an Schöpfungen der Einbildungskraft und chimärischen
Hypothesen, welchen der Pater Gaubil den Geographen vorwirft, und der ganz neuerdings einige Gelehrte
veranlafst hat, den Hindus im hohen Alterthume eine
Kenntnifs der britannischen Inseln zuzuschreiben, findet
sich, ohne dafs man es ihnen zu verargen Ursache hätte, bei
den chinesischen Dichtern wieder. Das Land Fusang ist
der Schauplatz ihrer Zaubergeschichten, und, der volksthümlichen Hinneigung zum Luxus mit seidenen Stoffen
gemäfs, durften daselbst Maulbeerbäume von mehreren
tausend Klaftern Höhe und Seidenwürmer von 6 Fufs
Länge nicht fehlen.

Wenn aus alle diesem hervorgeht, dafs keine geschichtliche Thatsache für eine freiwillige Verbindung zwischen den civilisirten Völkern des östlichen Asiens mit
dem Neuen Kontinente spricht, so ist es darum nicht minder möglich, dafs ein Sturm Japaner oder Sianpis von
dem koreanischen Stamm an die Nordwestküste von Amerika geworfen haben könne. Ereignisse dieser Art dürfen uns bei den Forschungen, welche der Gegenstand
dieses Werkes sind, nicht beschäftigen. Gomara versichert, dafs man im sechzehnten Jahrhundert an den Küsten von Quivira und Cibora (dem Eldorado des nördlichen Mexico, dem fabelhaften Sitze einer uralten Civilisation) die Trümmer eines Schiffes aus Cathay gefunden zu haben behauptete *). Aber in dieser dem Mittelalter so nahe liegenden Zeit erklärte, wie es noch in
unseren Tagen zuweilen zu geschehen pflegt, die Leichtgläubigkeit schlecht beobachtete Thatsachen zu Gunsten
aufgestellter Systeme. Die Zerstörung der Flotte, wel-

---

*) *Historia general de Indias*, p. 117.

che Khubilaï Khan, Gründer der Dynastie der Yuan und
Bruder des Manggu Kakban, im Jahre 1281 aussandte,
um Japan zu erobern, hat eine Reihe von Hypothesen
hervorgerufen, mittelst deren Reinhold Forster und Ran-
king *) die grofsen Umwälzungen in der Civilisation und
dem politischen Zustande von Peru zu erklären versucht
haben. Es scheint mir unzweifelhaft, dafs die Denkmäler, die Zeiteintheilungen, die Kosmogonien und mehrere Mythen, welche ich in meinem Werke *Monumens
des peuples indigènes de l'Amérique* besprochen habe,
auffallende Uebereinstimmungen mit den Ideen des östlichen Asiens darbieten; Uebereinstimmungen, welche auf
alte Verbindungen hindeuten und mehr als das einfache
Resultat einer Identität der Lage zu sein scheinen, in welcher sich die Völker befanden, als die Morgenröthe der
Civilisation anbrach. Auf welchem Wege haben diese
Verbindungen nach weiten Fernen Statt gefunden? Wie
hat sich die intellektuelle Bildung bei ihrem Durchzuge
durch die nördlichen Gegenden, wo zwei Kontinente sich
gegenseitig annähern, zu bewahren vermocht? Dies sind
Fragen, welche bei dem gegenwärtigen Zustande unserer
Kemtnisse keiner Lösung fähig sind. In Mexico ist ohne
Zweifel die Fluth der Völker von Aztlan von Norden
nach Süden gerichtet gewesen; aber man kann diese Wanderungen nur bis zum Rio Gila, höchstens bis zum See
von Teguajo verfolgen, der nicht über den Breitenkreis
von 41° hinauszureichen scheint. Die Frage nach der
Urbevölkerung von Amerika gehört eben so wenig in das
Gebiet der Geschichte, als die Frage über den Ursprung
der Pflanzen und Thiere und die Verbreitung der organischen Keime in das Gebiet der Naturwissenschaften.

---

*) *Historical Researches on the conquest of Peru, Mexico and
Bogota in the thirteenth century by the Mongols*, 1827, p. 34—45.
Dies Werk steht in enger Verbindung mit einem andern, welches den
Titel führt: *Researches on the wars and sports of the Mongols and
Romans*, 1826.

Während die gröfste Annäherung zwischen Asien und Amerika in eine unwirthliche und eisige Zone fällt, unter der Breite von Labrador, der Hudsonsbai, des Sklavensees und des Flusses Anadyr, sind die Küsten der beiden Festlandsmassen, wenn man nach Süden hin vordringt, von dem Breitenkreise des sechzigsten Grades an, in einer dermafsen entgegengesetzten Richtung, dafs sie sich gleichsam zu fliehen scheinen, und dafs unter dem dreifsigsten Breitengrad, dem Parallel von Nanking und Neu-Orleans, das chinesische Küstenland schon um 123 Längengrade von dem Littoral Altkaliforniens, also dreimal so weit als Afrika vom südlichen Amerika, entfernt ist. Dies ist eine der unterscheidenden und bezeichnenden Eigenschaften des Stillen Meeres, welches mit Recht der *Grofse Ocean* genannt worden ist. Sein Becken bietet nicht die Gestalt eines Längenthales mit hervorragenden und einspringenden Winkeln dar, welche sich, wie in dem des Atlantischen Oceans, gegenseitig entsprechen. Von der Behringsstrafse an laufen die gegenüberstehenden Küsten mit gleicher Geschwindigkeit aus einander, indem die asiatischen die Richtung von NO nach SW, die amerikanischen die von NW nach SO verfolgen. Man könnte sagen, dafs, bei der Emporhebung der beiden Kontinentalmassen an der Ostküste der Neuen Welt ein Zusammenwirken der Kräfte Statt gefunden haben müsse, durch welche gleichzeitig die Umrisse der amerikanischen Massen und die der Alten Welt bestimmt wurden, während in dem ausgedehnten Becken des Stillen Meeres von einander unabhängigere Ursachen gänzlich verschiedene Wirkungen hervorgerufen haben. Bei diesem Anknüpfen geologischer, oder vielmehr in das Gebiet der physischen Erdkunde gehörender Ansichten an die Wechselfälle, wodurch die gegenseitigen Verbindungen der einzelnen Menschenracen bedingt wurden, mufs ich noch zuvörderst auf jene gegen Asien hin sich ausbreitende Inselzone aufmerksam machen, welche sich von Osten nach Westen durch

Juan

Juan Fernandez, Salas und Gomez, die Osterinsel *), die
Hauptstadt von Taïti, die Fidji und die Hebriden nach
Neu-Caledonien hin erstreckt; dann, als auf einen für die
Bedürfnisse der Schiffahrt höchst wichtigen Umstand **),

---

*) Der Raum von zwanzig Längengraden zwischen der Osterinsel
und den Inseln St. Felix, St. Ambrosius und Juan Fernandez ist von
dem Sporaden des Salas und Gomez, des Pilgrin, den Warehams Rocks
und Masafuero ausgefüllt. Von der Osterinsel nach den Gesellschaftsinseln (einer Entfernung von vierzig Längengraden) führen uns die Sporaden von Ducies, Elisabeth, Pitcairn (wo die englisch-australische Familie des alten Matrosen Adams seit der Empörung auf der *Bounty* ihren
Sitz aufgeschlagen hat), Crescent, Gambier und Hood. Der grofse Insel-
zug, welcher in gröfserem Zusammenhange sich von Neu-Holland nach
dem südlichen Amerika erstreckt, liegt fast gänzlich zwischen 15° und
28° südlicher Breite. Er weicht in der Richtung nach SO von der
Osteriusel nach Juan Fernandez ab, und tritt durch ein gänzlich verschiedenes (von S nach N fortlaufendes) Inselsystem, durch die Gruppen Scarborough und Radak mit den Carolinen, so wie durch diese und
die Pelewinseln mit dem grofsen Archipel der Philippinen in Verbindung.

**) *Carte du mouvement des eaux à la surface de la mer dans
le Grand Océan austral, par le capitaine Duperrey*, 1831. Der
Meeresstrom, welcher nach ONO treibt, nach den Küsten von Concep-
cion und Valdivia, theilt sich, indem er den Küsten von Chili, gleichzeitig nach Süden und nach Norden folgt. Dies ist eine Stromscheide,
denen ähnlich, welche man an den Westküsten von Afrika, zwischen
der Bai von Biafra und dem Kap Lopez kennt, und an den Küsten von
Brasilien im Süden des Vorgebirges des Heil. Rochus. (*Rennell, Investigation of the Currents of the Atlantic Ocean*, 1832, p. 136 und
288.) Der nördliche Arm des Stromes von Chili ist derselbe, dessen
aufserordentliche Temperaturerniedrigung ich bekannt gemacht habe. Das
hunderttheilige Thermometer zeigt innerhalb des Stromes 15°,7, aufserhalb desselben 26°,4 bis 29°,7 (*Relation historique*, Tom. III,
p. 508). Da die particielle Bewegung der Wassermassen in dem Becken
des Stillen Meeres einen hervortretenden Einflufs auf die Verbreitung einer und derselben Menschenrace und die Verschwisterung der Idiome
(Dialekte) ausgeübt hat, so mufs ich auch an das Bestehen von NW-
strömungen erinnern, welche zuweilen in der Nähe der Wendekreise,
selbst an der Gränzscheide des SW- und NOpassats wahrgenommen
worden sind (*Beechey*, Tom. II, p. 676. *Meyen, Reise um die
Erde auf der Princessin Luise*, 1835, Th. II, S. 84–88).

auf den Meeresstrom, welcher zwischen den Parallelen
von 35° und 40° s. Br. von dem Meridian von Taïti
nach den Küsten von Chili in der Richtung von WSW
nach ONO treibt und mithin dem Aequatorialstrome entgegengesetzt ist. Mit Ausnahme von Mexico und Gua-
timala, deren Hochebenen bei ihrer geringen Breitenausdehnung über beide Meere gleichzeitig herrschen, trat,
als die Spanier in Amerika anlangten, eine vorgeschrit-
tene Civilisation, die sich in den Denkmälern, den grofsen Heerstrafsen, den bürgerlichen Institutionen, und dem
erhabenen Charakter des Kultus und der religiösen Kon-
gregationen offenbart, nur in dem Asien gegenüberliegenden Theile der Neuen Welt hervor; wogegen die von
dem atlantischen Ocean bespülte Hälfte nur Nomaden-
und Jägervölker darbot, die, an Volksmenge unbedeutend,
an Kultur noch unter den erloschenen Racen standen,
welche im Süden der grofsen Seen von Kanada in den
Ebenen jenseits der Alleghanygebirge jene polygoni-
schen Umwallungen errichteten, die verschanzten Lägern
ähnlich sind. Der civilisirtesten Seite von Amerika, die
von ackerbauenden und bekleideten Völkern bewohnt
wurde, entspricht gegen Westen die Ostküste der Alten
Welt, wo Alles, was die Fortschritte der Intelligenz und
deren Nutzanwendung auf die Bedürfnisse des gesellschaftlichen Lebens bedingt und begünstigt, unzweifelhaft um
mehrere Jahrhunderte älter ist, als auf den Westküsten
von Europa. Indessen ist die geheimnifsvolle Verkettung
der menschlichen Dinge von der Art, dafs von Westen
her, von der lange Zeit hindurch barbarischen Küste des
Alten Kontinentes aus, Amerika aufgefunden worden ist.
Vielleicht haben die verschiedenen Familien des Menschengeschlechtes nur die Verbindungen erneuert, welche
in Zeiten, die aller geschichtlichen Erinnerung vorangehen, bestanden haben.

In dem Längenthale des atlantischen Meeres, wo die
entsprechenden Ausbuchtungen der gegenüberliegenden

Ufer heutigen Tages ihrem gröfsten Theile nach von der europäischen Civilisation eingenommen werden, nähert sich der Alte Kontinent zu zwei verschiedenen Malen und fast auf dieselbe Entfernung (von 510 und 542 Seemeilen) den Küsten des amerikanischen Festlandes. Die geringste Breite des Thales ist in der Richtung von SSW nach NNO in der Nähe des Aequators zwischen Afrika und Brasilien. Vom Cabo Roxo (zwischen der Mündung des Gambia und den Bissagos) bis zum Vorgebirge des Heil. Rochus sind nur zehn Seemeilen[*] weniger Entfernung, als von dem letzten Vorgebirge bis zur Sierra Leone. Von Europa nähert sich das westliche Irland, und zwar das Vorgebirge zwischen Tralee und Dingle Bay, am meisten der Südostspitze von Labrador, ein wenig im Norden von Neu-Fundland. Das atlantische Meer hat unter diesem Parallel (die beiden Punkte weichen nur um 9' in der Breite ab) eine Breite von nur 542 Seemeilen[**]. Der Unterschied in der Breite zwischen Europa und dem Festlande von Nordamerika, Guinea und Südamerika beträgt also, trotz einer Breitenzunahme von mehr als vierzig Graden, nur 94 Meilen, deren 60 einen Grad des Aequators ausmachen. Diese Annäherungsverhältnisse zwischen der Alten und der Neuen Welt ändern sich beträchtlich, wenn man die ausgedehnte Insel Grönland, deren nordwestliche Verlängerung jenseits der Baffinsbai und der Barrowstrafse gänzlich unbekannt ist, als einen Theil der Neuen Welt betrachtet, eine An-

----

[*] Rechnet man in der Voraussetzung der Kugelgestalt der Erde, so beträgt die Entfernung vom Vorgebirge des Heil. Rochus (5° 28' 17" s. B. 37° 37' 26" L.) bis zum Cabo Roxo (12° 20' n. Br. 19° 14' L.) 1531,2 Meilen zu 60 auf dem Aequator. Vom Vorgebirge des Heil. Rochus bis zur Sierra Leone (Br. 8° 29' 55" n. 15° 39' 24" L.) sind hiernach 1558,7 solcher Meilen.

[**] Von dem Vorgebirge Irlands südlich von Tralee (52° 20' Br. 12° 40' L.) zum Kap Charles in Labrador (52° 11' Br., 57° 40' L.) sind 1625,7 Meilen der gedachten Art.

nahme, welche durch die übereinstimmende Richtung
(SW — NO) der Ostküsten von Georgien bis zum Lande
Edam, von 30 bis 77½ Grad nördlicher Breite, unterstützt
wird. Das östliche Grönland nähert sich in der Gegend
der Scoresbybucht in so hohem Grade der skandinavischen
Halbinsel und dem Norden von Schottland, dafs die Entfernung zwischen dieser letzteren Insel und dem Kap
Barclay (1°½ südlich von dem Parallel der vulkanischen
Insel Jan Mayen) nur 269 Seemeilen beträgt *), was unge-
gefähr die Hälfte der Breite des atlantischen Meeres zwischen Afrika und Brasilien ausmacht. Bei einem frischen
und anhaltenden Nordwestwinde würde man diesen Weg
in weniger als vier Tagen zurücklegen können.

Die gegenseitige Annäherung sämmtlicher Festlandmassen in der Nähe des nördlichen Polarkreises und über
denselben hinaus spricht sich, wie die sorgfältigsten neueren Untersuchungen über die geographische Vertheilung
der Pflanzen darthun, auch in der grofsen Anzahl von
Vegetabilien aus, welche Europa, Asien und dem nördlichen Amerika gemeinschaftlich angehören **). Südamerika, und im Allgemeinen der gesammte zwischen den
Wendekreisen belegene Theil der Neuen Welt, bietet
einen gänzlich verschiedenen Charakter dar. Das grofse
Naturgesetz, welches *Buffon* in der Abweichung der
Thierschöpfungen, die diesen Gegenden und Afrika zukommen, wahrgenommen hat, kann mit gewissen Ein-
schränkungen auch auf die Pflanzenwelt ausgedehnt werden. Ausnahmen von diesem Gesetze sind selten: aber sie
kommen nicht blofs bei den monocotyledonischen Pflan-

---

*) Kap Wrath (Nordwestspitze von Schottland) Br. 58° 39'. L. 7°
18'. Kap Barclay (im Süden der Scoresbybay) Br. 69° 16' L. 26° 4'.
Entfernung 807 Meilen zu 60 auf den Aequator.

**) Die Ericeen, von denen man glaubte, dafs sie dem ge-
sammten Amerika, so wie dem nordöstlichen Theile Siberiens fehlten,
sind neuerdings in dem Inneren der Insel Neu-Fundland aufgefunden
worden.

zen, und zwar vorzugsweise in den Familien der Gramineen und Cyperaceen *) vor, sondern auch selbst bei dicotyledonischen Baumgewächsen, welche weder den Küsten angehören **), noch Wasserpflanzen sind. Es ist in der That sehr bemerkenswerth, daſs, wie aus den Untersuchungen von *Robert Brown* über die Flora von Congo und den Bemerkungen von *Perrottet* und *Guillemin* über die Flora des Grünen Vorgebirges und Senegambiens hervorgeht, es besonders die afrikanischen Küsten und die von Brasilien und Guyana sind, welche diese Analogien mit den Aequinoctialgegenden Afrika's darbieten. Es genügt, auf die am Rio Zahir und Senegal gefundenen Arten zu verweisen, deren Speciesnamen selbst schon auf den Ort hindeuten, an welchem sie von reisenden Botanikern zum ersten Male aufgefunden sind: *Schwenkia americana, Urena americana, Cassia occidentalis, Ximenia americana, Waltheria americana*, welche mit der *Waltheria indica* identisch ist ***). Die Strömungen führen von Congo gegen Westen nach Brasilien, während an der Mündung des Senegal und darüber hinaus bis zur Bucht von Biafra die Bewegung der Gewässer nach S und SO gerichtet, also einer Uebertragung von Früchten und Samenkörnern nach den amerikanischen

---

*) *Humboldt, de distributione geographica plantarum secundum caeli temperiem et altitudinem montium*, 1817, *p.* 61—67.

**) Wie *Avicennia tomentosa, Suriana maritima, Jussieua erecta* u. m. a.

***) Andere Beispiele von Dicotyledonen, welche den Aequinoctialküsten von Afrika und Amerika gemein sind, bieten dar: *Sida juncea, Pterocarpus lunatus, Aeschinomene sensitiva, Scoparia dulcis* und die *Dodonaea viscosa*, welche ich in Mexico auf der Hochebene von Guanaxuato und auf den Hügeln aus agglomerirten Bimssteinmassen in der Nähe des Rio Mayo, auf dem Wege von Popayan nach Pasto eingesammelt habe, und die anderer Seits von *Perrottet* am Senegal aufgefunden worden ist (s. *Robert Brown, Remarks on the botany of the Congo River, p.* 57. *Perrottet, Guillemin et Richard, Flore de la Sénégambie*, 1831, p. 18, 41 und 73).

Küsten gerade entgegen ist. Was wir über die zerstörende Wirkung wissen, welche das Meerwasser bei einer Ueberfahrt von 500 bis 600 Seemeilen auf die Keimfähigkeit der bei weitem gröfseren Anzahl von Samenkörnern ausübt, spricht übrigens nicht zu Gunsten des zu allgemein ausgedehnten Systemes der Wanderung der Vegetabilien mittelst der Meeresströmungen. Ich kann diese auf das grofse Thal des atlantischen Meeres an der Stelle, wo es die geringste Breitenausdehnung zwischen zwei zu ganzen Kontinenten vereinigten Ländermassen darbietet, bezüglichen Wahrnehmungen nicht abschliefsen, ohne den Umrissen des physischen Gemäldes die Angabe einer Thatsache oder vielmehr einer dem sechzehnten Jahrhundert angehörigen Meinung beizufügen, welche von den neueren Geschichtschreibern der Neuen Welt gänzlich vernachlässigt worden ist. Columbus hatte auf seiner zweiten Reise erfahren, dafs die Bewohner der Insel Haïti zuweilen den Angriffen einer schwarzen Menschenrace *(gente negra)* ausgesetzt seien, welche ihren Wohnsitz gegen Süden oder Südosten hätten. Er unterscheidet sie von den Karaiben der kleinen Antillen, welche er in seinem Briefe an die spanischen Monarchen vom Monat Oktober 1498 *Caribales* *) nennt, und schildert sie als mit Sagaien *(axagayas)* bewaffnet, deren metallische Komposition seine Aufmerksamkeit in hohem Grade gefesselt hatte. Die Eingeborenen von Haïti nannten diese Komposition *guanin.* Columbus hatte sie dem Könige Ferdinand überschickt, und *Herrera* berich-

---

*) Eine bemerkenswerthe Form der Namen *Calina* und *Callinago* (so nennt sich nehmlich das karaïbische Volk selbst in seiner eigenen Sprache), woraus die Gelehrten *(propter rabiem caninam anthropophagorum gentis) canibales* gemacht haben, gleichsam um das Wort mehr zu latinisiren. *Garcia* (*Origen de los Americanos*, p. 68) leitet in seinen semitischen Träumereien das Wort *canibal* von Hannibal und aus dem Phönizischen her! (*Relation historique*, Tom. II, p. 503; Tom. III, p. 10 und 537).

tet (ohne Zweifel nach den Handschriften des Las Casas; denn der Sohn des Admirals, Ferdinand Columbus, spricht davon nicht), daſs nach der in Spanien vorgenommenen chemischen Analyse das *Guanin* in 32 Theilen 18 Theile Gold, 6 Theile Silber und 8 Theile Kupfer enthielt *). Es war also Gold von niederem Gehalt (*oro baxo*), welches durch die doppelte Legirung (0,44) mit Kupfer und Silber bemerkenswerth ist, zu welcher bei barbarischen Völkern die besondere Beschaffenheit eines goldhaltigen Erzes die Veranlassung gegeben haben muſs. Die südliche Richtung, welche der Admiral auf seiner dritten Reise verfolgte, hatte keinen anderen Grund, als den Wunsch, nach dem Lande des *Guanin* zu gelangen. „*Dixo Colon que por aquel camino pensava esperimentar lo que dexian los Indios de la Española de la gente negra que traia los hierros* (die Klingen?) *de las azagayas de un metal que llamavan guanin.*" Vasco Nuñez de Balboa, welcher zuerst den Isthmus überschritt, um nach dem Südmeere zu gelangen, fand in der That schwarze Menschen in Darien. „Dieser *conquistador*, sagt *Gomara* **), gelángte in die Provinz Quareca. Er fand daselbst kein Gold, aber einige Neger, welche Sklaven des Oberhauptes der Gegend waren. Als er denselben fragte, woher er diese schwarzen Sklaven bezogen hätte, erhielt er zur Antwort, daſs ein Volk von dieser Hautfarbe ganz in der Nähe wohnte, und daſs man sich mit ihnen in beständigem Kriege befände." „Diese Neger, setzt Gomara hinzu, glichen durchaus den *Negern von Guinea*, und ich glaube, daſs man keine anderen in Amerika gesehen hat (*en las Indias yo pienso que non se han visto negros despues*)." Diese von Gomara berichtete Thatsache erregte die Aufmerksam-

---

*) Dec. I, lib. III, cap. 9.

**) *Hist. de Indias*, fol. XXXIV. *Münster, Cosmogr.*, lib. IX, c. 3, p. 1690.

keit des Peter Martyr von Anghiera *), welchem nichts
entging, was auf die amerikanischen Racen Bezug hatte.
Er erklärt sie ein wenig oberflächlich durch die Hypothese eines Schiffbruches, welchen Afrikaner an den
Küsten von Amerika erlitten haben sollten. Diese Sklaven, sagt er, sind ohne Zweifel Abkömmlinge von *schwarzen Aethiopen*, welche, nachdem sie die Meere als Pira-
ten *(latrocinii causa)* beunruhigt hatten, in einem Sturme
an die Landküste von Darien geworfen wurden. Man
kann nicht in Abrede stellen, was auch die Karten des
Major Rennell, wie ich oben bemerkt habe, beglaubigen,
dafs die afrikanischen Strömungen in Verbindung mit den
Gewässern des Golfstromes von den Küsten von Congo
und Benguela gegen Westen nach Guyana, Brasilien und
dem inneren Becken des Meeres der Antillen führen;
aber welche Ueberfahrt für afrikanische Neger, die niemals Seeräuber auf hohem Meere gewesen sind und sich
nur kleiner Kanots zum Fischfange an den Küsten bedienen! Diese *negros de Quareca* bewohnten dieselben
Gegenden, in welche die Naturforscher ehemals eine
weifse Race versetzten, indem sie einige kranke Indianer *(albinos)* als eine eigenthümliche Völkerschaft betrachteten. Ich glaube, dafs es eben so wenig Papuas aus
dem Südmeere waren, welche, von Westen herkommend,
gewisse Gegenströmungen des Meeres und der Atmosphäre benutzt haben können, als äthiopische Neger.
Ich möchte vielmehr annehmen, dafs es ein eingebo-
rener Volksstamm von besonders schwärzlicher Hautfarbe war; denn Gomara, wenn er gleich sagt, dafs die
Negros von Quareca den *Negros de Guinea* glichen, erwähnt doch keinesweges ausdrücklich, dafs sie Wollhaar
gehabt hätten. In den Missionen des Orenoko machen
die Ottomaken und Guamos die schwärzeste, die Guaha-
ribos von Gehette und die Guainares die weifseste Ab-

---

*) *Ocean.* Dec. III, lib. I, p. 45.

art unter den kupferfarbigen Indianern aus *). Man
darf hoffen, dafs irgend ein unterrichteter Reisender bei
Durchforschung dieses so wenig bekannten Landes zwischen den Quellen des Atrato, Darien und dem Golfe
von Mandinga, ein neues Licht auf diese *gente negra*
werfen wird, die gleichzeitig in Haïti und Caribana bekannt war. Man mufs die Thatsachen aufser allen Zweifel setzen, bevor man sie zu erklären versucht. Ander-
weitige Andeutungen könnten in der That zu der Meinung hinleiten, dafs dieser Erdwinkel in sehr alten Zeiten von fremden Racen besucht worden sei. Bei den
Caramaris, die nach ihrer Aussage von der grofsen und
mächtigen Familie der Caraibischen Völker abstammten,
fand man Spuren einer dem Volke von aufsen her zuge-
führten Bildung, und eben so bei den Caraiben von
Uraba **); man bemerkte ein Individuum, welches einige
Begriffe von Büchern und Schriftzeichen hatte.

Es giebt in den wandelbaren Geschicken der Civilisation und des gesellschaftlichen Zustandes der Völker
etwas Dauerndes und Beständiges, welches mit der Gestaltung der Ländermassen, ihrer gröfscren oder geringe-

---

*) *Relation historique*, Tom. II, p. 572; Tom. III, p. 400.

**) „*Architecti pererrantes a littore parumper in frusta candidi
marmoris se incidisse dixerunt. Putant peregrinos ad eas terras
venisse quondam qui marmora e montibus aliquando scinderent et
putamina illa in plano reliquerint.* — *Legum peritus dictus Cor-
rales, Dariensium (Fueracae et Caribanae) praetor urbanus, inquit,
se occurrisse cuidam fugitivo ex internis occidentalibus magnis terris
qui ad regulum repertum a se profugerat. Is legentem cernens prae-
torem insiluit admirabundus atque per interpretes, qui reguli hos-
pitis sui linguam callebant; en quid et vos libros habetis, en et
vos characteris quibus absentes, vos intelligant, assequimini? Ora-
vit una ut apertus sibi libellus ostenderetur, putans se literas pa-
trias visurum. Dissimiles reperit eas esse.*" (*Petr. Martyr.
Ocean.*, p. 22 und 65). Mufs man nicht fast glauben, dafs in dieser
naïven Erzählung von einem Eingeborenen, welcher die hieroglyphischen
Bücher der Völker von Mexico und Hoch-Peru kannte, die Rede ist?

ren Absonderung, den Einflüssen des Klima und den physischen Einwirkungen im Allgemeinen in engem Zusammenhange steht. Wir haben gesehen, daſs der Zustand von Barbarei, in welchem sich die gegenüberliegenden Küsten der beiden Festlande von Asien und Amerika befanden, in jenen fernliegenden Zeiten jede auf freiwillige Uebersiedelung oder fernhin gerichtete Schiffahrt bezügliche Unternehmung untersagen mufste. Es war dem nördlichsten Theile des atlantischen Meeres, da, wo das amerikanische Inselskandinavien (Grönland) bis auf eine Entfernung von achthundert bis neunhundert Seelieues Schottland und Norwegen sich nähert, vorbehalten, die Entdekkung von Amerika von der Ostseite her zu veranlassen. Zwei Umstände haben diese Entdeckung, welche mit dem Anfange des eilften Jahrhunderts unserer Zeitrechnung zusammenfällt, begünstigt. Die erste derselben gehört wiederum der physischen Geographie an. Zwischen den Parallelen, welche den Breitengraden 58°$\frac{1}{2}$ und 64° entsprechen, ist der ohnehin schon sehr verengte Kanal des atlantischen Meeres mit mehreren Inselgruppen bedeckt (den Orkaden, den Färöerinseln, Island), welche gleichsam eine ununterbrochene Kette von Zwischenstationen darbieten, und über alte vulkanische Erhebungen (von Doleriten und Trachyten[*])), nach den Küsten des nördlichen Inselamerika hinüberführen. Der zweite günstige Umstand beruht in der Thätigkeit und dem Unternehmungsgeiste der europäischen Völkerschaften, welche im Mit-

---

[*]) Der Trachyt ist nur in Island durch die Trappfelsen durchgebrochen, wo der Mittelpunkt der Insel von einem trachytischen Längenthal in der Richtung von SVV nach NO durchschnitten wird, welches neuerdings an Ort und Stelle in einer lehrreichen geognostischen Abhandlung von *Krug von Nidda* beschrieben worden ist (*Karsten, Archiv für Mineralogie*, Th. VII, S. 425, 455). Die Uebereinstimmung dieser Richtung mit der der Ostküste von Grönland war schon von *Leopold von Buch* bemerkt worden (*Physikal. Beschr. der Kanar. Inseln*, S. 335). — Ueber die Runen auf dem venetianischen Löwen s. *Grimm, deutsche Runen*, S. 209.

terälter eben jene Umgebungen eines mit Inseln, dem
Schauplatze ihrer Thaten und Abenteuer, bedeckten Nord-
meeres bewohnten. Das Zusammenwirken dieser physischen und moralischen Ursachen hat die Entdeckung der
Neuen Welt durch die Skandinavier hervorgerufen. Die
Normannen und die Araber sind die einzigen Nationen,
welche bis zum Beginne des zwölften Jahrhunderts den
Ruhm grofser Unternehmungen zur See, die Vorliebe für
seltsame und gefährliche Abenteuer und den Hang zur
Plünderung und zu vorübergehenden, im Fluge gemachten Eroberungen in fast gleichem Maafse theilten. Die
Normannen haben nach und nach Island und Neustrien
in Besitz genommen, die Heiligthümer Italiens geplündert
und verwüstet, Apulien von den Griechen erobert, ihre
runischen Schriftcharaktere selbst auf die Brust eines der
Löwen gesetzt, welche Morosini aus dem Piräeus von
Athen fortschaffen liefs, um damit das Arsenal von Venedig zu schmücken.

In Allem, was auf Geschichte Bezug hat, mufs man
die Zeitpunkte der Ereignisse selbst und die verschiedenen Epochen unterscheiden, in denen man anfing, sie
in gegenseitige Verbindung zu bringen und ihre Beziehungen zu anderen bei weitem neueren Entdeckungen
zu ahnen und zu erfassen. Inmitten so vieler gehässi-
gen Streitigkeiten, welche boshafter Neid und der Geschmack an falscher klassischer Gelehrsamkeit in Bezug
auf das Verdienst des Christoph Columbus unter seinen Zeitgenossen hervorriefen, hat Niemand an die Seefahrten der Normannen, als Vorläufer der Genueser, gedacht. Dieser Gedanke tauchte erst vier und sechzig
Jahre nach dem Tode des grofsen Mannes auf. Man
wufste aus seinen eigenen Erzählungen, besonders aus
seinem Werke über die *bewohnbaren Zonen*, „dafs er
nach Thule gereist war"; aber damals rief diese Reise
nach dem Norden keinen Zweifel über die Priorität der
Entdeckung hervor, und man zog, um Columbus anzu-

greifen, vor, auf irgend eine Handschrift Bezug zu nehmen *), welche ein Bibliothekar des Pabstes Innocenz VIII

---

*) Die Akten des Prozesses, welchen der Fiskus gegen Don Diego Colon, den Sohn des Admirales, erhob, sind von *Herrera* (Dec. II, lib. I, cap. 7) gänzlich vernachlässigt worden. Wir kennen sie erst seit vier Jahren nach den von *Muñoz* und *Navarrete* (Tom III, p. 559, 560, 595) mitgetheilten Auszügen. Von den vier und achtzig Punkten (*preguntas interrogatorias*) der im Jahre 1515 beendigten Instruktion des Fiskals beziehen sich die eilfte und zwölfte auf das Buch oder die geheimnifsvolle Schrift, mit deren Hülfe Martin Alonzo Pinzon „den Columbus von dem Vorhandensein grofser Ländermassen im Westen in Kenntnifs gesetzt hatte." Es ist dies derselbe Pinzon, welcher auf der ersten Reise die Pinta befehligte, und der wenige Wochen nach seiner Rückkehr nach Spanien starb, aus Aerger über die Weigerung der Königin Isabelle, ihn allein und früher als den Admiral in Barcelona zu empfangen. Arias Perez, Sohn des Martin Alonzo Pinzon, hatte seinen Vater in Handelsangelegenheiten nach Rom begleitet; er hatte die *escrituras* gesehen, welche ein Bibliothekar, „ein grofser Kosmograph", ihnen gezeigt hatte, und deren Ansicht einen so lebhaften Eindruck auf den Geist des Vaters zurückliefs, dafs er von dem Augenblicke seiner Rückkehr nach Palos, noch ohne die Pläne und Entwürfe des Columbus zu kennen, beschlofs, „zwei Caravelen auszurüsten, um aufzusuchen *las cosas que vió en Roma en el mapamundo.*" Der Fiskal fügt diesem Vorwurfe eine wirklich fabelhafte Geschichte hinzu. Martin Alonzo Pinzon solle dem Columbus eine *Formel* mitgetheilt haben, als deren Urheber der König Salomo bezeichnet wurde, und deren Inhalt in der Angabe eines Weges nach der *tierra de Campanso* bestand. „Du mufst mitten durch das ganze Mittelländische Meer bis zur äufsersten Gränze von Spanien segeln, dann gegen den Untergang der Sonne zwischen Nord und Süd (*por via temperada fasta 95 grados del camino*), und du wirst das Land von Campanso antreffen, das reich und fruchtbar ist, und dessen Schätze dir dazu dienen werden, Afrika und Europa zu erobern." Ich verstehe nichts weder von den Worten: „auf dem Wege der 95 Grade", welches ohne Zweifel keine Längengrade sind, noch von jenem Ophir des Westens, welches *Campanso* (Cipango?) genannt wird; aber es ist mir ziemlich wahrscheinlich, dafs die Anekdote von dem Bibliothekar und Kosmographen auf irgend einer wahren Thatsache beruht. Es ist ganz natürlich, dafs man sich beeiferte, einem so thätigen und unerschrockenen Seefahrer, als Martin Alonzo Pinzon war, einige von den Karten oder Welttafeln zu zeigen, deren schon damals die Bibliotheken Italiens eine grofse Anzahl besafsen.

einem Mitgliede der reichen Familie der Pinzon gezeigt
haben sollte.

Will man mit Genauigkeit die Reihe der Thatsachen
verfolgen, welche zu den Nordküsten von Amerika hin-
geführt haben, so darf man nicht vergessen, dafs auf den
zwischen Schottland, Norwegen und Grönland belegenen
Inseln die Expeditionen der irländischen Missionäre mit
denen der Normannen gewetteifert haben. Das schätzbare
Werk des *Dicuil, de mensura Orbis terrae,* von dem
wir (und zwar erst seit dem Jahre 1807) die *editio princeps* dem Baron von Walckenaer verdanken, ist von hoher Wichtigkeit für die geschichtliche Aufklärung dieses
Wetteifers geworden. In dem Norden von Europa haben
christliche Anachoreten, im Innern Asiens fromme Boddhi-
stenmönche die unzugänglichsten Gegenden zu erforschen
und in Civilisationsverkehr zu setzen gewufst. Der Geist
des Propagandismus und das Bestreben, religiösen Ideen
weiteren Eingang zu verschaffen, haben in gleichem Maafse
feindlichen Einfällen und dem friedlichen Ideen- und Handelsverkehr den Weg gebahnt. Jener den Relionssyste-
men von Indien, Palästina und Arabien eigenthümliche,

Der Anblick der Insel Brazcir auf einer Karte des Picigano (1367), oder
von Antillia auf der des Andrea Bianco (1436) konnte die Einbildungskraft des spanischen Seefahrers aufgeregt haben. Dieser hat aber sicherlich nicht die Unternehmung des Columbus veranlafst, bei dem schon
geraume Zeit vor seinem Briefwechsel mit Toscanelli, seit dem Jahre
1474, während seines Aufenthaltes in Portugal, der Plan eines Westweges nach Indien reifte; aber die Erzählung dessen, was Alonzo in Rom
gehört und gesehen zu haben vorgab, konnte den Admiral in nähere
Verbindung mit jener reichen und mächtigen Familie der Pinzon gebracht haben, welche die Schwierigkeiten der ersten Unternehmung beseitigen half. Der Sohn Arias Perez scheint etwas von dem Hasse geerbt
zu haben, welchen Alonzo seit seiner Rückkehr von der ersten Reise gegen den Admiral hegte. Er wird die Erzählung weiter ausgeschmückt
haben, indem er (um dem Interesse des Don Diego Colon in höherem
Maafse zu schaden) vorgab, dafs der berühmte Seefahrer von Palos die
Entdeckung der Neuen Welt blofs nach den Angaben, welche die in
Rom gesehene Schrift ihm an die Hand gegeben, hätte machen können.

dem Indifferentismus der polytheistischen Griechen und Römer durchaus fremde Eifer hat den Fortschritten der Geographie in der ersten Hälfte des Mittelalters einen besonderen Charakter verliehen. Letronne hat, bei Gelegenheit der Erklärung *) zweier wichtigen Stellen des Dicuil (Kap. 7; §. 2 und 3), auf eine eben so sinnreiche als genügende Weise dargethan, „daß die seit etwa hundert Jahren von den aus Scottia (Irland führte diesen Namen bis zu der Regierung des Königs Malcolm II) ausgegangenen Eremiten bewohnten Färöerinseln von ihnen seit dem Jahre 725, dem Zeitpunkte des ersten Einfalles der Skandinavier in die britannischen Inseln, verlassen worden waren, und daß Island von den Irländern im Jahre 795, also 65 Jahre früher als von den Skandinaviern, besucht und vielleicht selbst kolonisirt worden war." Das kürzlich in einer Sammlung geschichtlicher Sagas von der königlichen Gesellschaft der nordischen Alterthumsforscher in Kopenhagen von neuem herausgegebene Landnamabok **) berichtet ausdrücklich, daß die Norweger in Island irländische Bücher, Meßglocken und andere Gegenstände vorfanden; welche die Papae (Papar), Männer aus dem Westen, die sich zur christlichen Religion bekannten, dort zurückgelassen hatten, besonders in den beiden Kantonen von Papeya und Papyli auf der Ostküste. Ueberdies weiß man aus den Sagas der Orkaden ***), „daß diese Inseln am Schlusse des neunten Jahrhunderts von zwei Völkerschaften bewohnt wurden, den Peti (wahrscheinlich Abkömmlingen der Picten) und den Papae (Vätern †), Priestern, Mön-

---

*) Recherches géographiques et critiques sur le livre de Mensura orbis terrae, 1814, p. 129—146.

**) Man sehe die Geschichte von Island in den Islendinga Sögur, der Färöerinseln in der Foereyinga Saga.

***) Letronne, Additions, p. 90—93.

†) Olafsen und Povelsen behaupteten schon (Reise durch Island, Th. II, S. 124), daß der Bygde Papyle in dem Hornefiord die-

oben, ohne Zweifel die *cleriei des Dicuil*)." Nach Snorro
Sturleson führte Schottland selbst damals den Namen *Pet-
toland*.

Die Färöerinseln und Island wurden Zwischenstationen, Ausgangspunkte zu Unternehmungen nach dem amerikanischen Skandinavien. Auf ähnliche Weise diente die
Niederlassung zu Carthago den Tyriern zur Erreichung
der Meerenge von Gadeira und des Hafens von Tartessus, und eben so führte Tartessus dieses unternehmende
Volk von Station zu Station nach Cerne, dem *Gauleon*
(Schiffsinsel) der Carthaginenser. Wenn man nicht eine
und dieselbe Küste verfolgen kann, so bestimmt in
den meisten Fällen die Gruppirung und nachbarliche
Lage der Inseln die Richtung der geographischen Entdeckungen. Die der skandinavischen Völker sind in den
letzten Jahren mit einer so grofsen Ausführlichkeit auseinandergesetzt worden, dafs eine Hervorhebung der Hauptepochen hier vollkommen genügen wird. Island, welches nach den irländischen Mönchen und den *Peti* von
dem Seeräuber Naddoc um das Jahr 860 besucht wurde,
erhielt eine bleibende norwegische Kolonie erst im Jahre
874 durch die Bemühungen des Ingulf und Hiorleif. Man
zeigt noch heutigen Tages in dem südlichen Theile der
Insel auf dem Gipfel des unter dem Namen *Ingolfsfiaell*
bekannten Berges das Grabmal des ersten jener beiden
Gründer dieser Kolonie. In der Nähe von Kielarnäs
finden sich die Ueberreste eines Hauses des Sohnes von
Ingulf, welches im Jahre 888 erbaut wurde *). Von Island aus setzte Erik Rauda nach Grönland über, ent-

---

sen Namen wegen des Wohnsitzes der *Papar*, der ersten irländischen
Priester, führe.

*) *Olafsen*, Th. I, S. 40, Th. II, S. 132. In den kurzen Zwi-
schenraum zwischen Naddoc und Ingulf fallen die Unternehmungen von
Gardar Suaffarson und Flocco, welche keine bleibende Spuren hinter-
liefsen.

weder im Jahre 932 oder 962, denn die Sagas weichen
in der Bestimmung der Jahrszahl von einander ab. Die
wirkliche Kolonisirung Grönlands geht nicht über das Jahr
986 hinauf, was ungefähr dem Zeitpunkte nach mit der
Einführung des Christenthums in Island durch die Norweger unter dem Könige Olaf I. zusammenfällt. Die Ostküste von Grönland ist von dem Vorgebirge Straums-
naes, dem Nordwestkap von Island, nach der grofsen
Karte des Kapitain Graah *), nur um 52 Seemeilen entfernt, und zwar in der Richtung von SO nach NW unter 67° und 68° Breite. Auch hat man behauptet, dafs
man kurz vor der Katastrophe des Skaptar-Jökul im Jahre
1783 mehrere Stunden lang an der Nordküste von Island, ohne Zweifel durch die Zurückwerfung des Lichtes
von der unteren Oberfläche der Wolken, „vulkanische
Feuerausbrüche" auf der Küste von Grönland wahrgenommen habe **). Man weifs jetzt mit Bestimmtheit,
dafs es nicht diese östliche, Island so nahe belegene Kü-

ste

---

*) S. *Undersögelses Reise til Ostkysten af Grönland*, 1832.
Die Gestaltung der Ostküste von Grönland zwischen 65°½ und 69°½
Breite ist nicht erforscht. Es ist dies nämlich der Abstand zwischen den
nördlichen und südlichen Gränzen der Aufnahmen von Graah und Sco-
resby. Der Abstand der gegenüberliegenden Küsten ist mithin nur durch
Annäherung bestimmt worden.

**) Man vergleiche den vortrefflichen Bericht von Magnus Stephenson
in *Hooker's Tour in Iceland*, p. 423. Die Annahme einer Entfernung von 156 Meilen (zu 60 auf den Grad) würde dieser Lichterschei-
nung, wenn das Auge des Beobachters in der Ebene des Horizontes befindlich ist, eine Höhe von 20000 Fufs geben. Man kennt in Grönland,
welches von Giesecke und anderen Naturforschern bereits worden ist, Ba-
salte und Dolerite, aber noch keine Trachyte und keine Vulkane in Thätigkeit. Ist man mit Sicherheit überzeugt, dafs der leuchtende Ausbruch
nicht in dem Meere Statt fand, mithin in gröfserer Nähe von Island?
Indessen wurden die Feuermassen, welche sich am 11. Junius 1783 in
drei ungeheuren Säulen, in der Nähe der Flüsse Skapta und Hwerfisfliot
erhoben, nach der Angabe von Magnus Stephenson, ebenfalls in einer
Entfernung von 56 Seelieues beobachtet. (*Hooker's Tour*, p. 409.)

ste ist, welche während dreier Jahrhunderte der Sitz skandinavischer Kolonien war, wie Cranz, Torfäus und ihre Vorgänger fälschlich behauptet hatten. Alles, was Eggers *), schon seit dem Jahre 1793, über die Lage der christlichen Niederlassungen in Grönland aufgestellt hatte, ist, durch die Reise des Kapitain *Graah* und die gelehrten Untersuchungen von *Rafn* über die skandinavischen Alterthümer bestätigt, und mit noch überzeugenderen Gründen belegt worden. Die ältesten Kolonien, Oester- und Vesterbygden, lagen auf der Westküste in der *Südinspektion* von Julianshaab, wo kleine Waldungen von Birken auf ein milderes Klima hindeuten. Die ganze Küste bis zur *Nordinspektion* von Uppernavik **) (Br. 72° 50') ist mit Trümmern alter skandinavischer Niederlassungen bedeckt, während die Ostküste keine Spur von europäischen Wohnungen darbietet, und, wie alle Ostküsten, dem äufsersten Kältegrade ausgesetzt ist, der keine Entwickelung organischen Lebens gestattet. Gletscher steigen von den Gebirgen wie ein ununterbrochener Wall bis zum Küstenlande hinab; die Strömungen, welche nördlich von dem Parallel von 64°¼ die Richtung nach SW haben, tragen dazu bei, die in den Umgebungen des Poles abgerissenen Eisschollen anzuhäufen ***). Der Kapitain Graah ist länger als achtzehn Monate den gröfs-

---

*) *Schriften der königl. dänischen Landhaushaltungsgesellschaft in Kopenhagen*, Th. IV, S. 239. [Die *Abhandlung über die Lage des alten Ostgrönland* ist auch besonders in einer Uebersetzung zu Kiel 1794, 8. erschienen. Man vergl. dagegen die Bemerkungen von *Wormskjold* in den *Schriften der skandinavischen litterarischen Gesellschaft* 1814, und *Gilbert's Annalen*, Bd. LXII, S. 138 folgd.]

**) Während der letzten Kriege ist die unglückliche Mission von Uppernavik durch englische Wallfischfahrer verbrannt worden.

***) Graah bezeichnet die Richtung der Strömungen zwischen den Parallelen von 64¼° und Cap Farewell, WNW, und längs der Westküste vom Cap Farewell bis Disco, NNO; aber diese Angabe ist geradehin in Widerspruch mit der allgemeinen Karte der Meeresströmungen vom Major Rennell.

ten Leiden und Entbehrungen auf den wüsten Küsten
des östlichen Grönland ausgesetzt gewesen. Seine Untersuchungen erstrecken sich bis zu 65° 20' n. Br. und
er hat erkannt, dafs die Besohreibung, welche die Sagas von der durch die Isländer bewohnten Ostküste machen, in keinerlei Weise mit der örtlichen Beschaffenheit des östlichen Küstenlandes übereinstimmt. Die engen Kanäle (*fjord*), von denen die bewohnte Küste durchschnitten war, finden sich nur an den Westküsten in
Grönland, so wie in Norwegen und im nördlichen Amerika. Besonders geht aus einer tieferen Erforschung des
Weges, welchen die alten skandinavischen Seefahrer verfolgten, um zu den Kolonien von Osterbygde zu gelangen, die Richtigkeit der zuerst von Eggers gemachten
Wahrnehmungen hervor, welche Malte-Brun in seinem
Précis de l'histoire de la Géographie wiederholt und
mit einigen neuen Bemerkungen bereichert hat. Nach
den Untersuchungen von Graah *) steuerte man von Island aus zuvörderst nach Westen, dann nach Südwesten
bis zu einem *hvarf* oder *vendeplads* (einem Punkt, wo
die Küste eine andere Richtung annimmt); von da war
die Richtung der Schiffahrt, wie die der Küste selbst,
gegen NNW. Der *hvarf* war mithin zwischen dem Cap
Farewell, welches mit dem Namen *Hvidsaerken* bezeichnet wird, und dem Cap Egede belegen, wo sich am äufsersten Ende der grönländischen Halbinsel ein Archipel
kleiner Inseln befindet, welcher dem des Cap Horn und
des Feuerlandes ähnlich ist. Der unwiderlegbarste Beweis für die Lage der skandinavischen Kolonien wird
durch die Runenschriften dargeboten, welche seit zehn
Jahren auf der Westküste von Grönland aufgefunden worden sind. Mehrere dieser Inschriften, wie z. B. diejenigen, welche im Jahre 1831 zu Igalikko (60° 51' Br.) und
im Jahre 1832 zu Ikigeit oder Egegeit (60° 0' Br.) nördlich

---

*) *Undersög. Reise*, p. 3, 169, 185, 188, 190.

von Fridriksbl entdeckt wurden, konnten nur durch Vergleichung der auf denselben befindlichen Runen mit den norwegischen, deren Zeitalter man mit Gewifsheit kennt, dem 11 und 12ten Jahrhundert zuerkannt werden; aber ein Denkmal, welches der Kapitain Graah aus dem nördlichsten Theile der grönländischen Halbinsel nach Europa brachte, hat die Aufmerksamkeit der Alterthumsforscher in einem weit höheren Grade in Anspruch genommen. Dies Denkmal scheint die Jahrszahl 1135 zu tragen. Es ist ein Markstein, der auf dem höchsten Punkte der Insel Kingiktorsoak (Br. 72° 55'), einer der Womans-Islands, ein wenig nördlich von Uppernavik, errichtet worden war. Ein Grönländer, Namens Pelinut, hat diesen Runenstein im Jahre 1824 auf dem Gipfel eines Felsens gefunden, und dem Missionär *Kragh* gebührt das Verdienst, ihn zuerst bekannt gemacht zu haben *). Die lateinische Uebersetzung von *Rask*, deren Mittheilung ich dem berühmten nordischen Alterthumsforscher *Rafn* verdanke, lautet: *Erlingr Sighvati filius et Bjarn Thordi filius et Eindridi Oddi filius feria septima ante diem victorialem extruxerunt metas hasce ac purgaverunt* (locum) MCXXXV. Diese Jahrszahl, welche um 357 Jahre älter ist, als Christoph Columbus, bietet, nach den über die Epoche der skandinavischen Entdeckungen allgemein verbreiteten Ansichten, keine Unwahrscheinlichkeit dar; indessen ist zu bemerken, dafs die Deutung des Zahlenwerthes der sechs Runen, in denen man die Zahlen 1000, 100, 10 (dreimal) und 5, nach Analogie der römischen Ziffern, zu erkennen geglaubt hat, bei mehreren, mit dem Studium der graphischen Zeichen der Norweger sehr vertrauten Personen einige Zweifel übrig gelassen hat **).

---

*) *Antiqvariske Annaler*, t. V (1827), p. 309, 324, 368 und 377.

**) Die Runen des berühmten Steines der Fraueninsel, in dem östlichen Theile der Baffinsbai, in einer Breite, in welcher man kaum erwartete, Ueberreste europäischer Kultur aufzufinden, sind zu wiederhol-

Die Zwischenstationen zwischen Island und Grönland haben vielleicht seit dem Jahre 985 Veranlassung
zu der Entdeckung von *Vinland* gegeben, als der Isländer Biarn Herjolfson nach Grönland übersetzen wollte,
in der Absicht sich zu seinem Vater zu begeben, der sich
dort kurz zuvor niedergelassen hatte, von heftigen Nord-

---

ten Malen in Dänemark und in Deutschland gestochen worden. Ich
habe die gewissermalsen amtliche Entzifferung mittheilen zu müssen geglaubt, welche von der Königlichen Gesellschaft der Alterthumsforscher
zu Kopenhagen bekannt gemacht worden ist, die sich so viele Verdienste
um die Geschichte und Geographie der nordischen Gegenden erworben
hat. Diese Entzifferung unterscheidet sich ein wenig von den zuvor bekannt gemachten Uebersetzungen. Die erste Kenntnifs von dem Steine
des Missionar *Kragh* verdanke ich dem Kapitain *Sabine*. *De la Ro-
qaette*, französischer Konsul in Dänemark, hatte schon im Jahre 1832
die Güte, mir eine Zeichnung desselben zu verschaffen. Mit dem vergleichenden Studium der Zahlzeichen bei den verschiedenen Völkern beschäftigt, glaubte ich durch die Gleichheit einiger Runen in der gesammten Gruppe zugleich den durch Stellung und Aneinanderreihung beding-
ten Werth erkennen zu können, und unterwarf die Zweifel, welche
die Entzifferung der Jahrszahl bei *Klaproth* erregt hatte, dem Urtheile
der Herren *Rafn* in Kopenhagen und *Mohnike* in Stralsund. Von letzterem, welchem wir eine deutsche Bearbeitung der Fridthjofsage verdanken, erfuhr ich, dafs Rask und der gelehrte Finn Magnusen selbst ein-
gestanden haben, dafs die Erklärung der Jahrszahl (1135) nur auf Wahr-
scheinlichkeiten beruhe, und dafs der Zahlenwerth der auf dem Denk-
male von Kingiktorsoak angewendeten Runen nicht hinreichend durch
Beispiele aus anderen analogen Inschriften belegt werden kann. Rafn fügt
hinzu, dafs die 16 Kalenderrunen, welche zugleich Buchstaben und Zahlen sind, nicht hinreichen, um mit einiger Sicherheit sehr grofse Zahlen
zu deuten. Endlich neigen sich, um Alles hieher Gehörige anzuführen,
die Herren *Brynjulfsen* und *Mohnike* zu der Ansicht hin, dafs die aus
sechs Runen bestehende Schlufsgruppe der Inschrift nicht sowohl eine
Jahrsangabe sei, als vielmehr blofs zur Verzierung habe dienen sollen.
Der älteste Runenstein auf Island findet sich zu Borg, in dem Myre-
Syssel; es ist das Grabmal des Kartan Olafsen, welcher, während seines
Aufenthaltes in Norwegen, den König Olaf Tryggesen zum Christenthume bekehrte, und den eine schöne isländische Frau, deren Neigung
er nicht erwiederte, im Jahre 1004 ermorden liefs (*Olafsen*, Th. I,
S. 137).

oststürmen aber nach einem Lande verschlagen wurde,
welches wegen seiner üppigen Vegetation bei dem ersten
Anblicke ihm gänzlich von denjenigen verschieden zu sein
schien, welche bis dahin entdeckt waren. Nach der Rückkehr zu seinem Vater verband sich Biarn mit Leif Erikson,
dem Sohne jenes Erik Rauda [Erich's *des Rothen*], des
ersten Gründers isländischer Niederlassungen auf Grönland,
und unternahm mit ihm eine Fahrt nach fernen Gegenden,
auf welcher sie im Jahre 1001 oder 1005 nach einander
Hallyland, Markland und Vinland berührten *). Es ist
bekannt, dafs dies letztere Land seinen Namen wegen
des Reichthums an wilden Reben erhielt, die ein Deutscher, Namens Türker, daselbst auffand, welcher die
Normannen begleitete und von der Möglichkeit sprach,
Wein zu bereiten. Aus einer aufmerksamen Vergleichung
der in den verschiedenen Sagas angegebenen Tageslän-
gen bat man gefolgert, dafs die damals von den Skandinaven besuchten Gegenden zwischen den Parallelkreisen von 41° und 50° Br. belegen waren **), was der
Küste, die sich von New - York bis Neufundland erstreckt, entspricht, auf welcher mehr als sieben Arten der
Gattung *Vitis* wild wachsen. Rafn, welcher eine ausführliche schätzenswerthe Arbeit über diese Entdeckungen
in Amerika vorbereitet, ist der Meinung, dafs die Skandinaven selbst Nordkarolina berührten; dafs aber die
Hauptstation dieser unerschrockenen Seefahrer die Mündung des St. Lorenzstromes gewesen sei, besonders die
Gaspbai, der Insel Anticosti gegenüber, wohin sie der
dort sehr ergiebige Fischfang ziehen konnte. Es ist er-

---

*) *Thormodi Torfaei Historia Vinlandiae antiquae*, 1705
p. 5. Zugleich mit dem Weinstock fand man eine grofse Graminee mit
dicken Körnern, worin man den Mais zu erkennen geglaubt hat. Vergl.
*Schröder, Om Skandinavernes Fordna upptacktsresor till Nord-
amerika*, in der *Swea* (1818), H. I, S. 211.

**) *Swea*, a. a. O. S. 208.

freulich, dafs die Gesellschaft der Alterthumsforscher zu
Kopenhagen die Urkunden, welche sich auf jene so überaus merkwürdige Epoche des Mittelalters bezieben, zusammenstellen läfst. Alles, was aufserhalb Dänemark
über die skandinavischen Entdeckungen in Amerika geschrieben worden ist, hat nur in sehr geringem Maafse
zur Erweiterung unserer Kenntnisse in Bezug auf diesen Punkt geführt. Erst wenn die Thatsachen in ihrer
Gesammtheit vorliegen werden und ihre Richtigkeit durch
eine gesunde Kritik nachgewiesen sein wird, können Combinationen und Vermuthungen mit einiger Hoffnung auf
Erfolg versucht werden. Bei dieser Klasse von Ereignissen, so wie bei manchen anderen aus entlegenerer
Zeit, sind gewissermafsen die Massen und die Realität der
Verbindungen bekannt, die zwischen Grönland und dem
amerikanischen Festlande Statt gefunden haben; aber die
Einzelnheiten der Ereignisse verlieren sich in Dämmerung
und tragen in vielen Fällen das Gewand des Aufserordentlichen und Uebernatürlichen. Nur dänische und norwegische Gelehrte sind im Stande, die Widersprüche in
den Zeitangaben und Entfernungen zu heben, und die
Zweifel über die Richtung und Dauer der Schiffahrten
und über den Anblick, welchen die in den Sagas be-
schriebenen Gegenden gewähren, zu lösen. Es giebt
eine Art von Untersuchungen, die nur in der unmittelbaren Nähe der Quellen verfolgt und durchgeführt werden können. So würde das spanische Amerika der pas-
sendste Ort sein für Untersuchungen über die ursprüngliche Civilisation von Mexico, Guatemala und Peru; so
Italien für die Hafenbücher (*portolani*) des Mittelalters,
die in öffentlichen und Privatbibliotheken vergraben und
vergessen liegen.

Die Erinnerungen an Fahrten nach dem *Vinland* (eine
übrigens eben so unbestimmte geographische Benennung,
als es der Name *Terre-Neuve*, *Neufundland* am Schlusse
des funfzehnten Jahrhunderts war) umfassen nur einen

Zeitraum von etwa 120 bis 130 Jahren. Die letzte Reise, von der sich eine bestimmte Ueberlieferung erhalten hat, ist die des grönländischen Bischofs Erik, welcher sich nach dem Vinland begab, um daselbst das Evangelium zu predigen. Die Niederlassungen auf der Westküste von Grönland, welche sich bis zur Mitte des vierzehnten Jahrhunderts eines höchst blühenden Zustandes erfreuten, fanden allmälig ihren Untergang durch die zerstörende Einwirkung der Handelsmonopole *), die Einfälle der Esquimaux *(Skröllinger)* im Jahre 1349 oder 1379 (das Jahr ist ungewifs **)), den *schwarzen Tod*, der den Norden während der Jahre 1347—1351 entvölkerte ***), und den Anfall einer feindlichen Flotte, deren Ausgangspunkt unbekannt ist. Heutigen Tages glaubt man nicht mehr an die Fabel von jener plötzlichen Veränderung des Klima, von der Bildung jenes Eisdammes, welcher eine gänzliche Trennung der in Grönland angesiedelten Kolonien von ihrem Mutterlande zur Folge gehabt haben soll. Da die Kolonien sich nur in der gemäfsigten Gegend der Westküste befunden haben, so kann ein Bischof von Skalholt nicht im Jahre 1540 auf der Ostküste, jenseits der Eismeier, Schäfer gesehen haben, die ihre Heerden weideten †). Die Anhäufung der Eismassen an der Island gegenüber gelegenen Küste ††) hängt, wie schon oben angedeutet worden ist,

---

*) *Torfaeus, Grönlandia antiqua, Praef,* p. 23.

**) *Graah,* S. 175, Anm. 2.

***) *Hecker, Der schwarze Tod des vierzehnten Jahrhunderts,* 1832, S. 39.

†) *Torfaeus, Grönland.,* cap. 32, p. 261.

††) *Pontanus, Hist. Dan.,* lib. VII, p. 476. Obgleich die Reihe der Bischöfe von Grönland nicht über das Jahr 1406 hinausgeht, so scheint doch der Pabst Eugen IV noch im Jahre 1433 das Bisthum besetzt zu haben. Man hat selbst einen Brief des Pabstes Nicolaus V an einen grönländischen Bischof aus dem Jahre 1448 aufgefunden. (Vergl. *Graah,* S. 5 und 7.)

von der Gestaltung des Landes, der Nachbarschaft einer
dem Laufe der Küste parallelen Bergkette und der Richtung des Meeresstromes ab. Dieser Zustand der Dinge
schreibt sich nicht von dem Schlusse des vierzehnten Jahrhunderts oder dem Anfange des funfzehnten her, und
der Mythus von der Bildung eines Eisdammes in den geschichtlichen Zeiten ist dem von einer angeblichen Zerstörung desselben im Jahre 1817, wodurch die klimati-
sche Beschaffenheit des gesammten nordwestlichen Europa abermals eine Veränderung erlitten haben soll *),
ganz ähnlich.

Nachdem wir die Ereignisse aufgeführt haben, welche die Entdeckung des Festlandes von Amerika, vermittelst der Zwischenstationen der Färöerinseln, Island und
Grönland herbeiführten, bleibt uns die Frage zu beant-
worten übrig, ob Christoph Columbus irgend eine Kenntniſs von dieser Entdeckung gehabt, oder ob er den Zusammenhang mit den Plänen, welche er hegte, habe ahnen können. Die einzige Grundlage dieser Untersuchung
ist eine falsch gedeutete Stelle aus dem von dem natürlichen Söhne des Admirales, Don Fernando, geschriebenen Leben desselben. Um die Beschäftigungen des groſsen Mannes vor seiner Ankunft in Spanien anzugeben,
verweist Don Fernando auf die *Abhandlung von den fünf
bewohnbaren Zonen*, deren Verfasser (Christoph Columbus), um die *Bewohnbarkeit* aus den auf seinen eigenen
Schiffahrten gesammelten Erfahrungen nachzuweisen, sich
folgendermafsen ausspricht: „Im Monat Februar des Jahres 1477 segelte ich mehr als hundert Lieues jenseits *Tile*,
dessen mittägige Spitze von dem Aequator 73 Grad ent-

*) [S. v. *Zach*, *Correspondance astronomique*, Vol. I, p. 302
und über die polarischen Eismassen, welche im Jahre 1818 und in früheren Epochen bis zu sehr niedrigen Breitengraden hinabgetrieben wurden, die Abhandlung *über die angeblichen Veränderungen des Klima*
in *Berghaus Annalen der Erd-, Länder- und Völkerkunde*, 1832,
Febr. Th. V, S. 492 Anm.]

fernt ist, nicht 68, wie einige Geographen behaupten; denn *Tile* liegt nicht innerhalb der Linie, welche den Westen des Ptolemäus abgränzt. Die Engländer, besonders die Einwohner von Bristol, gehen mit ihren Waaren nach dieser Insel, welche eben so groß als England ist. Als ich mich daselbst befand, war das Meer nicht gefroren; obgleich die Ebbe und Fluth daselbst so stark ist, daß sie eine Höhe von 26 Klaftern erreicht und um eben so viel fällt. Es ist richtig, daß *Tile*, von welchem Ptolemäus spricht, sich an der von ihm angegebenen Stelle befindet, und daß es heutigen Tages *Frisland* heißt." Diese Stelle ist in doppelter Beziehung merkwürdig, wegen des Namens Frisland, der durch die Reise der Venetianer Nicolo und Antonio Zeni, die den Norden während der Jahre 1388 bis 1404 bereisten, so berühmt geworden ist. Columbus kannte sicherlich nicht das handschriftliche Tagebuch des Antonio Zeno, welches bis zum Jahre 1558, wo die Ausgabe von Marcolini erschien *), zwei und funfzig Jahre nach dem Tode des Admirals und 18 Jahre nach dem des Don Fernando, welchem mithin keine Einschaltung zur Last fallen kann **), in den Familienarchiven der Zeni ver-

---

*) *Relazione dello scoprimento dell' isole Frislanda, Eslanda Engroveland, Estotilanda e Scavia; fatte da due fratelli Zeni, M. Nicolo il cavaliere e M. Antonio.* Ven. 1558. Ausg. von Franc. Marcolini.

**) Der gelehrte Don Fernando Colon, geboren im Jahre 1488, wurde gegen das Ende seines Lebens Priester und starb im Jahre 1540, nachdem er der Stadt Sevilla seine schöne Bibliothek vermacht hatte, die noch jetzt den Namen *Colombina* führt. Sein Werk (*Historia de el Almirante don Christoval Colon*) erschien zwar zum ersten Male erst im Jahre 1571 zu Venedig; folglich dreizehn Jahre später als die Ausgabe der Reisen der Zeni von Marcolini; aber diese Ausgabe vom Jahre 1571 ist nur die italiänische Uebersetzung, welche Alfonso Ulloa nach der spanischen Handschrift angefertigt hatte, welche Lodovico Colon, der Sohn des Don Diego, ein übel berüchtigter Mensch, im Jahre 1568 nach Genua gebracht hatte (*Codice Col. americano*, p. LXIII).

borgen und unbeachtet lag. Nicht die Brüder Zeni sind
es, welche diesen Namen Frisland erfunden haben, der
nicht mit dem der Stockfischinsel *(Stokafixa)* auf der
siebenten Karte in dem Atlas des Andrea Bianco, welcher im Jahre 1496 gezeichnet worden ist, verwechselt
werden darf *).

Wenn man sich den Aufenthalt des Admirales zu
Lissabon während der Jahre 1470 bis 1484 vergegen-
wärtigt, so muſs die Jahrszahl einer von ihm nach *Tile*
1477 unternommenen Reise um so mehr überraschen, als
eine mitten im Winter nach den nordischen Gegenden
ausgeführte Fahrt ohnehin schon im höchsten Grade auffallend ist. Ich muſs jedoch zuvörderst bemerken, daſs
jener Aufenthalt in Portugal bei weitem minder frei von
Unterbrechungen gewesen ist, als man gemeiniglich anzunehmen pflegt. Es kann nicht der leiseste Zweifel darüber obwalten, daſs Columbus vor dem Jahre 1484 vier
Fahrten unternommen hat, nehmlich nach Tunis, nach dem
Archipelagus, nach Island und nach der Küste von Guinéa,
ohne die mehrfachen Reisen nach Porto Santo in Anschlag
zu bringen, wo seine Frau *Doña Felipa Muñis Perestrello*
sich aufhielt und Diego Colon geboren wurde. Nicht
sowohl die Ereignisse selbst, als ihre chronologische Reihenfolge ist ungewiſs, und diese Ungewiſsheit erstreckt
sich auch auf die Priorität der Anerbietungen, welche der
Admiral verschiedenen Seemächten gemacht hatte, namentlich der Republik von Genua **), den Königen von Por-

---

Muñoz bedauert mit Recht, daſs das spanische Original bis jetzt nicht
hat aufgefunden werden können, da Ulloa nach einer äuſserst fehlerhaften
Abschrift gearbeitet zu haben scheint.

*) Gleiche Ungewiſsheit findet in Bezug auf die Karte des Fra Mauro
Statt, obgleich diese um 23 Jahre jünger ist. S. *Zurla, Viaggi*, Tom.
II, p. 48 und 335.

**) *Spotorno*, im *Codice diplomatico Colombo americano* p. XXII,
behauptet, daſs die abschlägige Antwort der *Republica serenissima* im
Jahre 1477 gegeben wurde. Muñoz verlegt sie in das Jahr 1485,

tugal und England. Die neueren Biographen (mit Ausnahme Spotorno's und des umsichtigen Washington Irving) haben sich bei der Anordnung der Thatsachen
die gröfste Willkühr erlaubt, während Fernando Colon
selbst zugesteht *), dafs der Zeitpunkt der Reise seines
Vaters nach „der Mina oder Guinea" ihm äufserst ungewifs erscheine. „Ich habe drei und zwanzig Jahre auf
dem Meere zugebracht, sagt der Admiral; ich habe den
Osten, den Westen und den Norden bereist; ich habe
England gesehen; ich bin mehrere Male *(muchas veces)*
von Lissabon nach der Küste von Guinea gesegelt; aber
nirgends sind mir so ausgezeichnete Hafenplätze vorge-
kommen, als in diesem Lande von Indien (der Neuen
Welt)." Da aus dieser Vergleichung erhellet, dafs die
Stelle, deren Don Fernando gedenkt, aus einem späteren Zeitraume ist, als dem Jahre 1492, und da der Admiral, nach der Angabe desselben Biographen, versichert,
dafs er Schiffahrten unternommen habe, „von seinem frühesten Alter, von vierzehn Jahren an", so kann die Angabe der 23 Jahre, welche er auf dem Meer zugebracht
haben will, ihre Richtigkeit haben **), wenn man mit

kurz vor der Ankunft des Colombus in Spanien (lib. II, § 21). Was
die Anerbietungen betrifft, welche der Admiral dem Könige von Frankreich zu machen beabsichtigte, so ist diese Absicht thatsächlich durch
einen von dem Herzoge von Medina-Celi (vom 19. März 1493) an den
grofsen Kardinal von Spanien gerichteten Brief dargethan: „Ich weifs
nicht, heifst es daselbst, ob es Euch bekannt ist, dafs ich jenen Christoval *Colomo* in mein Haus aufnahm, als er aus Portugal kam, und sich,
um Unterstützung nachzusuchen, nach Frankreich begeben wollte." Der
Herzog rühmt sich, diese Reise verhindert zu haben.

*) *Vida del Almir.*, cap. 5. „*Para decir la verdad yo no sé
si durante el matrimonio fue el Almirante a la Mina.*"

**) *Navarrete*, Tom. I, p. LXXXI. Wenn man dagegen mit
Muñoz (lib. II, §. 12) 1446 als Geburtsjahr des Columbus annimmt,
so ist man entweder zu der Annahme gezwungen, dafs er sich bis zum
Jahre 1483 ununterbrochen auf dem Meere befand, was hinlänglich beglaubigten Thatsachen widerspricht, oder dafs die angeführte Stelle, da

Navarrete annimmt, dafs Columbus im Jahre 1436 geboren wurde. Die Abenteuer dieses grofsen Mannes in
dem Mittelländischen Meere beschränken sich auf eine
Reise nach der Insel Chios; welche damals im Besitze
der genuesischen Familie der Giustiniani war, „wo er
den Mastix einsammeln sah"; auf den Oberbefehl über
einige genuesische Galeeren in der Nähe der Insel Cypern *) in einem Kriege mit den Venetianern; auf eine
Unternehmung nach Tunis im Interesse des Königs René
von Anjou; endlich auf verschiedene Fahrten, die er gemeinschaftlich mit einem berühmten Seefahrer jener Zeit
unternommen zu haben scheint, den Fernando Colon mit
dem Namen des jüngeren (*el moxo*) Columbus bezeichnet, um ihn von dem Onkel des Admirales zu unterscheiden, welcher Kapitain in der Seemacht des Königs
von Frankreich im Jahre 1476 war. Die Unternehmung
nach Tunis hatte zum Zweck, eine (wahrscheinlich nea-
politanische) Galeere, *la Fernandina*, wegzunehmen, die
an den Küsten von Afrika stationirt war. Christoph Columbus erzählt in einem Briefe (*„escrita á los reyes católicos desde la Española"*), der vom Januar 1495 **)

---

während der Jahre 1484 bis 1492 keine Reise Statt gefunden hat, lange
nach der ersten Fahrt nach Amerika geschrieben ist. Uebrigens sind Columbus Erinnerungen aus den früheren Epochen seines Lebens häufig durch
Irrthümer entstellt. In dem berühmten, von Jamaika am 7. Julius 1503
an die Monarchen geschriebenen Briefe heifst es: „Ich war 28 Jahre
alt, als ich nach Spanien kam, um daselbst Dienste zu nehmen, und
seitdem sind meine Haare gebleicht, meine Gesundheit ist zerstört, mein
Vermögen ist verloren gegangen." (*Navarrete*, Tom. I, p. LXXX
und 311). Da es keinem Zweifel unterliegt, dafs Columbus entweder
im Jahre 1484 oder 1485 nach Spanien kam, so würde er 1456 oder
1457 geboren sein, woraus hervorgeht, dafs man statt 28 *Jahre* entweder 38 oder 48 lesen mufs. Es findet sich entweder ein Zahlenfehler in
diesem seit dem Jahre 1505 gedruckten Aktenstücke, oder ein Irrthum
von Seiten des Columbus.

*) *Cod. Col. Amer.*, p. XIII.

**) Es liegt klar am Tage, dafs ein Fehler in der Angabe des Da-
tums Statt findet. Man mufs 1494 lesen. Es ist derselbe Brief, welchen

datirt ist, wie er durch eine List, „als ihn der verstorbene König René *(Reinel)* nach Tunis gesendet hatte", eine Empörung der Matrosen unterdrückte, welche sich weigerten, die Fahrt in der Nähe der kleinen Petersinsel an der Westküste von Sardinien fortzusetzen. Man hat dies Ereignifs in das Jahr 1473 gesetzt, vielleicht weil im Jahre 1472 Ferdinand, natürlicher Sohn von Alfons, König von Neapel, im Kriege mit den Türken begriffen war, und den Hafen von Tunis blokiren konnte; aber in diesem Zeitraume beschäftigte sich der *gute*, dichterisch gesinnte König René gemächlich mit der Malerei und Hirtenfesten in der Provence, da er seit dem Tode seines Sohnes Johann II, Herzogs von Calabrien, der im Jahre 1470 zu Barcelona gestorben war, alle Hoffnung aufgegeben hatte, seine Rechte auf Sicilien und Aragonien geltend machen zu können. Die Unternehmung des Columbus, welche auf Kosten des Königs René versucht wurde, mufs nothwendiger Weise in den zwischen den Jahren 1459 und 1470 verflossenen Zeitraum fallen. Ich glaube, dafs sie in den Jahren 1461 oder 1463 Statt fand, wo Johann II von Calabrien mit Hülfe der Genueser versuchte, dem Könige Ferdinand aus dem Hause Aragonien Neapel zu entreifsen **), und ich finde in diesem Umstande einen neuen Beweggrund, die Ansicht der-

---

Antonio de Torres nach Spanien brachte und der vom Hafen *de la Navidad* auf Haïti am 2. Februar 1494 ausgefertigt wurde. Wir kennen von diesem Briefe nur das Bruchstück, welches in der *Vida del Almirante* mitgetheilt ist. Der Doctor Chanca, welcher mit derselben Gelegenheit schrieb, datirt seinen Brief sogar aus dem Jahre 1493 (*Navarrete*, Tom. I, p. 224). Ich hebe diese so häufig wiederkehrenden Irrthümer in den Zahlenangaben, welche theilweise aus dem gleichzeitigen Gebrauche der römischen und arabischen (indischen) Ziffern entsprangen, aus dem Grunde hervor, weil Fehler dieser Art bei den Untersuchungen von einiger Wichtigkeit sind, welche die problematischen Data der ersten Briefe des Amerigo Vespucci veranlafst haben.

*) *Cod Col. a. a. O.*

**) *Art de vérifier les dates*, Ausgabe vom Jahre 1818, Tom. X, p. 423—427.

jenigen Männer als richtig anzuerkennen, welche die Geburt des Christoph Columbus in das Jahr 1436, nicht 1446, verlegen; denn in einem Alter von siebzehn Jahren erhält man nicht leicht den Befehl über ein Kriegsschiff, und wird nicht beauftragt, die Interessen eines auswärtigen Monarchen wahrzunehmen. Schwieriger dürfte es sein, den Zeitpunkt auszumitteln, in welchem der Admiral auf den Galeeren des *Colon el mozo* seine verschiedenen Fahrten unternahm. Muñoz hat zuerst aus den Annalen des *Marco Antonio Coccejo (Sabellico)* dargethan, dafs das romanhafte Abenteuer, durch welches Fernando Colon seinen Vater im Jahre 1474 nach Lissabon gelangen läfst, erst im Jahre 1485 Statt gefunden haben könne, also erst, nachdem derselbe Portugal schon verlassen hatte. Es war also während einer andern Epoche, wo Christoph Columbus („geraume Zeit hindurch") Seereisen mit dem *Colon el mozo* unternahm, dessen Verwandschaft ihm besonders werth war; denn als Sohn eines Tuchfabrikanten (sein Vater lebte noch im Jahre 1494, wo er als Zeuge in einem Testamente aus jener Zeit *textor pannorum* genannt wird *)) sagt er mit Stolz in einem anderen Bruchstücke, welches erhalten worden ist: „Ich bin nicht der erste Admiral aus meiner Familie." Was die Fahrt nach der Küste von Guinea und „dem Fort *San Jorge de la Mina* des Königs von Portugal" anbetrifft, so kann sie erst nach dem Jahre 1481 unternommen worden sein, da jene kleine Festung, wie ich schon erwähnt habe, erst um diese Zeit erbaut worden ist.

Welches auch die Epoche sein mag, in welcher Columbus seine Reise nach dem hohen Norden unternahm (Muñoz **) und Barrow verlegen sie in die Zeit

---

*) *Cod. Col.* p. LXVIII.

**) *Hist. del Nuevo Mondo*, lib. II, §. 12. *Barrow (Voyage into the Arctic Regions*, p. 23 und 26) glaubt, dafs in dem *Leben des Admirales*, Kap. 4, statt 1477 gelesen werden müsse 1467.

vor der Ankunft des Admirales in Portugal), nichts deutet darauf hin, „dafs sie bis zu der Küste von Grönland, über die Westgränze der dem Ptolemäus bekannten Welt hinaus, geführt habe, und dafs Columbus, ohne es zu ahnen, funfzehn oder zwanzig Jahre vor der Entdeckung der Antillen Amerika schon betreten hatte *).‟ Man hat die Stelle aus den *cinco zonas*, die einzige, in welcher von der Nordexpedition die Rede ist, und von der ich weiter oben eine Uebersetzung mitgetheilt habe, ganz falsch verstanden. Columbus unterscheidet in derselben mit vielem Scharfsinne zwei Inseln, welche den Namen Thule führten (er befolgt die Schreibart vieler alten Handschriften, in denen sich Thyle, Thile und Tyle findet **)), von denen die eine weit nach Norden, in der Richtung nach Nordwest belegen und so grofs sei wie England, die andere, bei weitem südlicher und von geringerem Umfange, auch den Namen *Frisland* führe. Er sieht letztere für das Thule des Ptolemäus an und fügt hinzu, dafs sie an der Stelle liege, die Ptolemäus angiebt, nehmlich unter dem 63° n. Br. Dies ist, wie ich glaube, die Unterscheidung zwischen dem Thule des Dicuil (Island) und den Färöer oder Mainland, der gröfsten in der Gruppe der Shetlandinseln (dem Thule des Plinius, Tacitus, Solinus und wahrscheinlich auch des Pytheas, wofern nicht Solin seine Nachrichten aus zwei verschiedenen Berichten schöpfte, von denen der eine sich auf Island bezog ***)). Man könnte sa-

---

*) *Spotorno, Codice Col. Americano*, p. XV.

**) Man vergleiche die Beispiele, welche *Letronne* in seiner Ausgabe des *Dicuil*, p. 37 und 38, zusammengestellt hat. Die lateinische Uebersetzung des Ptolemäus, welche die Lesart *Thyle* statt Θούλη darbietet, hat ohne Zweifel den Geographen des Mittelalters als Führerin gedient. Bemerkenswerth ist, dafs Columbus den Namen Island vermeidet, welchen er im Norden gehört haben mufste, und welchen man jedenfalls schon bei *Edrisi*, p. 275 zu finden glaubt.

***) *Gossellin*, Tom. IV, p. 171, 174. Indem ich die Insel Mainland nenne, bin ich der Ansicht von *d'Anville, Gossellin* und *Man-*

gen, daſs Columbus errathen habe, was die Untersuchungen über die alte Geographie in den neueren Zeiten immer mehr und mehr als wahrscheinlich herausgestellt haben. Die Breiten, welche Columbus den beiden Inseln Thule anweist, passen zwar in der That weder auf die Südküste von Island, noch auf die Gruppe der Shetlandinseln. Die erstere liegt unter 63°$\frac{1}{2}$ und nicht unter 73°; die letztere unter 60°$\frac{1}{2}$ und nicht unter 63°; aber die von dem Admiral angegebenen Lagen werden keineswegs als Resultat von Beobachtungen dargestellt, welche er selbst während einer Winterreise unter jenem sehr neblichten Himmel über die Mittagshöhen der Sonne gemacht hätte. Columbus, indem er Frisland mit dem Thule des Ptolemäus zusammenstellte, nahm auch dieselbe Lage an, welche dieser Geograph Thule anweist, und verlegte Island 10° nördlich von Frisland, während in der That die Entfernung von Mainland bis zur nördlichsten Küste von Island kaum 6°$\frac{1}{2}$ beträgt. Diese Uebertreibung hat nichts befremdendes, da es sich um die *ultima Thule* handelt. Eben so wenig darf man von Columbus über die hundert Lieues Rechenschaft verlangen, die er über das nördlichere Thule hinaus zurückgelegt zu haben sich rühmt, und die ihn, nach seiner Rechnung, bis zum acht und siebzigsten Breitengrade, also weit jenseits der Parallelkreise von Scoresby- und Edam-land versetzt

---

nert (*Einleitung in die Geographie der Alten*, S. 157) gefolgt. *Malte-Brun* sieht in dem Thule des Pytheas nur die äußerste Spitze von Jütland, und beruft sich auf die alten skandinavischen Namen *Thy* oder *Thyland* (*Géogr. universelle*, Tom. I, p. 120), während lange vor ihm *Rudbeck* (*Atlantica*, Tom. I, p. 514), der gewiſs mehr als irgend ein anderer Forscher zu etymologischen Deutungen geneigt war, in den Wörtern *Tiel* und *Tiule* nur die allgemeine Bedeutung *Gränze* oder äußerstes Ende eines Landes gefunden hatte. Schon *Ortelius* hatte im Jahre 1570 das *Thyle* des Pytheas für die skandinavische Halbinsel gehalten (*Theatr. Orbis*, p. 103). Dieselben Ideen haben sich in verschiedenen Epochen den Gelehrten dargeboten.

setzt haben würden. In der Unbestimmtheit dieser numerischen Angaben liegt noch kein Grund, weshalb die
Thatsache einer nach den Meeren von Island, zu einer Insel von bedeutendem Umfange, wohin Handel und
Fischfang die Bewohner von Bristol führen konnten, unternommenen Fahrt in Zweifel zu stellen wäre. Olafsen hat nachgewiesen, dafs von der ersten Hälfte des
funfzehnten Jahrhunderts an die Engländer die Südhä-
fen von Island, besonders Thorlaks-Hafn, vielfach besuchten, und dafs die Bischöfe des Landes den Handel
mit Britannien begünstigten *). Ein altes englisches Gedicht *(The policie of keeping the sea)*, welches Hakluyt
bekannt gemacht hat, bestätigt die Häufigkeit der Verbindungen zwischen Bristol und Island zur Zeit der ersten Seefahrten des Sebastian Cabot **). Was Columbus von der Gröfse der Ebbe und Fluth sagt, so wie
von dem eisfreien Meere im Norden von Thule, hat ohne
Zweifel auf dasjenige Bezug, was er in den geographischen Kompilationen des Mittelalters über die „Gerin-
nung und Erstarrung der Elemente oder über die *Leberlunge* ***) des nordischen Oceans", so wie über die
„*aestus supra Britanniam octogenis cubitis intumescen-
tes* †)" gelesen hatte. Es war Sitte des Zeitalters, durchgängig die Angaben der Alten im Auge zu behalten, und
sie, nachdem sich die Gelegenheit darbot, entweder zu
bestätigen oder zu berichtigen."

Die von *Malte-Brun* aufgestellte ††) Hypothese,
der zufolge Christoph Columbus entweder in Frisland

---

*) *Reise durch Island*, Th. II, S. 230. *Finn Magnusen* hat ebenfalls diesen Gegenstand neuerdings in dem zweiten Bande des *Nordisk
Tidsskrift for Oldkyndighed* behandelt.

**) *Hakluyt*, Vol. I, p, 201.

***) *Strabo*, lib. II, p. 104 Casaub.

†) *Plin.*, II, 97.

††) *Précis*, Tom. I, p. 500 und 616.

oder in Island von der Reise der Brüder Zeni und der
Entdeckung des nördlichen Amerika durch die Skandinaven Kenntniſs erhalten habe, bietet wenig Wahrscheinlichkeit dar. Columbus suchte den Weg nach Indien,
um gegen Westen nach dem Lande der Gewürze zu gelangen. Er hätte immerhin wissen können, daſs die skandinavischen Kolonisten in Grönland das *Vinland* entdeckt
hatten, daſs Fischer aus Frisland an einer Küste gelandet wären, welche den Namen *Drogeo* führte; alle
diese Nachrichten würden ihm doch in keinerlei Beziehung zu seinen Plänen und Absichten zu stehen geschienen haben *). Vinland und Drogeo haben für uns kein
anderweitiges Interesse gehabt, als daſs sie die Gewiſsheit
eines Zusammenhanges der Küsten vom Kap Paria bis zur
Mündung des St. Lorenzstromes geliefert haben. Hierzu
kommt, daſs in der zweiten Hälfte des funfzehnten Jahrhunderts, einer Epoche, wo seit mehr als dreihundert
und funfzig Jahren aller Schiffahrtsverkehr mit Vinland
unterbrochen gewesen war, das Andenken an die grönländischen Entdeckungen nicht mehr lebendig genug in
Island sein konnte, um zur Kunde eines genuesischen
Seefahrers zu gelangen, der sich wahrlich nicht mehr um
die *Sagas* des Landes bekümmerte, als um die Handschriften des Adam von Bremen. Dieser als Geograph berühmte Kanonikus, welcher Kurland und einen Theil von
Preuſsen als Inseln des baltischen Meeres beschreibt **),

---

*) *Washington Irving, Life of Columbus*, Tom. IV, p. 224.

**) *De situ Daniae*, c. 224 (*Torfaei Hist. Vinland.*, cap. 15).
Der Tod des Adam von Meiſsen, Kanonikus des Domkapitels zu Bremen, fällt kurz nach dem Jahre 1076. Das merkwürdige Bruchstück
eines alten deutschen Dichters aus dem eilften Jahrhundert, welches vor
kurzem in der Bibliothek des Fürsten von Fürstenberg zu Prag aufgefunden worden ist, beweist ebenfalls, daſs die Verbreitung des Christenthums
in den nördlichsten Gegenden den Namen Islands berühmt gemacht
hatte. Dieses Gedicht, eine Art von Kosmographie, die nach der En-
cyklopädie des Isidorus von Sevilla geformt ist, gedenkt der Reise eines

hat ohne Zweifel das Vinland seit dem eilften Jahrhundert gekannt, aber seine Kirchengeschichte und seine skandinavische Chorographie sind erst 73 Jahre nach dem Tode des Columbus zum ersten Male im Druck erschienen.

Das Verdienst, die frühere Entdeckung des Festlandes von Amerika durch die Normannen erkannt zu haben, gebührt ohne Zweifel dem Geographen Ortelius, welcher diese Ansicht schon in dem Jahre 1570 aufstellte, fast noch zu den Lebzeiten des Bartholomäus de las Casas, des berühmten Zeitgenossen von Columbus und Cortez [*]). „Christoph Columbus, sagt Ortelius, hat nur die Neue Welt in dauernde Handelsverbindung mit Europa gebracht [**])." Dieses Urtheil ist bei weitem zu hart. Uebrigens war die Ansicht des erwähnten Geographen keinesweges auf die Unternehmung nach dem Vinland gegründet, deren nirgends bei ihm Erwähnung geschieht, vielleicht aus dem Grunde, weil die Werke des Adam von Bremen erst im Jahre 1579 erschienen,

---

Bischofs Reginprecht nach dieser so eben von sächsischen Missionären besuchten Insel. S. *Hoffmann von Fallersleben*, *Merigarto* (1834), S. 5, 12 und 18. Die arabische Geographie des Edrisi (*Liber relax.*, p. 274), welche um das Jahr 1158 abgefaßt ist, erwähnt zwar Island in dem vierten Abschnitt des siebenten Klima, nach der lateinischen Uebersetzung des Gabriel Sionita; aber der Originaltext bietet erst *Lislandeh*, späterhin *Isthlandeh* dar, was man auch *Esthlandeh* aussprechen kann. Da die Gegend ein *Land* genannt wird, wie Magog, und nicht eine *Insel*, so kann man darüber in Zweifel bleiben, ob die Städte *Deghvateh* und *Beluri*, mit deren Namen man nichts anzufangen weiß, Island oder irgend einem Theile des skandinavischen Festlandes angehören. In den Auszügen aus *Ibn-al-Wardi* und *Bakui* oder *Yakuti*, welche wir dem älteren *De Guignes* verdanken (*Not. et Extr. des manuscrits de la Bibl. du Roi*, Tom. II, p. 19 u. 389), und welche um mehrere Jahrhunderte jünger sind, als der Geograph von Nubien, finde ich nichts über die *ultima Thule* jenseits *Yura* in dem Meere der Finsterniß.

[*]) Las Casas starb, in einem Alter von 92 Jahren, zu Madrid im Julius 1566.

[**]) *Theatr. orbis terr.* (Ausgabe vom Jahre 1601), p. 5 und 6.

sondern auf die Reisen des Nicolo und Antonio Zeni (1388—1404), deren Oertlichkeit mindestens noch immer zweifelhaft geblieben ist *). Ich werde auf diesen Gegenstand nicht näher eingehen, da in Bezug auf denselben alle Arten möglicher Kombination erschöpft zu sein scheinen **). Eine Insel Icaria, wo ein König Ica-

---

*) Die Bekanntmachung der Reise der Gebrüder Zeni durch Marcolini (Venedig 1558) erregte ein so lebhaftes Interesse, daſs schon im Jahre 1561 die Karte dieser Fahrt von *Ruscelli* in seiner *Geografia di Tolemeo*, so wie von *Josephus Moletti* in seiner *Geographia Ptolemaei* wiederholt wurde. Sebastian Münster und Ramusio starben vor der Ausgabe des Marcolini; Ramusio zu Padua im Jahre 1557, Sebastian Münster, einer der ausgezeichnetsten Männer seines Jahrhunderts, zu Basel 1552 an den Folgen der Pest. Nur der zweite Band der *Raccolta* des Ramusio, welcher im Jahre 1583 erschien, enthält den Auszug aus der Reise der Zeni, deren in den Ausgaben der Kosmographie von Münster aus den Jahren 1544 und 1550 keine Erwähnung geschieht. Diese Vergleichung der Jahresangaben, welche vielleicht ins Kleinliche zu gehen scheinen dürfte, ist dennoch von einiger Wichtigkeit, weil aus ihr erhellt, daſs, trotz der vereinzelten Angabe des Namens Frislando der südlichen Thule in der Biographie des Christoph Columbus, nichts über die Entdeckungen der Venetianer im Norden vor dem Jahre 1558 bekannt geworden ist. Ich finde, daſs die Insel Frisland auch auf der Karte des Ribero (1529) fehlt, welche Grönland (Engrolant) von Westen nach Osten hin verlängert, um es mit Schweden in Verbindung zu setzen; ferner bei Grynaeus (1532) und in dem *Opusculum geographicum* des Johann Schoner (1533).

**) *Placido Zurla, Dissertazione intorno ai viaggi e scoperte settentrionali di Nicolo e d'Antonio fratelli Zeni*, in dem zweiten Bande des Werkes *Di Marco Polo e degli altri viaggiatori Veneziani*, 1809, p. 6—94; *Malte-Brun* in den *Annales des Voyages*, Tom. X, p. 69 und im *Précis de la Géographie* (Ausgabe von *Huot*, 1831, p. 489—499); *Dezos de la Roquette* in der *Biographie universelle*, Tom. LII, p. 236, wo auch die Vermuthung des Baron von Walckenaer, aber nur in der Aufzählung der einzelnen Forschungen, angegeben ist, nach der Frisland der Norden, Drogeo (Drogio, Droceo) der Süden von Irland, Estotiland, welches bei Ortelius *Novi Orbis pars* genannt wird, und das Malte-Brun für die Insel Neu-Fundland hält, der Norden von Schottland, und Engroveland (Grolandia der Karte von Zeni) der Süden von Island ist. Ein sehr unterrichteter Seemann, der däni-

rus, Sohn des Dädalus, Königs von Schottland, herrschte, scheint allerdings auf den ersten Anblick diese Reise unter die geographischen Mythen zu versetzen; aber man weiß aus dem Beispiele des Christoph Columbus selbst, welcher die Namen von Städten, die von Marco Polo angeführt werden, aus dem Munde der Eingebornen von Haïti, Cuba und Veragua gehört zu haben glaubte, in welchem Grade die Aussprache von Worten unbekannter Sprachen durch Reisende entstellt wird, zumal wenn eine falsche Gelehrsamkeit die Führerin bei ihrer Deutung ist. Untersucht man den Bericht der Zeni mit Unparteilichkeit und ohne vorgefaßte Meinung, so findet man in demselben Wahrheitsliebe und eine ins Einzelne gehende Beschreibung von Gegenständen, zu der nichts in Europa ihnen den ersten Gedanken an die Hand gegeben haben konnte. Wenn, wie Torfaeus in der Vorrede zu seinem Werke über Vinland behauptet, das Buch der Brüder Zeni nur eine Erdichtung wäre, welche zum Zweck hatte, den Ruhm des Columbus zu schmälern, so würde sich der Herausgeber ohne Zweifel bemüht haben, die venetianischen Entdeckungen, wenn nicht geradezu mit denen des genuesischen Seefahrers, doch wenigstens mit der nördlichen Entdeckung der *Bacalaos* durch Cabot oder Gomez in Verbindung zu setzen. Er würde auf die Priorität der Fahrt der Zeni nach den Küsten der Neuen Welt Nachdruck gelegt und gesagt haben, daß die späteren Reisen nach Florida und Mexico nur zur Bestätigung gedient hätten, wie richtig und genau die Angaben der Fischer von Frisland waren, die · bei

---

sche Schiffskapitain Zahrtmann, welchen astronomische Arbeiten längere Zeit hindurch in Paris beschäftigten, hat ebenfalls in die Abhandlungen der Gesellschaft der Alterthumsforscher zu Kopenhagen eine Untersuchung „über die angeblichen Reisen der Brüder Zeni" einrücken lassen, mit der ich mich aber noch nicht genauer bekannt gemacht habe.

bei ihrer Landung an den Küsten der „neuen Welt *)"
von Drogeo so Vieles über den Reichthum und die hohe
Bildung der (amerikanischen) Völker gegen Süden und
Südwesten erfuhren. Die Thatsachen stehen so verein-
zelt in dem Berichte da; es fehlt so gänzlich an aller
Art von Vorwurf und Anklage, dafs der Verdacht eines
Betruges durchaus beseitigt wird; aber die gränzenlose
Verwirrung, welche in den numerischen Angaben der
Ortsentfernungen und der Tage, welche die einzelnen
Fahrten dauerten, herrscht, scheint die höchste Unord-
nung bei der Bearbeitung und den traurigen Zustand der
Handschriften zu beweisen, welche die Erben der Reisenden Zeni zum Theil zerrissen zu haben zugestehen,
da sie deren Werth und Bedeutung nicht ahnten. *Eggers*, *Buache* und *Malte-Brun* halten Frisland, welches,
wie ich schon bemerkt habe, weder Andrea Bianco noch
sein Lehrer Fra Mauro in der zu Venedig selbst während
der Jahre 1457 bis 1470 angefertigten Karte erwähnen,
für die Färöerinseln. Eine solche Nähe von Schottland
würde wenigstens die Leichtigkeit erklären, mit der wir
Nicolo Zeno im Jahre 1391 zu seinem Bruder Antonio gelangen sehen; aber das Stillschweigen des Fra
Mauro **), eines venetianischen Geographen von fast unermefslicher Gelehrsamkeit, und die völlige Unbekanntschaft der isländischen und norwegischen *Sagas* und Annalen mit dem Namen Frisland ***), sind zwei Punkte

---

*) *Quasi un nuovo mondo.* *Ramusio*, Tom. II, p. 232.

**) Es ist mir keinesweges unbekannt, dafs *Zurla* in der Insel *Iri-
landia* des Fra Mauro das Frisland der Zeni zu erkennen geglaubt hat
(*Il Mappamondo di Fra Mauro*, §. 74; *Di Marco Polo e degli
altri Viaggiatori Veneziani*, Tom. II, p. 29); aber diese Deutung
bietet einen noch geringeren Grad von Wahrscheinlichkeit dar, als diejenige, nach welcher er Vinland für den südlichen Theil von Grönland
erklärt. Die Kolonisirung dieser Halbinsel ist nicht von Norden nach
Süden erfolgt. S. B a n c r o f t, *History of the United States*, 1834,
Tom. I, p. 6. *Leslie, Discoveries in the Pol. Reg.*, p. 87.

***) *Erich Christ. Werlauf, Symb. ad Geogr. medii aevi*

deren Erklärung äufserst schwierig ist. Jedenfalls ist es sicher, dafs Columbus auf seiner Reise nach Thule nichts erfahren hat, was seine ausgedehnten Pläne zu begünstigen im Stande gewesen wäre *). Weder in dem Procefs des königlichen Fiskals gegen Diego Colon, in welchem alle Arten von Anschuldigungen über die Neuheit der Entdeckung vorgebracht, besprochen und gegenseitig abgewogen wurden, noch in den ersten 55 Jahren, welche auf diesen Procefs folgten, ist von einer früheren Entdeckung des nördlichen Amerika vor 1492 die Rede gewesen. Grönland, welches man für sehr nahe bei Norwegen gelegen ansah, welches selbst die Karte der Zeni noch als eine halbinselartige Verlängerung von Skandinavien darstellt *), schien im gesammten Mittel-

---

ex monum. Island. 1821, p. 28. Das Zeugnifs des Lorenzo von Anania (*Fabrica del Mondo*, 1576, p. 154), welcher von Frisland spricht, „*molto ricca di pescagio e assai frequentata da Scozzesi*", scheint mir von keinem Gewicht zu sein, da sich der Verfasser auf einen ziemlich unbestimmten Bericht eines Neffen von Jacques Cartier bezieht, und achtzehn Jahre nach der Bekanntmachung der Handschriften der Gebrüder Zeni durch Marcolini, also unter dem Einflusse von Ideen schrieb, die durch die Lesung dieses Werkes hervorgerufen worden waren. Dieselben Zweifel sind mit vollem Rechte in Bezug auf die Zeugnisse des Johann Scolvo, des Frobisher und des Maldonado, die sämmtlich nach Marcolini schrieben, von Hrn. von Hoff erhoben worden (*Geschichte der natürl. Veränderungen der Erdoberfläche,* Th. I, S. 184).

*) *Washington Irving*, Tom. IV, p. 145, 151, 213, 217.

**) Die Gestaltung Grönlands auf der Karte der Zeni ist von der Art, dafs man daselbst auf der Südküste das berühmte Kloster des heiligen Thomas findet, dessen Gemächer durch eine Quelle siedenden Wassers geheizt wurden, die am Fufse eines Vulkans aus der Erde hervorsprang. (S. *Zurla*, *Viaggiatori Veneziani*, Tom. II, p. 63—69.) Man kennt heutigen Tages in dem westlichen Grönland nur die warmen Quellen auf der Insel Onartok (*Egede*, *Tagebuch*, S. LXIV, und *Gieseke* in *Brewster's Encyclopaedia*, Vol. X, Part. II, p. 489). Ihre Temperatur erhebt sich nur auf 40° C.; aber in Grönland sowohl als in dem von mir durchreisten Theile von Sibirien erscheinen Quellen von dieser Temperatur äufserst warm inmitten anderer Quellen, deren mittlere Temperatur weniger als 2° beträgt. Weiter gegen Norden,

alter den Meeren von Europa anzugehören; und der
Gedanke, die Geschichte seiner ersten Kolonisirung mit
der Geschichte der Entdeckung des *Neuen Indiens* in
nähere Verbindung zu bringen, konnte sich selbst den
entschiedensten Feinden des Columbus und seines Ruhmes nicht darbieten.

Es ist unmöglich, an die erste Auffindung der Küsten von Amerika durch die Normannen im Anfange des
eilften Jahrhunderts zu erinnern, ohne sich zu einigen
ernsten Betrachtungen über die Schicksale und Bestimmungen des Menschengeschlechtes zu erheben. Wäre
diese Auffindung mehr als ein vorübergehendes Ereignifs
gewesen; wäre auf sie eine dauernde Besitznahme und
allmälige Eroberung von Norden nach Süden hin gefolgt;
so würde der moralische und politische Zustand der
Neuen Welt von demjenigen gänzlich verschieden sein,
welchen die Eroberung durch die Spanier im funfzehnten und sechzehnten Jahrhundert hervorgerufen hat. Ich
begründe diese Behauptung nicht auf allgemein bekannte
Thatsachen, auf den grellen Gegensatz zwischen den

---

zwischen 69° und 76° Breite, ist das westliche, Grönland fast ganz basal-
tisch, aber eben so entblöfst von warmen Quellen, als das gesammte
Skandinavien und die unermefsliche Uralkette. Jenes Kloster des Heil.
Thomas, welches durch Benutzung heifser Quellen erwärmt wurde, jene
von Schnee und Eis durch den Einflufs unterirdischer Gewässer befrei-
ten Gärten dürften eher Island, welches so überaus reich an warmen Quellen ist, angehört zu haben scheinen, als Grönland. Man möchte fast
sagen, dafs das bis in die kleinsten Einzelheiten von den Brüdern Zeni
beschriebene Kloster zum Prototyp bei den grofsen Heizungsvorrichtun-
gen gedient hat, welche in der kleinen Stadt *Chaudes-Aigues* in dem
Département du Cantal eingerichtet sind, wo das Quellwasser des Par
(dessen Temperatur 80° C. erreicht) gleichzeitig in mehreren hundert
Häusern Wärme verbreitet und bei den häuslichen Geschäften mit Nutzen angewendet wird. Auch in dem Bade von Teplitz in Böhmen hat
man angefangen, die unterirdischen Gewässer, deren Temperatur zwischen 40 und 47 Grad beträgt, zur Heizung der Treibhäuser zu benutzen.

rauhen Sitten des skandinavischen Europa und der blühenden Bildung in den Staaten des Südens, oder auf die
Veränderungen, welche der Zustand der europäischen Gesellschaft in dem Verlaufe von vier bis fünf Jahrhunderten erfahren hat; ich wünsche vielmehr die Aufmerksamkeit des Lesers auf den eigenthümlichen Charakter
hinzulenken, welcher den verschiedenen Theilen von
Amerika durch die mannigfachen Abstufungen von Barbarei und mehr oder minder vorgeschrittener Civilisation
aufgedrückt worden ist, durch welche sich die Eingeborenen zur Zeit der ersten Niederlassung der spanischen,
portugiesischen oder englischen Kolonien unterschieden.
In denjenigen Gegenden, welche von Jägervölkern bewohnt waren, wie in den Vereinigten Freistaaten und in
Brasilien, flohen die umherirrenden, leicht besiegbaren
Hórden die Nähe und Gemeinschaft der Europäer. Allmälig von dem Küstenlande hinter die Kette der Alleghanygebirge zurückgedrängt, dann jenseits des Missisipi
und Missuri, erlitten sie gleichzeitig in ihren Sitten und
in ihrer Körperkonstitution gewaltige Veränderungen zu
ihrem Nachtheile, verarmten und erloschen fast gänzlich
in Folge der Vereinzelung. Die Eingeborenen verdienen in dem politischen Gemälde desjenigen Theiles der
Neuen Welt, welcher Europa gegenüberliegt, jetzt so gut
als gar keine Berücksichtigung. Sie haben das Land an
allen Stellen geräumt, wo ihr Zustand ursprünglicher Rohheit und ihre Begriffe von Freiheit ihnen die Verhältnisse und Einrichtungen unseres gesellschaftlichen Zustandes unerträglich machen mufsten. Nicht so verhielt es
sich mit den Bergvölkern der Anden und den Bewohnern des Küstenstriches, welcher Asien, dem Mittelpunkte
der ältesten Civilisation des Menschengeschlechtes, gegenüberliegt. Mexico im Süden des Rio Gila, Teochiapan,
Nicaragua, Cundinamarca, das Reich der Muyscas, Quito
und Peru waren, am Schlusse des funfzehnten Jahrhunderts, von ackerbauenden Völkern bewohnt, die auf ei-

ner mehr oder minder vorgerückten Bildungsstufe standen, durch das gemeinsame Band des Cultus und des
religiösen Glaubens verbunden waren und politische Gesellschaften bildeten, welche theils in Folge einer langen Tyrannei von einfacher Einrichtung waren, theils äußerst verwickelt und selbst bizarr in ihrer inneren Organisation,
aber doch in gewissen Beziehungen die öffentliche Sicherheit, den materiellen Wohlstand und eine Civilisation
der Gesammtmassen begünstigten, obwohl sie jeder Art von
Entwickelung individueller Fähigkeiten hemmend entgegentraten *). In Mexico war der Strom der Bergvölker
von Norden nach Süden gerichtet, während im südlichen
Amerika, unter der Theokratie der Incas, die Bewegung
der Civilisation nach allen Richtungen hin Statt gefunden hat. So hat sie von der Hochebene von Cuzco aus
sich fast gleichzeitig nach den Anden von Quito hin verbreitet, nach den Wäldern des oberen Marañon, nach
den Cordilleren von Chili. In diesen Gegenden, wo von
den ältesten Zeiten her der Ackerbau vorherrschend war,
beschränkten sich die europäischen Eroberer darauf, in
die Fußstapfen der Eingeborenen zu treten und die vorhandenen Anfänge einheimischer Cultur weiter zu verfolgen. Die Indianer blieben in Verbindung mit dem Boden, welchen sie seit Jahrhunderten durch Ausrodung den
Urwäldern abgewonnen hatten. Einige ihrer Städte nahmen spanische Namen an. Mexico allein zählt eine Million
und siebenmal hundert tausend Eingeborene unvermisch-
ten Stammes, deren Anzahl in demselben Maaßstabe zu-
nimmt, wie die aller übrigen Casten **). In Mexico, Guatemala, Quito, Peru, Bolivia ist der äußere Anblick des
Landes, mit Ausnahme einiger wenigen großen Städte, wesentlich indianisch; außerhalb des Bereiches ihrer Mauern

---

*) *Vues des Cordillères et Monumens des peuples indigènes de
l'Amérique*, T. I, p. 40.

**) *Relation historique*, Vol. III, p. 344.

hat sich die Verschiedenheit der Sprachen zugleich mit den Sitten, den Trachten und den Gewohnheiten des häuslichen Lebens erhalten. Neu hinzugekommen sind nur die Heerden von Rindern und Schafen, einige neue Getreidearten und, die Ceremonien eines Cultus, welcher sich mit dem alten, an die Oertlichkeit geknüpften Aberglauben zu einem bunten Ganzen vereinigt hat. Man muſs in den Hochebenen des spanischen Amerika oder in den Vereinigten Staaten englischen Ursprungs selbst gelebt haben, um recht deutlich zu erkennen, wie jener Gegensatz zwischen Jägervölkern und Ackerbau treibenden Nationen, zwischen Gegenden, die geraume Zeit der Barbarei anheim gefallen waren, und Ländern, welche alterthümliche politische Institutionen und eine einheimische, in hohem Grade ausgebildete Gesetzgebung darboten, die Eroberung bald erleichtert, bald erschwert hat; von welchem Einflusse er auf die Gestaltung der ersten europäischen Niederlassungen gewesen ist, und wie er selbst bis auf die neuste Zeit den verschiedenen Theilen des unabhängigen Amerika einen unauslöschlichen Charakter aufgedrückt hat. Schon der Pater Joseph Acosta, welcher an Ort und Stelle die Folgen des grofsen und blutigen Drama der Eroberung zu beobachten und zu verfolgen Gelegenheit hatte, hat jene schlagenden Unterschiede zwischen einer fortschreitenden Civilisation und einer gänzlichen Abwesenheit gesellschaftlicher Ordnung, welche die Neue Welt zur Zeit des Christoph Columbus oder kurz nach erfolgter Kolonisirung durch die Spanier darbot, wohl aufgefaſst *). Er fügt hinzu **), „daſs

---

*) *Historia nat. y moral*, lib. VI, cap. II.

**) [Der Herr Verfasser bedient sich bei der Anführung dieser Stelle der im Jahre 1597 angefertigten französischen Uebersetzung von *Robert Reynauld*, welche sich durch Einfachheit der Sprache und Schwulstlosigkeit der Darstellung in ihrem alterthümlichen Gewande besonders vortheilhaft auszeichnet.]

nach einem aufser Zweifel gestellten Erfahrungssatze die
Barbarei der Völker vorzugsweise in ihrer Regierungsform und der Art und Weise hervortritt, wie sie sich
beherrschen lassen; denn je mehr die Menschen zu einer vernünftigen Einsicht und zum Gebrauch ihrer geistigen Fähigkeiten gelangt sind, desto menschlicher ist auch
ihre Regierung, desto billiger sind die Forderungen,
welche dieselbe macht, und desto gefügiger werden die
Könige, indem sie sich auf einen besseren Fufs mit
ihren Unterthanen zu stellen suchen, die sie nach dem
Gesetze der Natur als ihres Gleichen anzuerkennen genöthigt sind. Auch haben mehrere Völker jenes westlichen Indiens in ihren gesellschaftlichen Verhältnissen keine
Könige oder unumschränkte Herrscher dulden wollen,
weil unter Barbaren die Regierungen ihre Unterthanen
dem Vieh gleichstellen, und dagegen ihrer Seits als göttliche Wesen angesehen zu werden begehren." Der Jesuit schreibt, vielleicht nicht ohne eine kleine Bosheit,
einer scharfsichtigen und berechnenden Klugheit zu, was
einzig und allein durch die Gewalt der Umstände und
die Berücksichtigung der besonderen Interessen der Völker bedingt wurde.

Ich habe den mächtigen Einflufs zu entwickeln gesucht, welchen der gesellschaftliche Zustand, in dem Amerika am Schlusse des funfzehnten Jahrhunderts von den
Europäern gefunden wurde, auf den Gang der Eroberung, die Gestaltung der ersten Niederlassungen und, was
bei weitem wichtiger ist, aber seither bei den Untersuchungen über die amerikanischen Staatsverhältnisse noch
immer nicht hinreichend berücksichtigt worden ist, auf
den Charakter ausgeübt hat, welchen bis auf den heutigen Tag die verschiedenen freien Staaten der Neuen
Welt bewahrt haben. Dieser gesellschaftliche Zustand
aber war vier Jahrhunderte vor der Eroberung nicht von
derselben Art, und Europa würde, wenn es die Spuren
der skandinavischen Seefahrer weiter verfolgt hätte, eine

gänzlich verschiedene Ordnung der Dinge in Amerika angetroffen haben. Europa hat unstreitig von dem Augenblicke der ersten Ankunft normannischer Abenteurer zu Salerno und in Apulien bis zur Zerstörung der arabischen Herrschaft in Spanien, d. h. von dem Beginn des eilften bis zum Schlusse des funfzehnten Jahrhunderts, sehr erhebliche Veränderungen in dem Zustande seiner Civilisation erfahren; indessen haben, während desselben Zeitraumes, die schönsten Gegenden von Amerika bei weitem erstaunlichere Umwälzungen erlitten. Die Reiche, gegen welche Cortez und Pizarro ankämpften, bestanden noch nicht, als die Skandinavier die Küsten von Vinland betraten. Das Volk der Azteken erschien erst im Jahre 1190 auf der Hochebene von Anahuac; die Stadt Tenochtitlan (Mexico) wurde erst im Jahre 1325, also ungefähr 70 Jahre vor der Reise der beiden Brüder Zeni, in der Mitte eines Alpensees gegründet. Ich bin weit davon entfernt, zu behaupten, daſs in Anahuac vor den Azteken, und in Peru vor der in geheimniſsvolles Dunkel gehüllten Ankunft des ersten Inka weder intellektuelle Bildung noch Ordnung in den gesellschaftlichen Verhältnissen bestanden habe. Die groſsen pyramidenförmigen Denkmäler von Teotihuacan, Cholula und Papantla sind älter als die Azteken, und eben so bieten uns die Ruinen von Tiahuanaco, in den Umgebungen des Sees von Titicaca auf der peruvianischen Hochebene, Spuren einer Civilisation dar, die der Errichtung der Gebäude zu Cuzco durch die Inkas voranging. Aber die Neue Welt hat, wie die Alte, ohne Zweifel Wechsel der Barbarei und der Civilisation erfahren *). Wir

---

*) [Diese Wechselfälle hoben schon die alten Griechen hervor. S. *Ocellus Lucanus* bei *Stobäus*, *Eclog.* I, 21, p. 426 sq. Heeren. *Aristoteles*, *Metereolog.* I, 14, 7 sq. p. 351, b Bekker. *Iosephus contra Apion.*, I, 2, p. 438 Haverkamp. Vergl. damit, was der Herr Verf. selbst gesagt hat, im *Voyage aux régions équinox.*, Tom. III, p. 260 folgd.]

wissen mit Bestimmtheit, dafs die Völker von Peru in
einen auffallenden Zustand geistiger und sittlicher Schwä-
che vor der theokratischen Gesetzgebung des ersten der
Heliaden (des Sonnensohnes Manco Capak) verfallen waren; wir wissen, dafs das gewerbfleifsige und erfindsame
Volk der Tulteken, welches Mexico fünf hundert Jahre
vor den Azteken bewohnte, das wie sie einer hieroglyphischen Schrift sich bediente und ein Jahr hatte,
welches genauer war, als das der meisten Völker von
Europa, seit dem eilften Jahrhundert von dem Gipfel seiner Macht herabgestürzt und bis zu grofser Erniedri-
gung gesunken war *). Diese Angaben reichen hin, um
darzuthun, dafs das skandinavische Europa die schönen Alpengegenden des tropischen Amerika gänzlich verschieden von dem gefunden haben würde, was sie zu
den Zeiten des Columbus, Cortez und Pizarro waren.
In jenem früheren Zeitraum bestanden vielleicht andere
Mittelpunkte partieller Kultur in Guatemala zu Utatlan,
Copan, Peten und Stº-Domingo Palenque; im Norden
von Mexico, zu Quivira (dem Dorado des bärtigen Königs Tatarrax), welches durch die Lügen des Fray Marcos von Nizza berühmt geworden ist; im Norden von
Luisiana zwischen den Ufern des Ohio und den grofsen
Seen von Kanada, vom 39sten bis zum 44sten Breitengrade.
Man begreift leicht, wie häufige Ortsveränderungen in Bezug auf die Mittelpunkte der Kultur, in Folge der grofsen Wanderungen von Völkern Statt finden mufsten,
welche von barbarischen Horden umgeben waren. Die
Spuren einer Art von Fortschritt in den Künsten sind
bis zu den nördlichsten Regionen hin aufser Zweifel gesetzt; aber es ist bisher nicht möglich gewesen, den Zeitpunkt genauer anzugeben, in welchem die *tumuli* und
polygonähnlichen Umwallungen im oberen Luisiana und

---

*) *Vues des Cordillères*, Tom. I, p. 57, 96, 98, 221, 315. *Essai politique sur le royaume de la Nouvelle Espagne*, Tom. I, p. 184.

die reich mit Bildwerken verzierten Gebäude von Palenque entstanden sind *). Einer gesunden geschichtlichen
Kritik ziemt es da stehen zu bleiben, wo es an bestimmten Angaben als Grundlage für die Untersuchung gebricht,
ohne jedoch mit übergrofser Verächtlichkeit alles dasjenige zu verwerfen, was an konjecturalen Wahrschein-
lichkeiten durch glückliche Verbindung hervorspringender
Punkte herausgestellt worden ist. Hier handelte es sich
nur um den Nachweis, wie Amerika in dem zwischen
Leif Erikson und Columbus verflossenen Zeitraume, ohne
den entferntesten Einflufs von der Alten Welt, seine Gestalt verändert habe, und wie diese Veränderungen in
den gesellschaftlichen Verhältnissen auf eine wesentliche
Weise an mehreren Punkten der Neuen Welt den Zustand der europäischen Gesellschaften bedingen mufsten,
welche sich mitten unter eingeborenen, von Alters her
ackerbauenden Völkerschaften niedergelassen hatten.

Bei der Zergliederung der Gesammtmasse von Ereignissen, welche zusammenkamen, um am Schlusse des
funfzehnten Jahrhunderts die Entdeckung der Aequinoctialgegenden von Amerika herbeizuführen und gleichsam
zu bedingen, mufs ich noch bei einer geringen Anzahl
von Beobachtungen verweilen, über welche der Zuwachs
unserer Kenntnisse in der physischen Geographie und

---

*) *Relation historique*, Tom. II, p. 155—161. *Hakluyt*, Tom.
III, p. 363—397. *Juarros, Compendio de la hist. de Guatemala*,
Tom. I, p. 66; Tom. II, p. 11 (über Utatlan); Tom. I, p. 33; Tom.
II, p. 142 und 146 (über Peten in Yucatan oder Maya); Tom. I, p.
14; Tom. II, p. 55 (über Palenque in der alten Provinz der Tzenda-
len). Dem Mittelpunkte der alten Civilisation des Königreiches von Qui-
che, die wahrscheinlich älter ist, als die Ankunft der Azteken in Anahuac, gehören auch vielleicht die Denkmäler in der Halbinsel von Honduras an, wo man noch in der Nähe von Copan einen grofsen Circus
sieht; ferner die unterirdischen Gewölbe von Tibuleo und eine Anzahl
von Bildsäulen, deren Bekleidung einen äufserst bizarren Charakter darbietet (*Torquemada*, lib. IV, cap. 4; *Juarros*, Tom. I, p. 43;
Tom. II, p. 153).

der Geschichte der Seefahrten einiges Interesse zu verbreiten geeignet ist. Man muſs zuvörderst zwischen den Versuchen unterscheiden, von denen man glaubt, daſs sie in der Absicht angestellt worden sind, Länder gegen Westen aufzufinden, und dem Einflusse, welchen bald die gewagte Deutung einiger Naturerscheinungen, bald die Träumereien der Kartenzeichner auf die Meinungen und Vorurtheile der Seefahrer ausgeübt haben. Bei der engen Verbindung, welche zwischen Allem besteht, was in das Gebiet der Intelligenz gehört, haben häufig selbst die Irrthümer entfernter Zeitalter bei der Erforschung der Wahrheit mitgewirkt.

Wenn ich damit beginne, die Reisen der unter dem Namen *Almagrurim* [s. oben S. 46] bekannten Araber und des Irländers *Madoc ap Owen Guineth* zu erwähnen, von denen man die erstere in das Jahr 1147, die letztere in das Jahr 1170, also beide in den Zeitraum verlegt, welcher zwischen der Entdeckung von Vinland und der Unternehmung der Brüder Zeni verfloſs, so geschieht dies aus keiner anderen Ursache, als wegen der Wichtigkeit, die ihnen von einigen berühmten Geographen beigelegt worden ist. Der Scherif Edrisi *) und Ibn-al-Wardi erzählen fast mit denselben Worten die Abenteuer jener acht Araber, welche aus dem Hafen von Aschbona oder Lissabon ausliefen und 35 Tage hindurch gegen Südwesten schifften, um die *Hammelinsel (Djezirat alghanam)* aufzufinden. Ibn-al-Wardi giebt den Zweck der Unternehmung deutlich an. „Die Seefahrer, sagt er, sämmtlich Verwandte, versahen sich mit den für eine lange Reise erforderlichen Vorräthen und legten einen Eid ab, nicht eher wieder zurückzukehren, *„als bis sie zu dem äuſsersten Ende des Meeres der Finsternisse* (des atlantischen Oceans) *vorgedrungen sein würden."*

Edrisi

---

*) *Geogr. Nub.*, p. 156 — 158. *Hartmann, Africa Edr.,* p. 319 — 322.

Edrisi begnügt sich mit der Bemerkung: „*Tenebrarum aggressi sunt mare, quid in eo esset exploraturi*" (nach der Uebersetzung des Gabriel Sionita). Da sie das Hammelfleisch auf der Insel Gana wegen seiner zu großen Bitterkeit nicht essen konnten, so schifften sie noch zwölf Tage in der Richtung nach Süden fort und gelangten zu einer Insel, die von Menschen rother Hautfarbe, großen Wuchses und mit dünnen, aber langen Haaren, die bis zu den Schultern hinabhingen, bewohnt wurde. Diese charakteristischen Kennzeichen veranlaßten den älteren Deguignes, welchem wir die Mittheilung der Auszüge aus dem Werke des Ibn-al-Wardi verdanken, zu der Meinung, daß die Araber, wenn nicht geradehin nach den *östlichen* Küsten von Amerika, doch wenigstens bis zu den benachbarten Inseln gelangt seien. Wir haben schon oben gesehen, als von dem Lande Fusang die Rede war [S. 331 folgde], daß derselbe Gelehrte das *westliche* Amerika (gegen das Ende des fünften Jahrhunderts) durch die Chinesen entdecken ließ [*]); aber beide Behauptungen sind gleich unglücklich und durchaus unbegründet. Der König dieser von rothen Männern bewohnten Insel hatte einen Dollmetscher in seinen Diensten, welcher arabisch redete; und dieser Umstand, verbunden mit der Angabe, daß die rothen Männer einen Monat hindurch das Meer gegen Westen erforschten, ohne Land zu finden, scheint die Ansicht des gelehrten Göttinger Orientalisten Tychsen [**]), welche späterhin von Malte-Brun wiederholt worden ist, zu bestätigen, daß die Almagrurim nach irgend einer Insel an der Küste von Afrika gelangten, z. B. nach den Inseln des Grünen Vorgebirges. Edrisi sagt, daß die Farbe der Ein-

---

[*]) *Klaproth* in den *Annales de l'empire du Japon par Titsingh*, 1834, p. IV—VIII.

[**]) *Neue orientalische und exegetische Bibliothek*, Th. VIII, S. 54.

geborenen „eine Mischung von braun und weifs" war *);
und mir will es scheinen, als ob durch diesen Charakter der Hautfarbe und der Beschaffenheit der Haare die
Race der Guanschen deutlich genug bezeichnet werde.
Der Einwurf, dafs die Kanarischen Inseln den Arabern
unter dem Namen *Khaledat* zu genau bekannt waren,
als dafs seefahrende Abenteurer aus Lissabon nicht hätten errathen sollen, wohin sie am Ziele ihrer Fahrt gelangt waren, scheint mir von keiner Erheblichkeit zu sein.
Allerdings ist die Erinnerung an das Vorhandensein der
Glückseligen Inseln von den Zeiten der Griechen und
Römer an niemals im westlichen Europa gänzlich erloschen; ich zweifle selbst nicht, dafs sie die Araber zu
verschiedenen Malen besucht haben mögen; aber die unbestimmte und verworrene Beschreibung, welche Edrisi **),
Ibn-al-Wardi ***) und Bakui †) (Schriftsteller vom
Schlufs des zwölften und aus dem Anfange des 15ten
Jahrhunderts) von ihnen geben, beweist hinlänglich, wie
selten Verbindungen zwischen diesen Inseln und dem
Becken des Mittelmeeres Statt gefunden haben. Bakui
allein spricht von der Annehmlichkeit des Landes und
der Fruchtbarkeit des Bodens; aber weder er noch seine
Vorgänger kennen die riesige Bergmasse des Pik, die vulkanischen Feuerausbrüche auf den Kanarischen Inseln und
das Hirtenvolk der Guanschen. Sie reden nur von einigen symbolischen Bildsäulen, von denen ich weiter unten handeln werde, und von jenem zweihörnigen (Dhul-

---

*) „*Homines colore rufi cum quadam cutis albedine*" übersetzt Hartmann, welcher häufig die Uebersetzung des Gabriel Sionita
verbessert. Ibn-al-Wardi sagt, nach Deguignes: „*rothe Männer.*"
Notices et Extraits des manuscrits de la Bibl. du Roi, Tom. II,
p. 25.

**) *Africa Edr.*, p. 310—315.

***) *Notices*, a. a. O., p. 48.

†) A. a. O., p. 397.

carnain) Alexander *), welcher seine Fahrten über die
Säulen des Herkules hinaus, bis zu den Inseln Mesfa-
han und Lacos ausgedehnt hat **). Die Rückkehr der
Lissabonner Abenteurer geschah über die Küsten von
Marokko. Sie landeten im Hafen von Asfi oder Azaffi,
im äufsersten Westen von Magreb: und es ist im höchsten Grade bemerkenswerth, dafs nach Edrisi (p. 72 und
78), die Insel oder die Inseln der Zwei Brüder, welche der alte und treffliche Chorograph der Kanarischen
Inseln, der schottische Seefahrer George Glas, und neuerdings Hartmann ***), für die Inseln Madera und Porto-
Santo gehalten haben, gegenüberliegen. Dieser Umstand
scheint mir die Vermuthung zu bestätigen, dafs die Almagrurim aus dem Lande der Guanschen kamen. Die
Fahrt der Araber nach der Insel der bitteren Schafe und
rothen Menschen erlangte eine so grofse Berühmtheit,
dafs eine der Strafsen von Lissabon den Namen des
Quartiers der Getäuschten erhielt. Dies ist die genaue
Uebersetzung, welche Deguignes von dem arabischen
Worte *almagrurim* giebt, das von den maronitischen
Uebersetzern und den neueren Schriftstellern, welche die
Almagrurim die *irrenden* Brüder nennen, falsch erklärt
worden ist. Da die Araber im Jahre 1147 Lissabon zu
räumen genöthigt waren, so mufs der Versuch, die Gränze
des atlantischen Oceans gegen Westen zu entdecken, nothwendig in einen früheren Zeitraum fallen, und sogar in einen beträchtlich früheren, da Edrisi, dessen Werk im Jahre

---

*) [S. oben S. 65 folgde, wo in der Anmerkung noch auf *Ma-
racci*, *Refutat.* in *Coran.*, p. 426, und *Langlès*, *Voyage de Norden*. *Notes et Éclairciss.*, Vol. III, p. 186 verwiesen werden konnte.]

**) *Geogr. Nub.*, p. 7 und 39.

***) Derselbe Gelehrte muthmafst, und zwar nicht blofs wegen der
Benennung, dafs die Inseln Raka und Laka des Edrisi wohl die Azoren (*Insulae Accipitrum*) sein könnten, welche den Arabern bekannt
waren (*Africa Edr.*, p. 317—319). Ueber die Insel *Mostachin* vergleiche *Buache* in den *Mémoires de l'Institut*, Tom. VI, p. 27.

1153 beendigt wurde, von demselben keinesweges als von einem neueren Ereignisse spricht.

Gegen das Ende des fünfzehnten Jahrhunderts, mithin kurze Zeit, nachdem der Geograph Ortelius nicht sowohl in den Fahrten nach Vinland, als in den Reisen der Brüder Zeni, eine frühere Entdeckung von Amerika wahrgenommen zu haben glaubte, erhielten durch einen wälischen Geschichtschreiber, den Dr. Powel, und durch den nützlichen Sammler Richard Hakluyt *) die Abenteuer des Madoc, zweiten Sohnes des Owen Guineth oder Guynedd, Fürsten von North-Wales, einige Berühmtheit. Aus Verdruß über die lange Dauer eines Bürgerkrieges, welchen Streitigkeiten über Legitimität und Thronfolge hervorgerufen hatten, gingen Madoc und seine Anhänger „um Abenteuer zu suchen, auf das Meer, schifften gen Westen und ließen die Küsten von Irland in einer solchen Entfernung gegen Norden liegen, daß sie an einer unbekannten und unbewohnten Küste landeten, wo sie seltsame Dinge sahen." Nach der Rückkehr in ihr Vaterland überredeten sie Kolonisten, „den armen und felsigen Boden von Wales mit dem fruchtbaren und ergiebigen des von ihnen entdeckten Landes zu vertauschen." Madoc reiste von neuem mit zehn Segeln ab, und ward nicht wiedergesehen, obgleich er versprochen hatte zurückzukehren. Es steht fest, daß dieses in ziemlich unbestimmten Ausdrücken berichtete Ereigniß im Jahre 1477, funfzehn Jahre vor der Fahrt des Columbus, in dem Gedichte des wälischen Sängers Mereditho verherrlicht wurde. Hakluyt betrachtet die Reise des Madoc als „die erste Entdeckung von Westindien, welche vor den Spaniern durch die Britten gemacht worden war." Nach seiner Ansicht verdanken die Kreuze, von denen *Lopez de Go-*

---

*) *Voyages and Navigations*, Tom. III, p. 1. (Man vergleiche auch den Artikel in der *Biographie universelle*, Tom. XXVI, p. 95 von dem gelehrten und scharfsinnigen Geographen Eyriès).

mara (lib. II, cap. 16) versichert, dafs sie zu Acazumil *)
angebetet wurden, ihren Ursprung dem Einflusse jener alten wälischen Niederlassungen aus dem Jahre 1170. Schon
zu den Zeiten des Sir Walter Raleigh verbreitete sich
ein dunkles Gerücht in England, dafs man sich überrascht gefunden habe, an den Küsten von Virginien den
wälischen Grufs, *hao, hui, iach*, zu vernehmen, so wie
französische Missionäre in Kanada aufser sich waren vor
Freude, als sie die kanadischen Wilden das *Halleluja*
anstimmen hörten. Owen, ein englischer Kaplan, hatte
sich im Jahre 1669 aus den Händen der Tuscaroras-In-
dianer gerettet, welche ihn skalpiren wollten und dabei
einige wälische Wörter sprachen. Benjamin Beatty entdeckte eine Völkerschaft, bei der sich (nach fünfhun-
dert Jahren!) das Andenken an die Ankunft des Madoc
ap Owen Guineth in Amerika erhalten hatte. Alle diese
Fabeln haben sich periodisch erneuert, und noch in unseren Tagen hat man ernsthafte Untersuchungen über „die
Pergamente, celtischen Bücher und Stiftungsurkunden" angestellt **), welche der Kapitain Isaak Stewart in der
Nähe des Red-River von Natchitoches aufgefunden hatte.
Ich habe schon an einem anderen Orte ***) darauf aufmerksam gemacht, wie alle diese Spuren von wälischen
Kolonien von dem Augenblicke an verschwunden sind,
seitdem minder leichtgläubige Reisende, die gleichsam eine
gegenseitige Kontrole über einander ausübten, als Clark
und Lewis, Pike, Drake und die Herausgeber der neuen
Archaeologia americana, das Innere des Landes bereist
oder Forschungen über die verwandschaftlichen Beziehungen zwischen den einheimischen Sprachen mit Handha-

---

*) Dies ist die von Grijalva im Jahre 1518 entdeckte Insel *Coxu-
mel*. S. die Anmerkung *G* am Schlusse des ersten Abschnitts.

**) *Dictionnaire des sciences naturelles*, Tom. XXI, p. 392. *Re-
vue encyclopédique*, nr. IV, p. 162.

***) *Relation historique*, Tom. III, p. 159.

bung einer strengeren Kritik angestellt haben. Uebrigens hat man mit dem gröfsten Unrecht Hakluyt ange-
klagt *), die Abenteuer des Madoc im Interesse der Königin Elisabeth erdichtet zu haben, um die Pläne des
Raleigh auf die beiden Amerika **), welche, wie man
glaubte, einzig und allein den Kastilianern als Beute an-
heimfallen würden, zu unterstützen und zu rechtfertigen.
Die Politik der Königin Elisabeth. bedurfte dieser Art
von Stütze keineswegcs. Als Philipp II sich im Jahre
1580 über die Räubereien und Plünderungen, die Drake
an den Küsten von Amerika verübt hatte, beklagte, liefs
ihm die Königin, nach dem Berichte von Camden, die
edle Antwort ertheilen: „der Ocean sei frei, wie die
Luft, und eine Küste werde noch nicht Eigenthum desjenigen, der ihr einen Namen gegeben." Was übrigens
die Frage der Legitimität durch eine frühere Besitznahme

---

*) *Leidenfrost*, Hist. biogr. Wörterbuch, Tom. III, S. 553.
Die Ehrlichkeit und Rechtlichkeit des Richard Hakluyt hat neuerdings
einen geschickten und würdigen Vertheidiger in dem schottischen Geschichtschreiber *M. Patrick Fraser Tytler* gefunden. · Man vergl. seine
Vindication of Hakluyt in dem *Progress of Discovery of the Northern coasts of America*, 1832, p. 417—444.

**) Ich sage die beiden Amerika; denn elf Jahre nach der Expedi-
tion, welche Raleigh nach Roanoke, in der Nähe von Albemarle in Virginien, aussendete, beschäftigte er sich, von 1595 bis 1617, mit seinen
chimärischen Entwürfen in Bezug auf das Dorado und die Wiedereinsetzung der Inkas in Peru. *I further remember*, sagt er, *that Berreo
confessed* (es ist die Rede von dem spanischen Gouverneur von Trinidad, Antonio de Berreo, welcher in Raleigh's Hände fiel) *to me and
others that there was found among the prophecies in Peru, that
from Inglatierra those Ingas should be again in time
to come restored.*" (Man vergleiche die ausgezeichnete Biographie
Raleigh's von Cayley, p. 7, 17, 51 und 100). Die Mittel zur Wiedereinsetzung waren äufserst einfach; nehmlich 1) unter dem Vorwande,
das Gebiet gegen äufsere Feinde zu vertheidigen, eine Garnison von drei
bis vier tausend Engländern in die Städte des Inka zu legen; 2) von
dem wieder eingesetzten Fürsten an die Königin Elisabeth eine jährliche
Kontribution von 300000 Pfund Sterling zahlen zu lassen. *It seemed
to me*, fügt Raleigh hinzu, *that this Empyre of Guiana is reserved
for the english nation.*

anbetrifft, so hätten die Kastilianer, nach der Geschichte
der Indien von Oviedo, Ansprüche, die um einige tausend Jahre älter waren, als die Kolonisirung durch den
Prinzen Madoc. Oviedo hatte, als Page des Infanten
Don Juan, des einzigen Sohnes von Ferdinand dem Katholischen, dessen früher Tod eine gänzlich veränderte
Gestaltung der Weltereignisse verursacht hat, dem Ein-
zuge des Columbus in Barcelona beigewohnt. Der Eindruck, welchen dieses grofsartige Schauspiel auf ihn gemacht hatte, war so lebhaft gewesen, dafs er sich, 34
Jahre hindurch, in den neuerdings entdeckten Gegenden
mit den Erzeugnissen und der Geschichte von Amerika
beschäftigte. Er theilte die abenteuerliche Meinung des
Columbus, „dafs das neue Indien jene hesperidischen Inseln seien, welche Statius Sebosus *) vierzig Tagereisen
westlich von den Gorgonen, oder den Inseln des Grünen Vorgebirges verlegt." Oviedo wufste, „dafs Hesperus,
zwölfter König von Spanien, Bruder des Atlas, eben so

---

*) Columbus sowohl als Oviedo, in seiner *Historia natural y ge-
neral de las Indias*, lib. II, cap. 3 (*Ramusio*, Ausgabe vom Jahre
1606, Tom. III, p. 65, b) berufen sich auf eine Stelle des Plinius VI,
31, welcher die Worte *prae navigatione Atlantis* (längs des Atlas)
einen, gänzlich verschiedenen Sinn von demjenigen zu geben scheinen,
den man darin zu finden vermeinte (Vergl. *Gossellin, Géogr*. T. I,
p. 148). Don Fernando Colon wagt es nicht, in Abrede zu stellen,
dafs sein Vater die Hesperiden für den Neuen Kontinent angesehen hat.
Ohne Zweifel war dies einer von jenen gelehrten Beweisgründen, mit
denen sich der grofse Mann in den akademischen Disputationen zu Salamanka gewaffnet hatte. Der Sohn sagt ganz deutlich (Kap. 7), indem
er sich auf Plinius und Solin beruft: „*que las islas Hesperides las
tuvo por cierto el almirante, que fuesen las de las Indias.*" Aber
er selbst betrachtet diese Erklärung des Sebosus nicht als wahrscheinlich.
Er macht sich an einer Stelle (Kap. 9) lustig „sowohl über die Karthaginenser, welche Kuba und Haïti unbewohnt gefunden hatten, als über
jenen König Hesperus, unter welchem die Spanier in Indien herrschten."
Ich bemerke, dafs Dicuil (cap. VII, §. 1, 5) die Stelle des Plinius nicht
ausgeschrieben hat, sondern sich mit der Aeufserung begnügt, dafs die
Hesperiden weiter von der Küste von Afrika entfernt wären, als die Gorgonen (Gorgodes).

wie Karl V, zugleich das Neue Indien und die hesperische oder iberische Halbinsel 1658 Jahre vor dem Beginn unserer Zeitrechnung beherrschte, so dafs durch die Entdeckung des Columbus die göttliche Gerechtigkeit Spanien nur wieder in seine alten Rechte eingesetzt habe. Es dürfte schwer halten, höher hinauf, über die Mythe des Hesperus und Atlas hinaus, die Bande zu verfolgen, durch welche die Kolonien an das Mutterland geknüpft werden konnten.

Man kann auf keine Weise in Abrede stellen, dafs die Basken und die Völker celtischen Ursprungs in Irland, welche sich mit dem Fischfange an weit entfernten Küsten beschäftigten, im Norden des atlantischen Meeres beständige Nebenbuhler der Skandinavier gewesen, und dafs letzteren, im achten Jahrhundert, selbst auf der Gruppe der Färöerinseln und in Island, irländische Seefahrer zuvorgekommen sind. Trotz dieser Belege für ihre seemännische Thätigkeit, scheint es aber doch nichtsdestoweniger auffallend, dafs jener Prinz Madoc, „indem er Island gegen Norden liegen liefs", mithin jene Zwischenstationen vermied, welche die skandinavischen Entdeckungen begünstigt haben, seine abenteuerlichen Fahrten bis zu den Küsten der Vereinigten Staaten habe ausdehnen und nach dem Lande Wales zurückkehren können, um neue Kolonisten auszuheben. Es wäre zu wünschen, dafs man in unseren Tagen, wo die Kritik zwar strenge ist, jedoch keinen verschmähenden Charakter annimmt, an Ort und Stelle selbst neue Forschungen anstellen und in den Ueberlieferungen und alten wälischen Chronisten demjenigen nachspüren möchte, was sich auf das Verschwinden des Madoc ap Owen Guineth bezieht. Ich theile keinesweges den wegwerfenden Sinn, mit welchem alte Volksüberlieferungen nur zu oft *) betrachtet wor-

---

*) „Nel viaggio di Madoc tutto si riduce ad una diceria non so quando inventata, ma senza dubbio non molto anticamente,

den sind; im Gegentheil hege ich die feste Ueberzeugung, daſs mit etwas gröſserer Emsigkeit und Ausdauer viele jener geschichtlichen Probleme, die sich auf die Seefahrten des Mittelalters, die augenfälligen Uebereinstimmungen in religiösen Ueberlieferungen, Zeiteintheilungen und Werken der Kunst in Amerika und dem Osten von Asien, auf die Wanderungen der mexikanischen Völker, auf jene alten Mittelpunkte der Civilisation in Aztlan, Quivira, und im oberen Luisiana, so wie in den Hochebenen von Cundinamarca und Peru beziehen, eines Tages durch die Entdeckung von Thatsachen aufgehellt werden können, welche uns seither gänzlich unbekannt geblieben sind.

Malte-Brun *) rechnet zu den Versuchen, die vor Columbus angestellt worden waren, um auf dem unmittelbaren Westwege nach Indien zu gelangen, auch die Reise der Brüder Vadino und Guido de Vivaldi im Jahre 1281. Andere Geographen sind der Meinung gewesen, daſs die im Jahre 1291 von *Ugolini Vivaldi* und *Teodosio Doria* wiederholte Fahrt jener beiden Brüder nichts anderes gewesen sei, als eine ohne bestimmtes Ziel unternommene Reise zur Erforschung des atlantischen Oceans, ganz in derselben Art wie die Fahrt der Almagrurim. Wenn man aber mit einiger Aufmerksamkeit die von Graberg wieder aufgefundene Handschrift untersucht, so findet man, daſs die Vivaldi *("volentes ire in Levante, ad partes Indiarum")* die Küsten von Afrika entlang segelten. Ihr in barbarischem Latein beschriebener Versuch fällt zwischen die Reisen des Ascelin und Marco

---

perché per poco che si volesse andar avanti ne' secoli si troverebbero i Gallesi, con tutta la loro antica genealogia celtica, non solo senza muse, ma senza alfabeto." (*Fomaleoni, Illustrazione di due carte antiche*, 1783, p. 37.) Der Vorwurf *senza muse* ist wenigstens einer der ungerechtesten, welche ausgesprochen werden konnten.

*) *Précis de Géographie* (zw. Ausg.), p. 521.

Polo; aber in Folge der Handelsverbindungen, welche
ihre Landsleute, die Genueser, mit den Arabern unterhielten, konnten sie wohl entfernt den Gedanken einer
Möglichkeit hegen, die Südspitze von Afrika zu umschiffen. Ein gewisser *Antonietto Usodimare (Usus maris)*,
Begleiter des Cadamosto (*Alvise dà Ca Da Mosto*),
lehrt uns selbst in einem vom 12. December 1455 datirten Briefe, „dafs er, nachdem er von einem *nobilis
dominus niger* eine Anzahl Sklaven angekauft hatte, ganz
in der Nähe der Zone, wo der Polarstern sichtbar zu
sein aufhört, an einer dem Reiche des Priester Johannes benachbarten Küste, einen weifsen Mann gefunden
habe, welcher von einem der Seeleute abzustammen vorgab, aus denen die untergegangene Mannschaft der Caravelen der beiden Vivaldi bestanden habe *)." Die vor-
gegebene Abstammung mag immerhin zweifelhaft erscheinen; jedenfalls beweist die Urkunde aus dem Archive von
Genua, deren Auffindung und Bekanntmachung man den
interessanten, von Graberg angestellten Forschungen verdankt, dafs man im funfzehnten Jahrhundert die Fahrt
der Brüder Vivaldi als eine Unternehmung nach Afrika
betrachtete. Sie verdient eine um so gröfsere Aufmerksamkeit, als sie um fast 65 Jahre älter ist, als die Reise

---

*) Antonietto spricht von „Caravelen, die vor 170 Jahren verloren
gegangen waren", wonach die Fahrt der Brüder Vivaldi, deren schon
bei dem mystischen *Pietro d'Abano*, welcher im Jahre 1312 starb, Erwähnung geschieht, in das Jahr 1285 verlegt wird. S. *Spotorno*,
Tom. II, p. 305; *Tiraboschi*, Tom. V, lib. I, cap. 5 §. 15; *Giacomo Graberg*, *Annali di Geographia e di Statistica*, Tom. II,
p. 285, Tom VI, p. 170; *Zurla*, *Viaggi*, Tom. II, p. 155—158;
Baldelli, Tom. I, p. XL, CLXIII, CLXVII. Uebrigens ist *Usodimare*
kein Eigenname, sondern ein Ausdruck, welcher ein Handwerk andeutet, eben so wie man in der französischen Sprache von einem *capitaine
bon praticien* oder *pratique de la côte de Guinée* redet. Aus
dieser Ursache findet man in dem *Novus orbis* des *Grynaeus* die
Worte: *naves Antonieti cuiusdam Liguria, qui maria sulcare probe
noverat.*

des Kataloniers *Don Jayme Ferrer* nach dem Goldflusse *).

Eine gröfsere Aehnlichkeit mit der Fahrt der Almagrurim, als die der Vivaldi, hat ohne allen Zweifel die
Reise, welche der Infant Dom Henrique im Jahre 1431
durch *Gonçalo Velho Cabral* unternehmen liefs. Der
Zweck derselben war eine wirkliche Erforschung des atlantischen Oceans, „ein Versuch, wie der Biograph des
Infanten (der Pater vom Oratorium **) Joseph Freire)
sagt, Länder gegen Westen zu entdecken." (*Vida do infante Dom Henrique*, p. 319). Dieser Versuch führte
Velho Cabral zunächst nach den Klippen der Formigas,
südlich von der Insel San-Miguel der Azoren, und im
Jahre 1432 nach der Insel Santa-Maria.

Ich beschliefse das Verzeichnifs der Seefahrer, von
denen man glaubt, dafs sie vor Christoph Columbus einen Theil von Amerika zu entdecken versucht haben, mit
dem polnischen Piloten Johann Szkolny (Scolnus), auf
den neuerdings Lelewel in seiner gelehrten Geschichte
der Geographie ***) die Aufmerksamkeit der Geschichtsforscher von neuem hingelenkt hat. Dieser Szkolny befand sich im Jahre 1476 in Diensten des Königs Chri-
stiern II. von Dänemark. Man versichert, dafs er an den
Küsten von Labrador landete, nachdem er bei Norwe-

---

*) Man vergleiche den katalonischen Atlas auf der königlichen Bi-
bliothek zu Paris, dessen Anfertigung Buchon in das Jahr 1374 verlegt.
Die von Graberg bekannt gemachte Urkunde (*Baldelli*, p. CLXV)
scheint *Don Jayme* (*Jaëme*) *Ferrer* unter dem Namen „*Joannes Ferne
Catalanus*" zu erwähnen, welcher am St. Lorenztage 1346 nach der
Rujaura (dem Goldflusse) abgesegelt sei. Die Identität der Person
scheint mir keinem Zweifel zu unterliegen.

**) [Die *Väter vom Oratorium* waren ein geistlicher Orden, wel-
chen der Kardinal Berullo im Anfange des siebzehnten Jahrhunderts ge-
stiftet hatte.]

***) *Joach. Lelewel, Pisma pomniejsze geogr. historyczné*,
1814, S. 58.

gen, Grönland und dem Frisland der Zeni vorübergese-
gelt war. Ich glaube mir über diese von Wytfliet, Pontanus und Horn *) herrührende Angabe kein Urtheil erlauben zu dürfen. Ein Land, welches *hinter* Grönland in
der angegebenen Richtung wahrgenommen wurde, könnte
recht wohl Labrador gewesen sein; indessen ist es mir
auffallend, dafs Gomara, welcher seine *Geschichte von
Indien* zu Saragossa im Jahre 1553 drucken liefs, den
polnischen Seefahrer schon gekannt hat **). Man hatte,
als der Fang des *bacallaos* die Seefahrer des südlichen
Europa mit denen des skandinavischen Nordens in nähere Verbindung zu bringen begann, vielleicht gemuth-
mafst, dafs das von Szkolny gesehene Land mit demje-

---

*) *Georgii Horni, Ulysses*, 1671, p. 279; *Zurla, Viaggi*,
Tom. II, p. 26; *Malte-Brun*, p. 532; *Wytfliet* (*Descript. Ptol.
augmentum*, 1597, p. 188) und *Pontanus* (*De situ Daniae*, 1631,
p. 763) schreiben irrthümlicher Weise *Scolvus*.

**) *Hist. de las Indias*, fol. XX. Der Name *Tierra del Labra-
dor, Terre du Laboureur*, ist nach der einsichtsvollen Bemerkung des
Verfassers des *Memoir of Sebastian Cabot* (p. 246) von Cortereal und
den portugiesischen Sklavenhändlern erfunden worden, um jene nördliche Küste als eine solche zu bezeichnen, die vorzugsweise zur Arbeit
(*al labor*) geeignéte Menschen hervorbringe. Ich finde in der That bei
Gomara (fol. XX): die Einwohner seien „*ombres dispuestos, aunque
morenos* (der venetianische Botschafter zu Lissabon, *Pietro Pasqueligi*,
welcher elf Tage nach der Rückkehr des Cortereal schrieb und die Indianer selbst sah, vergleicht sie, in Betreff der Hautfarbe, mit den Zi-
geunern, den *Cingani*) y *trabajadores*.“ Die kleine Statur der Esquimaux von der wirklichen Küste von Labrador dürfte diese Lobsprüche
nicht gerade rechtfertigen; aber man liest in demselben Kapitel des Gomara fol. VII, dafs Cortereal jene Indianer von der Insel des Golfe
cuadrado (d. h. in dem Golfe des St. Lorenzstromes) geraubt hatte. Der
Name *Küste der Labradores* wurde vielleicht in einer weit allge-
meineren und minder bestimmten Bedeutung genommen, indem man darunter auch eingeborene Racen, die nicht zu den Esquimaux gehörten,
verstand; ungefähr so, wie man mit dem Namen *Newfoundland* oder
Terre-Neuve im sechzehnten Jahrhundert auch zuweilen andere Küsten
bezeichnete, als die der grofsen Anticosti gegenüber gelegenen Insel (*Mem.
of Cabot*, p. 57).

nigen identisch sei, welches im Jahre 1497 von Johann
und Sebastian Cabot und im Jahre 1500 von Caspar Cortereal besucht worden war. Gomara sagt, was übrigens
nicht ganz genau ist, „dafs die Engländer sich in dem
Lande Labrador besonders gefallen, weil sie daselbst die
Breite und das Klima *(temple)* ihres Geburtslandes wie-
derfanden, und dafs Männer aus Norwegen mit dem Piloten Johann Scolvo dort gewesen wären, so wie die Engländer mit Sebastian Gaboto." Man darf nicht vergessen, dafs Gomara des polnischen Piloten da mit keiner
Sylbe gedenkt, wo er von denjenigen Männern redet,
welche Columbus in seinen Entdeckungen zuvorgekommen sind, während er doch boshaft genug ist, zu behaupten *), „dafs man im Grunde nicht angeben könne, wem
die Entdeckung des neuen Indiens zu verdanken sei."

---

*) „Wir dürfen über unsere Unwissenheit in Bezug auf alte Dinge
nicht eben erstaunen, *pues no sabemos quien de poco aca halló las
Indias que tan señalada y nueva cosa es.*" *Gomara*, fol. X. Dieser Zweifel gründet sich auf eine sehr dunkele Geschichte von einem
Schiffer, der, nachdem er Länder gegen Westen erblickt hatte, in dem
Hause des Columbus gestorben sein soll; eine Geschichte, welche in
dem Processe des Fiskals noch keine Rolle spielte, und die zuerst Oviedo
(lib. II, cap. 3) im Jahre 1535 berichtete. Erst Garcilaso de la Vega
wagte es im Jahre 1609, diesem Schiffer einen Namen (Alonzo Sanchez
aus Huelva) zu geben, und ein Datum (1484, das Jahr, wo Columbus Portugal verliefs) diesem Ereignisse anzuweisen, dessen Wichtigkeit die Feinde des italiänischen Ruhmes bei weitem übertrieben. Am
Schlusse dieser Anmerkung will ich noch erinnern, dafs Gomara auf
die deutlichste Weise dasjenige bestätigt, was wir weiter oben über
die richtige Anschauung gesagt haben, welche sich Columbus (*Vida
del Almirante*, cap. 4) von der Lage der Insel Thyle des Solin gebildet hatte. „Mehrere Geographen glauben, sagt Gomara, dafs Island das Thyle sei, welches die Römer in den äufsersten Norden verlegen; aber diese Behauptung ist falsch: denn das neuerdings entdeckte
Island ist bei weitem gröfser und liegt um vieles nördlicher (er verlegt
es, wie Columbus, unter den 73sten Breitengrad). Das eigentlich und
ursprünglich so genannte Thyle ist eine kleine Insel (*isletta*) zwischen
den Orkaden (Orkney Islands) und den Farinseln (Färöe, Far Isles),
welche gegen Westen in 67° Breite liegt, obgleich sie Ptolemäus nicht

Es ist bekannt, daſs der Zustand der geographischen
Kenntnisse im Mittelalter, das Bestreben, die Lage von
Ländern, welche die Alten nur auf eine ganz unbestimmte
Weise beschrieben hatten, genauer anzúgeben, die Kartenzeichner veranlaſsten, die Leere des Oceans mſt Inseln anzufüllen, deren Lage noch gröſseren Veränderungen unterworfen war, als ihre Benennung. Es läſst sich
nicht leugnen, daſs diese Zeichner viel dazu beigetragen
haben, die Anzahl der Phantasiegebilde zu vermehren;
indessen muſs man doch auch andererseits zugestehen,
daſs die innige Ueberzeugung von dem Bestehen zerstreuter Ländermassen in den unbekannten Weiten der Meere
um vieles älter ist, als die Anfertigung von Welttafeln.
Es ist dem Menschen von Natur so nahe gelegt, ein Etwas jenseits seines Gesichtskreises zu träumen *), und

---

so hoch hinauf versetzt. Island ist um 40 Lieues von den Farinseln,
60 von Thyle, und mehr als 100 von den Orkaden entfernt." (*Gomara*, fol. VII, b.) Da Gomara nach Breitengraden von 17¼ kastilianischen Meilen rechnet (fol. VI), so ist diese Berechnung der einzelnen Entfernungen eben so verwickelt, als die der Breiten; aber es geht
doch daraus mit Klarheit hervor, daſs Gomara, lange vor *Camden*
(*Tzschucke ad Melam*, vol. III, Part. 3, p. 227) und *d'Anville* (*Mém.
de l'Académie des Inscriptions*, Tom. XXXVII, p. 438), das bewohnte
Thyle, welches Solin und Tacitus (*vita Agricolae*, cap. 10) erwähnen,
zwischen die Färöer und Orkaden, mithin in die Gruppe der Shetlandsinseln, verlegt. Dasselbe Thyle ist es, an welchem die Heruler, die Dänemark verlieſsen, landeten, nach *Prokop de bello Gothico* II, 15.
Adam von Bremen (*De situ Daniae*, Helmstädt 1670, p. 158) hatte
zuerst den Namen von Thyle auf das von den Skandinaven entdeckte
Island angewendet. Vor dem Erscheinen des angeführten Kommentars
von Tzschucke zum Pomponius Mela war die vollständigste Zusammen-
stellung über das Thyle der Alten die des *Pontanus*, *Rerum Danicarum historia*, 1631, p. 741 — 755.

*) Τὰ ὑπὲρ Θούλην ἄπιϛα in der Bibliothek des Photius. [*Olympiodor. ad Aristotel. Meteorolog.*, fol. 24, a ed. Ald. Vol. I, p. 254
der neueren Ausgabe sagt: ἄπιϛον γὰρ μέγεθος περὶ αὐτό φασι καὶ
ὅμοιον τοῖς ὑπὲρ Θούλην ἀπίϛοις· ὑπὲρ Θούλην δ' εἰσὶν ἄπιϛα τὰ πάνυ
διεψευσμένα' λέγονται δὲ οὕτως, διότι καὶ τὰ περὶ τῆς νήσου ταύτης
λεγόμενα μυθώδη εἰσίν. So sind nämlich die Worte offenbar abzuthei-

andere Inseln, selbst andere Festländer anzunehmen, denen ähnlich, welche er selbst bewohnt. In dem atlantischen Meere lenkten die Gruppen der Kanarischen und
Britannischen Inseln die Einbildungskraft vorzugsweise auf
gewisse Striche. Man gefiel sich darin, auf dem Wege
der Vermuthung dasjenige zu vermehren, was man nur
auf eine sehr verworrene Weise kannte. Im Südwesten
der Säulen des Herkules veranlaßte die Schwierigkeit,
mit einiger Genauigkeit die wahre Anzahl und gegenseitige Lage der Glückseligen Inseln anzugeben, eine Reihe
von Fictionen. Die *Aprositos* *) rechtfertigte ihren Namen *der Unzugänglichen* nur dadurch, daß sie ein in
der That unauffindbares Land war **); sie war an dem
Orte, an welchem sie den Seefahrern angegeben wurde,
nicht vorhanden. Die beiden Inseln Porto-Santo und
Madera (die *Isola dello Legname* ***) eines genuesischen
oder mediceischen Portulans aus dem Jahre 1351), nach
welchen einzelne Schiffe auf ihren Ueberfahrten nach
Cerne zuweilen durch Zufall gelangt sein mochten, ver-
mehrte die Verwirrung in den geographischen Begriffen.
Gegen Norden boten Albion und Jerne, umgeben von
zahlreichen kleineren Inseln, von Alters her ein weites Feld für Vermuthungen dar. Wir haben schon
oben †) von den Mythen gesprochen, die sich auf das
Kronische Meer beziehen. Die Wichtigkeit, welche In-

---

len. Es dürfte übrigens aus denselben erhellen, was ich hier nachträg-
lich bemerke, daß Olympiodor jene Redensart im Texte des Aristotele-
les fand (*Meteorolog.*, I, 13, 20, p. 350, b), wo sie jetzt nicht steht.
Die von Photius erhaltenen Fragmente des Romanes von *Antonius Diogenes*, welcher τὰ ὑπὲρ Θούλην ἄπιϛα betitelt war, hat Passow im ersten Bande des *Corpus scriptorum eroticorum graecorum* abdrucken
lassen. S. auch oben S. 164.]

*) *Ptolemäus*, IV, 6.

**) *Gossellin*, Tom. I, p. 160.

***) *Baldelli*, *Milione*, p. CLXVIII.

†) S. 157. 180.

seln zu Theil wurde, die, wenn nicht die Quelle, doch
die Niederlage des Zinnhandels waren; die irrthümlichen
Ansichten, welche sich lange Zeit hindurch über die Lage
und Richtung der Küsten und die Gestaltung (Gliederung) des halbinselartigen Europa erhalten hatten; endlich die Gruppirung der Inseln und ihre Anordnung zu
einer von den Cassiteriden, bis zu den Orkaden, Shet-
land- und Färöerinseln fast ununterbrochen fortlaufenden Kette, veranlaßten seit den ersten Jahrhunderten des
Mittelalters mannigfache Hypothesen und Mythen, welche der Naturbeschaffenheit der nordischen Gegenden an-
gepaßt wurden. Man verlegte selbst, wie aus einer der
Karten des *Sanuto Torsello* aus dem Jahre 1306 hervorgeht *), westlich von Irland einen *gulffo de issolle
CCCLVIII beate e fortunate*. Je unvollkommener die
Hülfsmittel waren, welche zu Gebote standen, um die
Richtung des eingeschlagenen Weges und die Länge der
durchlaufenen Entfernungen auszumitteln, desto leichter
war es, Mißgriffe in Bezug auf die Identität der Länder **), welche man betreten hatte, zu begehen. Der
unbesonnene Gebrauch von erdichteten oder schlecht ab-
gefaßten Reisebeschreibungen rief auf den Karten eine
doppelte Verzeichnung von Ländern hervor. Der Zustand der alten Geographie des Südmeeres und die große Menge von Klippen [*vigies*, wie sie in der französ-
sischen

---

*) *Camden, Brit.*, p. 513; *Zurla, Viaggi*, Tom. II, p. 307.
Auf der berühmten Karte des Fra Mauro aus dem Jahre 1457 findet
man ebenfalls die „*Insule de Hibernia dite Fortunate*.“ Gracioso Benincasa (1471) stellte gleichzeitig durch eine doppelte Anwendung desselben Namens die Glückseligen Inseln im Westen von Afrika und die
im Westen von Irland, der *Insula Sacra* des Avienus, dar.

**) So glaubte man im neunten Jahrhundert, daß das Groß-Irland
des Normannen Gudlekur im Westen unseres Irland belegen sei (*Thor-
kelin, Fragments of Engl. and Irish history*, p. 80). Zu den Zeiten des Prokop verlegte man eine Insel *Brittia* zwischen das wahre Britannien und Thule. (S. oben S. 176.)

sischen Seesprache heifsen], mit denen die Oberfläche
des atlantischen Meeres auf den Welttafeln vor sechzig
Jahren gleichsam besäet war, erinnert auf eine augen-
fällige Weise an eben jene Quelle von Irrthümern. Geraume Zeit hindurch vereinigte jede neue Karte alle Phantasiegebilde ihrer sämmtlichen Vorgängerinnen; denn nichts
gleicht der Hartnäckigkeit der Geographen, sobald es sich
darum handelt, eine Insel, deren Name sich aus alter Zeit
herschreibt, eine Bergkette, die eine Wasserscheide vorstellt, einen See, aus welchem ein grofser Strom hervorgeht, zu erhalten, und gleichsam stereotyp zu machen.

In den beiden von mir angegebenen Richtungen, im
Norden und Nordwesten der orkadischen Inseln, so wie
in der südwestlichen Richtung von den Glückseligen Inseln, nahmen die geographischen Träumereien einen eigenthümlichen Charakter an. Dicuil *) und Adam von
Bremen, der eine im Beginn des neunten, der andere
in der zweiten Hälfte des eilften Jahrhunderts, beweisen
durch ihre Schriften, dafs in dem Norden des atlantischen Meeres der religiöse Eifer der irländischen und
frisischen Missionäre zu der Entdeckung neuer Länder
führte. Eine Quelle, aus der die Geographie des Mittelalters ihre Fruchtbarkeit schöpfte, bot indessen mehr-
fache Gefahren dar. Die christlichen Reisenden entstellten ihre Schriften durch die den mönchischen Chronisten
so gewöhnliche Uebertreibung. Wir finden gewissermafsen an der Spitze einer langen Kette eingebildeter Inseln, oder, um mich eines genaueren Ausdrucks zu bedienen, von Inseln, die ohne sichere Ortsangabe auf den
Karten bald hier bald dort verzeichnet wurden, diejenige, welche den Namen des heil. Borondan, eines irländischen Abtes, trägt, dessen Fahrten bis zum Jahre

---

*) Der Verfasser des Werkes *de mensura orbis terrae*, wahrscheinlich Dichullus, Abt von Pahlacht (*Letronne*, p. 25 et 139).

565 hinaufreichen. Noch Adam von Bremen *) berichtet in seiner Kirchengeschichte, nachdem er von der Entdeckung des Vinland gesprochen hat, dafs zur Zeit des
Bischofs Bezelinus Alebrandus, mithin um das Jahr 1035,
frisische Seefahrer ihre Erforschung der *Lebersee* oder
des Meeres der Finsternisse (*„per tenebrosam rigentis
Oceani caliginem"*) bis über Island hinaus ausdehnten.
Sie landeten zuletzt an einer Insel, deren Bewohner, von
einem riesenmäfsigen Körperbau, in Höhlen lebten. Einer der Frisen wurde von Hunden, die nicht minder
riesig waren, zerrissen; die übrigen fanden, begünstigt
von Nordwestwinden, glücklich den Rückweg nach der
Mündung der Weser. Die Erzählung von jenen „mächtigen Rüden" scheint den Berichten von den wilden Hunden, deren sich die Esquimaux in Grönland bedienen,
nachgebildet zu sein; ich erwähne sie nur, weil man sie
widersinniger Weise auf die Insel Cuba oder auf die
kleinen Antillen bezogen hat **), wo der gröfste einheimische Vierfüfser, der Aguti, kaum die Gröfse eines
Hasen erreicht. In dem südlichen Theile des atlantischen
Meeres haben nicht sowohl die Ueberlieferungen der Mönche, als falsche Anwendung klassischer Gelehrsamkeit einen Einflufs auf den Zustand der Geographie ausgeübt.
Wie viel Hypothesen hat nicht allein die bekannte Stelle
des Statius Sebosus ***) über die Lage der Hesperidischen

---

*) *De situ Daniae*, p. 159. Die *Lebersee* oder das *Klebermeer*,
klebrige Meer, ist eines von den Wundern der nordischen Gegenden,
welche in dem *Titurel* des Wolfram von Eschenbach und fast bei allen
zu dem Cyklus der Minnesänger gehörenden Dichtern eine Rolle spielen
(*Von der Hagen, Museum für altdeutsche Litteratur*, Th. I, S.
294—300). Es ist ein Wiederhall der *Leberlunge* des Pytheas, durch
welche man weder schiffen noch gehen konnte" (*Strabo*, II, p. 104
Cas.), ein Anklang an das *Mare Morimarusa* des Philemon (*Plinius*, IV, 13).

**) *Horn, Origin. American.*, p. 26.

***) *Plinius*, VI, 31.

Inseln hervorgerufen, die dahin erklärt wurde, daſs sie um vierzig Tagereisen von den Gorgoneninseln entfernt sein sollten! Indem man fortwährend sein Augenmerk auf das Alterthum gerichtet hatte, wollte man wieder auffinden, was man bei den Phöniziern, Griechen und Römern als bekannt voraussetzte. Wir haben schon oben daran erinnert, daſs Christoph Columbus die feste Ueberzeugung hegte, daſs die Inseln von Amerika die den Alten bekannten Hesperiden seien *), obwohl Isidor, der damals häufig zu Rathe gezogen wurde, sie mit Recht in eine gröſsere Nähe von den Küsten von Afrika verlegte **). Ich werde hier die Elemente dieser mythischen Geographie des vierzehnten und funfzehnten Jahrhunderts mittheilen. Unter den eilf Inseln, die ich aufzuführen habe, sind nur zwei, Mayda und Brazil-Rock, in dem Meridian der Kanarischen Inseln, westlich von dem Golf von Biscaya und von Irland, die sich auf unsern neusten Karten erhalten haben ***); aber die Mehrzahl der übrigen verdient deshalb noch nicht die Bezeichnung fabelhafter Inseln. Man findet auch hier, wie im Allgemeinen in allen geschichtlichen Mythen, im Hintergrunde einige Spuren von Wahrheit; aber dieser Hintergrund ist durch die Ungewiſsheit der gegenseitigen Lagenverhältnisse, durch Irrthümer in Bezug auf die Gestaltung und Ausdehnung, und Uebertreibung häufig wiederholter oder aus einer unbekannten Quelle hervorgegangener Erzählungen, mehr oder minder verschleiert.

St. Brandon. — Es ist von Wichtigkeit, die Wanderung dieses *geographischen Mythus* und seine Verschwisterung mit anderen zu verfolgen. Die Reisen der beiden Heiligen, des irländischen Abtes von Cluainfert, Bran-

---

*) Diese Identität ist noch in unseren Tagen von dem Grafen Carli angenommen worden (*Opere*, Tom. XII, p. 188.).

**) *Isidor. Hispal.*, *Orig.*, p. 172.

***) Welttafel von Joh. Purdy, 1834.

damis *), und des Maclovius oder heil. Malo, welche
mit fantastischen Zügen aller Art ausgeschmückt worden
sind, die im sechsten Jahrhundert allgemein verbreitete
Ueberzeugung von dem Bestehen einer *Insel der Seligen* im Nordwesten von Europa, sind nichts als ein Wiederschein der Ueberlieferungen des klassischen Alterthumes von den Wundern des Kronischen Meeres. Die
Mönche suchten das Paradies der Insel Ima in dem *mare
pigrum* und *coenosum* der Römer, welches ihr *Klebersee*
ist. Plutarch **) beschreibt die heiligen Inseln des Kronischen Meeres in der Nähe von Britannien, „wo eine
milde Luft herrscht und Saturn, eingeschlossen in einer
tiefen Höhle, unter der Obhut des Briareus schlummert.“
Dieses Gemälde erinnert an die paradiesische Fruchtbarkeit ***) der Insel Ima, welche den Sterblichen verborgen geblieben ist; es erinnert an den Riesen Mil-
dum, welchen der heil. Brandon in der Höhle, die ihm
zum Grabe dient, wieder auferweckt. Procop, der Zeitgenosse des heiligen Brandon, und Tzetzes †), welcher
fast um zehn Jahrhunderte später lebte als sie, bestätigen es, dafs die alten Sagen von den Wundern des bri-

---

*) Die Namen, unter welchen diese heilige Person und die nach
ihm benannte Insel vorkommen, sind sehr verschieden. In den Sprachen des romanischen Europa schreibt man *Brandon, Brandano, Blan-
din* (durch Verwandlung des *r* in das verwandte *l*), *Borondon, Bran-
damis.*

**) Man vergl. die oben S. 175 folgd. angeführten Stellen.

***) *Paradisiacas delicias, insulam amoenitate et fertilitate prae
cunctis terris praestantissimam.* — Nach Ueberlieferungen, die *Herr
v. Murr* in seiner *Diplomatischen Geschichte des Martin Behaim*
S. 33. gesammelt hat.

†) Ueber die Stelle von den Todten und der Insel der Seligen
vergl. *Procop., de bello goth.*, IV, 20. *Tzetz. ad Lycophr.*, v. 1204.
Man vergl. auch die Abhandlung über die Argonauten von *Ukert* in
seiner *Geogr. der Griechen*, Th. II, Abth. I, S. 343, und *Welcker's
Homerische Phäaken und Inseln der Seligen* in dem *Rhein. Mus.
für Philologie*, Bd. I, S. 237—241.

tannischen Meeres sich selbst an denjenigen Orten erhalten haben, wohin das Christenthum vorgedrungen war.
Ich könnte noch hinzufügen, daſs in Irland die klassische Gelehrsamkeit, welche sich in die Klöster geflüchtet hatte, nicht wenig dazu beitrug, die örtlichen Mythen
zu erhalten und weiter fortzupflanzen. In dieser Beziehung ist das Werk des Dicuil, auf welches ich schon
mehr als einmal habe zurückkommen müssen, ein überaus merkwürdiges Denkmal, indem es von dem Eifer
Zeugniſs ablegt, mit welchem ein in der zweiten Hälfte
des achten Jahrhunderts in Irland geborener Mönch die
Schriften des Plinius, Solinus und Orosius studirte. Die
Ueberlieferungen der Griechen und Römer, und die
Mythen, welche den Charakter der Oertlichkeit trugen,
konnten sich also im Norden mit den geschichtlichen Ro-
manen des Lebens der Heiligen zu einem Ganzen ver-
mengen. Die erste geographische Lage, welche der auf
allen Karten des Mittelalters verzeichneten Insel angewiesen worden, ist in dem Parallel von Irland und selbst
in einer noch nördlicheren Breite. Der heil. Brandon
kehrt mit den 75 Mönchen, die ihn sieben Jahre hindurch begleiteten, über die Orkaden zurück *). Man
weiſs, daſs er, vor dem Beginn seiner Irrfahrten, die Shetlandsinseln bewohnte **). Wenn die Insel des heil. Bran-

---

*) „*Peragratis Orcadibus caeterisque aquilonensibus insulis ad
patriam redeunt.*‟ (*Joh. a Bosco, Bibl. Floriac.*, p. 602.) „*Insula S. Brandani e regione Terrae Cortereali sive Novae Franciae
Americae septentrionalis sita in Oceano boreali.*‟ (*Honor. Philoponi, Navig. Patrum Ord. S. Bened.*, 1621, p. 14.)

**) Diese Thatsache scheint im Widerspruch mit der Epoche zu
stehen, welche Murray der ersten Bevölkerung der Shetlandsinseln anweist; aber Letronne hat durch Deutung einer Stelle des Solin es äuſserst wahrscheinlich zu machen gewuſst, daſs diese Inselgruppe schon
zu den Zeiten der Römer bewohnt gewesen ist (*Dicuil*, p. 134, und
in den Nachträgen, p. 90). Es ist höchst auffallend, daſs Aeneas Sylvius Piccolomini in seiner Geographie des nordwestlichen Europa der
Reisen des heiligen Brandon und seiner Insel gar nicht gedenkt. Der

don im fünfzehnten Jahrhundert in eine weit südlichere
Breite, in den Westen der Kanarischen Inseln, verlegt
worden ist, so verdankt sie dies, glaube ich, nur einer doppelten Anwendung des Namens der *Glückseligen Inseln.*
Ich habe schon oben erwähnt, dafs auf der berühmten
Karte des Fra Mauro die „*Insule de Hibernia dite Fortunate*" verzeichnet sind, und dafs Gracioso Benincasa
im Jahre 1471 zu gleicher Zeit das *Elysium* des Nordens und das des Homer (die Inseln der Seligen des
Hesiod und Pindar) angiebt. Die unbestimmte Benennung *Atlantische Inseln* *), durch die man zuweilen die
Glückseligen Inseln bezeichnete, hat diese doppelten Anwendungen begünstigt. Man bildete sich ein, von Zeit
zu Zeit gegen Südwesten am Meerhorizonte eine bergige
beständig unter einer und derselben Gestalt erscheinende
Insel zu erblicken. Viera, der Geschichtschreiber der
Kanarischen Inseln, hat weitläufige Einzelheiten über
sämmtliche Versuche mitgetheilt, welche von 1487 bis
zum Jahre 1759 angestellt worden sind, um an dieser
eingebildeten Insel zu landen. Wir wissen nicht, ob
dies Trugbild durch besondere Bedingungen bei dem
Phänomen der *mirage* in einer auf dem Gesichtskreis la-
gernden Nebelbank hervorgerufen wurde, oder ob vielleicht eine von jenen Wolken, welche mit ihrer gröfsten Dimension auf dem Horizont senkrecht stehen, zu-
fälliger Weise das Bild einer felsigen Insel dargeboten
habe. Der Pater Feijoo **), dessen *Teatro critico* sich

---

gelehrte Italiäner war doch in Schottland gewesen, und beschreibt auf
eine anmuthige Weise den Eindruck, welchen der erste Anblick einer
Vertheilung von Steinkohlen an schottische Bettler bei ihm zurückgelassen hatte. „*In Scotia pauperes paene nudos ad templa mendicantes
acceptis lapidibus eleemosynae gratia datis laetos abiisse con-
speximus. Id genus lapidis sive sulphurea, sive pingui materia
praeditum pro ligno, quo regio nuda est, comburitur.*" *Aen. Sylv.
Op. geogr. et histor.*, 1691 (*Europa*, cap. 47.), p. 319.

*) *Plutarch. Sertor.*, cap. 8.

**) Tom. IV, *Disc. X*, §. 10.

eine geraume Zeit hindurch in Spanien einer besonderen
Achtung zu erfreuen hatte, verglich diese Erscheinung
anfänglich mit der *Fata Morgana* in Sicilien, einem Phänomen, das noch bis auf den heutigen Tag nicht genügend beobachtet und erklärt worden ist: späterhin hielt
er die *Butterinsel* der Kanarier (dies ist nehmlich die
Bezeichnung, deren sich die Seeleute bedienen) für das
von einer sehr entfernten Dunstmasse zurückgeworfene
Bild *(nube especular)* der Insel Ferro. Diese Insel des
heil. Brandon wurde im sechzehnten Jahrhundert von
der portugiesischen Regierung ganz ernsthafter Weise an
Luis Perdigon in dem Augenblicke abgetreten, wo dieser sich zu ihrer Eroberung anschickte *). Der Geschichtschreiber Viera, voll der Ueberzeugung von dem Einfluſs der horizontalen Strahlenbrechung, glaubt fest, daſs
man bei einem feuchten WSWwinde, einem zur Her-
vorbringung dieses Phänomens unumgänglich nothwendigen Bedingnisse, im Stande sei „bis zu den Apalachen-
bergen in Florida" zu sehen. Bemerkungswerth ist es, daſs
diese Trugbilder die Einbildungskraft der Kanarier erst
seit der letzteren Hälfte des funfzehnten Jahrhunderts zu
beschäftigen angefangen haben, von dem Zeitpunkte an
nehmlich, wo die Entdeckung von Porto Santo, „welches nicht von einem so wilden Völkerstamme, als die
Guanchen, bewohnt war **), und die Entdeckung der
Inselgruppe der Azoren, ebenfalls durch die Portugiesen,
gewissermaſsen die Blicke Aller gen Westen zogen. Aber

---

*) *José de Viera y Clavijo*, *Noticia de la Hist. gener. de
las Islas Canarias*, Tom. I, p. 5.

**) Dies ist der Ausdruck, dessen sich *Barros*, *Dec.* I, *lib. I*,
cap. 2 (*Vida de D. Henrique*, p. 156) bedient. Madera wurde eben
so wie die Azoren unbewohnt gefunden. Wenn ich mich in dem
Texte des Wortes *Entdeckung* bedient habe, so wollte ich damit nur
die Epoche bezeichnen, in der die Portugiesen zum ersten-Male an dieser Insel landeten. Der Infant Don Heinrich kündigte schon im Jahre
1432, nach alten Karten, dem Velho Cabral an, „daſs er in der Nähe
der Hormigasklippen bald eine andere Insel finden würde" (A. a. O.,
S. 320).

nicht blofs die Bewohner von Gomera, Palma und Ferro
waren es, denen dieses Trugbild erschien; es wiederholte
sich nicht minder im Norden, überall wo man sich regen Eifers mit der Aufsuchung neuer Länder beschäftigte. Das Tagebuch der Seereise des Columbus, welches zuerst im Jahre 1825 bekannt gemacht worden ist,
bietet einen merkwürdigen Beleg *) für die gleichzeitige
Verbreitung dieses rein chimärischen Glaubens dar. Ich
führe die Worte an, wie sie Las Casas aus dem Tagebuche vom 9. August 1492 abgeschrieben hat: „Mehrere
glaubwürdige Spanier, welche (im Jahre 1454) mit Doña
Iñes Peraza, der Mutter des ersten *Conde de la Gomera*, angekommen waren und die Insel Ferro bewohnten, versicherten den Admiral, dafs sie in jedem Jahre
ein Land gegen Westen erblickten. Derselbe Umstand
wurde ihm von den Bewohnern der Insel Gomera bestätigt. Der Admiral fügt bei dieser Gelegenheit hinzu,
dafs, als er sich im Jahre 1484 in Portugal aufhielt, er
einen Mann aus Madera ankommen sah, welcher von dem
Könige eine Caravele forderte, um nach jenem Lande
zu gelangen, welches er deutlich und stets unter derselben Gestalt gesehen zu haben glaubte. Er erinnerte sich
auch, dafs die Bewohner der Azoren dasselbe Land sä-
hen, und zwar stets nach demselben Striche der Wind-
rose und von derselben Gröfse.“ Von dem Augenblicke
an trug man auf diese Erscheinung die mönchische Sage
vom heil. Brandon über **). In der Gruppe der Kanarischen Inseln vermengte sich die *glückselige* Insel Ima,
die anfänglich westlich von Irland (dem *Ierne*, der *heiligen Insel* der Rufus Festus Avienus) verlegt worden

---

*) *Navarrete*, Tom. I, pag. 5. Dieses Zeugnifs findet sich weder in dem *Leben des Admirals* noch in den *Decaden* des Herrera.

**) *Garcia*, *Origen de los Indios*, lib. I, c. 9. *Wülfer*, *De
maior. Oceani ins.*, 1691, p. 120. *Muñox*, lib. II, §. 9. *Baldelli*, *il Milione*, p. LX. *Washington Irving*, *Tom. IV*,
p. 316—332.

war, mit der *Aprositos* des Ptolemäus, welche nach diesem Geographen die nördlichste Insel der Kanarischen
Gruppe war, der *Encubierta*, *Nontrovada* oder *Nu-*
blada der spanischen Seefahrer des Mittelalters *). Ich
führe diese gleichbedeutenden Namen an, weil sie auf
eine schlagende Weise an die Deutung erinnern, welche
ich oben (S. 157 Anm.) mit Bezug auf den Namen gewagt habe, welchen Theopomp jenem jenseits des Oceans
belegenen Lande ertheilt, „mit dessen Dasein Silen den
phrygischen König bekannt macht." Das Land *Mero-*
pis **) des Theopomp war *verschleiert (nublada)* geblieben, wie jene unter den Plejaden, die sich einem Sterblichen vermählt hatte; aber das Land Meropis lag im
Norden, gleichwie die Glückseligen Inseln, im Meere von
Irland auf den Karten des Sanuto Torsello (1306) und
des Fra Mauro. Auf der Karte des Venetianers Pizigano (1367), welche auf der Bibliothek von Parma aufbewahrt wird und von Buache schlecht abgezeichnet worden ist, heifst die kleine Gruppe der Maderainseln, welche in dem Parallel des Cap Cantin angegeben ist, *Isole*
dicte Fortunate S. Brandany ***). Der Heilige selbst

----

*) *Voss. ad Mel.*, p. 604. *Tzschucke ad Mel.*, Tom. III,
Part. III, p. 412. Die Entdeckung der Insel Madera, deren Vorhandensein Gonzalves und Tristan Vaz vermuthet hatten, weil sie, von Porto
Santo aus gesehen, ihnen wie ein *Schatten* an dem Horizonte erschien,
trug ohne Zweifel zu der Ueberzeugung von der Wirklichkeit dieser Erscheinung bei. *Tinhaõ por vezes observado no mar huma como sombra*
que a distancia naõ deixava distinguir o que fosse." *Vida do*
Inf., p. 161.

**) Der Name Meropis bezeichnet, wenn er auf ein Festland ange-
wendet wird, sicherlich nicht ein *Land der Sterblichen* (mit artikulirter
Stimme im Sinne des Homerischen μέροπες ἄνθρωποι). Theopomp verbindet damit einen besonderen Sinn; denn er sagt, dafs die Menschen
dieses Landes *Meropes* hiefsen. Μέροπάς τινας οὕτω καλουμένους ἀν-
θρώπους οἰκεῖν παρ' αὐτοῖς ἔφη πόλεις πολλὰς καὶ μεγάλας. *Aelian,*
Var. Hist., III, 18 in der Ausgabe von *Kühn*, Tom. I, p. 187).

***) Buache hat die Worte *sancti Brandani* und die darauf fol-

ist abgebildet, wie er die Arme nach den Inseln *) ausstreckt, welche seinen Namen tragen. Andrea Bianco
(1436) stellt auf seiner Karte Porto Santo, Madera und
la Dexerta (la Déserte) dar, welche letztere mit der
Capraxia (Capraria) des Pizigano übereinstimmt. Die
Insel San Borondon fehlt; aber der Ritter Bebaim (1492)
verlegt auf seiner berühmten Erdkugel diese Insel dermafsen gegen Südwesten, dafs sie fast in der Breite des
Grünen Vorgebirges zu liegen kommt. „Dies ist die Insel, sagt er, an der der heilige Brandon im Jahre 565
gelandet ist, und die er voll wunderbarer Dinge gefunden." Wir haben gesehen, wie eine allmählige Ver-
schiebung dieses geographischen Mythus von Norden nach
Süden neun Jahrhunderte hindurch mit den Fortschritten der Schiffahrtskunde und der Richtung zusammenhing,
welche der Handel des Mittelmeeres nahm.

Antillia und die Insel der sieben Städte.
— Wenn grofse Unglücksfälle ein Volk heimsuchen, so
umgaukeln abergläubische Trugbilder die Gemüther und
bieten, trotz der Verschiedenheiten des Klima und der
Zeitalter, das gleichförmige Bild übereinstimmenden Glaubens, übereinstimmender chimärischer Ueberlieferungen
dar. Nach dem Falle des Reiches der Incas war man
überzeugt, dafs der Bruder des Atahualpa sich nach den
Ebenen im Osten, jenseits der Wälder von Vilcabamba **)
geflüchtet habe, um dorthin den volksthümlichen Cultus
zu verpflanzen und einen neuen Staat zu gründen. Bei

---

genden *isola Ponxele* ausgelassen. Seine *Isola Capricia* ist die *Capraxia* des Pizigano, die südlichste unter allen dreien. Der Name *Isola
dello Legname* des *Portulano Mediceo,* welcher um siebzehn Jahre älter ist, als die Karte des Pizigano, fehlt auf dieser. Indessen ist es eben
diese Benennung, aus der man ein halbes Jahrhundert später, nach der
angeblichen Entdeckung des Tristan Vaz, den portugiesischen Namen Ma-
deira gebildet hat.

*) *Zurla, Viaggi,* Tom. II, p. 332.

**) *Relat. histor.,* Tom. II, p. 714.

den Eingebornen von Peru hat sich unwandelbar die Hoffnung erhalten, dafs die Abkommen des geflüchteten Fürsten eines Tages aus der Wildnifs, in die sie sich zu-
rückgezogen, hervorgehen und die Theocratie von Cuzco
wiederherstellen werden. Eben so verbreitete sich, als
die Araber nach der Niederlage am Guadalete, wo Ro-
derich fiel, Spanien und allmählig die gesammte iberische
Halbinsel überschwemmten, unter dem Volke der Glaube,
dafs sechs Bischöfe, unter Anführung des Erzbischofs von
Porto *), mit grofsen Schätzen sich nach einer Insel im
Meere des Westen geflüchtet hätten. Sie gründeten daselbst, so lautet die Sage, sieben Städte, in denen sich
spanische und portugiesische Auswanderer niederliefsen.
Diese Insel der Bischöfe erhielt den portugiesischen Namen der *Septe (Sette) Cidades*, ein Name, welcher auf
den Karten des funfzehnten Jahrhunderts auf die sonderbarste Weise entstellt worden ist. Die Gelehrten sahen darin einen Wiederhall von der Sage jenes Asyls,
welches sich nach Aristoteles und Diodor von Sicilien
die Karthaginenser im Schoofs des Atlantischen Meeres
vorbereitet haben sollten **); und da Sagen dieser Gattung keine bestimmte Oertlichkeit darbieten und verlangen, so wurde der Name: Insel der *Sette Cidades*
wahrscheinlicher Weise ursprünglich auf die Gruppe der
Azoren übertragen, von dem Augenblicke an, wo man

---

*) So lautet die Sage bei Behaim, auf dessen Erdkugel die Worte
stehen: *Insula Antilia genannt Septe citade.* Er setzt die Auswanderung „des Erzbischofs von *Porto Portigal*" nach der Antillia in das
Jahr 734 (*Murr*, p. 30), während Ferdinand Columbus das Jahr 714
angiebt (*Vida del Almir.*, cap. 8). Die letztere von beiden Jahres-
zahlen ist die Epoche der Schlacht, welche Musa an den Ufern des Guadalete gewann. Die portugiesischen Geschichtschreiber erzählen, dafs die
Auswanderung gleich nach der Uebergabe von Merida Statt gefunden habe
und das Ziel derselben die Gruppe der Kanarischen Inseln gewesen sei,
welche jedoch nicht erreicht worden. (*Faria y Sousa, Hist. del
Reyno de Port.*, P. II, c. 7, p. 188.)

**) S. oben S. 125—132.

eine deutliche Ahnung von ihrer Existenz zu hegen begann. Die Identität der beiden Inseln *Antillia* und der *Sieben Städte* findet sich deutlich festgestellt blofs in einer Anmerkung, welche der von Martin Behaim im Jahre 1492 angefertigte Globus darbietet, so wie in folgenden Worten aus dem Briefe des Toscanelli an den portugiesischen Kanonikus Martinez: „Die Insel Antillia, welche Ihr die der Sieben Städte nennt . . . . ." Man könnte annehmen, dafs diese Worte in Spanien für nichts anderes als für ein Scholion gehalten worden sind *), welches Ulloa in die italiänische Uebersetzung der *Vida del Almirante* von Fernando Colon eingeschoben hat, da sie von Barcia und Navarrete, welche den Brief in einer spanischen Uebersetzung bekannt gemacht haben, weggelassen worden sind. Bei jedem Mythus mufs man sorgfältig den Zeitpunkt unterscheiden, welchen ihm der Stempel der Geschichte aufgedrückt hat, und die Epoche seines Ursprungs. Wenn es wahr ist, dafs zu Anfang des achten Jahrhunderts nach der Uebergabe von Merida unter Sacaru, Anführer der Gothen, „Flüchtlinge sich eingeschifft haben, um eine Freistatt fern von ihrem

---

*) Der Biograph des Toscanelli, der Abt Ximenes, theilt (*del Gnomone Fior.*, 1757, p. LXXIX und XGIV) den Brief des Florentiner Astronomen nach der ersten venetianischen Uebersetzung der *Vida del Almirante* mit, welche im Jahre 1571 von Alfonso Ulloa angefertigt worden ist. Die betreffenden Worte lauten: „*Dall' Isola di Antilia, che voi chiamate di Sette Città, della quale havete notitia, fino a Cipango sono dieci spatii.*" Die gesperrt gedruckten Worte fehlen in der spanischen Ausgabe des *Navarrete* (Tom. II, p. 3) und selbst in der, welche durch *Gonzales Barcia* (*Historiadores primitivos de las Indias occidentales*, Tom. I, p. 6) nach dem italiänischen Texte gemacht worden ist. Wir haben schon oben bemerkt, dafs das ursprüngliche lateinische Original, nach welchem Ferdinand Columbus die erste spanische Uebersetzung des Briefes von Toscanelli angefertigt hat, bis jetzt nicht aufgefunden worden ist. Mit einer genauen Kenntnifs der spanischen Sprache ist man leicht im Stande, die Fehler der italiänischen Uebersetzung zu errathen, welche ich mit Unrecht oben (S. 199, Anm.) dem Abt Ximenes zugeschrieben habe.

durch die Mauren unterjochten Vaterlande aufzusuchen"
(was an sich nichts unwahrscheinliches hat), so folgt
daraus noch nicht, dafs die fabelhafte Ueberlieferung
von der Insel Antillia ein gleiches Alter hat. Wir sehen die Insel weder unter diesem Namen, noch unter
dem der Sieben Städte, selbst noch nicht auf den Karten
des vierzehnten Jahrhunderts erscheinen; denn Zurla leugnet auf das Bestimmteste, dafs sich auf der Weltkarte
des Pizigano (1367), die zu Parma aufbewahrt wird, neben einer männlichen Figur, welche einen Papierstrei-
fen in der Hand hält, mitten im westlichen Meere die
Worte: *Ad ripas Antillae* oder *Atullio* finden, welche
Buache auf einer durch die Bemühungen des General
Clarke nach Paris gesendeten Skizze zu lesen geglaubt
hat [*]). Indessen bietet eben diese Karte des Pizigano
schon die *Isole dicte Fortunate*, S. *Brandany*, und die
Insula de Brazie (Brazir, Brasil) dar. Die älteste
Angabe der Insel Antillia, welche wir bis jetzt mit Bestimmtheit kennen, scheint die im venetianischen Atlas
des Andrea Bianco (1436) zu sein, auf welchen Formaleoni [**]) die Aufmerksamkeit der Geographen schon
im Jahre 1782 hingelenkt hatte. Dieser Atlas, welcher
in der St. Marcusbibliothek aufbewahrt wird, umfafst
zehn auf Pergament gezeichnete Karten in Kleinfolio,
von 9 Zoll 6 Linien Höhe und 1 Fufs 2 Zoll Breite.
Im Westen der Gruppe der Azoren erscheinen auf der
fünften Karte zwei Inseln in der Richtung von SSO
nach NNW von bedeutender Gröfse und sehr regel-
mäfsiger rechteckigen Form. Wenn man, da die Karte

---

[*]) *Buache, Mém. de l'Insitut*, Tom. VI, p. 22 und 25. *Zurla*,
Viaggi, Tom. II, p. 324.

[**]) Zuvörderst in der italiänischen Uebersetzung der Sammlung von
Reisen von La Harpe (*Compendio della Storia de' Viaggi*, Tom. VI,
XX); dann in dem *Saggio sulla Nautica antica de' Veneziani con
una illustr. d'alcune carte della Bibl. di San Marco, Parte II*,
p. 11—33.

keine Gradeintheilung hat, als Mafsstab die Entfernung
des Cap St. Vincent vom Cap Finisterre (5° 51′) annimmt, so findet man als Abstand der Küsten von Portugal bis zum Mittelpunkt der azorischen Inseln des Bianco
153 Seemeilen (statt 247); dagegen als Abstand der Azorengruppe von Antillia 87 Seemeilen. Diese letztere Insel läge mithin 240 Seemeilen westlich von den Küsten
von Portugal, d. h. unter 27° 55′ w. L. von Paris (in
dem Meridian der Insel San Miguel der Azoren), und
zwischen 33° 20′ und 38° 30′ Br. Die Längenausdehnung von Antillia, welche der von Portugal und England
gleichkommt, und ihre Gestalt, die einem sehr in die
Länge gezogenen Parallelogramm (die Grundlinie steht
zu der Höhe fast in dem Verhältnifs von 1 zu 3) ähnlich ist, fallen beim ersten Anblick der fünften Karte
des Atlas von Bianco in die Augen. Die Meerbusen
und Ausbuchtungen des Umrisses sind angegeben, gleich
als ob die Gestaltung dieses Landes durch eine genaue
Aufnahme bestimmt worden wäre. Diese scheinbare Genauigkeit darf indessen nicht überraschen; man findet sie
während des ganzen sechzehnten und siebzehnten Jahrhunderts auf allen Karten bei jenen eingebildeten Ländern wieder, deren Küsten man rings um den Südpol
her mit so viel anscheinender und ins Einzelne gehen-
der Bestimmtheit und mit so grofser Gleichförmigkeit verzeichnete. Im Norden von Antillia, in fast 70 Meilen
Entfernung davon, findet sich eine zweite kleinere Insel, die gleichfalls eine fast durchaus rechtwinklige Gestalt hat. Dies ist nach Bianco die *ysla de la Man*
Satanaxio. Die fünfte Karte des Atlas bietet nur das
äufserste Südende dieser *Hand des Satan* unter $42°\frac{1}{2}$
Breite dar; aber auf der Planisphäre des Bianco, von
der man glaubt *)‚ dafs sie theilweise von einer Karte
des vierzehnten Jahrhunderts abgezeichnet, ja vielleicht

---

*) A. a. O. p. 16, 17, 55 und 62.

älter ist, als die Reisen des Marco Polo, sind die grofsen Inseln Antillia und der *Man Satanaxio* vollständig dargestellt, in derselben Entfernung von den Azorischen Inseln, welche die fünfte Karte darbietet. Man erkennt diese Länder durch ihre Gestalt und wechselseitige Lage, obgleich die Planisphäre ihre Namen nicht angiebt. Formaleoni hat sich auf die Behauptung beschränkt, dafs die Antillia des Andrea Bianco und des Toscanelli auf eine Entdeckung der Caraiben hindeute, welche geraume Zeit vor Columbus Statt gefunden hätte. Hassel, bekannt als Verfasser bändereicher geographischer Compilationen, ist in seinen Vermuthungen noch viel weiter gegangen. Ihm zufolge bilden die Insel der Hand des Satan und Antillia die beiden Theile des amerikanischen Festlandes, welche man sich durch eine Meerenge getrennt vorstellte. Eben diese Meerenge ist es, welche man im Beginn des sechzehnten Jahrhunderts vergeblich in Veragua und auf dem Isthmus von Panama suchte *). Bei der Wichtigkeit, welche man lange Zeit hindurch auf die Existenz der beiden erwähnten Inseln gelegt hat, wird es nicht ohne einiges Interesse sein, mit einer Seekarte bekannt zu werden, welche die Grofsherzogliche Bibliothek zu Weimar besitzt **). Sie ist zwar um einige Jahre älter

---

*) *Hassel, Erdbeschreibung des Britischen und Russ. Amerika*, 1822, S. 6.

**) Ich lenke gern die Aufmerksamkeit der Reisenden auf fünf geographische Denkmäler aus dem funfzehnten und sechzehnten Jahrhundert hin, welche diese reiche, gewöhnlich *Militärbibliothek* genannte, öffentliche Sammlung besitzt; nehmlich 1) die Seekarte aus dem Jahre 1424, welche wegen des Namens Antilia bemerkenswerth ist. Sie ist auf Pergament gezeichnet und auf Holz geleimt, hat 34 Zoll 6 Linien Länge und 21 Zoll 9 Linien Breite. Sie erstreckt sich der Breite nach von 26°¼ bis 62° und in der Länge von dem Meridiane von Mingrelien und *Colcos* (Colchis), d. h. von 2° ostwärts von dem äufsersten Rande des schwarzen Meeres bis zu dem Meridian, welcher das atlantische Meer 5° w. vom Cap Bojador (*Bucedor*) durchschneidet. Da diese Karte keine Gradabtheilung hat, so berechne ich die Entfer-

als die Karte des Bianco, bietet aber gleichfalls die Umrisse der Insel Antillia und der Man Satanaxio dar.   Der
Name

nungen nach dem Abstande des Cap Finisterre vom Cap St. Vincent.
Sie hat keinen weiteren Titel, als einen schmalen Streifen in der Richtung von Süden nach Norden, welcher Antillia von den azorischen Inseln
trennt.   Man erkennt darauf nur die Worte: *Contest . . . compa . . .
ancon MCCCCXXIV.*   Der gesammte übrige Theil der Inschrift ist
unleserlich und durch Alter verwischt.   Die Jahreszahl 1424 ist noch
einmal am Rande der Karte gegen Osten wiederholt, aber mit minder
alter Tinte.   Der *Rex Rossiae*, der *Soldano di Babillonia*, das Kloster der heil. Katharina auf dem Berge Sinai, die Wappen der Repu-
bliken von Genua und Venedig sind als Zierrathen im Innern der Länder dargestellt, wo sich übrigens äufserst selten eine Angabe von Städten findet.   Jene Bilder von Fürsten, die auf ihren Thronen sitzen, finden sich auf mehreren jüngeren Karten wieder, auf denen des Fra Mauro
und auf der Planisphäre des Andrea Bianco.   Die Flagge der Johan-
niterritter weht auf der Insel Rhodus.   Zur Erinnerung an den Kreuzzug des heil. Ludwig ist der Ort der Einschiffung (am 25. August 1248)
zu *Aquae morto* (Aigues-Mortes) angegeben, und wird durch einen
ungeheuren Stromarm bezeichnet (ohne Zweifel den von Arles), welcher von der Rhone abgeht.   In Kleinasien, „*quae nunc vero dicitur
Turchia*", sitzt der *Sultan Baixit*.   Es ist nicht zu bezweifeln, dafs
hierunter der grofse Bajazet Iildirim gemeint ist.   Da dieser Prinz im
Jahre 1403 starb, nachdem er in die Gewalt des Timur nach der Schlacht
bei Ancyra gefallen war, so mufs das Bild des Baixit von einer Karte
entlehnt sein, die älter ist als das Jahr 1424; denn um diese Zeit war
Murad II Sultan der Osmanen.   Das Bild des *Soldano di Babillonia*
(mit einem Papageien auf dem linken Arm) ist im Westen des Nils dargestellt.   Dieser Ort des Bildes darf nicht überraschen, da das alte Mem-
phis, wegen der Nähe des festen Schlosses *Βαβυλών*, welches zu den
Zeiten des Strabo (*Geogr.* XVII, p. 807 Cas.) zum Standquartier für drei
römische Legionen diente, in dem Mittelalter den Namen Babylonia führte
(*Wilken, Gesch. der Kreuzzüge,* Th. I, S. 28), und da von den
Zeiten des Saladin bis zur Eroberung Aegyptens durch Selim I im Jahre
1517 die Sultane von Aegypten durch die Benennung *Soldani Baby-
loniae* bezeichnet wurden.   (Vergl. *Marini Sanuti Secreta fidelium
Crucis* bei *Bongars, Gesta Dei per Francos*, Tom. II, p. 23, 25,
91).   Besonders merkwürdig ist auf dieser Karte von 1424, dafs man
auf ihr noch (sicherlich nur als Erinnerung aus früheren Zeiten) den
Verbindungskanal zwischen dem Nil und dem Rothen Meere angegeben
findet, welchen Ptolemäus Philadelphus graben liefs, und welcher spä-

Name des Verfassers fehlt, aber die Jahrszahl 1425 ist angegeben; sie ist doppelt so grofs als der Atlas des

---

ter zuerst von Hadrian und dann von den Arabern wiederhergestellt wurde. Er war bis zum Jahre 767 schiffbar, wie *Letronne* (*Dicuil*, 1814, p. 14—22) bei Untersuchung der Epoche, in welcher die Reise des Mönchs Fidelio nach dem Heiligen Lande Statt fand, und durch Vergleichung einer Stelle des Gregor von Tours nachgewiesen hat. [Man vergl. über die Geschichte dieses Kanals den Kommentar zur Aristotelischen Meteorologik I, 14, 27. Tom. I, p. 489 sqq., nebst den Nachträgen im zweiten Bande, wo auch von den Herstellungsversuchen gesprochen ist; *Quatremère*, *Mémoires géographiques et historiques sur l'Égypte*, Vol. I, p. 174 folgd.; *v. Hammer* in den *Wiener Jahrbüchern*, LXVI, S. 5; und die reichhaltigen Anmerkungen von *Baehr* zu seiner Ausgabe des *Herodot*, II, 158. Vol. I, p. 847 sqq.] Der Kanal des Nil wird auf der Weimarschen Karte mit einem Flufs verbunden dargestellt, welcher in Armenien entspringt, anfangs im Osten des Libanon von N nach S fortläuft, und sich dann im Parallel des ägyptischen Babylon gegen Westen wendet. Auch bietet dieser Flufs einen Arm dar, welcher in der Nähe von Alexandrette in das Mittelländische Meer mündet. Es ist schwer zu errathen, welche geographische Hypothese diese so aufserordentliche Darstellung hervorgerufen hat. Ist es der Euphrat, dessen Zuflüsse sich in Süden von Alexandrette dem Orontes nähern? Wie darf man annehmen, dafs man im funfzehnten Jahrhundert darüber in Ungewifsheit gewesen sein könne, dafs sich der Euphrat in den Persischen Meerbusen ergiefst? Eine Fortsetzung des Jordan durch das Thal, welches das Todte Meer mit dem Meerbusen von Acaba verbindet, kann nicht gemeint sein, da der Jordan besonders und mit vieler Genauigkeit dargestellt ist, während der unbekannte Flufs, welcher mit dem Kanal des Ptolemäus im Isthmus von Suez selbst zusammentrifft, von den Gebirgen von Erzerum herabkömmt, auf denen, nach derselben Karte, zwei andere Flüsse entspringen, von denen der eine (der Turak oder Boas der Alten?) gegen NNW dem Schwarzen Meere zuströmt, der andere (der Tigris?) sich nach SO wendet. Ich gehe absichtlich auf diese Einzelheiten ein, um die Untersuchung der Uebereinstimmungen oder Abweichungen zu erleichtern, welche dieses merkwürdige Denkmal der Erdkunde des Mittelalters in Bezug auf andere Karten darbietet, die in den Archiven und Bibliotheken Italiens vergraben liegen. Das gesammte Becken des Mittelmeeres, die Küsten Griechenlands und des Schwarzen Meeres sind mit einem wahrhaft merkwürdigen topographischen Detail dargestellt; aber die relative Lagenangabe oder die Orientirung der Küsten wimmelt von Irrthümern. Legt

Bianco. Obwohl sie fast denselben Länderumfang darstellt, wie die fünfte und achte Karte dieses Atlasses, so

---

man Meridiankreise nach dem Westen der iberischen Halbinsel, dem
Osten von Sicilien und dem Westen von Kleinasien, so findet man,
daß Attika um einige Grade *nördlich* von der Mündung des Ebro zu
liegen kommt, und daß die mittlere Richtung der Südküste des Schwarzen Meeres nicht mit dem Parallel von Oporto, wie es der Fall sein
sollte, sondern mit dem von Lorient in der Bretagne zusammenfällt. Die
östlichen Gegenden sind viel zu sehr nach Norden geschoben, wie auf
den Seekarten der Genueser (unter anderen auf der des Pietro Visconti,
welche auf der kaiserlichen Bibliothek zu Wien aufbewahrt wird), die
bis zum Anfange des vierzehnten Jahrhunderts hinaufgehen (*Spotorne,
Storia litter. della Liguria*, Tom. I, p. 313), und vortreffliche Materialien für die *portulani* (Hafenkarten) aus dem großen Jahrhundert
des Infanten Heinrich, des Gama und Columbus geliefert haben. 2) Eine
Karte, die der berühmten des Diego Ribero ziemlich ähnlich, aber um
zwei Jahre älter ist. Sie führt den Titel: *Carta universal en que se
contiene todo lo que del Mundo sea descubierto fasta aora; hizola
un Cosmographo de Su Magestad anno* MDXXVII *en Sevilla.* Sie ist
auf Pergament gezeichnet und hat 6 Fuß 8 Zoll Länge und 2 Fuß 8 Zoll
Breite. Sie gehörte ehemals zur Bibliothek des gelehrten Ebner in Nürnberg und gelangte von dort, nachdem sie durch verschiedene Hände gegangen war, in die Bibliothek des Buchhändler Becker in Gotha und
endlich nach Weimar in die Großherzogliche Sammlung. Man findet
sie erwähnt von *Murr* in den *Memorabil. Bibl. Norimb.*, Tom. II,
p. 97 und mit vieler Ueberlegung hat sich *v. Lindenau* über sie ausgesprochen in *v. Zack's Monatl. Correspondenz*, 1810, *Octobr.* Es
ist wahrscheinlich, daß diese Karte und die des Ribero in Folge der
mehrfachen Reisen des Kaisers Karl V von Spanien nach Deutschland
gelangt sind. Zu Nürnberg glaubte man, daß sie ehemals zu der Co-
lumbischen Bibliothek gehört habe, welche Ferdinand Columbus der Stadt
Sevilla vermacht hatte. Sprengel (*Muñoz, Gesch. der Neuen Welt*,
Th. I, S. 429) hat sie mit der Weltkarte des Diego Ribero verwechselt, von der sie in wesentlichen Punkten abweicht, wie wir im weiteren Verlaufe dieses Werkes auseinander zu setzen Gelegenheit haben
werden. Hier genüge die Bemerkung, daß die Karte des Ribero die
Westküste von Südamerika von Panama bis zu 10° s. Br. darbietet;
wogegen man auf der Karte vom Jahre 1527 von den Küsten des Sül-
len Meeres nur die südliche des Isthmus erblickt, nichts von Choco und
dem Küstenlande von Quito. Ich kann hier in kein näheres Detail über
die Gestaltung von Afrika eingehen, um nachzuweisen, wie dieser Welt-

weicht sie doch von diesem in wesentlichen Punkten ab,
wenn man nach dem kleinen Stück der fünften, welches
von Formaleoni und Buache bekannt gemacht worden ist,
urtheilen darf. Die bemerkenswerthesten Unterschiede,
die ich auf dem Original während meines letzten Aufenthaltes in Weimar im Jahre 1832, und auf sehr genauen
Skizzen wahrgenommen habe, die ich der Güte des Herrn
v. Froriep verdanke, sind folgende: 1) Die Karte vom
Jahr 1425 stellt nur den nördlichen Theil der Insel Antillia, dagegen das ganze Rechteck der Satansband dar.

---

theil auf den beiden Karten aus dem Jahre 1527 und 1529 nach den
portugiesischen Hafenkarten dargestellt ist, welche oft die geringfügigsten
Einzelheiten enthalten. Nichts z. B. ist merkwürdiger, als das Detail der
Küsten von Madagascar (*Isola de San Lorenzo*). Eben so wie Karten
von Südamerika, z. B. die von Cruz Olmedilla, Faden, Arrowsmith und
Brué, auf den ersten Anblick eine von der anderen abgezeichnet zu sein
scheinen, während sich doch bei genauerer Vergleichung Unterschiede auffinden lassen, so verhält es sich auch in Bezug auf Afrika mit den beiden Karten, die man mit einander zu verwechseln geneigt ist. Auf der
einen sowohl als auf der anderen sieht man Schiffe abgebildet mit der
Inschrift: *Vengo de Maluco, ich komme von den Molukken;* auf beiden liegt Jerusalem nordwestlich von Suez; auf beiden beträgt der Me-
ridianunterschied zwischen Cairo und Suez 20°, während die Karte aus
dem Jahre 1424 nur 2° giebt. Diese Ausdehnung des östlichen Aegyptens läfst sich um so weniger begreifen, da der übrige Theil von
Nordafrika ziemlich richtig dargestellt ist. Das Aethiopien der Karte von
Ribero heifst auf der Welttafel vom Jahre 1527 *Arabia sub Aegypto.*
Auf beiden Karten, die übrigens am Rande eine Gradeintheilung haben,
liegen Alexandrien und die gesammte Nordküste von Afrika bis zur kleinen Syrte um 3 bis 4° zu weit gegen Süden. 3) Die Welttafel des
Diego Ribero vom Jahre 1529, deren auf Amerika bezüglichen Theil
Sprengel bekannt gemacht hat. 4) Ein Globus, wahrscheinlich aus dem
Anfange des sechzehnten Jahrhunderts, auf welchem der Isthmus von Panama von einer Meerenge durchbrochen dargestellt wird. Ich habe über
denselben oben gesprochen, wo von den graphischen Arbeiten des Behaim und der wirklichen Veranlassung zur Reise des Magellan die Rede
war. [S. oben S. 307 folgd.] 5) Ein Globus aus dem Jahre 1534.
— Die Skizzen von Afrika auf den Karten von 1527 und 1529 und
die der Karte von 1425 habe ich dem Baron von Walkenaer für seine
reiche geographische Sammlung eingehändigt.

Der Abstand der Küsten von Portugal vom Mittelpunkt
der Gruppe der Azoren, welche auf den Karten der ersten Hälfte des fünfzehnten Jahrhunderts in einer Reihe,
die fast der Richtung des Meridians entspricht, dargestellt
zu werden pflegen, beträgt 110 Seemeilen, während die
Karte vom Jahr 1436, wie oben bemerkt worden ist,
deren 153 giebt. 2) Etwas nördlich von Madera, zwischen dieser Insel und den Azoren, liest man auf der
Karte von Weimar: *Insulae Sancti Brandani*. Dies ist
dieselbe Stelle, wo auf der Karte des Pizigano vom Jahr
1367, in einiger Entfernung von den Kanarischen Inseln,
die Worte stehen: *Ysolae dictae Fortunatae*. Andrea
Bianco nennt weder die Glückseligen Inseln, noch die
des heil. Brandan. Auf der Karte von 1425 findet man
noch die Spur des *nördlichen* Mythus von den Inseln
der Seligen in der Nähe von Irland, der *Insula sacra*
des Avienus. Im Norden von Limerick ist ein grofser
Meerbusen, ohne Zweifel der von Galway, angegeben,
angefüllt mit einer Unzahl kleiner Inseln und daneben
folgende Inschrift: *Lacus Fortunatus ubi sunt multae insulae quae dicuntur Insulae San*... (Sancti Brandani?).
Auf dem Planisphär des Bianco, das älter ist als sein
Atlas, findet sich ebenfalls dieser kreisrunde Meerbusen
mit sehr engem Eingange *(Lacus* oder *Locus fortunatus)*, aber ohne Namen. Auf der Weimarschen Karte
sind die Umrisse von *Irlanda, Inghlelia* und *Scocia* ziemlich gut dargestellt; aber die gegen Nordosten belegenen
Länder, z. B. Scandinavien, das Baltische Meer, *Alamagna*,
die Provinz *Pursia* (Preussen) und Polen *(Polana)* zeugen
von derselben Unbekanntschaft mit jenen Gegenden, welche man bei Bianco, Fra Mauro und Ribero wahrnimmt.
Man kannte den nordwestlichen Theil von Afrika besser, als den Norden von Europa. Von der Mündung
der Schelde bis zur äufsersten Spitze von Jütland läuft
auf der Karte von Weimar die Küste ohne Unterbrechung von Süden gegen Norden fort, so dafs *Holanda,*

Frixia (Friesland) und *Dana* (Dänemark) zu einer ge-
meinschaftlichen Halbinsel zusammenschmelzen. 3) Der
Insel *Chanaria* gegenüber liegt das grofse Vorgebirge
Buçdor (Bucedor). Dies ist der Name, welchen man
im Mittelalter ziemlich allgemein dem Cap Bojador ertheilte [s. oben S. 243]. Er findet sich auch auf der
Generalkarte des Bianco; aber auf der fünften, welche
wir hier mit der Karte von 1425 vergleichen, ist das Cap
Bojador mit dem Cap Non verwechselt *). Die von
Buache gestochene Skizze ermangelt an dieser Stelle der
Genauigkeit. Nahe bei dem *cabo de Non* der Karte des
Bianco, in dem Parallel der *Insel Chanaria*, ist die Mündung des *fluvius Citarlis*, welcher aus einem grofsen
kreisförmigen, im Innern von Afrika belegenen See her-
vorströmt. In diesem See liegt eine grofse, gleichfalls
kreisrunde Insel. Man glaubt den See Jamdra oder Palti
(eigentlich Paldhi) in Tibet südlich von Lassa zu sehen.
Aus diesem See von 18 Lieues Durchmesser, welcher den
Namen See Citarlis führt, gehen drei Flüsse hervor. Der
eine ist der *fluvius Citarlis*, welcher gegen Westen strömt.
Der zweite fliefst gegen Osten und ist vielleicht einer
von den Armen des Nil nach der Ansicht des Mittelalters. Ein dritter Strom ergiefst sich nördlich vom Cap
Agilon (Augulon, Agulah) in das atlantische Meer unter
dem Namen *Favia* (fluvius?) *Demain*. *Citarlis* oder
Cintarlis scheint eine Reminiscenz aus Ptolemäus zu sein
und dem Namen *Cirta Iulia* der Hauptstadt von Nu-
midien, vielleicht des heutigen Constantine **), seinen
Ursprung zu verdanken. Die Deutung, welche man versucht hat, indem man den Namen *Cintar-lis* von dem
Angra de Antonio Gonzalez da *Cintra*, einer 3°½ südlich
vom Cap Bojador belegenen Bai, herleiten wollte, scheint
mir noch gezwungener zu sein. Die ältesten Karten des

---

*) *Formaleoni*, p. 20.

**) *Edrisi Africa*, cur. *Hartmann*, p. 241.

Agatbodämon, auf denen Seen in den Ländern der *Melano-Gaetuli* dargestellt waren, können zu diesen wunderlichen hydrographischen Systemen auf der Westküste von Afrika Veranlassung gegeben haben, zu diesen doppelten Wasserlinien, welche sich in Binnenseen endigen. Der Theil der Karte aus dem Jahre 1425, welchen ich in meiner Karte habe stechen lassen, zeigt, dafs sie, wenigstens in Bezug auf die Gestaltung des Sees Citarlis, sicherlich nicht aus dem Atlas des Bianco entlehnt ist. Bei Beobachtung der chronologischen Reihenfolge ist unter den Welttafeln des Mittelalters, welche die Insel Antillia darbieten, zuerst die Karte der Bibliothek von Weimar zu nennen, die offenbar italiänischen Ursprungs ist; dann die fünfte Karte im Atlas des Andrea Bianco; dann die Karten des Bedrazio und des Kosmographen Martin Behaim. Zu Parma befindet sich eine Welttafel von Beclario oder Bedrazio, einem Genueser, von 2 Fufs 2¼ Zoll Länge und 2 Fufs Breite. Schon vor Zurla hatten ihrer Pezzana und Paciaudi gedacht *). Man erblickt auf derselben die rechtwinkligen Inseln Antillia und *Sarastagio* (Hand des Satan?), und in der Nähe von Sarastagio (Satanaxio) eine kleine sichelförmig gestaltete Insel *(isola falcata)*, Namens Danmar. Diese Gruppe enthält die merkwürdige Beischrift: *Insule de novo Repte* (repertae). Da sich im Westen dieser Gruppe abermals eine viereckige Insel mit dem Namen *Royllo* findet, so hat der Bibliothekar Paciaudi in diesen vier Inseln einen Anfang des Archipelagus der Antillen zu sehen geglaubt. Diese merkwürdige Karte ist aus dem Jahre 1436, mithin aus eben demselben Jahre wie der Atlas des Bianco, und keinesweges älter als dieser, wie der Kardinal Zurla behauptete **). Die Insel von sichelförmiger Gestalt findet sich in der Nähe der Man Satanaxio (ein wenig wei-

---

*) *Giornale di Padova*, 1806, febr., p. 138.

**) *Viaggi*, Tom. II, p. 333.

ter gegen Norden) auch auf der Karte von 1425. Die
Hafenkarten *(portulani)* des Gracioso Benincasa von An-
cona und seines Sohnes Andrea (1463—1473) werden
häufig wegen des Namens der Insel Antillia angeführt *),
der sich auf ihnen finden soll; aber es scheint, dafs man
eine weit jüngere von Blaze Vouloudet im Jahre 1586
angefertigte Karte, auf der man westlich von Irland ein
Land Scorafixa oder Stocafixa (Bacallaos?) erblickt, für
eine Arbeit des Andrea Benincasa gehalten hat **). Die
Erdkugel des Behaim (1492) bietet in Bezug auf die
Insel Antillia zwei Eigenthümlichkeiten dar. Sie verlegt
dieselbe in 24° Breite, während Toscanelli in seinem
Briefe an Columbus ihr den Parallel von Lissabon anweist ***). Ueberdies giebt er ihr eine runde Gestalt
und eine geringere Gröfse, etwa wie die Insel San-Miguel in der Gruppe der Azoren, während die Insel St.
Brandan auf dem Globus des Behaim jene rechtwinklige Gestalt hat, die auf der Karte des Andrea Bianco

---

*) *Sprengel* a. a. O., S. 54. Die berühmte Karte des Fra Mauro
bietet Antillia nicht dar, obgleich Bianco an ihrer Abfassung Antheil genommen hat.

**) Vergl. *Formaleoni*, S. 43 und 45 mit *Zurla, Mappa-
mondo di Fra Mauro*, p. 102, und *Viaggi*, Tom. II, p. 353. Der
Name *Stochfis* erscheint indessen auch schon auf der Karte des Bianco
(1436) nähe bei einer Insel im NW von Irland: aber der Stockfisch
war in der zweiten Hälfte des funfzehnten Jahrhunderts ein Gegenstand
des Fischfanges bei den Orkaden und in Island. Auch auf einer Seekarte vom Majorkaner Pedro Roselli (1466), die ehemals ein Besitzthum
der Familie Mörl in Nürnberg war, und die man für eine Welttafel
aus dem vierzehnten Jahrhundert auszugeben versucht hat, sind Inseln im
Westen der Azoren verzeichnet. *Muñoz,* a. a. O., S. 428.

***) Es ist überflüssig über die Länge zu sprechen, welche von den
verwirrten Begriffen abhängig ist, die man sich von der Entfernung zwischen Quinsai und Cipango und den Küsten von Portugal bildete. Wir
haben oben bei der Analyse des von Toscanelli geschriebenen Briefes gezeigt, dafs der florentinische Astronom die Entfernung von Antillia auf
$\frac{1}{4}$ des Gesammtabstandes ansetzte, Behaim dagegen, welcher Zipango oder
Cipango für den äufsersten Punkt ansah, auf $\frac{1}{2,7}$:

sogleich in die Augen fällt, welche man aber auch bei
der Insel Royllo des Bedrazio, dem Giava maggiore des
Fra Mauro, und dem Japon (Zipangut) des Nürnberger
Geographen wiederfindet. Die von dem gelehrten Zurla [*])
aufgestellte Ansicht, daſs „die rechtwinklige Gestalt der
Insel Antillia" als Beweis dafür diene, daſs sie nichts anderes als die Atlantis des Plato sei, dürfte eine tiefer
eindringende Untersuchung nicht aushalten. In der langen
wortreichen topographischen Beschreibung, welche Critias
von der Atlantis liefert, ist nirgends von dem allgemeinen
Umriſs der Insel die Rede, welche als gebirgig, mit Wäldern bedeckt, reich an Heilquellen und voll Elephanten
geschildert wird. Was Plato von der *tetragonen* oder
viereckigen Gestalt sagt, bezieht sich nur auf eine Ebene
(πεδίον) von 3000 Stadien Länge und 2000 Stadien Breite,
die in dem südlichen Theile der Atlantis belegen sein
sollte. Diese Ebene [**]), welche die Festung des Neptun
umgab, gehörte dem herrschenden Könige. Sie gränzte
von der einen Seite gegen Süden an das Meer; im Norden, Osten und Westen berührte sie die Besitzthümer der
neun Archonten, deren Boden mit Bergen bedeckt war,
deren Gestalt aber nicht näher bezeichnet wird. Hätte
übrigens selbst Plato die Atlantis unter der Gestalt eines
Rechtecks beschrieben, so dürfte man vernünftiger Weise
wohl schwerlich annehmen, daſs sich die Insel im Augenblicke ihrer Zerstörung [***]) wie ein Stück Isländischen Spathes in Bruchstücke von durchaus ähnlicher
Form gespalten haben werde, und daſs Antillia eines solcher Bruchstücke darstellte. Eben so wenig werden wir
die Trümmer der Atlantis in den Formationen suchen, auf
denen die Kreide in England aufliegt, in dem Grünsand
und *wealdclay* [†]), oder werden, wie man noch in neue-

---

[*]) *Viaggi*, Tom. II, p. 334.

[**]) *Critias*, p. 113 und 118 ed. Steph.

[***]) *Timaeus*, p. 25 Steph.

[†]) *Lyell*, *Principles of Geology*, Tom. III, p. 284.

ren Zeiten getban hat, „die Ebene von Mexico für jene
Festung der Atlantis halten, welche Neptun mit wasser-
gefüllten Gräben und engen Landzungen umgiebt *)."
Die Stadt Mexico, das alte Tenochtitlan, ist von den Azteken im See von Tezcuco erst im Jahre 1325 unserer
Zeitrechnung **) erbaut worden; sie stand durch schmale
geradlinige Dämme mit den Ufern des Sees in Verbindung. Ohne bis auf Solon oder gar bis zu dem Peplum
der kleinen Panathenäen [s. oben S. 162] hinansteigen
zu wollen, müfste man doch dem Plato die Fähigkeit
beimessen, mindestens sechzehn und ein halbes Jahrhundert vorausgesehen zu haben. Bemerkenswerth ist, dafs,
trotz des lebhaften Eindrucks, welchen der Brief und die
Reisekarte des Toscanelli auf Columbus hervorgebracht
hatten (er trägt ganze Sätze daraus in den Brief über,
welchen er an die Spitze der Einleitung zu dem Tagebuche seiner ersten Reise gesetzt hat), weder er, noch
Gomara, Oviedo oder Acosta, noch die Karten von Amerika, und die Welttafeln, welche seit dem Jahre 1508
den Ausgaben des Ptolemäus beigefügt wurden, des Namens Antillia gedenken. Als Columbus am 4. März 1493
in den Hafen von Lissabon einläuft, nennt er nicht An-

---

*) Die Festung (das *Königliche Schlofs* der Atlantis) liegt in einer viereckigen Ebene, die 50 Stadien von der Südküste entfernt ist.
Drei mit Salzwasser angefüllte, aber von dem Ocean getrennte ringför-
mige Gräben umgeben die Citadelle. Sie wechseln mit zwei anderen
kreisförmigen Landgürteln ab. Durch einen später gegrabenen Kanal
wurde der äufserste Ring mit dem Ocean in Verbindung gesetzt. Dies
hydraulische System, welches an die sieben kreisförmigen Meere, von denen die indische Erdscheibe (diesseits der Lôkálôká) umgeben ist, erinnert, drückt der Regelmäfsigkeit der Anordnung, die sich in den geo-
graphisch-politischen Dichtungen des Plato findet, den Stempel auf; Dichtungen, von denen der Pater Acosta (lib. I, cap. 22) sagt, dafs sich an
ihnen nur Kinder und alte Weiber ergötzen können.

**) Nach der aztekischen Chronologie, welche zum Ausgangspunkte
das Jahr 1091 hat: *Nahui Xiuhmolpilli*, *ome Calli*, d. h. 4ter Cyklus, Zeichen 2 Haus. Vergl. meine *Monumens des peuples indigènes
de l'Amérique*, Tom. I, p. 372; Tom. II, p. 390.

tillia als Ausgangspunkt; er sagt, er komme von Cipango.
Indem ich mir alles dasjenige vergegenwärtige, was man
von den ersten Entdeckungen in Westindien weifs, sehe
ich nicht ein, wodurch man die Ansicht, dafs Columbus
selbst den Namen Antillia auf die Caraibeninseln übertragen habe, rechtfertigen will. Die erste Spur dieses
Gebrauchs des Namens finde ich in den *Oceanicis* des
Peter Martyr d'Anghiera *), wo es heifst: *„In Hispaniola Ophiram insulam sese reperisse refert* (Colonus), *sed cosmographicorum tractu diligenter considerato, Antiliae insulae sunt illae et adiacentes aliae.“*
Hier findet man die geographische Benennung der Antillen in der Mehrzahl. Aber noch mehr: das einzige
Mal, wo man in den Briefen des Amerigo Vespucci den
Namen des Columbus findet, steht er in Verbindung mit
dem Namen Antillia: *„Venimus ad Antigliae insulam quam paucis nuper ab annis Christophorus Columbus discooperuit.“* Diese Worte **) sind aus dem Bericht über die (angeblich) zweite Reise des Vespucci entlehnt, welche er am 8. September 1500 beendigt haben
will. Der Gang der Ereignisse beweist, dafs der Name

---

*) *Dec.* lib. I, p. 11 (Bas. Ausg. von 1583). Diese Decade, welche dem Kardinal Ascanio Sforza gewidmet ist, trägt ein bestimmtes Datum. Sie ist im November 1493, zwei Monate nach der Rückkehr des
Columbus von seiner ersten Reise beendigt worden.

**) *Navar.*, Tom. III, p. 261. Ich führe vorzugsweise den la-
teinischen Text nach der *Cosmographiae Introductio* des Martin Ylacomylus an, von der die Ausgabe aus dem Jahre 1507 vor mir liegt, obgleich über die Sprache, deren sich Vespucci bedient hat, nicht mindere
Ungewifsheit herrscht, als über die, in welcher Marco Polo seinen Reisebericht geschrieben, und es ziemlich wahrscheinlich ist, dafs die beiden ersten Briefe des Vespucci spanisch, die beiden letzten dagegen portugiesisch abgefafst waren. S. *Navarrete*, Tom. III, p. 185. Der
Originaltext der Briefe des Vespucci ist nicht auf uns gelangt, und die
lateinische Ausgabe vom Jahre 1507 ist, wie es in dem fünften Kapitel
(fol. 9 meiner Ausgabe) heifst, *ex italico sermone in gallicum et ex
gallico in latinum versa.*

Antillia von Vespucci der Insel Hispaniola ertheilt wird,
und dafs der Bericht sich auf die mit Hojeda unternommene Reise bezieht; denn in der (angeblich) ersten Reise,
deren Ausgangspunkt Vespucci auf den 20. Mai 1497 ansetzt, heifst Hispaniola kurzweg *Ity*, was ohne Zweifel der
verderbte Name *Aity* ist[*]. Bartholomäus de las Casas
lehrt uns[**]), dafs vorzugsweise die Portugiesen den Namen Antillia auf Hispaniola anwendeten. Diese Anwendungen geographischer Benennungen waren in den ersten
Zeiten der Eroberung ziemlich willkürlich. So finde ich,
dafs Schoner[***]) noch im Jahre 1533 die Stadt Mexico
(Temistitlan) für das Quinsai des Marco Polo, die berühmte chinesische Stadt Hang - tscheu - fu, hält. Gomara, welcher keine Zweifel über die Identität von Amerika und der Atlantis hegt[†]), leitet ganz einfach den
letzteren Namen von dem mexikanischen Worte *atl* (Wasser) her, eine etymologische Träumerei, welche man zu
verschiedenen Malen in unsern Tagen erneuert hat, indem

---

[*] „*Vidimus ibidem quammaximum gentis acervum, qui insulam illam Ites nuncuparent.*" *Ylacomyl.*, fol. 36 (obgleich die Ausgabe von 1507 nicht paginirt ist). *Canovai, Elogio del Vespucci*,
p. 80; *Franc. Bartolozzi, Ricerche circa alle scop. di Vespucci*,
p. 98.

[**]) *Hist. gener. de Indias*, lib. I, cap. 164 (*Navar.*, Tom. III,
p. 333).

[***]) *Opusculum geographicum*, 1533, Pars II, cap. 9: „*De regionibus extra Ptolemaeum* (d. h. deren bei Ptolemäus keine Erwähnung geschieht): *Bachalaos dicta a novo genere piscium; desertum
Lop; Tangut, et Mexico regio in qua urbs permaxima in magno
lacu sita Temistita, sed apud vetustiores Quinsay erat vocata.*"
Ohne Zweifel sind die Nähe eines grofsen Sees und die Menge der inder Beschreibung von Quinsai, „*Città del Cielo*", des Marco Polo
(cap. LXVIII) angegebenen Kanäle die Ursachen, weshalb man die beiden Städte von Asien und Amerika verwechselt hat.

[†]) *Hist. de las Indias*, 1533, fol. 119. Wilhelm Postel, welcher
die Benennungen der Erdtheile auf eine verwegene Weise zu verändern
versuchte, nannte Amerika *Atlantis*, Afrika *Chamesia* u. s. w. Vergl.
Cosmographicae disciplinae Compend. (Bas. 1561), p. 13 und 57.

man überdies noch an den tartarischen Namen der Wolga, *atel, das grofse Wasser,* erinnerte. Uebrigens ist es mit dem Namen der Antilleninseln gegangen, wie mit dem von Amerika; der erstere wurde, wie wir gesehen haben, im Jahre 1493 von Anghiera vorgeschlagen, der letztere 1507 von Ylacomylus, und bei beiden war mehr als ein Jahrhundert erforderlich, ehe der Gebrauch allgemein verbreitet war. Christoph Columbus fafst nie die Gesammtmasse der von ihm entdeckten *Inseln von Indien* unter eine gemeinschaftliche Benennung zusammen. In den ersten Zeiten der *conquista* kannte man nur die Namen *Islas de Lucayos* [*]) (für die Bahamainseln) und *islas de Barlovento* [**]), oder *islas de los Caribes* und *de los Canibales* [***]), für die Gruppe, welche sich von Trinidad bis Portorico (Boriken) erstreckt. Auf den Karten des Juan de la Cosa und Ribero findet sich keine Spur von dem Namen der Antillen. In dem italiänischen Verzeichnifs sämmtlicher Inseln der Welt von Benedetto Bordone [†]) trifft man ihn eben so wenig an, wie in dem *Isolario* des Porcaccio [††]), dem *Italiänischen Ptolemäus* des Antonio Magini aus dem Jahre 1598, der *Cosmographie* des André Thevet [†††]), und der *Beschreibung von Westindien* des Geographen Herrera [*†]), die im

----

[*]) *Gomara,* fol. 20.

[**]) *Acosta,* lib. I, cap. 14; lib. III, cap. 4. Robert Regnauld (Cauxois) nennt in seiner naiven Uebersetzung, welche er im Jahre 1597 dem grofsen Heinrich widmete, „Guadalupe, Martinique und Marigalante *Vorstädte von Indien.*"

[***]) *Vida del Almirante,* cap. 45 und 77.

[†]) *Isolario nel qual si ragiona di tutte l'isole del Mondo. Venegia, per Nicolo d'Aristotele (alias de Ristotele) detto Zapino,* 1533.

[††]) *Tommaso Porcacchi de Castiglione, Arretino, delle Isole piu famose del Mondo.* Venet., 1576.

[†††]) *Cosmographie universelle,* 1575.

[*†]) Cap. 7 (Ausgabe vom Jahr 1728, Tom. IV, p. 12).

Jahre 1615 beendigt wurde. Es ist in der That bemerkenswerth, dafs ein Name, welcher zuerst auf einer
Karte von 1436 erschien, dann aber während der ganzen Dauer des sechzehnten Jahrhunderts in Vergessenheit gerathen war, in Europa endlich die Oberhand behalten hat. Dieser Name war ohne Zweifel wohltönen-
der, als der der *Camercaneninseln*, welchen man aus
dem *Breviarium geographicum* von Bert und aus der
Reisebeschreibung eines Karmelitermönches kennt, dessen
Etymologie mir aber gänzlich unbekannt ist *). Die grofse Berühmtheit, welche die Karten des Cornelius Wyt-

---

*) *Maurile de Saint-Michel*, eines Karmelitermönches, *Voyage des iles Camerçanes en l'Amérique*, Paris 1652. Es heifst p. 41,
dafs Guadalupe eine der kleinsten Inseln ist, welche *Camerçanes* genannt
werden. Ich finde den Namen *insulae Camercanae vel Antilliae
aut Caribes* auch in *Bertii Breviarium totius Orbis*, 1624, p. 13.
Ist dies vielleicht ein caraibischer Name? Unter den caraibischen Benennungen für die kleinen Antillen, welche von dem Pater Raymond
Breton (*Dictionnaire caribe-françois*. Auxerre, 1665, p. 409) gesammelt worden sind, findet sich durchaus keine, welche dem Namen Ca-
mercana analog wäre. Die Heiligen Inseln heifsen *Caárucaera*, Grenada *Camalogue;* aber Lorenzo d'Anania (*Fabrica del Mondo*, p. 319)
verlegt am Schlusse des funfzehnten Jahrhunderts eine Insel *Camarco*
in die Nähe von Cuba, fern von den durch Cariben bewohnten Gegenden. *Garcia* (*Origen de los Indios*, p. 234) behauptet, dafs das
caracteristische Kennzeichen sämmtlicher geographischen Benennungen der
Cariben die Anfangssylbe *car* sei, wie in *Caripe*, *Carupano*, *Caroni*,
Cariaco, und in der Benennung des ganzen Volkes, welches *Carina*
oder *Carinago* genannt wurde. Ist etwa für die Antillen *Islas Car-
mercanas* zu lesen? (*Relation historique*, Tom. II, p. 662.) Mein
Bruder, der eine besonders tiefe Kenntnifs vom Bau der amerikanischen Sprachen besafs, fand, dafs in *Carinago* oder vielmehr *Callinago*,
wie es in der Sprache der Männer, und *Calliponam*, wie es in der
der Frauen lautete, *Calli* oder *Cal* den Namen des gesammten Volkes
bezeichnete. *Calina* (*Dict. Galibi*, Paris 1763, p. 84) ist nur eine
Abkürzung von *Callinago*. Ich habe den Namen Camercaneninseln vergeblich in den Reisewegweisern für die Kleinen Antillen gesucht, welche aus dem sechzehnten Jahrhundert herrühren und oft die geringfügigsten Einzelheiten angeben, bei *Hakluyt*, Tom. III, p. 603—627 der
Ausgabe vom Jahr 1600.

ffiet und im *Theatrum Orbis terrarum* von Ortelius [*])
erlangten, hat wahrscheinlich am meisten dazu beigetragen, den Namen *Antillas* auf die Karten von Amerika
zu bringen. Was den *geographischen Mythus* von der
Antillia des Andrea Bianco betrifft, so muſs man, wie bei
allen Mythen, das ideelle Element von der Uebertragung
desselben auf eine bestimmte Oertlichkeit unterscheiden.
Ein wirkliches Ereigniſs, eine Auswanderung über Meer,
in jener Zeit, wo die Araber die iberische Halbinsel überschwemmten, ließ unbestimmte Erinnerungen zurück, welche die allgemeinen Unglücksfälle überlebten. Die Auswanderer konnten die Absicht haben, sich nach den Glückseligen Inseln zu begeben, ein Asyl zu suchen, wie Sertorius, als er vor den siegreichen Waffen des Sylla floh.
Die Volksphantasie, welche die Nationalüberlieferungen
verschönert, trug ein einfaches geschichtliches Ereigniſs
in das Land der Dichtung über. Man nahm an, daſs
die Flüchtlinge im Schooſse des atlantischen Meeres eine
blühende Kolonie gegründet hätten. Da man bald bemerkte, daſs sich diese christliche Niederlassung auf den
Kanarischen Inseln, einer Gruppe, die wegen des Handels mit Guanchensklaven häufig besucht wurde, nicht
vorfand, so muſste man sie anderwärts suchen und ihr
eine bestimmte Lage anweisen. Die Entdeckung, oder
besser mehrmalige Auffindung der Azoren konnte den Gedanken an das Bestehen eines ausgedehnten Festlandes
rege machen, indem man Küsten, welche verschiedenen
Inseln angehörten, als zusammenhängend betrachtete. Aus
diesem Grunde hat, wie ich glaube, der ganze Archipel
der Azoren Veranlassung gegeben, die Lage von Antillia oder Insel der Sieben Bischöfe oder Sieben Städte

---

[*]) Unter dem Namen Antillas erscheinen die Caribeninseln auf der
Karte von Amerika aus dem Jahre 1587. Der Text des Ortelius jedoch
bietet das Wort Antillen nicht dar, selbst nicht in der Ausgabe von 1601,
die um 31 Jahre jünger ist, als die *editio princeps* (*Wytfliet, Descr.
Ptolem. augmentum,* 1597, p. 96).

an eine bestimmte Oertlichkeit zu knüpfen; denn ich kann
die Vermutbung von Buache *) nicht theilen, daß San -
Miguel die Insel Antillia des Bianco sei, welche so groß
wie Spanien dargestellt wird; eine Vermutbung, welche
er dadurch zu begründen sucht, daß die Portugiesen noch
heutigen Tages einem Theil von San-Miguel den Namen
der *Sette-Cidades* ertheilen. Diese Benennung beweist
nichts weiter, als daß die portugiesischen Seefahrer und
Kolonisten voll der alten Volksüberlieferungen waren.
Die Schlußfolge von Buache würde uns auf gleichem
Wege dahin führen, Antillia und die *Sieben Städte* auf
der Halbinsel von Yucatan oder in dem Norden von
Mexico, mitten auf dem Neuen Kontinente, zu suchen.
Als Francisco Hernandez de Cordova (1517) von dem
Anblick der aus Quadersteinen' errichteten Tempel *(teo-
callis)* und der Civilisation der Völker von Yucatan überrascht wurde; als er die großen Kreuze erblickte, welche der Gegenstand ihrer Anbetung waren, glaubte man
ziemlich allgemein, nach der Aussage von Gomara **),
„daß die Spanier, welche ihr Vaterland verlassen hatten, als es zur Zeit des Königs Rodrigo von den Arabern überschwemmt worden, sich nach diesen fernen Küs-

---

*) *Mémoires de l'Institut*, 1806, Tom. VI, p. 13, 17 und 21.
Sprengel sagte im Jahre 1792 (*Gesch. der Entdeck.*, S. 373) bei Gelegenheit der Azoren, „daß man sie anfänglich (im funfzehnten Jahrhundert) für die durch die Reise des Marco Polo berühmt gewordenen
indischen Antillen gehalten habe. *Boyd* macht in seinem interessanten
Werke, *Description of the Azores*, 1835, p. 192, folgende Bemerkung: „Auf der Insel San-Miguel bildete sich im Jahre 1445 ein kleiner See durch einen Lavastrom, welcher das Wasser abzuströmen verhinderte. Dieser See führt noch heutigen Tages den Namen *Algoa
da Sette Cidades*. In der Nähe desselben finden sich einige Hütten, die
man, ohne daß man wüßte weshalb, die *Sette Cidades* nennt.

**) *Hist. de las Indias*, fol. 27. *Herrera* (*Dec. II, lib. III*,
cap. 1) stellt die Anbetung der Kreuze, welche man zu Palenque in
Chiapa wiederfindet, mit der Prophezeiung eines mexikanischen Heiligen
Namens *Chilam Cambal* zusammen.

ten geflüchtet hätten." Auf der abenteuerlichen Fahrt, welche der Franciskanermönch *Marcos de Niza* *) nach Cibola (dem Lande der Bisons oder *vacas corcovadas*) jenseits des 36sten Breitengrades unterpahm, suchte man gleichfalls die *Siete Ciudades* und „jenen bärtigen König Tatarax (eine Art von Priester Johannes), welcher ein Kreuz von Gold und das Bild einer Frau, *Señora del Cielo*, anbetete." Wäre Antillia mit der Azoreninsel San-Miguel identisch gewesen, so würde man sie nicht mehr auf Karten abgebildet haben, welche, wie die des Bianco, zu gleicher Zeit die ganze Gruppe der Azoren darstellen **). Eher läßt sich begreifen, daß Antillia, welches ursprünglich ein grofses Festland war, mit welchem die wenig bekannten Küsten mehrerer Azoreninseln vermengt wurden, von dem Augenblicke an weiter von dieser Gruppe fort gegen Westen hin geschoben wurde, wo man mit gröfserer Genauigkeit die Kleinheit und die Umrisse einer jeden einzelnen dieser Inseln kennen lernte, aus denen die Gruppe besteht. Um die Wichtigkeit dieses Arguments einzusehen, muſs man sich die wahren Epochen der von den Portugiesen in der gemäfsigten Gegend des atlantischen Oceans gemachten Entdek-

---

*) *Gomara*, fol. 115 und 117. *Ramusio*, Tom. I, p. 298. 302. *Herrera*, *Dec. VI, lib. VII, cap.* 7. Ich habe anderwärts (*Relat. historiq.*, Tom. III, p, 159 und *Essai politique*, Tom. II, p. 153) die Spuren einer alten Civilisation, welche der Pater Garcès im Jahre 1773 in dem Moqui auffand, mit den Ueberlieferungen aus dem Jahre 1539 in Verbindung zu bringen gesucht und zugleich Forschungen über die Lage von Quivira und Cibola (Civora) angestellt, welche Wytfliet (p. 171) südlich von seinem fabelhaften Königreich Anian, in eine Gegend verlegt, welche in der Nähe der Behringsstrafse aufgesucht werden müſste.

**) Behaim, welcher zu wiederholten Malen auf der Insel Fayal wohnte, setzt nicht allein Antillia fern von den Azoren, welche er *Insulen der Habiche* nennt, sondern behauptet auch, daſs ein im Jahre 1414 von Spanien gekommenes Schiff an die Küsten von Antillia geworfen worden sei. (*Murr*, S. 32.)

deckungen vergegenwärtigen. Diese Epochen sind: für
die Klippe der Formigas 1431; für die Insel Santa Maria 1432; für San Miguel 1444; für Terceira, San Jorge
und Fayal 1449; für Graciosa 1453. Die Entdeckung
der westlichsten Inseln, Flores und Corvo, scheint vor
dem Jahre 1449 Statt gefunden zu haben: jedoch ist hier
das Datum minder genau bekannt *). Die Karte des
Bianco war beendigt **), als der Infant, „veranlafst durch
ältere Karten", nur erst die einzige Insel St. Maria hatte
aufsuchen lassen, welche zugleich die einzige ist, die keinen vulkanischen Boden hat. Diese Karte bietet gleichzeitig arabische und christliche Namen dar, wie *Bentufla* ***)

---

*) Ich folge den in der *Vida do Infante D. Henrique escrita
por candido Lusitano* gegebenen Zeitbestimmungen. Der Verfasser dieses Buchs, der portugiesische Historiograph Joseph Freire, Pater vom
Oratorium, stützte sich (vergl. p. 319, 338) auf amtliche Urkunden. Das
Datum des ersten von Gonçalo Velho Cabral im Jahre 1431 unternommenen Versuches wird durch eine Inschrift auf der Erdkugel des Behaim bestätigt. (*Murr*, S. 29.) Die Insel Jesu, welche auf diesem Globus verzeichnet ist und die sich auf der Welttafel des Ribero, welche
im Uebrigen in Bezug auf diese Gruppe wunderbar genau ist, nicht wiederfindet, war vielleicht identisch mit der Insel San-Jorge. Der Infant
Dom Heinrich trat im Jahre 1460 die Inseln Jesu und Graciosa an seinen Neffen Ferdinand, Bruder des Königs Alphons V, ab (*Barros,
Dec.* I, *lib.* II, cap. 1). In dem Werke des Barros über Asien ist nirgends von der allmäligen Entdeckung der Azoren die Rede und es scheint
daher, dafs der grofse Geschichtschreiber diesen Punkt in einer allgemeinen Geographie behandelt hatte, die er oft in den Decaden anführt,
welche aber nie erschienen ist.

**) *Buache* ist, in einer übrigens sehr lobenswerthen Abhandlung,
durch die Beschreibung der zweiten Reise des Kapitain Cook zu einem
Irrthum verleitet worden, indem er die Entdeckung der Azoren (Formigas?) in das Jahr 1439, und die der Insel Santa Maria in das Jahr
1447 verlegt. (A. a. O., p. 14.)

***) Dies ist nach den Untersuchungen von Formaleoni und Zurla
die richtige Lesart. Buache las *Bentusta*, um daraus *Venusta* zu machen, was mit dem Namen der Insel Graciosa übereinstimmen sollte
(p. 21). *Tufla* kann man von der arabischen Wurzel *tefele*, was
Abenddämmerung bedeutet, herleiten. *Tefel* selbst bedeutet, nach Go-

und San-Jorge *(San-Zorzi)*. Sie vertheilt mit ziemli-
cher Genauigkeit die neun Inseln auf drei Einzelgruppen:
aber diese Gruppen liegen, anstatt in der Richtung von
SO gegen NW, fast von N gegen S. Die entlegenste
kleine Insel heifst schon *Corvos Marinos*. Die Namen
San-Jorge und *Corvo* sind also nicht von den Portugiesen ertheilt worden, sondern rühren von anderen
Völkern des romanischen Europa her. In dem Mittelalter *) haben unstreitig die beiden Nationen, welche in
Bezug auf kühne Abenteuer geraume Zeit als Nebenbuhler dastanden, die Normannen und die Araber, zuerst eine
bestimmte Kunde von den Azoren gegeben. Einige Geschichtschreiber **) lassen die Entdeckung durch die Normannen bis zum neunten Jahrhundert zurückgehen. Im
zwölften kennt der Geograph von Nubien in dem atlantischen Ocean (dem Meer der *Finsternisse*) „die Insel
Raka oder *Vögelinsel*, welche von grofsen Adlern oder
Geiern bewohnt wird, die sich von Fischen nähren" und
beständig über der Insel schweben ***). Ibn al-Wardi †)

---

lius, die Dunkelheit, und *Bentufla* daher vielleicht *Sohn der Finsternifs*, eine Benennung, die für eine Insel im *Mare Tenebrosum* des
Edrisi nicht unpassend erscheint. *Quaden* setzt in seinem *Enchiri-
dion cosmographicum* (Colon., 1599) aufser der Insel der Sieben Städte
auch noch eine andere Namens *Satap* [Satanaxio] unter die Azoren.
Vergl. *Joann. Myritius, Opusc. geograph.*, 1590, p. 123.

*) Ich will nicht höher hinaufsteigen und mich nicht schon hier
über den Ursprung der karthaginensischen und cyrenäischen Münzen verbreiten, welche, wie man versichert, im Jahr 1449 auf der Insel Corvo
gefunden worden sind. S. *Götheborgske Wetenskaps og Witterhets
Samlingar*, 1778, St. I, S. 106.

**) *Murr, a. a. O.*, S. 55.

***) *Edrisi, interprete Gabriele Sionita*, 1619, p. 64. *Hart-
mann*, p. 317—319. Bianco giebt unter den Azoren ebenfalls eine
Isola di Colombi, welche man nicht mit der des Edrisi (p. 85) verwechseln darf.

†) *Deguignes* in den *Notices et Extraits des manuscrits de
la Bibliothèque du Roi*, Tom. II, p. 56.

scheint dieselbe Insel unter dem Namen *Thaür* oder *Vö-gelinsel* zu kennen. Er sagt, „dafs sich daselbst rothe Adler mit ungeheuren Krallen versammeln und weit von den Küsten weg in die offene See hinein jagen. Ein König der Franken (nach Hucalli) sendete ein Schiff da-hin, um einige dieser Vögel zu erhalten, aber es litt Schiffbruch." Die Erklärer der arabischen Geographen haben seit längerer Zeit anerkannt, dafs die Benennung Inseln der Azoren *(Insulae Accipitrum)* nur die por-tugiesische Uebersetzung des ihnen von Edrisi ertheilten Namens Inseln der Geier oder der Falken ist. Die drei Inseln von Brasil (Brazie, Brazir oder Mayotas), welche fast sämmtliche Hafenbücher *) des vierzehnten Jahrhun-derts zwischen den Parallelen des Kap Saint-Vincent und Irland angeben (z. B. die des Pizigano, welche im Jahr 1367 gezeichnet ist), sind ohne Zweifel ebenfalls Inseln der Raka- und Azorengruppe **); vielleicht ist selbst der Name Antillia, welcher zum ersten Male auf einer venetianischen Karte vom Jahr 1436 erscheint, nichts an-deres als eine portugiesische, einer geographischen Be-nennung der Araber gegebene Form. Die von Buache aufgestellte Etymologie scheint mir äufserst sinnreich; sie gewährt besonders dann eine grofse Wahrscheinlichkeit, wenn man sie etwas genauer dem Geiste der semitischen Sprachen anpafst. Unter der Zahl der unbekannten In-seln, sagt Buache ***), die von Edrisi beschrieben wer-

---

*) *Zurla, Viaggi*, Tom. II, p. 324.

**) Bianco beschränkt den Namen Brasil auf die Insel Terceira, auf der ein Vorgebirge im Westen der Bai von Angra noch heutigen Tages *Spitze von Brasilien* heifst. (*Fleurieu, Voyage fait par ordre du Roi en* 1768 *et* 1769, Vol. I, p. 548.)

***) A. a. O., p. 27. Sprengel glaubt selbst, dafs der Name der Insel *Terceira* nicht portugiesisch ist, obwohl derselbe die *dritte* Insel zu be-zeichnen scheint, welche auf Befehl des Infanten Dom Henrique entdeckt wurde. (*Beschreibung der Karte des Ribero* in *Muñox Geschichte*, Th. I, S. 443.) Man gefällt sich zuweilen darin, Wörter, die fremden

den (*Pars prima climatis tertii*, p. 71) und die Azoren zu sein scheinen, ist eine, welche *Mustaschin* heifst und bei Ibn al-Wardi *) *Tinnin*, d. h. Schlangeninsel genannt wird. Die Ansicht liegt nahe, dafs das Wort *Antillia* dieselbe Bedeutung habe und von *Tinnin* abzuleiten sei, gleichwie der Name *Anjuan* von der Benennung *Juan* herkommt, welche sich auf mehreren alten Karten findet." Die letztere Vergleichung ist nicht ganz glücklich. Die Anfangssylbe scheint mir vielmehr aus dem arabischen Artikel entstanden zu sein. Aus *Al-Tinnin* oder *Al-Tin* hat man allmälig *Antinna* oder *Antilla* gemacht, gleichwie die Spanier durch eine ähnliche Konsonantenversetzung den Namen des Krokodills in *corcodilo* und *cocodrilo* verändert haben. Der Drache heifst *al Tin* und *Antillia* bedeutet mithin vielleicht *Insel der Seedrachen* **), eine Erklärung, welche mir sowohl durch das Bild eines Mannes bestätigt zu werden scheint, der von einer Herde Schlangen in den Ocean gezerrt wird, und auf der Karte des Pizigano in der Nähe seiner Insel Bracir dargestellt ist, als durch die grofsen Nattern, die auf einem Denkmal von Stein eingehauen sind, dessen Thevet gedenkt, und von dem unten ausführlicher die Rede sein wird. Auch kann ich auf den Namen der Insel *Danmar (Insel des Schlangengefäfses)* verweisen,

---

Sprachen angehören, zu latinisiren und ihnen eine aus dem Lateinischen oder den davon abgeleiteten Sprachen entlehnte Bedeutung zu ertheilen. So beziehen die Zoologen den Namen *Manati*, welcher der Landessprache der Eingeborenen von Haïti angehört, auf die Schwimmfüfse der Seekühe (*Lamantins*), die bei ihnen die Stelle kleiner *Hände* zu vertreten scheinen.

*) *Notices et Extraits*, Tom. II, p. 55. Auf dieser Insel Tinhin oder Mustaschin zeigt man einen von Alexander (der nach den Arabern einen Theil des atlantischen Meeres durchzogen hat) getödteten Drachen. Derselbe Geograph citirt an dieser Stelle die Insel Laca oder Aea, welche durch ungeheure Schlangen heimgesucht wird.

**) Ueber die *Isola dei Dragoni*, die auf der Weltkarte des Fra Mauro in den Westen von Afrika verlegt ist, vergl. *Zurla*, p. 143.

welche auf der oben erwähnten Karte des Bedrazio in die Nähe von Antillia verlegt wird *). Wenn man statt Antillia *Antilha* schreibt, so kann man allerdings den Namen in die beiden portugiesischen Wörter *ante* und *ilha* zertheilen; aber er bezeichnet, nach der Analogie von Antiparos, Anticyra oder Anticirrha und Antibachias **), nicht das, was dem Festlande, sondern was der Insel gegenüberliegt ***). Niemals ist eine so allgemeine und dogmatische Benennung von Seeleuten ertheilt worden, die Alles zu *individualisiren* und vorzugsweise Gestalt, Farbe und Erzeugnisse der Länder zu berücksichtigen pflegen. Die Lesung der letzten Kapitel des Marco Polo konnte bei einem theoretischen Geographen, wie Toscanelli, die Hoffnung erregen, dafs man auf einer Fahrt von Portugal aus gegen Westen, ehe man zum Festlande von Asien gelangte, jene ausgedehnte Inselkette antreffen werde, welche sich von Zipangu bis

---

*) Man liest auch *Darmar, Schlangenwohnung*, statt Dammar. Der Erhaltungssinn der Geographen, welche immer noch etwas vergessen zu haben fürchten, ist so grofs, dafs die Wettafel des Ortelius, die im Jahr 1587 angefertigt ist, nicht allein die drei Inseln des heil. Brandon, der Sieben-Städte und Brasil darbietet, sondern auch noch im Norden der Azoren die Insel *Demar*.

**) *Ptolem.*, IV, 8, p. 114.

***) [In den Namen Antiparos, Anticyra, Antibachias sind die beiden ersten Sylben die griechische Präposition ἀντί; dagegen dürfte *ante-ilha* nichts weiter bedeuten, als *Vorderinsel*. Analóg ist der Name der sabinischen Stadt *Antemnae* am Einflufs des Anio in die Tiber, welcher nach *Varro* (*de ling. lat.*, V, 5, 12) und *Servius* (*ad Virg. Aen.* VII, 631) von *ante amnem* abzuleiten ist. Auch kann man die Glosse des Festus (p. 8) vergleichen: *Anteurbana, praedia urbi propinqua*.] Der obigen Erklärung stimmen auch Ménage und Bluteau bei. Letzterer sagt in seinem grofsen portugiesischen Wörterbuche: „*ilhas oppositas ou fronteiras ás grandes ilhas da America.*" Formaleoni (p. 28) betrachtet diese Etymologie als sehr gewagt. Man vergl. auch *Giovanni Andres* in den Abhandlungen der *Accademia Ercolanese Archeologica*, 1822, p. 132. *Tiraboschi, Storia della litt.*, Tom. VI, P. I, p. 189.

Selendiv erstreckt; aber weshalb hätte man einer einzelnen grofsen Insel, von der man glaubte, dafs sie zur Gruppe der Azoren gehöre, oder in deren Nähe belegen sei, den systematischen Namen Antilha ertheilen wollen? Ein namhafter Gelehrter hat neuerdings den Schlüssel des Räthsels in einer Stelle der aristotelischen Schrift *de mundo* *) zu finden geglaubt, welche, von mir oben [S. 121 folgd.] besprochen, von dem wahrscheinlichen Vorhandensein unbekannter Länder handelt, die der von uns bewohnten Festlandsmasse gegenüber liegen. „Diese mehr oder minder bedeutenden Länder, deren Küsten den unsrigen gegenüber liegen, werden, wie er sagt, durch das Wort ἀντιπόρϑμοι bezeichnet, was man im Mittelalter durch *Antinsulae* übersetzt hat." Eine solche Uebersetzung würde aber in meinen Augen durch nichts gerechtfertigt werden. Böotien und Euböa, die durch eine enge Strafse (den Euripus) von einander getrennt werden, sind ihrer gegenseitigen Lage nach ἀντιπόρϑμοι, und das ungebräuchliche portugiesische Wort *Antilha* dürfte wohl in keinem Fall durch νῆσος ἀντιπόρϑμος wiedergegeben werden. Die lateinische, dem Apuleius zugeschriebene Uebersetzung des Buchs *de mundo* hat eben so wenig zur Entstehung des Namens *Antinsula* Veranlassung geben können; denn Apuleius nimmt gar keine Rücksicht auf das Wort ἀντιπόρϑμος **), wie denn sein Buch überhaupt nichts weiter als eine Paraphrase ist, in der er hinzufügt und wegläfst, was ihm beliebt ***).

---

*) Kap. 3, p. 392, 20 der Ausgabe von Bekker. *Proclus in Tim.*, p. 54. Philipp Cluver (*Animadv. in Apul.*, p. 414) glaubte darin „*Americam et Magellanicam*" zu erkennen.

**) *Apuleii Opera ed. Geverh. Elmenhorst*, 1621, p. 59.

***) Man vergl. z. B. in der die Vulkane betreffenden Stelle die Worte: *Vesuvius noster*, und die Einschaltung einer interessanten Bemerkung über eine Höhle zu Hierapolis in Phrygien, die mit Kohlensäure angefüllt ist, einem Gas, „welches sich vermöge seiner (specifischen) Schwere nur in den unteren Schichten hält." (Vergl. *Apul.*, p. 64

*Insel Bracie (Berzil) und Statue auf den
Azoren.* — Ich habe schon oben die Beziehungen der
Lage und des Ursprungs angegeben, welche im Mittelalter zwischen der Gruppe der Azoren und den Inseln
bestanden, die von 1351 bis 1459 auf den italiänischen
Karten unter den Namen *Bracie* *), *Brasil* **) und *Berzil* ***) erscheinen. Da neuerdings der Graf Baldelli,
in seinen gelehrten Untersuchungen über den *Milione*
des Marco Polo †), den Gedanken wieder aufgenommen hat, dafs der Name *Bracie*, in *Brasil* verderbt,
sich nur auf die vulkanischen Feuer der Azoren beziehe,

und 65 mit *Aristot.*, *de mundo*, cap. 4, p. 295, 20 und 30.) Dies
ist das *Plutonium* oder der *Charonische Schlund* von Hierapolis, welchen *Strabo*, XIII, p. 629 Cas. und *Dio Cassius*, LXVIII, 27 be-
schreiben. [Vergl. *Plin.*, *Histor. natur.*, II, 95; *Ammian. Marcellin.*, XXIII, p. 350. ed. *Bipont.; Beckmann ad Antigon. Cá-
ryst.*, c. 135, p. 186 ff. und die *Meteorolog. vet. Graecor. et Rom.*,
I, 3, not. 12, p. 29 ff.

*) Auf der Karte des Pizigano (*Zurla*, *Viaggi*, Tom. II, p. 323)
hat Buache, seiner Skizze nach, *Bracir* zu lesen geglaubt.

**) In dem *Portulano mediceo* vom Jahre 1351 und auf der merkwürdigen Karte der Bibliothek Pinelli, die im Besitz des Baron von
Walkenaer ist, und deren Redaktion nach dem auf ihr angegebenen
Almanach zwischen die Jahre 1384 und 1434 fällt (*Baldelli*, Tom. I,
p. XXX. *Walkenaer* in der Uebersetzung der Geographie von Pin-
kerton, Tom. VI, p. 360 und 334).

***) Bei Bianco (*Zurla*, Tom. II, p. 334) und Fra Mauro, des-
sen Planisphär aus dem Jahre 1459 ist. Man findet eine Insel dieses
Namens weder auf der Karte des Marino Sanuto, die um wenigstens 45
Jahre älter zu sein scheint als die des Pizigano, und auf der die 358
Isolle beate et fortunatae in der Nähe von Irland und viele andere
bonae insulae des Atlantischen Oceans keinesweges fehlen, noch auf der
Erdkugel des Behaim (1492). Man hat jedoch länger als anderthalb
Jahrhunderte nach der Kolonisirung der Azoren durch die Portugiesen
fortgefahren, eine Insel Brasil in den Westen und Nordwesten von Corvo
zu verlegen. *Jobst Ruchamer* macht in seiner zu Nürnberg im Jahr
1508 erschienenen *Sammlung von Reisen*, Kap. 76, aus Bersil eine Insel *Brisilge.*

†) Tom. I, p. CLXX.

so sehe ich mich genöthigt, in dieser Hinsicht auf einige etymologische Einzelheiten einzugehen. Ich werde mich so kurz als möglich zu fassen suchen, indem ich jedoch daran erinnere, dafs eine Art von philologischer Untersuchung, welche der Geograph in Bezug auf die Namen von Inseln, Flüssen und Völkerschaften unternimmt, in vielen Fällen dazu führt, ihre Identität auf einer grofsen Anzahl von Karten aufzufinden und doppelte Anwendungen der Namen zu verhindern *). Drei Jahrhunderte vor der Fahrt des Gama, als noch der Handel mit Indien auf dem Landwege getrieben wurde, war ein rothes, zur Färbung von Wolle und Baumwolle geeignetes Holz in Italien und Spanien unter den Namen *bresill*, *brasilly*, *bresilji*, *braxilis*, *brasile* bekannt. *Muratori* **) hat diese Thatsache aus dem Tarife des Zollamtes zu Ferrara vom Jahre 1193 und den Tarifen von Modena aus dem Jahre 1306 nachgewiesen. Die von *Capmany* ***) bekannt gemachten, auf den früheren Han-

---

*) *Relat. histor.*, Tom. II, p. 676, 703. *Raleigh* hat den Guarapo in Guyana zu einem Flufs in Europa gemacht, und der übrigens so besonnene *Malte-Brun* geglaubt, den Flufs Oregan oder Origan in den spanischen Worten: „*se ignora el origen*" zu erkennen. (*Essai politique*, Tom. II, p. 314.)

**) *Antiquit. ital.*, Tom. II, *Diss.* XXX, p. 894—899. In dem Tarif der Ferraresen vom Jahre 1193 könnte der Umstand einige Zweifel erwecken, dafs *grana de Brasill* vor *pipere*, *zucaro* und *zafrano* aufgeführt wird. Aber in dem Tarif der Modenesen vom Jahre 1306 fehlt das Wort *grana* und man findet nur aufgeführt die *soma* (Last) *di Braxilis*. Das Wort *grana*, welches späterhin auf die amerikanische Cochenille übertragen wurde, bezeichnete im Mittelalter den *Coccus polonicus* und den *Coccus lacca* aus Indien, vermischt mit dem Produkt des *Croton lacciferum* (im Sanskrit *lakscha*). Es ist mir unbekannt, woher sich die sonderbare Benennung *grana de Brasile*, *Brasilienroth* oder *Brasilienlack* schreibt.

***) *Memorias sobre la antigua marina, comercio y artes de Barcelona*, Tom. II, p. 4, 17 und 20. In dem Tarif von Colioure in Roussillon aus dem Jahre 1252 finde ich *canquas de brasil*, *laca* und *grana* als drei verschiedene Gegenstände aufgeführt.

del der Katalonier bezüglichen Urkunden lassen keinen
Zweifel über die Einfuhr dieses Färbeholzes oder *brasil* in Spanien während der Jahre 1221 bis 1243. Die
Bekanntschaft mit diesem köstlichen Erzeugnifs der Küste von Malabar und des indischen Archipelagus läfst sich
bis zum neunten Jahrhundert zurück verfolgen. Einer der
beiden arabischen Reisenden, deren Tagebücher *Renaudot* bekannt gemacht hat, *Abuzeid el Hacen* aus Siraf,
rühmt das rothe Holz der Insel Ramni oder Sumatra *).
Ich finde dasselbe Färbeholz bei dem Geographen von
Nubien **) unter den Handelsgegenständen der Insel Al-.

---

*) *Renaudot, Anciennes relations des Indes,* p. 5.

**) *Edrisi*, p. 33. *Alrami* ist wahrscheinlich verderbt aus *Ra-
mani* (*Ramni, Lamery*), welches die Insel Sumatra bezeichnet (*Sprengel*, S. 176). Edrisi beschreibt den *carcaddan* oder das Nashorn auf
der Insel Alrami, aber giebt ihm nur ein Horn, eben so wie Marco Polo
dem Rhinoceros oder *Leoncorni* auf *Giava minore* (lib. III, cap. 12;
Baldelli, Tom. I, p. 240; Tom. II, p. 393). Der *Rhinoceros su-
matrensis* hat aber zwei Hörner, wie das afrikanische Nashorn, welches
von ihm wesentlich verschieden ist, während der *Rhinoceros javanus*
einhörnig ist, wie das Nashorn auf dem Festlande von Indien. Diese
in die Geographie der Thiere gehörige Bemerkung darf uns jedoch nicht
zu der Annahme verleiten, dafs die Namen Alrami, Ramani oder Java
minor die holländische Insel Java und nicht Sumatra bezeichnen. Eine
Menge von Marsden beigebrachter und besprochener Gründe sind dagegen. Die arabischen Seefahrer haben ohne Zweifel das lebende Thier
wenig beobachtet; und da sie das Rhinoceros auf dem Festlande von
Asien oder vielmehr das grofse Horn ganz genau kannten, dessen man
sich zu Gefäfsen bediente, die geeignet waren, Gift in irgend einer Flüssigkeit zu entdecken, so können ihre Beschreibungen nicht auf vollkommene Genauigkeit Anspruch machen. Selbst Marsden spricht in seinem
ausgezeichneten, im Jahre 1783 bekannt gemachten Werke über Sumatra nur von Einem Horne des Rhinoceros auf Sumatra (p. 140) und
in der dritten Ausgabe des Werkes (p. 116) behauptet er, dafs sich auf
Sumatra zwei Arten von Rhinoceros finden, von denen die eine zweihör-
nig sei, die andere einhörnig. Uebrigens liefern die Elephanten, welche
der Insel Java abgehen, und die der arabische Reisende, dessen Tagebuch von Renaudot übersetzt worden ist, im Jahre 851 auf Ramni fand,
einen noch unwiderlegbareren zoologischen Beweis für die Identität der

rami aufgeführt, welche man für identisch mit Sumatra hält, obgleich sie in drei Schiffstagereisen Entfernung von Ceylon oder Selan-dib (Sarandib) verlegt wird. Der arabische Text hat das Wort *bakkam*, das in den lateinischen Uebersetzungen durch *bresillum* wiedergegeben wird. Marco Polo kennt ein Färbeholz, Namens *verzino*, gedenkt aber desselben nur an einer einzigen Stelle, nicht um den rothen Sandel zu bezeichnen, von dem er ganze Wälder auf der St. Lorenzinsel (Madagaskar) erwähnt, sondern um damit eine Pflanze auf Sumatra zu vergleichen, die man im dritten Jahre auszureifsen pflegte und deren Körner er ohne Erfolg auf dem Landgebiete Venedigs säete *). Marsden glaubt **), dafs das Brasilienholz des Mittelalters, welches man aus Ostindien bezog, der Sapang *(Caesalpinia Sapan)* der Malaien gewesen sei; aber es scheint mir glaublich, dafs die Araber mehrere Arten rothen Holzes unter dem Namen *bakkam* in den Handel gebracht haben, besonders das Holz *chandana (Pterocarpus santalinus)*, welches in Bengalen noch heutigen Tages den persischen Namen *bukhum* ***) führt und aus dem Pelletier wahrhaftes ro-

Inseln Ramni und Sumatra (Samantara). Das Wort *bakkam* (*lignum rubrum*), dessen Wurzel wahrscheinlich nicht semitisch ist (denn *bakama, morbum contraxit*, giebt keinen Sinn), finde ich bei Yakuti wieder, welcher im funfzehnten Jahrhundert lebte und von dem Brasilienholz auf Ceylon spricht, dessen schon der arabische Reisende bei Renaudot gedenkt. (*Deguignes* in den *Notices et Extraits des Manuscrits de la Bibl. du Roi*, Tom. II, p. 411.) [Die Sanskritwurzeln *bha-kam* würden auf die für ein Färbeholz nicht unpassende Bedeutung *glanzliebend* führen.]

*) *Il Milione*, lib. III, cap. 8, 14, 35. (*Baldelli*, Tom. 1, p. 164; Tom. II, p. 384, 398, 454). *Marco Polo*, nach der Ausgabe von *Marsden*, p. 612.

**) *Sumatra*, p. 95. *Ainslie*, p. 196. Der Sapang wird in dem indischen Archipelagus zum Färben in Roth sehr gesucht.

***) A. a. O., p. 42. *Garcia ab Horto (Aromatum histor.*, 1590, lib. I, cap. 17, p. 69) kennt schon den Sanskritnamen *chandana;*

thes Lak gezogen hat. Wir haben oben gesehen, daſs
von dem vierzehnten Jahrhundert an mehrere Inseln des
atlantischen Meeres, die wahrscheinlich zur vulkanischen
Gruppe der Azoren gehörten, unter den Namen *Bra-
eie*, *Berzil* und *Bràsil* auf den Karten erscheinen.
Pietro Coppo da Isola behauptet gar in seinem Hafen-
buch vom Jahre 1528 *), daſs Christoph Columbus, ehe
er zu den Küsten von Amerika gelangte, „die Inseln
Ventura, Columbo und Brasil" berührte. Auf den ersten Blick glaubt man mit Sicherheit in der einen dieser
geographischen Benennungen den Namen jenes rothen
Färbeholzes aus Indien zu erkennen; aber welcher Baum
könnte wohl auf einer Inselgruppe, deren Flora mit der
von Portugal ziemlich übereinstimmt, zu einem so sonderbaren Miſsgriff Veranlassung gegeben haben? Da
die Karte des Pizigano vom Jahre 1367 *ysola Braxie*
(nicht Brazir) *seu Mayotas* giebt, so behauptet Buache
in seiner Abhandlung über Antillia **), „daſs Mayotas,
Bracir und Terceira gleichbedeutende Namen sind, und
Länder, die durch Vulkane verheert worden, bezeichnen." Was die erste und dritte dieser Benennungen
anbetrifft, so bin ich nicht im Stande zu errathen, auf
welche Etymologie man die Hinweisung auf vulkanische Erscheinungen begründen könnte. Die Portugiesen
glauben allgemein (ich führe ihre Meinung an, ohne de-

---

er unterscheidet das Brasilienholz (ohne Zweifel das westindische) vom
Lignum santali rubri. In Indien führt auch der *Chandana* oder
Caesalpinia sapan den Namen *Bukkan-Chitto*, welcher der Telingu-
sprache entlehnt ist. (*Roxburgh Flor. Coromand.*, Tom. I, p. 18.)

*) Man vergleiche über dieses äuſserst seltene venetianische Hafen-
buch *Morelli, Lettera rarissima di Christoforo Colombo*, p. 63.
Die Insel Colombo des Pietro Coppo da Isola ist die *ixola di Colombi*
des Bianco, nach Buache Fayal. Ueber die Insel Ventura, welche der
mediceische *Portolano* ebenfalls als synonym mit seiner *Isola de Co-
lombis* betrachtet, s. *Baldelli*, p. XXX und CLXX.

**) *Mémoires de l'Institut*, Tom. VI, p. 24.

ren Richtigkeit zu verbürgen), daſs der Name *Terceira*
die *dritte Insel* bezeichnet, welche (im Jahre 1449) in
der Azorengruppe nach Sta-Maria und San-Miguel entdeckt wurde. Bei dieser Deutung werden die von Gonçalo Velho Cabral im Jahre 1431 gesehenen Formigas
unberücksichtigt gelassen. Der Graf Baldelli hat die Ansicht des französischen Geographen von Neuem wiederholt, und für wahrscheinlicher erklärt, als die gewöhnliche Deutung, die auf der Analogie des Namens mit einem indischen Färbeholze beruht. In den Benennungen
Mayotas und Terceira kann ich nichts erblicken, was an
Brand erinnerte; aber ich gestehe zu, daſs der Name
Brazie an die zu einem gemeinschaftlichen Stamm gehörenden Wörter der romanischen Sprachen *braise* (französisch [alt *brasa*]), *braza* und *braseiro* (portugiesisch),
brasero, *braciere* [und *brace*] (spanisch und italiänisch)
erinnert *). Es ist unbekannt, von welchem Idiom
Asiens das Mittelalter die Benennung des Färbeholzes
brasilli oder *braxilis* entlehnt hat, oder ob diese Namen,
gleich denen des Indigo (ἰνδιχόν **)), des Campeche-
holzes und der Jalape, auf die Ursprungsorte hindeuten. Da die indische Civilisation ehemals in dem groſsen Archipel von Asien sehr weit verbreitet war, so fühlt
man sich in Versuchung auf alte Sanskritwurzeln zurück-
zugehen, auf Wurzeln, in welchen sich die Bedeutun-
gen *roth* und *Feuer* vereinigt finden ***). Bei genauer

---

*) Vielleicht zusammenhängend mit dem deutschen *Brand, brennen*,
und dem griechischen βράζω, sieden. In dem Latein des Mittelalters findet sich *braza* statt *pruna*, glühende Kohle.

**) [*Dioscorid.*, V, 107, p. 774 ed. *Sprengel*. Vergl. die Be-
merkungen in der Ausgabe der Aristotelischen Meteorologik, Th. II,
S. 148.]

***) „Die Sanskritwurzel *bhrådsch* (*bhråg*), sagt Bopp, bedeutet
leuchten, strahlen [*blitzen*, was auch etymologisch damit zusammenhängt,
wie das ägyptische ᾶρнх, *Blitz*]. Hiervon *rakta, roth; randsch,
färben*. Wie *anita, Wind*, vom Zeitworte *an, blasen, wehen (flare)*,

Durchsicht der Reisetagebücher und Briefe des Columbus habe ich die Benennung *palo* (Holz) *de Brasil* nicht ein einziges Mal gefunden; jedoch ist es ausgemacht, daß seit dem Jahre 1495, mithin geraume Zeit vor der Entdeckung der *Terra Sanctae Crucis*, welche jetzt den Namen Brasilien führt, eine Caesalpinie der Insel Domingo *(Caesalpinia brasiliensis)* für die ostindische *braxilis* oder das *bakkam* der arabischen Kaufleute gehalten worden ist. Anghiera erzählt in dem vierten Buch der ersten Decade (p. 11) seiner *Oceanica*, daß man auf der zweiten Reise des Columbus zu Haïti gefunden habe: „*sylvas immensas, quae arbores nullas nutriebant alias praeterquam coccineas, quarum lignum mercatores Itali verzinum, Hispani brasilum appellant.*" Auf der dritten Reise des Columbus *) lud man an der Küste von Paria dreitausend Pfund Brasil ein, „welches das von Haïti an Güte übertraf **)." Vincente Yañez Pinzon, von dessen Reisebeschreibung Grynäus ein Bruchstück aufbewahrt hat, nennt im Jahre 1499 dieses zu Paria (Payra) gesehene Brasilienholz „Wälder von rothem Sandel." In demselben Maße, wie die Entdeckungen im Süden des Vorgebirges St. Augustin eine weitere Ausdehnung erlangten, besonders seitdem Pedro Alvarez Cabral im Mai 1500 von der *Terra Sta. Crux* Besitz genommen hatte, wurde der Handel mit dem rothen Holze des amerikanischen Festlandes lebhafter. Auf der vierten Fahrt des Vespucci, auf der eins der Schiffe an den Klippen, welche die Insel Fernando de Noroña umgeben, verloren ging, nahm man im Jahre 1504 nahe bei der *Bahia de todos Santos* eine Ladung von Brasilienholz

---

so würde *brådschita* das Adjektiv von *brådsch* sein und *leuchtend* bedeuten. Jedoch findet sich die letztere Form nicht bei Wilson."

*) *Dec.* I, *lib.* 9, p. 21.

**) *Nov. Orbis*, 1532, p. 120.

ein *). Dieser Handel erlangte eine solche Wichtigkeit, daſs die spanische Regierung schon im Jahre 1510
die Einfuhr alles Brasilienholzes, welches nicht aus den
zu den Domänen der Krone Kastilien gehörigen Gegenden von Westindien kam, verbot **). Es ist allgemein
bekannt, daſs allmälig, in der ersten Hälfte des sechzehnten Jahrhunderts, eben jener Ueberfluſs an Färbeholz die
Veranlassung wurde, daſs der von Cabral gegebene Name
Terra de Sancta Cruz in *Terra de Brasil* geändert wurde,
„eine Veränderung, welche, wie der Historiograph Barros sagt ***), der Böse eingegeben hatte: denn das jäm-
merliche Holz, welches Tuch roth färbt, wiegt das zum
Heil unserer Seelen vergossene Blut nicht auf.“ So
verpflanzte sich die Benennung *Brasil* von dem asiatischen Archipelagus aus über ein Kap der Insel Terceira †) nach den Südküsten des Neuen Kontinents.

An diese Untersuchungen über die Insel Brasil in
der Azorengruppe knüpft sich die Sage von einer mit

---

*) *Navarrete,* Tom. III, p. 288. „*In eo portu,* sagt Amerigo
Vespucci, *bresilico puppes onustas faciendo, quinque persistimus
mensibus.*“ Eben so fügt Anghiera (*Ocean.*, Dec. III, lib. 10, p. 66),
wo er von der Reise des Solis nach der Mündung des Rio de la Plata
im Jahre 1515 spricht, hinzu: „*Navigia coccineis truncis onerant;
diximus vocari ab Hispanis brasilum, ligni genus id ad canas fu-
candas aptum.*“

**) *Ordenanzas hechas el* 15 *de junio* 1516. (*Navarrete, Dec.
diplom.,* Tom. II, p. 339.) Es ist leicht möglich, daſs einige der *Caesalpinia brasiliensis* verwandte Arten an einer so ausgedehnten Küstenstrecke Färbeholz lieferten. Ich habe mit Bonpland in Südamerika die
Culteria tinctoria gefunden, welche die *Caesalpinia pectinata* des Ca-
vanilles ist, und von den Eingeborenen als Färbematerial benutzt wird.
(Vergl. unsere *Nov. Gen. et Spec. plant.*, Tom. VI, tab. 569.)

***) *Dec. I, lib,* 5. *cap.* 3.

†) Ich erinnere daran, daſs die *Punta del Brasil* der Insel Terceira, deren Namen sich bis auf den heutigen Tag erhalten hat, auf der
Karte des Ortelius vom Jahre 1578 angegeben ist. Ein einziger Punkt
der Insel hat einen Namen beibehalten, welcher, vom funfzehnten Jahrhundert an, der ganzen Insel angehörte.

dem Finger gen Westen zeigenden Reiterstatue an, welche die Portugiesen auf der Insel Corvo gefunden haben sollen. Sämmtliche Werke, die von der Entdekkung Amerika's handeln, selbst die allergewöhnlichsten Kinderbücher, wiederholen jene Sage, ohne irgend eine portugiesische oder spanische Geschichtsurkunde nahmhaft zu machen, in welcher derselben gedacht würde. Ich habe vergeblich dieses „Schiffermährchen" in den Geschichtschreibern der *Conquista* gesucht, die mit der gröfsten Umständlichkeit alle Arten von Andeutungen besprechen, welche den Columbus nach den Westländern hätten leiten können. Martin Behaim, der geraume Zeit hindurch auf den Azoren in dem Hause seines Schwiegervaters Jobst von Hürter gelebt hatte, gedenkt ihrer nicht auf seiner Erdkugel. Barros spricht davon eben so wenig wie Grynäus (1532), Sebastian Münster (1550), Ortelius (1570) und André Thevet (1575). Das Stillschweigen des letzteren scheint mir um so auffallender, da er selbst (wie wir sogleich sehen werden) auf der Insel San-Miguel eine Inschrift gefunden hatte, von der er glaubt, dafs sie von „dem Volke aus Judäa" geschrieben worden sei. Erst vor kurzem hat der berühmte Botaniker Link mir eine Stelle aus der *Historia del Reyno de Portugal por Manuel de Faria y Sousa* *) nachgewiesen, in der jene Sage von einer Reiterstatue auf die umständlichste Weise berichtet wird. „Auf den Azoren fand man auf dem Gipfel eines Gebirges, welches man *Berg des Raben* nannte, die Statue eines Mannes zu Pferde, ohne Sattel, mit entblöfstem Haupte, die linke Hand auf die Mähne des Pferdes aufgelegt, die Rechte gegen Westen ausgestreckt (gleichsam um dorthinzudeuten, *señalando*

---

*) Antwerpener Ausgabe vom Jahre 1730, p. 258. Die Stelle beginnt mit den Worten: „*En la cumbre de un monte que llaman delo Cuervo fue hallado una estatua de un hombre puesta a cavallo en pelo.*" Dieser Berg *del Cuervo* ist die Insel Corvo selbst.

al poniente). Sie stand auf einer Platte (*losa* [*]))
von demselben Gesteine. Weiter unten waren in den
Fels einige Buchstaben eingegraben, welche man nicht
zu entziffern vermochte." Da der Historiograph von
den in den Jahren 1447 bis 1471 gemachten Entdeckungen spricht, so scheint seine Meinung dahin zu gehen,
daſs das Denkmal von den Portugiesen aufgefunden worden sei, als sie zum ersten Male an der felsigen Insel
Corvo landeten. Eine genauere Bestimmung dieser Epoche ist nicht möglich; die einen geben das Jahr 1449
an, die anderen 1460 [**]). Wie läſst sich aber annehmen, daſs die Zeitgenossen des Christoph Columbus, welche mit der kleinlichsten Genauigkeit von Fichtenstämmen reden [***]), welche durch die Meeresströmungen an
die Küsten von Graciosa und Fayal geworfen worden
seien, von Leichnamen einer unbekannten Menschenrace,
die man auf dem Strande der Insel Flores, in der Nähe
von Corvo, gefunden habe, von einer so überaus sonderbaren Thatsache keine Kunde gehabt haben sollten? Ein
wahrheitsliebender Reisender, *Boid*, dessen Werk erst
ganz vor kurzem erschienen ist, hat die Zweifel, welche
sich aufdrängen, theilweise gehoben. Während eines län-
geren Aufenthaltes auf den groſsen Inseln des Archipelagus der Azoren, hat er folgende Nachrichten über Corvo
gesammelt: „Sie ist die kleinste unter den neun Inseln,
bildet ein Doppelgebirge, und hat ihren Namen deshalb
erhalten, weil sie, aus der Ferne gesehen, ganz schwarz
er-

---

[*]) Durch Verwechselung der Wörter *losa (tablilla de piedra dura)*
und *loza (fajence)* ist die irrthümliche Behauptung entstanden, daſs
die Statue aus einer Art „gebrannter Erde" angefertigt gewesen sei (*Mémoires de l'Institut*, Tom. VI, p. 26).

[**]) *Freyre* (*Vida do Infante Dom Henrique*, p. 319, 338) sagt:
„vor 1447"; *Boid* (*Description of the Azores*, 1835, p. 317) „gegen 1460."

[***]) *Vida del Almirante*, cap. 8, p. 6.

erscheint *). Unter der grofsen Masse von Abgeschmackt-
heiten, welche die armen und abergläubigen Bewohner
vorbringen, ist auch die ernstlich gemeinte Versicherung,
dafs ihrer Insel die Entdeckung der Neuen Welt zu verdanken sei, weil ein Vorgebirge, welches in NW weit
in das Meer hinausreicht, *die Gestalt eines Mannes dar-
biete*, der seine Hand gegen Westen ausstreckt. Das
Vorgebirge habe, so fügen sie hinzu, nach dem Willen
der Vorsehung diese aufserordentliche Gestalt erhalten, um
(die europäischen Seefahrer) auf das Vorhandensein einer
anderen Welt aufmerksam zu machen. Columbus habe
diese Hindeutung begriffen und erklärt, und sich in die
Laufbahn der Entdeckungen (in Westen) geworfen." So
wäre also die Sage von jener wunderbaren Reiterstatue
auf ein natürliches Phänomen zurückgeführt. Man begreift leicht, wie eine jener grotesken Bildungen, die in
vulkanischen Felsen aus Basalt, Trachyt und amphibo-
lischem Porphyr so gewöhnlich sind, die Veranlassung
zu der Sage von einer Reiterstatue habe geben können,
welche alsdann die Gelehrten den Karthaginensern oder
Phöniziern zuzuschreiben nicht ermangelt haben, die doch
bekanntlich **) keinesweges geneigt waren, den Weg
der Entdeckungen ihren Nebenbuhlern zu zeigen. Die
Wahrscheinlichkeit dieser Angaben wird dadurch erhöht,
dafs in fast sämmtlichen Alpengegenden des spanischen
Amerika der Name *Mönch, Nonne, Riese (frayle, monja,
gigante)* entweder einzelnstehenden Felsen oder Gebirgs-
kämmen ertheilt werden; und bei den Seefahrern kom-

---

*) *Boíd*, a. a. O., p. 316-318. Wir haben oben daran erinnert, dafs schon die Karte des Andrea Bianco vom Jahre 1436 die Insel *Corbos marinos* darbietet, ein Name, der unstreitig von der grofsen
Anzahl von Vögeln entlehnt ist, welche die Insel umgeben und sicherlich
nicht von dem düsteren Anblick eines Gebirges. Man weifs von keinem
neueren vulkanischen Ausbruch auf der Insel Corvo; aber Flores hat einen
Pik mit einem Krater.

**) *Strabo*, lib. III, p. 176 Cas.

men dergleichen fantastische Träumereien um so häufiger
vor, da der Anblick einer Küstenstrecke einen mächtigen
und dauernden Eindruck zu hinterlassen pflegt. Corvo ist
keinesweges der allerwestlichste Punkt der Azorengruppe,
da diese Insel um 5′ 30″ im Bogen weiter gegen Osten
liegt als Flores *); aber die Schiffe gelangen auf ihrer
Rückkehr von Brasilien, Mexico und den Antillen, begünstigt durch den *Golf-Strom* (den warmen Strom des
Atlantischen Meeres) vorzugsweise bei Corvo, der nördlichsten Insel von allen, vorüber. Die Gestalt eines Felsens an dem nordwestlichen Vorgebirge hat erst nach
der Entdeckung von Amerika und zu einer Zeit, wo das
Meer der Azoren häufiger besucht wurde, seine geheimnifsvolle Bedeutung erhalten können. Dieser Umstand
wäre geeignet, bis zu einem gewissen Punkt das Stillschweigen der Schriftsteller des funfzehnten und sechzehnten Jahrhunderts zu erklären; wohl möglich aber wäre
es auch, dafs auf einer Inselgruppe, die uns schon zu
den Zeiten des Bianco die arabische Benennung *Ben-*
tufla darbietet, eine unbestimmte Kunde von Ueberlieferungen, die sich bei den arabischen Geographen (dem
Scherif *Edrisi*, *Ibn-al-Wardi* und *Abdorraschid* oder
Bakui) erhalten haben, wesentlich zu der Berühmtheit
beitragen konnte, welche die groteske Gestalt des Felsens von Corvo erlangte. Ich verfolge gern den ununterbrochenen Fortgang einer Reihe von Ideen, die von
den frühsten Zeiten des griechischen Alterthums bis zur
Epoche der Hafenbücher des Pizigano von Venedig das
Mittelalter durchlaufen haben und von den Arabern den
italiänischen Geographen übermacht worden sind. Selten ist man im Stande, mit so vollkommener Sicherheit
einen und denselben geographischen Mythus auf seiner
Wanderung von Osten nach Westen zu verfolgen. Man

---

*) Karte von *Tofiño*, berichtigt nach den Chronometerbeobachtun-
gen von *Dégenès:* Corvo 33° 31′ 4″, Flores 33° 36′ 34″ von Paris.

mufs mit den Säulen des Herkules beginnen, die in der
ältesten Zeit Säulen des Saturn oder Briareus genannt
wurden. Strabo untersucht da, wo er von der Gründung der Stadt Gades durch die Tyrier handelt, mit vielem Scharfsinn und grofser Unbefangenheit, was man unter der Benennung *Säulen* zu verstehen habe; er fragt,
ob Denkmäler, durch Menschenhände entstanden, ihren
Namen dem Orte mitgetheilt hätten, neben welchem sie
errichtet worden wären. Er spricht von „Altären, Thür-
men oder Säulen", die geeignet seien, die Gränzen einer
Fahrt zu bezeichnen *); aber die Wörter *Bild* oder *Statue* des Herkules finden sich nicht bei dem Geographen
von Amasia; sie gehören einer Stelle des Kommentars an,
welcher von Eustathius über das Gedicht des Periegeten
Dionys von Charax abgefaſst ist **). Es ist bekannt, dafs
sich die Araber vielfältig mit dem Herkules beschäftigt haben, welchen sie unaufhörlich mit Alexander ***) oder
vielmehr mit jener zweigehörnten Person, *Dsulkarnaïn,*
verwechselten, welche die Meerenge von Cadix gegra-
ben haben, und deren Epoche bis zu den Zeiten des
Abraham zurückgehen soll. Der Geograph von Nubien, dessen verschiedene hierauf bezüglichen Worte ich
in einer gemeinschaftlichen Anmerkung zusammenstelle †),

---

*) *Strabo*, III, p. 171 Cas.

**) *Eustath.*, *Comment. in Dion. Perieget.* 64, 10 (*Bern-
hardy, Geographi graeci minores*, Vol. I, p. 96). Diese Bildsäulen des tyrischen Herkules befanden sich nicht in dem Innern des Tempels von Gades, nach der Angabe des Philostratus, welcher ohne die
punischen Charaktere auf den metallnen Säulen des Tempels zu erkennen, sagt, dafs die Schriftzüge weder *indische* noch *ägyptische* seien,
was mir höchst merkwürdig erscheint. (*Philostr.*, *vita Apoll. Tyan.*,
V, 5. *Opp. ed. Olear.*, p. 190.).

***) *De Alexandro, Hercule Arabum.* *Hartmann, Africa
Edrisi*, p. 8 und 313.

†) „*Memorant autem in qualibet ex dictis insulis (Perenni-
bus) cerni statuam lapidibus constructam et unamquamque statuam*

berichtet, daſs sechs Bildsäulen an den Ufern des Meeres aufgerichtet wären; die östlichste in Andalusien zu
Gades, die übrigen auf den Inseln des Meeres der Fin-
sterniſse, auf den Kanarischen Inseln (*Chalidát*), um
den Seefahrer vor weiterem Vordringen zu warnen. *Ya-
kut*, aus Baku gebürtig und deshalb gemeiniglich *Bakui*
genannt, sagt gleichfalls: „die Inseln *Chalidât* (er nennt
sie Dschalidat), an der äuſsersten Gränze von Mogreb
(Afrika) belegen, wo die Gelehrten den ersten Längen-
grad hinzusetzen pflegen, sind sechs an der Zahl. Auf
jeder derselben befindet sich eine Bildsäule von 100 Klaftern Höhe, einem Leuchtthurme ähnlich, um die Richtung
der Schiffe darnach zu bestimmen und den Seefahrern

---

*esse longitudinis centum cubitorum et super quamlibet statuam ha-
beri simulacrum aeneum retro manu innuens. Hae statuae sunt sex:
et una illarum, uti fertur, est idolum C a d e s, quae est ad occiden-
talem partem Andalusiae et nemo novit ullam habitationem ultra
illas.*“ Edrisi, p. 6. — *Ab insula Majed orientem versus ad insulam Saha est iter trium brevium dierum. In hac autem insula
conspiciuntur simulacra aliquot ad litus maris, erectae dextrae,
quasi innuant aspicienti, ac dicant, revertere illuc unde venisti, quoniam nulla est a tergo nostro tellus quam adire possis.*“ E d r i s i,
p. 37. — *Gabriel Sionita* übersetzt den Namen *Chalidât* durch *Insulae perennes;* aber die Anwendung des Derivatum '*Chuld* auf das Paradies (Garten der Ewigkeit) beweist hinlänglich, daſs man es mit *Freitag* durch *Insulae fortunatae* übersetzen müſse. Da mir in Bezug auf
die erstere Stelle des Edrisi einige Zweifel übrig blieben, was unter dem
simulacrum von Erz zu verstehen sei, welches sich *über* jeder einzelnen Statue befinden sollte, so wendete ich mich an meinen Kollegen in
der Berliner Akademie, den gelehrten Orientalisten Wilken, der, nach
Vergleichung des Urtextes, mich belehrt, daſs die Stelle folgendermaſsen
übersetzt werden müſse: „Auſser dem Götterbild (*sanam*) von hundert
Klaftern findet sich auf diesen Inseln eine Figur von Erz.“ *Fauka*
bedeutet nicht allein *über*, sondern auch *auſser*. M a l t e - B r u n (*Précis de la Géographie*, Tom. I, p. 531) hat die Kanarischen Inseln mit
den Azoren verwechselt. Die Verbindung mit den ersteren ist übrigens im dreizehnten und vierzehnten Jahrhundert niemals gänzlich unterbrochen gewesen. (*Albertus Magnus, de natura locorum* II, 5.
Boccaccio, Comment. de la Divina commedia, II, 331.)

anzudeuten, daſs man über dieselben hinaus nicht vordringen könne." Vergleicht man die beiden angeführten Stellen des Edrisi und Bakui *) mit einer dritten in der Geographie des Ibn-al-Wardi **), in welcher deutlich ausgesprochen wird, „daſs eine der auf dem Gipfel eines Berges in den Chalidât oder Kanarischen Inseln befindlichen Statuen von Saad Abukarb, dem Hamjariten, *der mit Dsulkarnaïn eine und dieselbe Person ist,* errichtet worden sei", so siêht man, daſs der Mythus der arabischen Geographen sich auf den Herkules der orientalischen Völker beziêht. Indem man sechs Statuen oder Bildsäulen des Herkules annahm, vervielfältigte man die *Zeichen* für die Seefahrer, gleichwie Paläphatus ***) und Hesychius die Anzahl der *Säulen* auf drei oder vier vermehrten †). *Buache* hat mit Recht bemerkt, daſs man einen Anklang an diese arabischen Ueberlieferungen im vierzehnten Jahrhundert auf einer Karte im Hafenbuche des *Pixigano* findet, wo mitten unter den Inseln *Brasie* oder Azoren ein Medaillon abgebildet ist, hinter welchem sich eine Figur befindet, die in der einen Hand eine Flagge mit einer Inschrift hält, und mit der anderen nach Osten hinweist, ohne Zweifel um die Seefahrer zurückzuhalten ††). Man siêht, wie die äuſserste Gränze

---

*) *Notices et extraits des Manuscrits,* Tom. II, p. 397.

**) A. a. O., p. 55. Vergl. *Edrisi,* p. 71 über die Begleiter des Dsulkarnaïn, welche von den Inselbewohnern im Meere der Finsternisse getödtet wurden.

***) *De incredibil.,* cap. 32.

†) *Tzschucke ad Mel.,* Vol. III, Part. I, p. 134. *Klausen ad Scyl. Caryand.,* p. 276 (*Hecat. et Scyl.* 1831).

††) Buache hat geglaubt, die folgenden Worte entziffern zu können, welche in barbarischem und theilweise gänzlich unverständlichem Latein geschrieben sind: „*Hae sunt statuae quae stant ad ripas Antilliae, quarum quae in fundo ad securandos homines navigantes, quare est fusum ad ista maria quousque possint navigare et foras porrecta statua est mare sorde quo non possunt intrare nau-*

jener Meeresstriche, *quae non amplius navigabilia sunt propter brevitatem maris et coenum et algam* *), allmählig weiter gegen Westen gerückt worden ist. Die Schlauheit der Phönizier verlegte sie anfänglich in die unmittelbare Nähe der Säulen des Herkules; Scylax nach Cerne (Gauleon); das Mittelalter, den Angaben der Araber folgend, in die Nähe der Azoren, wo die Bank von Seetang (das Sargassomeer) schon von Christoph Columbus wahrgenommen worden war. Nach dieser Reihe von Thatsachen oder vielmehr Meinungen, welche ich so eben aufgeführt habe, wird er wenn nicht als ausgemacht, doch wenigstens im höchsten Grade wahrscheinlich erscheinen, daß die Bildsäulen des Herkules und die angebliche Statue auf der Insel Corvo zu einem und demselben Cyklus systematischer Träumereien auf dem Ge-

---

tae . . . ." Zurla verwirft die hier gesperrt gedruckten Worte. Er liest nicht den Namen Antillia und glaubt in den letzten Zeilen die Worte zu erkennen: „*est mare sotile* (ich glaube vielmehr *mare subtile* statt *aqua tenuis* oder *mare breve*) *quo non poxit tenebant naves.*" Die äußere Fläche des Medaillons, hinter welchem sich die Figur bewegt, von der nur die obere Hälfte des Körpers sichtbar ist, enthält zwei kleinere Figuren, die in das Meer hineingegangen zu sein scheinen, dessen Wasser ihnen nur bis an das Knie reicht. Bemerkenswerth ist, daß die arabischen Geographen, folgerecht bei dem Grundsatz beharrend, die Gränzen der Schiffahrt anzugeben, auch im Norden von Europa Statuen, denen auf den Kanarischen Inseln ähnlich, annehmen. Ich finde bei Bakui (*Notices et Extraits des Manuscrits*, Tom. II, p. 529) die Worte: „Auf einer Insel in der Nähe von *Bardmila* findet sich ein hoher Berg, auf dem eine Bildsäule steht, die andeutet, daß das Meer nicht weiter beschifft werden könne." *Bardmila*, das Land der Franken (Christen), wird von Bakui zwischen Irland und dem Lande Chozar, durch welches der *Athel* (die Wolga) strömt, verlegt. „Der Baum *mauca*, der auf der Insel Bardmila wächst, und von dem die Masse zwischen Holz und Rinde gegessen wird", scheint mir die Kiefer zu sein, deren Splint die skandinavischen Völker zuweilen statt des Brots genießen.

*) *Scyl. Caryand.*, p. 54 Hudson, p. 248 Klausen. *Ideler ad Aristotelis Meteorolog.*, Vol. I, p. 504.

biete der Geographie gehören. Aber die Richtung der
Hand und die ganze Stellung mußte eine Aenderung erleiden, seitdem der unerschrockene Genueser die Furcht
vor den Untiefen im Meere der Finsternisse verscheucht
hatte. Bevor ich die Gruppe der Azoren verlasse, will
ich noch einige Betrachtungen über die phönizischen Münzen hinzufügen, welche auf der Insel Corvo gefunden
und von *Podolyn* beschrieben worden sind, und über
das Denkmal auf der Insel San-Miguel, von welchem
der Kosmograph *André Thevet* berichtet hat. Podolyn
erzählt, daß der gewaltsame Anschlag der Meereswogen
bei einem Sturme ein großes zerbrochenes Gefäß mit
einer Anzahl von Münzen bloß legte. Man brachte sie
nach einem Kloster, wo leider der größte Theil unter
Liebhaber vertheilt wurde. Einige (neun an der Zahl)
wurden dem Pater Flores nach Madrid gesendet, welcher sie Podolyn zum Geschenk machte. Nach den Ab-
bildungen derselben, welche den Abhandlungen der Gesellschaft zu Gothenburg beigefügt worden sind, kann
kein Zweifel darüber obwalten, daß von diesen Münzen von Gold und Kupfer, auf denen ein Pferdekopf,
oder eine ganze Pferdefigur, oder ein Palmbaum vorge-
stellt ist, die einen karthaginensische sind, die anderen
cyrenäische. Die Zeichnungen sind noch vor Kurzem
mit Münzen verglichen worden, die sich in dem Kabinet
des Kronprinzen von Dänemark befinden; aber, wenn
man auch annimmt, daß die Thatsache von dem zerbro-
chenen Topf, welcher auf der Insel Corvo gefunden sein
soll, außer allem Zweifel gesetzt ist, würde man doch
nicht unbedingter Weise zu der Annahme gezwungen
sein, daß die Karthaginenser selbst jene Münzen dort
niedergelegt hätten. Wir wissen, daß die Araber und
die Normannen die azorischen Inseln im Mittelalter besucht haben; sie konnten von den Küsten Siciliens und
von Tunis aus punische und cyrenäische Münzen mit sich
führen; denn eine große Anzahl von ersteren ist in Si-

cilien *) geschlagen worden, besonders in dem durch die
Phönizier gegründeten Panormus **). Auf ähnliche Weise
sind arabische Münzen häufig auf den Ostseeinseln und
den angrenzenden Küsten gefunden worden. Auch ist
die zweite der beiden Hypothesen, die einer Uebertragung
durch die Araber oder Normannen, von Malte-Brun ***)
als die wahrscheinlichere angenommen worden. Indessen
darf man sich doch wohl mit Recht darüber wundern,
dafs nur punische und cyrenäische Münzen ohne Beimischung einer Geldsorte anderen Ursprungs von den Seefahrern des Mittelalters nach den Azoren gebracht worden seien. Da die Gewalt der Winde häufig mächtiger
ist als die der Strömungen, so kann die Möglichkeit nicht
gänzlich geleugnet werden, dafs phönizische und karthaginensische Schiffe, die für den Handel mit Zinn und
Bernstein verwendet wurden, auf ihrem Wege durch den
Sinus Oestrymnicus verschlagen und an die Küsten der
Azoren geworfen wurden; aber wie ist es glaublich, dafs

------

*) *Heeren, Ideen,* Th. I. Abth. I, S. 149.

**) *Mionnet,* ▸*Description des médailles antiques, Supplem.*
Tom. I, p. 410.

***) Tom. I, p. 596. In dem sechzehnten Jahrhundert war auch
viel von einer Münze mit dem Bildnisse des Julius Cäsar die Rede,
welche angeblich in einem amerikanischen Bergwerke gefunden sein sollte,
und von Johann Rufus, Erzbischof von Cosenza, dem Pabst übersendet
wurde (*Horn, de orig. Americanorum,* p. 23). Schon der ernste
Ortelius sagte boshaft, dafs die Münze geschickter Weise von demjenigen verloren worden sei, der sie wiedergefunden habe." Was die punischen Münzen auf der Insel Corvo anbetrifft, von denen *Podolyn*
glaubt, dafs sie daselbst von schiffbrüchigen Karthaginensern niedergelegt worden seien, so ist zu bedauern, dafs man gänzlich mit dem Alter
und Baustil des steinernen Gebäudes unbekannt ist, in dem sich unter
einem Gewölbe das Gefäfs befand, worin die Münzen enthalten waren.
Bei Zerstörung dieses Gebäudes durch eine gewaltige Sturmfluth im November 1749 wurde das Gefäfs entdeckt. Nach der einfachen und klaren Erzählung des Pater Flores zu Madrid ist mir kein Zweifel über
die Richtigkeit der Thatsache verblieben.

sich die Spur eines solchen Ereignisses gerade auf derjenigen Insel erhalten habe, die am weitesten gegen Westen liegt und zwar in der Richtung des Golf-Stromes,
der von Westen nach Osten treibt? Die Schiffe müfsten
also ein wenig im Norden des Parallels von 40° über
die Azoren hinausgesegelt und in den Strom westlich von
Corvo und Flores gelangt sein. Die Lösung des Problems würde bei weitem leichter sein, wenn das Gefäfs
mit den Münzen auf den Inseln Santa-Maria oder San-
Miguel, den östlichsten in dem Archipel der Azoren, aufgefunden worden wäre. Bei Nennung dieser letzteren
Inseln muſs ich einer Thatsache gedenken, welche mit
den Untersuchungen, die uns hier beschäftigen, in enger
Verbindung steht. *André Thevet*, Kosmograph des Königs Heinrich III, besuchte in der zweiten Hälfte des sechzehnten Jahrhunderts die warmen Quellen in der Gegend
von San-Miguel, welche durch vulkanische Ausbrüche
im Jahr 1449 zerstört worden war, nahe bei *Alagoa das
sete Cidades*. Er beschreibt in seinem naïven und weitschweifigen Stil*) Höhlen, in denen man, zu der Zeit

---

*) Die merkwürdige Stelle aus der Kosmographie des *André The-
vet* (livr. XXIII, chap. 7, p. 1022 der Ausgabe vom Jahre 1575) lautet folgendermalsen: „*Ces îles de l'Atlantique ont été appelées des
Essores; aussi e s s o r e r est mot françois, lequel signifie autant comme
essuyer et sécher, ou mettre quelque chose au vent.* [Dies erinnert
an die Etymologie des Namens *etesische* Winde, welchen *Castera*, der
Uebersetzer von *Bruce's* Reisen, von *été* ableitete.] *Elles sont neuf
en nombre. Dans l'île Saint-Michel, vers la partie de Septentrion,
sur le rivage de la mer, les premiers qui la découvrirent, fouillans
contre un rocher, apperçurent un trou de la hauteur de dix piés et
autant en largeur. Après avoir fait ouverture, quelques-uns avec
des flambeaux se vont hazarder d'entrer dedans, pensans y trouver
quelques grands thrésors, mais on n'y trouva chose quelconque, sinon deux monumens de pierre, dont chacun d'iceux n'étoit moins
long que de douze pieds et demi et large de quatre et demi. Ceux
qui ont vu les ditz monuments construitz assez rustiquement, m'ont
asseuré n'y avoir apparence ni d'écriture ni d'autre marque d'anti-
quité, sinon le portrait de deux grandes couleuvres qui étoient au-*

der ersten Ankunft der Portugiesen, „ein steinernes Denkmal von 12 Fufs Länge erblickte, auf dem zwei grofse Schlangen eingehauen waren und eine Anzahl hebräischer Buchstaben, die ein aus Spanien gebürtiger Maure, der Sohn eines Juden, zu lesen, aber nicht zu erklären vermochte." Da Thevet, welcher im vollen Ernste den Namen der *Insulae Accipitrum* (Azoren) durch *Iles du Vent* übersetzte, einer von den Reisenden ist, welchen die Kritik am meisten abging, so fehlt bei ihm auch die Angabe des Jahrs, in welchem die Höhle vermauert worden war, und wie der Maure eine Inschrift hat abschreiben können, die nach der sinnreichen Bemerkung von *Wilken* *) vielleicht einige numidische oder puni

---

tour des dits monuments, ensemble quelques lettres hébraïques grandes de quatre doigts et si antiques qu'à grand' peine les pouvoiton lire; toutefois un Maranne, natif d'Espaigne, fils de juif, homme versé aux langues, les peignit telles que je vous les représente icy. L'interprétation desquelles je sursoye la laissant à ceux qui font profession de la langue des Hébreux. Et par cela chacun peut juger que ce peuple hébreu a habité non seulement au pays de Judée, ains par tout ce grand univers." Auf diese Beschreibung folgt die Erzählung von dem Tode mehrerer Personen, „qui pour philosopher et visiter les choses plus rares de l'isle sont entrés dans cette large grotte sans jamais en sortir, de sorte que de peur d'accidens semblables, l'ouverture fut close et cimentée."

*) „Die mir mitgetheilten Inschriften des Thevet — so schreibt der gelehrte Orientalist — sind nicht ganz ohne Interesse und scheinen bis jetzt nur geringe Aufmerksamkeit erregt zu haben. Es ist zu bedauern, dafs wir keine genaue Kopie der Schriftzüge besitzen, um über ihr Alter und ihren Ursprung urtheilen zu können. Es ist nicht deutlich, ob die Inschrift ursprünglich in hebräischer *Quadratschrift* abgefafst gewesen, was nicht sehr wahrscheinlich ist, oder ob der Maure sie aus einer Schriftgattung in die andere übertragen hat. Der Ausdruck Thevet's, „die Charaktere waren so alt, dafs man sie nur mit der gröfsten Anstrengung zu lesen vermochte", ist äufserst unbestimmt. Obgleich einige Buchstaben des phönizischen Alphabets mit der hebräischen Quadratschrift Aehnlichkeit haben, z. B. in der Legende *Karat chadaschath* bei *Ekhel* (*Doctrin. nummor. veter.*, p. CLV, Tom. II, nr. 5), so darf man doch nicht annehmen, dafs der Maure eine ganze Phrase zu

sche Eigennamen enthielt. Es würde unzweckmäfsig sein,
wenn man ein bedeutendes Gewicht auf eine Thatsache
legen wollte, deren Richtigkeit mit Bestimmtheit nachzuweisen unmöglich ist; indessen möchte es doch ziemlich nahe liegen, dafs, wenn der Maure die Inschrift erfunden hätte, er ihr einen bestimmten und inhaltvollen
Sinn in hebräischen Charakteren ausgedrückt ertheilt haben würde.

Insel Maida und Grüne Insel. — Das An-
denken an die Inseln *Brasil* oder *Brazie*, welche lange
Zeit auf den Karten ohne bestimmte Oertlichkeit verzeichnet wurden, hat sich bis auf unsere Zeiten in dem
Namen *Brasil Rock* erhalten, welchen die schönen englischen Karten von Purdy 6° westlich von der äufsersten Südspitze Irlands verzeichnen. In demselben Stri-

---

entziffern im Stande gewesen. Wenn die Inschrift arabisch in kufischen
Schriftzeichen war, so mufste die Uebertragung in hebräische Charaktere
einem Manne afrikanischen Ursprungs überaus leicht sein. Sei sie nun
aber phönizisch oder arabisch, genug man findet darin das Wort *Makht-
sàl*, welches durch die Endung *sal* an die numidischen Eigennamen, z. B.
den des *Hiempsal* u. a. m. erinnert. Man könnte fast lesen *Taal* oder
Baal ben Matharbaal oder *Mathadbaal*. Dies sind ohne Zweifel sehr
bekannte punische Namen (vergl. *Liv.* XXI, 12, 45; *Polyb.*, III, 84;
Appian., *Bell. Annib.*, c. 10); aber ich gestehe gern ein, dafs bei
dem geringen Zutrauen, welches die in der Kosmographie von Thevet
mitgetheilte Kopie gewährt, jede Deutung im höchsten Grade gewagt erscheinen mufs." Ich füge zu diesen geistreichen Bemerkungen noch hinzu,
dafs auf den geschnittenen Steinen orientalischen Ursprungs die phönizischen Inschriften zuweilen auch in griechischen Charakteren ersehcinen
[vergl. *Scalig. epistol.*, 13, p. 89; *Kopp*, *de difficultate interpre-
tandi ea, quae vel vitiose aut subobscure scripta sunt*, Vol. I, p. 188],
und dafs die bekannte punische Stelle in dem *Poenulus* des Plautus,
obgleich sie in allen Handschriften des Dichters in römischen Charakteren erscheint, doch im Anfange des siebzehnten Jahrhunderts von *Philipp Pareus* und *Samuel Petit* [*Miscellan.*, II, 2] mit hebräischen Lettern gedruckt worden ist. Die Uebertragung einer Schriftgattung in eine
andere ist ohne Zweifel überaus leicht; aber ich halte es ebenfalls, wie
Wilken, für höchst unwahrscheinlich, dafs der Maure eine ganze punische Inschrift zu lesen im Stande gewesen sei.

che, oder vielmehr zwischen Irland, Neufundland und den
Azoren, erscheinen seit dem Anfange des sechzehnten
Jahrhunderts, namentlich auf den Karten des Juan de
la Cosa (1500), in der Ausgabe des Ptolemäus vom
Jahre 1522, und des Ribero (1529), die Inseln Mayda,
oder die Asmaīden *), und die Grüne Insel, ohne daſs
die Lage der einen bestimmter wäre als die der anderen.
Beide finden sich noch heutiges Tages auf den Karten
verzeichnet als Klippen ungewisser Lage, unter den Namen *Mayda* und *Green Rock*.

Wir haben gesehen, daſs in den geographischen Ueberlieferungen und den Erzählungen der Reisenden das
Andenken an wirkliche Entdeckungen und eine Reihe

---

*) *Benedetto Bordone* (*Isolario*, 1533, p. 18) hat mehrere
Asmeideninseln und *Lorenzo Anania* (*Fabrica del Mondo*, p. 393)
setzt Granoszo und Maida ein wenig östlich von Neufundland fast an
denselben Ort, wo man auf der Karte des Juan de la Cosa die *Isla
Verde* findet; denn die Insel Trinidad des Cosa scheint mir mit Neu-
fundland identisch zu sein. Nach diesen nördlichen Regionen haben die
Geographen des sechzehnten Jahrhunderts allmählig auch die fabelhafte
Dämoneninsel vorrücken lassen, die man anfänglich an die Küsten von
Afrika verlegte. *André Thevet* hat das „*pourtraict*" dieser Insel gegeben, auf die ein Fräulein aus der Bretagne, Marguerite de Roberval,
verwiesen wurde, und, wie es scheint, unangenehme Abenteuer hatte.
(*Cosmograph. univers.*, p. 1019). Gegen das Ende des sechzehnten
Jahrhunderts glaubte man, daſs die grofse Insel Neufundland durch einen
Meeresarm in zwei Theile getheilt werde. Wenn man die Insel der Ba-
callaos auf Wytfliet's Karte von Neufrankreich (*Descript. Ptolem. Augm.*,
p. 158) mit der Karte „des grofsen Schifffskapitäns aus Dieppe" (*Ramusio*, Tom. II, p. 353) vergleicht, so sieht man, daſs der nördliche
Theil derselben von Letzterem Dämoneninsel genannt wurde. Die Meinung des Malte-Brun, daſs die Insel der Hand des Satan (*Satanazio*
des Andrea Bianco, *Sarastagio* des Bedrazio) mit dieser *isla de los
Demonios* der spanischen und französischen Karten in Verbindung stehe
(*Précis de Géograph.*, Tom. I, p. 531), kommt mir nicht sehr wahrscheinlich vor. Die Erhebung kleiner vulkanischer Hügel, welche während der Jahre 1638 bis 1811 so häufig in der Nähe der azorischen
Inseln San-Miguel und San-Jorge Statt gefunden, hat vielleicht zu dieser Benennung Veranlassung gegeben.

traumhafter Gebilde wunderbar mit einander gemischt sind, und daſs das Reich der Dichtung, auf Meinungen und Ansichten von hohem Alterthum gegründet, in dem Mittelalter besonders gegen Abend hin eine weitere Ausbreitung erlangte. Wenn diese neue Richtung und der veraltete Irrthum in Bezug auf die Ausdehnung Asiens gegen Osten *) dem Columbus den Weg der Entdeckungen geöffnet haben, so haben auch andere, wenigstens dem Anschein nach minder einfluſsreiche und bisher unzulänglich erklärte, Ursachen nicht wenig dazu beigetragen, dem genuesischen Seefahrer das Zutrauen einzuflöſsen, dessen er bedurfte. Ich rechne unter diese Ermuthigungsgründe die so bekannte Thatsache, daſs einzelne Gegenstände vom Meere an die Küsten der Azoren, von Porto-Santo und den Kanarischen Inseln geworfen und geraume Zeit hindurch als Anzeichen des wahrscheinlichen Daseins bewohnter Länder gegen Westen betrachtet worden sind. Ich beschlieſse den vorliegenden ersten Abschnitt dieses Werkes mit einer Reihe in das Gebiet der physischen Erdbeschreibung gehöriger Betrachtungen, welche der gegenwärtige Zustand unserer Kenntnisse gestattet und die geeignet sind, ein neues Licht über die eben angedeutete Erscheinung zu verbreiten.

„Nicht allein jene Ansicht einiger Philosophen, sagt Ferdinand Columbus (*Vida*, cap. VIII), daſs bei weitem der gröſsere Theil der Oberfläche unserer Erdkugel trokken liege und mithin mehr Festländer als Meere vorhanden seien, belebte den Muth des Admirals; er erfuhr auch von mehreren Piloten, die sich in den Westfahrten nach den Azoren und der Insel Madera vielfach versucht hatten, eine Reihe von Erscheinungen und Andeutungen, welche ihm die Ueberzeugung verschafften, daſs gegen Westen unbekannte Ländermassen vorhanden

---

*) Man vergleiche die Anmerkung *H* am Schluſs des ersten Abschnitts.

sein müfsten. Martin Vincente, Pilot des Königs von Portugal, erzählte ihm, dafs er in einer Entfernung von 450 Seemeilen vom Vorgebirge St. Vincent ein Stück Holz aus dem Wasser gezogen habe, welches äufserst künstlich, jedoch ohne Beihülfe eines eisernen Werkzeuges, mit Bildwerken verziert war. Der Westwind hatte dieses Holz fortgetrieben, weshalb die Seeleute glaubten, dafs es unfehlbar in jener Richtung einige noch nicht entdeckte Inseln geben müsse. Pedro Correa, Schwager des Admirals, erzählte ihm, dafs er nahe bei Madera ein Stück künstlich gearbeiteten Holzes von ganz ähnlicher Art gefunden hätte, welches aus derselben Gegend von Abend her herbeigetrieben worden sei. Er fügte hinzu, dafs er den König von Portugal habe sagen hören, wie man in jenen Gegenden grofse Rohre aus dem Wasser gefischt habe, die von einem Knoten zum anderen neun *garrafas* Wein enthalten konnten. (*Herrera*, Dec. I, lib. I, cap. 2, versichert, dafs der König diese Rohre aufbewahrt und dem Columbus habe zeigen lassen.) Ptolemäus sagt in der That im zweiten Buche *) seiner Kosmographie (Kap. 17), dafs in den östlichen Gegenden von Indien ungeheures Schilfrohr dieser Art vorkomme. Die Bewohner (Kolonisten) auf den Azorischen Inseln

---

*) Im ersten Buche (p. 17 Mercat.) spricht Ptolemäus von „dem Lande der Serer, jenseits der Sinär, deren Moräste mit jener Art grofses Schilfrohrs (χάλαμοs) angefüllt sind, dessen sich die Einwohner bedienen, um über einen Flufs zu setzen." Die Stelle ist fast der des *Plinius* (*Histor. natur.*, VII, 2) nachgebildet: „*In India haec facit ubertas soli, temperies coeli, aquarum abundantia, ut sub una ficu* (*Banian tree*, im Sanskrit *nyakrôdha, Ficus religiosa* Linn. S. *Strabo*, XV, p. 694. *Theophrast., Histor. plant.*, IV, 5) *turmae condantur equitum. Arundines vero tantae proceritatis, ut singula internodia alveo navigabili ternos interdum homines ferant.*" Das Wort *saccharum* (Zucker) wird fälschlich vom Sanskritworte *sarkarâ* (*scharkarâ*) abgeleitet, welches den Tabasheer bezeichnet, eine kieselhaltige Concretion des Bambusrohres oder *vansa* der Hindus. *Bambu* ist ein malaiisches Wort.

berichteten, daſs das Meer bei starkem Westwinde, besonders an den Inseln Graciosa und Fayal, Fichtenstämme
von einer unbekannten Art auswerfe. Einige fügten zu
diesen Anzeigen noch die hinzu, daſs man eines Tages
an dem Strande der Insel Flores zwei männliche Leichname gefunden habe, deren Gesichts- und Körperbil-
dung gänzlich von der unserer Küstenbewohner abwei-
chend gewesen. (Herrera nennt sie, vielleicht auf die
Gewährleistung der Handschriften des Las Casas, Leichname mit breitem Gesichte, die keine Aehnlichkeit mit
Christen hatten.) Columbus erfuhr auch von den Bewohnern des Cap de la Verga *), „daſs sie *almadias*
oder Barken gesehen, die mit einer Menschengattung bemannt gewesen, von der man zuvor nie habe reden
hören."

Die Versetzung dieser Gegenstände (Bambusrohre,
Fichtenstämme, männlicher Leichname und Kähne mit le-
benden Menschen), welche von dem Meere an den Strand
der Azorischen Inseln geworfen wurden, ward, wie man
aus der eben angeführten, von mir wörtlich übersetzten
Stelle ersieht, der Wirkung der Westwinde zugeschrieben. Diese Erklärung ist indessen keinesweges genügend,
da sie nicht auf hinreichend beobachteten Thatsachen beruht; denn die wahre Ursache solcher Versetzungen **)
ist in dem groſsen Strome warmen Wassers zu suchen,
der unter dem Namen *Gulf-Stream* oder *Florida-Stream*
bekannt ist. Die West- und Nordwestwinde können keinen anderen Einfluſs ausüben, als die mittlere Geschwindigkeit dieses Meeresstroms zu vermehren, seine Wirkung gegen Osten hin bis zum Meerbusen von Biscaya

---

*) Ohne Zweifel ein Vorgebirge auf den Azorischen Inseln; denn
Herrera sagt, daſs diese *almadias con casa movediza que nunca se
hunden* (welche niemals zu Grunde gehen können) *venian a parar en
las islas Azores.*

**) *Relation historique*, Tom. I, p. 71.

auszudehnen, und die Wassermassen des Golf-Stromes mit denen der Ströme aus der Davisstrafse und vom nördlichen Afrika zu vermischen *). Dieselbe Bewegung der Gewässer an der Oberfläche des Meeres, welche im fünfzehnten Jahrhundert die Bambus und Fichtenstämme an den Strand der Azoren und von Porto-Santo warf, bringt jährlich **) Samenkörner tropischer Gewächse (*Mimosa scandens, Guilandina bonduc, Dolichos urens*) nach Irland, den Hebriden und Norwegen, zuweilen selbst wohl erhaltene Fässer mit französischen Weinen, dem Ueberrest der Ladung von Schiffen, welche in dem Meer der Antillen Schiffbruch gelitten. Die Trümmer des Kriegsschiffes *the Tilbury*, welches in der Nähe von Jamaika in Brand gerieth, wurden durch den Golf-Strom an die Küsten von Schottland getrieben. Noch mehr, Fäfschen mit Palmöl gefüllt, die einen Theil der Ladung englischer Schiffe ausgemacht hatten, welche in der Nähe des Cap Lopez an den Küsten von Afrika gescheitert waren, wurden ebenfalls in Schottland vom Meere an das Ufer gespült, nachdem sie zweimal den Atlantischen Ocean durchwandert hatten, einmal von Osten gen Westen, zwischen 2° und 12° Br., vermöge des Aequatorialstroms, zum

*) Ich bediene mich der Nomenklatur des Major Rennell. Ein Blick auf die Generalkarte, welche dem Werke *Investigation of the Currents of the Atlantic Ocean* angehängt ist, wird das, was ich im Texte über die Vermischung der Wassermassen verschiedener Ströme sage, verdeutlichen.

**) Noch im November 1834 wurde bei Southport eine Flasche auf den Strand geworfen, die in OSO vom Kap Codd unter $40^o \frac{1}{2}$ Br. und 70° 20' L. im März 1833 dem Meere übergeben worden war. Manche Schiffbrüche an den Westküsten von Irland haben keine andere Ursache als den falschen, unter den Seefahrern allgemein verbreiteten Glauben, dafs der Golf-Strom östlich von den Azorischen Inseln nicht mehr bemerkbar sei. Die Schiffe, auf denen sich keine Chronometer befinden, oder deren Führer keine Mondabstände beobachten, laufen gemeiniglich wegen Schätzungsfehler früher an das Land, als die Mannschaft es erwarten durfte. (*Mechanic's Magazine*, 1834, p. 208.)

zum zweiten Male von Westen gen Osten mittelst des *Golf-Stroms* zwischen 45° und 55° Br. Während der Windstillen hört dieser letztere Strom, der vom Kap Hatteras kommt, im Meridian der grofsen Sargassobank *(Fucus natans)* auf, welche etwas westlich von Corvo liegt; sobald aber die Westwinde herrschend zu werden anfangen, oder, durch das Zusammentreffen anderweitiger meteorologischer Ursachen, der Strom das Niveau der Gewässer im Golf von Mexico oder im Kanal von Bahama erhöht, sind die Inseln Corvo und Flores ganz von dem Golf-Strom umgeben, welcher sich alsdann in zwei Arme theilt, von denen der eine nach NO, der andere nach S und SO gerichtet ist *). Die Inseln Graciosa und Fayal, welche Columbus vorzugsweise als solche Punkte bezeichnet, an denen Fichtenstämme von einer unbekannten Gattung ans Land gespült wurden, liegen zunächst an Corvo und Flores, und erhalten mithin zuerst, was der Strom in dem Augenblicke mit sich führt, wo er sich unter $30°\frac{3}{4}$ und $32°\frac{1}{2}$ w. L. nach SSO wendet. Diese Fichten kamen ohne Zweifel entweder von den kleinen *Islas de Pinos*, bei der Bank von Tortuga im Westen der *Martires*, oder von den nordöstlichen Küsten von Kuba, wo Columbus bei Cayo de Moa zum ersten Male zu seinem grofsen Erstaunen die Coniferen der tropischen Zone erblickte **), oder

---

*) Vergl. das neuere Zeugnifs von *Boid*, *Description of the Azores*, 1835, p. 96.

**) „Columbus, sagt las Casas in dem Auszuge, welchen er aus dem Tagebuche der ersten Fahrt giebt (Sonntag, 25. November 1492), erblickte Fichtenwälder *(pinales)*. Die Bäume waren schlank wie die Spindeln *(husos)* und so hoch, dafs das Auge nur mit Mühe den Gipfel erreichen konnte. Er bemerkte bald, dafs diese Fichten sich zum Bau der gröfsten Schiffe eigneten." *Navarrete*, Tom. I, p. 66. Ich habe schon an einem anderen Orte bemerkt, dafs die ersten *conquistadores* auch den *Podocarpus* unter dem allgemeinen Namen der Fichten oder Kiefern mit einbegriffen. *Herrera* sagt dies ausdrücklich (*Dec.* I, *lib.* II. *c.* 12) bei der Beschreibung der Früchte von den *pinos del Ci-*

von den Küsten von St. Domingo, wo nach der Beobachtung von *Barataro* die Fichten in der Nähe des Kap
Samana bis zur Ebene hinabsteigen. In höherem Grade
könnten die Bambusstämme (*guadua* auf den Antillen
und im gesammten tropischen Amerika genannt) überraschen, welche durch die Strömungen an die Küsten von
Porto-Santo getrieben wurden, da rings um diese Insel
die Gewässer gleichmäfsig gegen S und SSO führen, eine
Richtung, die sie schon von dem Parallel des Kap Finisterre an haben. Aber ein Beispiel, welches nicht älter ist, als der Zeitpunkt, in welchem ich meine Reise
nach Amerika unternahm, beweist, dafs der Golf-Strom
bei den Azoren von Zeit zu Zeit mit dem Strom von
Guinea oder dem des nördlichen Afrika zusammentritt und
Baumstämme von dem Neuen Kontinent bis zu den Kanarischen Inseln fortführt. Kurze Zeit nehmlich vor meiner Ankunft auf Teneriffa hatte das Meer auf der Rhede
von Santa-Cruz einen Stamm von *Cedrela odorata*, der
noch mit Rinde und Flechten bedeckt war, an das Land
gespült. Dieser amerikanische Baum kann mit keiner
anderen Holzgattung verwechselt werden. Er war ohne
Zweifel an der Küste von Paria oder von Honduras
entwurzelt worden und hatte den grofsen *vortex* des
Mexikanischen Meerbusens und des Bahamakanals ver-

---

bao auf St. Domingo, welche den Oliven gleichen (*parezen azeytunos
del Axarafe de Sevilla*). Wenn die wirkliche Fichte auf der Insel
St. Domingo und der *Isla de Pinos* im Süden von Kuba, wo man
nach dem Ausdrucke des Peter von Anghiera *pineta et palmeta* vereinigt
findet, der *Pinus occidentalis* und von derselben Art ist, wie die Fichte
von Mexico, so ist es im höchsten Grade auffallend, dafs letztere nach
meinen barometrischen Höhenmessungen zwischen Mexico und Vera-Cruz
nur bis zu 935 Toisen und zwischen Mexico und Acapulco nur bis zu
580 Toisen über dem Meeresniveau hinabsteigt. (*Relation historique*,
Tom. III, p. 376, 470.) Es ist zu wünschen, dafs Reisende ihre Aufmerksamkeit auf die Lösung eines Problems richten mögen, welches von
gleichem Interesse für die Geographie der Pflanzen und für die Klimatologie ist.

folgt. Wenn die Wasserbewegungen im Atlantischen
Meere *) sich in normalem Zustande befinden, so sind

---

*) Es ist nicht ohne Interesse für die Geschichte der physischen Erd-
beschreibung, auf den Scharfsinn aufmerksam zu machen, mit welchem
schon die Seefahrer des sechzehnten Jahrhunderts den Zusammenhang gewisser Bewegungen im Atlantischen Meere von dem Vorgebirge der Guten Hoffnung bis zu den Azorischen Inseln erkannt hatten. Columbus
war im Norden der Insel Kuba nicht über den Meridian von *Provi-
dence* und *Gran Abaco* hinaus gegen Westen gelangt; aber er kannte
den Aequatorialstrom, welchem er die *Utensilien (de nuestras costas
de España)* zuschrieb, die an das Ufer von Guadalupe gespült worden
waren (*Vida del Almirante,* c. 46; *Anghiera, Ocean.,* p. 27); er
hatte die Gewalt der Ströme von Honduras und des Alten Kanals *(Canal viejo)* erfahren, ohne jemals durch den Kanal von Bahama oder
Florida gekommen zu sein. Die Heftigkeit, mit welcher die Gewässer
aus dem Meerbusen von Mexico ausströmen, wurde erst im Jahre 1512
während der Expedition des *Juan Ponce de Leon* erkannt (*Herrera,
Dec. I, lib. IX, c.* 10); und da bis zum Anfange des siebzehnten Jahrhunderts, bis zur Reise des Bartholomäus Gosnold, welcher im Jahre
1603 auf geradem Wege von Falmouth nach dem Kap Cod segelte,
die nach Nordamerika bestimmten Schiffe durch den Kanal von Bahama gingen, so erkannte man bald den Zusammenhang der Meeresströmungen an den Küsten von Mexico und Florida mit denen an den Küsten von Neufundland und dem Meerbusen des St. Lorenzstromes, welche seit 1497 und 1500 von Sebastian Cabot und Cortereal besucht worden waren. Der Historiograph des Königs Philipp II, Herrera, dessen
vier erste *Decaden* im Jahre 1601 erschienen, beschreibt den Golf-Strom
gerade eben so, wie er sich noch jetzt darbietet (*Dec.* I, lib. IX, c. 12).
„Die Gewässer der Meere von Afrika und des Atlantischen Oceans, sagt
er, strömen fortwährend nach Südamerika zu, wo sie keinen Durchgangs-
punkt finden; sie gehen daher mit Heftigkeit zwischen Yucatan und Kuba
hindurch, dann zwischen Kuba, Florida und den Lucayosinseln, bis sie
nach ihrem Austritt aus einem so engen Raume, wie der Bahamakanal ist,
sich über eine Fläche von gröfserer Ausdehnung verbreiten können." Ja
noch mehr: die in dem neuesten Werk des Major Rennell entwickelte
Wahrnehmung, dafs der *Gulf-Stream* seinen ersten Impuls an der Südspitze von Afrika bei der Nadelbank (*Lagullas banc*) erhält, dann sich
gegen Norden nach Guinea hinbewegt, und weiterhin mit dem Aequinoctialstrom von Osten gegen Westen nach dem Vorgebirge des heil. Rochus
und den Küsten von Guyana (*Investigation of the Currents of the
Atlantic Ocean,* 1832, p. 20), ist auf das deutlichste in der gelehrten

die Meeresströme, welche mit den etwas unbestimmten
Benennungen *Gulf-Stream*, Aequatorialstrom, Strömungen des Golfs von Guinea, der Küsten von Brasilien und

---

Abhandlung des *Sir Humfry Gilbert* „über die Möglichkeit einer nordwestlichen Durchfahrt nach Cathay und Ostindien" auseinandergesetzt;
einer Abhandlung, die während des Zeitraumes von 1567 bis 1576 geschrieben sein muſs, da sie der Welttafel des Ortelius gedenkt. „Da
die Gewässer des Meeres, heiſst es darin, kreisförmig von Osten nach
Westen strömen, indem sie der täglichen Bewegung des *primum mobile*
[des Himmels oder der Fixsternsphäre im Sinne der aristotelisch-scholas-
tischen Philosophie] folgen, so haben die Portugiesen auf ihrer Ueberfahrt von dem Vorgebirge der Guten Hoffnung nach Calicut viel mit
der Schwierigkeit zu kämpfen, nach Osten vorzudringen; auch werden
die Gewässer, welche aus dem Indischen Meere im Süden von Afrika kommen, wegen der geringen Breite der Magellanstraſse gezwungen, die Ostküsten von Amerika entlang bis zum Kap Freddo vorzudringen, welcher
Weg mehr als 480 Seemeilen beträgt." (*Hakluyt, Voyages etc.*,
Vol. III, p. 14.) Der Name dieses Vorgebirges rührt ohne Zweifel von
der Fahrt des Sebastian Cabot im Jahre 1517 her, auf der er bis zu
67°¼ n. Br. vordrang und die Hudsonsbai 90 Jahre vor der ersten Reise
Hudson's entdeckte (*Mem. of Sebastian Cabot*, p. 29, 118; *Patrick
Fraser Tytler, Discov. of the Northern Caosts of Amer.*, p. 41).
Sir Humfry Gilbert erwähnt dieses Kap Frio noch an einer zweiten
Stelle und verlegt es unter 62° n. Br. Grönland gegenüber. (*Hakluyt*,
Tom. III, p. 23.) Es ist fast überflüssig, bei Anführung dieser merkwürdigen Stelle zu bemerken, daſs der Strom, „welcher an den Ostküsten von Amerika hinaufströmt", nicht den gesammten Raum von der
Magellanstraſse bis zum Parallel von 62° n. Br. umfaſst. Der Strom
von Brasilien, zwischen Bahia und dem Rio de la Plata, führt nach S
und dieselbe Richtung der Wassermassen findet sich auch im Norden
von Neufundland an den Küsten von Labrador. Bei der Ueberfahrt
des Diego Garcia von den Inseln des Grünen Vorgebirges nach dem Kap
des Heil. Augustin im Jahre 1526, schrieb man die nach NW führende
Strömung (den *North West equatorial Stream* nach Rennell), zwischen 5° s. Br. und 10° n. Br., dem durch die Mündung der ungeheuren Flüsse an der Küste von Guinea gegebenen Impulse zu (*Herrera*,
Dec. III, lib. 10, cap. 1); eine gänzlich verfehlte Erklärung, die jedoch
noch in unseren Tagen häufig auf die Strömungen in der Nähe der Mündungen des Rio de la Plata, Marañon und Orenoko angewendet worden
ist, welche ohne Zweifel gleichfalls von entfernter liegenden und allge-
meineren Ursachen herrühren.

des südlichen Afrika bezeichnet werden, durch ruhige oder
stehende Wassermassen von einander getrennt, die nur
dem auf eine gewisse Oertlichkeit beschränkten Anstofs der
Winde gehorchen; aber durch die zufällige Vereinigung
mehrerer zuweilen sehr entfernter meteorologischer Ursachen dehnen sich mitunter die Meeresströme aus oder
verbreiten sich durch eine Art von Austritt aus den Ufern,
um mich dieses Ausdrucks zu bedienen, über gröfsere
Räume, die sonst mit ruhigen Wassermassen angefüllt
sind, welche keiner eigenthümlichen Bewegung folgen;
und es vereinigen sich alsdann auf kurze Zeit Ströme
von verschiedenen Benennungen, wodurch dann Erscheinungen hervorgerufen werden, welche in jener Epoche
überraschen mufsten, wo die Kenntnisse der physischen
Geographie des Atlantischen Meerbusens noch auf einer
niedrigeren Stufe standen, als jetzt. Man liest in der
Geschichte der Entdeckung der Kanarischen Inseln von
George Glas, welche im Jahre 1764 erschien, dafs kurze
Zeit vor der Bekanntmachung dieses Werks ein kleines
mit Getreide beladenes Fahrzeug, welches von Lance-
rote nach der Rhede von Sta. Cruz auf Teneriffa bestimmt war, durch einen Sturm auf die hohe See verschlagen wurde, ohne die Gruppe der Kanarischen Inseln wiedergewinnen zu können. Der Aequinoctialstrom
und die Passatwinde trieben es gegen Westen, bis ihm
zwei Tagereisen von der Küste von Caracas ein englisches Schiff begegnete und denjenigen Seeleuten zu Hülfe
kam, welche die Gefahr überlebt hatten, indem es sie
mit Wasser versah und sie nach dem Hafen von la Guayra
führte *). Ein ähnliches Ereignifs hatte im Jahr 1731
Statt gefunden: ein mit Wein beladenes und nur auf
wenige Tage mit Lebensmitteln versehenes Fahrzeug, wel-

---

*) *Glas, History of the discovery and conquest of the Canary
Islands*, p. V. *Viera, Historia general de las islas Canarias*,
Tom. II, p. 167.

ches von Teneriffa aus nach Gomera bestimmt war,
kämpfte mehrere Tage hindurch mit widrigem Winde und
gelangte durch die Gewalt der Ströme, mit einer Be-
mannung von sechs Menschen, nach der Insel Trinidad,
der Küste von Paria gegenüber *). Die zwischen dem
nach Süden führenden Strom des nördlichen Afrika und
dem nach Westen gerichteten Aequinoctialstrom augenblicklich bestehende Verbindung wirkte also in einem dia-
metral entgegengesetzten Sinne, wie derjenige, durch welchen im funfzehnten und achtzehnten Jahrhundert Bam-
bus- und Cedrelastämme nach Porto-Santo und Teneriffa
getrieben worden waren **).

Was diejenige Thatsache anbetrifft, welche die Aufmerksamkeit im höchsten Grade auf sich zieht, nehmlich
„dafs bedeckte Fahrzeuge *(barcas cubiertas)*, bemannt
mit einer Race von Menschen, von denen man niemals
zuvor hatte sprechen hören, an den Azoren gesehen worden", so hat uns die Geschichte mehrere fast ganz übereinstimmende Beispiele aufbewahrt. *James Wallace* berichtet in seiner *Geschichte der Orkadischen Inseln*, dafs
zuweilen Grönländer, von den Orkadiern *Finn-men* genannt, durch Strömungen und Nordwestwinde nach jenen Meeresstrichen verschlagen worden seien. So wurde
im Jahre 1682 einer an der Südspitze der Insel Eda gesehen, wo sich eine grofse Anzahl von Menschen versam-

---

*) *Gumilla, Orinoco ilustrado*, cap. 31.

**) Der Historiograph der Kanarischen Inseln, Viera, berichtet (Tom.
I, p. 111), dafs zu wiederholten Malen Früchte und Saamenkörner von
Bäumen, die den Antillen angehören, vom Meere an das Ufer der Inseln Ferro und Gomera geworfen worden sind. Vor der Entdeckung
von Amerika betrachteten die Bewohner der Kanarischen Inseln diese
tropischen Früchte als Erzeugnisse der Insel des Heil. Brandon. Nichts
beweiset mehr den Umstand, dafs die einzelnen Meeresströmungen von
Zeit zu Zeit in einander übergreifen und in gegenseitige Verbindung treten, als die Erscheinung vegetabilischer Erzeugnisse der Antillen an den
Küsten von Norwegen, den Hebriden, von Irland und den Kanarischen
Inseln.

melt hatte, um dieses sonderbaren Schauspieles zu geniefsen. Als man seiner habhaft zu werden suchte, wufste er sich den Nachstellungen zu entziehen. Im Jahre 1684 liefs sich abermals ein amerikanischer Fischer bei der Insel Westram sehen. In der Kirche auf der Insel Burra wird noch heutiges Tages einer von diesen Eskimokanots, die durch Stürme dorthin getrieben worden waren, aufbewahrt *). Die Länge des zurückgelegten Weges beträgt kaum mehr als vierhundert Seemeilen, eine Entfernung, die bei einer Geschwindigkeit von sieben bis acht Knoten bei stürmischem Wetter in weniger denn sieben Tagen zurückgelegt werden kann. Geht man weiter, bis zum Anfange des sechzehnten Jahrhunderts, zurück, so findet man in der *Geschichte von Venedig* des Kardinal Bembo ein Beispiel von einem Schiffe mit amerikanischen Eingeborenen, welchem nicht weit von den englischen Küsten im Jahre 1508 ein französisches Schiff auf seiner Fahrt im atlantischen Ocean begegnete **). Vier Jahre früher, im Jahre 1504 nehm-

---

*) *An account of the islands of Orkney by James Wallace*, 1700, p. 60. *Fischer* in *Pallas Neue Nordische Beiträge*, Th. III, S. 320. Wallace sagt, dafs die Eskimos in Schiffen von Leder ankamen; aber *Giseke*, der eine geraume Zeit hindurch in Grönland gewohnt hat, hat mich versichert, dafs diese Art von Kähnen, wenn sie lange dem Seewasser ausgesetzt sind, aufweicht. Er behauptete, dafs die Eskimos aus Labrador niemals über den Kanal zwischen Labrador und Grönland setzten.

**) *Non me piget inter haec eiusdem temporis rem dignam, propter novitatem, quae legentibus nota sit, scribere. Navis gallica dum in Oceano iter non longe a Britannia faceret, naviculam ex mediis abscissis viminibus arborumque libro solido contectis aedificatam cepit; in qua homines erant septem mediocri statura, colore subobscuro, lato et patente vultu, cicatriceque una violacea signato; hi vestem habebant e piscium corio, maculis eam variegantibus. Coronam e culmo pictam septem quasi auriculis intextam gerebant. Carne vescebantur cruda, sanguinemque, uti nos vinum, bibebant. Eorum sermo intelligi non poterat; ex iis sex mortem obierunt, unus adolescens in Aulercos, ubi rex (Galliae)*

lich, sollen Fischer aus der Bretagne zufällig an die Küsten von Kanada geworfen worden sein *). Andere Beispiele von unfreiwilligen Ueberfahrten gehören dem Mittelalter an und sind häufig bei Gelegenheit einer berühmten Stelle in einem Bruchstück aus den Geschichtswerken des Cornelius Nepos **) erwähnt worden, auf welches die Aufsuchung einer nordwestlichen Durchfahrt nach Indien die öffentliche Aufmerksamkeit hingelenkt hatte. Mela, der nicht lange nach Cornelius Nepos

---

erat, vivus est perductus.“ Bembo, *Histor. Ven.*, lib. VII, p. 257 (der Ausgabe vom Jahre 1718). In dieser etwas überladenen Schilderung ist die Race der Eskimos nicht zu verkennen, welche vielleicht damals sich weiter südlich ausbreitete, als jetzt. In demselben Maaſse, wie die einheimische Bevölkerung auf dem Küstenlande abnimmt, hat sich auch die Küstenschiffahrt, die merkwürdige Wechselfälle darbietet, verringert. Uebrigens ist in der Erzählung des Bembo von keinen Lederböten die Rede.

*) *Gumilla* (franz. Ausg.). Th. II, S. 211.

**) *Bosius*, in Cornel. *Nep. fragm.*, Tom. II, p. 356; *Plin.*, II, 67: *Idem Nepos de septentrionali circuitu tradit, Quinto Metello Celeri, L. Afranii* (so liest nehmlich, *Iul. Sillig: C. Afranii, Salmant.*) *in consulatu collegae, sed tum Galliae proconsuli, Indos a rege Suevorum* (so haben sämmtliche Handschriften des Plinius) *dono datos, qui ex India commercii causa navigantes tempestatibus essent in Germaniam abrepti.* (Vergl. auch *Car. Ferd. Ranke, de Corn. Nepotis vita et scriptis Commment.*, 1827, p. 27.) *Pompon. Mela*, III, 5, 8: *Ultra Caspium sinum quidnam esset, ambiguum aliquamdiu fuit; idemne Oceanus, an Tellus infesta frigoribus, sine ambitu ac sine fine proiecta. Sed praeter Physicos Homerumque, qui universum orbem mari circumfusum esse dixerunt, Cornelius Nepos, ut recentior, ita auctoritate certior, testem autem rei Q. Metellum Celerem adiicit, eumque ita retulisse commemorat: cum Galliae pro consule praeesset, Indos quosdam a rege Boiorum* (die Handschriften schwanken zwischen den verschiedenen Lesarten *Boiorum, Botorum, Boetorum, Getorum* und der ganz abgeschmackten *Lydorum) dono sibi datos; unde in eas terras devenissent, requirendo cognosse, vi tempestatum ex Indicis aequoribus abreptos, emensosque, quae intererant, tandem in Germaniae litora exiisse.* Vergl. auch *Aeneas Sylvius, de Asia*, 1551, p. 283; *Acosta*, lib. I, cap. 19.

lebte, erzählt und Plinius wiederholt es, daſs Metellus
Celer, während seines Proconsulates in Gallien, von
einem Könige der *Boii* oder *Baeti* (der Name ist ziemlich schwankend, und Plinius nennt ihn König der
Sueven *)) einige Indier zum Geschenk erhalten habe,
welche durch Stürme aus dem Indischen Ocean verschlagen an die Küsten von Deutschland getrieben worden seien. Es ist überflüssig hier abermals zu untersuchen, ob Metellus Celer derselbe ist, welcher in dem
Jahre des Consulats des Cicero Praetor zu Rom, und
später selbst mit L. Afranius Consul war, oder ob unter dem deutschen König der von Cäsar besiegte Ario-
vist gemeint ist **). Durch die Ideenverbindung, durch
welche Mela veranlaſst wird, die Thatsache als zuverlässig zu betrachten, ist auſser allen Zweifel gesetzt, daſs
man damals zu Rom glaubte, diese kupferfarbigen Menschen, welche aus Deutschland nach Gallien geschickt
worden waren, hätten den Ocean, welcher den Osten
und Norden von Asien bespült, durchschifft und auf diese
Weise, über die Mündung des kaspischen Meeres hinaus,
die Fahrt um das Festland gemacht. Eine Annahme dieser Art war in völliger Uebereinstimmung mit den geographischen Ansichten jenes Zeitraums, mit der falschen
Vorstellung nehmlich, die man, seit dem Zuge Alexanders, von einer Verbindung des kaspischen Meeres mit
dem nördlichen Ocean hegte und durch die man unglücklicher Weise die Nachrichten verdrängte, welche Herodot zu Olbia und an den Ufern des Hypanis eingesammelt hatte ***). Das Baltische Meer war noch zu den

---

*) *Pelloutier* (*Mémoires de l'Académie de Berlin,* 1745, p. 178)
läſst unrichtiger Weise den Mela *Suevorum rex* erwähnen. Keine
einzige Handschrift des Mela enthält die Lesart *Suevorum.* — Vergl.
Tzschucke ad Pompon. Mel., Vol. II, Part. III, p. 147.

**) Ebendas. Vol. III, Part. II, p. 172—174.

***) Die von Herodot in den nördlichen Gegenden um das kaspi-

Zeiten des Ptolemäus ein nach Osten hin offenes Meer;
die skandinavische Halbinsel war eine Insel, welche einer unmittelbaren Schiffahrt von dem äufsersten Ende des
Cimbrischen Chersonnesus und der Insel Skandia gegen
Osten nach dem Meerbusen oder der Mündung des Kaspischen Meeres keine Hindernisse entgegenstellte. „Diese
Mündung, sagt *Strabo* (II, p. 74 Cas.), ist der nördlichste
Punkt der Küste, welche sich von dort bis nach Indien
erstreckt, und man kann von letzterem Lande zu ihr zur
See gelangen, wie Patroclus bezeugt, der in jenen Gegenden befehligte." Strabo kommt noch einmal an einer
anderen Stelle (XI, p. 518) auf diese Möglichkeit zurück. „Die Nachricht, sagt er dort, dafs gewisse Seefahrer von Indien nach Hyrkanien zur See gelangt seien,
kann nicht als ganz zuverlässig betrachtet werden; dafs
dies aber möglich sei, versichert uns Patroclus." Strabo
hatte also keine Kenntnifs von der angeblichen Reise indischer Handelsleute, die nach Gallien gelangt sein sollten. Plinius, der häufig sehr ungenau bei den Bemerkungen zu Werke ging, die er von allen Seiten her gleichsam im Fluge sammelte (*adnotabat et quidem cursim,*

---

sche Meer eingesammelten und von den Scythen und anderen nomadischen Völkerschaften, die südlich von der Uralkette bis zur Mündung
der Wolga umherschweiften, bestätigten Nachrichten waren zuverlässiger,
als die systematischen Träumereien, deren sich im Süden und Südosten
des kaspischen Meeres die Begleiter des Alexander und des Patroclus,
Admirals von Seleucus Nicator und Statthalters der Cadusier unter Antiochus, überliefsen. Selbst Aristoteles bewahrte noch (*Meteorol.*, I, 14,
29; II, 1, 10) die Ansicht von der völligen Abgränzung dieses Bek-
kens; und diese Meinung bietet, wie schon *Sainte-Croix* mit Recht
bemerkt hat, einen der Hauptbeweise dafür dar, dafs die Meteorologik
zu Athen vor der Abreise des Aristoteles an den Hof des Philippus abgefafst worden ist. (*Examen critique des historiens d'Alexandre*, p.
703, und *Iul. Ludw. Ideler*, *Prolegom. in Aristot. Meteorol.*, Vol.
I, p. IX.) Die Stelle des Pseudo-Aristoteles, *de mundo*, cap. 3, darf
nicht als widersprechend angeführt werden, wegen der späteren Zusam-
menstellung dieser Schrift nach dem Zuge Alexanders nach Indien.

sagt sein Neffe *)), verwandelt die Vermuthung des Patroclus in eine umständlich beglaubigte Thatsache. Nach
ihm war der ganze Theil des Oceans zwischen Indien
und dem kaspischen Meere (nehmlich seiner angeblichen
Mündung) von den Macedoniern unter der Herrschaft
des Seleucus und Antiochus erforscht worden **). Da
der wesentliche Zweck einer jeden philologischen Erklärung der ist, die Meinung, welche der Verfasser aussprechen wollte, scharf herauszustellen, so kann kein
Zweifel darüber obwalten, dafs Pomponius Mela geglaubt
hat, die Indier seien an den Nordostküsten Deutschlands
gelandet, nachdem sie das östliche und nördliche Asien
umschifft hatten. Er sagt: *vi tempestatum ex Indicis aequoribus abrepti.* Man darf also nicht annehmen, wie
Huet ***) und andere Ausleger wollten, dafs jene Fremden durch den Oxus, das kaspische Meer und die Palus Maeotis in das Baltische Meer gelangt seien. Jene
fabelhaften Verbindungen des kaspischen Meeres mit dem

---

*) *Plin., Epistol.*, III, 5.

**) *Iuxta vero ab ortu ex Indico mari, sub eodem sidere pars
tota vergens in Caspium mare, pernavigata est Macedonum armis,
Seleuco et Antiocho regnantibus, qui et Seleucida atque Antiochida
ab ipsis appellari voluere. Circa Caspium quoque multa Oceani
litora explorata, parvoque brevius, quam totus, hinc aut illinc se-
ptentrio eremigatus.* **Plinius**, II, 67. In demselben Kapitel, welches die Erzählung von den Indiern, die nach den Küsten von Deutschland verschlagen worden, enthält, wird Cornelius Nepos zu einem Zeitgenossen des Eudoxus von Cyzikus gemacht, welcher durch eine angebliche Umschiffung von Afrika berühmt ist, auf der er, wie Pigafetta,
Wörter aus fremden Sprachen sammelte. (*Strabo*, II, p. 99.) Cornelius Nepos aber ist geboren um das Jahr 690 der Erbauung Roms,
und der König Laturus, dessen Plinius gedenkt, starb im Jahre 673.
(S. *Ranke*, a. a. O., p. 15.) Strabo verlegt auf die Gewährleistung
des Posidonius dasselbe Ereignifs in die Regierungsepoche des Euerge-
tes II oder Physcon, der zu Rom im Jahre 637 starb. (*Posidonii
Rhodii Rel. collegit Bake,* 1810, p. 102.)

***) *Histoire du Commerce des Anciens,* p. 352.

nördlichen Ocean und der Palus Maeotis *), so wie der letzteren mit dem Baltischen Meer **), hatten ohne Zweifel viele Anhänger seit den Forschungen der alexandrinischen Gelehrten über die Fahrt der Argonauten; aber bei dem von Cornelius Nepos berichteten Ereignifs ist nicht im Entferntesten von jenen hydrographischen Linien im Innern der Kontinente die Rede. Da anerkannter Maafsen, trotz der aufserordentlichen Vervollkommnung der neueren Schiffahrtskunst, die Anhäufung von Eismassen jede Fahrt durch die Behringsstrafse und längs den Inseln von Nowaja-Zembla unmöglich macht, so hat man die Frage aufgeworfen, von welcher Race die farbigen Männer gewesen sein mögen, welche der Proconsul Metellus Celer für Indier gehalten hat. Die Annahme, dafs diese Menschen zu den Eskimos in Labrador und Grönland gehörige Fischer gewesen, welche durch Nordwestwinde an die Küsten von Britannien geworfen worden seien, ist schon ziemlich alt, und reicht bis zur ersten Hälfte des sechzehnten Jahrhunderts hinauf. Sie ist fälschlich bald Malte-Brun, bald anderen neueren Geographen zugeschrieben worden. Ich finde sie schon bei Gomara ausgesprochen ***): „Die Indier des Quintus Metellus Ce-

---

*) *Curtius*, VI, 4.

**) *Plinius*, II, 69; *Strabo*, XI, p. 509 Cas. In der merkwürdigen Handschrift der arabischen Reisenden aus dem neunten und zehnten Jahrhundert, welche zuerst vom Abt Renaudot bekannt gemacht und später von de Guignes dem Vater abermals untersucht wurde, ist gleichfalls die Rede „von einem Schiffe aus Siraph in dem persischen Meerbusen, welches durch die Gewalt der Strömungen um das östliche und nördliche Asien in das Kaspische Meer (Meer von Khozar) getrieben wurde und von dort durch einen Kanal nach den Küsten von Syrien gelangte." (*Notices et Extraits des Manuscrits du Roi*, Tom. I, p. 161.) Dieser geographische Mythus erinnert an den aufserordentlichen Fund eines Schiffschnabels, welchen Eudoxus von Cyzikus (*Strabo*, II, p. 99) an der Küste der Aethiopier antraf, und der angeblich durch die Gewalt der Strömungen aus dem Flusse Lixus oder von Gades aus dorthin getrieben sein sollte.

***) „*Si ya no fuesen de Tierra del Labrador, y los tuviera*

ler, sagt er, waren vielleicht aus der *Tierra del Labrador*, und man täuschte sich (über ihren wahren Ursprung)
wegen ihrer Hautfarbe." *Cornelius Wytfliet* spricht in
seinen Nachrichten über den Westen oder Zusätzen zur
Geographie des Ptolemäus *) dieselbe Ansicht aus und

(*los Romanos*) *por Indianos, engañados en el color.*" *Historia de
las Indias.* Çaragoça, 1553, fol. VII.

*) *Descriptionis Ptolemaicae Augmentum sive Occidentis No-
titia*, Lovan. 1597, p. 190: *Indos quondam tempestatibus in Suevorum et Germaniae litora eiectos et Quinto Metello Celeri dono
datos, non ex ultimis Orientis et Occidentis partibus, uti quibus-
dam visum est, sed ex hac Laboratoris et Estotilandiae aut vici-
nis terris venisse constanter teneo, mecumque sentiet quicunque
climatis rationem expenderit.* In dieser Stelle findet sich auch eine
Anspielung auf eine andere Annahme, welche ziemlich unbestimmt von
Wytfliet in den Artikeln Quivira und Anian angedeutet worden ist, nach
welcher die Indier des Metellus Celer vielleicht wirkliche Indier gewesen, die vom Nordwesten her durch die Meerengen von Anian und
Labrador nach Europa gekommen (p. 170). Es muſs bei dieser Gelegenheit bemerkt werden, daſs man mit diesen Namen zwei Meerengen bezeichnete, von denen man glaubte, daſs sie mit einander in Verbindung ständen. Die erstere ist die heutige Behringsstraſse; die zweite
der angenommene Kanal längs den Nordküsten von Amerika, von den
Straſsen des Davis und Frobisher bis zu der *Bergi Regio* und dem
Aniani Regnum, nach der Nomenklatur das sechzehnten Jahrhunderts.
Noch in der berühmten problematischen Abhandlung des Lorenzo Ferrer Maldonaldo aus dem Jahre 1588 heiſst es, daſs sich die Meerenge
von Labrador erst unter 75° Br. endige und „*que hai* 790 *leguas
del Estrecho del Labrador á el de Anian.*" Der Name dieser letzteren Meerenge findet sich zum ersten Male in einer Karte im Atlas des Ortelius vom Jahr 1570, und wiewohl ihn Ribero im Jahr 1529
nicht kennt (*Sprengel* in den Zusätzen zu der deutschen Uebersetzung
von *Muñoz, Historia del Nuevo Mundo*, p. 493), so ist dadurch
noch keineswegs erwiesen, daſs er in dem zwischen 1529 und 1570
verflossenen Zeitraum erfunden worden ist. Anderer Seits läſst die westliche Lage dieser Meerenge die Behauptung Forsters (*Nord. Entdeck.,*
Buch III, Kap. 5, §. 1), daſs Cortereal ihr auf seiner Reise nach der Mündung des St. Lorenzstromes und Labrador im Jahr 1500 den Namen Anian
zu Ehren *zweier Brüder*, welche ihn begleiteten, ertheilt habe, wenig
annehmbar erscheinen. Bis auf den heutigen Tag ist noch nichts eini-
germaſsen Sicheres aufgefunden worden, um die Benennung Anian zu
erklären. Der Name *Fretum trium fratrum*, dessen sich Gemma Fri-

beruft sich auf die Träumereien des *Paolo Giovio* (Paulus Jovius), eines Zeitgenossen des Columbus und Vespucci, welcher glaubte, daß der blutige Kultus der Britannier und armorikanischen Gallier von Einwanderern aus Labrador und Estotiland eingeführt worden sei. Die Entdeckung von Amerika und die durch die Ueberlieferungen des Alten Testaments bedingte Nothwendigkeit, diesen Kontinent von Asien aus bevölkern zu lassen, hatten die verschiedenen Arten von Verbindungen in Anregung gebracht, welche durch Strömungen und Winde begünstigt werden konnten. Es mußte ohne Zweifel wenig glaubwürdig erscheinen, daß Eskimos bis zu den Küsten von Deutschland gelangt wären, und während *G. J. Vossius*, der gelehrte Ausleger des Mela, in den Indiern des Cornelius Nepos nur Britannier erkennen wollte, deren Körper mit aufgestrichener Farbe überladen gewesen, setzten andere Erklärer, welche die Auslegung des Gomara annahmen, an die Stelle des *Suevorum rex* einen skandinavischen Fürsten *), welcher einige vom Sturm an die Küsten von Norwegen verschlagene Fremde aufgenommen hatte. Die Uebereinstimmung der unbestreitbaren Thatsache, deren oben gedacht worden ist, daß Eskimos nach den Orkneyinseln gelangt sind, scheint ein klares Licht über das Ereigniß zu verbreiten, welches uns zur Untersuchung vorliegt; und wenn man

---

sius bedient (*Hakluyt*, Tom. III, p. 16), bezeichnet ganz unbestimmt eine Verbindung des Atlantischen Oceans mit dem Stillen Meere im Norden von Amerika; und wenn *Ani*, wie *Barrow* (*Voyages into the Polar Regions*, p. 45) behauptet, im Japanischen *Brüder* bedeutet, so würde man, trotz der Zweifel, welche sich gegen eine so große Ausdehnung der Schiffahrt der Japaner erheben ließen, wenig überrascht sein, einen asiatischen Namen auf die Behringsstraße angewendet zu sehen. Was wird aber dann aus der Erklärung des Namens *Fretum trium fratrum* durch das Unglück des Caspar und Michael Cortereal an den Ostküsten der Neuen Welt?

*) *Pontanus* (*Rerum Danicarum Historia*, 1631; p. 764) hat diese Ansicht weitläufiger besprochen.

die zahlreichen Beispiele von Individuen bedenkt, welche in die Hände von Barbaren fielen und Gefangenen
gleich von Volk zu Volk fernweg von dem Ort des Schiff-
bruchs geschleppt wurden, so wird man es weniger über-
raschend finden, dafs Fremde über die britannischen Inseln, Batavien und Germanien nach Gallien gebracht worden sind. Auffallend und sonderbar bleibt es aber, dafs bei
sämmtlichen ähnlichen gleich räthselhaften Ereignissen, die
im Mittelalter Statt gefunden haben sollen, stets nur von
den Küsten Deutschlands die Rede ist *). Diese Ereignisse wurden auf die Regierungsepochen der sächsischen
Othonen und des Friedrich Rothbart bezogen, und gehören mithin in das zehnte und zwölfte Jahrhundert. Ich
theile hier die verschiedenen auf sie bezüglichen Zeugnisse mit: „*Nos apud Othonem legimus*, sagt der Papst
Aeneas Sylvius **) in seinem grofsen geographisch-ge-
schichtlichen Werk, *sub imperatoribus teutonicis Indicam navem et negotiatores Indicos in Hermanico littore fuisse deprehensos.*" In der Geschichte der beiden Indien von Gomara liest man unmittelbar nach den
Worten, in denen er die Indier des Metellus Celer
als Eskimos aus Labrador betrachtet ***): „Man versichert, dafs man auch zu den Zeiten des Kaisers Friedrich
Barbarossa einige Indier in einem Kanot nach Lübeck

---

*) [An einem anderen Orte (*Commentar. ad Aristotel. Meteorolog.*, III, 2, 6, 8; Vol. II, p. 272) bot sich Gelegenheit zu der Bemerkung dar, dafs die Schriftsteller des Mittelalters, sobald von einigermafsen an das Wunderbare gränzenden Ereignissen und Naturerscheinungen die Rede war, sich auf Deutschland zu beziehen pflegten, gerade
wie die des Alterthums auf die Umgegenden des Pontus Euxinus, oder
die der neueren Zeit auf Nordamerika oder Sibirien.]

**) *Opp. geogr. et histor. de Mundo*, cap. 2, p. 8.

***) *Gomara*, fol. VII. *Horn* (*de origine American.*, p. 24)
wiederholt die Thatsache, sagt aber, dafs die Indier selbst zu Lübeck
gelandet sind: „*Similis casus in temporibus Frederici Barbarossae
narratur, Indos scapha Lubecam appulisse.*"

gebracht habe *(aportaron)*." Sir Humphry Gilbert fügt,
nachdem er in vier sehr weitschweifigen Kapiteln die
Stelle des Cornelius Nepos besprochen hat, folgende
Worte hinzu: „Im Jahre 1160 kamen unter der Regierung des Friedrich Barbarossa einige Indier *upon the
coast of Germanie* *)." Ich habe viele Zeit mit ver-
geblichen Nachforschungen nach der ersten Quelle dieser merkwürdigen Angaben verwendet. Woher hat Gomara, ein im Allgemeinen sehr genauer Geschichtschreiber, gewußt, „daß Indier nach Lübeck gebracht worden

---

*) In der Abhandlung über die Möglichkeit einer Reise nach Ca-
thay auf dem Wege nach Nordwesten (*Hakluyt*, Tom. III, p. 17)
lag es in dem Interesse des Verfassers nachzuweisen, daß die Indier des
Metellus Celer über Nordamerika nach Deutschland gelangt waren, indem sie das *Promontorium Corterealis*, welches ganz in der Nähe des
Polisacus fluvius (p. 19) lag, umschifften. Dieselbe Beweisführung
scheint in Anwendung gebracht worden zu sein, um den Plan des Sebastian Cabot im Jahre 1498 zu motiviren, welcher nach der Angabe
von Gomara (fol. XX) „dem Könige Heinrich VII versprach, durch die
nördlichen Gegenden nach Cathay und dem Lande der Gewürze und
Spezereien vorzudringen." (Vergl. *Memoir of Seb. Cabot*, pag. 87.)
„*Il primo motivo*, sagt der Kardinal Zurla (*Viaggi*, Tom. II, p. 284)
*deducevano dal Cornelio Nepote e parimente dal sapersi che a tempi
di Ottone, Imperatore, fu trasportata da venti nel Mare Ger-
manico una nave da Levante*." Ich werde an einer späteren Stelle,
wo von der Karte in einer Ausgabe des Ptolemäus vom Jahre 1508 die
Rede sein wird, Gelegenheit haben, auf die Benennung des Flusses Polisacus (Pulisangha) oder Flusses von Cambalu in China zurückzukommen. Wegen der Berufung auf die Othonen und Friedrich Barbarossa habe ich mit der größten Sorgfalt, aber vergeblich, die berühmte
Chronik des Ditmar, Grafen von Wahlenbeck (*Chronogr. Ditmari epi-
scopi Merspurgensis libri VIII*, Helmst., 1667, p. 17—88) und die
Chronik des Otho von Freisingen, welche Otho de St. Blasio und der
Kanonikus Radevicus fortgesetzt haben (*Muratori, Scriptor. Rerum
Ital.*, Tom. VI, p. 640—736 und 742—825) verglichen. Herr Deecke
zu Lübeck hat auf meine Bitte, aber nicht minder vergeblich, die äußerst seltene Ausgabe des Otho von Freisingen, welche nach einer Handschrift der Wiener Bibliothek im Jahre 1515 gedruckt worden ist, nach-
gesehen. Hat vielleicht Aeneas Sylvius die *österreichische Chronik* des
Bischofs von Freisingen gemeint, die für uns verloren ist?

den sind"? Sind ihm vielleicht einige Mittheilungen von
Seiten des polnischen Seefahrers Johann Skolnus zugekommen, von welchem oben die Rede gewesen ist, und
der zu Bergen oder in Dänemark mit Seeleuten aus Lübeck zusammengekommen sein konnte? Wie kommt es,
daſs die Fortsetzer der Annalen des Otho von Freising
und der Franziskaner Ditmar, der Verfasser der ausgezeichneten Chronik von Lübeck, nichts von diesen angeblichen Indiern gewuſst haben? Ueberdies erscheint
das Jahr 1160 im höchsten Grade zweifelhaft, da nach
der Chronik der Stadt Lübeck von Johann Rufus, die
bis zum Jahr 1106 zurückgeht *), in dieser entfernten

---

*) *Grautoff, Chronik des Franziskaner-Lesemeisters Ditmar*,
1829, Th. I, S. XXIX, 4 und 413. Ditmar geht bis zum Jahr 1101,
hinan, Albert von Bardewik nur bis 1298. Die Gründung der *alten
Stadt* Lübeck, welche an dem kleinen Flusse Schwartow lag (*Helmoldi
Chronica Slavorum*, Lüb. 1139, lib. I, cap. 2ɸ und 57, p. 61 und
137) fällt zwischen die Jahre 795 und 823; sie wurde in Brand ge-
steckt und zerstört von den Rügiern im Jahre 1139, wodurch die Gründung der *neuen Stadt* Lübeck im Jahr 1140 veranlaſst wurde. Es waren also erst zwanzig Jahre seit ihrer Erbauung in dem Zeitpunkt verflossen, wo, nach Gomara, die Indier dorthin *gebracht* sein sollen. Da
diese neue Stadt im Jahre 1157 durch eine Feuersbrunst ebenfalls gänzlich zerstört wurde (*Grautoff*, Th. II, S. 581), so will mir die Annahme, daſs Schiffbrüchige von den Küsten Schottlands oder Norwegens
nach dieser Handelsstadt geführt worden seien, um daselbst dem Volke
zur Schau gestellt zu werden, nichts weniger als wahrscheinlich vorkommen. Sie steht auch im Widerspruch mit den Sitten jenes Zeitalters.
Das Stillschweigen Helmold's, welcher Pfarrer in einem Dorfe an den
Ufern des Ploenersees in Holstein war, ist um so wichtiger, als er noch
im Jahre 1164 lebte, wie aus seiner eigenen Chronik (Kap. 94, S. 213)
auf das Bestimmteste hervorgeht. Hr. *Deecke*, ein in der Geschichte dieser
Gegenden im höchsten Grade bewanderter und zu Lübeck selbst ansässi-
ger Gelehrter, den ich in dieser Beziehung um seine Ansicht befragte,
hat die von mir ausgesprochenen Zweifel bestätigt. „Indem ich von
Neuem unsere sämmtlichen Chroniken durchgelesen", schrieb er mir im
Januar 1835, „kann ich nichts, durchaus gar nichts finden, woraus
man errathen könnte, wie Aeneas Sylvius, Gomara und Sir Humphry
Gilbert, dessen Untersuchungen über die nordwestliche Durchfahrt Ha-

Epocbe nur sehr wenige Verbindungen mit den östlichen
und nördlichen Meeren Statt gefunden haben. Diese Es-
kimo-Indier werden wahrscheinlich nicht an den Küsten
von Friesland während der grofsen Stürme und Meeres-
einbrüche, die in den Jahren 1150 und 1164 Statt fanden *), Schiffbruch gelitten haben, sondern vielmehr durch
irgend ein Schiff aus Lübeck, welches ihnen in der Nähe
der europäischen Küsten begegnete, aufgefangen worden
sein, gleichwie jener Eskimokahn, dessen der Kardinal

kluyt uns aufbewahrt hat, zu den sonderbaren Angaben gelangt sind,
welche sich bei ihnen finden. Es mufs indessen bemerkt werden, dafs
in dem Hause, wo sich die *Schiffergesellschaft* von Lübeck versammelt, ein grönländisches Kanot aufbewahrt wird, in welchem sich die
Figur eines Eskimo von Holz befindet, die ehemals mit ihrer Natio-
naltracht bekleidet gewesen ist. Das Kanot ist mehrere Male ausgebes-
sert worden. Die früheste Inschrift giebt uns das Jahr 1607; aber nach
einer Ueberlieferung, deren Ursprung indessen nicht mit Genauigkeit angegeben werden kann, soll ein Schiff von Lübeck diesen Esquimofischer
vor dreihundert Jahren in den westlichen Meeren aufgefangen haben.
Von der Mitte des dreizehnten Jahrhunderts schreiben sich die Handelsverbindungen der Lübecker mit den westlichen und nordwestlichen
Gegenden her. Vielleicht hätte Gilbert sagen sollen: unter der Regierung Friedrichs des III. Ich verstehe übrigens eben so wenig, als Sie, was
die Worte des Papstes Aeneas Sylvius bedeuten: *nos apud Othonem
legimus*, und die Citation bei Gilbert: *Othon in the storie of the
Gothes affirmeth.* Es ist gar kein Otho vorhanden, der eine Geschichte
der Gothen geschrieben hätte, und bei den Geschichtschreibern dieses
Volkes, die ich seit geraumer Zeit mit besonderer Aufmerksamkeit studirt
habe, findet sich keine Spur eines ähnlichen Ereignisses." Grönländische
Kanots werden in mehreren Seestädten aufbewahrt; und an und für sich
beweist eine solche Aufbewahrung nichts mehr als das Krokodill, welches man mir in einer Kapelle in der Nähe von Verona zeigte und das
nach der Ueberlieferung des Volks „gerades Weges von der Mündung
des Nils nach der Brenta" gekommen sein sollte. Die Geschichte des
Kanots zu Lübeck dürfte leicht nach den von mir angeführten Gewährs-
männern sich auf den Fang eines Eskimofischers beziehen, der sich bei
einem Sturme von den Küsten seines Vaterlandes in die offene See ver-
irrt hatte.

*) *Grautoff*, Th. I, S. 40. *Helmold*, Buch II, Kap. I, S. 216.

Bembo gedenkt. Vereinigt man die Beweisgründe für solche vom Zufall begünstigte Verbindungen zwischen entfernten Gegenden unter einen gemeinschaftlichen Gesichtspunkt, so erweitert man das Feld der Anschauung; man erkennt, wie die Strombewegungen des Oceans und der Atmosphäre seit den entferntesten Zeiten haben dazu beitragen können, die verschiedenen Menschenracen über die Erdoberfläche zu verbreiten; man begreift mit Ferdinand Columbus (*Vida del Almirante*, cap. VIII), wie ein Kontinent sich dem anderen habe enthüllen können.

Anmerkungen und Erläuterungen zu dem ersten Abschnitt.

Anmerkung *A* zu S. 29.

Ueber die Briefe des Peter Martyr von Anghiera.

Die Sammlung der Briefe des Pedro Martyr de Angleria (so heifst bei den Spaniern dieser berühmte Staatsmann, gebürtig aus Anghiera im Mailändischen) ist eins der merkwürdigsten geschichtlichen Denkmäler aus den beiden Regierungsepochen Ferdinand's des Katholischen und Karl's des Fünften. Sie umfafst eine Periode von 37 Jahren, vom Januar 1488, wo *Don Inigo de Mendoza, conde de Tendilla*, den Verfasser nach Spanien brachte, bis zum Mai 1525, wo er eine belebte Schilderung der Schlacht von Pavia entwarf. Dieser lange Zeitraum, welcher zu 813 Briefen Veranlassung gegeben hat, umfafst auch seine Sendung nach Aegypten, welche er abgesondert unter dem Titel *Legationis Babylonicae libri tres* (Basileae 1533) beschrieben hat. Das *Opus Epistolarum,* welches ich zu wiederholten Malen durchgelesen habe, bietet eine grofse Mannigfaltigkeit von Wahrnehmungen in Bezug auf die politischen Ereignisse dar, welche damals Italien und Spanien in Bewegung setzten, auf die Intriguen der Höfe, die Entdeckungen zur See und die Naturerscheinungen jener denkwürdigen Epoche. In dieser Sammlung von Briefen, in den Dekaden *de rebus oceanicis et de Orbe novo,* welche theilweise zum ersten Male *) zu Sevilla im Jahre 1511 erschienen sind, in dem Bericht über seine Sendung nach Aegypten, aus welchem der Zustand der dortigen Denk-

---

*) Man vergleiche die *Epitome de la Bibliotheca oriental y oc-

mäler im Beginn des sechzehnten Jahrhunderts hervortritt, erscheint Peter Martyr von Anghiera durchgängig
als ein Geist höheren Ranges, welcher die Thatsachen
mit jener ungeduldigen Wifsbegierde, mit jener leicht
beweglichen Phantasie erfafst, welche seinem nach Belehrung und Ruhm dürstenden Jahrhundert eigenthüm-
lich waren. Schreibt er an die römischen Päpste, so
erschrickt er nicht vor einem kühnen und gewagten
Ausdruck, welcher ihm entschlüpft; und in den ernste-
sten Zeitpunkten, während er mit der ganzen Kraft seines Talentes die revolutionären Aufregungen in Florenz
und die Reihe von unglücklichen Ereignissen schildert,
welche Italien unter das Joch der Fremden brachten, verschmäht er es nicht, sich etwas bosbafter Weise an einzelnen Anekdoten zu ergötzen. Man vergleiche in den
Briefen 316, 318, 324—332, 339, 431 und 516 die lebendige Schilderung von dem Wahnsinn der Königin Johanna und der vergnüglichen und glücklichen Stimmung,
in der sie sich während dieses Zustandes von Geistes-
abwesenheit befand; ferner in dem 531sten Briefe die
Angabe der geheimen Ursache der Krankheit, an welcher
der alte König Ferdinand litt, *habendae prolis cupidis-
simus*, und die Schilderung seines Aufenthaltes zu Ca-
rionzillo mit der Königin *Germaine de Foy;* in den Briefen 613, 614, 615, 625, 634 und 646 die schmutzige
Habsucht und die Intriguen der flamländischen Hofleute
de Crouy-Chevres und *de Bures* *), während der Min-
derjährigkeit des Königs Karl I, *de familiarium rapa-*

---

cidental por el Lic. *Antonio Leon*, Madr. 1623, p. 68. Eine andere
Ausgabe der *Oceanica* erschien zu Basel im Jahre 1523.

*) Nämlich des Grafen von *Büren*, dessen Namen die französischen
Schriftsteller *Beure*, *Bure* oder *Bures* schreiben, so wie sie den *Guil-
laume de Croy*, *seigneur de Chevres*, bald *Xebres*, bald *Gevres*, bald
Crouy-Chievres nennen. Diesen beiden Männern war in Gemeinschaft
mit dem gelehrten Adrian, dem Sohne eines Tapetenfabrikanten (*Floris
Boyens* aus Utrecht), die Erziehung Karl's des Fünften übertragen.

citate Flamingorum et Harpuyiarum apud infelicem iuvenem versantium unguibus; in den Briefen 689 und 760, welche aus Valladolid und Vittoria in den Jahren 1520 und 1522 geschrieben sind, die Ursachen der von Martin Luther angeregten Umwälzung: *infidum cucullatum tragoediae auctorem quam monachorum odiis debemus.* (*Lutherum aiunt suae perfidae institutionis habenas adeo soluisse, ut suae professionis Augustinae cucullatis det uxores: Abatissae cuidam publice nupsit ipse! Secunda tragoediae scena est pecunia a Frederico, Saxoniae duce, magna audacia intercepta et Apostolicae sedi restituenda.* Anghiera sah gleich Anfangs voraus, welche ernste Folgen dies *prodigium horrendum* von religiöser Umwälzung nach sich ziehen würde. *Vereor atque iterum vereor ne hoc malum latius serpat quam ut postea illi antidotum adhibere valeamus.*) Die Freiheit, mit der er als Staatsmann die Politik der Höfe behandelt, sogar desjenigen, an welchem er sich persönlich einer besonderen Gunst erfreute, erstreckt sich jedoch keinesweges auf die religiöse Verfolgung der unterjochten Völker und das Glück der niederen Volksklassen, Gegenstände, welche jedes edelgesinnte Herz in Bewegung setzen sollten. In dieser Beziehung theilt Pedro Martyr ganz die moralische Unempfindlichkeit und die Vorurtheile seines Jahrhunderts. Er lächelt den gegen Juden und Mauren ausgeübten Schändlichkeiten Beifall zu: er rühmt Spanien als das klassische Land dieser grausamen und finsteren Verfolgungen; er gefällt sich darin, die äufserste Verachtung für die unteren Volksklassen zur Schau zu tragen. (So heifst es in den Briefen 5, 6 und 9: *quid in ipsa Hispania de Hispania sentiam, cupis a me, Pomponi* *), *cognoscere. De populo quem semper flocci faciendum censui, nihil mihi curae; placet Hispana nobilitas. De rege et regina qui duo con-*

---

*) [Es ist der bekannte *Pomponius Laetus* gemeint.]

sortes Hispaniae utrique [Castilien und Aragonien] *ae-
qua lance imperitant, hoc tibi possum ex bimestri ex-
perimento referre, si unquam uno spiritu inter morta-
les duo corpora fuisse afflata licuit disputare, haec duo
sunt corpora quae unica mente, unico spiritu, guber-
nantur. Nihil unquam ita unum in natura Philosophi
comparere, quod horum unitatem superet.* Diese Bewunderung für Ferdinand und Isabelle wird natürlich von
ihm in der Folge auf Karl I, den Kaiser Karl V, übertragen, welcher jedoch in seinen Beziehungen zu dem
in der Schlacht bei Pavia gefangenen König freimüthig
getadelt wird „wegen der übergrofsen Milde seines Charakters." *Nimis mitis est Caesar.* Epist. 813.) Pedro Martyr von Anghiera, wiewohl er die Verfolgungen
der Juden und Muselmänner billigt, zeigt sich zuweilen,
menschlich gesinnt und voll Mitgefühl, wenn das Inqui-
sitionstribunal, welches er übrigens eine gute und lobens-
würdige Einrichtung nennt *(praeclarum inventum et omni
laude dignum.* Epist. 295) gegen die Christen wüthet.
Seine Schilderung der von dem Inquisitor zu Cordova,
Luxerius, welchen er spottweise *Tenebrerius* nennt, begangenen Gräuelthaten ist im höchsten Grade merkwürdig. (Vergl. die Briefe 333, 342, 370, 385: *astu partim, partim cruciatibus creditur a testibus in damnatos
accusationes extorsisse. Vae miseris ademptis! Spero
equidem fore ut ego aliquando in Tenebrerium iratos
Coelites omnes ac terrestres commotosque ad vindictam
tanti sceleris videam.)* Diese mitfühlende Gemüthsstim-
mung tritt wenig hervor, wo er von der Freiheit der Ur-
völker von Amerika redet. Die religiöse Unduldsamkeit
mischt sich hier mit der kalten berechnenden und umsichtigen Klugheit des Staatsmannes. (Br. 806: *Audi
quid inter nos versetur de Indorum libertate, super qua
variae sunt opiniones diu discussae. Nihil adhuc repertum conducibile. Iura naturalia Pontificiaque iubent
ut genus humanum omne sit liberum. Imperiale distin-*

*guit (!). Usus adversus aliquid sentit. Longa expe-
rientia hoc censet, ut servi sint, non liberi hi quod a
natura sint in abominabilia vitia proclives; ad obscoe-
nos errores, ducibus et tutoribus deficientibus, illico re-
vertuntur: accitos in Senatum nostrum Indicum bicolo-
res Dominicanos fratres et pede nudos Franciscanos
illarum partium longo tempore colonos, quid fore pu-
tent, satius consuluimus. Nihil a re magis alienum san-
xerunt, quam quod liberi relinquantur.* In demselben
Briefe, welcher im Jahr 1525 geschrieben ist, findet sich
jene schöne Aeußerung über die Gefahren, von denen
Cortez umgeben ist: *Frustra omnia, Cortesii genius
supereminet.)* Einen besonderen Reitz gewährt bei Lesung der Briefe des Angbiera die Lebendigkeit, mit welcher der Verfasser diejenigen Ereignisse schildert, denen
er selbst beigewohnt hat, als die Einnahme von Granada
(Br. 92), jener Stadt, deren Klima ihm vorzüglicher erscheint, als das der *ewigen Stadt* (Br. 95 und 191);
den von Cañamares an dem König Ferdinand versuchten
Mord (Br. 125); den Empfang des Christoph Columbus
zu Barcelona, u. s. w. Diese Frische der Erinnerungen
hätte schon längst einen in der Geschichte des Jahrhunderts Alexander's des VI, Julius des II und Leo's des X
genugsam bewanderten Gelehrten vermögen sollen, einen
Auszug aus diesem Werke in einer neueren Sprache zu
veranstalten.

Das *Opus Epistolarum* des Pedro Martyr ist auch
eine in Bezug auf die Naturerscheinungen hochwichtige
Sammlung. So im Br. 310 die Schilderung von dem Erscheinen eines grofsen Kometen im Julius 1506; im Br.
430 und 769 der grofsen Erdbeben zu Constantinopel
im Oktober 1509, in dem Königreiche Granada, dem nördlichen Afrika und den Azoren *), welche von dem Ver-

---

*) *Unam ex insulis exiliisse in altum, partemque illius vora-
tam aiunt pelago, montemque obruisse oppidum celebre nomine Vil-*

fasser Cassiteriden genannt werden, während des Sommers 1522; im Br. 465 die sehr genaue Beschreibung eines aufserordentlichen Aërolithenregens in der Umgegend von Crema und an den Ufern der Adda am 4. September 1511 zu Mittag. Das Phänomen war von einer grofsen Finsternifs am Himmel und Lichtausbrüchen begleitet. *Est Brixiae Bergamoque ducatus Mediolani urbibus, Adriatici Leonis faucibus nuper ereptis, insigne municipium nomine Crema vicinum. Fama est, pavonem immensum pridie nonas Septembris in aërea Cremensi plaga fuisse visum. Pavo visus in pyramidem converti, adeoque celeri ab occidente in orientem raptari cursu, ut in horae momento magnam hemisphaerii partem doctorum inspectantium sententia pervolassè credatur. Ex nubium illico densitate tenebras ferunt surrexisse, quales viventium nullus unquam se cognovisse fateatur. Per eam noctis faciem, cum formidolosis fulguribus, inaudita tonitrua regionem circumsepserunt. Fulgurum fuit adeo perlucens rabida flamma ut apertius ex Bergamo urbe, sita in montibus planitiei Cremensi imminentibus, Cremensem agrum despexerint montani Bergamenses, quam per claram queat despectari diem. Ex horrendo illo fragore, quid irata natura in eam regionem pepererit, percunctaberis. Saxa demisit in Cremensi planitie (ubi nullus unquam aequans ovum lapis visus fuit) immensae magnitudinis, ponderis egregii peremptos in fluminibus pisces, interfectos in aëre volucres, trucidatas in agris pecudes ferunt innumeras. Decem fuisse reperta centilibraria saxa ferunt.* - Die Aë-

---

laregale neque ultra vestigium apparuisse.' (*Petr. Martyr, Opus Epistol.*, p. 447.) Linschoten geht nur bis zu dem Erdbeben im Jahre 1570 auf den Azoren zurück. (*v. Hoff, Geschichte der natürlichen Veränderungen auf der Erdoberfläche*, Th. II, S. 286.) Der Zusammenhang des Erdbebens auf den Azoren, in Mauritanien, zu Granada, Almeria und in den Alpuxarras im Jahre 1522 ist höchst merkwürdig. S. meine *Relation historique*, Tom. II, p. 4 und 19.

rolithen wurden mit einer solchen Gewalt herabgeschleudert, *ut suo pondere et impetu terram elevavere concus-
sam ad quindecim hominum staturas, vineasque submer-
sisse Cremenses aiunt non paucas. E saxis grandioribus Mediolanum unum allatum est, librarum Medio-
lanensium centum decem. Id religiose a meis civibus,
rei miraculo percussis, servatur. Pondus auro non le-
vius, color est semiglaucus, odor sulphureus. Marga-
ritam aemulatur metallariam. Mira super hisce prodi-
giis et quomodo haec saxa gignantur conscripta fana-
tice, physice, theologice ad nos missa sunt ex Italia.*
Pedro Martyr erhielt selbst ein Bruchstück *(ex frustis
disruptorum saxorum)*, von der Größe einer Faust, welches er dem Könige in Gegenwart des großen Heerfüh-
rers Gonzalvo von Cordova zeigte. Es ist wahrscheinlich, daß dieses Bruchstück aus dem Kern genommen
war und jene Rinde daran fehlte, deren ein so aufmerk-
samer Beobachter unfehlbar gedacht haben würde. Cardan behauptete, daß dieser Aërolithenregen zu Crema
durch einen Kometen herabgeschleudert worden wäre. In
der That hat *Riccioli* einen beschrieben, welcher um diese
Zeit erschienen sein soll *); da es aber in jener Epoche sehr gewöhnlich war, die Boliden mit den Kometen
unter einer gemeinschaftlichen Benennung zusammenzu-
fassen, so läßt sich vielleicht annehmen, daß Cardan nicht
die Absicht hegte, den Ursprung der Aërolithen außerhalb der Erdatmosphäre zu suchen. Ich schließe diese
Aufzählung merkwürdiger Naturerscheinungen mit der Ni-
veauveränderung des Mittelmeeres, welche man im Anfange
des Jahres 1520 zu Valencia beobachtete (Br. 656), und
mit den Lichtringen und Nebensonnen, welche in Oest-
reich im Jahre 1522 gesehen wurden und von denen Karl
V eine *genaue Zeichnung* erhielt (Br. 783).

Der vorurtheilsfreie Sinn, mit welchem Pedro Mar-

---

*) *Schnurrer, Chronik der Seuchen*, 1825, Th. II, S. 62.

tyr die Bewegungen der Völker und Irrthümer der Regierungen, die Aufstände und Umwälzungen in Italien und den Ehrgeiz der Päpste behandelt, tritt mit gleicher Lebendigkeit hervor, wo es gilt, sich gegen die Betrügereien der althergebrachten dogmatischen und mystischen Naturlehre aufzulehnen. *Viro perillustri, nostrae tempestatis principi literatorum Joanni Pico Mirandulano assentio qui astrorum penitus negat potestatem in elementis, multa adducens in medium exempla de nostrorum temporum Astronomis, in mendacibus nugis saepe deprehensis, ingentes pluvias praedicando, cum eo tempore serenos coelum vultus ostenderit et e converso tranquillam aëris regionem promittendo, quando gravibus nimbis et procellosis turbinibus postea coelum et terra quatiebantur.* Ich begnüge mich mit diesen aus den Briefen des Pedro Martyr von Anghiera geschöpften Bemerkungen, welche an die ausgezeichnetsten Männer eines Zeitraumes gerichtet sind, dem man wegen des edlen und rühmlichen Wetteifers, welcher nach allen Richtungen hervortrat, eine aufrichtige Bewunderung zollen muſs. Die Zeitgenossen des Anghiera *) haben ihm mit Recht Unkorrektheit und einige Affectation des Stils vorgeworfen. Sein bewegtes Leben, seine vielfältigen administrativen und politischen Geschäfte und die grofse Hast, mit welcher er (zuweilen nach seinem eigenen Geständniſs in dem Augenblick, wo er sich zur Tafel setzte) seine *Decaden* und Briefe zu schreiben genöthigt war, dürften ihm zu hinreichender Entschuldigung genügen; denn, wie auf eine naïve Weise der berühmte Historiograph *Don Fernando de Pulgar* in einem Briefe an die Königin Isabella von Kastilien, die sich Mühe gab gut Lateinisch schreiben zu lernen, sich äufsert, „es giebt eine reine und strenge Ausdrucksweise im Lateinischen, welche Geschäftsmänner niemals zu erlangen und auf eine vollkommene

---

*) Unter anderen *Gonzalo Fernandez de Oviedo.* Vergl. **Muñoz**, *Historia del Mundo Nuevo*, Introd., p. XXIV.

Weise zu handhaben im Stande sind." *(Mucho deseo saber como va á Vuestra Altezza en el latin que aprendeys: digolo, Senhora, porque hay algun latin çahareño que no se dexa tomar de los que tienen muchos negocios; aunque ya confio tanto en el ingenio de Vuestra Altezza que si lo tomays entre manos que, sobervio que sea, lo amensareys como aveys hecho otros lenguajes.* Man sehe *Los claros Varones de España y las letras de F. de Pulgar*, Amsterd. 1670, p. 40.) Der Historiograph starb, nach den Untersuchungen von Julien Magon, zwei Jahre vor der Ankunft des Pedro Martyr an dem spanischen Hofe und lezterer bedauerte sehr, sich seines Rathes nicht mehr bedienen zu können.

Die Schnelligkeit, mit welcher sich durch das gesammte Europa die ersten Berichte über die Entdeckungen in der Neuen Welt verbreiteten, Berichte, welche gemeiniglich nur eine geringe Anzahl schlecht gedruckter und von Fehlern wimmelnder Seiten bildeten, beweist hinlänglich, in wie hohem Grade die öffentliche Aufmerksamkeit durch jene grofsen Ereignisse in Anspruch genommen wurde. „Der Papst Leo X las des Abends nach dem Essen seiner Schwester und den Kardinälen *serena fronte* und bis zur Uebersättigung die Dekaden des Anghiera vor." Der Verfasser selbst berichtet dies *) und sagt zugleich, „dafs er sich nicht entschliefsen könne, Spanien zu verlassen, weil er sich dort an der Quelle der grofsen Nachrichten aus Westindien befände. Eine Lage, welche so grofse Vortheile gewährt, läfst ihn hoffen, dafs es ihm gelingen werde, seinen Namen als Geschichtschreiber auf die späteste Nachwelt fortzupflanzen **).

---

*) *Petr. Martyr, Opus Epistol.*, 1670, p. 310 (Br. 562 an den Papst Leo X vom 26. December 1515).

**) A. a. O., p. 437 (Ep. 757): *In Castellae regnis, ubi aetatis meae vim omnem consumpsi, ubique mihi ex novis orbibus ab Hispanis repertis vivendi apud posteros est praebita materia, etc.*

Ich habe im Anfange dieses Werks [S. 29] den Brief des Anghiera an Pomponius Laetus angeführt, welcher mit den merkwürdigen Worten beginnt: *Prae laetitia prosiluisse* . . . . . . Das Datum dieses Briefes (29. December 1493) kann überraschen, wenn man bedenkt, daſs Columbus zu seiner zweiten Reise erst am 25. September unter Segel ging, und daſs in dem Briefe au eben diesen *Julius Pomponius Laetus d'Amendalaro* (den man auch unter den Namen *Sabinus* und *Petrus Calaber* kennt) schon von den Nachrichten die Rede ist, welche Columbus dem Anghiera über den traurigen Zustand, in dem er die Insel Hispaniola vorgefunden, und über die Ermordung von neun und dreiſsig Kastilianern in dem kleinen Fort Navidad hatte zukommen lassen. Ich finde bei Untersuchung glaubwürdiger Urkunden, daſs Columbus am 39sten Tage nach seiner Abreise von Cadix an der Insel Domingo landete, und am 58sten in Hispaniola. Am 27. November 1493 gelangte der Admiral zum Cabo-Santo, in die Nähe der Ruinen des kleinen Forts Navidad; von dort aus aber konnte er schwerlich dem Pedro Martyr von Angiera Nachricht bis zum Schluſs des Decembers desselben Jahres zukommen lassen. Wir wissen selbst mit Bestimmtheit, daſs Antonio de Torres, welcher die ersten Depeschen des Columbus nach Europa bringen sollte, nicht vor dem 2. Februar 1494 von Hispaniola abzureisen im Stande war; und aus dem Briefe des Königs und der Königin an den Archidiaconus von Sevilla *), *Don Juan de Fonseca*, erschen wir, daſs die Caravelen des Torres erst am 16. März 1494 in dem Hafen von Cadix eintrafen. Diese Daten sind auch diejenigen, bei denen *Muñoz* stehen geblieben ist **); sie stimmen mit dem überein, was aus den Briefen

---

*) *Navarrete*, Tom. II, p. 115: Tom. III, p. 485.

**) *Historia del Nuevo Mundo*, lib. IV, §. 25, 37. lib. V, §. 5.

des Doctor *Chanca* *) hervorgeht. Man kann aus diesen an sich kleinlich erscheinenden Untersuchungen schlie-
fsen, dafs sich bei Anordnung der verschiedenen Theile
des *Opus Epistolarum* von Anghiera Irrthümer von einem Jahr' eingeschlichen haben, und dafs demnach der
mehr gedachte Brief an Pomponius Laetus erst im December 1494 geschrieben worden ist. Diese Muthma-
fsung wird durch die Ausdrücke bestätigt, deren sich
Anghiera in einem an denselben Gelehrten gerichteten
Briefe bedient, welcher aus *Complutum de Oratania*
(Alcalá de Henares) vom 4. Januar 1495 datirt ist.
Er redet zu seinem Freunde „von einem Briefe, welchen er *vor wenigen Tagen* geschrieben, und von dem
er glaubt, dafs er aufgefangen worden sei, worin er
die astronomische Lage der Insel Hispaniola mitgetheilt
habe." Aber diese Lage findet sich in Br. 152 angegeben, welcher mit den Worten beginnt: „*Prae laetitia prosiliisse* ...." Das neunte und zehnte Buch der
Briefe des Anghiera bieten noch viel merkwürdigere und
auffallendere Irrthümer dar. Der Brief 168 ist ein Gemisch von Ereignissen aus den Jahren 1496 und 1498;
er ist datirt von dem Monat Oktober 1496 und berührt
die Entdeckung von Paria, wovon die Nachricht erst in
den letzten Tagen des December 1498 durch fünf von
Haïti abgesendete Schiffe nach Spanien gelangte. Zwei
Briefe sind zu einem einzigen vereinigt worden. Eben
so ist in den Briefen 181, 185 und 202, die vom September und November 1497 und vom Februar 1499 datirt sind, von der Ankunft portugiesischer Schiffe vom
Vorgebirge der Guten Hoffnung zu Calecut die Rede,
und den Gefahren, welche den italiänischen Handel in
Folge dieses Ereignisses bedrohen. (*Damasceni et Ale-
xandrini mercatores*, sagt Anghiera im 181sten Briefe,
von dem man glaubt, dafs er am 1. September 1497 ge-

---

*) *Navarr.*, Tom. I, p. 223.

schrieben ist, *incommodum ingens sibi affuturum ex Por-
tugalensium commercio, olfaciunt. Portugalenses Ale-
xandrinos et Damascenos mercatores ad medullas ex-
tenuant.)* Die Briefe 181, 185 und 202 können den
angegebenen Daten nicht entsprechen, da Vasco de Gama
das Vorgebirge der Guten Hoffnung erst am 20. November 1497 umschifft hat; er gelangte nach Calecut am 18.
Mai 1498 und kehrte erst am 19. Julius 1499 nach Portugal zurück. Der Brief 181 berührt also Ereignisse, welche neun Monate später vorgefallen sind, und von denen man in Spanien wahrscheinlich erst fünf Monate nach
dem angeblichen Datum des Briefes 202 Kunde gehabt hat.
Die Dekaden *de rebus Oceanicis,* deren Stil der berühmte
Litterator *Antonio de Lebrija* gefeilt hat, ohne auf eine
nähere Untersuchung der Thatsachen einzugehen, wimmeln
gleichfalls von ähnlichen chronologischen Fehlern *).

In dem Briefe des Anghiera an den Grafen *Giovanni Borromeo* vom 14. Mai 1493 ist der Admiral zum
ersten Male namentlich erwähnt. *'Post paucos inde dies
rediit ab antipodibus occiduis* (der feierliche Empfang
des Columbus zu Barcelona fand in einem grofsen Saale
und nicht, wie man häufig gesagt hat, unter freiem Himmel, in den letzten Tagen des April Statt) *Christophorus quidam Colonus, vir Ligur, qui a meis Regibus
ad hanc provinciam tria vix impetrarat navigia, quia
fabulosa, quae dicebat, arbitrabantur **).*

Ich schliefse diese Anmerkung mit einer Angabe der

---

*) Die Dekaden geben für die erste Abreise des Christoph Colum-
bus aus dem Hafen von Palos (eine der denkwürdigsten Epochen in
der Geschichte der Endeckungen) *circiter ad calendas sept.* 1492, anstatt des 3. August.

**) *Opus Epistol.,* no. 130. *Christophorus quidam Colonus!*
Die schon erlangte Berühmtheit und das lange Leben des volksthümlich-
sten unter den griechischen Prosaisten haben nicht verhindert, ihm das
nescio quis Plutarchus des *Gellius* (*Noct. Attic.,* XI, 16) zuzu-
ziehen.

Briefe aus dem Jahre 1493, welche sich auf Christoph Columbus beziehen *(Archithalassum, Novi Orbis repertorem)*. Sie stehen pag. 72, 73, 74, 75, 76, 77, 81, 84, 85, 88, 89, 90, 92, 93, 96, 101, 102, 116 der Amsterdamer Ausgabe 1670. (In der Ausgabe von Alcalá de Henares vom Jahre 1530 auf p. 71, 81, 84, 89, 92, 95, 116 u. s. w.) Man ist fast überrascht in einem Briefe des Anghiera den Admiral durch die Phrase *Christophorus quidam Colonus* bezeichnet zu sehen, da es sicher ist, dafs ihn Anghiera selbst schon vor der Einnahme von Granada gekannt hat *(Navarr.*, Tom. I, p. LXVIII). Der Seefahrer, welcher „Spanien eine neue Welt geben sollte", welchem der Mathematiker Toscanelli im Jahr 1474 und der König von Portugal im Jahr 1484 die schmeichelhaftesten Briefe schrieben, welchen dieser König seinen *especial amigo* nannte, hatte den grofsen Fehler, dafs er arm und schlecht gekleidet ging. Er war im Jahre 1491 in den Augen der Seeleute im Hafen von Palos und der barmherzigen Brüder im Kloster der Rabida ein Individuum, „*que ninguna persona conocia.*" Dies sind die Ausdrücke des Arztes Garcia Hernandez in dem berühmten Processe des *fiscal del rey* gegen Don Diego Colon (*Navarrete, Collect. diplom.*, Tom. II, p. 578.).

Anmerkung *B* zu S. 69.

Ueber Roger Baco, seine Experimente und Erfindungspläne.

Der Eifer, mit welchem Roger Baco durchweg auf der Nothwendigkeit der Experimente besteht, charakterisirt ihn vorzugsweise und weist ihm einen besonders ausgezeichneten Platz unter den Begründern der Naturwissenschaften an. „*Scientia experimentalis a vulgo studen-*

dentium penitus ignorata; duo tamen sunt modi cogno-
scendi, scilicet per argumentum et experientiam. Sine
experientia nihil sufficienter sciri potest. Argumentum
concludit, sed non certificat neque removet dubitationem
ut quiescat animus in intuitu veritatis, nisi eam inve-
niat via experientiae." (*Opus maj.*, pars VI, cap. 1.)
Roger Baco wendete die Experimentalmethode, die er
als die *Wurzel* (Basis) aller Naturwissenschaften ansah,
auf die optischen Phänomene an, von denen er eine
ausgedehnte Kenntnifs besafs. Man vergleiche als Beleg, was er über den Bau des Auges und die Durch-
kreuzung der Sehnerven sagt, p. 263; ferner über die
Ursachen des ganz gewöhnlichen Phänomens des Fun-
kelns der Sterne und den Mangel dieser Erscheinung
bei den Planeten (*omni nocte possumus intueri res, in*
quibus accidit dubitatio philosophica, unde nihil totiens
videmus, cuius causam minus sciamus), p. 331 — 335;
über die Reflexion und Refraction *), p. 337; über die
Vergröfserung und die Instrumente (Linsen) *utiles senibus*
et habentibus oculos debiles, p. 352; über die Möglichkeit Fernröhre anzufertigen (*nam possumus sic figurare*
perspicua quod frangentur radii et flectentur quorsum-
cunque voluerimus et sub quocunque angulo voluerimus,
videbimusque rem prope vel longe et sic ex incredibili
distantia legeremus litteras minutissimas et pulveres ac
arenas numeraremus propter magnitudinem anguli sub
quo videremus. Sic *puer posset apparere gigas, sic*
etiam faceremus solem et lunam et stellas descendere
secundum apparentiam hic inferius et similiter super ca-
pita inimicorum apparere), p. 357; über die Erscheinungen des Regenbogens, der Höfe und farbigen Ringe um

---

*) Man vergleiche über die katoptrische Vergröfserung und die
scheufslichen Anwendungen derselben durch den Römer *Hostius, Se-*
neca, Quaest. natur., I, 16, 2 und 9. (*Nero gladiatorum pugnas*
spectabat smaragdo. Plinius, XXXVII, 5.)

die Gestirne oder die Flamme eines Lichts; über die
Färbung der Wolken, den Durchgang der Sonnenstrahlen durch Krystalle; über die Reihenfolge der Farben,
welche durch gestreifte Oberflächen hervorgebracht werden (*lapides iridis **) *albi vel nigro-fusci, ex Hibernia vel India, superficie rugosi et hexagoni praebent
exemplum, quando experimentator lapides teneat in ra-
dio solari, cadente per fenestram, et colores omnes in-
veniat iridis et ordinatos, sicut in ea, inveniet in opaco
iuxta radium, et ulterius si idem experimentator con-
vertat se ad locum aliquantulum tenebrosum et ponat
lapidem ad angulum fere clausum et videbit colores iridis manifeste ordinatos sicut in iride. Idem accidit in
figura alia ab hexagona in lapide crystallino, dummodo
sint rugosae superficiei ut lapides Hibernici et non
omnino politae, nec magis asperae quam illi, et sunt
tales in proprietate superficiei, quales natura producit
Hibernicos; nam rugarum diversitas facit diversitatem
coloris. Si homo in aestate, quando surgit a somno
et habet oculos nondum bene apertos, subito aspiciat ad
foramen per quod intrat radius solis, videbit colores.
Et si sedens ultra solem extendat capitium suum ultra
oculos, videbit colores, et similiter si claudat oculum,
continget idem sub umbra superciliorum et per cilia et
supercilia et foramina pannorum (!) inveniet circulos
coloratos*), p. 97, 448—455.

---

*) *Plinius* (*Histor. natur.*, XXXVII, 9 am Ende) führt die
iris in sechskantigen Prismen an, welche auf einer Insel im Rothen
Meer gefunden werden, und bei dem Durchgange der Sonnenstrahlen
colores arcus caelestis in proximos parietes werfen sollen. *Seneca,
Quaest. natur.*, I, 7, 1 erwähnt *virgulam vitream striatam vel pluribus angulis in modum clavae torosam; haec si ex transverso solem accipit, colorem talem, qualis in arcu videri solet, reddit.*
Dies ist die einzige Stelle bei den alten Schriftstellern, in der *Schneider* und *Ruhkopf* das künstlich geschnittene Prisma erkennen. (*Schneider*, *Animadversiones in Eclogas physicas*, p. 254.)

Diese grofse Mannigfaltigkeit überaus sinnreicher optischer Beobachtungen verdankt Roger Baco weder dem *Alhazen*, noch der Optik des Ptolemäus, die er jedoch aus arabischen Uebersetzungen kannte (p. 79, 288, 404 *)); sie gingen aus der Fruchtbarkeit seines Geistes hervor, welche durch seine Gewohnheit unterstützt wurde, die Natur auf dem Wege der Erfahrung zu befragen. Man darf nicht vergessen, dafs das *Opus maius* im Jahre 1267, also nur neunzehn Jahre nach dem Werke des *Albertus Magnus* (*Jourdain, Recherches critiques sur les traductions d'Aristote*, 1819, p. 338) beendigt wurde. Er spricht schon (113 Jahre vor dem Mönch Berthold Schwarz) von den furchtbaren Wirkungen eines chemischen Präparats, von dem der Salpeter einen Bestandtheil ausmachte und das unserm Schiefspulver vollkommen ähnlich gewesen sein mufs, als einer ganz bekannten Sache. *Experimentum huius rei capimus ex ludicro puerili, quod fit in multis mundi partibus, scilicet ut instrumento facto ad quantitatem pollicis humani ex violentia illius salis, qui sal petrae vocatur, tam horribilis sonus nascitur in ruptura tam modicae rei, scilicet modici pergameni, quod fortis tonitrui sentiatur excedere rugitum et coruscationem maximam sui luminis iubar excedit.* (*Opus maius*, p. 474.) Diese genaue Beschreibung von der Explosion einer Kartusche würde überraschen müssen, wenn man nicht durch die

---

*) [Vergl. über die Optik des Ptolemäus, die in einer lateinischen Uebersetzung in der Bodleyschen Bibliothek zu Oxford und in der königlichen zu Paris neuerdings wieder aufgefunden worden ist, *Delambre, Histoire de l'Astronomie ancienne*, Tom. II, p. 423—429; *Connaissance des tems*, 1826; *Alex. von Humboldt, Voyage, Part. IV, Astronomie et Magnétisme*, Vol. I, Introduct., p. LXIX; *Caussin* in den *Mémoires* de l'Institut royal. Acadèm. des Inscriptions et belles-lettres, Tom. VI, 1822; *Wilde, Ueber die Optik der Griechen*, Berlin, 1832, 4.; *Ideler, Meteorol. veterum Graecorum et Romanorum*, p. 181; *ad Aristotel. Meteorol.*, Vol. II, p. 138 sq.]

Untersuchungen des gelehrten Orientalisten *Don José Antonio Conde* (*Historia de los Arabes en España*, Tom. II, cap. 25) wüßte, daß das Schießpulver, von Alters her im Osten von Asien bekannt, schon in den Kriegen der Araber in den Jahren 1160, 1205 und 1280 zur Anwendung gekommen ist. Der verstorbene *Abel Remusat*, dessen sprachliche und geschichtliche Untersuchungen auf einer gewissenhaften Kritik beruhen, hat nachgewiesen, daß man *Blitzwagen*, welche dieselbe Wirkung hervorbrachten, wie unsere Kanonen, in China schon seit dem zehnten Jahrhundert kannte, und daß chinesische Artilleristen in dem mongolischen Heere dienten, als der Enkel des Tschingis Khan im Jahre 1255 gegen Persien zog. (*Journal asiatique*, 1822, Tom. I, p. 137.)

Anmerkung *C* zu S. 78.

Rubruquis. — Destillation. — Gothische Völker.

„Man fragte uns, sagt Rubruquis, bei unserer Audienz bei Manggu Kakhan (dem Bruder des Kublaï Khan), ob wir Wein oder ein aus Reis bereitetes Getränk, *cerasina (terracina)* genannt, oder *caracosus*, d. h. ganz klare Kuhmilch, trinken wollten." (*Purchas, Pilgrimes*, Tom. III, Kap. 30, p. 27.) *Terracina* ist das *tarassum* des *John Bell d'Antermony* und die italienische Form des Worts verdankt ihren Ursprung ohne Zweifel dem Handel mit den Häfen des Mittelmeers. Schon *Abuzeid el Hacen* (aus Siraf), einer der arabischen Reisenden aus dem neunten Jahrhundert, von denen uns Renaudot die Reiseberichte aufbewahrt hat, kannte dieses berauschende Getränk, ertheilt ihm aber keinen beson-

deren Namen. (*Renaudot, Anciennes Relations,* 1718,
p. 17.) Das Wort *arrac* kommt zum ersten Male bei
Pigafetta, in der Reise des Magellan, vor. Die Stelle
des Strabo (l. XV, p. 1035 Almelov.) läfst viele Zweifel
über die Beschaffenheit dieses Getränks in den ältesten
Zeiten übrig. Der Geograph von Amasia sagt, wo er
von Indien spricht: „Man findet daselbst Wein aus Reis
statt aus Gerste", eine Vergleichung, die an das Bier
erinnert, „den Gerstenwein" der Aegypter. (*Herodot,*
II, 77.) Wie läfst sich entscheiden, ob nicht bei Strabo,
eben so wie bei den Reisenden des Mittelalters, von dem
Reiswein die Rede ist, welcher ohne Destillation durch
blofse Gährung gewonnen wird, ähnlich jener grofsen Anzahl sehr berauschender Getränke, welche ich im südlichen Amerika, besonders bei den Indianern am Orenoko
und Cassiquiare, und in noch jüngerer Zeit im Norden
von Asien gefunden habe? Nur Pigafetta giebt die Destillation in seinem Bericht über die Reise des Magellan entschieden an; er sagt: „Die Bewohner von Pulaoan haben
*vino di riso distillato, vino fatto lambicco e chiaro come
acqua.*" (*Ramusio,* Tom. I, p. 363, a.) Marco Polo,
welcher häufig von einem köstlichen „aus Reis und Gewürzen bereiteten" Wein spricht, ertheilt ihm nirgends
einen besonderen Namen und scheint weit davon entfernt zu sein, den Arrak als ein destillirtes Getränk zu
betrachten. *Du Halde* nennt ihn selbst „*ein chinesisches
Bier*" (Tom. II, p. 307); und obgleich das arabische Zeit-
wort *arak, schwitzen,* wovon im Persischen *arak ker-
den* und im Türkischen *raki* herkommen, das Reisgetränk
(*arac*) als Produkt einer langsamen (tropfenweisen) Destillation darstellen würde, so scheint es doch, als ob
man in Asien, wegen der Uebereinstimmung in den berauschenden Eigenschaften, die alkoholhaltigen Getränke,
welche entweder durch die Blase, oder durch einfache Unterbrechung der Weingährung erhalten werden,
unter einander verwechsle. So wird das Wort *kumys,*

welches nur für die gegohrene, nicht destillirte Stutenmilch gebraucht werden sollte, zuweilen auf die Milch
übertragen, welche der Destillation unterworfen worden
ist. Es ist sehr auffallend, dafs Rubruquis diese letztere
Operation nie bei den Völkern mongolischer und chine-
sischer Race wahrgenommen hat, während Abul-Ghazi
bei der Beschreibung des grofsen im Jahr 1251 von
Manggu gegebenen Festes ausdrücklich den *kumys* erwähnt, als „klar wie doppelt aus Korn destillirten Branntwein." Er beschreibt mit der sorgfältigsten Genauigkeit die Bereitung des *kumys*, welcher erhalten wird, indem man Stutenmilch quirrelt und schlägt, und so die
Sahne oder den käsigen Theil mit dem Serum vermischt;
er erzählt, wie oft seine Dollmetscher und selbst der
Kakhan Manggu und der berühmte Batu Khan, welchen
er den Herzog Baatu nennt, „total betrunken nach dem
Genufs des *kumys*" gewesen seien. Man darf annehmen, dafs er nicht verfehlt haben würde, die mit Hülfe
der Weingährung alkoholhaltig gemachte Milch von dem
destillirten Branntwein zu unterscheiden, wenn er den
chemischen Procefs der Destillation zu beobachten Gelegenheit gefunden hätte. Rubruquis bezeichnet mit dem
Namen *schwarzer kumys (cosmos)* oder *caracosmos* „das
Getränk der grofsen Herren" *(the drinke of great Lords)*,
setzt aber hinzu, dafs auch dieser nichts anderes als ge-
schlagene Stutenmilch sei, eben so zubereitet, wie der gewöhnliche *cosmos* (*Purchas*, Tom. III, p. 5, 27, 28),
welchen Marco Polo nach der Lesart in der Riccardia-
nischen Handschrift *chemisi* oder *chemus*, und, nach verschiedenen falschen Lesarten (Buch I, Kap. 46, p. 208
der Ausgabe von *Marsden*) *kemurs*, *chemiur* oder *kim-
muz* nennt. Die griechischen, alanischen und nestorianischen Christen weigerten sich den *Kumys* zu trinken,
und mufsten, wenn sie diese Sünde begangen hatten, mit
der Kirche ausgesühnt werden. Auf meiner Rückkehr
vom Kaspischen Meere, im Monat Oktober 1829, hatte

ich Gelegenheit, der Destillation der Stutenmilch in der Steppe der Kalmücken zwischen der Wolga und dem Jaik beizuwohnen. Bei dieser Gruppe nomadischer Völkerschaften führt das berauschende Getränk, welches die einfache Weingährung erfahren hat, nachdem es recht stark geschlagen worden, ausschliefslich den Namen *kumiz* oder *kumys* und *tschighan*. Wenn das letztere Wort von dem persischen *tschikanden*, *tropfenweis herabfallen*, abzuleiten wäre, so würde es als Benennung für ein destillirtes Getränk passender erscheinen. Der Kumys oder Tschigan wird, wenn er einmal durch die Retorte gegangen ist, *araka* genannt; der Araka von neuem destillirt giebt ein noch bei weitem stärkeres Getränk, welches *arza* heifst. Einige von Vogel angestellte chemische Versuche (*S c h w e i g g e r's Journal*, 1817, Th. XX, S. 428) haben eine ältere Arbeit von Oseretskovsky bestätigt und dargethan, dafs selbst die Kuhmilch der Weingährung fähig ist. Es bleibt aber noch immer eine erhebliche Arbeit zur Aufhellung dieser Frage übrig, mit der sich die europäischen Chemiker noch wenig beschäftigt haben, indem sie selbst lange die Möglichkeit der geistigen Gährung bei einer Flüssigkeit leugneten, die keinen Zuckerstoff zu enthalten scheint. Persoz hat durch sinnreiche chemische und gleichzeitig optische Experimente neuerdings nachgewiesen, wie die Einwirkung der Schwefel-, Citronen- und Essigsäure dem Milchzucker die Eigenschaft verleiht, zu gähren und Alkohol in reichlicher Menge zu liefern. Man mufs über die Spürkraft jener nomadischen Völker staunen, welche bei dem Mangel an Cerealien und Knollengewächsen, die reich an Stärkemehl (*amidon*) sind, oder an zuckersafthaltigen Früchten, mitten in der Dürre der asiatischen Steppen durch die Destillation animalischer, aus den Eutern der Stuten abgesonderter, Flüssigkeiten sich ein Mittel, ihrem Hange nach geistigen Getränken zu fröhnen, zu verschaffen gewufst haben. Pallas bemerkt in seiner Reise von Orenburg nach Jaizkoi Gorodok (deutsche Ausgabe, 1776, Th. I, S. 243, 246, 325), dafs die Kalmücken kleinen runden aus dem äufserst bittern Rückstande des destillirten *Kumys* bereiteten Käsen den Namen *thorossun* ertheilen; dieses Wort ist beinahe identisch mit *tarassum*, welches bei John Bell Reiswein bedeutet und das Rubruquis zu *terracina* entstellt oder italisirt hat. Es ist wahrscheinlich, dafs letzterer die Aussprache einiger Handelsleute aus Pisa oder Genua befolgte, welche damals die Ufer des Kaspischen Meeres besuchten. Die Unbekanntschaft mit der mongolischen und türkisch-kirgisischen Sprache hat häufig bei den neueren Reisenden sowohl als bei denen des Mittelalters eine Verwechslung der verschiedenartig bereiteten alkoholhaltigen Getränke mit Produkten der Destillation herbeigeführt. Nach den gelehrten Untersuchungen Klaproth's giebt der *Grofse Spiegel der mongolischen Sprache*, welcher im Jahr 1708 auf Befehl des Kaisers Khang-hi herausgegeben worden ist, in dem Kapitel *über den Wein und den Thee* nachstehende Aufklärungen: Der Gebrauch des Branntweins aus Stutenmilch ist bei weitem weniger häufig bei den Mongolen als bei den Kalmücken; selbst die Kalkas bereiten dies Getränk äufserst selten, da sie mehr Rinder und Schafe als Pferde haben. Die wirkliche Bedeutung des mongolischen Wortes *tarasun* ist eine Art von Getränk, das man aus rother Hirse und anderen gekochten und vermittelst eines Ferments in Gährung gebrachten Körnern bereitet. Es giebt eine bedeutende Anzahl von *tarasun* (*nure* in der Mandschusprache, *thsieu* im Chinesischen). Durch Destillation der gegorenen Körner erhält man den *ariki*, der von herbem Geschmack und weifser Farbe ist. Die Mandschu bereiten einen mussirenden *ariki*. „Das Wort *kumis*, fügt Klaproth hinzu, ist türkischen Ursprungs und bedeutet ein aus saurer Stutenmilch bereitetes Getränk." Es ist gleichbedeutend mit *gurunè tschi-*

ghan bei den Kalmücken. Bei letzterem Volk heifst die Buttermilch *ussun* (im Mongolischen *su*), die saure Kuhmilch *airak*, der erste aus der Destillation der Milch erhaltene Branntwein *arki*, der zweite *dang*, der dritte *arza* (mongolisch *urdjan*), der vierte *khortsá*, der fünfte *schingtsá*, der sechste *dingtsá*. So grofs ist der Hang zu geistigen Getränken, dafs man die Milch sechs Destillationen nach einander unterwirft. Das Wort *ariki* (welches die Mandschu in *arki* verwandeln) hat ohne Zweifel denselben Ursprung mit *arak*, dem Namen des Reisbranntweins bei den südlichen Asiaten. Ich bin auf diese kleinlich scheinenden Einzelheiten eingegangen, weil die Ansicht, dafs die Bereitung destillirter Stutenmilch vom höchsten Alter unter den nomadischen Völkern sei, in Europa fast allgemein verbreitet ist und weil der Ursprung der Destillation, welcher bald den Arabern, bald (und vielleicht mit gröfserem Rechte) den Hindus und Chinesen zugeschrieben wird, das lebendigste Interesse für diejenigen darbietet, welche die ersten Spuren unserer chemischen Processe aufzusuchen bemüht sind, sei es in dem Südosten Asiens, sei es, seit dem Zeitalter des Hadrian, in jenem Gemisch von Griechen und Orientalen, welche in Alexandrien zusammenströmten. Die wirkliche Chemie beginnt erst mit dem Zeitpunkte, wo der Mensch sich die mineralischen Säuren zu verschaffen weifs, die mächtigen Hülfsmittel zur Zerlegung von Molecular-Gruppen. Aber diese Säuren sind sämmtlich nur durch Destillation zu erlangen, mit einziger Ausnahme der Schwefelsäure, welche siebenhundert Jahre vor Basilius Valentinus, dem Benediktinermönche zu Erfurt, schon der arabische Chemiker Geber (Dsjeber, eigentlich Abu Mussah Dsjafer) ebenfalls durch Destillation aus dem schwefelsauren Eisen erhielt, welche aber durch ein ziemlich verwickeltes Verfahren durch blofse Verbrennung aus einem Gemenge von Schwefel und salpetersaurem Kali dargestellt werden kann. In den grofsen epischen Gedichten Indiens ist häufig von berauschenden Getränken die Rede; aber die dichterische Sprache hat den indischen Verfassern nicht gestattet, uns die Art der Bereitung jener alkobolhaltigen Getränke auseinanderzusetzen. Das Werk über die Künste und Gewerbe, welches die Sanskritsprache besitzt, der *silpi - sastra (Buch der Gewerbe)*, das in die tamulische und Telingosprache übersetzt worden ist und häufig von den eingeborenen Aerzten *(vaidyas*, eigentlich *die Gelehrten)*, welche die Droguen bereiten, zu Rathe gezogen wird, verdiente mit Sorgfalt untersucht zu werden. Besonders wichtig würde es sein, das Alter dieses Buches zu bestimmen. (*Ainslie, Materia medica of Hindoostan*, Madras 1813, p. 63, 65, 291.) *Bopp* zweifelt selbst an dem klassischen Gebrauch des sehr alten Sanskritworts *syandaka* (tropfenweise fliefsen lassen) für die Kunst der Destillirung, einem Gebrauch, welchen Forster in seinem englisch-bengalischen Wörterbuche behauptet. Der gelehrte Orientalist *Rosen* in London, welchen ich ebenfalls über diesen Gegenstand zu Rathe gezogen habe, schreibt mir, dafs er nach genauer Durchsicht des *rig veda* und der Hymnen, von denen die Opfer begleitet wurden, durchaus nichts in den Sanskritdichtungen aufzufinden im Stande gewesen sei, was zum Beleg für den Gebrauch der Destillation dienen könne. „Das heilige Getränk, *soma*, ist, so fährt Rosen fort, der ausgeprefste Saft der *Asclepias acida* nach der Angabe von Colebrooke und Wilson, oder dieser Asclepias und des *Sarcostema viminalis* nach dem *Dictionary sanscrit, bengali and english* von Haughton. Es scheint, dafs dieser Saft durch Stampfung der Pflanze in einem Holzmörser erhalten wurde; man klärte ihn alsdann, indem man ihn durch ein Haarsieb *(pavitra)* durchgehen liefs. Man rühmt die Süfsigkeit des *soma*, die er vielleicht einer Beimischung von Honig verdankte; er verursachte entweder wirklichen

Rausch, oder wenigstens einen Zustand von Behaglichkeit; denn die Scholien wollen nur letzteren Sinn dem
Worte *mada*, durch welches die Wirkung des heiligen
Getränks ausgedrückt wird, zugestehen." Das *Atargul*
(Rosenöl) konnte ohne Destillation erhalten werden, und
ein persisches von *Langlès* übersetztes Werk spricht sogar von der Bereitung dieser kostbaren Flüssigkeit vermittelst der Destillation als von einem ganz neueren Gebrauche. Weder Galen noch Dioscorides (*Mater. med.*, II,
75 — 81), welche weitläufig von der Stutenmilch und dem
daraus bei den Scythen bereiteten Käse (ἱππάχη) handeln, kennen schon die destillirte Milch. Jedoch gehen die ältesten Spuren der Destillation, dieses zur Ausübung der Chemie unentbehrlichen Verfahrens, bei den
Griechen mindestens bis zu den Zeiten des Dioscorides
zurück; und obgleich man nicht bezweifeln kann, daſs
die Araber sämmtliche chemische Apparate verbessert haben, so irrt man doch, wenn man mit einigen Gelehrten unserer Tage aus dem Grunde einen arabischen Ursprung der Destillation annehmen will, weil *alambic* ein
arabisches Wort sei.

Drei Jahrhunderte vor dem christlichen Sophisten und
Alchemisten Synesius und seinem Kommentar *) über den
Pseudo-Demokrit, beschrieb Dioscorides aus Anazarba
(*Mater. med.*, V, 110, p. 367 Saracen.; p. 776 Spren-
gel) die Zerlegung des Zinnobers (*miltos* bei Plinius)
und des *ammion* (*minium* Plin.) auf dem Wege der De-
stillation als eine allgemein bekannte Thatsache. Die
Stelle, wo Plinius (*Hist. nat.*, XXXIII, 8) von derselben
Operation spricht, ist gewissermafsen nur eine wörtliche

---

*) Dies ist der Dialog, in welchem ein Priester des Serapis mysti-
sche und physische Gegenstände abhandelt. In der *Geschichte der Chemie* von Gmelin (Th. I, S. 20, 29) wird die erste Kenntniſs von der
Destillation irrthümlicher Weise dem Adepten Synesius zugeschrieben,
welchen man nicht mit dem cyrenäischen Philosophen dieses Namens verwechseln darf.

Uebersetzung aus Dioscorides; und obgleich der letztere,
was sehr merkwürdig ist, nie von Plinius angeführt ist,
so möchte doch eine blofse Vergleichung der griechischen und lateinischen Stelle zeigen, dafs letzterer den
ersten kopirt hat *). Der Kolben war die *ferrea concha*, der Helm entsprach dem *ambix* oder *calix*, welcher an der *concha* vermittelst des Thonkittes befestigt
wurde. Nun darf man aber nicht vergessen, dafs *ambix* ursprünglich ein Gefäfs mit verlängerter und ver-
engter Mündung bedeutet. (*Athen. Deipnosoph.*, XI, 60,
p. 480 Casaub.) *Argivi vero calices*, sagt Athenäus in
dem *Gastmahl der Sophisten* **), *videntur etiam figura
differre ab Atticis; labiis enim erant in acutum coëun-*

---

*) Bei Dioscorides: *Fit argentum vivum e minio quod et ipsum
abusive cinnabaris dicitur. Imposita siquidem patinae fictili concha ferrea cinnabarim continente, ambicem adaptant* (περικα-
ϑάπτουσιν) *quem undique luto superillinunt deindeque carbonibus
succendunt. Tum quae ambici adhaerescit fuligo* (αἰϑάλη), *de-
rasa refrigerataque in argentum vivum coit.* Bei Plinius: *Fit* (hy-
drargyrum) *duobis modis: aereis mortariis pistillisque trito minio ex
aceto, aut patinis fictilibus impositum ferrea concha calice cooper-
tum, argilla superillita; dein sub patinis accensum follibus conti-
nuo igni atque ita calicis sudore deterso, qui fit argenti colore et
aquae liquore.* In anderen Stellen des Dioscorides und Plinius sind
das Schwefelquecksilber und die rothen Blei - und Eisenoxyde (miltos
von Sinope) auf eine seltsame Weise mit einander vermengt. Die Mine-
ralien wurden aus Baetica nach Rom gebracht, um daselbst in grofsen
öffentlichen Fabriken behandelt zu werden. (*Plinius*, XXXIII, 7;
Vitruv., VII, 9.) [Eine deutliche Hinweisung auf die Destillation
findet sich schon bei *Aristoteles*, *Meteorol.* IV, 7, 7, p. 384, a
Bekk., Vol. II, p. 55 der neueren Ausgabe, wenn gleich eine ausführliche
Beschreibung des angewendeten Apparats dort fehlt.]

**) Das Wort ἄμβιχος findet sich noch ein zweites Mal bei Athe-
näus (IV, 36, p. 152 Cas.) bei Gelegenheit eines Auszuges aus Posidonius, worin von den Gelagen der Celten gehandelt wird. In diesem
Auszuge ist ἄμβιχος, wie in dem *Etymologicum Magnum;* in dem Sinne
von κάδος, einem grofsen Gefäfse oder Eimer, genommen, woraus man
die Getränke in die Becher füllte. (Vergl. *Posidonii Rhodii Reliquiae*,
ed. *Bake*, p. 136.)

*tibus ut Simonides ait: αὔτη δὲ φοξίχειλος, id est superne in acutum coiens, quales sunt qui ambices
vocantur.* Die Vergleichung mit der ὑςέρα, welche sich
bei Hesychius findet, scheint, trotz der von Isaak Vossius erhobenen Zweifel, auf eben diese verengte mit einer Vorlage versehene Gestalt hinzudeuten, welche den
ambix zu einem Destillirapparat passend machte *). Besonders beachtungswerth scheint mir, dafs Alexander von
Aphrodisias, ein Schriftsteller des dritten Jahrhunderts,
der unter Septimius Severus und Caracalla lebte, in seinem Kommentar über die Meteorologik des Aristoteles
auf eine vollkommen befriedigende Weise das Verfahren,
durch die Destillation des Meerwassers ein trinkbares
Wasser zu erhalten, beschreibt; er spricht davon als von
einer allgemein in Anwendung gebrachten Methode. *Per
hunc quidem modum*, sagt er **), *maris aquam potabi-
lem nonnulli reddunt: lebetes enim huiusmodi aqua plenos multo igni imponentes et vaporem in operculis superimpositis colligentes et recipientes in aquam permutato utuntur potu.* Dieses Verfahren trat an die Stelle
der in früheren Zeiten angewendeten Methoden, wo man
das Salzwasser durch die Wände eines Gefäfses von
Wachs, welches man in das Meer senkte, durchsintern
liefs (*Aristot.*, *Meteor.*, II, 3, p. 343 Cas.; *Histor.*

---

*) *Letronne* (*Observations sur les noms des vases grecs*, 1834,
p. 26) erklärt sogar ἄμβυξ (oder ἄμβιξ) geradehin durch „Gefäfs, dessen sich die Alten zur Destillation bedienten."

**) *Joannis* (*Philoponi*) *Grammatici in libr. de generatione
et interitu et Alexandri Aphrodisiens. in Meteor. Comment.*, Venet.
1527, p. 97, b. (Ueber die drei Erklärer des Aristoteles, welche den
Namen Alexander führten, vergleiche die Ausgabe der Aristotelischen Meteorologik von Jul. Ludw. Ideler, Tom. I, 1834, p. XVII und 185.)
Die Stelle über die Destillation des Meerwassers fehlt, nach der Bemerkung von Ideler, in der im Jahre 1548 erschienenen Uebersetzung
des Alexander Picolomini von dem Kommentar des Alexander von Aphrodisias, die auch in anderen Stellen bedeutend von der im Jahre 1556
erschienenen Uebersetzung des Camotius abweicht.

animal., VIII, 2, p. 590; *Aelian.*, *de nat. animal.*, IX, 64; *Plin.*, *Histor. nat.*, XXXI, 37) oder wo man, nach Olympiodor, die Dämpfe, welche von der Oberfläche einer Quantität kochenden Meerwassers aufsteigen, mit Schwämmen auffing, die man über dem grofsen Schiffskessel aufgehängt hatte. Alexander von Aphrodisias bezeichnet den Helm nicht durch das Wort ἄμβιξ, sondern blofs durch πῶμα, Deckel, und ich finde den Gebrauch dieser Terminologie in einer sehr dunkelen Stelle des Dioscorides (II, 81, p. 107 Saracen.) wieder, wo von einer Art von Destillirapparat und der Bereitung einer glühend heifsen Butter, deren man sich bei Augenübeln bediente, die Rede ist. Es ist wahrscheinlich, dafs bei der ersten Art von Apparaten das Gefäfs, welches als Helm diente, senkrecht über dem Kolben nach Art eines Deckels angebracht wurde, wie in der Vorrichtung, deren man sich noch heutiges Tages bedient, um das Quecksilber aus einem Silberamalgam zu scheiden. Allmählig wird dann der Ambix eine geneigte Lage erhalten haben, und durch den Hals des Gefäfses verlängert worden sein. Der Ausdruck *alambic*, welcher von dem griechischen Worte *ambix* und dem arabischen Artikel *al* gebildet ist, beweist, dafs die Araber ihre Kenntnifs der Destillation aus der *Materia medica* des Dioscorides geschöpft hatten, und diese schon von Reinesius und Casaubonus aufgestellte *) Etymologie ist minder zweifelhaft, als die der Wörter *Almanach* und *Alchimie **).

---

*) *Schweighäuser.*, *Animadv. in Athen. Deipnos.*, Tom. VI, p. 164,

**) Geraume Zeit vor der Ankunft der Araber in Aegypten und selbst lange vor der Zeit, wo dieses Volk die Wissenschaften zu pflegen begann, findet man bei den griechischen Schriftstellern die Wörter *Alchimie* und *Almanach*. Bei dem ersteren ist die einfachste Annahme die, dafs die Kopisten den arabischen Artikel dem durch den Itacismus aus Χη-

Ich habe in der Stelle des Textes, auf welche sich diese Erläuterungen beziehen, von einigen ethnographi-

---

μία und Χημεία gebildeten Worte *Chimie* beigefügt haben; aber diese Erklärungsmethode leidet keine Anwendung auf das Wort *Almanach*, das sich bei keinem arabischen Schriftsteller findet. [Die Araber gebrauchen nämlich für astrologische und astronomische Ephemeride das Wort *takwim*, *Tafel*.] *Iulius Firmicus Maternus*, ein Schriftsteller aus der Regierungsepoche des Constantin, setzt (*Astronom.*, III, 15, p. 81 Pruckn.) bei seinen astrologischen Darstellungen *scientiam alchymiae* unmittelbar nach *Astronomiam* und *divinum cultum* unter die Planetenhäuser; aber Vossius bemerkt in seinem *Etymologicum linguae latinae*, dafs die Handschriften des Firmicus nur *scientiam chymiae* haben Man darf indessen nicht vergessen, dafs man bei den *auctores infimae Graecitatis* (*Salmas.*, *Exercitat. Plinian.*, 1629, p. 1097) statt ἀλχημεία stets ἀρχημεία findet [vielleicht verderbt aus *ars chymiae!*], und dafs sich diese Form des Wortes geraume Zeit hindurch im Mittelalter erhalten hat. Im Französischen schrieb man ehemals *arquemie* (Steph. Thes) [*Roquefort*, *Glossaire de la langue Romane*, 1808, Vol. I, p. 90; im Provenzalischen *arkemino*]. Cälius Rhodiginus wollte in der Sylbe *ar* eine Contraction von ἀργύρου finden. Mufs man diese Form des Wortes der häufigen Vertauschung der Buchstaben *l* und *r* zuschreiben, oder haben die Araber ein von ihnen in Aegypten vorgefundenes Wort *arabisirt!* Dieselben Zweifel treten in Bezug auf das Wort *almanach* entgegen. „Der arabische Ursprung dieses Worts, sagt *Ideler* in seinem ausgezeichneten *Lehrbuch der Chronologie* (1831, S. 38), scheint sehr zweifelhaft, weil man aus einem Bruchstück des Porphyrius (bei *Eusebius*, *Praeparat. Evangel.*, III, 4) ersieht, dafs seit dem dritten Jahrhundert unserer Zeitrechnung *almanach* eine astrologische Ephemeride bedeutete." Dergleichen Ephemeriden oder Tafeln (*Eusebius* nannte sie ἀλμενιχιακά) rühren ohne Zweifel aus der frühesten Bildungsperiode der Aegypter her, und es würde gewifs sehr auffallend sein, wenn sie nicht einen besonderen Namen gehabt haben sollten. [Es läfst sich aber wohl kaum bezweifeln, dafs das entsprechende Wort ⲙⲁϩⲓ-ⲛⲁⲩ, *mahi nau*, gewesen ist, *mensura horae*, mit der am Ende des Wortes gebräuchlichen Aspiration und der nicht minder gewöhnlichen Vorschlagssylbe *ū*. Der Uebergang des ϩ in ⲡ oder χ ist durch ϥⲉⲛⲉϩ, φοῖνιξ; ⲡⲥⲟⲧⲗⲁϥⲉⲛⲉϩ, ψοϱτομφανήχ, u. s. w. hinlänglich nachgewiesen.] Was nun das Wort *Chemie* anbetrifft, von dem so viele lächerliche Etymologien versucht worden sind (vergl. *Bochart*, *Phaleg*, p. 206), so ist es im höch-

schen und geographischen Bemerkungen des Rubruquis
über den Stamm der gothischen Völker und die Lage

von

_____

sten Grade wahrscheinlich, daſs es von der Benennung abzuleiten ist,
welche die Aegypter ihrem Lande ertheilten. Nach einer wichtigen
Stelle des *Plutarch (de Iside et Osiride*, c. 33 [p. 364, C. vergleiche *Alexandr. vit.*, p. 679, F]) nannten sie es *Chemia* (Χημία) „wegen seines schwarzen Erdreiches (μελάγγειος [vergl. *Herodot*, II, 12;
Virgil., *Georg.*, IV, 23]), und bezeichneten auf dieselbe Weise das
Schwarze im Auge." *Cham* heiſst noch im Koptischen *schwarz*, wie
chun im Hebräischen. Die alten Namen Aegyptens, welche in den
heiligen Gesängen der Hebräer angeführt werden, sind *Chemi, Cham*
oder *Chami* [*Psalm.* CV, 23, 27 u. s. w. *Hieronym.*, *Quaest. ad
Genes.*, IX.]. Die Inschrift von Rosette hat *Chmi* [*Ackerblad*, *Lettre à M. Silv. de Sacy sur l'inscription de Rosette*, p. 33—37.]
Aegypten, welches dem Hermes geweiht war, nahm auch den Namen
Hermochymios oder *schwarzes Land des Hermes* an. ([*Jablonski*,
Opuscula ed. *Te Water*, I, p. 404 ff.] *Champollion*, *l'Égypte
sous les Pharaons*, Tom. I, p. 110; *Reuvens*, *Troisième lettre à
Mr. Letronne sur les Papyrus bilingues*, 1830, p. 69; *Scholz*, *Bi-
blische Archäologie*, 1834, S. 65.) Die geheimniſsvolle Wissenschaft,
welche von der Zersetzung und Umformung der Körper handelt, erhielt
den Namen des Landes, wo sie mit besonderem Eifer getrieben wurde;
sie war also *die Wissenschaft von Chemi* oder *des schwarzen Landes, die Wissenschaft Aegyptens.* Die älteste Spur des Wortes Chemie, als Lehre oder Kunst, findet sich in dem Decret des Kaiser Diocletian gegen „die alten Schriften (Bücher) der Aegypter, welche von
der Chemie des Goldes und Silbers (περὶ χημίαν χρυσοῦ καὶ ἀργυροῦ)
handelten." Dieses Decret ist nicht eben so in den *Digesten* erhalten,
wie jenes, welches derselbe Kaiser gegen die Mathematiker, Astrolo-
gen und mystischen Uebelthäter schleuderte; wir finden es in den Auszügen aus der Chrönik des Johann von Antiochien, eines Schriftstellers aus dem siebenten Jahrhundert, der nicht mit Johann Malalas verwechselt werden darf. (*Excerpta ex collect. Constantini Augusti Por-
phyrogennetae* ed. *Henric. Vales.*, p. 834.) Dieselbe Stelle findet sich
wiederholt bei Suidas, s. v. Διοκλητιανός [und Χημεία]. Man ersieht
daraus, daſs Diocletian Aegypten arm zu machen hoffte „durch Verbot
jener Chemie des Goldes und Silbers, durch welche die Bewohner dieses Landes ihren Reichthum mehrten und den Römern Widerstand zu
leisten in den Stand gesetzt wurden." Das schwarze Land Aegypten
ist in Cham oder Ham personificirt worden und daher rühren die alten
Etymologien des Wortes Chemie als einer von Cham erfundenen Wis-

von Cathay in Bezug auf den östlichen Ocean gesprochen. Diese Bemerkungen sind wegen der Epoche, in

---

senschaft. (*Bochart, Phaleg*, p. 207.) Ein Jahrhundert nach Diocletian findet man das Wort Chemie (ohne Vorsylbe) bei Firmicus, wie
weiter oben bemerkt worden ist. Auch bringt Suidas (s. v. *Δέρας*),
ebenfalls nach dem Vorgange des Johann von Antiochien, eine Erklärung
des *goldenen Vliefses* bei, welche den Charakter jener alexandrinischen
Epoche an sich trägt, wo man in den alten Mythen kalte und gelehrte
Allegorien zu finden wähnte. „Das Vliefs der Argonauten war ein auf
eine Haut geschriebenes Buch, und dieses Buch lehrte, wie man mit
Hülfe der Chemie Gold bereitete." Es ist sehr natürlich, dafs die Adepten die Expedition des Iason in den Kreis ihrer Ideen hineinzogen, und
die Zauberin Medea, welche die Kräfte der Pflanzen kannte, mufste nothwendiger Weise Alchimistin gewesen sein. Die Form $\chi v\mu\epsilon i\alpha$, welche
einige Gelehrte an die Stelle von $\chi\eta\mu\epsilon i\alpha$, $\chi\eta\mu i\alpha$ und $\chi\eta\mu\epsilon v\tau\iota\kappa\dot\eta$ (des
Zosimus von Panopolis) setzen wollten, indem sie darin eine Anspie-
lung auf den Saft [$\chi v\mu\delta\varsigma$] der Pflanzen zu finden meinten, ist in die
Ausgaben des Suidas, dessen Text an den übrigen Stellen (vol. III, p. 369)
ganz richtig $\chi\eta\mu\epsilon i\alpha$ darbietet, nur durch einen Fehler des Abschreibers [in
Folge falscher Aussprache] gekommen. Die Alchimie hat mit den Me-
tallen und ihren Oxyden begonnen, und nicht mit den Pflanzensäften
[eine Ansicht, die auch *Zoëga* theilte, welcher (*de origine et usu
obeliscorum*, IV, 2, 5, not. 88, p. 525) meinte, dafs die Chemie ihren
Ursprung den Metallbearbeitungen in jenen ausgedehnten Bergwerken an
den Gränzen von Aegypten und Aethiopien verdanke, über die *Aga-
tharchides* (*de rubro mari ap. Hudson, Geogr. gr. minor.*, I,
p. 23) und nach ihm *Diodorus*, III, 12—14 zu vergleichen sind].
In den guten Ausgaben der Briefe des Seneca ist (*epist.* 56) das Wort
exclamationes distillarium; welches Caelius Rhodiginus darin las, aus
dem Texte verschwunden. Diese *Distillatoren* haben den Kuchenbäk-
kern oder Zuckerkünstlern, *crustularii*, Platz gemacht, so dafs Seneca
kein Zeugnifs für den Destillationsprocefs darbietet. [Noch ist zu bemerken, dafs Papyrusrollen chemischen Inhalts aus den Zeiten des Kaiser Diocletian vorhanden sind. Vergl. *Reuvens, Première lettre à
M. Letronne sur les Papyrus bilingues*, I, p. 10, 51. Der Panopo-
litaner Zosimus soll nach *Syncellus* (*Chronogr.* p. 14, A *ed. Goar;*
p. 24 *Dindorf*) in seinem Werke ʼΙμοὖθ eine hermetische Schrift Χημεῦ,
ἔνθεν καὶ ἡ τέχνη χημία καλεῖται, wie hinzugefügt wird, erwähnt haben.
Nach *Reinesius, Var. Lection.*, p. 385 soll das Wort ʼΙμοὖθ selbst
die Chemie bedeutet haben. Vergl. *Fabric., Bibl. Graec.*, Vol. XII,
p. 755 not. *Jablonski, Opusc.*, Vol. I, p. 94. Aber die Worte

welcher dieser wohlunterrichtete Reisende die Krimm besuchte, von grofser Wichtigkeit. Nachdem er weitläufig die Zurüstungen beschrieben hat, die er im Hafen von Soldaya im Taurischen Chersonnesus machte, um seine Reisen durch die Steppen der Wolga fortzusetzen, fährt Rubruquis folgendermafsen fort: „Es giebt sehr hohe Vorgebirge von Kersova (Khorsun, dem alten Cherson auf der Westküste des Chersonnesus) an bis zu den Mündungen des Tanaïs (Don); im Süden von Kersova, zwischen diesem Hafen und Soldaya, welches die Niederlage für den Durchfuhrhandel mit Pelzwaaren ist, befinden sich vierzig feste Schlösser, und fast in jedem einzelnen Schlofs wird eine andere Sprache geredet. Unter diesen Völkern befinden sich viele Gothen, welche holländisch (nieder-deutsch) reden." In der englischen Handschrift zu Cambridge heifst es: *Gothes who spake the Dutch tongue* (*Purchas*, Tom. III, chapt. 1, p. 3); aber Roger Baco übersetzt: *Loquuntur Teutonicum.* Diese Mannigfaltigkeit verschiedener Sprachen, diese Ueberreste von Völkern germanischen Stammes, welche im dreizehnten Jahrhundert in der Krimm wahrgenommen wurden, sind sehr beachtenswerthe Erscheinungen. Wir wissen aus den Reisen des Venetianers *Josafa Barbaro* (1435) und des Flamländers *Augier Ghislin de Bus-*

---

des Suidas: Ζώσιμος, Ἀλεξανδρεὺς φιλόσοφος, χημευτικὰ ἔγραψεν können hierfür nicht den Beweis liefern. Im Gegentheil erhellt aus der Vergleichung einer Stelle des *Stobäus* (*Eclog. phys.*, p. 117), wo es heifst: ὁ Ἀσκλήπιος, ὁ Ἱμούθης, Πανὸς καὶ Ἡφαιστοβούλης, über die man *Jablonski, Pantheon Aegyptiorum*, V, 6, 2. 5, Vol. III, p. 192 sq., p. 196 vergleichen kann, dafs *Imuthes* ein Beiname des ägyptischen Aeskulap war. Jener *Zosimus* soll nach *Münter, Specimen versionum Danielis Copticarum*, p. 36, vor der Zerstörung des Alexandrinischen Serapeums durch Theodosius gelebt haben. — Dafs der Name *schwarze Kunst*, welchen die Alchimie lange geführt hat, mit der ursprünglichen Bedeutung des Namens *Chemi*, welcher Aegypten beigelegt wurde, zusammenhängt, bedarf nach dem Obigen keiner weiteren Ausführung.]'

becq (1555), dafs sich die Sprache der Gothen selbst
noch drei Jahrhunderte nach Rubruquis unter der schwachen germanischen Bevölkerung des taurischen Chersonnesus erhalten hatte. Josafa Barbaro redet von seinem
sechzehnjährigen Aufenthalt zu Tana (Asow) und in den
angränzenden Ländern, und bemerkt dabei, dafs „die Gothen, die Alanen oder As und Gothalanen" (ein Mischstamm
zweier Racen) die Gegend zwischen Capha (Caffa) und
dem Erdil (der Wolga) bewohnten, und dafs die Gothen
eine Sprache redeten, „welche sein deutscher Bedienter
mit derselben Leichtigkeit verstanden habe, mit der ein
Florentiner den Dialekt eines Bewohners von Furlo verstehen würde." (*Ramusio*, Tom. II, p. 92, b und
98, a.) Vor dem Beginn unserer Zeitrechnung waren
die Gothen schon zwischen dem Borysthenes und dem Tanais ansässig. Bei der grofsen Völkerwanderung, deren
erster Anstofs von den Hiugnu ausging, welche (165
Jahre vor Chr. Geb.) die Yuetschi und den blonden
indo-germanischen Stamm der Usun (*Klaproth, Tableau historique*, p. 132, 163) vor sich her trieben, erhielt
die Krimm nach einander zu Bewohnern: im zweiten Jahrhundert die Alanen (die Massageten des Ammian), welche
mit den Gothen zu einer und derselben Stammverwandt-
schaft gehörten und von denen sich einige wenige Ueberreste noch heutiges Tages unter dem Namen der Os-
seten unter den Bergvölkern des Kaukasus vorfinden;
am Schlufs des vierten Jahrhunderts die Hunnen (Khunni);
im sechsten die Avaren; im siebenten und achten die
Bulgaren und Chazaren; im zehnten die Petscheneger,
berühmt durch ihre Kriege mit den Russen: im zwölften die Komanen oder Uzes, deren grausame Vernich-
tung bei dem Einfalle der Tartaren (Mongolen), als die
Krimm mit dem ungeheuren Reiche von Kaptschak vereinigt wurde, Rubruquis berichtet. (*Purchas*, Tom. III,
p. 2 und 3.) Bei tieferem Nachdenken über die ver-
wandtschaftliche Verbindung der Völkerschaften und Spra-

oben, unterscheidet man bei dieser grofsen Bewegung von Osten nach Westen drei Racen: die indo-germanische (die Gothen, unter denen die Tetraxiten auf dem linken Ufer des Tanaïs im Jahr 547 vom Kaiser Justinian einen Bischof begehrten, und die Alanen); die uralische oder *finnische* (Hunnen, Avaren, Bulgaren und Chazaren), und die Race der Türken (Petscheneger und Komanen). Es ist merkwürdig zu sehen, wie ein Brabanter Mönch in den im Taurischen Chersonnes einheimischen Gothen Menschen fand, mit denen er deutsch sich zu unterreden im Stande war, und dagegen sich französisch unterhalten konnte mitten im Innern von Asien zu Caracorum (Karakhorin), „wo sich damals am Hofe des Kakhan eine Dame aus Lothringen und ein Pariser Goldschmidt befanden; letzterer ein Bruder eines M. Boucher, der nahe bei der grofsen Brücke über die Seine wohnte." (*Purchas*, Tom. III, p. 28, chapt. 31.)

Der Reise des Rubruquis verdankt man noch ein anderes Zeugnifs, welches durch sämmtliche neuere Forschungen bestätigt worden ist, in Bezug auf die Verwandtschaft zwischen den Völkerstämmen der Ungarn, Baschkiren und Hunnen, die sämmtlich zu der grofsen Familie der finnischen Völkerschaften gehören. „Jenseits des Flusses Ettilia (der Wolga) gelangten wir zu einem zweiten grofsen Strome, dem Jagag (Jaïk oder Ural), welcher aus dem Norden des Landes der Pascatir herabströmt und sich in einen gewissen See (das Meer von Ettilia) ergiefst, dessen Umfang zu ermessen eine Reise von vier Monaten erheischen würde, und der von den erwähnten Flüssen und anderen, die von den Gebirgen Persiens herabströmen, gebildet wird. Die Sprache der Pascatir, eines Hirtenvolks, das weder Stadt noch Dorf bewohnt, ist dieselbe, wie die der Ungarn. Nach Osten hin erstreckt sich die grofse Bulgarei. Aus diesem Lande der Pascatir sind ehemals die Hunnen hervorgegangen, *welche in der Folge Ungarn genannt worden sind.* Die

Slaven reden die Sprache der Vandalen. Die Juguren
sind von mittlerer Leibesgröfse gleich uns Franzosen. Bei
ihnen ist der wahre Ursprung der türkischen und koma-
nischen Sprache zu suchen. Die Tebet (Tibetaner) sind
kleine Menschen, braun wie die Spanier." (*Purchas*,
Tom. III, p. 12, 19, 23.) Die Pascatir des Rubruquis
oder Baschkiren geben noch heutiges Tages dem südlichen Ural ihren Namen. Das Volk spricht einen Dialekt der türkischen Sprache, ob es gleich finnischen Ursprungs ist; es ist in die Gebirge zurückgedrängt, aber
den ganzen Sommer über lagert es in den Thälern, wo
es unter Filzzelten lebt und die Sitten und Gewohnheiten, die ihm während seines früheren Aufenthaltes in den
Steppen eigen waren, trotz der gänzlich verschiedenen
Lage bewahrt hat. Ein ausgezeichneter Gelehrter (*Frähn*)
hat dargethan, dafs die Baseghird (Baschkurd), welche
von Ebn-Fozlan im Jahre 922 in dem Bericht über seine
Gesandtschaft zum Könige der Bulgaren erwähnt werden (*Klaproth*, p. 247, 275), dieselben Baschkiren
sind, welche ich auf meiner Reise von Slatust nach Kisch-
tim nördlich bis nach Katharinenburg ausgedehnt fand.
Ihre Niederlassungen werden durch den kleinen Flufs Si-
nara begränzt, welcher sich auf dem asiatischen Abhange
der Uralkette in den Iset ergiefst. Was jene Ighuren
(Juguren) anbetrifft, bei denen Rubruquis die alte tür-
kische Sprache angetroffen zu haben glaubte, so sind dies
die Uiguren; denn sie wohnten an den Gränzen von Cathay nahe bei Tangut und der Fabrikstadt Caila (Ca-
lacia des Marco Polo), mithin, so unbestimmt auch in
geographischer Hinsicht Alles dasjenige sein mag, was
sich auf die Länder Organon und Egrigaya bezieht, sind
diese Ighuren weit nach Südosten hin entfernt von jenen Ugor (Ogor, Hunoguren) in Grofs-Ungarn oder
Hunnenland, einem uralischen oder finnischen Völkerstamme, dessen unser Reisende im Anfange seiner Reisebeschreibung gedenkt. (*Marco Polo, translated by*

Marsden, p. 16, 284; *Abel-Rémusat*, *Recherches*, p. 319).

Man hat häufig die Stelle angeführt, in der Rubruquis auf eine so überaus bezeichnende Weise die chinesische Schrift charakterisirte *(faciunt in una figura plures literas comprehendentes unam dictionem*, etc. *Roger Bacon*, *Opus maius*, p. 234); aber es findet sich noch eine zweite Bemerkung unseres reisenden Mönches, die von keiner geringeren linguistischen Wichtigkeit und dem Scharfsinn des gelehrten *Abel-Rémusat* entgangen ist, der von dem syrischen Ursprung des uigurischen Alphabets ganz eingenommen war. (*Recherches sur les langues tartares*, p. 46, 255). Rubruquis unterscheidet mit grofser Bestimmtheit die Richtung der indo-tibetanischen und der Tangutschrift. *Thebeth*, sagt er, *scribunt sicut nos* (also von der Linken zur Rechten, wie im Sanskrit, im Armenischen, den fünf keilförmigen Alphabeten, im Georgischen und Äthiopischen) *et habent figuras similes* (?) *nostris*. *Tangut scribunt a dextra in sinistram, sicut Arabes, sed multiplicant lineas adscendendo.* (*Op. mai.*, p. 235.) Die englische Handschrift fügt hinzu: „Die Juguren schreiben ebenfalls wie die Araber, aber von oben nach unten senkrecht hinab." (*Purchas*, Tom. III, chapt. 36, p. 34.) Hier wird also ganz richtig den Tibetanern eine dem Sanskrit analoge Schrift von der Linken zur Rechten beigemessen, und den Bewohnern von Tangut eine jener alten syro-tartarischen Schriftarten, deren Richtung, wie die jeder semitischen Schrift, von der Rechten zur Linken und zu gleicher Zeit von unten nach oben ist. Die Tanghiang, ein tibetanischer Völkerstamm, hatten seit dem zehnten Jahrhundert das Königreich Hia oder Tangut südöstlich von Khamil (Hami) gegründet, indem sie einen Theil des nordwestlichen China verwüsteten. Dies Königreich endigte erst im Jahre 1227, und dieser Zeitpunkt, welcher dem der Reise des Rubruquis so nahe liegt, ver-

leibt der anderweitig etwas schwankenden Benennung
Tangut, in Bezug auf die Erzählung des Rubruquis, eine
sehr bestimmte Bedeutung *). Ein Theil der Tanguta-
ner, welche seit dem elften Jahrhundert Buddhisten geworden waren, hatte das chinesische Idiom angenommen.
(*Klaproth, a. a. O.*, p. XXIV und *Tableau*, p. 12;
Abel-Rémusat, Recherches sur les langues tartares,
Tom. I, p. 381.) In Bezug auf Cathay sagt Rubruquis, dafs es vom Ocean begränzt werde; und er giebt
zuerst, ohne den Namen der Stadt zu nennen, einige
Nachrichten von den Wundern der Stadt Quinsay (heutiges Tages *Hangtscheufu*). „Die Mauern sind daselbst
von Silber und die Thürme von massivem Gold." Dies
kommt ihm „ganz glaublich" vor; aber er erhebt einige
leise Zweifel in Bezug auf die Existenz einer jenseits
Cathay gelegenen Provinz, in der „Männer und Frauen
dasselbe Alter behalten, sobald sie die Gränze überschritten haben." (*Purchas*, Tom. III, p. 23 und 34,
chapt. 28 und 36.)

***

Anmerkung **D** zu S. 83.

Alfragan. — Werth der Erdgrade.

***

Alfragan (Mohammed Al-Fergani) bleibt in seinem Werke *Chronologica et astronomica Elementa (ex*

---

*) Der Name müfste eigentlich auf die heutiges Tages von den
Mongolen des Khukhunoor bewohnte Gegend, im Westen des Landes
der Ordos oder Hothao, zwischen dem grofsen Einbug des Gelben Flusses (Huangho) und Khamil (Hami), zwischen den beiden Gebirgsketten von Kuenlun und Thianschan, beschränkt bleiben. Ueber die
wirklichen Gränzen des Tangut (eigentlich Tangkut oder Sihia) vergleiche *Klaproth, Description de la Chine sous la dynastie mongole*,
1833, p. 42—46.

recensione Christmanni, prof. Hildeburgensis, 1590, cap. X) bei der Bestimmung des Grades zu 56⅔ Meilen stehen, von der Christoph Columbus sagt, dafs sie „mit seinen eigenen auf seiner Seefahrt im Meerbusen von Guinea gemachten Erfahrungen in völligem Einklange sei", wahrscheinlich desbalb, weil er im voraus wufste, was er zu finden hatte. Die Astronomen des Almamun erklärten, nachdem sie mehrere Erdgrade in der Ebene zwischen Rakka und Tadmor gemessen hatten, dafs ihr Endresultat „mit den von Ptolemäus angenommenen Mafsen völlig übereinstimme", ohne Zweifel dem Khalifen zu gefallen, welcher ein grofser Bewunderer des berühmten Verfassers des Almagest war. Die verschiedenen auf den Befehl des Almamun ausgeführten Messungsoperationen gaben für die Länge eines Grades 56, 56¼, 56⅔ und 57 Meilen *(mil)*, jede zu 4000 *schwarzen Ellen* [s. oben S. 84 Anm.], und als mittleres Resultat für den Grad, nach dem Ausdruck der arabischen Astronomen, „500 Stadien des Erdperimeters, nach der Bestimmung des Ptolemäus." (*Ebn-Junis* in den *Notices et Extraits des manuscrits de la bibliothèque du Roi*, Tom. VII, p. 96; *Delambre, Histoire de l'Astronomie du moyen-âge*, p. 2, 66, 78 und 97.) Abulfeda versichert, dafs eine Parasange zu 30 Stadien *) gleich 3 der von den Astronomen des Khalifen in Anwendung gebrachten Meilen sei. Dies ist nämlich die Parasange des Herodot (II, 6) und des Xenophon, nicht des Strabo (XI, p. 518 Cas.), welcher sagt, „dafs die persische Parasange von einigen Schriftstellern zu 60 Stadien, von anderen zu 40, ja selbst von einigen nur zu 30 abgeschätzt worden sei **)."

---

*) Die Annahme von 500 Stadien auf den Grad zu 56,48 Meilen würde für die Meile von 4000 schwarzen Ellen nur 8,58 Stadien geben.

**) [Vergl. *Herodot*, V, 53. *Mannert, Geogr. der Gr. und Römer*, Th. I, S. 209. *Ukert, Geogr. der Griechen und Römer*, Th. I, Abth. II, S. 77. Anm. 70.]

Nimmt man als mittleres Resultat der vier Einzelangaben nicht 56⅔ Meilen an, wie Alfragan und Columbus ge-than haben, sondern genauer 56,48, so würde man für den Erdgrad 564,8 Stadien. und für den Umkreis der Erdkugel nach Abulfeda 203328 Stadien erhalten, was von den 180000 Stadien des Posidonius und Ptolemäus ziemlich weit abliegt, und bedeutend der Messung des Eratosthenes näher kommt, wenn wirklich vom Aequatorialperimeter die Rede ist. Die Alten, von Aristoteles an, der sich vielleicht auf frühere Angaben des Anaximander stützte (*Ideler, Längen- und Flächenmafse der Alten*, III, 1, S. 5), gaben Perimeter von 40, 30, 25, 24, und 18 Myriaden an, und bekanntlich führt die Vergleichung dieser angeblichen Messungen durch ein mit Klippen besäetes Meer zu der schwierigen und wichtigen Frage über die Einheit oder den veränderlichen Werth *) der *Moduli*. Christoph Columbus ahnte diesen schwankenden Werth der Moduln nicht, wie man aus der von seinem Sohne bearbeiteten Lebensbeschreibung ersieht (*Vida*, cap. 4 und 6). Er verwechselte die italiänische Meile, deren er sich vorzugsweise bediente **), mit der Meile des Alfragan, und eine Erde von 360 mal 56 Meilen Umkreis erschien ihm sehr klein, begünstigte aber eben durch diese Kleinheit die Ausführung und Erreichung seiner Pläne und Absichten. *El mundo es poco*, unsere Erde ist ein unbedeutendes Ding, sagte der Admiral in dem an die Königin gerichteten, aus Jamaika vom 7. Julius 1503 datirten Briefe; aber diese verächtliche Aeuserung bezieht sich nur auf die Dimensionen unseres Planeten, dessen metallischen Reichthümern

---

*) Dieser veränderliche Werth ist in Deutschland von *Mannert*, *Ukert* und *Ideler* durchaus geleugnet worden.

**) Deren vier auf eine *legua castellana* gehen, weil nach *Gomara* (*Hist. de las Indias*, fol. 6) ein Grad 70 Meilen oder 17¼ Leguas beträgt. Alter römischer Meilen gingen 75 auf den Grad. (*Ukert*, a. a O., Th. I, Abth. II, S. 75.)

in demselben Briefe eine Art religiöser Bewunderung ge-
zollt wird *). Nimmt man die grofsen von Gossellin
behaupteten Unterschiede mehrfacher Moduln nicht an,
und berechnet den Aequatorialperimeter durchweg nach
dem olympischen Stadium = 95 Toisen (den olympischen Fufs zu 136,877 Linien des alten *pied du roi* angenommen), so findet man, dafs die Messung des Posidonius, welcher Ptolemäus folgte, um 3,423,000 Toisen zu
gering war, während die des Eratosthenes, der Strabo bei-
pflichtete, fast um dieselbe Gröfse (3,416,000) die Wahrheit
überschreitet. Das Resultat des Abulfeda oder vielmehr
der Messung des Almamun ist, wenn man es zu 203,328
Stadien annimmt, nur um 1,207,000 Toisen zu gering, sobald man nach den neueren Messungen den Aequatorial-
grad zu 57009t,7 ansetzt. Bemerkenswerth ist, dafs Strabo
(II, p. 151 Almel., p. 95 Cas.) von Posidonius **) dasselbe sagt, was Columbus von Alfragan; „dafs nach seiner Berechnung die Erde kleiner werde.“ Diese Stelle
ist kein Beweis gegen die Mehrfachheit der Moduli; sie
beweist einzig und und allein, dafs Strabo sie nicht annahm, ja eine solche Voraussetzung gar nicht ahnte. Ich
finde übrigens die ersten Spuren der von *Delisle*, *Fré-
ret* und *Gossellin* aufgestellten Ansicht in einer Denkschrift, welche *Mossen Jaime Ferrer* im Jahre 1495
dem Columbus überreichte, und die von den Mitteln
handelte, mit Genauigkeit eine Demarkationslinie zu ziehen, welche die Erde unter zwei als Nebenbuhler auf-
tretende Völker theilte. Nachdem er weitläufig von den
180000 Stadien des Ptolemäus und den 252000 Stadien
des Strabo als Werthen für den Erdumkreis gesprochen

---

*) Ich spiele, wie man sieht, auf die schon oben von mir angeführ-
ten Worte an: *con el oro quien lo tiene, llega a que echa las animas al paraiso.*

**) *Posidonii Rhodii reliquiae. Collegit James Bake.* 1810,
p. 91.

hat, fügt der Juwelier-Kosmograph hinzu: „Uebrigens kommen diese scheinbar so verschiedenen Angaben des Ptolemäus, Strabo, Alfragan, Macrobius, Theodosius, und Euristhenes (wahrscheinlich Eratosthenes) im Grunde auf denselben Werth hinaus *(in essencia todos acuden a un fin)*; denn da Ptolemäus seine Stadien von gröfserer Längenausdehnung annahm, so betragen seine 180000 Stadien längs dem Aequator eben so viel als die 252000 der Schriftsteller, welche ich angeführt habe." Die Abhandlung, welche diese Bemerkung über die Mehrfachheit der Stadien enthält, ist zum ersten Male zu Barcelona im Jahre 1545 im Druck erschienen. (*Navar.* T. II, p. 103.) Dom Jaime Ferrer dachte wohl nicht daran, dafs man mit Hülfe eben dieser etwas gewagten Hypothese eines Tages zu entdecken glauben würde, dafs die Alten bei der ungeheuren Entfernung des Kap Sacrum von Thinae, die sich auf 106° 27' beläuft, nur um 14' 57" oder 164 Stadien geirrt hätten, und dafs diese wunderbare Vollkommenheit der astronomischen Geographie um 3700 Jahre unsere Zeitrechnung übersteigt! (*Gossellin* in der Uebersetzung des Strabo von *du Theil*, Tom. I, p. XXVII und LVII.) Ich habe oben von der *schwarzen Elle* gesprochen, deren 4000 eine Meile von dem bei der Messung des Almamun angewendeten Modul betrugen. Der Grad enthielt mithin 225,920 schwarze Ellen (nicht 200500, wie *Laplace* [*]) in seinem *Précis de l'histoire de l'Astronomie*, einer übrigens von Fehlern äufserst freien Arbeit, annahm). Diese auf Befehl des Almamun als Grundlage seines Maafssystems eingeführte Elle erhielt den Namen der *schwarzen*, wie die Ausleger versichern, von dem aufserordentlich langen Arm eines der schwarzen Sklaven des Khalifen; gewifs eine eben so naive Erklärung, wie diejenige, welche A. Gellius von der Verschiedenheit der Stadien in Griechenland giebt, dafs nämlich

---

[*]) *Exposition du système du monde*, 1824, p. 342.

ihre Verschiedenheit auf die Verhältnisse zwischen dem Fuße des Herkules und dem von Menschen gewöhnlichen Wuchses bezogen werden müsse. (Man vergl. über die arabischen Maaße die Abhandlung von *Gossellin*, welche er dem fünften Theile der französischen Uebersetzung der Geographie des Strabo von *du Theil* beigefügt hat, p. 577—592; und *Muñoz, Historia del Nuevo Mundo*, lib. II, §. 15). Das Wort *Meilen*, *milles* (*millia* oder *milliarium* der Römer) ist zu den Arabern wahrscheinlich von Konstantinopel aus durch Syrien gekommen; denn die Byzantiner hatten schon früh das *millia passuum* der westlichen Römer, welches ursprünglich 8 olympische Stadien oder 760 Toisen betrug, zur Zeit der Komnenen aber nur auf 655 Toisen sich belief, unter der Form μίλιον *) und selbst μήλιον angenommen, woraus die Araber ihr *mil*, welches einen ganz anderen Werth hat, gemacht haben.

Anmerkung *E* zu S. 90.

Die Schriften des Christoph Columbus.

Ich werde in dieser Anmerkung alles dasjenige zusammenstellen, was zeither von Schriften des Columbus entdeckt worden ist, wobei ich die gedruckten Denkschriften und Berichte von den handschriftlichen unterscheide, welche entweder vollständig, oder theilweise, oder nur in einzelnen Bruchstücken erhalten worden sind.

---

*) Das Wort μίλιον, dessen sich schon Polybius bedient, findet sich häufig bei Strabo, der es gemeiniglich zu 8 Stadien annimmt. Vergl. VII, 6, 4, Vol. II, p. 48 der Ausgabe von Coray.

I. Gedruckte Schriften.

Die am frühsten gedruckte Abhandlung des Christoph Columbus ist unstreitig die *Declaracion de la Tabla navegatoria*, welche gemeinschaftlich mit einer Abhandlung des Doctor Grajales: *Del uso de la carta de navegar*, erschien. Navarrete bemerkt mit Recht, dafs Morelli und Bossi nicht die ersten gewesen sind, welche den Admiral als Schriftsteller kennen gelehrt haben. Man findet die *Tabla navegatoria* schon aufgeführt in der *Bibliotheca oriental y occidental del Licenc. Antonio Leon Pinelo* (Madrid 1629), p. 144. Dies ist derselbe Pinelo, welcher die geschichtlichen Topographien von Lima und Potosi abgefafst hat, von denen ich handschriftliche Exemplare im spanischen Amerika gesehen habe. Von den verschiedenen von Christoph Columbus geschriebenen Reiseberichten sind nur zwei während seines Lebens gedruckt worden, nämlich *a)* sein Brief an den Schatzmeister Raphaël Sanchez, datirt vom Hafen zu Lissabon am 14. März 1493, nicht 1492, wie Morelli annimmt, da der Admiral von seiner ersten Entdeckungsreise erst im Frühjahr 1493 zurückkehrte. *b)* Der Bericht über die vierte und letzte Reise des Columbus, welcher in dem an die Monarchen aus Jamaika am 4. Julius 1503 datirten Briefe enthalten ist. Man hat über das Datum des Briefes an den Schatzmeister Zweifel erhoben, indem die in römischen Ziffern geschriebene Zahl im spanischen Original sehr verworren ist. Sollte der Brief nicht vom 6. März *(de este puerto de Lisbona hoy)* und ungefähr von demselben Tage wie der an *Don Luis de San Angel* gerichtete Brief sein, dessen Uebersetzer vielleicht *pridie Nonas* mit *pridie Idus Martias* verwechselt hat? Diese beiden Briefe können nicht am 14. März geschrieben worden sein, da, laut des von Casas copirten Tagebuchs, die Caravele am 4ten zu Lissabon ankam, und am 9ten Columbus zur Audienz bei dem

Könige zugelassen wurde, welcher ihm äufserte, dafs er
sich um so mehr über seine *conquista* freue, als alles
dasjenige, was er entdeckt hätte, mit Fug und Recht der
Krone Portugal angehöre. Am 11ten stattete er der Königin im Kloster San Antonio bei Villafranca seinen Besuch ab. Nachdem er zu Llandra Nachtlager gehalten,
gelangte er erst in der Nacht vom 12ten an den Bord
seiner Caravele, um am 13ten um 8 Uhr Morgens die Anker zu lichten. Am 14ten war er im Angesicht des Kap
St. Vincent. Er lief in die Barre von Saltes ein am 15ten.
Ich habe diesen Fehler im Datum, der an sich gering-
fügig ist (denn der Admiral konnte an den Schatzmeister
auch in der Nacht vom 12ten zum 13ten geschrieben haben), nur deshalb hervorgehoben, um daran zu erinnern,
wie viele Zahlenversehen sich in den Daten der Briefe aus
jener Zeit vorfinden, die gröfstentheils daher rühren, dafs
man sich schlecht gezeichneter arabischer Ziffern bediente
und sie mit römischen vermengte. Der erste Theil des
von Columbus an Luis de San Angel, Finanzminister der
Krone Aragonien, geschriebenen Briefes ist vom 15. Februar 1493 aus der Insel Kanaria datirt, und doch weifs
man aus dem Tagebuche des Admirals, dafs er sich am
15. Februar im Angesicht der Insel Santa Maria der Azoren befand. In demselben Briefe sind die beiden Zahlen, welche die Dauer der Reise nach San-Salvador und
den Zeitpunkt der Rückkehr bestimmen, gleichfalls falsch.
Anstatt 93 und 78 Tage mufs man lesen 71 und 48.
Der an den Schatzmeister Sanchez gerichtete Brief führt
die merkwürdige Ueberschrift: „Beschreibung der Inseln
von Indien, welche neuerdings *in der Nähe des Ganges
(sobre el Ganges)* entdeckt worden sind." Man hat
das spanische Original nicht auffinden können; aber der
vertraute Freund des Columbus, der *cura de la Villa
de los Palacios*, Andrès Bernaldez, hat uns Bruchstücke
davon in seiner handschriftlichen Geschichte *de los Reyes
Catholicos* aufbewahrt. Mit lebhafter Theilnahme nimmt

man die Bewegung wahr, welche die Entdeckung des
Columbus gleich bei seiner ersten Rückkehr nach Palos
in den Geistern seines Jahrhunderts hervorrief. Schon am
fünften Tage nach dieser Rückkehr (am 19. März 1493)
schrieb der Herzog von Medina-Celi an den *Gran Cardinal
de España* (Don Pedro Gonzalez de Mendoza)
von seinem Schlosse Cogolludo aus, um ihn zu ersuchen,
dafs er die Königin Isabelle um die Erlaubnifs bitten
möchte, auf seine Kosten und für seine Rechnung einige
Caravelen nach den neuentdeckten Ländern schicken zu
dürfen, indem er das Glück gehabt hätte, den Admiral,
dessen Anerbietungen von dem Herzoge von Medina-
Sidonia zurückgewiesen worden wären, zwei Jahre hindurch unterhalten und ihn verhindert zu haben, unmittelbar von Portugal nach Frankreich zu gehen. „Dieser
Cristoval Colomo (so nennt ihn der Herzog von Medina-Celi) ist vor acht Monaten abgereist, *um Indien
aufzusuchen;* er ist so eben nach Lissabon zurückgekehrt
und hat Alles gefunden, was er suchte. Ich beeile mich,
diese angenehme Nachricht zu Ihrer Hoheit der Königin
gelangen zu lassen, und den Hoffnungen gemäfs, welche Alonzo de Quintanilla (damaliger Finanzminister für
die Krone Kastilien) mir gemacht hat, einigen Antheil
an dieser Unternehmung haben zu dürfen, ersuche ich
Ew. Eminenz *(el reverendissimo Señor Cardenal)* mich
bei dieser Gelegenheit zu unterstützen, indem ich dazu
beigetragen habe, *dafs eine so grofse Sache entdeckt
worden.*" Ohne Zweifel war es dem Herzog von Medina-Celi unbekannt, dafs eine schöne Dame aus Cordova, *Doña Beatrix Enriquez* (Mutter des gelehrten *Hernando Colon*) von dem Jahre 1488 an einen bedeutend
gröfseren Antheil an der Aufenthaltsverlängerung des Columbus in Spanien und der *Entdeckung einer so grofsen Sache* zu Gunsten der Kastilianer gehabt hatte.
(*Navarrete*, Tom. II, *Codice diplomatico*, p. 2, nr.
XIV; Tom. III, p. 598 und 601.) Die berühmte öffent-

liche Audienz des Admirals zu Barcelona, bei welcher der Geschichtschreiber Oviedo, fast noch ein Kind, als Page *(page muchacho)* zugegen war, fand erst gegen Ende des April Statt, als sein Schicksalgefährte und Nebenbuhler, Martin Alonzo Pinzon, schon vor Kummer darüber gestorben war, daſs ihm sein Ansuchen, sich von Bayona in Galizien vor der Ankunft des Columbus zu den Monarchen zu begeben, abgeschlagen worden war. (Man vergl. wegen der Belege für diese Thatsache *Navarrete*, Tom. I, p. LXXVI; Tom. III, p. 612.) Indessen hatte um diese Zeit (25. April 1493), welche von der Rückkehr des Columbus nach Palos nur durch einen so geringen Raum getrennt war, Leandro de Cozco schon seine Uebersetzung des Briefes an den Schatzmeister Sanchez beendigt, welche zum ersten Male zu Rom von Eucharius Argenteus oder Argyrius (aus Würzburg gebürtig, von der Familie *Silber*) gedruckt wurde. Die Uebersetzung des Cosco, welche in ziemlich barbarischem Latein geschrieben und mehrere Male im sechzehnten Jahrhundert wiederaufgelegt worden ist (*Navarrete*, Tom. I, p. 176), führt den Titel: *Epistola Christophori Colom, cui aetas nostra multum debet, de Insulis supra Gangem* (die beiden letzteren Worte fehlen in der Ausgabe, welche in der Ambrosianischen Bibliothek zu Mailand aufbewahrt wird) *nuper inventis, ad quas perquirendas octavo antea mense, auspiciis et aere invictissimorum Ferdinandi et Elisabeth Hispaniarum regum missus fuerat; ad magnificum dom Raphaelem Sanxis, eorundem Seren. Regum Thesaurarium missa, quam gener. et litteratus vir Leander* (Alexander) *de Cosco* (Cozco) *ab hispano idiomate in latinum convertit, tertio Kal. Maji* 1493, *Pont. Alex. VI. anno primo.* (*Impressit Romae Euchar. Argent.* 1493.) Ich glaube mit Bestimmtheit versichern zu können, daſs diese wenigen Blätter die einzige Druckschrift sind, welche während Lebzeiten des Columbus in Bezug auf die Geschichte der

er-

ersten Entdeckung erschien; denn die erste Decade der *Oceanica* des Pedro Martyr von Anghiera liefs der Graf von Tendilla erst im Jahre 1511 zu Sevilla drucken. Eben so wenig ist irgend ein Reisebericht oder ein Brief von der Hand des grofsen Mannes, der sich auf seine zweite und dritte Fahrt bezöge, im fünfzehnten und sechzehnten Jahrhundert gedruckt worden. Erst von der vierten Reise besitzen wir einen umständlichen Bericht von der Hand des Columbus in dem Briefe, welchen er am 7. Julius 1503 an den König und die Königin von der Insel Jamaika aus schrieb und dem tapfern Diego Mendez de Segura *(Escrivano mayor de la flota,* Oberbuchführer des Geschwaders) anvertraute, um ihn in einem kleinen Kanot nach Haïti zu bringen. *(Herrera, Dec.* I, lib. 6, cap. 10.) Dieser Brief, der wichtigste unter allen denen, welche vom Admiral selbst herrühren, bemerkenswerth wegen der darin herrschenden unumwundenen Offenheit, der Kraft und der unbegränzten Freimüthigkeit der Sprache, erschien zu Venedig seit dem Jahre 1505, aber nur in einer (italiänischen) von Costanzo Baynera (aus Brescia gebürtig) angefertigten Uebersetzung. Ich finde sie schon von Hernando Colon erwähnt, welcher in der *Vida del Almirante* (c. 94) sagt: „Der Leser wird aus eben diesem Briefe (welcher dem erwähnten Mendez anvertraut worden war) und der *im Druck erschienen ist,* ersehen, was wir im Laufe dieser (vierten) Reise zu erdulden hatten, und wie sich das Schicksal darin gefällt, diejenigen zu verfolgen, welche einiges Recht auf Glückseligkeit haben." (Man vergl. auch *Antonio Leon, Epitome de la Biblioteca oriental y occidental,* p. 61; *Bossi, Illustr.,* nr. 28; *Navarrete,* Tom. I, p. 296—313.) Man ersieht aus dieser kurzen und übersichtlichen Auseinandersetzung, dafs bis zum Tode des Columbus (im Mai 1506) im Druck nur ein ziemlich unvollständiger Bericht über die erste Reise in dem Briefe an Sanchez, und die Erzählung der vierten Fahrt in dem

Briefe an die Monarchen erschienen ist, von dem ich so eben gesprochen habe und den man unter der Benennung *Lettera rarissima* kennt, welche von dem durch Morelli, Bibliothekar zu Venedig, veranstalteten italiänischen Abdruck herrührt. Die Beschreibung der drei ersten Reisen des Columbus findet man in Verbindung mit der dritten Reise des Vespucci (derjenigen nehmlich, welche er im September 1502 beendigte), in dem seltenen Buche des *Fracanzano di Montalboddo, Mondo Novo e Paesi novamente retrovati da Alberico Vespuzio Fiorentino*, welches zu Vicenza im Jahr 1507 und in einer lateinischen Uebersetzung zu Mailand im Jahr 1508 erschien. (*Camus, Mém. sur les Collect. des Voyages de Bry et Thévenot*, p. 5, 342, 347. *Navarrete*, Tom. III, p. 187.) Aus eben derselben Sammlung von Reisen vom Jahre 1507 (der Hauptgrundlage für die Sammlung von Simon Grynäus) hat *Abraham Peritsol*, ein Jude aus Avignon, die Nachrichten über Christoph Columbus geschöpft, welche man in seiner hebräischen Geographie findet, die von dem gelehrten *Thomas Hyde* übersetzt und zum ersten Male herausgegeben worden ist (*Itinera Mundi auctore Abr. Peritsol, ex codd. Bibl. Bodleian.* Oxon., 1691). Während Fracanzano di Montalboddo nur drei Reisen des Vespucci bekannt machte, fanden sich in einem Werke, welches sich aus anderen Gründen einige Berühmtheit erworben hat und von dem ich in dem dritten Abschnitte dieser geschichtlichen Untersuchungen ausführlicher zu sprechen Gelegenheit haben werde, der in Lothringen gedruckten Kosmographie des Martinus Hylacomylus oder Ilacomylus, schon die vier Reisen des florentinischen Seefahrers vereinigt, und zwar in derselben Zeitfolge, in der er sie gemacht zu haben behauptete. (*Ilacom., Cosmographiae Introductio; insuper quatuor Americi Vespucii Navigationes, press. in urbe Sancti Deodati*, 1507.) So bedeutend war der litterarische Erfolg des Vespucci schon fünf Jahre vor seinem Tode.

Der Mangel an Schriften von der Hand des Columbus und der aufserordentliche Eifer, mit welchem die Freunde des Vespucci die Berichte über seine Reisen verbreiteten (Berichte, welche sämmtlich von ihm selber verfertigt waren), haben ohne Zweifel am meisten dazu beigetragen, Vespucci auf eine höhere Stufe zu erheben, als ihm sein wirkliches Verdienst angewiesen haben würde.

II. **Handschriften, die entweder vollständig oder in Bruchstücken erhalten worden sind.**

Um ihre Wichtigkeit in ein helleres Licht zu stellen, will ich noch einmal daran erinnern, dafs von den auf die Reisen des Columbus bezüglichen Nachrichten selbst bis zum Schlusse des achtzehnten Jahrhunderts nur der Brief an Sanchez (1493) und derjenige im Druck erschienen waren, welchen der Admiral im Jahre 1503 an die Monarchen geschrieben hatte. Diejenigen Urkunden, welche handschriftlich liegen geblieben waren, sind: in Bezug auf die erste Reise, das Tagebuch des Admirals in einem Auszuge, geschrieben von der Hand des Bischofs von Chiapa, Bartolomé de las Casas, und aufbewahrt in den Archiven des Herzogs von Infantado, und der theilweise am 15. Februar von den *islas Terceras*, theilweise im Hafen zu Lissabon am 4. März 1493 an den *escribano de razon de los S^{res} Reyes Catholicos (Don Luis de Santangel)* geschriebene, welcher sich in den Archiven von Simancas gefunden hat; für die zweite Reise, nichts als eine an die Monarchen gerichtete Denkschrift, welche in der *Villa de Isabela* am 30. Januar 1494 dem Antonio de Torres anvertraut wurde, um ihre Entscheidung wegen mehrerer auf die Verwaltung der Insel Haïti bezüglichen Angelegenheiten zu erbitten *); für die dritte

---

*) Ich habe über die Epoche, in welcher diese dem Antonio de Torres anvertrauten Depeschen angekommen sind, oben am Schlufs der Anmerkung über Peter Martyr d'Anghiera gesprochen. [S. 493.]

Reise, ein langer Brief an die Monarchen, geschrieben
desde la Isla Española, ohne Datum, aber wahrscheinlich (da die ersten Nachrichten über die Entdeckung der
Küste von Paria nach Spanien gegen Weihnachten gelangten) vom Anfange des Oktober 1498, und ein Brief
voll von bitteren Klagen, die er im Jahre 1500 (vielleicht
gegen Ende des Novembers) an die Amme des Infanten
Don Juan *(ama* *) del Principe)*, Doña Juana de la Torre
richtete; für die vierte Reise ist nichts **) vorhanden; denn
die neuerdings zu Bassano im Jahr 1810 von Morelli wieder herausgegebene *lettera rarissima* erschien im Druck
schon 1505 zu Venedig. Von sämmtlichen Urkunden,
die vor der Bekanntmachung des Werkes von Navarrete
handschriftlich geblieben waren, ist die wichtigste unstreitig das während der ersten Reise Tag für Tag auf dem
Meere von Columbus selbst niedergeschriebene Tagebuch;
unglücklicher Weise aber hat Casas, anstatt es vollstän-

---

*) Es war die Schwester des Antonio de Torres, von dem so eben
die Rede gewesen ist, und der Columbus auf seiner zweiten Reise begleitete. Der Titel *ama* eines Infanten bezeichnete am Schluß des funfzehnten Jahrhunderts eigentlich eine Erzieherin (die des Prinzen Don
Juan hieß Doña Maria de Guzman); aber Columbus ertheilt denselben Titel auch der Amme (*ama ò nodriza*) des Infanten. (*Navarrete*, Tom. I, p. 265.). Wir würden in Bezug auf die zweite Reise
des Columbus auf die von Anghiera gesammelten Berichte und Ueberlieferungen beschränkt sein, wenn wir nicht dem unermüdlichen Nachforschungen des gelehrten *Navarrete* die Bekanntmachung des Briefes verdankten, welchen der Arzt Chanca an den *cabildo* (die Munici-
palität) von Sevilla schrieb. Chanca war ein unterrichteter Mann, welcher durch eine Verordnung vom 23. Mai 1493 zum *fisico de la armada de Colon* ernannt wurde.

**) Eine für die Geschichte der Entdeckung von Amerika hochwich-
tige Thatsache ist die Auffindung eines umständlichen Berichtes über die
letzte oder vierte Reise des Columbus in einem Testament des Diego
Mendez, datirt aus Sevilla vom Jahre 1536. (*Navarrete*, Tom. I,
p. 314—329.) Wirklich hatte schon Fernando Colon (*Vida del Almirante*, cap. 94) „die Beschreibung der Reise nach Veragua von Mendez" gelesen.

dig abzuschreiben, nur Auszüge daraus mitgetheilt, indem
er häufig die Worte hinzufügt: „der Admiral sagt" *(dice
el almirante)*. Nur die Einleitung und der Bericht über
die Tage vom 11. bis zum 25. Oktober, vom 6. bis zum
27. November, vom 3., 16., 18., 21., 24. und 26. Decbr.
1492, vom 3. Januar, 14. Februar und 15. März 1493 sind
unverändert dieselben geblieben, wie der Admiral sie in
seinem Tagebuche aufgezeichnet hatte. Casas fügt in diesen Fällen hinzu: „Dies sind die Worte des Admirals."
aber man fühlt sich unangenehm berührt, wenn er bald
darauf von dem Admiral wieder in der dritten Person
zu reden anfängt. Wie sehr muſs man es nicht namentlich bedauern, daſs wir nicht die Abschrift von dem Tagebuche des 12. Oktobers haben, welches ohne Zweifel
den Ausdruck der Gefühle und Empfindungen enthielt,
welche Columbus bei dem Anblick des ersten Landes
von Amerika durchdrangen! Casas scheint nicht begriffen
zu haben, was er der Nachwelt raubte, indem er an die
Stelle der Worte des groſsen Seefahrers, welche stets
von Leben überströmen und voll liebenswürdiger Offenheit sind, seinen frostigen und lakonischen Auszug setzte.
Man kann den erlittenen Verlust beurtheilen, wenn man
sich erinnert, daſs der Admiral zwei Monate vor seiner
vierten Reise, im Februar 1502 an den Papst schrieb,
indem er ihn um Uebersendung von Bettelmönchen
(mendicantes) ersuchte, um den Indianern das Evangelium zu predigen: „Es betrübt mich auf das lebhafteste,
mich nicht persönlich nach Rom begeben zu können,
um Ew. Heiligkeit eine Schrift zu Füſsen zu legen, in
welcher ich meine Unternehmungen nach Art der Com-
mentare des Cäsar geschildert *(mi escriptura, la cual
tengo para ello que es en la forma de los Comen-
tarios e uso de Cesar* *)) und von dem ersten Tage

---

*) Man könnte vielleicht glauben, daſs Christoph Columbus (bei
Abfassung des Tagebuchs seiner ersten Reise, wovon das Original nicht

an bis jetzt fortgeführt habe, wo ich im Namen der heiligen Dreieinigkeit eine neue Reise unternehmen soll." (*Navarrete*, Tom. II., *Docum. diplomat.*, p. 281.) Es waren also Tagebücher von sämmtlichen *) Reisen vorhanden, ähnlich ohne Zweifel dem Einen, aus welchem Casas einen Auszug mitgetheilt hat, und aus der Einleitung zu diesem letzteren erfahren wir, daſs der Seefahrer „in jeder Nacht aufschrieb, was sich an dem verflossenen Tage zugetragen, und am Tage, welche Fahrt er während der Nacht zurückgelegt hatte." (*Navarrete*, Tom. I, p. 3.) Ferner nimmt sich Columbus vor, eine neue Seekarte anzufertigen, auf welcher er darstellen will „sämmtliche im Ocean gelegene Länder an dem ihnen zukommenden Orte (*debajo su viento*): dieser Karte (*pintura*) soll ein Buch beigegeben werden, in welchem die Entfernungen von der Aequinoctiallinie (Breiten) und die westlichen Längen aufgezeichnet sind, eine Arbeit, deren

----

wieder aufgefunden worden ist) nach dem Vorgange des Cäsar es vermieden hätte, von sich in der ersten Person zu sprechen, und daſs Casas keine hierauf bezüglichen Veränderungen in dem Texte vorgenommen hätte; aber eben die Stellen, in denen Casas die Worte beifügt: *dice el almirante*, beweisen das Gegentheil. Ich will einige auf das Gerathewohl herausgenommene Stellen anführen: „16. September 1492, das Festland finde ich (werde ich finden) weiter vorwärts; 23. September, hohe und hohle See war mir nothwendig, wie den Juden zur Zeit des Moses; 27. November, ich bitte Ew. Hoheit niemals zu erlauben, daſs ein Fremder diese Länder betrete." Diejenigen, welche sich durch wiederholte Lesung der langweiligen Werke des Casas an seinen farblosen Stil gewöhnt haben, werden übrigens die wegen ihrer Lebensfrische bezaubernden Stellen leicht herauserkennen, wo Worte des Admirals mit bloſser Umänderung der ersten Person in die dritte beibehalten worden sind, z. B. das Tagebuch vom 14., 25. und 27. November 1492.

*) „Der Admiral schrieb auf seiner ersten Reise Tag für Tag sorgfältig alles dasjenige auf, was sich während der Fahrt ereignete: woher der Wind wehte, welche Richtung die Strömungen nahmen, die Vögel und Fische, die er zu bemerken Gelegenheit hatte. *Eben so machte er es auf sämmtlichen vier Reisen, die er nach und nach von Kastilien aus nach Indien unternahm.*" (*Vida del Almirante,* cap. 14.)

Ausführung ihn den Schlaf vergessen lassen wird." Die
Existenz dieser Uebersicht von Lagenverhältnissen und
dieser *carta de marear* von der Hand des Columbus ist
auch durch zwei werthvolle Urkunden bestätigt worden,
welche sich in den Archiven des Herzogs von Veragua
vorgefunden haben. Man ersieht aus einem Privatbriefe
der Königin, datirt aus Barcelona vom 5. September 1493,
dafs das „Buch der Positionen" erst sehr spät an Columbus hat zurückgeschickt sein können, als er im Hafen Santa Maria die Vorbereitungen zu seiner zweiten
Fahrt traf, „indem es einer sehr sicheren Gelegenheit bedurfte, damit das Geheimnifs vor den am Hofe befindlichen Portugiesen bewahrt würde." Die Königin fordert
dringend „die *carta de marear*, wenn sie anders schon
beendigt ist." In einer zweiten *carta mensagera*, die
an demselben Tage im Namen der beiden Monarchen
(des Königs und der Königin) geschrieben ist, heifst es:
„Da es scheint, dafs es jenseits des Vorgebirges der Guten Hoffnung, auf dem Wege nach der Mina de Oro
und Guinea gegen Osten hin *(á la parte del sol)* äufserst reiche Inseln geben müsse, und der Admiral dies
besser weifs, als irgend ein anderer, so wünschten wir
zu wissen, ob nicht in der Bulle des Papstes etwas
zu verbessern *(emendar)* sein möchte. Wir allein haben das Buch gesehen, welches Ihr uns zurückgelassen habt (ohne Zweifel bei der ersten feierlichen Audienz, Ende Aprils 1493). Je mehr wir es gelesen
und darüber nachgedacht haben, desto klarer ist es uns
geworden, wie grofsartig Euer Unternehmen ist *(cuan
gran cosa ha sido este negocio vuestro)*, und dafs Ihr
davon mehr gewufst habt, als irgend jemals ein Sterb-
licher *(ninguno de los nacidos)*. Möchtet Ihr diese
Laufbahn verfolgen, wie Ihr sie begonnen habt; aber wir
wünschten, um Euer Buch besser zu verstehen, die Grade
zu wissen, in denen das Festland und die Inseln gelegen sind, welche Ihr aufgefunden, und die Grade des

Weges, den Ihr eingeschlagen habt. Ihr habt uns auch
vor Eurer Abreise die Seekarte, aber wohl beendigt und
mit allen erforderlichen Namen zu übersenden und uns
dabei zu melden, ob es nicht vielleicht zweckmäßig sei,
sie geheim zu halten." Da das Tagebuch eine große
Anzahl von Breitenbestimmungen enthält (*Navarrete*,
Tom. I, p. 22, 44, 47, u. s. w.), so muß der Umstand
überraschen, daß sich die Monarchen über den Mangel
an Ortsangaben in dem Buche des Columbus und die
Nichtmittheilung der Seekarte beklagen. Sollte sie der
Admiral aus besonderer Vorsicht, ich hätte fast gesagt
durch das ihm angeborene Mißtrauen bewogen, zurück-
behalten haben, oder war der einfache Grund bloß der,
daß er seine Arbeit beendigen wollte, bevor er sie der
Königin überreichte? Wir wissen übrigens aus dem Pro-
zeß des Fiskals gegen Don Diego Colon, daß der Vater die Gewohnheit hatte, die Karten seiner Entdeckungen selber anzufertigen *). Ich habe schon „eine Seekarte angeführt, nach welcher mehrere andere angefertigt
worden sind", d. h. die *pintura de la tierra* oder Darstellung der ersten Entdeckungen in dem Golf von Paria,
eine *Abbildung* der Küsten, welche dem Alonzo de Hojeda auf seiner Reise im Jahr 1499 von so großem Nutzen war. (*Navarrete*, Tom. III., *Documentos diplom.*,
p. 587.) Der Verlust der Schriften, in denen der Admiral einen ausführlichen Bericht über seine Fahrten und
eine Reihe anderweitiger zerstreuter Beobachtungen niedergelegt hatte, ist in um so höherem Grade zu beklagen, als man aus einer Stelle in dem Leben des Colum-

---

*) Auch existirte ein *libro de escrituras*, welches Columbus in dem
Augenblicke seiner Abfahrt zur vierten Reise dem Francesco de Rivarolo
anvertraute, und von dem in einem aus Sevilla vom 21. März 1502 da-
irten Briefe an Nicolo Oderigo die Rede ist. Dies Buch scheint nur
die Abschriften von Privilegien enthalten zu haben, welche zu Genua
niedergelegt werden sollten. (*Spotorno*, *Codice diplomatico Colombo-Americano*, p. 322.)

bus, welches wir seinem Sohne verdanken (Kap. 60), ersieht, mit welchem Geist und selbst mit welcher Schalk-
heit Sitten und Glauben der Eingeborenen darin durch-
genommen waren. Bei dieser Gelegenheit will ich an
das Abenteuer mit den Heiligen oder *Laren*göttern *(ce-
mis)* erinnern, hinter denen die Priester versteckt waren,
um Orakelsprüche zu ertheilen. Der Betrug wurde von
den Spaniern entdeckt: die Kaziken von Haïti baten aber
diese inständigst, das Geheimniſs nicht zu verrathen, „indem sie befürchteten, ein so köstliches Mittel zu verlieren, um die Zahlung der Auflagen *(tributos)* zu bewirken
und das Volk im Gehorsam zu halten; denn die Fürsten
allein waren mit im Geheimniſs bei dieser Sache." Diese
Worte sind vielleicht entlehnt aus dem *libro del secundo viage (Vida,* cap. 4), welches bis jetzt in Spanien
nicht aufgefunden worden ist. Hernando Colon besaſs
überdies zwei Abhandlungen von seinem Vater, die eine,
in der „durch die Erfahrung auf den Seefahrten die Bewohnbarkeit der fünf Zonen" nachgewiesen wurde, die
andere „über Anzeichen von Ländern im Westen." Die
erste scheint nach der Reise des Columbus nach Tyle
geschrieben zu sein; die andere fand sich unter den *libros de memorias del almirante,* welche Casas in seiner handschriftlichen Geschichte anführt. *(Navarrete,*
Tom. I, p. XLVII.) Das *Libro de Profecias (Liber
sive manipulus de auctoritatibus, dictis ac sententiis et
prophetiis circa materiam recuperandae sanctae civitatis et montis Dei Sion, et inventionis et conversionis
insularum Indiae)* ist eine Handschrift von siebzig zum
Theil von der Hand des Admirals selbst geschriebenen
Blättern, welche Muñoz aus der *Biblioteca Colombina*
zu Sevilla (welche ursprünglich dem Don Hernando Colon gehörte und von ihm dorthin geschenkt worden ist)
hervorgezogen hat, ein wunderliches Gemisch von theologischen Bemerkungen, Stellen aus klassischen Schriftstellern und astronomischen Beobachtungen. Mit Still-

schweigen übergehe ich in dieser Anmerkung über die
Schriften des Admirals seine vertrauten Briefe (von denen sich zwei und zwanzig erhalten haben). In einem
derselben, welcher an den Commandeur Ovando im März
1504 geschrieben worden, schildert er sich freimüthig mit
den Worten: *yo no soy lisonjero en fabla, antes soy
tenido por aspero* *).

Anmerkung *F* zu S. 96.

Ueber die Bücher, welche Christoph Columbus anführt.

Bei Durchlesung desjenigen, was uns an Schriften
von der Hand des Christoph Columbus übrig geblieben
ist, oder dessen, was sein Sohn Don Fernando aus seinen Handschriften ausgezogen hat, habe ich eine besondere Aufmerksamkeit auf diejenigen Schriftsteller gerichtet, welche theils von diesem grofsen Manne als Zeugen
aufgerufen werden, theils als Quellen der Ideen zu betrachten sind, welche ihn zur Ausführung seiner Pläne
mit Hoffnungen erfüllten. Nachstehend folgt mit Aus-
schlufs der Heiligen Schrift und der Kirchenväter ein
übersichtliches Verzeichnifs der Schriftsteller, mit denen

---

*) Der Pater *Claudio Clemente* (*Tablas chronologicas de los
descubrimientos*, Valencia 1689, dec. I) führt auch ein lateinisches Gebet auf, welches angeblich von Columbus bei seiner ersten Ausschiffung
auf Guanahani abgefafst worden sein soll. Das Gebet endigt mit den
Worten: „*ut sacrum nomen Dei cognoscatur et praedicetur in hac
altera mundi parte.*" Cortez, Balboa und Pizarro haben sich amtlich, auf Befehl ihrer Souveräne, dieser Worte bedient, als sie die
neuen Länder in Besitz nahmen; aber der Ausdruck *andere Welt* scheint
mir zu beweisen, dafs das Gebet nicht vom Jahre 1492 ist.

wir ihn besonders vertraut gesehen haben: Aristoteles
(de caelo et de mirab. auscult.), Julius Cäsar, Strabo,
Plinius, Ptolemäus, Solinus, Seneca und Julius Capitoli-
nus *), Alfraganus (Alfergani), Avenruyz (Averrhoës),
Rabbi Samuel von Israel, aus Tis **) (man vergl. die
Briefe dieses Juden, welche an den Vorsteher der Syn-
agoge von Marokko im Jahr 1000 geschrieben und von
Fr. Alfons Boni-Hominis, einem Mönche des Prediger-
ordens in Spanien im Jahre 1438 übersetzt worden sind),
Isidor (Bischof von Sevilla), Beda, Strabus (welchen Co-
lumbus Strabo ***) nennt, zweifelsohne der berühmte
Abt von Reichenau, Walafried Strabo [aus Straubingen]),
Scotus (worunter offenbar Duns Scotus gemeint ist, da
Columbus nebenher auch den Scotisten Franz Mayronis,
magister abstractionum, doctor acutissimus) anführt; der
Abt Joachim von Calabrien, der Mathematiker Sacrobosco,
der normännische Franziskanermönch *Nicolo de Lyra*,

---

*) Die Citate aus Thucydides, Plato, Statius, Hygin, Juvencus,
Fortunatus, rühren von seinem Sohne Ferdinand Columbus her, wie aus
der Untersuchung über die Atlantis und die Hesperideninseln hervorgeht, von denen der Admiral glaubte, daß sie einen Theil von Indien
ausmachten, weil er nehmlich eine Stelle des Solin falsch gedeutet hatte
(*Vida del Almirante*, cap. 9). Die Bekanntschaft des Ferdinand Columbus mit dem klassischen Alterthum, oder vielmehr sein Eifer, hierher
gehörige Bücher zu sammeln, erhellt aus der noch heutigen Tages zu Sevilla befindlichen Bibliothek, deren Ursprung Bossi irrthümlicher Weise
auf Christoph Columbus zurückführt.

**) Columbus bezieht sich auf ihn in dem Werke *de las Profe-
cias*, fol. 13.

***) Chr. Columbus erwähnt seinen Namen in dem von der Insel
Haïti aus datirten Briefe an die Monarchen vom Jahre 1498: *San Isi-
dro y Beda y Strabo y el Maestro de la Historia escolastica y
San Ambrosio y Scoto y todos los sanos teologos conciertan que el
Paraiso terrenal es en el Oriente.* (Es ist die Stelle, in der der
Admiral zu beweisen sucht, daß unter dem Orenoko oder Guarapiche
einer von den Flüssen des Paradieses gemeint ist.) Der berühmte Geo-
graph von Amasia wird von Columbus zuweilen *Extrabon* genannt!

dessen kosmographische Ansichten, den Aeufserungen des
Bischofs *Geraldini (Itinerar. ad plag. aequat.,* 1631,
p. 48) zufolge, häufig denen des Columbus entgegengesetzt wurden; der König Alphons der Weise und die
maurischen Gelehrten, deren sich dieser König als Uebersetzer bediente; der Kardinal d'Ailly *(Pedro de Heliaco* von Columbus genannt), Gerson (nicht der Astronom und bekannte Erklärer aristotelischer Schriften, *Levi
ben Gerson,* sondern sicherlich der Kanzler der Pariser Universität, *Jean Charlier de Gerson,* der *doctor
christianissimus,* welcher bekanntlich so viel zu dem
Urtheile beigetragen hat, durch das Johann Hufs zum
Feuertode verurtheilt wurde, und von dem Columbus
einige Schriften gesehen hat, die in Verbindung mit denen des Alliacus erschienen waren); der Papst Pius II
(Aeneas Sylvius Piccolomini, Verfasser der geographischen Abhandlung *Asiae Europaeque descriptio,* zu dessen Schilderung des asiatischen Lebens Columbus an der
Küste von Veragua das Urbild angetroffen zu haben
glaubte *); Regiomontanus (Johann Müller, dessen Namen
ich zwar nicht genannt finde, dessen Ephemeriden aber,
welche für die Jahre 1475 — 1506 unter dem Namen

---

*) Die lebhafte Phantasie des Admirals liefs ihn alles dasjenige
mit eigenen Augen erblicken, was ihm sein Gedächtnifs an Erinnerungen aus seiner anhaltenden und mannigfaltigen Lektüre vorführte. „Ich
habe jenes Volk, das uns der Papst Pius beschreibt, (zu Veragua) angetroffen: es fehlten nur die Pferde (die sich zu Ciguara finden), und
ihre goldenen Zäume und Geschirre, was nicht übervaschen darf, weil
hier am Meere die Fischer kein Bedürfnifs danach empfinden; wozu
noch kommt, dafs ich keine Zeit hatte, mich länger anfzuhalten."
Worte aus dem Briefe des Columbus an die spanischen Monarchen aus
Jamaika vom 7. Jul. 1503 (*Navarrete,* Tom. I, p. 299 und 307).
Bossi glaubt, dafs der Admiral nicht sowohl auf die *Beschreibung von
Asien* des Papstes Pius II, von der eine zweite Ausgabe zu Paris im
Jahr 1534 erschienen ist, als auf dessen *Cosmographia seu Histo-
ria rerum ubique gestarum locorumque descriptio* sich habe beziehen
wollen.

des Regiomontanus erschienen sind, der Admiral offenbar,
wie mir es scheint, bei seinen Rechnungen zum Grunde
legte); Toscanelli und, vielleicht nach den Briefen dieses Gelehrten, Nicolo di Conti. Mandeville und Marco
Polo erwähne ich nicht, da sie Columbus nirgends namentlich aufführt. Die Angabe (bei *Washington Ir-*
ving, Tom. IV, p. 297), dafs der Admiral auf seinen
ersten Reisen die Handschrift des Marco Polo am Bord
hatte, hat mich sehr überrascht; denn die damals so berühmten Namen Zaitun, Catay, Quisay (Quinsay), Mango
und Zipango konnte er aus dem Briefe des Toscanelli
vom Jahr 1474 entlehnen, in welchem ohne Nennung
des Namens auf Marco Polo angespielt wird. Auch der
gelehrte Navarrete vertheidigt (Tom. I, p. 13) eine der
meinigen entgegengesetzte Ansicht: er sagt, ohne Angabe
irgend eines Beweises, dafs Columbus die Reisebeschreibung des Marco Polo gelesen habe. Ich mufs bei meinem Zweifel verharren.

Führt man sich das Leben des Christoph Columbus, seine Reisen von seinem vierzehnten Jahre an, nach
der Levante, nach Island, nach Guinea und Amerika vor
Augen, so hat man gerechte Ursache über die ausgedehnten wissenschaftlichen Kenntnisse eines Seemannes aus dem funfzehnten Jahrhundert zu erstaunen! Er
verweist in seinem Briefe an die Monarchen, geschrieben
auf der Insel Haïti im Jahr 1498, inmitten tausend und
abertausend verwickelter politischer Geschäfte, auf einer
und derselben Seite (*Navarrete*, Tom. I, p. 261) auf
Aristoteles und Seneca, Averrhoës und den Philosophen
Francisco de Mairones; er führt sie an, nicht um ihre
Namen zu nennen und mit seiner Gelehrsamkeit blofs
zu prunken, sondern weil ihm ihre Meinungen und Ansichten geläufig sind, und weil sie sich ihm beim Nieder-
schreiben einiger Seiten darbieten, wo die Natürlichkeit
des Stils und der Mangel an Zusammenhang in den Ideen
die gröfste Schnelligkeit zu verrathen scheinen, mit der

sie geschrieben sind. Vespucci, der bei weitem weniger
in theologischen Schriften bewandert war, als Columbus,
beruft sich auf die Dichter Dante und Petrarca; aber,
mit Ausnahme einiger Strophen aus der Tragödie *Medea*
des Seneca, in denen man eine Ankündigung der künftigen Entdeckung der Neuen Welt zu finden vermeinte,
und einiger schlechten spanischen Verse, die in den *Profecias* angeführt werden, und von denen ich sogar glaube,
daſs sie ein unglücklicher poëtischer Versuch des Columbus selbst sind, hat letzterer keine Beweise seiner
Liebe für die schönen Wissenschaften gegeben. Und
doch zog sich, wie bei allen durch herrliche Entdek-
kungen oder gewagte Unternehmungen ausgezeichneten
Männern, ein poetischer Faden durch sein Leben, der
sich selbst in seinen innersten Gefühlen abspiegelt. Den
Beleg für diese Behauptung findet man in den Briefen des Admirals, die in Augenblicken der Gefahr, groſser Schmerzen und Bekümmernisse oder gerechten Un-
willens geschrieben worden sind. Da findet sich dann
wahrer Adel in seinen Worten und die feurige Phantasie des alten Seefahrers bekundet sich durch die kraft-
volle Schilderung seiner Lage. Ich habe schon in einem
andern Werke (dem *Essai politique sur l'île de Cube*)
auf diese Erhabenheit des Stils, auf jene dichterischen
Anlagen, die bei Columbus im Hintergrunde schlummer-
ten und zuweilen hervortauchten, aufmerksam gemacht:
hier genüge es an die Briefe zu erinnern, welche er im
Oktober 1498 und am 7. Julius 1503 an den König und
die Königin schrieb, und an die Klagen, welche er im
November des Jahres 1500 an die Amme (*ama*) des
Infanten, *Doña Juana de la Torre* in dem Augenblick
richtete, wo man ihm bei seiner Ankunft in Cadiz die
Fesseln abnahm.

Der Geschmack für Bücher und Gelehrsamkeit, welchen wir bei Columbus finden, in einem Jahrhundert, wo
gedruckte Bücher nichts weniger als gewöhnlich waren,

hatte, wie es scheint, auch diejenigen ergriffen, welche
mit ihm segelten. Eine merkwürdige, in den Archiven
des Herzogs von Veragua aufbewahrte Urkunde liefert
dafür einen schlagenden Beweis. Diego Mendez hatte
den Admiral auf seiner vierten und letzten Reise begleitet, wo er unter allen am meisten mit Gefahren zu kämpfen hatte. Er hatte sich am Bord der Caravele *Sant-
iago de Palos* als *escudero* eingeschifft, welchen Rang
man nach den Verzeichnissen selbst Mönchen *) und
Aerzten anwies. Mendez hatte sich durch die Unerschrok-
kenheit hervorgethan, mit der er in einem offenen Kanot von Jamaica nach der Insel Haïti gesegelt war, um
Hülfe für Columbus zu holen. Sein Testament, welches
er am 6. Junius 1536 zu Sevilla machte, gleicht in keiner
Hinsicht einer Urkunde ähnlichen Inhalts. Es enthält eine
Erzählung der von Mendez in Amerika erlebten Abenteuer, einen Bericht über seine Gespräche mit dem „*gran
almirante*, welchem er oftmals das Leben gerettet und
der keine von den Versprechungen gehalten, die er am
Tage der Gefahr oder in dem Augenblick gethan, wo
Columbus, krank an der Gicht danieder liegend, sein
Ende herannahen sah." Mendez schließt sein Testament,
obwohl er kein Vermögen besaß, mit der Errichtung
eines *Majorats*, welches „in einem marmornen Mörser,
verschiedenen Schriften in einem alten Kasten aus Ce-
dernholz, und neun Büchern" bestand. *Ya dije, hijos
mios, que estos libros os dejo por mayorazgo.* Und
welches sind diese Bücher? Ein Versuch über den ge-
rächten Tod des Agamemnon, *Josephus de bello iudaico*,
die *Moralphilosophie* des Aristoteles, und vier Abhandlungen des Erasmus von Rotterdam, dessen satirische Sei-
tenhiebe der Geistlichkeit auf der pyrenäischen Halbinsel nicht besonders gefallen mochten.

---

*) *Navarrete*, Tom. I, p. 194.

Anmerkung *G* zu S. 389.

Ueber die in Amerika gefundenen Kreuze.

Die Kreuze, welche auf Cozumel, in Yucatan und anderen Gegenden von Amerika die Aufmerksamkeit der *Conquistadores* in so hohem Grade auf sich gezogen haben [*]), beruhen keinesweges auf „Mönchssagen," sondern verdienen, wie Alles, was auch nur entfernten Bezug auf den religiösen Kultus der eingeborenen Völker von Amerika hat, eine ernstere Untersuchung. Ich bediene mich des Wortes *Kultus*, da ein unter den Ruinen von Palenque in Guatemala erhaltenes Relief, von dem ich eine Zeichnung besitze, es mir aufser Zweifel zu setzen scheint, dafs eine symbolische Figur in Gestalt eines Kreuzes ein Gegenstand der Anbetung war. Es mufs indessen darauf aufmerksam gemacht werden, dafs diesem Kreuze die obere Verlängerung fehlt und dafs es vielmehr die Gestalt des Buchstabens *tau* hat. Unter den aztekischen Hieroglyphen findet sich eine, welche die *Sonne in ihren vier Bewegungen (Nahui Ollin tonatiuh)* durch Fufsstapfen *(xocpalli)* bezeichnet und die ebenfalls an die Gestalt eines Kreuzes erinnert [**]). Begriffe und Vorstel-

---

[*]) *Petr. Martyr, Ocean.*, lib. IV, cap. 1. *Gomara*, lib. II, cap. 17; lib. III, cap. 2 u. 32. *Garcilasso*, lib. II, cap. 3. *Herrera*, Dec. I, lib. III, cap. 1. *Antonio Ruiz, Conquista espiritual del Paraguay*, §. 23 und 25. *Lafiteau*, Tom. I, p. 425 — 450. *Horn, Orig. American.*, p. 65. Die von dem Pater *Leclerc* in der Nähe von Gaspe, im Innern des St. Lorenzbusens, gefundenen Kreuze (*Relation de Gaspésie*, chap. 9) können leicht christlichen Ursprungs sein.

[**]) Ich fand sie in der Handschrift, welche dem Cardinal Borgia gehörte (fol. 47, Mss. nr. 210) und habe sie in meinen *Vues des Cordillères et Monumens des peuples indigènes d'Amérique*, pl. 37, fig. 8 abbilden lassen.

stellungen, welche durchaus in keiner Verbindung mit dem Christenthume stehen, haben symbolisch an jenes ägyptische Emblem des Hermes (*tauticus charácter* *)) geknüpft sein können, welches unter den Christen nach der Zerstörung des Serapistempels zu Alexandrien unter Theodosius dem Grofsen eine Art von Berühmtheit erlangte **). Einen Stock, der sich in ein Kreuz endigt, erblickt man in der Hand der Astarte auf den Münzen von Sidon aus dem dritten Jahrhundert vor unserer Zeitrechnung. In Skandinavien stellte ein Zeichen des Runenalphabets den *Hammer des Thor* vor, welcher dem Kreuze auf dem Relief von Palenque äufserst ähnlich ist. Man bezeichnete durch diese Rune in den Zeiten des Heidenthums diejenigen Gegenstände, welchen man eine gewisse Heiligkeit verleihen wollte ***). Ich könnte bei dieser Gelegenheit daran erinnern, dafs die alten Bewohner von Chiapa in der Nähe von Palenque eines ihrer *Tageszeichen* dem *Votan* †), einem in den Jahrbüchern ihrer

---

*) [Gemeiniglich *Crux ensata* genannt.]

**) *Rufinus, Histor. ecclesiast.*, lib. II, cap. 29 (p. 264 der Ausgabe vom Jahr 1562). *Sozomenus, Ecclesiast. hist.*, lib. III, cap. 15 (der Ausgabe von William Reading, Cambridge, 1720, Tom. II, p. 298). *Theophanes, Chronogr.* p. 61 (der Pariser Ausgabe, 1655). *Suidas*, v. Σταυροί. *Kircher, Oedipus Aegyptiac.* (ed. Rom. 1654), Tom. III, p. 277; [*Obelisc. Aegypt.* p. 41 sqq. *Prodrom. Coptic.*, p. 165]. *Fleury, Hist. ecclés.* (Paris, 1695), Tom. IV, p. 655. [*Pauw, Recherches sur les Égyptiens et les Chinois*, T. I, p. 29. *Jablonski, Opusc.* ed. *Te Water*, Tom. I, p. 257; II, p. 231. *Panth. Aegypt.* I, p. 287. *Zoëga, Numi Aegypt. imperat.* p. 36.] *Hug, Erfind. der Buchstabenschrift*, S. 32. *Dupaix, Antiq. Mex.*, Pl. 36. [*Visconti, Mus. Pio-Clementin.*, H, p. 146. 149. *Kopp, de difficult. interpr. vit. script.* §. 707, Vol. II, p. 150 sq. *v. Bohlen, das alte Indien*, Th. I, S. 210.]

***) Man vergleiche das ausgezeichnete Werk von *Wilh. Grimm, Ueber deutsche Runen*, S. 242.

†) Vergl. meine *Vues des Cordillères*, Tom. I. p. 382; Tom. II. p. 356.

Geschichte hochberühmten Häuptling, geweiht hatten, und
dafs man in diesem Namen einen amerikanischen *Wodan*
oder *Odin* hat wiederfinden wollen, ja sogar den *Wo-
danstag (wednesday)*, oder *Buddh-var*, Tag des Bud-
dha: aber so ungewisse auf Aehnlichkeit der Laute gegründete Beziehungen zwischen mexikanischen und skandinavischen Völkern würden uns auf ein der Geschichte
fremdes Gebiet versetzen.

<hr>

Anmerkung *H* zu S. 461.

Ueber die angeblich geringe Entfernung Iberiens von den Ostküsten Asiens.

<hr>

Muñoz hat da (lib. II, §. 15), wo er über den
Einflufs spricht, welchen die irrthümliche Ansicht über
die grofse Ausdehnung Asiens gegen Osten auf die Pläne
und Entwürfe des Columbus ausgeübt hat, nicht mit der
erforderlichen Genauigkeit in Zahlen angegeben, wie grofs
die Breite war, welche der genuesische Seefahrer dem
atlantischen Ocean in der Richtung von Osten nach Westen beimafs, d. h. dem Theile des Oceans, welcher zugleich die Küsten von Portugal und die von China be-
spülen sollte. Da die kosmographischen Kenntnisse des
funfzehnten Jahrhunderts nur ein Spiegelbild der Kenntnisse, oder besser, der Meinungen der Alten waren, so
mufs man bis zu Eratosthenes und Posidonius zurückgehen, um zu verstehen, weshalb Columbus die Rechnungen des Marinus von Tyrus denen des Ptolemäus vor-
zog. Ich gebe die Zahlenangaben gerade so, wie man
sie bei den Schriftstellern des klassischen Alterthums findet, ohne die Veränderungen damit vorzunehmen, welche
aus den verschiedenen über die Mehrfachheit und den

ungleichen Werth der Stadien aufgestellten Hypothesen hervorgehen. Dieser Weg scheint um so mehr eingeschlagen werden zu müssen, da Ptolemäus, das Orakel der Geographen des Mittelalters, nach der treffenden Bemerkung von *Letronne* (in seiner gelehrten Kritik der Uebersetzung des Almagest von Halma im *Journal des Savans*, 1830, *déc.*), selbst nicht einmal ahnte, daſs eine Verschiedenheit unter den Stadien bestehen könnte, die bei den alten Messungen des Erdumfanges in Anwendung gebracht worden wären. Um nicht Zahlen mit einander zu vergleichen, die keiner Vergleichung fähig sind, muſs man sorgfältig den Aequatorialperimeter von dem *Parallel der Insel Rhodus* unterscheiden, welcher häufig das *Diaphragma* des Dicäarch genannt worden ist. Sobald die Kugelgestalt der Erde als richtig anerkannt worden ist, so bestimmt die Längenausdehnung der *bewohnten Erde* (ἡ οἰκουμένη) zu gleicher Zeit die Breite des atlantischen Meeres zwischen den Westküsten von Europa und Afrika und den Ostküsten von Asien unter verschiedenen Breitengraden. Eratosthenes (*Strabo*, II, p. 87 Cas.) berechnete den Umfang des Aequators zu 252000 Stadien und die Breite der *Chlamys* vom Heiligen Vorgebirge (Kap St. Vincent) bis zu der äuſsersten Gränze des Taurusgürtels bei Thinae zu 70000 *), oder nach anderen Angaben zu 71600 Stadien. Erweitert man die Entfernung gegen Südosten bis zum *Vorgebirge der Thun-*

---

*) Diese Berechnung zu 70000 Stadien rührt aus dem Zeitalter Alexanders her. (*Aristot.*, de mundo, cap. 3, p. 393 Bekk.) Thinä, welches Ptolemäus unter 3° südlicher Breite verlegt, liegt nach Eratosthenes und -Strabo in 36° 0′ n. Wegen dieser Breite habe ich als östliche Gränze der bewohnten Erde die Küste von China in der Provinz Chan-tong, und nicht, wie *Gossellin* (Anmerk. zur Uebers. des Strabo, Tom. 1, p. XXVII), Tana-Serim in Siam angenommen. Die letztere Hypothese ist jedoch, wie man gestehen muſs, in besserem Einklange mit dem Mythus von einer schon vor den Zeiten des Ninus vervollkommneten astronomischen Geographie (!)

fische (Promontorium Coliacum), welches, den Begriffen des Strabo über die Gestaltung von Asien gemäfs,
dem heutigen Vorgebirge Comorin entsprechen mufs, und
nach Osten hin über die Küste von Thinä hinausgeht,
so giebt eine Combination der Angaben des Eratosthenes *) 74600 und selbst 78000 Stadien **). Strabo
bleibt für eben dieselbe Entfernung bei 70000 stehen.
Reducirt man nun, in Bezug auf den Breitenunterschied,
den Aequatorialumfang auf den Parallel von Rhodus, den
Pforten des Kaspischen Meeres und von Thinä, d. h.
auf den Parallel von 36° 0' (und nicht von 36° 21'),
so findet man 203872 Stadien, und für die Breite der
bewohnten Erde unter dem Parallel von Rhodus 67500
Stadien (*Gossellin's* Anmerk. zur Uebers. des Strabo,
Tom. I, p. 164 und 309). Strabo sagt mithin in der
berühmten Stelle, wo es scheint, als ob er die Existenz
der Neuen Welt vorher verkündigen wolle und von
den *beiden bewohnten Ländermassen* in der gemäfsigten
nördlichen Zone spricht (lib. I, p. 64 Cas.), vollkommen richtig, dafs „die Ländermassen mehr als ein Drittheil von dem Umfange des Parallels einnehmen, welcher
durch Thinä hindurchgeht." Dieser Annahme zufolge beträgt die Entfernung Iberiens von Indien mehr als 236°,
ungefähr 240°. Mit Recht erstaunt man darüber, dafs
das Ergebnifs der ältesten Forschungen unter allen denen, die von den Zeiten des Eratosthenes und Posidonius bis zu Marinus von Tyrus und Ptolemäus aufge-

----

*) *Strabo*, II, p. 64 Cas.

**) Vergl. *Gossellin*, *Géographie analysée*, Tabl. nr. III, und
Uckert, *Geogr. der Griechen und Römer*, Th. I, Abth. II, S. 225.
Der unselige Mangel an Zuverlässigkeit der Zahlen, welche die Mehrzahl der von den Alten aufgestellten Angaben charakterisirt, tritt auch
in den Nachrichten hervor, welche in Bezug auf die Meinungen des
Eratosthenes auf uns gekommen sind. Selbst der Aequatorialperimeter
wird von *Cleomedes* (*Meteorol.* I, 10) nur zu 250000 Stadien angegeben.

stellt worden sind, der Wahrheit am nächsten kommt.
Die bewohnte Erde umfafst in der That, zwischen dem
36 sten und 37 sten Breitengrade (die Breite des Cap
Vincent beträgt 37° 2' 54"), unsern jetzigen Erfahrungen gemäfs, eine Ausdehnung von 130 Längengraden;
mithin sind von den Küsten von China bis zum Heiligen Vorgebirge, quer durch den Ocean, von Westen
nach Osten 230 Längengrade. Der, nach meiner Ueberzeugung, zufällig geringe Unterschied zwischen der wahren Entfernungsangabe und der Schätzung des Eratosthenes beläuft sich mithin nur auf 10 Längengrade.
(*Strabo*, II, p. 83, 113, 116; XI, p. 519 Cas.) Posidonius „vermuthet (um mich der Worte des Strabo zu
bedienen, lib. II, p. 102 Cas.), dafs die Länge der bewohnten Erde, welche nach seiner Berechnung ungefähr
70000 Stadien beträgt, die Hälfte des gesammten Kreises ausmache, auf welchem das Mafs genommen wird,
und dafs man mithin, wenn man von der Westgränze
eben dieser bewohnten Erde ausgeht und mit ununterbrochenem Ostwinde einen abermaligen Raum von 70000
Stadien durchschifft, nach Indien gelangen müsse." Der
Ausdruck „*abermalige* 70000 *Stadien*" ist nicht ganz
genau; denn wenn der zu 180000 Stadien angenommene
Aequatorialperimeter unter dem Parallel von Rhodus auf
145623 Stadien reducirt wird, so kann die Länge der
Erde nur 67500 Stadien betragen; woraus 167° für die
Festlandsmasse und 193° für die Ausdehnung desOceans
unter 36° Breite hervorgehen. Der Irrthum für die Ausdehnung des Meeres beträgt also nicht mehr 10°, sondern 37°. Man darf indessen nicht übersehen, dafs
Posidonius, nach der Angabe des Cleomedes (*Meteorol.*,
I, 10), dem Umfange der Erde eine Ausdehnung zu ertheilen begann, welche von dem Ergebnifs der Untersuchungen des Eratosthenes nur wenig abwich, nehmlich
240000 Stadien, und dafs die Ursache dieser Mafsver-
schiedenheiten, wie *Riccioli* zuerst richtig bemerkt hat,

in der Entfernung zwischen Rhodus und Alexandrien gesucht werden müsse, welche, wahrscheinlich ohne Anwendung des Logs (*Vitruv.*, X, 14), bald zu 5000,
bald zu 3570 Stadien abgeschätzt wurde *). Marinus von
Tyrus (um die chronologische Reihenfolge nicht zu verlassen) suchte in seiner *Correction der geographischen
Tafel* nach den Berichten der Reisenden die Karte der
bewohnten Erde, wie sie damals dargestellt wurde, zu
verbessern. Er wollte dasselbe versuchen, was Eratosthenes in Bezug auf die Tafel des Anaximander von Mi-
let gethan hatte. *Heeren* hat nachgewiesen (in den
Commentat. soc. reg. Gotting., 1827, p. 17 und in seinen *Ideen über die Politik* u. s. w., vierte Ausg. Th. I,
Abth. 3, S. 383—398), daſs Marinus von Tyrus eben
so geringen Vortheil aus den phönizischen Karten gezogen hat, wie Columbus aus den angeblichen Karten des
Marco Polo. Der grofse Aufschwung der Schiffahrt von
Myos-Hormos in Indien und des Karavanenhandels bot
kostbare Hülfsmittel dar, welche mit mehr Kritik und
gröfserer Umsicht in Betracht gezogen zu werden verdient hätten. In denjenigen Karten, welche auf die Ergebnisse von Landreisen gegründet sind, sucht man die Gegenstände (Bergketten, Fluſsquellen, Küsten), nach deren
Richtung fortgeschritten wird, übermäfsig von einander
zu entfernen; man glaubt weiter gewesen zu sein, als man
es in der That war. So, um ein Beispiel anzuführen, ist
die Cordillere der Anden auf den alten Karten von Amerika weiter nach Osten in die Mitte des Festlandes hin-
eingeschoben, weil sich die spanischen *conquistadores*, die
an dem Küstenlande der Südsee anlangten, auf ihrer Reise
von Westen nach Osten den Gebirgen näherten. Die
portugiesischen *conquistadores* im Gegentheil dehnten Bra-

---

*) Man vergleiche die auf diese Entfernung bezüglichen Stellen der
alten Schriftsteller, welche man bei *Uckert*, *Geographie der Griechen
und Römer*, Th. I, Abth. II, S. 48 gesammelt findet.

silien übermäfsig gen Westen aus, indem sie selbst die
Mündung des Rio-Branco und die fabelhafte *Laguna
Parime* bis zu den Anden von Loxa zurückschoben, weil
sie nach ihrer Landung an den Ostküsten von Südamerika in der Richtung von Osten gen Westen in das Innere des Landes vordrangen. (Vergl. meine *Relation
historique*, Tom. II, p. 713.) Die zwischen den Meridianen der Glückseligen Inseln und Sera inbegriffene
Länge der bewohnten Erde betrug nach Marinus von
Tyrus (*Ptolemäus*, *Geogr.*, lib. I, cap. 11) 15 Stunden
oder 225°, wodurch die Küsten von China bis zum Mé-
ridian der Sandwichsinseln vorrückten und der Raum,
welcher von den Kanarischen Inseln bis zu den Ostküsten von Asien zurückgelegt werden mufste, auf 135°
beschränkt wurde, so dafs der Irrthum in der Länge 86°
ausmachte. Auch trug die grofse Ausdehnung von 23°½,
welche die Alten dem Kaspischen Meere ertheilten, wesentlich dazu bei, die Breite Asiens zu vermehren *).
Ptolemäus hat bei der Berechnung der Länge der bewohnten Erde nach Posidonius die Entfernung der Glückseligen Inseln von dem Uebergange über den Euphrat
bei Hierapolis unverändert gelassen. Seine Reduktionen
erstrecken sich nur auf die Entfernungen zwischen dem
Euphrat und dem *steinernen Thurm* und von diesem
Thurm bis zur Hauptstadt der Serer. Aus den 225° des
Marinus von Tyrus werden nach dem Almagest (II, 1)
180°, nach der Geographie des Ptolemäus (I, 12) 177°¼.
Die Küsten der Siner rückten also von dem Meridian der
Sandwichsinseln nach dem der östlichen Karolinen zurück,
und der Raum, welchen man zu durchlaufen hatte, betrug nicht mehr 135°, sondern 180° bis 182°¾. Es lag
in dem Interesse des Christoph Columbus, die Berech-

---

*) *Sainte-Croix*, *Historiens d'Alexandre*, p. 700 und die
ausgezeichnete Abhandlung von *Ideler*, *Ueber die Längenmafse der
Alten*, S. 6 und 20.

nungen des Marinus von Tyrus denen des Ptolemäus bei
weitem vorzuziehen, und durch eine Reihe von Vermuthungen gelangte Columbus dahin, den Raum des Oceans,
welchen er noch zwischen den Inseln des Grünen Vorgebirges und Cathay zu durchschiffen hatte, auf 120° zu
beschränken. Ich theile die Schlußfolgerungen des Columbus selbst mit, nach den Bemerkungen, welche uns
sein Sohn (*Vida del Almirante*, cap. 6) aufbewahrt hat:
„Columbus erkannte, daß der zwischen den Inseln des
Grünen Vorgebirges und jener durch die Arbeiten des
Marinus von Tyrus bestimmten Ostgränze von Asien
nicht mehr als ein Drittheil des größten Kreises der
Erdkugel (des Aequatorialumkreises) betragen könne, da
Marinus gen Osten 15 Stunden Weges zurückgelegt hatte
(*havia llegado*)*) von den 24, welche den Umkreis
der Erde ausmachen, und nur kaum 8 Stunden fehlten,
um zu den Inseln des Grünen Vorgebirges zu gelangen;
denn Marinus hatte in 15 Stunden (die Länge in Zeit
ausgedrückt) noch nicht die äußerste Ostgränze des Landes erreicht, welche noch bedeutend weiter entfernt war.
Man muß daher annehmen, daß je mehr dieses Land
(Asien) sich gen Osten erstreckt, es sich desto mehr den
Inseln des Grünen Vorgebirges nähere, so daß man den
übrig bleibenden Raum, wenn er nur vom Ocean ausgefüllt wird, *in wenigen Tagen* **) muß durchlaufen
können; wenn dagegen Land zwischen inne liegt, so muß
man dasselbe viel leichter auf dem Wege gen Westen
auffinden können, da dieses Land, nach obiger Annahme,
den Inseln (des Grünen Vorgebirges) sehr nahe liegen
wird. Auch sagt Strabo in dem fünften Buche seiner

---

*) Columbus glaubte, daß Marinus von Tyrus das gesammte Ost-
asien selbst bereist habe, während er nur die Tagebücher der Reisenden, des Diogenes, Theophilus, Alexander von Macedonien und Diosco-
rus gesammelt hatte. (*Ptolem.*, lib. I, cap. 9 und 14.)

**) Dies ist der Ausdruck, dessen sich Seneca bedient. S. oben
S. 149 folgd.

Kosmographie, dafs niemand ein Heer bis zum Ostende
von Indien geführt habe, welches nach Ctesias in der
Mitte von Asien liegt, nach Onesicritus und Plinius (VI,
17) im Drittel der Gesammtoberfläche der Erde. Nearchus sagt, man brauche vier Monat, um den Weg dahin
zurückzulegen. Alles dieses veranlafste den Admiral zu
dem Glauben, dafs Indien seiner Ausdehnung wegen unseren Küsten von Spanien zunächst liege." Ich habe diese
merkwürdige Stelle aus dem Leben des Christoph Columbus, welches sein Sohn Hernando geschrieben hat, wörtlich übersetzt; sie ist ganz getreu von *Herrera* (*Dec.*
I, lib. I, cap. 2) wiedergegeben worden, nur fügt letzterer hinzu, „dafs Columbus in allen diesen Angaben mit
seinem Freunde, dem *Portugiesen* Martino de Bohemia,
aus der Insel Fayal, einem grofsen Kosmographen, übereinzustimmen versichert habe." Die zahlreichen Irrthümer, welche uns aus den wenigen Zeilen, die Herrera
hinzugefügt hat, entgegentreten, sind oben (S. 220 folgd.)
näher bezeichnet worden. Columbus kommt in dem
aus Jamaika vom 7. Julius 1503 datirten Briefe auf den
Vorzug zurück, welchen er schon vor seiner ersten Entdeckungsreise dem Marinus von Tyrus im Vergleich mit
Ptolemäus ertheilte. Er hatte sich auf seiner vierten und
letzten Reise eingebildet, zu Ciguara (an der Küste von
Veragua) nur neun Tagereisen vom Ganges (*Rio de
Gangues*) entfernt zu sein. Um die Königin Isabelle
daran zu erinnern, welche Wahrscheinlichkeit diese Nähe
des indischen Festlandes für sich habe, äufsert er, „dafs
er schon im Jahre 1492 unter dem 24sten (Breiten) Grade
bis auf neun Stunden (Länge, in Zeit ausgedrückt) vorgeschritten wäre, und dafs kein Irrthum bei dieser Berechnung obwalten könnte *), da er Gelegenheit gehabt

---

*) Der Irrthum betrug indessen doch 4 Stunden oder 60° in Bo-
gen. Es ist die Mondfinsternifs vom 14. September 1494 gemeint, welche der Admiral am Ostkap der Insel Haïti beobachtete, und die, nach

hätte, Finsternisse zu beobachten *(porque hubo eclipses)*. Schon lange, fügt er hinzu, wußte ich durch meine Studien *(por escritos)*, was ich damals durch Beobachtung (Columbus sagt ziemlich uneigentlich, vielleicht der Antithese halber, *por palabra*) erfuhr. Ptolemäus glaubte die Angabe des Marinus (von Tyrus) berichtigt zu haben, und nun findet sich, daß alles, was der letztere niedergeschrieben hat, der Wahrheit ganz nahe kommt: denn Ptolemäus verlegt Cattigara zwölf Striche (*lineas*, graphische Abtheilungen in Längenstunden) von seinem Westpunkt, den er 2°⅓ jenseits des Vorgebirges St. Vincent in Portugal ansetzt *). Marinus verlegt die (östlichen) Gränzen der (bewohnten) Erde in die 15te Linie (Stunde) und jetzt, wo die Portugiesen so bedeutende Seereisen [gen Osten] unternehmen, ergiebt es sich, daß die Behauptungen des Marinus der Wahrheit vollkommen gemäß sind **)." (*Navarrete*, Tom. I, p. 300.). Es scheint mir sehr bemerkenswerth, daß bei allen diesen falschen Schlußfolgerungen über die geringe Ausdehnung des Meeres zwischen Portugal und Indien, „da nehmlich der Ocean nur den siebenten Theil der Erdober-

---

den in seinen *Profecias* gefundenen Bemerkungen, diesen Theil der Insel Haïti um nur 5⅓ Stunde westlich vom Kap St. Vincent verlegte. Ich werde späterhin auf die Berechnung der Finsternisse und die Verwirrung in den Ziffern zurückkommen, welche in den Handschriften des Columbus herrscht.

*) „*Su occidente que asentó sobre el cabo de San Vincente dos grados y un tercio.*" In der That glaubte Ptolemäus, daß das Heilige Vorgebirge nur 2°⅓ von seinem ersten Meridian (dem der Glückseligen Inseln) entfernt sei. (*Ptolem., Geogr.*, II, 4.)

**) Ich habe den Satz ausgelassen, welcher vor den Worten: *y ahora que los Portugueses* vorhergeht, weil ich den Sinn desselben nicht zu erfassen im Stande bin. Er lautet folgendermaßen: „*Marino en Etiopia escribe al Indo la linea equinocial mas de* 24°. *Tolomeo diz que la tierra mas austral es il plazo primero y que no abaja mas de* 15°." Ohne Zweifel ist die Rede von der Ausdehnung Afrika's in der südlichen Halbkugel.

fläche ausfüllt", nirgends von Mandeville, Conti, Marco
Polo, oder einem anderen Reisenden des Mittelalters
die Rede ist, welche die Gröfsenausdehnung der Reiche
im östlichen Asien in so hohem Grade übertrieben hatten. Alles, was man über diesen Punkt in den unzähligen Geschichtswerken über die Entdeckung von Amerika wiederholentlich ausgesprochen hat, ist geradehin in
Widerspruch mit den Urkunden, welche auf uns gekommen sind: das Jahrhundert, welchem der Ruhm
des Columbus angehört, schöpfte viel mehr aus den
Quellen der klassischen Gelehrsamkeit und den aus dem
Alterthum fortgepflanzten Ansichten, als aus den Entdek-
kungen der Zeitgenossen. Columbus mufste sich, trotz
der durchaus praktischen Richtung seines Geistes, mit Beweisgründen waffnen, welche geeignet waren, den Plänen,
über die er mit seinen Gegnern, den Professoren in Salamanca, zu streiten hatte, Eingang zu verschaffen. Er
stützt sich auf die Gewährleistung des Alfragan, nach
dem ein Grad nur 56⅔ Meilen beträgt; aber er erwähnt nicht einmal jenen Brief des Toscanelli, durch
welchen er die Namen *Zeitun*, *Quinsay*, *Catay* und
Mango erfuhr, die, aus dem Reisebericht des Marco Polo
entlehnt, so häufig, obwohl stets sehr verkehrt, in seinen Reisetagebüchern und Briefen an die katholischen
Monarchen von ihm gebraucht worden sind. Toscanelli
hätte in um so höheren Grade Erwähnung verdient, da
er mit einer merkwürdigen Zuversicht die Anzahl der
espacios zwischen Lissabon und Quinsay angegeben hatte;
jedoch ist, nach den auf uns gekommenen Zahlenangaben, die Reduktion der *espacios* auf italiänische Meilen unmöglich. (S. oben die Anmerkung *F*.) In dem
Briefe aus dem Jahre 1474 ist der *espacio* einmal zu
150 Meilen berechnet, ein anderes Mal zu 22¼ *leguas*,
so dafs eine *legua* 6⅔ Meilen betragen würde, statt 4,
wie Columbus entschieden in dem Tagebuche seiner
ersten Reise annimmt. (*Navarrete*, Tom. I, p. 3.)

Buache (*Mémoires de l'Institut*, Tom. VI, p. 8 und 10)
läfst irrthümlich Toscanelli sagen, dafs von Lissabon bis
Quinsay 26 *espacios*, jéden zu 250 Meilen gerechnet,
wären. Er glaubt überdies, dafs ein *espacio*, wie auf der
Karte des Bianco, 3°,33 betrage, indem jeder Grad 75
altitaliänische Meilen ausmache; aber diese Berechnung ist
in unmittelbarem Widerspruch mit der Annahme des Columbus, dafs 1° = 56⅔ Meilen sei. (*Vida del Almirante*,
cap. 4.) Es ist keine Möglichkeit, aus diesem Labyrinth
herauszukommen, und die 3900 oder 26 Mal 150 italiänische Meilen des Toscanelli, wodurch die Breite des
Oceans zwischen Portugal und Japan bestimmt werden
soll, können auf 52° oder 69° Längenunterschied berechnet werden, was auf die Hälfte des Resultats hin-
auskommt, bei welchem, wie wir gesehen haben, Columbus stehen geblieben ist, und wodurch der Ausdruck des
Florentinischen Mathematikers gerechtfertigt wird: „Eure
Reise wird minder schwierig (minder lang) sein, als Ihr
glaubt." Japan (Zipango) war also von Toscanelli gegen
Osten bis zu dem Meridian des östlichen Theiles von Haïti
vorgerückt worden, und aus dem Munde des Columbus
selbst erfahren wir, dafs er auf seiner ersten Reise (*s.* das
Tagebuch vom 26. Dec. 1492) Haïti für Zipango hielt.
In dem Mafse als die Westküsten von Amerika und die
grofse Ausdehnung des Stillen Meeres bekannt wurden,
kehrte man in Europa zu den Ansichten des Ptolemäus
in Bezug auf die Länge des bekannten Alten Kontinents
zurück. *Sanson* berechnete diese Länge, von den Kanarischen Inseln bis China, auf 180°, *Hondius* auf 165°;
aber das wahre Verdienst, das östliche Asien auf seine
richtigen Gränzen zurückgeführt zu haben, gebührt dem
grofsen Geographen *Guillaume Delisle*. Von diesem Augenblicke an erkannte man die für die physische Geographie so hochwichtige Thatsache, dafs die Oberfläche
der Festlandsmassen zu der der Meeresfläche nicht in
dem Verhältnifs von 7 zu 1 stehe (wie Christoph Co-

lumbus annahm), sondern von 1 zu 2,7 (genauer von 29 zu 82).

Ich füge dieser Anmerkung über die geringe Entfernung Iberiens von den Ostküsten Asiens noch einige aus einer wichtigen Abhandlung von *Letronne* *) entlehnte Bemerkungen bei, welcher die äufserste Gränze, in der der Ocean gegen Osten das Festland von Asien bespült, nach den verschiedenen bei den Alten angenommenen Systemen der allgemeinen Geographie genauer zu bestimmen sucht. Ich bedaure lebhaft, dafs diese Abhandlung, ein Bruchstück aus einem noch nicht erschienenen Werke jenes berühmten Gelehrten, welches den Titel: *Histoire de la cosmographie depuis Homère jusqu'aux Pères de l'Église* führen soll, mir bis jetzt unbekannt geblieben war. Sie giebt nicht allein die Erklärung einer grofsen Anzahl von Stellen, welche die Ausleger zeither gar nicht verstanden hatten, sondern theilt auch, was für die philosophische Auffassung der Fortschritte im Gebiet der Erdkunde von der höchsten Wichtigkeit ist, grofsartige Ansichten über die Verbindung mit, welche zwischen den verschiedenen Systemen besteht, die jedes einzelne Jahrhundert beherrscht haben, und ihren Einflufs auf die Entdeckungen zur See. *Letronne* ist nicht abgeneigt, eine von *Gossellin* aufgestellte Behauptung zu billigen, die ich vielleicht mit Unrecht an mehreren Stellen meines Werkes zurückgewiesen habe, nach der Hipparch der erste Urheber des auf der Karte des Ptolemäus erscheinenden Isthmus zwischen Afrika und Ostasien ist. Die betreffende Stelle des Strabo (lib. I, p. 5), deren Verbindung mit einer Reihe von Ideen, welche schon zu den Zeiten des Zuges der Macedonier nach Asien in Umschwung waren, es höchst wahrscheinlich macht, dafs der östliche Isthmus keine Erfindung des Marinus von Tyrus sei, lautet folgendermafsen: „Diese Mei-

---

*) *Journal des Savans*, 1831, *août*, p. 476—480 und 545—555.

nung (von einem ununterbrochenen Meere nehmlich, welches die gesammte bewohnte Erde umgiebt) stimmt besser als irgend eine andere mit den Erscheinungen der Ebbe und Fluth im Ocean überein. Ueberall ist das Phänomen der Fluth sowohl als der Ebbe dasselbe, oder wenigstens ohne bedeutende Verschiedenheit, da es durch die Bewegungen eines einzigen Meeres und durch eine einzige Ursache hervorgerufen wird. Wir hören durchaus nicht auf Hipparch, wenn er zur Bestreitung dieser Ansicht einerseits, auf die Gewährleistung des Seleucus aus Babylon, behauptet, daß die Erscheinungen keinesweges in dem gesammten Ocean übereinstimmen, und andererseits annimmt, daß das Phänomen, wenn es auch durchweg dasselbe wäre, noch nicht beweisen würde, daß das Atlantische Meer in ununterbrochenem Zusammenhange die gesammte Erde umflösse."

„Ich glaube nicht, sagt *Letronne*, daß Hipparch die Ansicht von der Eintheilung des Oceans in mehrere Becken zuerst aufgestellt hat. Aus der angeführten Stelle des Strabo ersieht man, daß sich Hipparch, indem er diese Meinung aussprach, auf einige von Seleucus aus Babylon, einem Mathematiker (Chaldäer, *Strabo*, XVI, p. 739 Cas.) unbekannten Zeitalters, aufgestellte Ideen gründete; jedenfalls läßt Strabo deutlich durchblicken, daß die Grundidee des Hipparch dem Seleucus nicht angehörte; und ich finde sie auf das bestimmteste in dem Werke *de caelo* ausgesprochen, welches dem Aristoteles zugeschrieben wird und jedenfalls älter ist, als Hipparch [*]). „„Diejenigen, heißt es in dieser Schrift, welche glau-

―――――――

*) Ich wiederhole hier die Stelle, von der oben [S. 119] der Text und die lateinische Uebersetzung gegeben worden ist. *Letronne* fügt die Negation οὐκ hinzu und liest οὐκ εἶναι τὴν θάλατταν μίαν. Er glaubt, daß der Zusammenhang diese Verbesserung bei *Aristoteles*, *de caelo*, II, 14 sowohl, als in der *Meteorolog.*, II, 5, 15, p. 362, b verlange. Letztere Stelle übersetzt er: „Die Länder, welche jenseits Indien und der Säulen des Herkules liegen, scheinen wegen des Meeres

glauben, dafs die Gegend in der Nähe der Säulen des
Herkules mit Indien in Verbindung stehe, und dafs auf
diese Weise die Erdoberfläche *nicht* von einem einzigen zusammenhängenden Meere umflossen werde, scheinen keine durchaus unglaubliche Ansicht aufzustellen.“"
Johannes Philoponus versichert ausdrücklich, dafs Aristoteles die Idee eines Oceans, welcher die Erde von
allen Seiten umflösse, zurückgewiesen habe. (*De creat.
Mundi*, IV, 5, p. 152.) Die Hypothese einer unbestimmten Verlängerung der Westküste von Afrika unter einem
dem Aequator nahe liegenden Breitengrade gründete sich
auf die Richtung der Küste von Afrika zwischen dem
Flufs Nun und dem Kap Bojador, über welches die Expedition des Hanno nicht hinausgekommen war. Die Ansicht des Hipparch, Marinus von Tyrus und Ptolemäus,
nach denen das Indische Meer einen See bildete, tritt
auf das deutlichste in dem sonderbaren geographischen
Irrthume des Alexander in Bezug auf den Lauf des Indus hervor, dessen Veranlassung man bisher nie zu errathen im Stande gewesen ist. Die Quellen des Ake-
sines waren nämlich nach Alexanders Meinung die so
lange Zeit hindurch verborgenen Quellen des Nil. Man
konnte hiernach glauben, dafs der Indus, wenn er zu dem
Ort gelangt war, wo Asien mit (dem östlichen) Afrika
in Verbindung stand, in diesen Welttheil eintrat, indem
er die Verlängerung Asiens von Osten gen Westen durch

---

nicht zusammenzuhängen, da die Erde nicht ununterbrochen fortläuft,
τῷ (μὴ) συνεχῶς εἶναι πᾶσαν τὴν οἰκουμένην,“ wo er οἰκουμένη für
die Gesammtmasse der Länder auf der Erdoberfläche nimmt. (Vergl.
oben S. 113 folg.) Bei allen diesen Untersuchungen über die Conti-
nuität oder Nicht-Continuität der Kontinentalmassen mufs man, wie es
mir scheint, zwei Hypothesen unterscheiden. Nach der einen bilden die
Länder einen Ring, dessen Gestaltung jegliche Verbindung zwischen den
nördlichen und südlichen Meeren verhindert und die Umschiffung der
οἰκουμένη unmöglich macht: nach der andern werden die Länder durch
Isthmen gegen Osten und Westen hin verlängert (*Ptolem.*, VII, 5).

liefe und so in die im Süden von Aegypten belegenen Gegenden einträte, von wo er alsdann zum Mittelländischen Meer hinabstiege *). Dieses System war geradehin dem des Herodot entgegengesetzt, welcher den Nil von Westen her aus der unmittelbaren Nähe des Atlantischen Meeres herströmen liefs."

---

*) Vergl. *Arrian, Anabas.*, VI, 1.

Gedruckt bei A. W. Schade.

Verbesserungen und nachträgliche Bemerkungen.

Seite   6, Zeile 12 lies: der frühsten oder der ersten.

—   12,   —   5 l. an die statt zu denen.

—   15,   —   15 statt Entwickelung der Materialien l. Darlegung der Hülfsmittel.

—   21,   —   6 lies: Werken statt Werkes.

—   29,   —   4 l. Martyr statt Martin.

—   50,   —   7 von unt. füge hinzu: [*Diodorus Siculus*, I, 19 brachte Ὠκεανός mit dem Namen des Nil Ὠκεαμῆς zusammen, welcher nichts anderes ist, als das koptische ⲞⲨⲔⲀⲘⲎ, *der schwarze*. Vergl. *v. Bohlen, das alte Indien*, Th. II, S. 458. *Jablonski's* Träumereien über dieses Wort, in seinen *Opusc.*, Tom. I, p. 420 *ed. Te Water*, verdienen keine Berücksichtigung.]

—   56, Zeile 4. [*Dr. Lappenberg* in Hamburg, der Verfasser der gehaltreichen Recension dieses Werkes in den *Gotting. Gelehrt. Anzeigen*, 1835, St. 169 folg. hat S. 1688 darauf aufmerksam gemacht, daß die Kugelgestalt der Erde auch von *Beda* (de natur. rer., c. 46) anerkannt wurde, und daß sich diese Ansicht sogar bei *Adam von Bremen* (de situ terrarum septentrionalium, c. 37) findet, woraus hervorgeht, daß sie allgemeiner auch außerhalb des Kreises der eigentlichen Gelehrten im Mittelalter verbreitet war.]

—   59, Anmerk. **). Füge hinzu: [S. auch *Chishull, Antiquit. Asiat. Christian. aeram antecedent.* Londini 1728, fol. p. 73 sqq. *Silvestre de Sacy, Mémoire sur l'inscription d'Adulis* in den *Annales des voyages*, T. XII, p. 330.]

—   114, Zeile 9 v. u. l. Meteorolog.

—   119,   —   5 l. οὐ statt οὖ.

—   129,   —   5 v. u. statt: kommen übrigens bei den klassischen Schriftstellern nicht vor lies: kommen bei anderen Schriftstellern des klassischen Alterthums nicht vor.

—   131, Zeile 22 l. als einziger Quelle.

—   140,   —   19 l. 68000 statt 200000.

—   195,   —   3 füge in einer Anmerkung hinzu: [Der Bericht des *Poggio* steht im vierten Buche seines Werkes *de varie-*

tate fortunae, dessen Herausgabe nach einer Ottoboni-schen Handschrift man nächst dem *Dom Georgio* dem *Giov. Oliva Rhodigino* (Paris 1723, 4.) verdankt. Ein Exemplar dieses überaus seltenen Werkes findet sich in der Dresdener Bibliothek. Ein Auszug aus jenem für die Erdkunde überaus wichtigen Bericht ist durch die Güte des Herrn *G. Friedländer*, Kustoden an der hiesigen Königl. Bibliothek, in meinen Händen; ich theile ihn aber nicht mit, da wir nächstens eine umfassende Arbeit dieses Gelehrten über *Poggio* zu erwarten haben. Nur kann ich hier nicht unbemerkt lassen, was ich, wie so vieles andere, der freundschaftlichen Mittheilung des Hrn. *Fried-länder* verdanke, daſs sich der Uebertritt des *Nicolo di Conti* zum Islamismus durch kein Argument darthun läſst.]

Seite 278, Anm. Z. 16. Nach **führt** füge man hinzu: [Vergl. *Lettre à M. le baron Alexandre de Humboldt sur l'invention de la Boussole, par M. J. Klaproth*, Paris 1834, 4.]

— 313, Anm. Z. 7 lies: *libanotos.*

— 314, Zeile 13 lies: κάλλιςα.

— 329, — 7 lies: *Azalea.*

— 398, — 4 v. u. lies: μέγεθος.

— 411, — 21 lies: **Karthaginienser oder Karthager.**